LUNDY BANCROFT

WARUM
TUT ER DAS?

Für die Tausenden von mutigen Frauen,
viele von ihnen selbst Überlebende von Misshandlungen,
die die Bewegung gegen den Missbrauch von
Frauen ins Leben gerufen und unterstützt haben,
und für die vielen Männer, die sich diesem
Kampf als Verbündete angeschlossen haben.

LUNDY BANCROFT

WARUM TUT ER DAS?

Einblicke in die Gedankenwelt von aggressiven und kontroll-süchtigen Männern

Unimedica

Inhalt

Teil IV

Anmerkungen zur Terminologie

Wenn ich mich in diesem Buch auf wütende und kontrollierende Männer beziehe, habe ich mich dafür entschieden, in den meisten Fällen die kürzeren Begriffe *misshandelnder* oder *missbrauchender Mann* sowie *Missbrauchstäter* oder *Täter* zu verwenden. Ich verwende diese Begriffe aus Gründen der Lesbarkeit und nicht, weil ich glaube, dass jeder Mann, der Probleme mit wütenden oder kontrollierenden Verhaltensweisen hat, missbräuchlich ist. Ich musste ein einfaches Wort wählen, das ich auf jeden Mann anwenden kann, der immer wieder Probleme mit Respektlosigkeit, Kontrolle, Beleidigung oder Abwertung seiner Partnerin hat, unabhängig davon, ob sein Verhalten auch explizite verbale Beschimpfungen, körperliche Unterdrückung oder sexuelle Misshandlung beinhaltet oder nicht. Jede dieser Verhaltensweisen kann ernsthafte Auswirkungen auf das Leben einer Frau haben und dazu führen, dass sie sich verwirrt, deprimiert, besorgt oder ängstlich fühlt. Selbst wenn Ihr Partner also kein Missbrauchstäter ist, werden Sie feststellen, dass vieles von dem, was auf den folgenden Seiten beschrieben wird, dazu beitragen kann, für Sie beide die Probleme in Ihrer Beziehung zu klären und zu verdeutlichen, welche Schritte Sie unternehmen können, damit eine befriedigendere, unterstützende und innige Beziehung entstehen kann. Wenn Sie sich nicht sicher sind, ob das Verhalten Ihres Partners als Missbrauch bezeichnet werden sollte oder nicht, lesen Sie Kapitel 5, das Ihnen helfen wird, die Unterschiede zu verstehen.

Denken Sie aber auch daran, dass, selbst wenn das Verhalten Ihres Partners nicht der Definition von Missbrauch entspricht, es dennoch ernsthafte Auswirkungen auf Sie haben kann. Jede Nötigung oder Respektlosigkeit in einer Beziehung seitens eines Partners ist ein gravierendes Problem. Kontrollierende Männer decken ein *Spektrum* von Verhaltensweisen ab. Es gibt solche, die nur einige der Taktiken, die ich in diesem Buch beschreibe, kennen, bis zu jenen, die fast alle anwenden. Ähnlich verhält es sich bei diesen Männern im Hinblick auf eine ganze Skala von Einstellungen, angefangen mit denen, die bereit sind, eine Konfrontation wegen ihrer Verhaltensweisen zu akzeptieren und danach streben, sie zu ändern, bis hin zu denen, die der Perspektive der Frau in keiner Weise Gehör schenken, sich völlig im Recht fühlen und höchst repressiv werden, wenn die Partnerin versucht, für sich selbst einzustehen. (Tatsächlich lässt sich, wie wir in Kapitel 5 sehen werden, am besten erkennen, wie weit das Kontrollproblem eines Mannes geht, wenn man sich seine Reaktion auf die Aufforderung anschaut, seine Partnerin besser zu behandeln. Wenn er Ihre Beschwerden akzeptiert und tatsächlich Schritte unternimmt, um sein Verhalten zu ändern, sehen die Aussichten für die Zukunft etwas positiver aus). Der Grad der Wut, den ein kontrollierender Mensch zeigt, ist ebenfalls sehr unterschiedlich, aber leider sagt er uns nicht viel darüber aus, wie destruktiv er auf psychische Weise sein kann oder wie wahrscheinlich es ist, dass er sich ändern wird, was wir im Verlauf dieses Buches noch sehen werden.

Darüber hinaus habe ich mich dafür entschieden, die Bezeichnung *er* für die misshandelnde Person und *sie* für die misshandelte Partnerin zu verwenden. Ich habe diese Begriffe gewählt, weil sie bequem sind und weil sie die große Mehrheit der Beziehungen, in denen Macht missbraucht wird, korrekt beschreiben. Kontrolle und Missbrauch sind jedoch auch ein weitverbreitetes Problem in lesbischen und schwulen Männerbeziehungen, und der größte Teil dessen, was ich in diesem Buch beschreibe, ist ebenso für gleichgeschlechtliche Missbrauchende relevant.

Einleitung

Ich arbeite seit mehr als dreißig Jahren als Berater, Gutachter und Ermittlungshelfer mit wütenden und kontrollierenden Männern und habe aus den über zweitausend Fällen, mit denen ich zu tun hatte, eine Fülle von Kenntnissen gesammelt. Ich habe die Warnzeichen von Missbrauch und Kontrolle gelernt, auf die eine Frau schon früh in einer Beziehung achten kann. Ich habe begriffen, was ein kontrollierender Mann wirklich sagt, welche Bedeutung sich hinter seinen Worten verbirgt. Ich habe Hinweise wahrgenommen, die darauf hindeuten, dass verbale und emotionale Aggressionen auf Gewalt zusteuern. Ich habe Wege gefunden, um misshandelnde Männer, die eine Veränderung vortäuschen, von denen zu trennen, die echte Arbeit an sich selbst leisten. Und ich habe gelernt, dass das Problem der Misshandlung überraschend wenig damit zu tun hat, wie ein Mann *fühlt* – meine Klienten unterscheiden sich in ihren emotionalen Erfahrungen nur sehr wenig von nicht-misshandelnden Männern – sondern damit, wie er *denkt*. Die Antworten liegen in seinem Kopf.

Doch so sehr es mich freut, dass ich die Gelegenheit hatte, diese Einsichten zu gewinnen, *gehöre ich nicht zu den Menschen, die sie am meisten brauchen*. Denn die Menschen, die am besten von den Erkenntnissen über Missbrauchstäter und ihre Denkweise profitieren können, sind die *Frauen*. Sie können das, was ich erfahren habe, nutzen, um sich selbst zu helfen und zu erkennen, wann sie in einer Beziehung kontrolliert oder abgewertet werden, und um Wege zu finden, sich von aktuellem Missbrauch zu befreien. Sie können lernen, wie man es vermeiden kann, sich das nächste Mal mit einem missbrauchenden Mann – einem Kontrolleur oder einem Benutzer – einzulassen. Das Ziel dieses Buches ist es, Frauen die Fähigkeit zu vermitteln, sich selbst physisch und psychisch vor wütenden und kontrollierenden Männern zu schützen.

Als Vorbereitung auf dieses Buch habe ich zunächst eine Liste von einundzwanzig Fragen zusammengestellt, die mir Frauen am häufigsten über ihre misshandelnden Partner stellen. Dies sind Fragen wie

„Tut es ihm wirklich leid?"
„Warum stellen sich so viele unserer Freunde auf seine Seite?"
„Wird er mich eines Tages schlagen?"

und viele weitere. Ich habe meine Ausführungen dann um diese Bedenken und Befürchtungen herumgesetzt, um sicherzustellen, dass Frauen hier die Informationen finden, die sie dringend benötigen. Beim Durchblättern dieses Buches sehen Sie, dass diese einundzwanzig Fragen optisch hervorgehoben sind. Vielleicht möchten Sie sich nun Zeit nehmen, um die Seiten durchzublättern, nur um einen kurzen Blick darauf zu werfen, an welcher Stelle ich die Themen angesprochen habe, die für Sie am dringendsten sind.

Ein weiteres wichtiges Ziel von mir ist es, jeder Frau, die damit kämpft, wie sie in ihrer Beziehung behandelt wird, Hilfe anzubieten, und zwar unabhängig davon, wie sie das Verhalten ihres Partners einschätzt. Worte wie *Kontrolle* und *Misshandlung* können belastend sein, und Sie haben vielleicht nicht das Gefühl, dass sie zu Ihren besonderen Umständen passen. Ich habe mich dafür entschieden, den Begriff *misshandelnde Männer* oder *Missbrauchstäter* zu verwenden, um Männer zu bezeichnen, die ein breites Spektrum von kontrollierenden, abwertenden oder einschüchternden Verhaltensweisen anwenden. In einigen Fällen spreche ich von körperlichen Misshandlungen und in anderen Fällen von Männern, die ihre Partnerinnen benutzen oder beleidigen, sie aber niemals erschrecken oder einschüchtern. Einige der Männer, die ich auf den folgenden Seiten beschreibe, verändern ihre Stimmungen so drastisch und so oft, dass eine Frau sich nie sicher fühlen kann, wie ihr Partner gerade ist, geschweige denn, dass sie ein Etikett anbringen könnte. Ihr Partner mag arrogant sein, Psychospiele spielen oder sich immer wieder selbstsüchtig verhalten, aber seine positiven Aspekte können Ihnen das Gefühl geben, dass er meilenweit davon entfernt ist, ein „Missbrauchstäter" zu sein. Bitte lassen Sie sich von meiner Sprache nicht abschrecken; ich habe das Wort „Missbrauchstäter" einfach als Kurzform gewählt für „Männer, die dazu beitragen, dass ihre Partnerinnen sich chronisch misshandelt oder abgewertet fühlen". Sie können einen anderen Begriff wählen, wenn Sie einen kennen, der besser zu Ihrem Partner passt. Aber welche Art der Misshandlung auch immer Ihr Partner anwendet: Seien Sie versichert, dass Sie auf diesen Seiten die Antworten auf viele Fragen finden werden, die Sie verwirren.

Wenn die Person, mit der Sie es zu tun haben, das gleiche Geschlecht hat wie Sie, sind Sie hier auch richtig. Lesben und Schwule, die ihre Partnerin oder ihren Partner misshandeln, denken im Großen und Ganzen genauso wie missbrauchende heterosexuelle Männer und wenden die gleichen Taktiken und Ausreden an. In diesem Buch verwende ich den Begriff *er* für die misshandelnde und *sie* für die misshandelte Person, um meine Erörterung einfach und klar zu halten, aber misshandelte Lesben und schwule Männer sind in meinen Gedanken sehr stark vertreten, unmittelbar neben misshandelten Hetero-Frauen. Natürlich müssen Sie die Sprache der Geschlechter ändern, damit sie zu Ihrer Beziehung passt, wofür ich mich im Voraus entschuldige. In Kapitel 6 finden Sie auch einen Abschnitt, in dem ich speziell über die Ähnlichkeiten und Unterschiede bei gleichgeschlechtlichen Missbrauchstätern spreche.

Dieses Buch enthält ebenfalls Geschichten von Männern aus einem sehr breiten Spektrum von kulturellen Hintergründen. Obwohl sich die Einstellungen und Verhaltensweisen von kontrollierenden und misshandelnden Männern von Kultur zu Kultur etwas unterscheiden, habe ich festgestellt, dass die Gemeinsamkeiten die Unterschiede bei Weitem überwiegen. Wenn Ihr Partner Schwarzer oder Migrant ist oder wenn Sie selbst Mitglied einer dieser Gruppen sind, werden Sie feststellen, dass vieles von dem, was in diesem Buch besprochen wird, oder vielleicht sogar alles, gut zu Ihrer Erfahrung passt. Obwohl ich bei den Fällen, die ich in diesem Buch beschreibe, keine Angaben zur ethnischen Zugehörigkeit mache, sind etwa ein Drittel der Täter, deren Geschichten ich erzähle, Schwarze oder Männer aus Ländern außerhalb Nordamerikas. In Kapitel 6 gehe ich näher auf einige spezielle ethnische Fragen ein.

Meine Erfahrung mit der Beratung von wütenden und kontrollierenden Männern

Meine Beratung von misshandelnden Männern – einzeln und in Gruppen – begann ich 1987, als ich für ein Programm namens Emerge arbeitete. Emerge war die erste Agentur in den Vereinigten Staaten mit spezialisierten Angeboten für Männer, die Frauen misshandeln. In den folgenden fünf Jahren arbeitete ich fast ausschließlich mit Klienten, die freiwillig zu diesem Programm kamen. Sie nahmen in der Regel unter starkem Druck ihrer Partnerinnen teil, die entweder davon sprachen, die Beziehung zu beenden, oder dies bereits getan hatten. In vielen Fällen war die Frau vor Gericht gegangen, um eine einstweilige Verfügung zu erwirken, die dem Mann das Betreten der Wohnung untersagte und ihn in vielen Fällen aufforderte, sich von der Frau ganz fernzuhalten. Die Hauptmotivation der Männer, sich beraten zu lassen, war die Hoffnung, ihre Beziehungen zu retten. Es kam häufig vor, dass sie sich wegen ihres missbräuchlichen Verhaltens schuldig oder unwohl fühlten. Aber gleichzeitig glaubten sie so fest an die Stichhaltigkeit ihrer Ausreden und Rechtfertigungen, dass ihre Reuegefühle alleine nicht ausgereicht hätten, um sie in meinem Programm zu halten. In diesen frühen Jahren waren meine Klienten Männer, die eher verbale und emotionale Misshandlungen als körperliche Gewalt anwendeten, obwohl die meisten von ihnen zumindest bei einigen Gelegenheiten auch körperlich einschüchternd oder aggressiv waren.

In den 1990er-Jahren reagierte das Rechtssystem viel stärker auf häusliche Gewalt, als es in der Vergangenheit geschehen war, mit dem Ergebnis, dass Klienten mit gerichtlich angeordnetem Beratungsbedarf nach und nach in unsere Beratungsagentur kamen und dann immer mehr durch unsere Türen strömten. Diese Männer hatten oft eine viel größere Neigung zu körperlicher Gewalt als unsere früheren Klienten. Manchmal ging es um den Einsatz von Waffen oder brutalen Schlägen, die zur Einweisung ihrer Partnerinnen ins Krankenhaus führten. Wir stellten jedoch fest, dass sich diese Männer in anderer Hinsicht allgemein nicht wesentlich von unseren verbal misshandelnden Klienten unterschieden: Ihre Einstellungen und Ausreden waren in der Regel die gleichen, und sie übten neben ihren körperlichen Angriffen auch seelische Grausamkeit aus. Ebenso wichtig war, dass die Partnerinnen dieser misshandelnden Männer weitgehend dieselben Leiden in ihrem Leben beschrieben, die wir von Frauen kannten, die psychisch misshandelt worden waren. Dies zeigte uns, dass verschiedene Formen des Missbrauchs ähnliche destruktive Auswirkungen auf Frauen haben.

In all den Jahren meiner Arbeit mit kontrollierenden und misshandelnden Männern sind meine Kollegen und ich streng darauf bedacht, auch immer mit der Frau zu sprechen, die unser Klient misshandelt hat, unabhängig davon, ob das Paar noch zusammen ist oder nicht. (Und wenn er eine neue Beziehung begonnen hat, sprechen wir auch mit seiner jetzigen Partnerin. Dadurch wird für uns deutlich, dass misshandelnde Männer ihre Muster von einer Beziehung zur nächsten fortsetzen.) Gerade durch diese Interviews mit Frauen haben wir unsere größten Erkenntnisse über Macht und Kontrolle in Beziehungen gewonnen. Die Berichte der Frauen haben uns auch gezeigt, dass misshandelnde Männer ihre eigenen Geschichten mit einer enormen Verleugnung, Verharmlosung und Verzerrung in Bezug auf ihr eigenes Verhalten darstellen. Wenn wir also der misshandelten Frau nicht genau zuhören, ist es uns unmöglich, ein genaues Bild von den Vorgängen in einer missbrauchenden Beziehung zu gewinnen.

Die psychologische Beratung misshandelnder Männer ist eine schwierige Aufgabe. Die Klienten sind in der Regel sehr zurückhaltend, wenn es darum geht, sich dem Schaden zu stellen, den sie ihrer Partnerin und oft auch ihren Kindern zugefügt haben. Sie halten fest an ihren Ausreden und Vorwürfen gegenüber dem Opfer. Wie Sie auf den nächsten Seiten sehen werden, hängen sie an den verschiedenen Privilegien, die sie durch die Misshandlung ihrer Partnerin erlangen, und sie haben Gewohnheiten, die es ihnen schwer machen, sich eine respektvolle und gleichberechtigte Beziehung mit einer Frau vorzustellen.

Ich werde manchmal gefragt: Welchen Sinn macht es, mit misshandelnden Männern zu arbeiten, wenn es so schwer ist, sie zu einer Veränderung zu bewegen? Dafür gibt es mehrere Gründe. Erstens: Wenn auch nur ein Mann aus einer zehnköpfigen Gruppe substanzielle und dauerhafte Veränderungen in seinem Verhalten vornimmt, dann habe ich meine Zeit und Energie gut investiert, denn seine Partnerin und seine Kinder werden eine erhebliche Veränderung ihrer Lebensqualität erfahren. Zweitens: Ich bin der Ansicht, dass Täter für ihre Taten zur Verantwortung gezogen werden sollen. Wenn sie an einem Täterprogramm teilnehmen, können sie zumindest aufgefordert werden, sich um den Schaden zu kümmern, den sie angerichtet haben. Außerdem habe ich die Hoffnung (und sehe Anzeichen dafür), dass sich die kulturellen Werte mit der Zeit ändern können, wenn die Menschen feststellen, dass Männer, die Frauen chronisch misshandeln und erniedrigen, zur Verantwortung gezogen werden. Drittens, und das ist wahrscheinlich der wichtigste Punkt: Ich betrachte die Frau, die mein Klient misshandelt hat, als diejenige, der ich in erster Linie diene, und daher nehme ich mindestens alle paar Wochen Kontakt zu ihr auf. Mein Ziel ist es, ihr emotionale Unterstützung zu geben, ihr zu helfen, sich über Beratungs- und Rechtsdienstleistungen zu informieren, die es für sie in ihrer Gemeinde gibt (in der Regel kostenlos), und ihr zu helfen, ihren Geist von dem Knoten zu befreien, den ihr Lebenspartner geknüpft hat. Ich kann es ihm schwerer machen, sie zu manipulieren, und ich kann sie vielleicht vor hinterhältigen Manövern warnen, die er plant, oder vor einer Eskalation, die ich beobachte. Solange ich mich auf die Frau und ihre Kinder als diejenigen konzentriere, die meine Hilfe am meisten verdienen und brauchen, kann ich fast immer einen positiven Beitrag leisten, unabhängig davon, ob mein Klient beschließt, sich ernsthaft seinem eigenen Problem zu stellen oder nicht. (In Kapitel 14 beschreibe ich, wie ein Therapieprogramm für misshandelnde Männer tatsächlich abläuft, und erkläre, wie eine Frau feststellen kann, ob ein bestimmtes Programm ordnungsgemäß umgesetzt wird oder nicht.)

In den letzten Jahren habe ich durch meine Arbeit als Ermittlungshelfer in Sachen Kindesmissbrauch und als Sorgerechtsgutachter für verschiedene Gerichte einen neuen Umgang mit Familien gefunden, die von misshandelnden Männern betroffen sind. Einige der durch diese Erfahrungen gewonnenen Erkenntnisse erläutere ich in Kapitel 10, in dem die Erfahrungen von Kindern untersucht werden, die misshandelnden Männern ausgesetzt sind – gewöhnlich ihren Vätern oder Stiefvätern. Ich kläre dabei über die Art und Weise auf, in der einige Missbrauchstäter ihre Muster der Kontrolle und Einschüchterung während des Sorgerechtsverfahrens vor den Familiengerichten fortsetzen.

So nutzen Sie dieses Buch

Eines der bestimmenden Merkmale des Lebens mit einem wütenden oder kontrollierenden Partner ist, *dass er Ihnen häufig sagt, was Sie denken sollen*. Somit versucht er, Sie dazu zu bringen, Ihre eigenen Wahrnehmungen und Überzeugungen anzuzweifeln oder abzuwerten. Ich möchte nicht, dass Ihre Erfahrung mit diesem Buch diese ungesunde Dynamik wieder hervorruft. Der wichtigste Punkt, den Sie beim Lesen der nächsten Seiten beachten sollten, ist also, dass Sie aufmerksam zuhören, was ich sage, aber dabei nicht aufhören, selbstständig zu denken. Wenn irgendein Teil dessen, was ich über die Täter schreibe, nicht mit Ihrer Erfahrung übereinstimmt, ignorieren Sie ihn und konzentrieren Sie sich auf die Teile, die für Sie passen. Vielleicht legen Sie das Buch sogar von Zeit zu Zeit weg und fragen sich: „Wie trifft das auf *meine* Beziehung zu? Was sind meine eigenen Beispiele dafür, wie ein kontrollierender oder grausamer Mann denkt und sich verhält?" Wenn Sie auf Abschnitte stoßen, die Sie nicht ansprechen – weil Sie zum Beispiel keine Kinder haben oder weil Ihr Partner nie körperlich angsteinflößend ist –, springen Sie einfach zu den Abschnitten, die Ihnen mehr helfen können.

Manche Frauen haben das Gefühl, dass es zu schwierig ist, mit diesem Buch allein zu sein, weil es Gefühle und Erkenntnisse weckt, die überwältigend sind. Ich ermutige Sie, sich im weiteren Verlauf um Unterstützung durch vertraute Freunde und Angehörige zu bemühen. Während Ihnen durch die Lektüre dieses Buches wahrscheinlich manches klar wird, kann es auch zu Erkenntnissen führen, die schmerzlich oder beunruhigend sein können.

Wenn Sie niemanden haben, mit dem Sie sprechen können – oder selbst wenn Sie jemanden kennen –, rufen Sie die deutschlandweit gültige Nummer 08000 116 016 des Hilfetelefons bei Gewalt gegen Frauen an (www.hilfetelefon.de). Viele weitere Möglichkeiten zur Unterstützung finden Sie im Abschnitt „Ressourcen" am Ende dieses Buches. Lassen Sie sich auch hier nicht durch das Wort Missbrauch abhalten. Die Mitarbeiter der Hotline sind da, um Ihnen zuzuhören und Ihnen zu helfen, über jegliche Art der Beziehung nachzudenken, in der Sie auf eine Weise behandelt werden, die Ihnen ein schlechtes Gefühl vermittelt.

Ich verstehe, wie unangenehm es sein kann, den Sprung zu wagen und mit Menschen, die einem wichtig sind, über die Misshandlung zu sprechen, die man in seiner Beziehung erlebt. Vielleicht schämen Sie sich dafür, einen Partner zu haben, der sich manchmal unfreundlich oder tyrannisch verhält. Vielleicht befürchten Sie, dass die Leute Sie kritisieren werden, weil Sie ihn nicht sofort verlassen. Oder Sie haben vielleicht die gegenteilige Befürchtung, dass die Menschen um Sie herum

Ihren Partner so sehr mögen, dass sie Ihnen nicht glauben werden, wenn Sie beschreiben, wie gemein oder beleidigend er sein kann. Aber unabhängig von diesen Ängsten ist es wichtig, mit Ihrem Kummer oder Ihrer Verwirrung darüber, was in Ihrer Beziehung geschieht, *nicht* isoliert zu bleiben. Finden Sie jemanden, dem Sie vertrauen können – es könnte sogar eine Person sein, die Sie nie in Erwägung gezogen haben – und entlasten Sie sich. Das ist wahrscheinlich der entscheidende Schritt, den Sie unternehmen können, um ein Leben aufzubauen, das frei von Kontrolle oder Missbrauch ist.

Wenn das kontrollierende oder abwertende Verhalten Ihres Partners chronisch ist, denken Sie zweifellos die meiste Zeit über ihn nach. Sie fragen sich, wie Sie ihm gefallen und wie Sie ihn davon abhalten können, beleidigend zu sein, oder wie Sie ihn dazu bringen können, sich zu ändern. Infolgedessen stellen Sie vielleicht fest, dass Sie nicht viel Zeit haben, über *sich selbst* nachzudenken – außer darüber, was in seinen Augen mit Ihnen nicht stimmt. Einer meiner wichtigsten Gründe, dieses Buch zu schreiben, ist ironischerweise, Ihnen zu helfen, *weniger* über ihn nachzudenken. Ich hoffe, dass ich so viele Fragen wie möglich beantworte und die Verwirrung beseitige, die durch missbräuchliches Verhalten entsteht. Vielleicht kann ich Ihnen dadurch ermöglichen, der Falle zu entkommen, sich permanent mit Ihrem Partner zu beschäftigen. Denn so können Sie sich selbst – und Ihre Kinder, wenn Sie Mutter sind – wieder in den Mittelpunkt Ihres Lebens stellen, wo Sie hingehören. Ein wütender und kontrollierender Mann kann wie ein Staubsauger sein, der den Verstand und das Leben einer Frau aufsaugt. Es gibt jedoch Wege, Ihr Leben zurückzubekommen. Der erste Schritt besteht darin, zu erkennen, was Ihr Partner tut und warum er es tut; das werden die nächsten Seiten beleuchten. Aber wenn Sie damit fertig sind, tief in den Geist des Täters einzutauchen, wozu dieses Buch Sie befähigen wird, ist es wichtig, wieder an die Oberfläche zu steigen und von da an zu *versuchen, sich so weit wie möglich vom Sumpf fernzuhalten*. Ich meine nicht, dass Sie Ihren Partner unbedingt verlassen sollten – das ist eine komplexe und sehr persönliche Entscheidung, die nur Sie treffen können. Aber ob Sie nun bleiben oder gehen: Die für Sie wichtige Entscheidung ist, dass Sie nicht länger zulassen, dass Ihr Partner die Linse Ihres Lebens verzerrt und sich immer in die Mitte des Bildes drängt. Sie verdienen es, dass sich Ihr Leben um *Sie* dreht. Sie sind es wert.

Teil I

Wie Missbrauchstäter denken

1

Das Rätselhafte

Achten Sie auf die Worte dieser Frauen:
Er besteht aus zwei verschiedenen Menschen. Ich habe das Gefühl, mit Dr. Jekyll und Mr. Hyde zu leben.
Er will mir nicht wirklich weh tun. Er verliert nur die Kontrolle.
Alle anderen finden ihn großartig. Ich weiß nicht, was ihn an mir so aufregt.
Er ist in Ordnung, wenn er nüchtern ist. Aber wenn er betrunken ist, muss ich aufpassen.
Ich habe das Gefühl, er ist nie zufrieden mit dem, was ich tue.
Ein paar Mal hat er mir Angst gemacht, aber die Kinder rührt er nie an. Er ist ein großartiger Vater.
Er beschimpft mich mit ekelhaften Namen, und eine Stunde später will er Sex. Ich verstehe das nicht.
Manchmal bringt er meinen Verstand durcheinander.
Die Sache ist die, dass er mich wirklich versteht.
Warum tut er das?

Dies sind die Worte von misshandelten Frauen, die ihre Ängste und inneren Konflikte in ihren Beziehungen beschreiben. Jede dieser Frauen weiß, dass etwas falsch läuft – sehr falsch –, aber sie kann nicht sagen, was es ist. Jedes Mal, wenn sie glaubt, dass sie ihren Partner durchschaut hat, dass sie endlich versteht, was ihn stört, passiert etwas Neues, etwas ändert sich. Die Teile weigern sich zusammenzupassen.

Jede dieser Frauen versucht, der Achterbahnfahrt, zu der ihre Beziehung geworden ist, einen Sinn zu geben. Lesen Sie Kristens Bericht:

Als ich Maury zum ersten Mal traf, war er der Mann, von dem ich geträumt hatte. Es schien zu schön, um wahr zu sein. Er war charmant, witzig und klug, und das

> Beste war, dass er verrückt nach mir war. Ich öffnete mich ihm gegenüber und erzählte ihm von den schwierigen Dingen, die ich in den letzten Jahren durchgemacht hatte, und er war bei all dem so sehr auf meiner Seite. Und er war so wild darauf, Dinge zu *tun* – was immer ich tun wollte, er machte mit. Das erste Jahr etwa, in dem wir zusammen waren, war großartig.
>
> Ich kann nicht genau sagen, wann die Dinge sich zu ändern begannen. Ich glaube, es war ungefähr zu der Zeit, als wir anfingen zusammenzuwohnen. Es begann damit, dass er sagte, er brauche mehr Raum. Ich fühlte mich verwirrt, denn vorher hatte es immer so ausgesehen, als sei *er* derjenige, der jede Sekunde zusammen sein wollte.
>
> Dann fing er an, immer mehr Kritik und Beschwerden zu äußern. Er sagte, dass ich die ganze Zeit nur am Reden wäre und dass ich egozentrisch sei. Vielleicht bin ich es – es stimmt, dass ich viel rede. Aber vorher hatte es den Anschein, als könne er nicht genug von mir hören. Er meinte, dass ich nichts aus meinem Leben mache. Ich weiß, dass er große Ambitionen hat, und vielleicht hat er recht, dass ich mehr unternehmen sollte. Aber ich bin glücklich mit dem, was ich habe. Und dann war es mein Gewicht. Er schien die ganze Zeit zu meckern, dass ich mehr trainieren müsse und dass ich nicht darauf achte, was ich esse. Das tat, ehrlich gesagt, am meisten weh. Er schien immer seltener Sex haben zu wollen, und wenn ich jemals versuchte, das Liebesspiel zu initiieren, vergessen Sie es.
>
> Wir sind immer noch zusammen, aber ich habe das Gefühl, dass er mich verlassen wird. Ich kann ihm anscheinend nicht das geben, was er braucht. Ich versuche es, aber er sieht das nicht so. Und jetzt, wenn er wirklich wütend oder frustriert ist, sagt er Dinge, die mich entmutigen. Vor ein paar Tagen sagte er: „Du bist eine faule Schlampe, die nur einen Mann sucht, von dem sie leben kann, wie deine Mutter." Ich verstehe das nicht; ich habe viel zu unserem Leben beigetragen. Ich habe die letzten zwei Jahre, seit unser Baby da ist, nicht mehr gearbeitet, aber ich bereite mich darauf vor, bald wieder anzufangen. Ich glaube nicht, dass er es wirklich so gemeint hat, aber trotzdem …
>
> Er sagt, ich habe mich sehr verändert, aber ich bin mir nicht immer so sicher, ob ich diejenige bin. Manchmal erscheint er mir für ein paar Tage wieder wie der Mann, in den ich mich verliebt habe, und ich mache mir Hoffnungen. Aber dann entgleitet er mir wieder und er ist so unzufrieden mit mir. Irgendwie provoziere ich ihn, aber ich weiß nicht, was ich falsch mache.

Kristen war durch mehrere Fragen beunruhigt. Was war mit dem Mann geschehen, den sie so sehr geliebt hatte? Warum hat er sie immer wieder beschimpft? Was konnte sie tun, um seine Ausbrüche zu verhindern? Warum dachte er, *sie* sei diejenige, die sich verändert hatte?

Andere misshandelte Frauen erzählen Geschichten, die sich deutlich von Kristens unterscheiden, aber sie sind genauso verwirrt wie sie. Hier ist, was Barbara beschreibt:

> Fran ist irgendwie sehr ruhig und schüchtern. Aber er ist dabei knuddelig süß, und ich habe mich in ihn verknallt, als ich ihn zum ersten Mal traf. Ich musste wirklich selbst auf ihn zugehen. Es war schwer, ihn aus der Reserve zu locken. Wir wollten ausgehen und uns unterhalten und ich konnte es kaum erwarten, ihn wiederzusehen. Aber es vergingen drei Wochen, und er sagte, er habe sich nicht wohl gefühlt oder seine Schwester sei in der Stadt oder was auch immer. Ein paar Mal vergaß er Verabredungen, die wir hatten.
>
> Nun, schließlich öffnete er sich. Es stellte sich heraus, dass er schon einmal sehr verletzt worden war. Er war oft betrogen worden, und Frauen hatten ihm einige ziemlich gemeine Dinge angetan. Er hatte Angst davor, eine engere Beziehung einzugehen.
>
> Nach und nach kam er wieder aus sich heraus, aber ich war definitiv die Aktive. Ich versuchte, ihm zu zeigen, dass ich nicht wie die anderen Frauen bin, mit denen er zusammen gewesen war. Ich flirte nicht. Ich produziere meinen Körper nicht vor anderen Männern, das ist einfach nicht mein Stil. Aber Fran wollte es nicht glauben. Er sagte immer, ich würde einem Mann am Nebentisch schöne Augen machen, oder dass ich jemanden abchecke, der an uns vorbeigeht. Es tut mir leid für ihn, dass er so unsicher ist. Seine Mutter hat seinen Vater betrogen, als er heranwuchs, und das hat es wohl noch schlimmer gemacht.
>
> Ich wollte ihn unbedingt heiraten, weil ich dachte, dann würde er das Gefühl haben, dass ich ihm gehöre, aber er wollte sich nur sehr ungern binden. Als wir endlich den Bund fürs Leben geschlossen hatten, war er eine Zeit lang vertrauensvoller. Aber dann kam die Eifersucht zurück, und sie ist nie mehr weggegangen. Ich habe ihn jahrelang immer wieder gebeten, einen Therapeuten aufzusuchen, aber er wird dann wirklich wütend und sagt, dass mit ihm alles in Ordnung sei.
>
> Vor ein paar Tagen waren wir auf der Geburtstagsfeier seines Freundes und ich hatte ein tolles Gespräch mit dessen Bruder. Wir haben uns nur unterhalten – ich meine, der Typ ist nicht einmal süß. Nun, plötzlich sagte Fran, dass wir nach Hause gehen müssten, weil er schlimme Kopfschmerzen hätte. Auf der Heimfahrt stellte sich heraus, dass der wahre Grund Eifersucht war. Er fing an, mich anzuschreien, sagte, er habe es satt, dass ich ihn vor anderen Leuten demütige, „dass ich eine Show abziehen würde" und so weiter und so fort. Er hämmerte mit der Faust auf das Armaturenbrett, und zwei oder drei Mal stieß er mich gegen die Autotür. Jedes Mal, wenn ich ihm sagte, es sei nicht wahr, ging er durch die Decke. Also hörte ich auf, das zu sagen. Unsere Kinder saßen auf dem Rücksitz; das hat sie zu Tode erschreckt.
>
> In meinem Alter ist es schwer, daran zu denken, ihn zu verlassen. Von vorne anzufangen, scheint jetzt so schwierig zu sein. Ich wünschte nur, er würde etwas Hilfe bekommen.

Barbara kämpfte mit anderen Problemen als Kristen. Warum konnte Fran ihr nicht vertrauen, und warum isolierte er sie von anderen Menschen? Warum konnte er nicht sehen, dass er ein Problem hat, und sich Hilfe holen? Wollte er sie eines Tages ernsthaft verletzen? Würde ihr Leben jemals besser werden?

Auf den ersten Blick ähneln Maury und Fran sich nicht: Der eine ist jung, beliebt, energisch und durchsetzungsfähig; der andere ist sozial unbeholfen, passiv und leicht zu verletzen. Fran ist manchmal körperlich gewalttätig, Maury hingegen nicht. Aber sind sie so unterschiedlich, wie sie scheinen? Oder haben beide unter der Oberfläche tatsächlich die gleichen Probleme, die ihr Verhalten bestimmen? Dies sind einige der Fragen, auf die wir in den folgenden Kapiteln Antworten finden werden.

Betrachten Sie einen weiteren Bericht von Laura:

> Paul ist ein toller Kerl. Wir sind etwa sechs Monate miteinander gegangen und leben jetzt schon seit mehreren Monaten zusammen. Wir sind verlobt. Er tut mir so leid. Seine Ex-Frau beschuldigt ihn, sie misshandelt zu haben, das ist jedoch eine totale Lüge. Er hat einen Fehler gemacht, nämlich, dass er sie betrogen hat, und sie ist wild entschlossen, ihn dafür zu bestrafen. Sie wird vor nichts zurückschrecken. Jetzt sagt sie sogar, er sei gewalttätig, und sie behauptet, er habe sie ein paar Mal geschlagen und ihre Sachen zerbrochen. Das ist doch lächerlich! Ich bin jetzt seit über einem Jahr mit ihm zusammen und ich kann Ihnen sagen, er ist *überhaupt nicht* so. Paul hat nie auch nur die Hand gegen mich erhoben. Er hat vielmehr versucht, mir zu helfen, mein Leben in Ordnung zu bringen, und er war wirklich für mich da. Als ich ihn kennenlernte, ging es mir schlecht, ich war deprimiert und ich trank zu viel, und jetzt geht es mir durch ihn so viel besser. Ich hasse diese Schlampe, weil sie ihm diese Dinge vorwirft. Wir werden gemeinsam daran arbeiten, das Sorgerecht für seine Kinder zu bekommen, denn sie ist außer Kontrolle geraten.

Laura fragte sich, wie Pauls Ex-Frau einen so reizenden Mann der Misshandlung beschuldigen konnte. Sie war darüber so wütend, dass sie mehrere Warnzeichen in ihrer eigenen Beziehung zu Paul nicht bemerkte.

Wenn Kristen, Barbara und Laura sich zusammensetzen und ihre Aufzeichnungen vergleichen würden, würden sie feststellen, dass ihre Partner nicht unterschiedlicher sein könnten. Die Persönlichkeiten der drei Männer scheinen Meilen voneinander entfernt zu sein, und ihre Beziehungen gehen sehr unterschiedliche Wege. Doch Maury, Fran und Paul haben tatsächlich weit mehr gemeinsam, als man auf den ersten Blick sieht. Ihre Launen, ihre Ausreden, ihre Einstellungen – sie alle sprudeln aus derselben Quelle. Und alle drei sind missbrauchende Männer.

Die Missbrauchstragödie

Missbrauch in Beziehungen betrifft eine unvorstellbar hohe Zahl von Frauen. Selbst wenn wir Fälle von rein verbaler und psychischer Misshandlung beiseitelassen und nur die körperliche Gewalt betrachten, sind die Statistiken schockierend: Laut dem

Bundeskriminalamt (BKA) wird jede Stunde eine Frau Opfer einer Körperverletzung durch ihren Partner. Das Bundesministerium für Familie, Senioren, Frauen und Jugend berichtet, dass *jede dritte Frau* irgendwann in ihrem Leben Opfer von körperlicher oder sexueller Gewalt durch ihren aktuellen oder früheren Partner wird. Die emotionalen Auswirkungen von Gewalt durch den Partner sind ein wesentlicher Faktor bei Selbstmordversuchen und eine der Hauptursachen für Alkohol- und Drogenmissbrauch bei erwachsenen Frauen. Kriminalstatistiken zeigen, dass fast jeden dritten Tag eine Frau in Deutschland von ihrem Partner oder Ex-Partner ermordet wird und dass diese Morde fast immer eine Vorgeschichte von Gewalt, Drohungen oder Stalking haben.

Die Misshandlungen von Frauen sind schockierende Erlebnisse im Leben von Kindern. Millionen von Kindern werden jedes Jahr Zeuge eines Angriffs auf ihre Mütter – eine Erfahrung, die traumatisierend wirken kann. Kinder, die häuslicher Gewalt ausgesetzt sind, zeigen öfter auffälliges Verhalten in der Schule, haben Aufmerksamkeitsprobleme, sind aggressiv, leiden unter Depressionen und flüchten sich in Drogenmissbrauch als Ausdruck ihrer kindlichen Not. Gewalt gegen Frauen ist Studien zufolge die Ursache für etwa ein Viertel der Scheidungen von Paaren mit Kindern und führt in ca. der Hälfte der Fälle dazu, dass das Sorgerecht angefochten wird.

So alarmierend dieses Bild auch ist, wir wissen auch, dass körperliche Übergriffe nur ein Aspekt der Misshandlungen sind, denen Frauen ausgesetzt sein können. Es gibt Millionen weitere Frauen, die nie geschlagen wurden, die aber mit wiederholten verbalen Übergriffen, Demütigungen, sexuellem Zwang und anderen Formen des psychischen Missbrauchs leben, oft begleitet von wirtschaftlicher Ausbeutung. Die Narben von erlittenen seelischen Grausamkeiten können so tief und lang vorhanden sein wie Wunden von Schlägen oder Ohrfeigen, sie sind aber oft nicht so offensichtlich. Tatsächlich berichten mehr als die Hälfte der Frauen, die körperliche Gewalt durch einen Partner erlebt haben, dass *die emotionale Misshandlung durch den Mann ihnen den größten Schaden zufügt.*

Die Unterschiede zwischen dem verbal misshandelnden Mann und dem körperlichen Angreifer sind nicht so groß, wie viele Menschen glauben. Das Verhalten beider Täterarten hat die gleichen Wurzeln und wird von den gleichen Gedanken getrieben. Männer beider Kategorien folgen ähnlichen Veränderungsprozessen beim Überwinden ihres missbräuchlichen Verhaltens – falls sie sich ändern, was leider nicht der Normalfall ist. Außerdem gibt es nicht immer eindeutige Kategorien. Körperlich angreifende Männer beleidigen ihre Partnerinnen auch verbal. Psychisch grausame und manipulative Männer neigen dazu, nach und nach auch körperliche Einschüchterung einzusetzen. In diesem Buch werden Sie Täter in einem Spektrum antreffen, das von denen, die nie Gewalt anwenden, bis zu denen, die wahrlich Furcht einflößend sind, reicht. Das Ausmaß ihrer Gemeinsamkeiten wird Sie vielleicht erschrecken.

Eine der Schwierigkeiten, chronische Misshandlungen in Beziehungen zu erkennen, ist, dass die meisten misshandelnden Männer einfach nicht wie Missbrauchstäter wirken. Sie haben viele gute Eigenschaften, auch Phasen, in denen sie freundlich, herzlich und humorvoll sind, vor allem in der ersten Zeit einer Beziehung. Die Freunde eines Täters mögen große Stücke auf ihn halten. Er ist vielleicht erfolgreich im Beruf und hat keine Probleme mit Drogen oder Alkohol. Er mag einfach nicht in das Bild eines grausamen oder einschüchternden Mannes passen. Wenn eine Frau also das Gefühl hat, dass ihre Beziehung außer Kontrolle gerät, ist es unwahrscheinlich, dass sie ihren Partner als Misshandelnden wahrnimmt.

Die Symptome der Misshandlung sind da, und die Frau sieht sie in der Regel: eine eskalierende Häufigkeit von Herabsetzungen. Die frühere Großzügigkeit wandelt sich mehr und mehr zu Egoismus. Verbale Ausbrüche, wenn er gereizt ist oder wenn er sich nicht durchsetzen kann. Ihre Beschwerden werden ständig gegen sie selbst gerichtet, als wäre alles ihre eigene Schuld. Seine Einstellung wächst, dass er besser als sie weiß, was gut für sie ist. Und es entsteht in vielen Beziehungen ein wachsendes Gefühl der Angst oder Einschüchterung. Aber die Frau sieht auch, dass ihr Partner ein Mensch ist, der manchmal fürsorglich und liebevoll sein kann, und sie liebt ihn. Sie möchte herausfinden, warum er sich so aufregt, damit sie ihm helfen kann, den ständigen Wechsel von Höhen und Tiefen zu durchbrechen. Sie wird in die Komplexität seiner inneren Welt hineingezogen und versucht, Hinweise aufzudecken, indem sie einzelne Aspekte hin und her bewegt und versucht, ein kompliziertes Puzzle zu lösen.

Besonders verwirrend sind die Stimmungsschwankungen des Täters. Er kann von Tag zu Tag oder sogar von Stunde zu Stunde eine völlig andere Person sein. Manchmal ist er aggressiv und einschüchternd, sein Ton ist hart, seine Worte sind äußerst demütigend und beleidigend, sein beißender Spott und Zynismus ohne Grenzen. Wenn er sich in diesem Modus befindet, scheint nichts, was sie sagt, eine Wirkung auf ihn zu haben, außer dass es ihn noch wütender macht. Ihre Perspektive zählt in seinen Augen nichts, und alles ist ihre Schuld. Er verdreht ihre Worte, sodass sie immer in die Defensive gerät. So viele Partnerinnen meiner Klienten haben mir gegenüber beklagt: „Ich kann einfach nichts richtig machen."

In anderen Momenten klingt er verwundet und verloren, sehnt sich nach Liebe und nach jemandem, der sich um ihn kümmert. Wenn diese Seite von ihm auftaucht, wirkt er offen und bereit zur Heilung. Seine Wachsamkeit scheint nachzulassen, sein hartes Äußeres wird weicher und er kann die Eigenschaft eines verletzten Kindes annehmen, schwierig und frustrierend, aber liebenswert. Wenn seine Partnerin ihn in diesem entmutigten Zustand erlebt, fällt es ihr schwer, sich vorzustellen, dass er sie jemals wieder misshandeln wird. Die Bestie, die ihn zu anderen Zeiten beherrscht hat, scheint nichts mit der empfindlichen Person zu tun zu haben, die sie jetzt erlebt.

Früher oder später aber legt sich der Schatten wieder über ihn, als hätte dieser ein Eigenleben. Wochen des friedlichen Miteinanders mögen vergehen, aber schließlich findet sie sich wieder unter Beschuss, und sie beginnt sich zu fragen, ob sie vielleicht diejenige ist, die nicht ganz richtig im Kopf ist.

Erschwerend kommt hinzu, dass jeder, mit dem sie spricht, eine andere Meinung über die Art seines Problems hat und darüber, was sie dagegen tun sollte. Ihr Seelsorger rät ihr vielleicht: „Liebe heilt alle Schwierigkeiten. Schenke ihm dein Herz ganz und gar und er wird den Geist Gottes finden." Ihr Therapeut spricht eine andere Sprache und sagt: „Er löst in Ihnen starke Reaktionen aus, weil er Sie an Ihren Vater erinnert, und Sie lösen in ihm wegen seiner Beziehung zu seiner Mutter Dinge aus. Jeder von Ihnen muss daran arbeiten, nicht die Trigger-Punkte des anderen zu drücken." Ein genesender alkoholkranker Freund äußert: „Er ist ein Wut-Junkie. Er kontrolliert dich, weil er vor seinen eigenen Ängsten Angst hat. Du musst ihn dazu bringen, dass er an einem Zwölf-Schritte-Programm teilnimmt." Ihr Bruder sagt vielleicht: „Er ist ein guter Kerl. Ich weiß, dass er manchmal die Beherrschung dir gegenüber verliert – er ist wirklich schnell reizbar –, aber mit deinem Mundwerk ist es auch nicht immer leicht. Ihr beide müsst das zum Wohle der Kinder in Ordnung bringen." Und dann, als Krönung ihrer Verwirrung, hört sie vielleicht von ihrer Mutter oder dem Lehrer ihres Kindes oder von ihrer besten Freundin: „Er ist gemein und verrückt, und er wird sich nie ändern. Er will dich nur verletzen. Verlasse ihn jetzt, bevor er etwas noch Schlimmeres tut."

All diese Menschen versuchen zu helfen, und sie alle reden über denselben Täter. Aber er sieht aus jedem Blickwinkel anders aus.

Die Frau weiß aus dem Zusammenleben mit dem misshandelnden Mann, dass es keine einfachen Antworten gibt. Freunde sagen: „Er ist gemein." Aber sie kennt viele Situationen, in denen er gut zu ihr ist. Freunde sagen: „Er behandelt dich so, weil er damit durchkommt. Ich würde nie zulassen, dass *mich* jemand so behandelt." Aber sie weiß, je stärker sie mit der Faust auf den Tisch haut, desto zorniger und einschüchternder reagiert er. Wenn sie sich gegen ihn wehrt, lässt er sie dafür bezahlen – früher oder später. Freunde sagen: „Verlasse ihn." Aber sie weiß, dass es nicht so einfach sein wird. Er wird versprechen, sich zu ändern. Er wird Freunde und Familienmitglieder dazu bringen, Mitleid mit ihm zu haben und sie unter Druck zu setzen, ihm eine zweite Chance zu geben. Er wird schwer depressiv werden, sodass sie sich Sorgen machen wird, ob es ihm gut geht. Und je nachdem, was für ein Missbrauchstäter er ist, wird sie wissen, dass er gefährlich wird, wenn sie versucht, ihn zu verlassen. Vielleicht befürchtet sie sogar, dass er versuchen wird, ihr ihre Kinder wegzunehmen, wie es einige Täter tun.

Wie soll sich eine misshandelte Frau bei diesem Durcheinander ein vernünftiges Bild machen? Wie kann sie genug Einblick in die Ursachen seines Problems gewinnen, um zu wissen, welchen Weg sie wählen soll? Die Fragen, vor denen sie steht, sind dringende Fragen.

Fünf verwirrende Beobachtungen

Fachleute, die sich auf die Arbeit mit misshandelnden und kontrollierenden Männern spezialisiert haben, sehen sich bei der Arbeit mit den gleichen verwirrenden Fragen konfrontiert. Ich war Co-Direktor des ersten Beratungsprogramms für misshandelnde Männer in den Vereinigten Staaten – und vielleicht in der ganzen Welt. Als ich vor über dreißig Jahren begann, Gruppen für Missbrauchende zu leiten, waren diese für mich ebenso ein Rätsel wie für die Frauen, die mit ihnen zusammenlebten. Meine Kollegen und ich mussten ein Bild aus denselben seltsamen Hinweisen zusammenstellen, mit denen Kristen, Barbara und Laura konfrontiert waren. In den Erzählungen unserer Klienten wurden wir immer wieder mit verschiedenen Themen konfrontiert, darunter:

Seine Version des Missbrauchs ist Welten von ihrer entfernt

Ein Mann namens Dale, Mitte dreißig, gab folgenden Bericht ab, als er in meine Gruppe für misshandelnde Männer kam:

> Meine Frau Maureen und ich sind seit elf Jahren zusammen. In den ersten zehn Jahren hatten wir eine gute Ehe, und es gab keine Probleme mit Missbrauch oder Gewalt oder Ähnlichem. Sie war ein großartiges Mädchen. Vor etwa einem Jahr fing sie dann an, mit dieser Schlampe Eleanor herumzuhängen, die sie kennengelernt hatte und die es wirklich auf mich abgesehen hat. Manche Leute können es einfach nicht ertragen, andere glücklich zu sehen. Dieses Mädchen war ledig und offensichtlich eifersüchtig darauf, dass Maureen in einer guten Ehe war, also machte sie sich daran, sie zu zerstören. Niemand kommt mit Eleanor zurecht, deswegen hat sie natürlich auch keine dauerhafte Beziehung. Ich hatte nur das Pech, dass sie meiner Frau begegnet ist.
>
> Also fing dieses Miststück an, alles mögliche Schlechte über mich in Maureens Kopf einzupflanzen und sie gegen mich aufzubringen. Sie hat zu Maureen gesagt, dass sie mir egal sei, dass ich mit anderen Mädchen schlafe, alle möglichen Lügen. Und sie hat erreicht, was sie will, denn jetzt haben Maureen und ich angefangen, uns böse zu streiten. Im vergangenen Jahr sind wir über-

> haupt nicht miteinander ausgekommen. Ich sage Maureen, dass ich nicht will, dass sie mit diesem Mädchen herumhängt, aber sie hört nicht auf mich. Sie schleicht herum, trifft sie hinter meinem Rücken. Und, sehen Sie, ich bin nicht hier, um etwas zu verbergen. Ich sage Ihnen ganz offen, es ist wahr, dass ich dieses Jahr all diese Anschuldigungen und das Geschrei nicht mehr ertragen konnte und schließlich zwei oder drei Mal ausgeholt und sie geohrfeigt habe. Ich brauche Hilfe, das leugne ich nicht. Ich muss lernen, besser mit dem Stress umzugehen; ich will nicht, dass sie mich verhaften lässt. Und vielleicht kann ich immer noch herausfinden, wie ich Maureen überreden kann, etwas so Großartiges wie unsere Beziehung nicht einfach wegzuwerfen, denn bei der Geschwindigkeit, mit der wir voranschreiten, werden wir in sechs Monaten getrennt sein.

Ich interviewe immer so bald wie möglich die Partnerinnen meiner Klienten, wenn diese sich bei meinem Programm angemeldet haben. Einige Tage später erreichte ich Maureen telefonisch und hörte ihren Bericht:

> Dale war großartig, als ich ihn zum ersten Mal traf, aber als wir heirateten, stimmte schon etwas nicht. Er hatte seine Meinung geändert, hielt mich nicht mehr für perfekt, sondern kritisierte mich ständig, und er war bei den kleinsten Dingen immer schlecht gelaunt. Ich wusste nicht, wie ich ihn dazu bringen konnte, sich besser zu fühlen. Nur ein paar Monate nach der Hochzeit schubste er mich zum ersten Mal, und danach kamen die Ausbrüche etwa zwei oder drei Mal im Jahr. Normalerweise zerbrach er etwas oder hob eine Faust, aber einige Male schubste er mich oder schlug mich. Einige Jahre tat er es gar nicht und ich dachte, es sei alles vorbei, aber dann passierte es wieder – es kam irgendwie in Wellen. Und er hat mich immer, immer wieder niedergemacht und mir gesagt, was ich tun soll. Ich konnte nichts richtig machen.
>
> Wie auch immer, vor etwa einem Jahr habe ich eine neue Freundin gefunden, Eleanor. Sie fing an, mir zu erklären, dass Dales Verhalten mir gegenüber Missbrauch wäre, auch wenn er mich nie verprügelt oder verletzt hatte, und dass ich nichts getan hätte, um das zu verdienen. Zuerst dachte ich, dass sie übertreibt, denn ich kenne Frauen, die es so viel schlimmer erwischt hat als mich. Und Dale kann wirklich süß und unterstützend sein, wenn man es am wenigsten erwartet. Wir hatten viele gute Zeiten, ob Sie es glauben oder nicht. Jedenfalls hat mir Eleanor irgendwie die Augen geöffnet. Also begann ich, Dale die Stirn zu bieten und mich zu beschweren, wie er mit mir spricht. Ich sagte ihm, dass ich darüber nachdenke, für eine Weile auszuziehen. Und was passierte dann – er ist durchgedreht. Ich schwöre, irgendwas hat bei ihm ausgehakt. Er hat mich in den letzten acht Monaten zweimal mit der Rückhand geschlagen, und ein anderes Mal warf er mich über einen Stuhl, sodass mein Rücken verletzt wurde. Also bin ich endlich ausgezogen. Im Moment habe ich nicht vor, wieder mit ihm zusammenzukommen, aber ich schätze, das hängt zum Teil davon ab, wie das Therapieprogramm für misshandelnde Männer auf ihn wirkt.

Beachten Sie die auffallenden Kontraste. Dale beschreibt die ersten zehn Jahre seiner Ehe als missbrauchsfrei, während sich Maureen an Herabsetzungen und sogar körperliche Übergriffe in diesen Jahren erinnert. Maureen sagt, dass Eleanor ihr hilft und sie unterstützt, während Dale in ihr jemanden sieht, die Maureen korrumpiert und sie gegen ihn aufbringt. Dale sagt, dass sie immer noch zusammen sind, während Maureen berichtet, dass sie sich bereits getrennt haben. Jeder glaubt, der andere habe ein Problem entwickelt. Wie können ihre Wahrnehmungen so stark auseinanderklaffen? In den folgenden Kapiteln werden wir das Denken missbrauchender Männer untersuchen, um die Frage zu beantworten, warum Dales Sichtweise so massive Verzerrungen enthält.

Er wird wahnsinnig eifersüchtig, aber in anderen Situationen scheint er völlig rational zu sein

In einer Gruppensitzung berichtete einmal ein junger Klient namens Marshall von einer Konfrontation mit seiner Partnerin, die sich in der Woche zuvor ereignet hatte:

> Meine Frau und ich hatten vor, uns in der Lobby des Gebäudes, in dem sie arbeitet, zum Mittagessen zu treffen. Ich wartete in der Nähe der Aufzüge, und als sie endlich herauskam, sah ich, dass sie mit diesem gut aussehenden Mann allein im Aufzug gewesen war. Er hatte einen speziellen Gesichtsausdruck und sie auch, ich kann es nicht wirklich beschreiben, aber ich wusste, dass etwas im Busch war. Ich fragte: „Was war das gerade?", und sie tat so, als wüsste sie nicht, wovon ich sprach. Das machte mich wirklich wütend, und ich schätze, ich habe sie angeblafft. Vielleicht war ich etwas lauter, als ich hätte sein sollen. Aber ich war wütend und sagte: „Du hast es mit dem Typen im Aufzug getrieben, nicht wahr? Lüg mich nicht an, du Schlampe, ich bin nicht blöd." Aber sie stellte sich weiter dumm und sagte, sie kenne ihn nicht einmal, was absoluter Bockmist ist.

Marshall war extrem eifersüchtig, aber ich hatte lange genug mit ihm gearbeitet, um zu wissen, dass er nicht verrückt ist. Er war klar und logisch in der Gruppe, hatte eine stabile berufliche Situation und normale Freundschaften und zeigte keine Anzeichen dafür, dass er in einer Welt der Fantasie oder Halluzinationen lebte. Es gab einfach keine Symptome für irgendeine Art von schwerer Geisteskrankheit, die einen Mann davon überzeugen könnte, dass seine Frau in einem Aufzug, vollständig bekleidet und im Stehen, zwischen den Stockwerken eines geschäftigen Bürogebäudes Sex hat. Marshall musste wissen, dass seine Anschuldigung nicht wahr war. Und als ich ihn damit konfrontierte, gab er es zu.

Wenn sich herausstellt, dass selbst sehr eifersüchtige Missbrauchstäter ein vernünftiges Gespür für die Realität haben, warum machen sie dann diese wahnsinnig anmutenden Anschuldigungen? Gibt es etwas am verrückten Verhalten, das ihnen Spaß macht? Was erreichen sie mit diesem Verhalten? (Diese Fragen beantworte ich in Kapitel 3, das sich mit der Frage der Besessenheit befasst.)

Es gelingt ihm, Menschen dazu zu bringen, sich gegen sie und auf seine Seite zu stellen

Martin, ein Mann in den späten Zwanzigern, schloss sich meiner Tätergruppe an, während er gleichzeitig eine Einzeltherapie machte. Er erzählte mir am ersten Tag, dass er durcheinander sei, ob er ein Problem habe oder nicht, aber dass seine langjährige Freundin Ginny kurz davor sei, mit ihm Schluss zu machen, weil sie ihn als missbrauchend erlebe. Er fuhr fort, Vorfälle zu beschreiben, in denen er Ginny beleidigt oder ignoriert und ihr absichtlich emotionalen Schmerz zugefügt hatte, „um ihr zu zeigen, wie es sich anfühlt, wenn sie mich verletzt". Er gab auch zu, sie manchmal vor anderen Menschen erniedrigt und mit Frauen geflirtet zu haben, wenn er wütend auf sie war, und erzählte davon, dass er einige für sie wichtige Ereignisse aus jüngster Zeit ruiniert hatte, indem er ihr große Szenen gemacht hatte. All diese Verhaltensweisen rechtfertigte er damit, dass er sich von ihr verletzt fühlte.

Im Rahmen meiner Beurteilung von Martin nahm ich routinemäßig Kontakt zu seiner privaten Therapeutin auf, um unsere Eindrücke zu vergleichen. Es stellte sich heraus, dass die Therapeutin eine eindeutige Meinung zu dem Fall hatte:

THERAPEUTIN: Ich glaube, es ist ein großer Fehler, dass Martin an Ihrem Täterprogramm teilnimmt. Er hat ein sehr geringes Selbstwertgefühl und er glaubt alles Negative, was jemand über ihn sagt. Wenn Sie ihm sagen, dass er missbrauchend ist, wird ihn das nur noch weiter runterziehen. Seine Partnerin attackiert ihn, warum auch immer, ständig mit dem Wort „missbrauchend". Ginny hat riesige Kontrollprobleme, und sie leidet an einer Zwangsstörung. Sie muss behandelt werden. Ich denke, dadurch dass Martin an Ihrem Programm teilnimmt, bekommt sie einfach das, was sie will.

BANCROFT: Sie haben also eine Paarberatung mit ihnen gemacht?

THERAPEUTIN: Nein, ich treffe ihn einzeln.

BANCROFT: Wie oft haben Sie sich mit ihr getroffen?

THERAPEUTIN: Sie war überhaupt nicht da.

BANCROFT: Dann müssen Sie ausgiebigen telefonischen Kontakt mit ihr gehabt haben.

THERAPEUTIN: Nein, ich habe nicht mit ihr gesprochen.

BANCROFT: Sie haben nicht mit ihr gesprochen? Sie haben über Ginny eine klinische Diagnose gestellt, die nur auf Martins Beschreibungen von ihr basiert?

THERAPEUTIN: Ja, das stimmt, ich habe nicht mit ihr gesprochen. Aber Sie müssen verstehen, dass es sich hier um einen ungewöhnlich einfühlsamen Mann handelt. Martin hat mir viele Einzelheiten erzählt, und er ist scharfsinnig und sensibel.

BANCROFT: Aber er gibt zu, dass er Ginny ernsthaft seelisch misshandelt hat, obwohl er es nicht so nennt. Ein missbrauchender Mann ist keine verlässliche Quelle für Informationen über seine Partnerin.

Was Martin durch die Einzeltherapie bekam, war leider ein offizielles Gütesiegel für seine Verweigerung und für seine Ansicht, dass Ginny psychisch krank sei. Wie war es ihm gelungen, seine Therapeutin in Bezug auf seine Partnerin so zu beeinflussen, dass sie diese Haltung einnahm? Wie können Täter so geschickt sein, andere auf diese Weise für sich zu gewinnen, darunter manchmal auch Personen mit beträchtlichem Status oder Einfluss, und was ist ihre Absicht? (Diese Fragen stehen im Mittelpunkt von Kapitel 11.)

Bei einigen Vorfällen scheint er die Kontrolle zu verlieren, aber bestimmte andere Kontrollverhalten von ihm erscheinen sehr kalkuliert

Vor einigen Jahren kam ein junger Mann namens Mark zu einer meiner Gruppen. Wenn ein Klient dem Programm beitritt, verabrede ich mit ihm so bald wie möglich Verhaltensziele. Ich beginne oft mit der Frage: „Welche sind die drei oder vier häufigsten Beschwerden, die Ihre Partnerin gegen Sie hat?“ Marks Antwort lautete:

> Eileen geht mir am meisten damit auf die Nerven, dass sie sagt, ich würde sie ignorieren. Sie sagt, dass ich sie nicht wichtig nehme und immer anderes zu tun hätte, statt mit ihr zusammen zu sein, sodass sie das Gefühl hat, nichts zu sein. Ich mag es, viel Zeit für mich selbst zu haben oder mich zu entspannen und fernzusehen. Ich schätze, ich schalte sie irgendwie aus.

Auf der Grundlage von Marks Bericht schrieb ich fast ganz oben auf seinen Verhaltensplan: **„Verbringen Sie mehr Zeit mit Eileen. Geben Sie ihr eine höhere Priorität in Ihrem Leben.“**

Eileen war telefonisch sehr schwer zu erreichen, aber drei Wochen später rief sie mich schließlich an und erzählte mir eine überraschende Geschichte:

> Ein paar Wochen bevor Mark mit Ihrem Programm begann, sagte ich ihm, dass ich eine totale Pause von der Beziehung brauche. Ich konnte es einfach nicht mehr ertragen – das Geschrei und den Egoismus. Er ließ mich nicht einmal schlafen. Also wollte ich eine Zeit lang nicht einmal mit ihm reden; ich musste Zeit für mich selbst haben, um mich zu sammeln. Ich versicherte ihm, dass die Beziehung nicht vorbei sei und dass wir nach einer Verschnaufpause in ein paar Monaten wieder zusammenkommen würden.
>
> Ein paar Wochen später rief er mich dann an und sagte, dass er sich bei einem Therapieprogramm für Missbrauchstäter angemeldet habe. Er sagte, sein Berater wolle, dass er mehr Zeit mit mir verbringe, und er habe es als Aufgabe auf seinen Zettel geschrieben. Das Programm habe ihm gesagt, dass das Zusammensein mit mir ein Teil davon sei, wie er an seinen Problemen arbeiten könne. Dazu war ich noch überhaupt nicht bereit, aber ich wollte auch nicht sein Programm behindern. Also begann ich, ihn wieder zu treffen. Ich möchte ihm helfen, sich zu ändern, was auch immer dafür am besten funktioniert. Ich hätte, um ehrlich zu sein, etwas mehr Zeit getrennt von ihm gebrauchen können, aber wenn es das ist, was Ihr Programm empfiehlt …

Mark war es gelungen, das Therapieprogramm für seine eigenen Zwecke zu verdrehen. Ich erklärte Eileen, was geschehen war, und entschuldigte mich für die Art und Weise, wie mein Programm zu den vielen Schwierigkeiten, die sie bereits mit ihm hatte, beigetragen hatte. Der hohe Grad an Manipulativität, den Mark benutzte, ist unter missbrauchenden Männern leider nicht ungewöhnlich. Wie können Missbrauchende zu einem solch berechnenden Verhalten fähig sein, obwohl sie zu anderen Zeiten völlig außer Kontrolle zu geraten scheinen? Wo ist der Zusammenhang? Die Antworten finden sich in Kapitel 2, wo wir die Ausreden untersuchen, die missbrauchende Männer benutzen, um ihr Verhalten zu rechtfertigen.

Manchmal scheint er sich wirklich zu verändern, aber das vergeht wieder

Carl war ein sechsundzwanzigjähriger Mann, der wiederholt wegen häuslicher Übergriffe verhaftet worden war und schließlich einige Monate im Gefängnis verbracht hatte. In einer Gruppensitzung sagte er zu mir:

> Ins Gefängnis zu gehen, war der letzte Strohhalm. Ich habe endlich begriffen, dass ich aufhören muss, meine Probleme auf andere zu schieben und stattdessen einen Blick auf mich selbst werfen muss. Die Leute im Gefängnis sagten mir das Gleiche: Wenn du nicht wieder hier drin sein willst, dann sei ehrlich zu dir selbst. Ich bin, um die Wahrheit zu sagen, jähzornig und habe eine gemeine Ader und ich muss damit fertig werden. Ich will auf keinen Fall wieder dorthin zurück.

Am Ende jeder Sitzung machte Carl Kommentare wie: „Ich sehe, dass ich wirklich an meiner Einstellung arbeiten muss" und „Ich habe heute Abend viel darüber gelernt, wie Ausreden mich davon abhalten, mich zu ändern". Eines Abends schaute er mich an und sagte: „Ich bin wirklich froh, dass ich Sie kennengelernt habe, denn ich glaube, wenn ich die Dinge, die Sie sagen, nicht hören würde, wäre ich auf dem direkten Weg zurück in den Knast. Sie helfen mir, einen klaren Kopf zu bekommen."

Ich erreichte Carls Freundin Peggy telefonisch und begann, sie nach der Geschichte von Carls Problem mit den Misshandlungen zu fragen. Sie wirkte merklich zerstreut und sie klang, als ob es ihr unbehaglich war. Ich hatte den starken Verdacht, dass Carl dem Gespräch zuhörte, also suchte ich eine Ausrede, um es bald zu beenden. Als Carl jedoch in der darauffolgenden Woche in meiner Gruppe war, überließ ich meinem Co-Leiter die Betreuung der Sitzung und schlich mich hinaus, um Peggy noch einmal anzurufen und zu sehen, ob sie sich freier fühlen würde, mit mir zu reden. Diesmal sprudelte es nur so aus ihr heraus:

> Carl ist jede Woche voller Wut, wenn er von Ihrem Programm nach Hause kommt. Ich habe Angst, mittwochabends im Haus zu sein, wenn er seine Gruppensitzung hat. Er sagt, dass das Programm totaler Schwachsinn ist und dass er nicht dort sitzen müsste, um von Ihnen beleidigt zu werden, wenn ich nicht die Polizei auf ihn angesetzt hätte, und er sagt, dass ich weiß, dass der Streit an diesem Abend sowieso meine Schuld war. Er sagt, er hasst vor allem diesen Typen Lundy. An einem Abend vor ein paar Tagen habe ich ihm gesagt, er solle aufhören, mir die Schuld dafür zu geben, dass er zur Eheberatung gehen muss, und er hat mich gegen den Türpfosten geknallt und gesagt, wenn ich nicht still sei, würde er mich erwürgen. Ich sollte die Polizei rufen, aber diesmal müsste er für zwei

> Jahre ins Gefängnis, weil er auf Bewährung ist, und ich fürchte, das wäre genug, um ihn dazu zu bringen, mich zu töten, wenn er rauskommt.

Peggy berichtete dann von all den Schlägen, die sie durch Carl erlitten hatte, bevor er ins Gefängnis gekommen war: von den blauen Augen, den zerschlagenen Möbeln, dem Moment, als er ihr ein Messer an die Kehle gehalten hatte. Ausnahmslos hatte er jeden Angriff auf sie geschoben, egal wie brutal seine Misshandlungen oder wie schwer ihre Verletzungen waren.

Nachdem ich mit Peggy gesprochen hatte, kehrte ich zur Gruppensitzung zurück, wo Carl seine übliche Nummer der Selbsterkundung und Schuldgefühle abzog. Ich sagte natürlich nichts, denn wenn er wüsste, dass Peggy mir die Wahrheit gesagt hatte, wäre sie in außerordentlicher Gefahr. Bald darauf berichtete ich seinem Bewährungshelfer, dass er für unser Programm nicht geeignet sei, ohne den wahren Grund zu nennen.

Carl erweckte den Anschein, in jeder Sitzung viel dazuzulernen, und seine Bemerkungen ließen auf ernsthafte Überlegungen seinerseits zu den angesprochenen Themen schließen, einschließlich der Auswirkungen seines Missbrauchs auf seine Partnerin. Was geschah jede Woche in seinem Kopf, bevor er nach Hause kam? Wie kann ein Missbrauchstäter einen solchen Einblick in seine Gefühle gewinnen und sich trotzdem so destruktiv verhalten? Und wie kommt es zu wirklichen Veränderungen? (Wir werden auf diese Fragen in Kapitel 14 zurückkommen.)

Dies sind nur einige der vielen zutiefst irritierenden Fragen, mit denen jeder konfrontiert ist – sei es als Partnerin eines misshandelnden Mannes, als Freund oder Profi –, der nach wirksamen Wegen sucht, um auf missbräuchliches Verhalten zu reagieren. Durch meine Erfahrung mit über zweitausend Missbrauchstätern habe ich erkannt, dass der misshandelnde Mann ein Rätsel sein *will*. Um mit seinem Verhalten davonzukommen und sich seinem Problem nicht stellen zu müssen, muss er alle um sich herum – und sich selbst – davon überzeugen, dass sein Verhalten keinen Sinn macht. Er muss seine Partnerin dazu bringen, sich auf alles, *außer* auf die wahren Ursachen seines Verhaltens, zu konzentrieren. Um den Missbrauchstäter so zu sehen, wie er wirklich ist, ist es notwendig, Schicht um Schicht der Verwirrung, widersprüchlichen Botschaften und Täuschung zu entfernen. Wie jeder, der ein ernstes Problem hat, arbeitet der Täter hart daran, sein wahres Selbst zu verbergen.

Eine Art, wie der Täter der Konfrontation mit sich selbst entkommt, besteht in der Überzeugung, dass *Sie* die Ursache für sein Verhalten sind oder dass Sie zumindest Mitschuld daran haben. Aber Missbrauch ist nicht das Produkt einer schlechten Beziehungsdynamik, und Sie können die Dinge nicht besser machen, indem Sie

Ihr eigenes Verhalten ändern oder versuchen, Ihren Partner besser zu managen. Missbrauch ist ein Problem, das ganz und gar beim Missbrauchstäter selbst liegt.

Durch die jahrelange unmittelbare Arbeit mit den Tätern und ihren Partnerinnen kamen die Realitäten hinter dem rätselhaften Verhalten des Täters allmählich ans Licht und es formte sich ein Bild, das für mich immer mehr Sinn ergab. Die folgenden Seiten erläutern Ihnen die einzelnen Puzzleteile, die eines nach dem anderen ihren Platz im Ganzen gefunden haben, darunter:

- Warum sind Täter zu Beginn einer Beziehung charmant, bleiben es aber nicht?
- Was sind die Frühwarnzeichen, die Sie darauf hinweisen können, dass Sie es möglicherweise mit einem misshandelnden oder kontrollierenden Mann zu tun haben?
- Warum ändern sich seine Stimmungen von jetzt auf gleich?
- Was geht in seinem Kopf vor und wie beeinflusst sein Denken sein Verhalten?
- Welche Rolle spielen Alkohol und Drogen bei der Misshandlung der Partnerin, oder spielen sie keine Rolle?
- Warum löst das Verlassen eines misshandelnden Mannes nicht immer das Problem?
- Wie erkennt man, ob ein Missbrauchstäter sich wirklich ändert – und was ist zu tun, wenn er es nicht tut?
- Wie können Freunde, Familienmitglieder und andere helfen, Missbrauch zu stoppen?
- Warum scheinen viele misshandelnde Männer psychisch krank zu sein – und warum sind sie es in der Regel nicht?

Wir werden Antworten auf diese Fragen auf drei Ebenen erkunden. Die erste Ebene ist die Denkweise des Täters – seine Einstellungen und Überzeugungen – bei den täglichen Interaktionen. Die zweite Ebene betrifft den Lernprozess, durch den sein Denken schon früh in seinem Leben geprägt wurde. Und die dritte Ebene umfasst die Befriedigung, die er aus der Kontrolle seiner Partnerin zieht, und die ihn ermutigt, sich immer wieder missbräuchlich zu verhalten. Wenn wir mit dem neu gewonnenen Verständnis die Vernebelung, die der misshandelnde Mann produziert, auflösen, werden Sie feststellen, dass sich Missbrauchstaten als weit weniger rätselhaft erweisen, als es zunächst den Anschein hat.

Im Kopf des Missbrauchstäters befindet sich eine Welt von Überzeugungen, Wahrnehmungen und Reaktionen, die auf überraschend logische Weise zusammenpassen. Sein Verhalten macht durchaus Sinn. Unter der Fassade der Irrationalität und Explosivität verbirgt sich ein Mensch mit einem verständlichen – und lösbaren – Problem. Aber er will nicht, dass Sie sein wahres Ich kennenlernen.

Der Täter schafft Verwirrung, weil er es muss. Er kann Sie nicht kontrollieren und einschüchtern, er kann keine Menschen um sich herum rekrutieren, um sie auf seine Seite zu ziehen, er kann den Folgen seiner Handlungen nicht immer wieder entkommen, es sei denn, er kann alle auf eine falsche Spur bringen. Wenn die Menschen dem Täter auf die Schliche kommen, beginnt seine Macht sich aufzulösen. Wir werden uns also hinter die Maske des Täters zum Kern seines Problems begeben. Diese Reise ist für die Gesundheit und Heilung misshandelter Frauen und ihrer Kinder von entscheidender Bedeutung, denn sobald Sie begreifen, wie der Verstand Ihres Partners funktioniert, können Sie damit beginnen, die Kontrolle über Ihr eigenes Leben zurückzuerlangen. Die Demaskierung des Missbrauchstäters tut auch *ihm* einen Gefallen, denn er wird seinem höchst destruktiven Problem nur dann ins Gesicht sehen und es überwinden, wenn es nicht weiter im Verborgenen bleibt.

Je besser wir die Täter verstehen, desto mehr können wir ein Zuhause und Beziehungen schaffen, die Häfen der Liebe und Sicherheit sind, wie sie es sein sollten. Frieden beginnt wirklich zu Hause.

2

Die Mythen

Er ist verrückt.
Er fühlt sich so schlecht. Ich muss nur sein Selbstbild ein wenig aufbauen.
Er verliert einfach die Beherrschung.
Er ist so unsicher.
Seine Mutter hat ihn misshandelt, und jetzt hegt er einen Groll gegen Frauen und lässt es an mir aus.
Ich bin so durcheinander. Ich verstehe nicht, was mit ihm los ist.

In einer entscheidenden Hinsicht arbeitet ein missbrauchender Mann wie ein Magier: Seine Tricks beruhen weitgehend darauf, dass er Sie dazu bringt, in die falsche Richtung zu blicken, Ihre Aufmerksamkeit abzulenken, sodass Sie nicht merken, wo die wirkliche Aktion stattfindet. Er bringt Sie dazu, sich auf die turbulente Welt seiner Gefühle zu konzentrieren, um Ihre Augen von der wahren Ursache seines Missbrauchsverhaltens abzuwenden, die in seiner *Denkweise* liegt. Er führt Sie in einen verworrenen Irrgarten und macht Ihre Beziehung zu ihm zu einem Labyrinth voller überraschender Wendungen. Er möchte, dass Sie über ihn rätseln, dass Sie versuchen, ihn zu verstehen, als wäre er eine wunderbare, aber defekte Maschine, für die Sie nur die fehlerhaften Teile finden und die Sie reparieren müssen, um ihr volles Potenzial zu entfalten. Sein Wunsch, auch wenn er es sich vielleicht nicht einmal selbst eingesteht, ist, dass Sie Ihr Gehirn auf diese Weise zermürben, damit Sie die Muster und die Logik seines Verhaltens, das Bewusstsein hinter dem Wahnsinn, nicht bemerken.

Um Ihren Blick noch weiter abzulenken, kann er Ihre Perspektive auf seine früheren Partnerinnen so gestalten, dass Sie nicht direkt mit ihnen sprechen können und darauf vorbereitet sind, ihnen nicht zu glauben, falls Sie zufällig mitbekommen, was sie sagen. Wenn Sie seinen Handlungsstrang über eine Reihe von Beziehungen verfolgen könnten, würden Sie feststellen, dass er nicht so sprunghaft ist, wie es scheint. Tatsächlich folgt sein Verhalten von Partnerin zu Partnerin einem ziemlich konstanten Muster, abgesehen von kurzen Beziehungen oder solchen, die ihm nicht so ernst sind.

Vor allem möchte der misshandelnde Mann vermeiden, dass Sie sich auf sein missbräuchliches Verhalten selbst konzentrieren. Also versucht er, Ihren Kopf mit Ausreden und Verzerrungen zu füllen und Sie mit Selbstzweifeln und Selbstvorwürfen zu belasten. Und leider neigt ein Großteil der Gesellschaft dazu, ihm nichts ahnend zu folgen und ihm dabei zu helfen, Ihre und seine Augen vor seinem Problem zu verschließen.

Die Mythen über misshandelnde Männer, die sich durch die moderne Kultur ziehen, wurden weitgehend von den Missbrauchenden selbst geschaffen. Misshandelnde Männer erfinden Erklärungen für ihre Handlungen, die sie ihren Partnerinnen, Therapeuten, Seelsorgern, Verwandten und den Sozialforschern geben. Aber es ist ein schwerwiegender Fehler, Misshandelnden zu erlauben, ihre eigenen Probleme zu analysieren und Rechenschaft abzulegen. Würden wir einen Alkoholiker auffordern, uns zu sagen, warum er oder sie trinkt, und dann die Erklärung fraglos akzeptieren? Folgendes würden wir hören:

> *„Ich trinke, weil ich kein Glück im Leben habe."*
>
> *„Ich trinke eigentlich überhaupt nicht viel – es ist nur ein Gerücht, das einige Leute über mich verbreiten, weil sie mich nicht mögen."*
>
> *„Ich fing an, viel zu trinken, weil mein Selbstwertgefühl durch all diese unfairen Anschuldigungen, ich sei Alkoholiker, was ich nicht bin, ruiniert wurde."*

Wenn wir diese Art von Ausreden von einem Betrunkenen hören, nehmen wir an, dass sie genau das sind – Ausreden. Wir halten einen Alkoholiker nicht für eine zuverlässige Quelle der Erkenntnis. Warum sollten wir also einen wütenden und kontrollierenden Mann die Kompetenz beim Thema Misshandlung von Partnerinnen überlassen? Unsere erste Aufgabe besteht also darin, dem missbrauchenden Mann die Vernebelung und Blendung zu nehmen und dann genau zu beobachten, was er wirklich tut.

Eine kurze Übung

Bei meinen öffentlichen Vorträgen über Missbrauch beginne ich oft mit einer einfachen Übung. Ich bitte die Zuhörer, alles aufzuschreiben, was sie jemals gehört oder jemals geglaubt haben, woher das Problem eines Missbrauchstäters kommt. Ich lade Sie ein, dieses Buch jetzt für zwei oder drei Minuten zu schließen und eine ähnliche Liste für sich selbst zu erstellen, sodass Sie sich im weiteren Verlauf darauf beziehen können.

Dann bitte ich die Zuhörer, Punkte von ihren Listen aufzurufen, schreibe sie anschließend an die Tafel und ordne sie in drei Kategorien: eine für Mythen, eine für Teilwahrheiten und eine für korrekte Aussagen. In der Regel haben wir am Ende zwanzig oder dreißig Mythen, vier oder fünf Halbwahrheiten und vielleicht ein oder zwei Tatsachen. Die Zuhörer reiben sich die Augen und werden ganz unruhig auf ihren Sitzen, wenn sie überrascht feststellen, dass die gängigen Überzeugungen über die Ursachen von Missbrauch mehr Fantasiegebilde und Missverständnisse enthalten als jedes Quäntchen Wahrheit. Wenn Sie beim Durcharbeiten dieses Kapitels feststellen, dass Ihre eigene Liste hauptsächlich Mythen enthält, sind Sie damit nicht allein.

Für die Partnerin eines misshandelnden oder kontrollierenden Mannes kann es überwältigend sein, all diese falschen Theorien auf einmal unter sich weggezogen zu bekommen. Aber für jeden Stab, den wir aus dem Gebäude aus Missverständnissen über misshandelnde Männer herausziehen, wartet ein Ziegelstein darauf, seinen Platz einzunehmen. Wenn wir fertig sind, wird es Ihrem Partner viel schwerer als zuvor fallen, Sie aus dem Gleichgewicht zu bringen und zu verwirren, und Ihre Beziehung wird für Sie in einer Weise Sinn machen, wie es vorher nicht der Fall war.

Die Mythen über Missbrauchstäter

1. Er wurde als Kind misshandelt.
2. Seine frühere Partnerin hat ihn verletzt.
3. Er misshandelt diejenigen, die er am meisten liebt.
4. Er behält seine Gefühle zu sehr für sich.
5. Er hat eine aggressive Persönlichkeit.

6. Er verliert die Kontrolle.
7. Er ist zu wütend.
8. Er ist psychisch krank.
9. Er hasst Frauen.
10. Er hat Angst vor Intimität und davor, verlassen zu werden.
11. Er hat ein geringes Selbstwertgefühl.
12. Sein Chef misshandelt ihn.
13. Er ist schlecht in Kommunikation und Konfliktlösung.
14. Es gibt ebenso viele misshandelnde Frauen wie misshandelnde Männer.
15. Sein misshandelndes Verhalten ist für ihn genauso schlimm wie für seine Partnerin.
16. Er ist Opfer von Rassismus.
17. Er hat ein Alkohol- oder Drogenprobleme.

Mythos Nr. 1:

Er wurde als Kind misshandelt, und er braucht deswegen eine Therapie.

Die Partnerinnen meiner Klienten glauben meist, dass die Wurzeln des missbräuchlichen Verhaltens des Mannes in der Misshandlung zu suchen sind, die er selbst erlitten hat, und viele Experten teilen dieselbe Fehleinschätzung. Ich höre Erklärungen in der Art von:

„Er beschimpft mich mit all diesen schrecklichen Namen, weil es das ist, was seine Mutter ihm angetan hat."

„Sein Vater war meist wütend auf ihn und schlug ihn mit einem Gürtel, und wenn ich jetzt mal wütend werde, flippt er einfach aus und fängt an, Sachen durchs Haus zu werfen. Er sagt, das liege daran, dass er tief im Inneren eigentlich Angst vor meiner Wut hat."

„Seine Stiefmutter war eine Hexe. Ich habe sie kennengelernt, sie ist bösartig. Und jetzt hat er wirklich etwas gegen Frauen."

Frage 1: Liegt es daran, dass er als Kind misshandelt wurde?

Mehrere Forschungsstudien haben die Frage untersucht, ob Männer, die Frauen missbräuchlich behandeln, tendenziell Überlebende von Kindesmissbrauch sind, doch dieser Zusammenhang hat sich als nicht stichhaltig erwiesen. Andere Vorhersagen, weshalb Männer gegenüber Frauen wahrscheinlich missbräuchlich sind, haben sich als weitaus zuverlässiger herausgestellt, wie wir sehen werden. Vor allem Männer, die anderen *Männern* gegenüber gewalttätig sind, waren als Kinder oft Opfer von Misshandlungen – aber bei Männern, die Frauen angreifen, ist der Zusammenhang viel weniger klar. Die einzige Ausnahme bilden jene Täter, die Frauen gegenüber brutale körperliche Gewalt anwenden oder Furcht einflößend sind; bei ihnen zeigt sich oft, dass sie als Kinder selbst misshandelt wurden. Mit anderen Worten, eine schlechte Kindheit führt nicht dazu, dass ein Mann zu einem Täter wird, aber sie kann dazu beitragen, einen misshandelnden Mann besonders gefährlich zu machen.

Wäre missbräuchliches Verhalten das Produkt einer emotionalen Verletzung in der Kindheit, könnten die Missbrauchstäter ihr Problem durch Psychotherapie überwinden. Aber es ist praktisch noch nicht vorgekommen, dass ein misshandelnder Mann infolge einer Therapie substanzielle und dauerhafte Veränderungen in seinem *Muster der Misshandlungen* vorgenommen hat. (In Kapitel 14 werden wir die Unterschiede zwischen Psychotherapie und einem speziellen Missbrauchsprogramm erläutern, weil letzteres manchmal gute Ergebnisse bringen kann.) Er kann andere emotionale Schwierigkeiten überwinden, er kann Einsicht in sich selbst gewinnen, aber sein Verhalten setzt er fort. Tatsächlich wird es in der Regel schlimmer, wenn er die Therapie dazu benutzt, neue Entschuldigungen für sein Verhalten und raffiniertere Argumente zu entwickeln, um zu beweisen, dass seine Partnerin psychisch instabil ist, sowie kreativere Wege zu finden, um ihr das Gefühl zu vermitteln, für sein emotionales Leid verantwortlich zu sein. Misshandelnde Männer sind manchmal Meister herzerweichender Geschichten und machen vielleicht die Erfahrung, dass Berichte über Misshandlungen in der Kindheit eine der besten Methoden sind, um Mitleid zu erregen.

Für einige misshandelnde Männer ist der Ansatz, die Schuld auf die Kindheit zu schieben, aus einem anderen Grund zusätzlich attraktiv: Indem er sich darauf konzentriert, was seine Mutter falsch gemacht hat, kann er einer Frau die Schuld für seine Misshandlung von Frauen geben. Diese Erklärung kann auch der misshandelten Frau selbst zusagen, denn sie ergibt Sinn, was sein Verhalten angeht, und bietet ihr jemanden, auf den sie gesichert wütend sein kann – denn wütend auf *ihn* zu werden, wirkt sich immer schlecht für sie aus. Die Gesellschaft im Allgemeinen und die Psychologie im Besonderen sind oft auf diesen Zug aufgesprungen, anstatt sich den harten Fragen zu stellen, die missbräuchliches Verhalten gegenüber der Partnerin aufwirft. Die Misshandlung von Frauen durch Männer ist so weit verbreitet, dass man, wenn man nicht irgendwie den Frauen die Schuld geben kann, gezwungen ist, eine Reihe unbequemer Fragen über Männer und über weite Teile der männlichen Denkweise zu stellen. Daher mag es bequemer erscheinen, das Problem einfach der Mutter des Mannes vor die Füße zu legen.

Die Klienten, die ausgiebig an Therapie- oder Behandlungsprogrammen wegen Drogenmissbrauch teilgenommen haben, klingen manchmal selbst wie Therapeuten – und einige wenige waren es tatsächlich auch –, wenn sie die Begriffe der Populärpsychologie oder der Lehrbuchtheorie übernehmen. Ein Klient versuchte, mich zu intellektuellen Debatten zu verleiten mit Kommentaren wie: „Nun, Ihre Gruppe folgt einem kognitiven Verhaltensmodell, das erwiesenermaßen Grenzen hat, um ein so tiefes Problem wie dieses anzugehen." Ein missbrauchender Mann, der in der Sprache der Gefühle bewandert ist, kann seiner Partnerin das Gefühl geben, verrückt zu sein, indem er jede Auseinandersetzung in eine Therapiesitzung verwandelt, bei der er ihre Reaktionen unter ein Mikroskop legt und sich selbst die Rolle zuweist, ihr „zu helfen". Er kann ihr z. B. die emotionalen Probleme „erklären", die sie verarbeiten muss, oder er kann ihre Realität analysieren, weil sie „fälschlicherweise" glaubt, dass er sie misshandelt.

Ein missbrauchender Mann schmückt vielleicht sein Leiden aus der Kindheit aus, wenn er entdeckt hat, dass es ihm hilft, sich der Verantwortung zu entziehen. Das National District Attorney's Association Bulletin berichtete über eine aufschlussreiche Studie, die an einer anderen Gruppe destruktiver Männer durchgeführt wurde: an Missbrauchstätern von Kindern. Der Forscher fragte jeden einzelnen, ob er selbst als Kind sexuell missbraucht worden sei. Stolze 67 Prozent der Probanden sagten ja. Der Forscher teilte den Männern dann jedoch mit, dass er sie einem Lügendetektortest unterziehen und ihnen dieselben Fragen erneut stellen werde. Die Zahl der bejahenden Antworten fiel plötzlich auf nur noch 29 Prozent. Mit anderen Worten: Missbrauchstäter jeglicher Art sind sich meist bewusst, wie weit sie damit kommen, wenn sie sagen: „Ich missbrauche, weil mir dasselbe angetan wurde."

Obwohl der typische misshandelnde Mann bemüht ist, ein positives öffentliches Image aufrechtzuerhalten, trifft es zu, dass einige Frauen missbrauchende Partner haben, die für *alle* unangenehm oder einschüchternd sind. Was ist mit diesem

Mann? Sind seine Probleme die Folge der Misshandlung durch seine Eltern? Die Antwort lautet sowohl ja als auch nein; es hängt davon ab, über *welches* Problem wir sprechen. Seine Feindseligkeit gegenüber der Menschheit mag aus der Grausamkeit seiner Erziehung herrühren, aber er missbraucht Frauen, weil er ein Missbrauchsproblem hat. Die beiden Probleme hängen zusammen, sind aber unterschiedlich.

Ich sage nicht, dass Sie kein Mitgefühl für das Leid Ihres Partners in seiner Kindheit haben sollten. Ein missbrauchender Mann verdient dasselbe Mitgefühl wie ein nicht missbrauchender Mann, nicht mehr und nicht weniger. Aber ein nicht-misshandelnder Mann benutzt seine Vergangenheit nicht als Vorwand, um Sie zu misshandeln. Mitleid mit Ihrem Partner kann eine Falle sein, wenn Sie sich dadurch schuldig fühlen, weil Sie sich seiner Misshandlung widersetzt haben.

Manchmal sage ich zu einem Klienten: „Wenn Sie so in Kontakt mit Ihren Gefühlen aus Ihrer missbräuchlichen Kindheit sind, dann sollten Sie wissen, wie sich Missbrauch anfühlt. Sie sollten in der Lage sein, sich daran zu erinnern, wie erbärmlich es war, grundlos niedergemacht und in Angst versetzt zu werden und gesagt zu bekommen, dass der Missbrauch Ihre eigene Schuld sei. Sie sollten deswegen eher weniger dazu neigen, eine Frau zu misshandeln, und nicht mehr, nachdem Sie es selbst durchgemacht haben." Sobald ich diesen Punkt anspreche, hört er in der Regel auf, seine schreckliche Kindheit zu erwähnen. **Er will nur dann auf seine Kindheit aufmerksam machen, wenn er sie als Ausrede benutzt, sich nicht zu verändern, nicht aber, wenn es ein Grund ist, sich zu ändern.**

Mythos Nr. 2:

Seine frühere Partnerin hat ihn schrecklich misshandelt, und jetzt hat er als Folge davon ein Problem mit Frauen. Er ist ein wunderbarer Mann, und nur wegen ihr ist er jetzt so geworden.

Wie wir bei Fran in Kapitel 1 gesehen haben, kann die bittere Vorgeschichte eines Missbrauchstäters durch seine emotionale Zerstörung vonseiten seiner Ex-Frau oder -Freundin einen starken Einfluss auf seine gegenwärtige Partnerin haben. Meist erzählt der Mann seine Geschichte in der Version, dass seine Ex-Partnerin ihm das Herz gebrochen habe, indem sie ihn betrogen hat, vielleicht mit unterschiedlichen Männern. Wenn Sie ihn fragen, wie er es herausgefunden hat, antwortet er, dass „jeder" davon wusste oder dass seine Freunde es ihm erzählt haben. Vielleicht sagt er auch: „Ich habe sie selbst dabei erwischt, wie sie mich betrogen hat", aber wenn man ihn drängt zu erzählen, was er tatsächlich gesehen hat, stellt sich oft heraus, dass er nichts gesehen hat, oder dass er sie spät in der Nacht mit einem Kerl reden oder in seinem Auto fahren sah, „deswegen wusste ich es".

Er kann andere Wunden beschreiben, die er von einer früheren Partnerin davongetragen hat: Sie hat versucht, ihn zu kontrollieren; sie wollte ihm keine Freiheit lassen; sie erwartete, dass er sie von vorne bis hinten bedient; sie hetzte die Kinder gegen ihn; aus reiner Rachsucht „ließ sie ihn sogar verhaften". Was er beschreibt, sind normalerweise seine *eigenen* Verhaltensweisen, aber er schreibt sie der Frau zu, sodass er das Opfer ist. Auf diese Weise kann er bei seiner neuen Partnerin Sympathien gewinnen, vor allem weil so viele Frauen – leider – wissen, was es heißt, misshandelt zu werden, sodass sie Empathie für seine erlittene Qual haben.

Der misshandelnde oder kontrollierende Mann kann eine Fülle von Ausreden aus seinen früheren Beziehungen ziehen und zum Beispiel dafür verwenden, dass er die Freundschaften seiner jetzigen Partnerin kontrolliert und sie beschuldigt, ihn zu betrügen: „Es liegt daran, dass meine Ex-Partnerin mich so schlimm verletzt hat, indem sie mich so oft betrogen hat, und deshalb bin ich so eifersüchtig und kann dir nicht vertrauen." Oder dafür, dass er einen Tobsuchtsanfall bekam, als sie ihn bat, er möge hinter sich aufräumen: „Meine Ex-Partnerin hat jede meiner Bewegungen kontrolliert, und so macht es mich jetzt wütend, wenn ich das Gefühl habe, dass du mir sagst, was ich tun soll." Oder aber dafür, dass er eigene Affären hat oder nebenbei andere Liebesinteressen verfolgt: „Letztes Mal wurde ich so verletzt, dass ich jetzt wirklich Angst davor habe, mich zu binden, und deshalb möchte ich mich weiterhin mit anderen Menschen einlassen." Er kann zu jeder seiner kontrollierenden Verhaltensweisen eine passende Ausrede erfinden.

Ich empfehle folgenden Grundsatz zu beachten, wenn ein wütender oder kontrollierender Mann Behauptungen über Ex-Frauen in seinem Leben aufstellt:

Wenn es eine Ausrede für sein missbräuchliches Verhalten Ihnen gegenüber ist, ist es eine Verzerrung

Ein Mann, der in einer Beziehung mit einer Frau wirklich misshandelt wurde, würde diese Erfahrung nicht nutzen, um damit davonzukommen, dass er jemand anderen verletzt hat.

Betrachten Sie die Situation für einen Moment von der anderen Seite: Haben Sie jemals gehört, dass eine Frau behauptet, der Grund, warum sie ihren männlichen Partner ständig misshandelt, seien die erlittenen Misshandlungen durch einen

Ex-Partner? Diese Ausrede ist mir in den über dreißig Jahren, in denen ich auf dem Gebiet der Misshandlung tätig bin, noch nie begegnet. Sicherlich habe ich Fälle erlebt, in denen Frauen Schwierigkeiten hatten, einem anderen Mann zu vertrauen, nachdem sie einen Missbrauchstäter verlassen hatten, aber es gibt einen wichtigen Unterschied: Ihre früheren Erfahrungen mögen erklären, wie sie sich *fühlt*, aber sie sind keine Entschuldigung dafür, wie sie sich *verhält*. Und dasselbe gilt für einen Mann.

Wenn einer meiner Klienten eine frühere Beziehung für sein gegenwärtiges grausames oder kontrollsüchtiges Verhalten verantwortlich macht, hake ich mit einigen Fragen nach: „Hat Ihre Ex-Partnerin jemals gesagt, dass sie sich von Ihnen kontrolliert oder eingeschüchtert fühlt? Wie sieht sie die Geschichte? Haben Sie jemals in der Wut die Hand gegen sie erhoben oder hat sie jemals eine einstweilige Verfügung erwirkt?“ Wenn er mit seinen Antworten fertig ist, weiß ich normalerweise, was passiert ist: Er hat auch diese Frau misshandelt.

Es ist in Ordnung, Mitgefühl mit einem Mann wegen seiner schlechten Erfahrung mit einer Ex-Partnerin zu haben, aber in dem Moment, in dem er das Erlebnis als Vorwand benutzt, um Sie zu misshandeln, hören Sie auf, *irgendetwas* zu glauben, was er Ihnen über diese Beziehung erzählt. Erkennen Sie die Ausrede stattdessen als Zeichen dafür, dass er Probleme im Umgang mit Frauen hat. Spüren Sie seine Ex-Partnerin auf und sprechen Sie so bald wie möglich mit ihr, auch wenn Sie sie hassen. Ein Täter kann eine Partnerin nach der anderen misshandeln, wobei er jedes Mal glaubt, dass allein die Frau Schuld an den Problemen hat und dass er das eigentliche Opfer ist.

Ganz gleich ob er sich als Opfer einer Ex-Partnerin oder seiner Eltern darstellt, das Ziel des Täters – wenn auch vielleicht unbewusst – ist es, mit Ihrem Mitgefühl zu spielen, damit er sich nicht mit seinem Problem auseinandersetzen muss.

Mythos Nr. 3:

Er misshandelt mich, weil er so starke Gefühle für mich hegt. Menschen verursachen denen, die ihnen am meisten am Herzen liegen, den größten Schmerz.

Ausreden dieser Art tauchen in meinen Gruppen für misshandelnde Männer häufig auf. Meine Klienten erzählen: „Niemand sonst regt mich so auf wie sie. Ich verliere manchmal einfach den Verstand, weil ich so starke Gefühle für sie habe. Die Dinge, die sie tut, tun mir wirklich weh, und niemand sonst kann mir so unter die

Haut gehen.“ Missbrauchende können diese Rationalisierung erfolgreich bei ihren Partnerinnen, Freunden und Verwandten anwenden. Denn es steckt ein Körnchen Wahrheit darin: Menschen, die wir lieben, *können* uns tieferen Schmerz zufügen als jeder andere. Aber was hat das mit Missbrauch zu tun?

Der Missbrauchstäter möchte, dass wir folgende einfache, aber fehlerhafte Formel akzeptieren:

„Gefühle verursachen Verhalten“

„Wenn Menschen sich verletzt fühlen, schlagen sie aus Vergeltung auf jemand anderen ein. Wenn sie sich eifersüchtig fühlen, werden sie besitzergreifend und vorwurfsvoll. Wenn sie sich kontrolliert fühlen, schreien und drohen sie.“ Stimmt's?

Falsch. Jeder Mensch geht mit Verletzungen oder Ressentiments individuell um. Wenn Sie sich beleidigt oder schikaniert fühlen, greifen Sie vielleicht nach einem Schokoriegel. Unter den gleichen Umständen breche ich vielleicht in Tränen aus. Eine andere Person kann ihre Gefühle schnell in Worte fassen und die Misshandlung direkt ansprechen. Auch wenn unsere Gefühle die Art und Weise beeinflussen können, wie wir uns verhalten wollen, werden unsere Verhaltensentscheidungen letztlich eher durch unsere *Einstellungen* und *Gewohnheiten* bestimmt. Wir reagieren auf unsere emotionalen Verletzungen auf der Basis, wie wir uns selbst sehen, wie wir über die Person denken, die uns verletzt hat, und wie wir die Welt wahrnehmen. Nur bei Menschen, die schwer traumatisiert sind oder an schweren psychischen Erkrankungen leiden, ist das Verhalten von Gefühlen bestimmt. Und nur ein winziger Prozentsatz misshandelnder Männer hat diese Art schwerer psychischer Probleme.

Es gibt noch andere Gründe, die Ausrede „Liebe verursacht Missbrauch“ nicht zu akzeptieren. Erstens behalten sich viele Menschen ihr *bestes* Verhalten und ihre freundlichste Behandlung ihren Lieben vor, auch für ihre Partnerinnen und Partner. Sollten wir den Gedanken akzeptieren, dass diese Menschen ihre Liebe weniger stark empfinden oder weniger Leidenschaft haben als ein Missbrauchstäter? Das ist Unsinn. Außerhalb meines Berufslebens habe ich im Laufe der Jahre viele Paare kennengelernt, zwischen denen Leidenschaft und Spannung herrschte und die sich gegenseitig gut behandelten. Aber leider gibt es in unserer Gesellschaft eine breite Akzeptanz der unguten Vorstellung, dass Leidenschaft und Aggression miteinander verwoben sind und dass ein gemeiner verbaler Schlagabtausch und explosionsartige Ausbrüche der Preis sind, den man für eine Beziehung bezahlt, die aufregend, tief und sexy ist. Beliebte Liebesfilme und Seifenopern verstärken dieses Bild manchmal noch.

Die meisten misshandelnden Männer haben außer zu ihren Ehefrauen oder Freundinnen enge Beziehungen zu anderen Menschen. Meine Klienten können tiefe Zuneigung für einen oder beide Elternteile, ihre Geschwister, einen guten Freund, eine Tante oder einen Onkel empfinden. Misshandeln sie diese auch? Kaum. Es ist nicht die Liebe oder tiefe Zuneigung, die ihr Verhaltensproblem verursacht.

Mythos Nr. 4:

Er unterdrückt seine Gefühle zu sehr, und dann bauen sie sich auf, bis er platzt. Er muss mit seinen Gefühlen in Berührung kommen und lernen, sie auszudrücken, um diese explosiven Vorfälle zu verhindern.

Meine Kollegen und ich bezeichnen diese Ansicht über Männer als „Druckkessel-Theorie". Der Gedanke ist, dass ein Mensch nur ein gewisses Maß an angesammeltem Schmerz und an Frustration ertragen kann. Wenn er nicht regelmäßig entlüftet wird – wie bei einem Schnellkochtopf –, dann ist ein schweres Unglück vorprogrammiert. Dieser Mythos klingt wahr, denn wir alle wissen, dass viele Männer zu viele Emotionen in sich aufstauen. Da die meisten Täter männlich sind, scheint es zu passen.

Aber das tut es nicht, und hier ist der Grund dafür: *Die meisten meiner Klienten unterdrücken ihre Gefühle nicht in besonderem Maße.* Tatsächlich bringen viele von ihnen ihre Gefühle stärker zum Ausdruck als einige nicht-misshandelnde Männer. Anstatt alles in sich hineinzuschaufeln, neigen sie zum Gegenteil: Sie haben eine übertriebene Vorstellung von der Wichtigkeit ihrer Gefühle. Die ganze Zeit sprechen sie über ihre Gefühle – und leben sie aus –, bis ihre Partnerinnen und Kinder erschöpft sind, weil sie das alles mit anhören müssen. Die Gefühle eines Täters sind wahrscheinlich beides: zu groß und auch zu klein. Sie können das ganze Haus ausfüllen. Wenn er sich schlecht fühlt, denkt er, dass das Leben für alle anderen in der Familie aufhören sollte, bis jemand sein Unwohlsein in Ordnung bringt. Die Lebenskrisen seiner Partnerin, die Krankheiten der Kinder, die Mahlzeiten, die Geburtstage – nichts anderes ist so wichtig wie seine Gefühle.

Es sind nicht *seine* Gefühle, zu denen der Täter eine zu große Distanz hat, sondern es sind die Gefühle seiner *Partnerin* und die Gefühle seiner *Kinder*, um die es geht. Das sind die Gefühle, über die er so wenig weiß und mit denen er „in Kontakt treten" muss. Meine Aufgabe als Berater von Missbrauchstätern besteht oft darin, die Diskussion weg von den Gefühlen meiner Klienten und hin zu seinen

Gedanken (einschließlich seiner Einstellung gegenüber den *Gefühlen seiner Partnerin*) zu lenken. Meine Klienten versuchen immer wieder, den Ball in den Bereich zurückzubringen, der ihnen vertraut und angenehm ist, wo ihre innere Welt das einzige ist, was zählt.

Seit Jahrzehnten bemühen sich viele Therapeuten, misshandelnden Männern zu helfen, sich zu verändern, indem sie sie anleiten, ihre Gefühle wahrzunehmen und auszudrücken. Leider nährt diese wohlmeinende, aber fehlgeleitete Herangehensweise tatsächlich die Fokussierung des Täters auf sich selbst, was eine wichtige Triebkraft für seine Misshandlungen ist.

Ein Grund, warum Sie versucht sein könnten, die „Druckkessel-Theorie" zu akzeptieren, ist, dass Sie vielleicht beobachten, dass das Verhalten Ihres Partners einem Muster folgt. Er zieht sich immer mehr zurück, sagt immer weniger und seine Stimmung scheint sich allmählich von einem leisen Brodeln zu einem sprudelnden Kochen zu entwickeln, bis sie sich in einem Ausbruch von Schreien, Herabsetzungen und Gemeinheiten entlädt. Es wirkt wie eine emotionale Explosion, daher nimmt man natürlich an, dass es eine ist. Aber die wachsende Spannung, der Druck, der sich in seinen Gefühlen aufbaut, wird in Wirklichkeit durch sein mangelndes Einfühlungsvermögen in *Ihre* Gefühle und durch eine Reihe von Einstellungen angetrieben, die wir später untersuchen werden. Außerdem explodiert er, wenn er sich selbst die Erlaubnis dazu gibt.

Mythos Nr. 5:

Er hat eine gewalttätige, explosive Persönlichkeit. Er muss lernen, weniger aggressiv zu sein.

Kommt Ihr Partner normalerweise mit allen anderen außer Ihnen einigermaßen gut aus? Ist es ungewöhnlich für ihn, andere Menschen zu beschimpfen oder sich mit Männern körperlich anzulegen? Wenn er Männern gegenüber aggressiv wird, hat es dann in der Regel etwas mit Ihnen zu tun, z. B. wenn er einem Mann gegenübersteht, von dem er glaubt, dass er Sie abcheckt? Die große Mehrheit der misshandelnden Männer ist eher ruhig und in den meisten Beziehungen vernünftig, die nicht im Zusammenhang mit ihren Partnerinnen stehen. Tatsächlich beschweren sich die Partnerinnen meiner Klienten ständig bei mir: „Wie kommt es, dass er zu allen anderen so nett ist, mich aber wie Dreck behandelt?" Wenn es das Problem eines Mannes wäre, eine „aggressive Persönlichkeit" zu haben, wäre er nicht in der Lage, diese Seite seiner selbst nur für Sie zu reservieren. Viele Therapeuten haben im Laufe der Jahre versucht, missbrauchende Männer auf ihre sensiblere, verletzlichere Seite zu lenken. Aber die traurige Realität ist, dass viele sanfte, sensible Männer ihre Partnerinnen bösartig – und manchmal auch gewalttätig – misshandeln. Die zwei Seiten des Täters bilden einen zentralen Aspekt des Rätselhaften.

Die gesellschaftliche stereotype Vorstellung vom Täter als einem relativ ungebildeten Arbeiter trägt zur Verwirrung bei. Die fehlerhafte Gleichung lautet: „Misshandlung ist gleich muskelbepackter Höhlenmensch, was wiederum der Unterschicht entspricht.“ Zusätzlich zu der Tatsache, dass dieses Bild ein unfaires Stereotyp von Männern aus der Arbeiterklasse ist, übersieht es auch den Fakt, dass ein Mann mit Berufs- oder Hochschulbildung etwa der gleichen Wahrscheinlichkeit unterliegt, Frauen zu misshandeln wie jeder andere. Ein erfolgreicher Geschäftsmann, ein Hochschulprofessor oder ein Segellehrer wird vielleicht weniger wahrscheinlich das Image eines harten Kerls mit Tätowierungen am ganzen Körper annehmen, kann aber dennoch ein Albtraum-Partner sein.

Stereotypen im Hinblick auf Klasse und Ethnie erlauben es den privilegierteren Mitgliedern der Gesellschaft, dem Problem des Missbrauchs auszuweichen, indem sie so tun, als sei es das Problem von anderen. Ihr Denken geht etwa so: „Es sind diese Bauarbeiter, die nie aufs College gegangen sind, es sind diese Latinos, es sind diese Straßengangster – sie sind die Missbrauchstäter. Unsere Stadt, unsere Nachbarschaft, ist nicht so. Wir haben hier keine Macho-Männer.“

Aber Frauen, die mit Misshandlungen leben, wissen, dass es die Täter in jeglicher Gestalt und in allen gesellschaftlichen Schichten gibt. Je gebildeter ein Täter ist und je mehr Knoten er im Gehirn einer Frau zu knüpfen weiß, desto besser kann er sie dazu bringen, sich selbst die Schuld zu geben, und desto geschickter kann er andere Menschen davon überzeugen, dass sie verrückt ist. Je gesellschaftlich einflussreicher ein Täter ist, desto wirksamer kann sein Missbrauch sein – und desto schwieriger kann es sein, ihm zu entkommen. Zwei meiner ersten Klienten waren Harvard-Professoren.

Manche Frauen fühlen sich von dem Image des harten Kerls angezogen, und manche können es nicht ausstehen. Wählen Sie selbst. Wie wir in Kapitel 5 sehen werden, gibt es Möglichkeiten festzustellen, 000ob ein Mann die Tendenz hat, missbräuchlich zu werden, aber die Kriterien einer sanften oder machohaften Persönlichkeit gehören nicht dazu. (Doch Vorsicht: Wenn ein Mann andere grundsätzlich einschüchtert, passen Sie auf. Früher oder später wird er seine Einschüchterungen gegen Sie richten. Anfangs mag es Ihnen vielleicht ein sicheres Gefühl geben, mit einem Mann zusammen zu sein, der Menschen Angst macht, aber nicht, wenn Sie an der Reihe sind.)

Mythos Nr. 6:

Er verliert die Kontrolle über sich selbst. Er wird einfach wild.

Vor vielen Jahren habe ich eine Frau namens Sheila telefonisch befragt. Sie beschrieb die Wutausbrüche, die mein Klient Michael ihr zufolge regelmäßig hatte: „Er dreht einfach völlig durch, und man weiß nie, wann er so ausrasten wird. Er fängt einfach an, nach allem zu greifen, was da ist, und damit rumzuwerfen. Er schleudert das Zeug überall hin, an die Wände, auf den Boden – es ist einfach ein Chaos. Und er zerschlägt Sachen, manchmal wichtige Dinge. Dann ist es, als ob der Sturm einfach vorbeizieht; er beruhigt sich und geht für eine Weile weg. Später scheint er sich irgendwie vor sich selbst zu schämen."

Ich habe Sheila zwei Fragen gestellt. Die erste war, wenn Dinge kaputtgingen, gehörten sie dann Michael oder ihr, oder waren es Dinge, die beiden gehörten? Es entstand eine beträchtliche Stille, während sie nachdachte. Dann sagte sie: „Wissen Sie was? Ich bin erstaunt, dass ich nie darüber nachgedacht habe, aber er macht nur meine Sachen kaputt. Ich kann mich nicht erinnern, dass er etwas zerbrochen hat, das ihm gehört hat." Als Nächstes fragte ich sie, wer das Chaos aufräumt. Sie antwortete, dass sie das tut.

Ich erklärte ihr: „Sehen Sie, Michaels Verhalten ist nicht annähernd so berserkerhaft, wie es aussieht. Und wenn er wirklich so reumütig wäre, würde er beim Aufräumen helfen."

Frage 2:
Macht er das mit Absicht?

Wenn mir ein Klient erzählt, dass er missbräuchlich wurde, weil er die Kontrolle über sich verloren hat, frage ich ihn, warum er nicht etwas noch Schlimmeres getan hat. Ich sage zum Beispiel: „Sie haben Ihre Partnerin eine verdammte Hure genannt, Sie haben ihr das Telefon aus der Hand gerissen und es durch den Raum geschleudert, und dann haben Sie ihr einen Schubs gegeben, und sie ist hingefallen. Da lag sie vor Ihren Füßen; es wäre ein Leichtes gewesen, ihr einen Tritt an den Kopf zu verpassen. Jetzt haben Sie mir gerade gesagt, dass Sie zu diesem Zeitpunkt ‚völlig außer Kontrolle' waren, aber Sie haben sie nicht getreten. Was hielt Sie davon ab?" Und der Klient kann mir immer einen Grund nennen. Hier sind einige übliche Erklärungen:

„Ich möchte ihr keine ernsthafte Verletzung zufügen."
„Ich merkte, dass eines der Kinder zusah."
„Ich hatte Angst, jemand würde die Polizei rufen."
„Ich könnte sie umbringen, wenn ich das täte."
„Der Streit wurde laut, und ich hatte Angst, dass die Nachbarn es hören würden."

Und die häufigste Antwort von allen:

„Mein Gott, ***das*** *würde ich nicht tun. Ich würde ihr so etwas nie antun."*

Die Antwort, die ich fast nie hörte – ich erinnere mich, dass es in all den Jahren nur zweimal vorkam – war: „Ich weiß es nicht."

Diese unmittelbaren Antworten nehmen den Ausreden meiner Klienten, sie würden die Kontrolle verlieren, die Glaubwürdigkeit. Während sich ein Mann verbal oder körperlich missbräuchlich austobt, behält sein Geist das Bewusstsein für eine Reihe von Fragen: „Tue ich etwas, was andere Leute herausfinden könnten, sodass ich schlecht dastehe? Tue ich etwas, das mich in rechtliche Schwierigkeiten bringen könnte? Könnte ich selbst verletzt werden? Tue ich etwas, das ich selbst als zu grausam, grob oder gewalttätig erachte?"

Aus der Arbeit mit meinen ersten paar Dutzend Klienten habe ich eine wichtige Erkenntnis gewonnen: **Ein Täter tut fast nie etwas, das er selbst als moralisch inakzeptabel betrachtet**. Er mag das, was er tut, verbergen, weil er glaubt, *andere* Menschen würden dem nicht zustimmen, aber er fühlt sich innerlich gerechtfertigt. Ich kann mich nicht erinnern, dass ein Klient jemals zu mir gesagt hätte: „Ich kann das, was ich getan habe, auf keinen Fall rechtfertigen. Es war einfach völlig falsch." Er hat immer einen Grund, den er für gut genug hält. Kurz gesagt, **das Kernproblem eines Täters ist, dass er eine verzerrte Vorstellung von Richtig und Falsch hat.**

Manchmal stelle ich meinen Klienten folgende Frage: „Wie viele von Ihnen haben sich jemals wütend genug auf Ihre Mutter gefühlt, um den Drang zu verspüren, sie eine Schlampe zu nennen?" Normalerweise hebt die Hälfte oder mehr der Gruppenmitglieder die Hand. Dann frage ich: „Wie viele von Ihnen haben schon einmal diesem Drang nachgegeben?" Alle Hände fallen nach unten, und die Männer werfen mir entsetzte Blicke zu, als hätte ich gerade gefragt, ob sie vor Grundschulen Drogen verkaufen. Dann frage ich: „Nun, warum haben Sie es nicht getan?" Jedes Mal, wenn ich diese Übung mache, schießt die gleiche Antwort aus den Männern heraus: „Aber du kannst deine *Mutter* nicht so behandeln, egal wie wütend du bist! So etwas *tut* man einfach nicht!"

Der unausgesprochene Rest dieser Aussage, den wir für meine Klienten ergänzen können, lautet: „Aber Sie *können* Ihre Frau oder Freundin so behandeln, solange

Sie einen guten Grund haben. Das ist offensichtlich etwas anderes." Mit anderen Worten: Das Problem des Täters liegt vor allem in seiner Überzeugung, dass die Kontrolle oder der Missbrauch seiner Partnerin *gerechtfertigt* ist. Diese Einsicht hat enorme Auswirkungen auf die Art und Weise der Beratungsarbeit mit Tätern, wie wir im Laufe dieses Buches sehen werden.

Als ich neu in der Beratung von misshandelnden Männer war, kollidierte mein eigener Mythos vom Kontrollverlust immer wieder mit den Realitäten, die in den Geschichten meiner ersten Klienten auftauchten. Kenneth gab zu, dass er immer das Licht dimmte und dann gegenüber Jennifer behauptete, dass sich an der Helligkeit nichts geändert hätte. Er versuchte, ihr so das Gefühl zu geben, verrückt zu sein (ich erinnere mich auch, dass er mir mit seiner offenen Kritik an den anderen Gruppenteilnehmern wegen ihrer mangelnden Sensibilität gegenüber ihren Partnerinnen aufgefallen war, denn er tat dies trotz seines eigenen missbräuchlichen Verhaltens). James erzählte mir, dass er manchmal etwas versteckte, das seine Partnerin dann suchte, wie z. B. ihre Handtasche oder ihre Autoschlüssel, und er darauf wartete, dass sie auf der Suche danach verzweifelte und frustriert wurde, um es dann wieder irgendwo sichtbar hinzulegen und darauf zu bestehen, dass es die ganze Zeit dort gelegen hätte. Mario berechnete die Entfernung von seinem Haus bis zum Supermarkt, und wenn seine Frau berichtete, dass sie tagsüber einkaufen war, überprüfte er den Kilometerzähler ihres Autos, um sicherzustellen, dass sie nirgendwo anders hingefahren war.

Als meine Kollegen David und Carole einmal für eine Konferenz einen Sketch über Missbrauch vorbereiteten, beschlossen sie, ihn zur Probe ihrer Klienten-Gruppe vorzuspielen. Danach überhäuften die Gruppenmitglieder meine Kollegen mit ihren Vorschlägen zur Verbesserung des Sketches, vor allem, was Davids Rolle anging: „Nein, nein, du entschuldigst dich nicht dafür, dass du zu spät nach Hause kommst, das bringt dich in die Defensive, du musst es umdrehen und ihr sagen, dass du weißt, dass sie dich betrügt ... Du stehst zu weit von ihr weg, David. Machen Sie ein paar Schritte auf sie zu, damit sie weiß, dass Sie es ernst meinen ... Sie lassen sie zu viel reden. Sie müssen ihr das Wort abschneiden und bei Ihren Punkten bleiben." Die Kollegen waren verblüfft, wie sehr die Klienten sich der Art ihrer Taktiken bewusst sind und warum sie sie anwenden: In der Aufregung, Feedback zu dem Sketch zu geben, ließen die Männer ihre Fassade als „außer Kontrolle geratene Täter, die nicht merken, was sie tun" fallen.

Wenn wir uns in diesem Buch die Geschichten meiner Klienten näher ansehen, werden Sie immer wieder beobachten, wie viel Bewusstsein in ihre grausamen und kontrollierenden Handlungen einfließt. Gleichzeitig möchte ich aber auch nicht, dass der Eindruck entsteht, dass misshandelnde Männer bösartig sind. Sie kalkulieren und planen nicht jeden ihrer Schritte – obwohl sie öfter vorausschauend handeln, als man erwarten würde. Es ist nicht so, dass jedes Mal, wenn ein Täter einen Stapel Zeitungen auf den Boden fegt oder einen Becher an die Wand wirft, er sich im Voraus entschlossen hat, diesen Weg einzuschlagen. Um ein passenderes Bild zu erhalten, stellen Sie sich den Täter wie einen Akrobaten in einer Zirkusmanege vor, der zwar bis zu einem gewissen Grad „außer Rand und Band" gerät, *aber nie vergisst, wo die Grenzen sind.*

Wenn einer meiner Klienten zu mir sagt: „Ich bin explodiert" oder „Ich bin einfach durchgedreht", bitte ich ihn, in Gedanken Schritt für Schritt durch die Momente zu gehen, die zu seinem missbräuchlichen Verhalten geführt haben. Ich frage: „Sind Sie wirklich ‚einfach explodiert', oder haben Sie sich an einem bestimmten Punkt entschieden, sich selbst grünes Licht zu geben? Gab es nicht einen Moment, in dem Sie entschieden, dass Sie ‚genug hatten' oder ‚es nicht mehr hinnehmen wollten', und *Sie sich selbst die Erlaubnis gaben*, das zu tun, worauf Sie Lust hatten?" Dann sehe ich ein Flackern des Erkennens in den Augen meines Klienten, und er gibt in der Regel zu, dass es tatsächlich einen Moment gab, in dem er alle Vorbehalte über Bord geworfen hat, um mit der Horror-Show zu beginnen.

Selbst der körperlich gewalttätige Täter zeigt Selbstbeherrschung. In dem Augenblick, in dem zum Beispiel die Polizei vor dem Haus vorfährt, beruhigt er sich meist sofort, und wenn die Beamten eintreten, spricht er in einem freundlichen und vernünftigen Ton mit ihnen. Wenn die Polizei eintrifft, findet sie fast nie einen laufenden Kampf vor. Ty, ein körperlich Gewalttätiger, der jetzt andere Männer berät, beschreibt in einem Trainingsvideo, wie er aus seiner Wut ausstieg, sobald die Polizei vor dem Haus vorfuhr, und Süßholz raspelte: „Ich erzählte ihnen, was *sie* getan hatte. Dann schauten sie zu ihr, und sie war diejenige, die völlig außer Kontrolle war, weil ich sie gerade erniedrigt und in Angst versetzt hatte. Ich sagte zur Polizei: ‚Sehen Sie, ich bin nicht derjenige'". Ty schaffte es mit seinem ruhigen Auftreten und seiner Behauptung, sich nur selbst verteidigt zu haben, wiederholt, der Verhaftung zu entkommen.

Mythos Nr. 7:

Er ist voller Wut. Er muss lernen, mit seiner Wut umzugehen.

Vor einigen Jahren durchlebte die Partnerin einer meiner Klienten ein Martyrium, weil ihr zwölfjähriger Sohn (aus einer früheren Ehe) für mehr als achtundvierzig Stunden verschwunden war. Zwei Tage lang war Mary Beths Herz kurz vor dem Zerspringen, während sie durch die Stadt fuhr, um ihren Sohn zu suchen. Voller Panik rief sie alle an, die sie kannte, und gab das Foto ihres Sohnes bei der Polizei, in Zeitungen und Radiosendern ab. Sie schlief kaum noch. Währenddessen begann ihr neuer Ehemann Ray, der in einer meiner Gruppen war, langsam innerlich zu kochen. Gegen Ende des zweiten Tages explodierte er schließlich und schrie sie an: „Ich habe es so satt, von dir ignoriert zu werden! Es ist, als würde ich gar nicht existieren! Fick dich ins Knie!"

Wenn Menschen zu dem Schluss kommen, dass Wut zu Misshandlungen führt, verwechseln sie Ursache und Wirkung. Ray hat sich nicht missbräuchlich verhalten, weil er wütend war; er wurde wütend, weil er missbräuchlich war. Missbrauchende Männer haben Einstellungen, die Wut erzeugen. Ein nicht-missbräuchlicher Mann würde nicht erwarten, dass seine Frau sich in einer so schweren Krise emotional um *ihn* kümmert. Vielmehr würde er sich darauf konzentrieren, wie er sie unterstützen kann, und versuchen, das Kind zu finden. Es wäre zwecklos, Ray beizubringen, eine Auszeit zu nehmen, in Kissen zu schlagen, einen zügigen Spaziergang zu machen oder sich auf tiefes Atmen zu konzentrieren, denn sein Denkprozess wird ihn bald wieder wütend machen. In Kapitel 3 werden Sie sehen, wie und warum die Haltung eines Täters ihn wütend macht.

Wenn ein neuer Klient zu mir sagt: „Ich bin wegen meiner Wut in Ihrem Programm", erwidere ich: „Nein, sind Sie nicht, Sie sind wegen Ihres missbräuchlichen Verhaltens hier." Jeder wird wütend. Tatsächlich erleben die meisten Menschen zumindest gelegentlich Zeiten, in denen sie überaus wütend sind, was in keinem Verhältnis zum eigentlichen Ereignis steht oder über das hinausgeht, was gut für ihre Gesundheit ist. Manche bekommen dadurch Geschwüre, Herzattacken oder Bluthochdruck. Aber sie misshandeln ihre Partner deswegen nicht zwangsläufig. In Kapitel 3 werden wir einen Blick darauf werfen, warum misshandelnde Männer dazu neigen, so wütend zu sein – und warum ihre Wut zugleich nicht wirklich das Hauptproblem ist.

Der explosive Wutausbruch des Missbrauchstäters kann Ihre Aufmerksamkeit von all der Respektlosigkeit, Verantwortungslosigkeit, dem Gerede über Sie, der Lüge und anderen missbräuchlichen und kontrollierenden Verhaltensweisen ablenken, die er selbst dann zeigt, wenn er gerade nicht wütend ist. Ist es Wut, die so viele Missbrauchende dazu bringt, ihre Partner zu hintergehen? Führt die Wut eines Täters dazu, dass er jahrelang die Tatsache verschweigt, dass eine frühere Freundin untergetaucht ist, um von ihm wegzukommen? Ist es eine Form von Explosivität, wenn Ihr Partner Sie unter Druck setzt, Ihre Freundschaften aufzugeben und weniger Zeit mit Ihren Geschwistern zu verbringen? Nein. Vielleicht kommen seine lautesten, offensichtlichsten oder einschüchterndsten Formen des Missbrauchs zum Vorschein, wenn er wütend ist, aber sein tiefer liegendes Muster ist die ganze Zeit aktiv.

Mythos Nr. 8:

Er ist verrückt. Er ist psychisch krank; er sollte sich medikamentös behandeln lassen.

Wenn sich das Gesicht eines Mannes in Bitterkeit und Hass verzerrt, sieht er ein wenig unzurechnungsfähig aus. Wenn sich seine Stimmung von jetzt auf gleich von freudig erregt zu angriffslustig ändert, scheint seine geistige Stabilität Fragen aufzuwerfen. Wenn er seine Partnerin beschuldigt, dass sie vorhabe, ihm etwas anzutun, wirkt er paranoid. Es ist kein Wunder, dass die Partnerin eines misshandelnden Mannes den Verdacht hegt, dass er psychisch krank ist.

Dennoch ist die große Mehrheit meiner Klienten im Laufe all der Jahre vom psychologischen Standpunkt aus „normal" gewesen. Ihr Verstand arbeitet logisch, sie verstehen Ursache und Wirkung und sie halluzinieren nicht. Ihre Wahrnehmung der meisten Lebensumstände ist ziemlich präzise. Sie haben gute Arbeitszeugnisse, sind gut in der Schule oder im Ausbildungsprogramm, und niemand außer ihren Partnerinnen und Kindern denkt, dass mit ihnen etwas nicht stimmt. **Ihr Wertesystem ist krank, nicht ihre Psyche.**

Vieles von dem, was bei einem Täter als verrücktes Verhalten erscheint, funktioniert bei ihm tatsächlich gut. Wir haben bereits Michael kennengelernt, der nie seine eigenen Sachen zerbrochen hat, und Marshall, der seinen eigenen Eifersuchtsvorwürfen nicht glaubte. Auf den folgenden Seiten werden Sie viele weitere Beispiele für die Methode finden, die hinter dem Wahnsinn des Täters steckt. Sie werden auch erfahren, wie verzerrt seine Sicht auf seine Partnerin ist – was ihn emotional gestört erscheinen lassen kann – und was die Ursache für diese Störungen ist.

Jüngste Forschungsergebnisse zeigen, dass selbst bei körperlich Gewalttätigen die Rate psychischer Erkrankungen nicht hoch ist. Mehrere meiner brutal misshandelnden Klienten wurden psychologisch untersucht, und nur bei einem von ihnen wurde eine psychische Erkrankung festgestellt. Gleichzeitig gehörten einige meiner Klienten, die ich wirklich für psychisch krank gehalten habe, nicht unbedingt zu den gewalttätigsten. Die Forschung deutet darauf hin, dass die extremsten Gewalttäter – diejenigen, die ihre Partner bis zur Bewusstlosigkeit würgen, ihnen Waffen an den Kopf halten, sie stalken und töten – eine erhöhte Anzahl an psychischen Erkrankungen aufweisen. Es gibt jedoch keinen speziellen psychischen Gesundheitszustand, der typisch für diese extremen Schläger ist. Sie können eine Reihe von Diagnosen haben, darunter Psychose, Borderline-Syndrom, manische Depression, antisoziale Persönlichkeit, Zwangsstörung und andere. (Und selbst unter den gefährlichsten Tätern gibt es viele, die keine eindeutigen psychiatrischen Symptome irgendwelcher Art aufweisen.)

Wie können all diese verschiedenen psychischen Erkrankungen so ähnliche Verhaltensmuster verursachen? Die Antwort ist, dass sie es gar nicht tun. Psychische Erkrankungen verursachen ebenso wenig missbräuchliches Verhalten wie Alkohol. Was passiert, ist vielmehr, dass das psychische Problem des Mannes mit seinem missbräuchlichen Verhalten interagiert und eine unberechenbare Kombination bildet. Wenn er zum Beispiel schwer depressiv ist, kann er aufhören, sich über die *für ihn* negativen Folgen seines Handelns Gedanken zu machen, was die Gefahr erhöht, dass er sich zu einem schwerwiegenden Angriff auf seine Partnerin oder seine Kinder entschließt. Ein psychisch kranker Täter hat zwei verschiedene – aber miteinander verbundene – Probleme, genau wie der Alkoholiker oder Drogenabhängige.

Das Standardwerk für psychiatrische Erkrankungen, das *Diagnostic and Statistical Manual of Mental Disorders (DSM-IV)*, enthält keine Erkrankungen, die gut auf missbräuchlich handelnde Männer zutreffen. Einige Kliniker erweitern eine der Definitionen, um sie auf missbrauchende Klienten anzuwenden, z. B. auf eine „intermittierende explosive Störung", sodass die Versicherung seine Therapie übernimmt. Dennoch ist diese Diagnose fehlerhaft, wenn sie allein auf der Grundlage seines missbräuchlichen Verhaltens gestellt wird. Ein Mann, dessen destruktives Verhalten sich in erster Linie oder gänzlich auf eine Paarbeziehung beschränkt, ist ein Missbrauchstäter, kein psychiatrischer Patient.

Zwei letzte Punkte zur psychischen Erkrankung möchte ich noch anfügen: Erstens höre ich gelegentlich Aussagen über einen gewalttätigen Missbrauchstäter wie: „Er muss verrückt sein, wenn er glaubt, er käme damit durch." Aber leider stellt sich oft heraus, dass er damit durchkommen *kann*, wie wir in Kapitel 12 erörtern, sodass sein Glaube keineswegs eine Wahnvorstellung ist. Zweitens habe ich ein paar Berichte über Fälle erhalten, in denen sich das Verhalten eines Täters eine Zeit lang verbesserte, weil er von einem Psychiater verschriebene Medikamente genommen hat. Sein allgemein missbräuchliches Verhalten hörte nicht auf, aber die verheerendsten oder erschreckendsten Verhaltensweisen haben nachgelassen. Medikamente sind jedoch keine langfristige Lösung, und zwar aus zwei entscheidenden Gründen:

1. Die Missbrauchstäter lassen sich nicht gerne medikamentös behandeln, weil sie zu egoistisch sind, um die Nebenwirkungen zu ertragen, ganz gleich, wie sehr die Verbesserung ihren Partnerinnen zugutekommt. Fast immer hören sie nach einigen Monaten mit der Medikation auf.Das Medikament kann dann als weiteres Mittel für den psychischen Missbrauch eingesetzt werden. Beispielsweise kann der Täter die Einnahme seiner Pillen einstellen, wenn er wütend auf seine Partnerin

ist, weil er weiß, dass sie dadurch nervös und ängstlich wird. Oder wenn er sie auf dramatische Weise angreifen will, kann er sich absichtlich eine Überdosis verabreichen, um so eine medizinische Krise auszulösen.

2. Es gibt bisher kein Medikament, das aus einem Täter einen liebevollen, rücksichtsvollen und geeigneten Partner macht. Es können nur die Spitzen seines absolut schlechtesten Verhaltens gelindert werden – wenn das überhaupt möglich ist. Wenn Ihr missbrauchender Partner Medikamente einnimmt, sollten Sie sich bewusst sein, dass Sie dadurch nur Zeit gewinnen. Nutzen Sie die (friedlichere) Zeit, um Unterstützung für Ihre eigene Heilung zu bekommen. Beginnen Sie damit, eine Beratungsstelle für misshandelte Frauen zu kontaktieren.

Mythos Nr. 9:

Er hasst Frauen. Seine Mutter oder eine andere Frau muss ihm etwas Schreckliches angetan haben.

Die Vorstellung, dass misshandelnde Männer Frauen hassen, wurde durch Susan Forwards Buch *„Liebe als Leid. Warum Männer ihre Frauen hassen und Frauen gerade diese Männer lieben“* populär gemacht. Dr. Forwards Beschreibungen von misshandelnden Männern sind die genauesten, die ich gelesen habe, aber in einem Punkt irrt sie sich: Die wenigsten Missbrauchenden hassen Frauen. Sie haben oft enge Beziehungen zu ihren Müttern, Schwestern oder Freundinnen. Eine ganze Reihe von ihnen ist in der Lage, erfolgreich mit einer weiblichen Chefin zusammenzuarbeiten und ihre Autorität zu respektieren, zumindest nach außen hin.

Respektlosigkeit gegenüber Frauen ist unter missbrauchenden Männern sicherlich weit verbreitet, wobei die Einstellung dieser Männer gegenüber Frauen in einem Kontinuum anzusiedeln ist. Es gibt Männer, die mit den meisten Frauen recht konstruktiv umgehen können (solange sie nicht eng mit ihnen verbunden sind), bis hin zu solchen, die allgemein frauenfeindlich sind und die meisten Frauen, denen sie begegnen, mit Überlegenheit und Verachtung behandeln. Grundsätzlich denke ich, dass die Einstellung meiner Klienten, dass ihre Partnerinnen für ihre Bedürfnisse zuständig sind, sie selbst es aber nicht wert sind, ernst genommen zu werden, sich in der Tat darauf überträgt, wie sie andere Frauen, einschließlich ihrer eigenen Töchter, betrachten. Wir werden jedoch in Kapitel 13 sehen, dass die Missachtung, die misshandelnde Männer oft allgemein gegenüber Frauen zum Ausdruck bringen, eher von ihren kulturellen Werten und Voraussetzungen herrührt und nicht ihren persönlichen Erfahrungen als Opfer von Frauen geschuldet ist. Einige missbrauchende Männer benutzen die *Ausrede*, dass ihr Verhalten eine Reaktion auf eine solche Opfererfahrung sei, weil sie sich in die Lage versetzen wollen, Frauen für den Missbrauch durch Männer verantwortlich zu machen. Hier ist es wichtig, auf Forschungsergebnisse hinzuweisen, die zeigen, dass Männer, die misshandelnde Mütter haben, nicht dazu neigen, besonders negative Eigenschaften gegenüber Frauen zu entwickeln, aber dass Männer, die misshandelnde *Väter* haben, dies tun. Die Missachtung, die misshandelnde Männer ihren weiblichen Partnern und Töchtern gegenüber zeigen, wird oft von ihren Söhnen übernommen.

Während also eine kleine Zahl missbrauchender Männer Frauen hasst, zeigt die große Mehrheit eine subtilere – wenn auch oft recht allgegenwärtige – Einstellung der Überlegenheit oder Verachtung gegenüber Frauen. Andere wiederum zeigen überhaupt keine offensichtlichen Anzeichen von Problemen mit Frauen, bis sie in einer ernsthaften Beziehung sind.

Mythos Nr. 10:

Er hat Angst vor Intimität und dem Verlassenwerden.

Misshandelnde Männer sind oft eifersüchtig und besitzergreifend, und ihr zwanghaftes und destruktives Verhalten kann eskalieren, wenn ihre Partnerinnen versuchen, sich von ihnen zu trennen. Einige Psychologen haben sich dieses Muster flüchtig angeschaut und sind zu dem Schluss gekommen, dass Missbrauchende eine extreme Angst vor dem Verlassenwerden haben. Aber *viele Menschen*, Männer wie Frauen, haben Verlustängste und können vor Panik, Herzschmerz oder Verzweiflung aus der Bahn geworfen werden, wenn sie von einem Partner verlassen werden. Wenn die panische Reaktion eines Menschen auf das Verlassenwerden zu Drohungen, Stalking oder Mord führen würde, befände sich unsere gesamte Gesellschaft in einem Kriegszustand. Doch Morde von Partnern nach einer Trennung werden fast ausschließlich von Männern begangen (und es gibt fast immer eine Missbrauchs-Vorgeschichte vor der Trennung). Wenn die Angst vor dem Verlassenwerden zu Misshandlungen nach der Trennung führt, warum sind die Statistiken dann so einseitig? Haben es Frauen viel leichter mit dem Verlassenwerden als Männer? Nein, natürlich nicht. (Die wirklichen Ursachen für die extremen Verhaltensweisen, die manche Missbrauchstäter nach der Trennung anwenden, werden wir untersuchen.)

Eng verbunden mit dem Mythos von der Verlustangst ist die Vorstellung, dass misshandelnde Männer „Angst vor Nähe" haben. Damit versucht man zu erklären, warum die meisten Täter nur ihre Partnerin misshandeln und meist männlich sind. Nach dieser Theorie setzt der Täter sein wiederholt auftretendes grausames Verhalten ein, um seine Partnerin davon abzuhalten, ihm emotional zu nahezukommen, ein Verhalten, das in der psychologischen Fachsprache als ‚Näheregulierung' bezeichnet wird.

Aber diese Theorie hat mehrere Lücken. Erstens haben missbrauchende Männer ihre schlimmsten Ausbrüche gewöhnlich nach einer Periode zunehmender Spannung und Distanz, *nicht* in den Momenten größter Nähe. Manche halten ihre emotionale Distanz die ganze Zeit über aufrecht, sodass die Beziehung nie nahe genug kommen kann, um Ängste vor Intimität auszulösen, die sie haben könnten; dennoch geht der Missbrauch weiter. Auch in einigen Kulturen, in denen keine Erwartung an Nähe zwischen Ehemännern und Ehefrauen besteht, in denen die Ehe nichts mit einer echten emotionalen Verbindung zu tun hat, tritt die Misshandlung von Ehefrauen ebenso massiv auf. Und schließlich gibt es viele Männer, die starke Ängste vor Nähe haben, die ihre Partnerinnen aber dennoch nicht misshandeln oder kontrollieren, denn sie haben keine missbrauchende *Geisteshaltung*.

Mythos Nr. 11:

Er leidet unter geringem Selbstwertgefühl. Er muss sein Selbstbild stärken.

Frage 3: Liegt es daran, dass er an sich selbst leidet?

Eine misshandelte Frau neigt dazu, wertvolle Energie darauf zu verwenden, ihren misshandelnden Partner zu unterstützen und sein Ego zu pflegen, in der Hoffnung, dass sein nächster Ausbruch abgewendet werden kann, wenn er nur genügend Streicheleinheiten bekommt. Wie gut funktioniert diese Strategie? Leider nicht sehr gut. Man kann einen Missbrauchstäter nur für kurze Zeiträume im Zaum halten. Wenn man ihn lobt und sein Selbstbild stärkt, kann Ihnen das etwas Zeit verschaffen, aber früher oder später wird er wieder dazu übergehen, auf Sie loszugehen. Wenn Sie versuchen, das Selbstwertgefühl eines Täters zu verbessern, wird sein Problem tendenziell noch schlimmer. Ein Missbrauchender erwartet, dass man sich um ihn kümmert, und je mehr positive Aufmerksamkeit er erhält, desto mehr fordert er ein. Er wird nie den Punkt erreichen, an dem er zufrieden ist, an dem ihm genug gegeben wurde. Vielmehr gewöhnt er sich an die luxuriöse Behandlung, die er erhält, und er wird bald seine Forderungen nur noch verstärken.

Meinen Kollegen und mir ist diese Dynamik durch einen Fehler bewusst geworden, den wir in den ersten Jahren unserer Arbeit mit misshandelnden Männern gemacht haben. Einige Male baten wir Klienten, die in unserem Programm hervorragende Fortschritte gemacht hatten, sich im Fernsehen interviewen zu lassen oder mit einer Gruppe von Gymnasiasten zu sprechen, weil wir dachten, die Öffentlichkeit könne davon profitieren, einen Missbrauchstäter in seinen eigenen Worten über sein Verhalten und seinen Veränderungsprozess sprechen zu hören. Aber wir stellten fest, dass jedes Mal, wenn wir einem Klienten öffentliche Aufmerksamkeit ermöglicht hatten, er innerhalb weniger Tage danach einen schlimmen Ausbruch hatte, bei dem er seine Partnerin misshandelte. Er fühlte sich wie ein Star, wie ein neuer Mensch, und sein Ego wuchs enorm von all der Aufmerksamkeit, die man ihm geschenkt hatte. Zu Hause ging er dann mit Anschuldigungen und Beschimpfungen auf seine Partnerin los. Daher mussten wir aufhören, unsere Klienten zu öffentlichen Auftritten mitzunehmen.

Der Mythos vom geringen Selbstwertgefühl lohnt sich für einen Missbrauchstäter, denn er bringt seine Partnerin, seinen Therapeuten und andere dazu, sich ihm emotional zuzuwenden. Stellen Sie sich die Privilegien vor, die ein missbrauchender Mann erlangen kann: Er bekommt die meiste Zeit seinen Willen, seine Partnerin reißt sich ein Bein aus, um ihn bei Laune zu halten, damit er nicht explodiert, und verhält sich so, wie es ihm gefällt. Obendrein bekommt er noch *Lob* dafür, was für ein toller Kerl er ist, und jeder versucht, *ihm* dabei zu helfen, sich besser zu fühlen!

Natürlich kann ein Täter reumütig oder beschämt sein, nachdem er seine Partnerin brutal oder furchterregend behandelt hat, besonders wenn ein Außenstehender gesehen hat, was er getan hat. Aber diese Gefühle sind eine *Folge* seines missbrauchenden Verhaltens, nicht die Ursache. Je weiter die Beziehung fortschreitet, neigt der misshandelnde Mann dazu, sich mit seinem eigenen Verhalten wohler zu fühlen, und das Gefühl der Reue lässt nach, erstickt unter der Last seiner Rechtfertigungen. Er kann unangenehm werden, wenn er nicht ständig Komplimente, Bestätigung und Ehrerbietung erhält, die er zu verdienen glaubt, aber diese Reaktion basiert nicht auf Minderwertigkeitsgefühlen. Die Realität ist in der Tat eher das Gegenteil, wie wir sehen werden.

Denken Sie einen Moment lang darüber nach, wie das erniedrigende und schikanierende Verhalten Ihres Partners *Ihr* Selbstwertgefühl verletzt hat. Haben Sie sich plötzlich in eine brutale und explosive Person verwandelt? Wenn ein geringes Selbstwertgefühl für Sie keine Entschuldigung dafür ist, missbräuchlich zu werden, dann gilt das auch für ihn.

Mythos Nr. 12:

Sein Chef misshandelt ihn, sodass er sich ohnmächtig und erfolglos fühlt. Er kommt nach Hause und lässt es an seiner Familie aus, denn das ist der einzige Ort, an dem er sich mächtig fühlen kann.

Ich nenne diesen Mythos „Chef misshandelt Mann, Mann misshandelt Frau, Frau misshandelt Kinder, Kinder schlagen Hund, Hund beißt Katze". Das Bild, das dadurch entsteht, scheint plausibel, aber zu viele Teile passen nicht zusammen. Hunderte meiner Klienten waren beliebte, erfolgreiche, gut aussehende Männer und nicht diese Unterdrückten, die einen Sündenbock für ihre inneren Qualen suchten. Einige der schlimmsten Täter, mit denen ich gearbeitet habe, standen ganz oben auf der Management-Leiter – ohne einen Chef, dem man die Schuld geben kann. Je mehr Macht diese Männer in ihrem Job haben, desto mehr Fürsorge und Unterwerfung erwarten sie zu Hause. Mehrere meiner Klienten haben mir das gesagt: „Ich bin es gewohnt, den Leuten bei meiner Arbeit zu sagen, wo es langgeht, daher habe ich Probleme, aus diesem Modus herauszukommen, wenn ich zu Hause bin." Während also einige Täter die Ausrede des „gemeinen Chefs" benutzen, benutzen andere das Gegenteil.

Der wichtigste Punkt ist folgender: **In all den Jahren meiner Arbeit auf dem Gebiet der Misshandlung hatte ich noch nie einen Klienten, dessen Verhalten sich zu Hause positiv veränderte, weil sich seine Arbeitssituation zum Besseren entwickelt hat.**

Mythos Nr. 13:

Er hat schlechte Kommunikations-, Konfliktlösungs- und Stressmanagement-Fähigkeiten. Er braucht Nachhilfe.

Ein missbrauchender Mann ist nicht unfähig, Konflikte nicht-missbräuchlich zu lösen; er ist *nicht willens,* dies zu tun. Die Kompetenzdefizite von Missbrauchenden waren Gegenstand einer Reihe von Untersuchungen, und die Ergebnisse führen zu folgender Schlussfolgerung: Täter verfügen über normale Fähigkeiten zur Konfliktlösung, Kommunikation und Selbstbehauptung, *wenn sie sich dafür entscheiden, diese einzusetzen.* In der Regel überstehen sie stressige Situationen am Arbeitsplatz, ohne jemanden zu bedrohen; sie bewältigen ihre Anspannung, ohne zu explodieren, wenn sie z. B. Thanksgiving mit ihren Eltern verbringen; sie trauern offen gemeinsam mit ihren Geschwistern über den Tod eines Großelternteils. Aber sie sind nicht *bereit*, diese Art von Themen in nicht-missbräuchlicher Weise anzugehen, wenn es um ihre Partnerin geht. Sie können einen misshandelnden Mann mit den innovativsten New-Age-Fähigkeiten ausstatten, damit er seine tiefen Gefühle zum Ausdruck bringen, aktiv zuhören und Win-Win-Verhandlungen führen kann, doch dann wird er nach Hause gehen und sein missbräuchliches Verhalten fortsetzen. Im folgenden Kapitel werden wir sehen, warum.

Mythos Nr. 14:

Es gibt genauso viele misshandelnde Frauen wie misshandelnde Männer. Misshandelte Männer sind unsichtbar, weil sie sich schämen, sich mitzuteilen.

Es gibt mit Sicherheit einige Frauen, die ihre Partner schlecht behandeln, sie bewerten, beschimpfen und versuchen, sie zu kontrollieren. Die negativen Auswirkungen auf das Leben dieser Männer können beträchtlich sein. Aber kennen wir Männer, deren Selbstwertgefühl durch diesen Prozess allmählich zerstört wird? Sehen wir Männer, deren Fortschritt in der Schule oder in ihrer beruflichen Karriere durch die ständige Kritik und Untergrabung zum Stillstand kommt? Wo sind die Männer, deren Partnerinnen sie zu ungewolltem Sex zwingen? Wo sind die Männer, die aus Angst um ihr Leben in Schutzhäuser fliehen? Wie steht es mit denen, die versuchen, per Telefon Hilfe zu rufen, aber von der Frau aufgehalten werden oder diese die Leitung kappt? Der Grund, warum wir diese Männer im Allgemeinen nicht sehen, ist einfach: Es gibt nicht viele.

Ich stelle nicht infrage, wie peinlich es für einen Mann sein kann, sich zu outen und zuzugeben, dass eine Frau ihn misshandelt. Aber unterschätzen Sie nicht, wie gedemütigt sich eine Frau fühlt, wenn sie den Missbrauch offenbart. Frauen sehnen sich genauso sehr nach Würde wie Männer. Wenn Scham die Leute davon abhalten würde, sich zu melden, würde es niemand tun.

Selbst wenn misshandelte Männer sich nicht melden wollten, wären sie schon längst entdeckt worden. Nachbarn stellen sich nicht mehr taub, wenn sie Missbrauch wahrnehmen, so wie es noch vor dreißig oder vierzig Jahren der Fall war. Wenn heute jemand Schreie hört oder mitbekommt, wie Gegenstände gegen die Wand geworfen werden oder jemand verprügelt wird, wird die Polizei gerufen. Von meinen körperlich misshandelnden Klienten wurde fast *ein Drittel* aufgrund eines Anrufs bei der Polizei verhaftet, der von jemand anderem als der misshandelten Frau kam. Wenn es Millionen von eingeschüchterten, zitternden Männern unter uns gäbe, würde die Polizei sie finden. Misshandelnde Männer spielen in der Regel gerne die Rolle des Opfers, und die meisten Männer, die behaupten, „misshandelte Männer" zu sein, sind in Wirklichkeit die Gewalttäter und nicht die Opfer.

In ihren Bemühungen, den Opferstatus anzunehmen, versuchen meine Klienten, die verbale Dominanz ihrer Partnerin zu übertreiben: „Natürlich kann ich einen körperlichen Kampf gewinnen, aber sie ist viel besser mit dem Mundwerk als ich, also würde ich sagen, das gleicht sich aus." (Ein extrem gewalttätiger Mann sagte in seiner Gruppensitzung: „Sie sticht mir mit ihren Worten ins Herz", um die Tatsache zu rechtfertigen, dass er seine Partnerin mit einem Messer in die Brust gestochen hatte.) Aber Missbrauch ist kein Kampf, den man gewinnt, wenn man sich besser ausdrücken kann. Man gewinnt ihn, indem man besser in Sarkasmus, Herabsetzungen, Verdrehung der Tatsachen und anderen Kontrolltaktiken ist – eine Kampfarena, in der meine Klienten ihre Partnerinnen wie bei einer gewalttätigen Auseinandersetzung mit links niedermachen. Wer kann einen Täter in seinem eigenen Spiel schlagen?

Männer *können* jedoch von anderen Männern misshandelt werden, ebenso Frauen von anderen Frauen, manchmal durch Mittel, die körperliche Einschüchterung oder Gewalt einschließen. Wenn Sie schwul oder lesbisch sind, der/die vom Partner bzw. von der Partnerin misshandelt wurde oder aktuell Missbrauch ausgesetzt ist, wird Ihnen das meiste, was ich in diesem Buch erläutere, bekannt vorkommen. Es ist naheliegend, dass die „er und sie"-Bezeichnungen, die ich in diesem Buch verwende, nicht zu Ihrer Erfahrung passen, aber die zugrunde liegende Dynamik, die ich beschreibe, trifft weitgehend zu. Wir werden dieses Thema in Kapitel 6 weiter untersuchen.

Mythos Nr. 15:

Die Misshandlung ist für den Mann, der sie begeht, genauso schlimm wie für seine Partnerin. Sie sind beide Opfer.

Meine Klienten überwinden den durch die Missbrauchsvorfälle hervorgerufenen Schmerz sehr viel schneller als ihre Partnerinnen. Erinnern Sie sich an Dale aus Kapitel 1, der mir gegenüber darauf bestand, dass die ersten zehn Jahre seiner Ehe reibungslos verlaufen seien, während Maureen von zehn Jahren voller Beleidigungen und Grausamkeiten erzählte? Natürlich ist es kein zuträglicher Lebensstil, seine Partnerin zu misshandeln, aber die negativen Auswirkungen können den emotionalen und körperlichen Schmerzen, dem Freiheitsverlust, den Selbstvorwürfen und zahlreichen anderen Schatten, die der Missbrauch auf das Leben seiner weiblichen Zielperson wirft, nicht das Wasser reichen. Anders als Alkoholiker oder Süchtige erreichen misshandelnde Männer keinen „Tiefpunkt". Sie können über zwanzig oder dreißig Jahre lang misshandeln, ohne dass ihre Karriere darunter leidet. Ihre Gesundheit bleibt stabil und ihre Freundschaften bleiben bestehen. Wie wir in Kapitel 6 sehen werden, *profitieren* Täter tatsächlich in vielerlei Hinsicht eher von ihrem Kontrollverhalten. Ein Täter kann sein Opfer bei psychologischen Tests, die bei Sorgerechtsstreitigkeiten routinemäßig erforderlich sind, meist übertreffen, da er nicht derjenige ist, der durch jahrelange psychische oder physische Übergriffe traumatisiert wurde. Niemand, der den tragischen Berichten misshandelter Frauen aufmerksam zuhört und dann die Täter jede Woche in einer Beratungsgruppe erlebt, wie meine Kollegen und ich es tun, würde sich zu der Annahme hinreißen lassen, dass das Leben für die Männer ebenso hart ist.

Mythos Nr. 16:

Er ist missbrauchend, weil er massiv gesellschaftlicher Diskriminierung und dem Gefühl ausgesetzt war, als Mann anderer ethnischer Herkunft machtlos zu sein. Deswegen muss er sich zu Hause mächtig fühlen.

In Kapitel 6 gehe ich unter „Ethnische Unterschiede bei Missbrauchstätern" ausführlich auf dieses Thema ein, sodass ich hier nur einen kurzen Überblick gebe. Erstens ist die Mehrheit der misshandelnden Männer weiß, viele von ihnen sind gut gebildet und wirtschaftlich privilegiert, sodass Diskriminierung keine zentrale Ursache für Partnermissbrauch sein kann. Zweitens könnte ein Mann, wenn er selbst Unterdrückung erfahren hat, ebenso gut ein *größeres* Verständnis für die Notlage einer Frau aufbringen als weniger, wie dies bei Kindesmissbrauch der Fall ist (siehe Mythos Nr. 1). Obwohl die Diskriminierung von Migranten nach wie vor ein außerordentlich ernstes Problem darstellt, sollte sie nicht als Ausrede für den Missbrauch von Frauen hingenommen werden.

Mythos Nr. 17:

Der Alkohol ist es, der ihn missbräuchlich macht. Wenn ich ihn dazu bringen kann, nüchtern zu bleiben, wird unsere Beziehung gut.

So viele Männer tarnen ihr missbräuchliches Verhalten unter dem Deckmantel des Alkoholismus oder der Drogensucht, dass ich mich entschlossen habe, das Thema Sucht in Kapitel 8 eingehend zu behandeln. Der wichtigste zu beachtende Punkt ist folgender: Alkohol produziert keinen Missbrauchstäter, und Nüchternheit kann ihn nicht heilen. Der einzige Weg, wie ein Mann sein missbräuchliches Verhalten überwinden kann, ist, sich mit seinem Verhalten auseinanderzusetzen. Und es sind nicht Sie, die Ihren Partner „in die Lage versetzen", Sie zu misshandeln; er ist für seine Handlungen voll und ganz selbst verantwortlich.

Wir haben nun unseren Rundgang durch das Museum der Mythen über misshandelnde Männer abgeschlossen. Vielleicht fällt es Ihnen schwer, diese Missverständnisse hinter sich zu lassen. Ich selbst hing vor Jahren an meinen eigenen Mythen, aber die Missbrauchstäter zwangen mich immer wieder, mir die Realität anzuschauen, auch wenn sie es hartnäckig vermieden, dies selbst zu tun. Wenn Sie es mit einem Mann zu tun haben, der Sie tyrannisiert oder niedermacht, fühlen Sie sich vielleicht noch verwirrter als vor der Lektüre dieses Kapitels. Vielleicht denken Sie: „Aber wenn dies nicht die Ursachen für sein Problem sind, woher kommt es dann?"

Unser nächster Schritt besteht also darin, die verwirrenden Puzzleteile, die wir gerade sortiert haben, wieder sorgfältig zu einem kohärenten Bild zusammenzusetzen. Während wir dies tun, werden Sie nach und nach erleichtert die Mythen hinter sich lassen, die Ihnen jetzt den Blick verstellen. Eine belebende Klarheit kann Sie stattdessen erfüllen, und das Rätsel, an dessen Schaffung die Täter so hart arbeiten, wird verschwinden.

Wichtige Punkte, die Sie sich merken sollten

- Die emotionalen Probleme eines misshandelnden Mannes sind nicht der Grund für sein missbräuchliches Verhalten. Sie können ihn nicht ändern, indem Sie versuchen herauszufinden, was ihn belastet, oder ihm zu helfen, sich besser zu fühlen, um die Dynamik Ihrer Beziehung zu verbessern.
- Es sind nicht die Gefühle, die missbräuchliches oder kontrollierendes Verhalten bestimmen, sondern die treibenden Kräfte sind Überzeugungen, Werte und Gewohnheiten.
- Die Gründe, die ein misshandelnder Mann für sein Verhalten angibt, sind lediglich *Ausreden*. Es gibt keine Möglichkeit, ein Problem mit Misshandlungen zu überwinden, indem man sich auf Ausflüchte wie geringes Selbstwertgefühl, Schwierigkeiten bei Konfliktlösungen, bei der Wutbewältigung oder Impulskontrolle fokussiert. Missbräuchliches Verhalten kann nur überwunden werden, wenn man sich damit auseinandersetzt.
- Missbrauchende sind erfolgreich darin, Verwirrung zu stiften, einschließlich der Verwirrung über den Missbrauch selbst.
- Mit Ihnen ist alles in Ordnung. Das Missbrauchsproblem Ihres Partners ist sein eigenes.

3

Die missbräuchliche Mentalität

Seine Einstellung scheint immer zu sein: „Du schuldest mir etwas."
Er schafft es, alles so zu verdrehen, dass es meine Schuld ist.
Ich fühle mich von ihm erdrückt. Er versucht, mein Leben zu bestimmen.
Alle scheinen zu denken, er sei der Größte. Ich wünschte, sie könnten die Seite von ihm sehen, mit der ich leben muss.
Er sagt, er liebt mich über alles. Warum behandelt er mich dann so?

Chronische Misshandlung bringt die Betroffenen dazu, an sich selbst zu zweifeln. Kinder von misshandelnden Eltern wissen, dass etwas nicht stimmt, aber sie vermuten, dass das Schlechte in ihnen steckt. Angestellte eines ausfälligen und beleidigenden Chefs verbringen einen Großteil ihrer Zeit in dem Gefühl, einen lausigen Job zu machen, dass sie klüger sein und härter arbeiten sollten. Jungen, die schikaniert werden, haben das Gefühl, dass sie stärker sein oder weniger Angst vorm Kämpfen haben sollten.

Wenn ich mit einer misshandelten Frau arbeite, ist es mein erstes Ziel, ihr zu helfen, wieder Vertrauen zu sich selbst zu gewinnen, sie dazu zu bringen, sich auf ihre eigene Wahrnehmung zu verlassen und auf ihre eigene innere Stimmen zu hören. Man braucht eigentlich keinen „Missbrauchsexperten", um sich von ihm sein Leben erklären zu lassen. Was Sie vor allem brauchen, ist etwas Unterstützung und Ermutigung, an Ihrer eigenen Wahrheit festzuhalten. Ihr missbrauchender Partner will Ihre Wahrnehmung leugnen. Er will Ihnen Ihre Sicht von der Realität aus dem Kopf merzen und sie durch seine ersetzen. Wenn jemand auf diese Weise oft genug in Ihr Selbstverständnis eingedrungen ist, verlieren Sie zwangsläufig mit der Zeit Ihr Gleichgewicht. Aber Sie können Ihren Weg zurück zu Ihrer Mitte wiederfinden.

Ein Täter schafft eine Vielzahl von Missverständnissen, um seine Partnerin dazu zu bringen, an sich selbst zu zweifeln, und um es ihm zu ermöglichen, sie in eine Sackgasse zu führen. Nachdem wir diese Mythen ausgeräumt haben, können wir uns nun auf die Wurzeln seines erniedrigenden Verhaltens konzentrieren. Ich denke, Sie werden sie erkennen.

Die Erkenntnisse, die ich auf den folgenden Seiten erläutere, habe ich vor allem durch die misshandelten Frauen selbst gewonnen, welche die wahren Missbrauchsexperten sind. Meine anderen Lehrer waren meine missbrauchenden Klienten, die uns jedes Mal, wenn sie versehentlich ihr wahres Denken offenbaren, uns mehr Klarheit verschaffen.

Tatsache Nr. 1:

Er kontrolliert.

Mein Klient Glenn kam eines Abends verärgert und aufgeregt zur Gruppensitzung. Die Worte sprudelten nur so aus ihm heraus:

> Freitagnachmittag hat Harriet mich angeschrien und gesagt, dass sie bald ausziehen werde. Dann ist sie übers ganze Wochenende weggefahren und hat meinen zweijährigen Sohn mitgenommen. Sie hat mir wirklich wehgetan. Also beschloss ich, ihr auch wehzutun. Ich habe etwas gesucht, das ihr wirklich wichtig ist, um ihr zu zeigen, wie es sich anfühlt. Sie hatte eine Woche lang an diesem Aufsatz fürs College gearbeitet, hatte viele Stunden darin investiert und wollte ihn am Montag abgeben. Sie ließ die Papiere direkt auf ihrer Kommode liegen, als fordere sie mich geradezu heraus. Also zerriss ich alles in kleine Stücke. Dann zerstörte ich einen Haufen Bilder von uns dreien und ließ alles in einem schönen Haufen auf dem Bett liegen, damit sie es gleich sehen würde. Ich glaube, sie hat daraus gelernt.

Glenn war mir gegenüber bemerkenswert ehrlich, was seinen Denkprozess und seine Motive angeht, wahrscheinlich weil er sich so sehr im Recht fühlte. Er glaubte an sein Recht, die Handlungen seiner Partnerin zu kontrollieren. Er bestand darauf, das letzte Wort zu haben, und er akzeptierte keine Missachtung. Er fühlte sich im Recht, Harriet zu bestrafen – und zwar so massiv, wie er es sich nur vorstellen konnte –, wenn sie Schritte unternahm, wieder Herrin ihres Lebens zu werden.

Stolz sprach er darüber, wie er ihr verschiedene Freiheiten „zugestanden“ hatte, während sie zusammen waren, als wäre er ihr Vater, und er verteidigte sein Recht, ihr ihre Privilegien zu entziehen, wenn er der Meinung war, dass es an der Zeit war.

Kontrolle zeigt sich in vielen verschiedenen Formen. Einige meiner Klienten waren so extrem kontrollierend, dass sie als Militärkommandeure hätten durchgehen können. Russell zum Beispiel ging so weit, dass er von seinen Kindern verlangte, jeden Morgen vor der Schule Gymnastik zu machen. Seine Frau durfte ohne seine Erlaubnis mit *niemandem* sprechen, und er schickte sie morgens in ihr Zimmer zurück, damit sie sich etwas anderes anzog, wenn er mit ihrer Kleidung nicht einverstanden war. Beim Abendessen lehnte er sich zurück und kommentierte wie ein Restaurantkritiker die Stärken und Schwächen der Gerichte, die sie zubereitet hatte, und er beauftragte sie regelmäßig, in die Küche zu gehen, um etwas für die Kinder zu holen, als wäre sie eine Kellnerin.

Russells Manier befand sich allerdings an einem extremen Ende des Spektrums der Verhaltenskontrolle. Die meisten meiner Klienten stecken ein gewisses Gebiet ab, um es zu kontrollieren, wie ein Forschungsreisender, der Anspruch auf ein bestimmtes Stück Land erhebt, ohne *alles* kontrollieren zu wollen. Es gibt Täter, die verbissen jeden Streit gewinnen wollen, die aber ihre Partnerinnen in Ruhe lassen, wenn es um ihre Kleidung geht. Andere Männer gestehen ihrer Partnerin zu, mit ihm zum Beispiel über die Kinder zu diskutieren, doch wenn sie sich weigert, ihn den Fernsehsender wechseln zu lassen, wenn er das will, dann ist Vorsicht geboten. (Dutzende meiner Klienten haben mit Fernbedienungen geworfen oder sie zertrümmert. Das Fernsehen wird von vielen Tätern streng kontrolliert.) Es gibt kontrollierende Männer, die eine Ausgangssperre für ihre Partnerin verfügen, während andere ihrer Partnerin zugestehen, zu kommen und zu gehen, wie sie will – solange sie ihm seine Mahlzeiten zubereitet und seine Wäsche wäscht.

Die Kontrollbereiche

Das Kontrollverhalten eines missbräuchlichen Mannes betrifft meist einen oder mehrere der folgenden zentralen Bereiche:

Auseinandersetzungen und Entscheidungsfindung

In einer Paarbeziehung müssen immer wieder Entscheidungen getroffen, unterschiedliche Bedürfnisse abgestimmt sowie Geschmäcker und Wünsche ausbalanciert werden. Wer räumt das Chaos in der Küche auf? Wie viel Zeit wollen wir allein miteinander verbringen und wie viel mit anderen Freunden? Wie passen unsere anderen Hobbys und Interessen zu unseren sonstigen Prioritäten? Wie gehen wir mit Ärger oder verletzten Gefühlen um und wie klären wir sie? Welche Regeln haben wir für unsere Kinder?

Die Geisteshaltung, die ein missbräuchlicher Mann in diese Entscheidungen und Spannungen einbringt, kann dazu führen, dass es unmöglich ist, mit ihm auszukommen. Bedenken Sie, wie herausfordernd es ist, sich mit einem Mann auseinanderzusetzen oder Kompromisse zu schließen, der sich an folgenden Grundsätzen orientiert (unabhängig davon, ob er sie jemals laut ausspricht oder nicht):

1. „Eine Auseinandersetzung sollte meine Geduld nicht überstrapazieren. Wenn ich genug habe, ist die Diskussion vorbei, und es ist Zeit, dass du den Mund hältst."
2. „Wenn das Thema, über das wir streiten, wichtig für mich ist, sollte ich bekommen, was ich will. Wenn du nicht nachgibst, tust du mir Unrecht."
3. „Ich weiß, was das Beste für dich und für unsere Beziehung ist. Wenn du weiterhin nicht mit mir übereinstimmst, nachdem ich dir klar gemacht habe, welcher Weg der richtige ist, verhältst du dich dumm."
4. „Wenn meine Kontrolle und Autorität zu schwinden scheint, habe ich das Recht, Schritte zu unternehmen, um die Durchsetzung meines Willens wiederherzustellen, gegebenenfalls auch durch Misshandlung."

Der letzte Punkt auf dieser Liste ist derjenige, der den Misshandelnden am meisten von anderen Menschen unterscheidet: Vielleicht hat jeder von uns mal Gefühle wie die in den Punkten eins bis drei genannten, aber der Misshandelnde gibt sich selbst die Erlaubnis, auf der Grundlage seiner Überzeugungen *Maßnahmen zu ergreifen*. Bei ihm haben die oben genannten Aussagen nichts mit Gefühlen zu tun; es sind eng gefasste *Überzeugungen*, an denen er sich bei seinen Handlungen orientiert. Deshalb führen sie zu so viel schikanierendem Verhalten.

Persönliche Freiheit

Ein misshandelnder Mann betrachtet es oft als sein Recht zu bestimmen, wohin seine Partnerin geht, mit wem sie verkehrt, was sie trägt und wann sie wieder zu Hause sein muss. Deshalb ist er der Meinung, dass sie für alle Freiräume, die er ihr gewährt, *dankbar* sein sollte. In einer Beratungssitzung wird er etwa sagen: „Sie ist völlig außer sich, weil ich ihr nicht gestatte, mit einem bestimmten verkommenen Mädchen abzuhängen, wo ich ihr doch die ganze restliche Zeit erlaube, mit jedem sonst befreundet zu sein." Er erwartet von seiner Partnerin, dass sie ihm eine Medaille für seine Großzügigkeit verleiht, statt dass sie ihn für seine Unterdrückung kritisiert. Er betrachtet sich selbst als einen recht freizügigen Elternteil – gegenüber seiner erwachsenen Partnerin – und er möchte in Situationen, in denen er glaubt, dass er ein Machtwort sprechen muss, nicht auf viel Widerstand stoßen.

Manchmal übt er seine Kontrolle dadurch aus, dass er die Frau mit permanenten Bagatell-Beschwerden zermürbt, statt sie anzuschreien und Befehle zu erteilen. Der Täter macht z. B. wiederholt negative Bemerkungen über eine Freundin seiner Partnerin, sodass diese allmählich aufhört, ihre Bekannte zu treffen, um sich den Ärger zu ersparen. Sie könnte sogar zu der Auffassung kommen, dass es ihre eigene Entscheidung war, ohne zu merken, wie ihr Partner sie dazu getrieben hat.

Ist das Denken des Täters verzerrt? Gewiss. Die Partnerin eines Mannes ist nicht sein Kind, und die Freiheiten, die er ihr „gewährt", sind keine Verdienste, die wie Jetons verteilt werden, wenn sich sein Kontrolldrang regt. Für ihn ergeben seine Regeln jedoch Sinn, und er wird darum kämpfen, an ihnen festzuhalten.

Kindererziehung

Wenn das Paar Kinder hat, betrachtet sich der misshandelnde Mann in der Regel als die Autorität in Sachen Erziehung, auch wenn er wenig zur eigentlichen Arbeit der Kinderbetreuung beiträgt. Er sieht sich selbst als einen weisen und wohlwollenden Cheftrainer, der in entspannten Zeiten passiv vom Rand aus zuschaut, aber mit dem „richtigen" Ansatz eingreift, wenn seine Partnerin nicht adäquat mit den Kindern umgeht. Seine Arroganz im Hinblick auf die Überlegenheit seines elterlichen Urteilsvermögens wird vielleicht nur noch dadurch übertroffen, wie wenig er die Bedürfnisse der Kinder wirklich versteht oder ihnen Beachtung schenkt. Ganz gleich wie gut seine Partnerin als Mutter ist, er ist davon überzeugt, dass sie von *ihm* lernen muss und nicht umgekehrt.

Der misshandelnde Mann behauptet, dass seine Kontrolle zu ihrem eigenen Besten geschieht. Diese Rechtfertigung zeigte sich auch bei meinem Klienten Vinnie:

> Olga und ich waren in einer wirklich üblen Gegend unterwegs. Wir stritten uns, und sie drehte durch wie immer und versuchte, aus dem Auto auszusteigen. Es war dunkel. Das war so eine Gegend, wo ihr alles Mögliche passieren konnte. Ich sagte ihr, sie solle im Auto bleiben, dass sie an einem solchen Ort nicht aussteigen solle, aber sie versuchte weiter, die Tür aufzudrücken. Ich konnte sie nicht dazu bringen aufzuhören, also musste ich sie schließlich auf den Arm schlagen, und dabei schlug sie leider mit dem Kopf gegen das Fenster. Aber das hat sie zumindest dazu gebracht, sich zu beruhigen und im Auto zu bleiben.

Glaubt Vinnie wirklich, dass er seine Partnerin zu ihrem eigenen Wohl misshandelt? Ja und nein. In gewisser Weise tut er das, weil er von sich überzeugt ist. Aber seine eigentliche Motivation liegt auf der Hand: Olga will aus dem Auto aussteigen, um Vinnies Kontrolle zu entkommen, und er will sicherstellen, dass sie das nicht schafft.

Leider gelingt es dem Täter manchmal, andere davon zu überzeugen, dass seine Partnerin so irrational und außer Kontrolle und ihr Urteilsvermögen dadurch so beeinträchtigt ist, dass sie vor sich selbst geschützt werden muss. Glauben Sie niemals der Behauptung eines Mannes, er müsse seiner Partnerin wehtun, um sie zu schützen; nur Täter denken so.

Wenn ein Klient mein Programm beginnt, sagt er oft: „Ich bin hier, weil ich manchmal die Kontrolle über mich selbst verliere. Ich muss mich besser in den Griff bekommen." Ich korrigiere ihn jedes Mal: **„Ihr Problem ist nicht, dass Sie die Kontrolle über sich *verlieren*, sondern dass Sie die Kontrolle über Ihre Partnerin *übernehmen*. Wenn Sie etwas ändern wollen, müssen Sie nicht die Kontrolle über sich selbst gewinnen, sondern Sie müssen die Kontrolle über ihre Partnerin *loslassen*."** Ein Großteil seiner Misshandlungen erfolgt in Form von *Strafen*, mit denen er sich an Ihnen rächt, weil Sie sich seiner Kontrolle widersetzt haben. Dies ist eines der wichtigsten Zusammenhänge, die man in Bezug auf einen misshandelnden Mann verstehen muss.

Tatsache Nr. 2:

Er fühlt sich dazu berechtigt.

Die Vorstellung von einer *Berechtigung* bestimmt die Denkweise des Misshandelnden. Er glaubt, einen besonderen Status und dadurch exklusive Rechte und

Privilegien zu haben, die für seine Partnerin nicht gelten. Die Geisteshaltungen, die den Missbrauch antreiben, lassen sich weitgehend mit diesem einen Begriff zusammenfassen.

Um die Anspruchsberechtigung zu verstehen, müssen wir uns zunächst ansehen, wie Rechte in einer Paarbeziehung oder einer Familie richtig verstanden werden sollten.

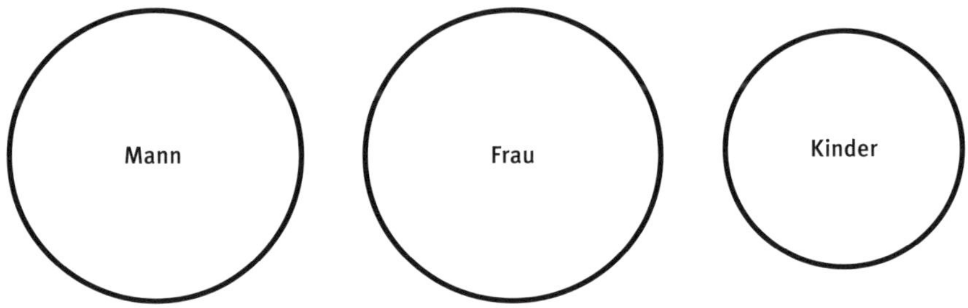

Die Rechte des Mannes und die Rechte der Frau sind gleich groß. Sie haben das Recht, dass ihre Meinungen und Wünsche respektiert werden, dass sie 50 Prozent Mitspracherecht bei der Entscheidungsfindung haben und dass sie frei von verbaler Gewalt und körperlichen Schäden leben können. Die Rechte ihrer Kinder sind etwas kleiner, aber nichtsdestotrotz wesentlich. Kinder können aufgrund ihres begrenzten Wissens und ihrer begrenzten Erfahrung nicht gleichberechtigt an Entscheidungen mitwirken, aber sie haben das Recht, frei von Misshandlung und Angst zu leben, mit Respekt behandelt zu werden und sich in allen sie betreffenden Fragen Gehör zu verschaffen. Ein Misshandelnder nimmt die Rechte der Familie jedoch anders wahr, nämlich so:

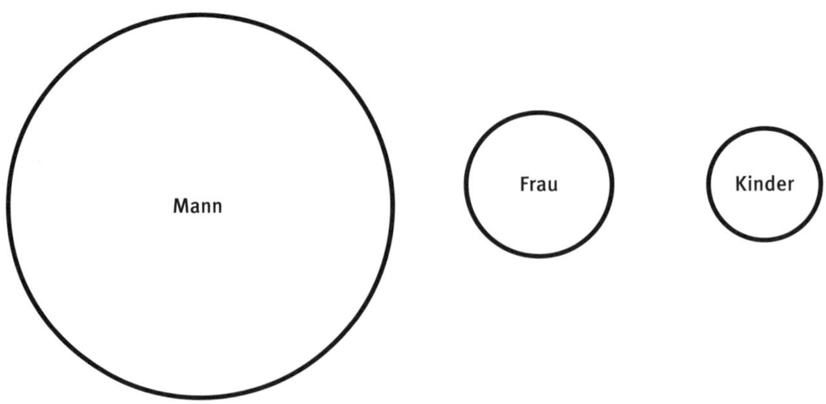

Die Rechte seiner Partnerin und seiner Kinder sind nicht nur geschmälert – bei einigen Tätern verschwinden diese kleinen Kreise ganz –, seine eigenen Rechte sind zudem stark überhöht. Meine grundlegende Aufgabe als Berater ist es, den misshandelnden Mann dazu zu bringen, seine Vorstellung von den Rechten seiner Partnerin und seiner Kinder auf die richtige Größe zu *erweitern* und seine Sicht auf seine eigenen Rechte auf ein angemessenes Maß zu *reduzieren*, so wie es sich gehört. Der misshandelnde Mann gewährt sich selbst alle möglichen „Rechte", auch die der:

- Körperlichen Fürsorge
- Emotionalen Fürsorge
- Sexuellen Fürsorge
- Ehrerbietung
- Freiheit von Verantwortung.

Die *körperliche Fürsorge* steht im Mittelpunkt der eher traditionell geprägten Täter. Er erwartet von seiner Partnerin, dass sie für ihn das Abendessen nach seinem Geschmack zubereitet, sich um die Kinder kümmert, das Haus putzt und eine endlos lange Liste von zusätzlichen Aufgaben erledigt. Er betrachtet sie im Wesentlichen als eine unbezahlte Dienerin. Er meckert: „Ich reiß mir bei der Arbeit den ganzen Tag den Arsch auf, und wenn ich nach Hause komme, erwarte ich ein wenig Ruhe und Frieden. Ist das zu viel verlangt?" Er scheint einen bequemen Sessel, eine Zeitung und einen Fußschemel zu erwarten. An den Wochenenden erwartet er, dass für alles im Haus gesorgt ist, damit er Sport schauen, am Auto basteln, Golf spielen, Vögel beobachten oder schlafen kann. Wenn sie ihre unzähligen Pflichten im Haushalt nicht zu seiner Zufriedenheit erfüllt, fühlt er sich berechtigt, scharfe Kritik auszuteilen.

Auch wenn dieser Typ des Misshandelnden veraltet zu sein scheint, gibt es ihn und er ist wohlauf. Er hat zwar in den 80er- und 90er-Jahren gelernt, seine königlichen Erwartungen hübscher zu verpacken, aber die Veränderung berührt nur die Oberfläche. Heutzutage erklären mir gegenüber weniger Täter freimütig: „Ich erwarte, dass ein warmes, leckeres Abendessen auf dem Tisch steht, wenn ich nach Hause komme", aber sie könnten immer noch explodieren, wenn es nicht da ist.

Eng verbunden mit der Überbewertung der eigenen Arbeit ist die Entwertung der Leistung der Partnerin. Meine Klienten schimpfen: „Ich weiß nicht, was zum Teufel sie den ganzen Tag macht. Ich komme nach Hause und das Haus ist ein einziges Chaos, die Kinder haben noch nicht gegessen, und sie ist am Telefonieren. Sie verbringt ihre Zeit damit, sich Seifenopern anzusehen." Wenn die Frau außerhalb des Hauses arbeitet – und nur wenige Familien kommen mit einem Einkommen aus –, dann besteht er darauf, dass ihr Job im Vergleich zu seinem nicht der Rede wert ist. Wenn er allerdings versucht, ihre Aufgaben zu übernehmen – z. B. wenn er für eine Weile der Hauptansprechpartner für die Kinder ist, weil er arbeitslos ist und sie arbeitet –, sieht alles gleich komplett anders aus: Plötzlich erklärt er, dass Kindererziehung und Haushaltsführung enorme und bewundernswerte Aufgaben sind, die täglich ein paar Stunden Ruhe erfordern, damit er sich erholen kann.

Die *emotionale Fürsorge* kann für den modernen Misshandelnden sogar noch wichtiger sein als die häuslichen Dienstleistungen. Denken Sie an Ray, der Mary Beth beschimpfte, sie habe ihn zwei Tage lang „ignoriert", während sie nach ihrem vermissten Sohn suchte! Sein Problem war, dass er glaubte, nichts – nicht einmal ein vermisstes Kind – dürfe Mary Beths Pflicht, seinen emotionalen Bedürfnissen nachzukommen, beeinträchtigen. Genauso häufig wie den Mann, der explodiert, weil das Abendessen verspätet ist, gibt es denjenigen, der ausrastet, weil seine Partnerin es leid ist, seinen Geschichten zuzuhören, in denen es nur um ihn geht, oder weil sie ein wenig Zeit allein verbringen und etwas tun möchte, das ihr Spaß macht, oder weil sie nicht alles sofort stehen und liegen lässt, um ihn zu trösten, wenn er sich niedergeschlagen fühlt, oder weil sie es versäumt hat, Bedürfnisse oder Wünsche vorauszusehen, die er nicht einmal geäußert hat.

Misshandelnde Männer verbergen ihre starken emotionalen Forderungen oft, indem sie sie als etwas anderes tarnen. Mein Klient Bert zum Beispiel wird wütend, wenn seine Freundin Kirsten nicht sofort das Telefongespräch abbricht, sobald er zur Tür hereinkommt. Seine Ausrede dafür, dass er sie attackiert, lautet: „Sie verschwendet Geld für die Telefonrechnung, obwohl sie weiß, dass wir uns das nicht leisten können." Wir haben jedoch festgestellt, dass das Problem nur auftritt, wenn er ihre Aufmerksamkeit will. Wenn sie im Ausland anruft, während er nicht zu Hause ist, oder wenn *er* jeden Samstagmorgen eine Stunde mit seinen Eltern telefoniert, sind die Kosten kein Thema.

Wenn ich neue Klienten habe, gehe ich an die Tafel und zeichne einen Kompass, wobei die Nadel genau auf das große N zeigt. „Sie wollen, dass Ihre Partnerin dieser Kompass ist", erläutere ich ihnen, „und Sie wollen der Norden sein. Egal, wie der Kompass sich dreht, die Nadel zeigt immer in die gleiche Richtung. Und egal wohin Ihre Partnerin geht, was sie macht oder woran sie denkt, erwarten Sie, dass sie immer auf Sie fokussiert ist." Meine Klienten protestieren manchmal: „Aber darum geht es doch in einer Beziehung. Wir *sollen* uns aufeinander konzentrieren." Doch mir fällt auf, dass der Mann, wenn er sich auf sie konzentriert, vor allem daran denkt, was sie für ihn tun kann, und nicht umgekehrt. Und wenn er überhaupt keine Lust hat, sich auf sie zu konzentrieren, ist es ihm egal.

Ein Täter kann emotional bedürftig wirken. Man kann in eine Falle geraten, wenn man sich um ihn kümmert und versucht, ein Fass ohne Boden zu füllen. Aber er fühlt sich nicht so sehr bedürftig, sondern vielmehr *berechtigt*, und egal, wie viel Sie ihm geben, es wird nie genug sein. Er wird einfach immer wieder neue Forderungen stellen, weil er glaubt, dass Sie für die Befriedigung seiner Bedürfnisse verantwortlich sind, bis Sie sich komplett ausgelaugt fühlen.

Sexuelle Fürsorge bedeutet, dass der Mann es als Pflicht seiner Partnerin betrachtet, für seine sexuelle Befriedigung zu sorgen. Er akzeptiert es nicht, wenn seine sexuellen Annäherungen abgelehnt werden, verweigert sich aber seiner *Partnerin*, wann immer ihm danach ist. Auch ihr Vergnügen dient nur seinem Genuss: Wenn sie zum Beispiel nicht zum Orgasmus kommt, nimmt er ihr das eventuell übel, weil er es genießen will, sich als großer Liebhaber zu erleben.

Nicht alle missbrauchenden Männer haben großes Interesse an Sex. Einige sind zu sehr mit Außenbeziehungen beschäftigt oder verwenden Substanzen, die ihren Sexualtrieb beeinträchtigen. Einige wenige sind schwul und benutzen ihre Partnerinnen zur Verschleierung der Tatsachen. Einige meiner Klienten fühlen sich von einer Frau nur als Teil einer Dominanz-Fantasie angezogen. Diese Art des Täters verliert das Interesse an Sex, wenn seine Partnerin beginnt, sich als gleichberechtigt zu behaupten und Respekt verlangt, oder er beginnt, sie sexuell zu nötigen oder Gewalt anzuwenden. Kurz gesagt, er will Sex zu seinen Bedingungen oder gar nicht.

Ehrerbietung bezieht sich auf das vom Täter empfundene Recht, dass sein Geschmack und seine Meinung wie ein Erlass behandelt werden. Wenn er zum Beispiel verkündet, dass ein bestimmter Film oberflächlich ist, oder dass Louise versucht hat, Jay beim Picknick anzumachen, oder dass Republikaner nicht wissen, wie sie die Wirtschaft führen sollen, soll seine Partnerin seine Meinung fraglos akzeptieren. Es ist ihm besonders wichtig, dass sie ihm vor anderen Leuten nicht widerspricht. Wenn sie das tut, schreit er sie später an: „Du hast mich zum Narren gemacht, du bist immer darauf aus, mich bloßzustellen", und ähnliche Anschuldigungen. Seine unausgesprochene Regel besagt, dass sie seine Ansichten nicht infrage stellen darf.

Freiheit von Verantwortung bedeutet, dass der misshandelnde Mann sich selbst über jegliche Kritik erhaben fühlt. Wenn seine Partnerin versucht, ihre Klagen vorzubringen, betrachtet er es als „Nörgelei" oder „Provokation". Er ist der Meinung, dass es ihm erlaubt sein sollte, den Schaden, den sein Verhalten verursacht, zu ignorieren, und er greift zu Vergeltungsmaßnahmen, wenn jemand versucht, ihn dazu zu bringen, sich damit auseinanderzusetzen. Ich hatte folgendes Gespräch mit einem Mann, der neu in meinem Programm war:

BANCROFT: Können Sie mir erklären, warum Sie dieser Gruppe für misshandelnde Männer beitreten?

HANK: Nun, ich habe mein Mädchen vor ein paar Wochen geohrfeigt, und jetzt sagt sie, ich darf nicht mehr zurückkommen, wenn ich keine Beratung wahrnehme.

BANCROFT: Wie kam es zu der Misshandlung? Haben Sie sich zuvor gestritten?
HANK: Ja. Und sie beschuldigte mich, eine Affäre zu haben! Das hat mich wirklich sauer gemacht!
BANCROFT: Nun, haben Sie eine Affäre?
HANK: (Pause, etwas erschrocken über meine Frage): Nun, ja … aber sie hatte keine Beweise! Sie sollte so etwas nicht sagen, wenn sie keine Beweise hat!

Hank behielt sich das Privileg vor, seiner Partnerin gegenüber kritisch zu sein, ein Privileg, das er sehr stark in Anspruch nahm. Beschwerden gegen ihn, darunter auch, dass es ihn nicht kümmerte, wie sein Verhalten andere Menschen in der Familie verletzt hatte, unterdrückte er schnell. Im Fall von Hank erfolgte die Vergeltung in Form eines körperlichen Angriffs.

Das hohe Berechtigungsdenken des misshandelnden Mannes führt dazu, dass er unfaire und unangemessene Erwartungen hat, sodass sich die Beziehung immer nur um seine Bedürfnisse dreht. Seine Einstellung ist: „Du schuldest mir was." Wenn er etwas gibt, muss sie es ihm doppelt zurückzahlen. Er möchte, dass seine Partnerin sich voll und ganz seiner Versorgung widmet, auch wenn dies bedeutet, dass ihre eigenen Bedürfnisse – oder die ihrer Kinder – vernachlässigt werden. Sie können Ihre ganze Energie darauf verwenden, Ihren Partner zufriedenzustellen, aber wenn er diese Einstellung hat, wird seine Zufriedenheit nie lange andauern. Außerdem wird er weiterhin das Gefühl haben, dass *Sie* ihn kontrollieren, weil er der Meinung ist, dass Sie seinem Verhalten keine Grenzen setzen oder darauf bestehen sollten, dass er seiner Verantwortung gerecht wird.

Viele Männer fühlen sich ausdrücklich berechtigt, Gewalt anzuwenden. Eine veröffentlichte Studie über männliche College-Studenten der Psychologie aus dem Jahr 1997 ergab, dass 10 Prozent glaubten, es sei akzeptabel, die Partnerin zu schlagen, wenn sie sich weigert, Sex zu haben, und 20 Prozent glaubten, es sei akzeptabel, dies zu tun, wenn der Mann sie des Betrugs verdächtigt. Studien haben ähnliche Zahlen über die Ansicht junger Männer ergeben, dass sie meinen, das Recht zu haben, eine Frau zum Sex zu zwingen, wenn sie eine beträchtliche Summe Geld für die abendliche Unternehmung ausgegeben haben oder wenn die Frau anfangs Sex wollte, dann aber ihre Meinung änderte. Diese Studien weisen darauf hin, wie wichtig es ist, sich darauf zu konzentrieren, die Überzeugung der Täter, berechtigt zu sein, zu ändern, anstatt zu versuchen, einen Defekt in ihrer individuellen Psyche zu finden.

Die Perspektive des Täters auf die Wut von Frauen

Das Problem des misshandelnden Mannes mit der Wut ist fast das Gegenteil von dem, was allgemein angenommen wird. Die Realität ist:

Ihr misshandelnder Partner hat kein Problem mit *seiner* Wut, er hat ein Problem mit *Ihrer* Wut.

Eines der grundlegenden Menschenrechte, das er Ihnen wegnimmt, ist das Recht, auf ihn wütend zu sein. Egal, wie schlecht er Sie behandelt, er glaubt, dass Sie Ihre Stimme nicht erheben und nicht wütend werden dürfen. Das Privileg der Wut ist ihm allein vorbehalten. Wenn Ihre Wut aus Ihnen herausbricht – wie es jeder misshandelten Frau von Zeit zu Zeit passiert –, wird er wahrscheinlich versuchen, sie so schnell wie möglich wieder gegen sie zu richten. Dann benutzt er Ihre Wut gegen Sie, um zu zeigen, was für ein irrationaler Mensch Sie sind. Misshandlungen können dazu führen, dass Sie sich wie in einer Zwangsjacke fühlen. Sie können körperliche oder emotionale Reaktionen auf das Herunterschlucken Ihrer Wut entwickeln, wie z. B. Depressionen, Albträume, emotionale Abstumpfung sowie Ess- und Schlafprobleme, die Ihr Partner als Ausrede benutzen kann, um Sie weiter herabzusetzen oder Ihnen das Gefühl zu geben, verrückt zu sein.

Warum reagiert Ihr Partner so stark auf Ihre Wut? Ein Grund dafür könnte sein, dass er sich, wie ich oben erwähnt habe, über jeden Vorwurf erhaben fühlt. Der zweite Grund könnte sein, dass er auf einer gewissen Ebene – wenn auch nicht unbedingt bewusst – spürt, dass *in Ihrer Wut Kraft liegt.* Wenn Sie Raum haben, Ihre Wut zu fühlen und auszudrücken, werden Sie besser in der Lage sein, Ihre Identität zu bewahren und dem Ersticken durch ihn zu widerstehen. Er versucht, Ihnen Ihre Wut zu nehmen, um Ihre Fähigkeit auszulöschen, sich seinem Willen zu widersetzen. Schließlich empfindet er Ihren Zorn als eine *Infragestellung* seiner Autorität, worauf er mit überwältigendem Zorn reagiert, der größer ist als Ihr eigener. Auf diese Weise stellt er sicher, dass er das ausschließliche Recht wiedererlangt, derjenige zu sein, der wütend sein darf.

Die Wut des Misshandelnden

Sobald man das Wesen des Berechtigungsdenkens begreift, wird folgendes Bild vom missbrauchenden Mann klar:

**Er ist nicht missbrauchend, weil er wütend ist;
er ist wütend, weil er missbrauchend ist.**

Die unfairen und unrealistischen Erwartungen des Misshandelnden stellen sicher, dass seine Partnerin niemals alle seine Regeln befolgen oder alle seine Forderungen erfüllen kann. Das Ergebnis ist, dass er häufig verärgert oder wütend ist. Diese Dynamik wurde in einer Talkshow mit einem jungen Mann deutlich, der über die Misshandlung seiner Frau sprach. Er erläuterte seine Definition von einer guten Beziehung: „Niemals streiten und jeden Tag sagen, dass man sich liebt." Er sagte den Zuhörern, dass seine Frau seine Misshandlung „verdient" habe, weil sie diesem unrealistischen Bild nicht gerecht wurde. Es würde nichts nützen, diesen jungen Mann oder irgendeinen anderen Misshandelnden zu einem Programm zur Wutbewältigung zu schicken, denn sein Berechtigungsdenken würde nur noch mehr Wut erzeugen. Seine Einstellungen sind es, die geändert werden müssen.

Tatsache Nr. 3:

Er verdreht die Dinge ins Gegenteil.

Emile, ein körperlich gewalttätiger Klient, mit dem ich gearbeitet habe, berichtete mir über seinen schlimmsten Angriff gegen seine Frau: „Eines Tages ist Tanya echt zu weit gegangen mit ihrer Diskutiererei. Ich wurde so wütend, dass ich sie am Genick packte und gegen die Wand schlug." Empört fuhr er fort: „Dann versuchte sie, mir in die Eier zu treten! Würde es Ihnen gefallen, wenn eine Frau das bei Ihnen macht? Natürlich habe ich mich gewehrt. Und als ich mit meiner Hand ausholte, hinterließen meine Fingernägel einen langen Schnitt in ihrem Gesicht. Was zum Teufel hat sie denn erwartet?"

Frage 4: Warum sagt er, dass ich diejenige bin, die ihn missbraucht?

Die Auffassung des Misshandelnden, in hohem Maße berechtigt zu sein, veranlasst ihn, mental den Zusammenhang von *Aggression und Selbstverteidigung umzudrehen.* Als Tanya versuchte, sich gegen Emiles lebensbedrohlichen Angriff zu verteidigen, definierte er ihre Handlungen als Gewalt gegen *ihn.* Als er sie daraufhin weiter verletzte, behauptete er, dass er sich nur gegen *ihre* Misshandlung verteidigt habe. Die Brille, durch die der Täter die Welt betrachtet und seine Ansprüche rechtfertigt, stellt alles auf den Kopf, wie die Spiegelung in einem Löffel.

Wendell, ein anderer meiner Klienten, beschrieb eine Situation, bei der er aus dem Haus gestampft war und die Tür zugeschlagen hatte. „Meine Frau Aysha nörgelt immer stundenlang an mir herum. Ich kann nur ein gewisses Maß ertragen, wenn sie sich beschwert und mir sagt, ich sei zu nichts zu gebrauchen. Gestern ging das eine halbe Stunde lang so, und schließlich nannte ich sie eine Schlampe und bin abgehauen." Ich fragte ihn, worüber Aysha sich so aufgeregt hatte, und er sagte, er wisse es nicht. „Wenn sie so rumspinnt, schalte ich einfach ab." Ein paar Tage später sprach ich mit Aysha über den Vorfall, und sie erzählte mir, dass sie Wendell tatsächlich fünf oder zehn Minuten lang angeschrien hatte. Er hatte jedoch versäumt, mir zu sagen, dass er sie an jenem Morgen gleich beim Aufwachen verbal attackiert und sie den ganzen Tag lang beschimpft hatte: „Er dominiert jede Diskussion, er wiederholt sich wie eine kaputte Schallplatte, und ich kann von Glück sagen, wenn ich zu Wort komme. Seine Sprache ist grauenhaft – er hat mich an diesem Tag wohl zehnmal eine ‚Schlampe' genannt." Schließlich hatte es ihr gereicht und sie hatte begonnen, sich energisch zu wehren und für sich selbst einzutreten. Da war er aus dem Haus gestürmt.

Warum glaubt Wendell, dass es Aysha war, die all das Geschrei und die Beschimpfungen veranstaltet hatte? Weil sie nach seiner Auffassung eigentlich *zuhören und nicht reden sollte.* Wenn sie sich in irgendeiner Weise zu Wort meldet, ist das zu viel.

Wenn ich meine Klienten auffordere, damit aufzuhören, ihre Partnerinnen zu schikanieren, verdrehen sie meine Worte genauso, wie sie es bei ihren Partnerinnen machen. Sie beschuldigen mich, Dinge gesagt zu haben, die wenig mit meinen eigentlichen Worten zu tun haben. Ein Täter behauptete: „Sie sagen also, ich soll ruhig bleiben, damit sie auf mir rumtrampeln kann", nachdem ich ihm gesagt hatte, dass es nicht akzeptabel ist, seine Partnerin einzuschüchtern, egal wie wütend er ist. Er erwiderte: „Das heißt, dass unsere Partnerinnen mit uns machen können, was sie wollen, und dass wir keinen Finger rühren dürfen, um uns zu verteidigen." Er nahm damit Bezug darauf, dass seine Partnerin ihm gesagt hatte, dass sie es satthätte, dass seine Freunde das Haus verwüsten und er „sein verdammtes Chaos aufräumen" solle. Ich wies darauf hin, dass das keine Entschuldigung dafür sei, sie mit üblen Namen zu beschimpfen. Er entgegnete: „Ihr Ansatz ist, dass alles, was sie tut, in Ordnung ist, weil sie eine Frau ist, aber weil ich der Mann bin, gelten für mich viel strengere Regeln." Ich hatte mir erlaubt, auf seine Doppelmoral hinzuweisen und hatte darauf bestanden, dass er nach den gleichen Regeln leben sollte, die er auch bei ihr anwendete.

Der misshandelnde Mann hat noch einen weiteren Grund, die Aussagen seiner Partnerin (und meine) zu übertreiben und lächerlich zu machen: Er will vermeiden, ernsthaft darüber nachdenken zu müssen, was sie sagt, weil er dann Mühe hätte, es zu verdauen. Er fühlt sich berechtigt, sie stattdessen wie eine Fliege kaputt zu schlagen.

Tatsache Nr. 4:

Er respektiert seine Partnerin nicht und fühlt sich ihr überlegen.

Sheldons Beziehung mit Kelly war vorbei. Er musste an meinem Therapieprogramm teilnehmen, weil er gegen eine einstweilige Verfügung verstoßen hatte. Er leugnete aber, jemals gegenüber Kelly gewalttätig oder einschüchternd gewesen zu sein. Nun versuchte er, das Sorgerecht für ihre dreijährige Tochter Ashley zu bekommen. Er behauptete, Kelly habe sich seit ihrer Geburt nie um Ashley gekümmert und „nie eine Bindung zu ihr entwickelt". Er fügte hinzu: „Ich betrachte sie nicht als Ashley's Mutter. Sie ist nur ein Gefäß, nur eine Röhre, durch die Ashley in diese Welt gekommen ist."

Sheldon hatte Kelly in seiner Vorstellung zu einem leblosen Objekt reduziert, zu einer Baby-erzeugenden Maschine. Wenn er über sie sprach, verzerrte sich sein Gesicht zu einem angewiderten Ausdruck der Verachtung. Gleichzeitig klang er nie wütend. Er hielt es für unter seiner Würde, dass Kelly seinen Zorn erregte. Er hatte dieselbe Einstellung, die man gegenüber einem nervigen, aber harmlosen kleinen Hund haben kann, der an den Fersen knabbert. Sein herablassender Ton machte deutlich, wie sehr er sich seiner Überlegenheit gegenüber Kelly sicher war.

So denkwürdig Sheldons selbstgefälliger Spott auch ist, so ist er doch nur wenig schlimmer als das übliche Denken vieler misshandelnder Männer. Sie neigen dazu, ihre Partnerin als weniger intelligent, weniger kompetent, weniger logisch denkend und sogar weniger *sensibel* als sich selbst zu betrachten. Sheldon beschwerte sich zum Beispiel, dass sie nicht so mitfühlend sei wie er. Er hat oft Schwierigkeiten, sie als menschliches Wesen zu begreifen. Diese bei Tätern zu beobachtende Neigung wird als *Objektifizierung oder Entpersonalisierung* bezeichnet. Die meisten Täter attackieren ihre Partnerin verbal auf erniedrigende und abstoßende Weise. Sie greifen nach Worten, von denen sie wissen, dass sie für Frauen extrem verstörend sind, wie *Schlampe, Hure* und *Fotze,* denen oft das Wort *fett* vorangestellt wird. Diese Bezeichnungen greifen ihre Menschlichkeit an, indem sie sie auf ein Tier, ein nicht lebendes Objekt oder einen erniedrigten sexuellen Körperteil reduzieren. Die

Partnerinnen meiner Klienten berichten mir, dass diese ekelhaften Worte eine Kraft und eine Hässlichkeit in sich bergen, die sich wie Gewalt anfühlen. Durch diese sorgfältig ausgewählten Schimpfworte – und meine Klienten geben manchmal zu, dass sie die erniedrigendsten Worte benutzen, die ihnen einfallen – geben die Täter ihren Partnerinnen das Gefühl, entwürdigt und nicht sicher zu sein.

Objektifizierung ist ein entscheidender Grund dafür, dass ein Täter mit der Zeit immer schlimmer wird. Sobald sich sein Gewissen an eine Ebene der Grausamkeit – oder Gewalt – angepasst hat, baut sich die nächste auf. Indem er seine Partnerin entpersonalisiert, schützt sich der Täter vor den natürlichen menschlichen Emotionen der Schuld und des Mitgefühls, sodass er nachts mit gutem Gewissen schlafen kann. Er distanziert sich so weit von ihr als Menschen, dass ihre Gefühle nicht mehr zählen oder einfach nicht mehr existieren. Diese Mauern wachsen mit der Zeit, sodass meine Klienten nach einigen Jahren in einer Beziehung einen Punkt erreichen können, an dem sie sich nicht mehr schuldig fühlen, wenn sie ihre Partnerin erniedrigen oder bedrohen, so wie Sie oder ich uns nach einem ärgerlichen Tritt gegen einen Stein in der Einfahrt fühlen würden.

Misshandlung und Respekt sind diametral: Man respektiert niemanden, den man misshandelt, und misshandelt niemanden, den man respektiert.

Tatsache Nr. 5:

Er verwechselt Liebe und Missbrauch.

Hier sind einige Äußerungen, die meine Klienten häufig mir gegenüber machen:

> *„Der Grund, warum ich sie misshandele, ist, dass ich so starke Gefühle für sie habe. Man verletzt diejenigen, die man am meisten liebt."*
>
> *„Niemand kann mich so aus der Fassung bringen wie sie."*
>
> *„Ja, ich habe ihr gesagt, dass sie besser nicht versuchen sollte, mich jemals zu verlassen. Sie haben keine Ahnung, wie sehr ich dieses Mädchen liebe!"*
>
> *„Ich hatte es satt zuzusehen, wie sie ihr Leben ruiniert. Ich sorge mich zu sehr um sie, um mich zurückzulehnen und nichts dagegen zu unternehmen."*

Ein sich missbräuchlich verhaltender Mann versucht oft, seine Partnerin davon zu überzeugen, dass die Misshandlungen, die er ihr zufügt, ein Beweis dafür sind, wie sehr er sich um sie sorgt, aber in Wirklichkeit sind Misshandlungen das Gegenteil von Liebe. Je mehr ein Mann Sie misshandelt, desto mehr beweist er, dass er sich nur um sich selbst kümmert. Er mag den starken Wunsch verspüren, Ihre Liebe und Fürsorge zu *empfangen*, aber er will nur Liebe *geben*, wenn es ihm gelegen kommt.

Lügt er also, wenn er sagt, dass er Sie liebt? Nein, in der Regel nicht. Die meisten meiner Klienten fühlen in sich ein starkes Gefühl, das sie Liebe nennen. Für viele ist es die einzige Art von Gefühl gegenüber einer Partnerin, das sie je kennengelernt haben, sodass sie nicht wissen können, dass das keine Liebe ist. Wenn ein missbrauchender Mann die starke innere Erregung spürt, die andere Menschen Liebe nennen, dann fühlt er wahrscheinlich in hohem Maße Folgendes:

- den Wunsch, dass Sie Ihr Leben der Aufgabe widmen, ihn ohne Beeinflussung von außen glücklich zu machen
- den Wunsch, sexuell über Sie zu verfügen
- den Wunsch, andere zu beeindrucken, weil Sie seine Partnerin sind
- den Wunsch, Sie zu besitzen und zu kontrollieren.

Diese Wünsche sind für ihn wichtige Aspekte einer Liebesbeziehung. Er mag durchaus in der Lage sein, echte Liebe für Sie zu empfinden, aber zunächst wird er seine Sichtweise entscheidend ändern müssen, um beleidigende und besitzergreifende Wünsche von wahrer Fürsorge zu unterscheiden und fähig zu sein, Sie wirklich zu *sehen*.

Die Verwechslung von Liebe mit Misshandlung ist es, die Täter, die ihre Partnerin töten, zu der absurden Behauptung veranlasst, sie seien von der Tiefe ihrer Liebesgefühle getrieben worden. Bedauerlicherweise akzeptieren die Medien oft die Ansicht der Aggressoren hinsichtlich ihrer Taten und beschreiben sie als „Verbrechen aus Leidenschaft". Aber was könnte eindeutiger beweisen, dass ein Mann seine Partnerin *nicht* geliebt hat? Wenn eine Mutter eines ihrer Kinder töten würde, würden wir dann jemals die Behauptung akzeptieren, sie habe es getan, weil sie von der Fürsorge und Liebe für ihr Kind überwältigt war? Nicht einen Augenblick lang. Das sollten wir auch nicht. Wahre Liebe bedeutet, den anderen als Mensch zu respektieren, das Beste für sie oder ihn im Sinn zu haben und den anderen in seinem Selbstwertgefühl und seiner Unabhängigkeit zu unterstützen. Diese Art von Liebe ist unvereinbar mit Missbrauch und Zwang.

Tatsache Nr. 6:

Er ist manipulativ.

Lassen Sie uns die folgenden Interaktionen zwischen einem misshandelnden Mann namens David und seiner Partnerin Joanne betrachten:

- David schreit Joanne an, mit erhobenem Finger und rot im Gesicht. Joanne sagt ihm, dass sie es nicht mag, wenn er so wütend ist. Er schreit noch lauter und sagt: „Ich bin nicht wütend, ich versuche nur, meinen Standpunkt klarzumachen, und du hörst nicht zu! Sag mir nicht, was ich fühle, ich hasse das! Du bist nicht in mir drin!"
- Eines Tages konfrontiert Joanne David, dass seine Ausbrüche ihr zu schaffen machen und sie sich eine Auszeit von ihrer Beziehung nehmen muss. David sagt: „Was du damit sagen willst, ist, dass du mich nicht mehr liebst. Ich bin mir nicht mal sicher, ob du mich je geliebt hast. Du verstehst nicht, wie stark meine Gefühle für dich sind", und wirkt den Tränen nahe. Das Gespräch geht dazu über, dass Joanne David versichert, dass sie ihn nicht verlassen wird. Ihre Beschwerden über sein Verhalten gehen im Durcheinander unter.
- Bei einer anderen Gelegenheit spricht Joanne ihren Wunsch an, wieder zur Schule gehen zu wollen. David reagiert negativ: „Das können wir uns nicht leisten", und er weigert sich, auf die Kinder aufzupassen, während sie im Unterricht ist. Joanne macht eine Reihe von Vorschlägen, wie sie das Finanzielle und die Kinderbetreuung regeln könnten, doch David hat an allem etwas auszusetzen. Als Joanne schließlich entscheidet, dass es unmöglich ist, ihre Ausbildung fortzusetzen, besteht David darauf, dass er nicht versucht habe, es ihr auszureden. Am Ende hat sie das Gefühl, dass die Entscheidung, nicht mehr zur Schule zu gehen, ihre eigene ist.

Nur wenige misshandelnde Männer verlassen sich ganz auf verbale Beschimpfungen oder Einschüchterungen, um ihre Partnerinnen zu kontrollieren. Ständig ein Tyrann zu sein, ist mühsam, und lässt den Mann schlecht aussehen. Wenn er sich permanent missbräuchlich verhält, beginnt seine Partnerin zu erkennen, dass sie misshandelt wird, und der Mann könnte sich wegen seines Verhaltens schuldig fühlen. Der Täter neigt daher dazu, häufig umzuschalten und seine Partnerin zu manipulieren, um das zu bekommen, was er will. Manchmal wendet er diese Taktiken auch einfach an, um sie zu verärgern oder zu verwirren.

Es gibt einige Anzeichen für Manipulation seitens des Mannes, auf die Sie achten können:

- *Er wechselt abrupt und häufig seine Stimmungen,* sodass es Ihnen schwerfällt zu sagen, wer er ist oder wie er sich fühlt, wodurch Sie ständig aus dem Gleichgewicht geraten. Seine Gefühle *Ihnen* gegenüber sind besonders wechselhaft.
- *Er leugnet das Offensichtliche seiner Handlungen und Gefühle.* Er spricht zu Ihnen mit einer vor Wut zitternden Stimme, macht Sie für ein Problem verantwortlich oder schmollt zwei Stunden lang und leugnet es Ihnen dann ins Gesicht. Sie wissen, was er getan hat – und er weiß es auch –, aber er weigert sich, es zuzugeben, was

Sie vor Frustration verrückt machen kann. Dann nennt er Sie vielleicht irrational, weil Sie sich über seine Leugnung so aufregen.

- *Er überzeugt Sie, dass das, was* ***er*** *von Ihnen will, das Beste für Sie ist.* Auf diese Weise kann der Täter seinen Egoismus wie Großzügigkeit aussehen lassen, was ein netter Trick ist. Es kann viel Zeit vergehen, bis Sie erkennen, was seine wahren Motive sind.
- *Er bringt Sie dazu, Mitleid mit ihm zu haben,* sodass Sie zögern werden, Ihre Beschwerden über sein Verhalten vorzubringen.
- *Er bringt Sie dazu, sich selbst oder anderen die Schuld für seine Taten zu geben.*
- *Bei Auseinandersetzungen benutzt er Verwirrungstaktiken,* wechselt subtil oder offen das Thema, besteht darauf, dass Sie Dinge denken oder fühlen, die nicht zutreffen, verdreht Ihre Worte oder viele andere Taktiken. Sie gehen dann vielleicht aus einer Auseinandersetzung mit dem Gefühl heraus, den Verstand zu verlieren.
- *Er lügt oder täuscht Sie über seine Handlungen, seine Wünsche oder seine Gründe, bestimmte Dinge zu tun,* um Sie dazu zu bringen, das zu tun, was er von Ihnen will. Eine der häufigsten Beschwerden, die ich von misshandelten Frauen höre, ist, dass ihre Partner wiederholt lügen, eine Form des psychischen Missbrauchs, die mit der Zeit sehr zerstörerisch sein kann.
- *Er bringt Sie und die Menschen, die Ihnen wichtig sind, gegeneinander auf,* indem er Vertraulichkeiten verrät, unhöflich zu Ihren Freunden ist, anderen Lügen darüber erzählt, was Sie angeblich über sie gesagt haben, Ihren Freunden gegenüber charmant ist und ihnen dann schlechte Dinge über Sie erzählt, und viele andere Unfrieden stiftende Taktiken anwendet.

In gewisser Weise ist Manipulation schlimmer als offen missbräuchliches Verhalten, besonders wenn beides miteinander vermischt wird. Wenn eine Frau ‚Schlampe' genannt wird, geschubst oder geohrfeigt wird, weiß sie zumindest, was ihr Partner ihr angetan hat. Aber nach einer manipulativen Interaktion hat sie vielleicht keine Ahnung, was schiefgelaufen ist. Sie weiß nur, dass sie sich schrecklich oder verrückt fühlt und dass es irgendwie ihre eigene Schuld zu sein scheint.

Tatsache Nr. 7:

Er bemüht sich um ein gutes Image in der Öffentlichkeit.

Wenn Sie es mit einem misshandelnden Mann zu tun haben, verbringen Sie vielleicht viel Zeit damit, herauszufinden, was mit *Ihnen* statt mit *ihm* los ist. Wenn er mit anderen gut zurechtkommt und sie mit seiner Großzügigkeit, seinem Sinn für

Humor und seiner Freundlichkeit beeindruckt, fragen Sie sich vielleicht am Ende: „Was ist es, das ihn an mir so aus der Fassung bringt? Andere Leute scheinen ihn toll zu finden."

Frage 5: Wie kommt es, dass alle anderen ihn toll finden?

Die meisten misshandelnden Männer setzen nach außen ein charmantes Gesicht auf und schaffen eine scharfe Trennung zwischen ihrem öffentlichen Image und ihrem privaten Umgang mit Frau und Kindern. Vielleicht trifft Folgendes auf ihn zu:

- Wütend zu Hause, aber ruhig und lächelnd draußen
- Egoistisch und egozentrisch bei Ihnen, aber großzügig und unterstützend bei anderen
- Herrschsüchtig zu Hause, aber draußen verhandlungs- und kompromissbereit
- Massiv negativ gegenüber Frauen, wenn er sich in seinem eigenen Revier aufhält, aber lautstarker Befürworter der Gleichstellung, wenn alle anderen zuhören
- Aggressiv gegenüber seiner Partnerin oder seinen Kindern, aber ohne Gewalt und nicht bedrohlich gegenüber allen anderen
- Berechtigungsdenken im eigenen Haus, aber kritisch gegenüber anderen Männern, die Frauen respektlos behandeln oder sie angreifen.

Der Schmerz über diesen Gegensatz kann eine Frau auffressen. Am Morgen verletzt er seine Partnerin aufs Übelste, indem er sie eine „hirnlose fette Kuh" nennt, und ein paar Stunden später sieht sie ihn mit den Nachbarn lachen und ihnen beim Reparieren ihres Autos helfen. Später sagt die Nachbarin zu ihr: „Dein Partner ist so nett. Du hast Glück, mit ihm zusammen zu sein – viele Männer würden das nicht machen, was er tut." Sie antwortet mit einem gemurmelten „Ja" und fühlt sich verwirrt und sprachlos. Als sie wieder zu Hause ist, fragt sie sich wiederholt: *„Warum ich?"*

Haben misshandelnde Männer eine gespaltene Persönlichkeit?

Eigentlich nicht. Sie fühlen sich zu Macht und Kontrolle hingezogen, und um diese zu erlangen, gehört es zum Teil dazu, in der Öffentlichkeit gut auszusehen. Der Charme des misshandelnden Mannes lässt seine Partnerin zögern, um Unterstützung oder Hilfe zu bitten, weil sie das Gefühl hat, dass die Leute ihre Enthüllungen nur schwer glauben oder ihr die Schuld geben werden. Wenn Freunde mitbekommen, wie er etwas Beleidigendes sagt, oder wenn die Polizei ihn wegen eines Übergriffs verhaftet, legt sein vorheriges angenehmes Verhalten im Umgang mit anderen den Grundstein dafür, dass er damit davonkommt. Wer es mitbekommt, denkt: *Er ist so ein netter Kerl, er ist einfach nicht der Typ dafür, missbräuchlich zu sein. Sie muss ihn wirklich verletzt haben.*

Die nette Fassade des Täters hilft ihm, sich gut zu fühlen. Meine Klienten berichten: „Ich komme mit allen außer ihr gut aus. Sie sollten sich erkundigen, wie ich so bin. Sie werden sehen, ich bin ein ruhiger, vernünftiger Mensch. Man sieht, dass sie diejenige ist, die ausflippt." Währenddessen benutzt er die Schwierigkeiten, die sie in ihren Beziehungen zu anderen Menschen hat – von denen viele durch ihn verursacht sein können – als weiteren Beweis dafür, dass sie diejenige ist, die das Problem hat.

Eine der größten Herausforderungen für einen Berater von misshandelnden Männern besteht darin, sich nicht von der charmanten Persönlichkeit der Männer einwickeln zu lassen. Wenn sie während der Gruppensitzung plaudern und scherzen, scheinen Grausamkeit und Egoismus weit entfernt zu sein. Ich frage mich dasselbe wie die Nachbarn: Konnte dieser Typ wirklich so gemein werden? Und selbst nachdem er zugegeben hat, was er getan hat, ist es *immer noch* schwer zu glauben. Dieser Kontrast ist ein Hauptgrund, warum Täter mit dem, was sie tun, davonkommen können.

Unter meinen Klienten hatte ich zahlreiche Ärzte, darunter zwei Chirurgen, viele erfolgreiche Geschäftsleute, darunter Inhaber und Direktoren großer Unternehmen, etwa ein Dutzend Hochschulprofessoren, mehrere Anwälte, eine bekannte Persönlichkeit vom Radio – mit sanft klingender Stimme, Geistliche sowie zwei bekannte Profisportler. Einer meiner gewalttätigen Klienten hatte in den letzten zehn Jahren zu jedem Thanksgiving ehrenamtlich in seiner örtlichen Suppenküche gearbeitet. Ein anderer war ein öffentlich in Erscheinung tretender Mitarbeiter einer großen internationalen Menschenrechtsorganisation. Die Grausamkeit und Zerstörungswut, zu denen diese Männer fähig waren, hätten seine Mitstreiter verblüfft, wenn sie davon gewusst hätten.

Obwohl diese Männer ihre missbrauchende Seite normalerweise außerhalb des Hauses gut unter Verschluss halten, gibt es eine Situation, in der sie sich zeigt: wenn jemand sie mit ihrer Misshandlung konfrontiert und sich für die misshandelte Frau einsetzt, was nun einmal meine Aufgabe ist. Plötzlich kommen die Einstellungen und Taktiken, die sie sich normalerweise für zu Hause aufbewahren, ans Licht. Die große Mehrheit der Frauen, die offenbaren, dass sie misshandelt werden, sagt die Wahrheit. Ich weiß, dass dies wahr ist, weil die Misshandelnden mir gegenüber in ihrer Wachsamkeit nachlassen und ihr Leugnen ablegen.

Tatsache Nr. 8:

Er fühlt sich im Recht.

Vor einigen Jahren hatte ich einen Klienten, der seine erste Gruppensitzung mit einer Erklärung begann: „Ich bin hier, weil ich ein Schläger bin." Ich war beeindruckt von seiner eigenen Sichtweise seines Problems. In der nächsten Woche milderte er seine Worte jedoch durch die Formulierung: „Ich bin hier, weil ich misshandele", und in der dritten Woche erklärte er: „Ich bin im Programm, weil meine Frau denkt, dass ich mich missbräuchlich verhalte." Nach wenigen Wochen hatte er aufgehört zu kommen, nachdem er es sich wieder mit seinen Rechtfertigungen bequem gemacht hatte.

Missbrauchende externalisieren die Verantwortung für ihre Handlungen, da sie glauben, dass ihre Partnerinnen *sie dazu bringen,* sich missbräuchlich zu verhalten. Es ist vorhersagbar, dass jeder meiner Klienten einige Variationen der folgenden Aussagen verwendet:

„Sie weiß, welche Knöpfe sie bei mir drücken muss."

„Sie wollte, dass ich ausflippe, und sie weiß, wie es funktioniert."

„Sie hat mich zu weit getrieben."

„Ein Mann kann nur ein gewisses Maß ertragen."

„Sie erwarten von mir, dass ich sie einfach auf mir rumtrampeln lasse? Was würden Sie tun?"

Viele Klienten äußern Schuldgefühle oder Reue, wenn sie zum ersten Mal zur Beratung kommen, aber sobald ich sie dazu dränge, sich die Geschichte ihres missbräuchlichen Verhaltens anzusehen, gehen sie wieder dazu über, ihre Handlungen zu verteidigen. Sie haben kein Problem, aalglatt zu äußern, „ich weiß, was ich getan habe, war falsch", doch wenn ich sie bitte, ihre verbalen oder körperlichen Attacken im Detail zu beschreiben, sind sie wieder bei ihren Rechtfertigungen.

Misshandelnde Männer sind Meister der Ausreden. In dieser Hinsicht ähneln sie Drogenabhängigen, die glauben, dass jeder und alles außer ihnen für ihre Handlungen verantwortlich ist. Wenn sie nicht ihre Partnerinnen beschuldigen, geben sie Stress, Alkohol, ihrer Kindheit, ihren Kindern, ihren Chefs oder ihrer Unsicherheit die Schuld. Noch wichtiger ist, dass sie sich *berechtigt* fühlen, diese Entschuldigungen vorzubringen. Wenn ich darauf hinweise, dass andere Männer, die unter dem gleichen Druck stehen, sich nicht missbräuchlich verhalten, werden sie meist zornig oder verächtlich.

Bedeutet es, dass Missbrauchende Psychopathen sind, denen jegliches Gewissen fehlt, das sie dazu bringen könnte, sich schuldig oder verantwortlich zu fühlen? Im Allgemeinen nicht, obwohl ich eine geringe Anzahl (vielleicht 5 Prozent) unter meinen Klienten hatte. Die meisten Täter *haben* ein Gewissen in Bezug auf ihr Verhalten außerhalb der Familie. Sie sind meist bereit, sich für ihre Handlungen am Arbeitsplatz, im Verein oder auf der Straße zu verantworten. Zu Hause jedoch übernimmt ihr Berechtigungsdenken die Oberhand.

Der misshandelnde Mann glaubt in der Regel, dass er seine Partnerin für *alles* die Schuld geben kann, was schiefläuft, nicht nur für seine Misshandlungen. Hat er nicht gerade eine Enttäuschung erlebt? Sie hat sie verursacht. Ist es ihm peinlich, weil er einen Fehler gemacht hat? Sie hätte es verhindern müssen. Befindet sich eines der Kinder in einer schwierigen Phase? Sie ist eine schlechte Mutter. Alles ist die Schuld eines anderen, und „jemand anders“ sind in der Regel Sie.

Tatsache Nr. 9:

Misshandelnde leugnen und bagatellisieren ihre Misshandlungen.

Eines meiner Spezialgebiete ist die gerichtlich verordnete Arbeit mit Tätern, die körperlich gewalttätig sind oder die ihre Kinder misshandeln. Ich begegne häufig Gerichtsangestellten, die sagen: „Nun, sie beschuldigt ihn, sie misshandelt zu haben, aber er leugnet es.“ Dann lassen sie die Angelegenheit fallen, als ob das Leugnen des Mannes den Fall abschließen würde. Sie sagen mir auch: „Er sagt, sie tut ihm dasselbe an, also nehme ich an, dass sie sich gegenseitig misshandeln.“ Das Leugnen und Beschuldigen des anderen sagt nichts darüber aus, ob die Frau die Wahrheit sagt. Wenn der Mann missbräuchlich handelt, wird er es *natürlich* leugnen, auch um sich selbst zu schützen und zum Teil, weil seine Wahrnehmung verzerrt ist. *Wenn er bereit wäre, Verantwortung für seine Handlungen in Beziehungen zu übernehmen, wäre er nicht missbräuchlich.* Eine der Hauptaufgaben eines Beraters von misshandelnden Männern ist es, Verleugnung und Verharmlosung zu durchbrechen. Die meisten Männer in meinen Gruppen geben ein gewisses missbräuchliches Verhalten zu – obwohl sie es natürlich nicht als missbräuchlich werten –, aber sie erkennen nur einen geringen Teil dessen an, was sie tatsächlich getan haben, wie ich herausfinde, wenn ich mit den missbrauchten Partnerinnen spreche.

Wenn ein Täter einen Vorfall unmittelbar danach leugnet, kann er seine Partnerin aus dem Gleichgewicht bringen. Stellen Sie sich eine Frau vor, die morgens mit einem Knoten im Bauch aufwacht, weil sie am Abend zuvor auf gemeine Weise von ihrem Partner attackiert worden war. Als sie sich in der Küche begegnen, macht er ein Gesicht und fragt: „Warum bist du heute so mürrisch?"

Sie antwortet: „Warum zum Teufel glaubst du wohl? Du hast mich vor den Kindern ‚Versagerin' genannt, und dann hast du mir mein Handtuch weggerissen, damit sie mich auslachen. Soll ich etwa die Treppe herunterkommen und eine fröhliche Melodie pfeifen?"

„Wovon *redest* du da?", keucht er. „Du bist eine verdammte Drama-Queen. Ich war auf der anderen Seite des Raumes, als dein Handtuch runterfiel. Willst du mir das in die Schuhe schieben? Du spinnst doch." Und er geht kopfschüttelnd weg.

Eine Frau kann das Gefühl haben, den Verstand zu verlieren – oder in der Tat psychische Symptome entwickeln –, wenn die offensichtlichen Realitäten ihres Lebens, einschließlich des Missbrauchs, von ihrem Partner wiederholt geleugnet werden. Die Gewissheit und Autorität in seiner Stimme, die hochgezogenen Augenbrauen, die ihr zeigen sollen, wie irritiert er ist, führen dazu, dass sie sich selbst infrage stellt. „Ist das wirklich geschehen? Vielleicht ist es nicht passiert. Vielleicht reagiere ich einfach über und alles war ganz harmlos." Je schwerwiegender die Vorfälle sind, die er leugnet, desto mehr kann ihr der Bezug zur Realität entgleiten. Und wenn Außenstehende beginnen, ihre Instabilität zu bemerken, kann der Misshandelnde ihre Beobachtungen nutzen, um sie davon zu überzeugen, dass ihre Enthüllungen über die von ihm verübten Misshandlungen Hirngespinste sind.

Die Partnerinnen dieser Art von Männern fragen mich: „Nach einem Vorfall scheint er wirklich zu glauben, dass die Misshandlung nicht stattgefunden hat. Lügt er bewusst?" Die Antwort lautet in den meisten Fällen: Ja. Die meisten Täter haben keine großen Gedächtnisprobleme. Vermutlich erinnert er sich genau an das, was er getan hat, besonders wenn nur wenig Zeit vergangen ist. Er leugnet seine Taten, um eine Diskussion zu unterbinden, weil er sich nicht für das verantworten will, was er getan hat, und vielleicht will er sogar, dass Sie sich frustriert und durcheinander fühlen. Allerdings hat ein kleiner Prozentsatz – vielleicht jeder Zwölfte – psychische Voraussetzungen wie eine narzisstische oder Borderline-Persönlichkeitsstörung, bei der jedes schlechte Verhalten vom Bewusstsein buchstäblich blockiert wird. Ein Hinweis dafür, dass Ihr Partner eine solche Störung haben könnte, ist, wenn Sie bemerken, dass er sich auch anderen gegenüber ähnlich verhält. Wenn sich sein Leugnen und Verwirrspiel auf Sie oder auf Situationen beschränkt, die mit Ihnen zu tun haben, ist er wahrscheinlich einfach missbräuchlich.

Verleugnung und Verharmlosung gehören zu den meisten destruktiven Verhaltensmustern, ob es sich nun um Alkoholmissbrauch, Glücksspiel oder Kindesmissbrauch handelt. Die Misshandlung der Partnerin bildet da keine Ausnahme.

Realität Nr. 10:

Missbrauchende sind besitzergreifend.

Klienten, die neu an meinem Programm teilnehmen, sehen manchmal verwirrt aus, als ob ich ein Seminar über essbare Pflanzen anbieten würde und sie sich im falschen Raum befänden. Sie können es kaum abwarten zu sprechen, erheben sich aus ihren Sitzen und es sprudelt dann nur so aus ihnen heraus: „Aber das sind unsere *Ehefrauen* und *Freundinnen*, von denen Sie da sprechen. Wollen Sie wirklich sagen, dass jemand anders uns sagen kann, was wir in unseren Beziehungen zu tun haben?" Sie lächeln beim Sprechen oder schütteln leicht den Kopf, als hätten sie Mitleid mit meinem trüben Verstand. Sie nehmen an, dass ich irgendwie nicht begriffen habe, dass diese Frauen *ihnen gehören.*

Das Gefühl von Eigentum ist ein Grund dafür, dass Misshandlungen tendenziell schlimmer werden, je ernster die Beziehungen werden. Je mehr gemeinsame Erlebnisse das Paar verbindet und je weiter die Bindung sich entwickelt, desto mehr betrachtet der Misshandelnde seine Partnerin als wertvolles Objekt. Besitztum ist wesentlich für die Denkweise des Misshandelnden, die Quelle, aus der alle anderen Reaktionen sprudeln. Auf einer gewissen Ebene hat er das Gefühl, dass er Sie besitzt und deshalb das Recht hat, Sie so zu behandeln, wie er es für richtig hält.

Frage 6:
Warum ist er so wahnsinnig eifersüchtig?

Bei vielen Tätern nimmt Besitztum die Form der sexuellen Eifersucht an. Diese Art Mann überwacht sorgfältig den Umgang seiner Partnerin, erwartet von ihr, dass sie jederzeit Rechenschaft über ihren Aufenthaltsort ablegt, und staucht sie regelmäßig mit eifersüchtigen Anschuldigungen zusammen, wie Fran in Kapitel 1. Ironischerweise gehören die Täter, die am meisten Vorwürfe machen, zu denen, die selbst am ehesten betrügen. Besitz- und Berechtigungsdenken geben dem Täter das Gefühl, dass er Affären haben darf, sie aber nicht.

Ein ebenso wichtiger Grund für die extreme Eifersucht, die so viele misshandelnde Männer an den Tag legen, ist der Wunsch, ihre Partnerinnen zu *isolieren*. In Kapitel 1 trafen wir Marshall, der selbst nicht glaubte, dass seine Frau untreu war, obwohl er ihr deswegen hysterische Vorwürfe gemacht hatte. Was trieb ihn also zu seinem Verhalten? Ein misshandelnder Mann, der seine Partnerin isoliert, tut dies vor allem aus zwei Gründen:

1. Er will, dass ihr Leben ganz auf seine Bedürfnisse ausgerichtet ist. Er hat das Gefühl, dass sie aufgrund anderer sozialer Kontakte weniger Zeit für ihn hat, und er akzeptiert nicht, dass sie dieses Recht hat.
2. Er will nicht, dass sie Kraftquellen entwickelt, die zu ihrer Unabhängigkeit beitragen könnten. Obwohl es meist unbewusst geschieht, sind sich misshandelnde Männer auf gewisse Weise darüber im Klaren, dass soziale Kontakte einer Frau Kraft und Unterstützung bieten können, die es ihr letztlich ermöglichen könnten, sich seiner Kontrolle zu entziehen (wie wir bei Dale und Maureen in Kapitel 1 gesehen haben). Ein misshandelnder Mann versucht gewöhnlich, seine Partnerin völlig von ihm abhängig zu halten, um seine Macht zu vergrößern.

Aufgrund dieser Geisteshaltung neigt ein misshandelnder Mann dazu, jede Beziehung, die seine Partnerin eingeht, sei es zu Männern oder Frauen, als Bedrohung für sich selbst wahrzunehmen. Sie können versuchen, dieses Problem in den Griff zu bekommen, indem Sie ihm die Gewissheit geben, dass Sie ihn immer noch lieben und nicht vorhaben, ihn zu betrügen. Aber Sie werden feststellen, dass seine Bemühungen, Sie zu isolieren, nicht nachlassen, denn seine Ängste, dass Sie mit einem anderen Mann schlafen könnten, sind eigentlich nur ein kleiner Teil dessen, warum er versucht, Sie zu isolieren.

Gleichzeitig sind eifersüchtige Beschuldigungen und Isolation nur eine Form, die das Besitzdenken annehmen kann. Es gibt missbrauchende Männer, die nicht versuchen, die Kontakte ihrer Partnerinnen zu kontrollieren. Ihre zugrunde liegende Einstellung des „Du gehörst mir, ich kann mit mir machen, was ich für richtig halte" zeigt sich jedoch auf andere Weise. Wenn die Schwester Ihrer Partnerin ihn kritisiert, weil er Sie schikaniert hat, wird er vielleicht erwidern: „Was ich mit meinem Mädchen mache, geht dich nichts an." Wenn Sie Kinder haben, kann er anfangen, alle Familienmitglieder wie sein Eigentum zu behandeln. Sein Ärger kann gefährlich eskalieren, wenn Sie versuchen, sich von ihm zu lösen. Behalten Sie das Wort *Eigentum* im Hinterkopf, und Sie werden vielleicht mit der Zeit merken, dass viele Verhaltensweisen Ihres Partners darauf zurückzuführen sind, dass er glaubt, Sie wären sein Eigentum.

Misshandelnde Männer gibt es bei allen Persönlichkeitstypen, sie entstammen guten und schlechten Kinderstuben, sind Machos oder sanfte, „befreite“ Männer. Kein psychologischer Test kann einen missbrauchenden Mann von einem respektvollen Mann unterscheiden. Missbräuchliches Verhalten ist kein Produkt der emotionalen Verletzungen eines Mannes oder von Defiziten in seinen Fähigkeiten. In Wirklichkeit entspringt Missbrauch der frühen kulturellen Konditionierung eines Mannes, seinen entscheidenden männlichen Vorbildern und den Einflüssen seiner Altersgenossen. Mit anderen Worten: Missbrauch ist ein Problem der *Werte,* nicht der Psyche. Wenn jemand die *Einstellungen* und *Überzeugungen* eines Misshandelnden infrage stellt, kann er die verächtliche und beleidigende Persönlichkeit zum Vorschein bringen, die normalerweise verborgen bleibt und privaten Angriffen auf seine Partnerin vorbehalten ist. Ein Täter versucht, alle – seine Partnerin, seinen Therapeuten, seine Freunde und Verwandten – darauf zu fokussieren, wie er sich *fühlt,* sodass sie ihr Augenmerk nicht darauf richten, wie er *denkt.* Vielleicht ist er sich auf einer gewissen Ebene bewusst, dass man, wenn man die wahre Natur seines Problems begreift, beginnt, seiner Dominanz zu entkommen.

Wichtige Punkte, die Sie sich merken sollten

- Missbrauch basiert auf Einstellungen und Werten, nicht auf Gefühlen. Die Wurzeln sind Besitzdenken, der Stamm ist Berechtigungsdenken und die Zweige sind Kontrolle.
- Missbrauch und Respekt sind Gegensätze. Misshandelnde werden sich nicht ändern, wenn sie ihre grundlegende Respektlosigkeit gegenüber ihrer Partnerin nicht überwinden.
- Misshandelnde sind sich viel stärker dessen bewusst, was sie tun, als sie es zu sein scheinen. Doch selbst ihr weniger bewusstes Verhalten wird von ihrer Grundeinstellung bestimmt.
- Missbrauchende sind *nicht bereit,* ihr missbräuchliches Verhalten aufzugeben, nicht *unfähig dazu*. Sie wollen ihre Macht und Kontrolle nicht aufgeben.
- Sie sind nicht verrückt. Vertrauen Sie Ihrer Wahrnehmung in Bezug darauf, wie Ihr missbrauchender Partner Sie behandelt und über Sie denkt.

4

Die Typen misshandelnder Männer

Er tut mir so leid; er hatte ein wirklich hartes Leben.
Ich habe das Glück, mit ihm zusammen zu sein; er hätte jede Frau haben können, die er wollte.
Ich habe wirklich Angst davor, was er mir eines Tages antun könnte.
Ich sollte mich nicht mit ihm streiten, denn ich fühle mich danach immer wie eine Idiotin.
Er ist sehr sensibel. Ich sollte mich nicht so viel beschweren; er macht es, so gut er kann.
Er sagt, der Grund, warum er mich so viel betrügt, sei, dass er sexsüchtig ist.

Die Eigenschaften, die einen missbrauchenden Mann ausmachen, sind wie die Zutaten in einem Rezept: Die Grundbestandteile sind immer vorhanden, aber die relativen Mengen variieren stark. Der eine Mann kann so streng kontrollierend sein, dass seine Partnerin nichts unternehmen kann, ohne sich vorher mit ihm abzustimmen, und trägt doch erstaunlicherweise wesentlich zur Hausarbeit und Kinderbetreuung bei. Ein anderer Mann erlaubt seiner Partnerin zwar, zu kommen und zu gehen, wie es ihr gefällt, und akzeptiert sogar ihre Freundschaften mit Männern, aber es ist die Hölle los, wenn sie ihn nicht von vorne bis hinten bedient, oder wenn sie den Fehler macht, ihn zu bitten, hinter sich aufzuräumen. Wieder andere Männer sind weniger offen kontrollierend und anspruchsvoll als diese Männer, vernebeln aber durch das Ausmaß ihrer Manipulationen den Verstand ihrer Partnerinnen.

Die Taktiken und Einstellungen der Täter können von Land zu Land, von einer ethnischen Gruppe zur anderen und vom wohlhabenden zum mittellosen Mann variieren. Die misshandelnden Männer der verschiedenen Kulturen haben ihre speziellen Bereiche, in denen sie Kontrolle oder Grausamkeit ausüben. Misshandelnde Männer der weißen Mittelklasse neigen beispielsweise dazu, strenge Regeln dafür aufzustellen, wie eine Frau sich bei Auseinandersetzungen zu verhalten hat. Wenn sie ihm widerspricht, Wut zeigt oder nicht den Mund hält, wenn sie dazu aufgefordert wird, wird er sie wahrscheinlich dafür bezahlen lassen. Meine Klienten aus lateinamerikanischen Kulturen erlauben ihren Partnerinnen normalerweise, in einem Konflikt energischer und „frecher“ zu sein als meine weißen Klienten, aber sie können sehr rachsüchtig sein, wenn ihre Partnerinnen einem anderen Mann Aufmerksamkeit schenken. Täter wählen sich die Bereiche aus, die sie abstecken wollen, wobei sie bei diesen Entscheidungen von ihrer speziellen Kultur und ihrem Hintergrund beeinflusst werden. Jede Frau, die es mit einem misshandelnden oder kontrollierenden Mann zu tun hat, muss sich mit seiner individuellen Mischung aus Taktiken und Einstellungen, seinem besonderen Rhythmus von guten und schlechten Zeiten und seiner besonderen Art, sich nach außen hin zu präsentieren, auseinandersetzen. Niemand sollte einer misshandelten Frau jemals sagen: „Ich weiß genau, was du gerade durchmachst“, denn die Erfahrung jeder Frau ist anders.

Aus einem anderen Blickwinkel betrachtet, unterscheiden sich Misshandlungen jedoch *nicht* so sehr. Der eine Mann verwendet etwas mehr von der einen Zutat und etwas weniger von der anderen, aber der Gesamtgeschmack der Misshandlung weist im Kern Ähnlichkeiten auf: Angriffe auf das Selbstwertgefühl der Frau, Verhaltenskontrolle, Untergrabung ihrer Unabhängigkeit und Respektlosigkeit. Jede misshandelte Frau hat Zeiten, in denen sie das Gefühl hat, dass sie von einer Strömung unter Wasser gezogen wird, und ringt nach Luft. *Verwirrung* ist Teil der Erfahrung von fast jeder von den Hunderten misshandelter Frauen, mit denen ich gesprochen habe. Ob es nun am manipulativen Verhalten des Täters liegt, an seiner Popularität oder einfach am verblüffenden Kontrast zwischen seinen Liebesbekenntnissen und seinen bösartigen psychischen oder physischen Angriffen, jede misshandelte Frau kämpft darum, dem Geschehen einen Sinn zu geben.

Wenn man die Natur des Problems des misshandelnden Mannes erkennt, kann dies ein erster Schritt aus dem Nebel sein. In diesem Kapitel stelle ich Ihnen zehn Typen von Missbrauchstätern vor, denen ich unter den über zweitausend Männern, mit denen ich gearbeitet habe, begegnet bin. Eines – oder mehrere – dieser Profile springt Ihnen vielleicht ins Auge, sodass Sie das Gefühl haben: „Das ist er!“ Vielleicht stellen Sie aber auch fest, dass Ihr Partner zu keinem dieser „Typen“ passt, sondern dass er von jedem dieser „Typen“ etwas an sich zu haben scheint. In diesem Fall stellen Sie sich diese Profile nicht als unterschiedliche Männer vor, sondern als die unterschiedlichen Gesichter eines Mannes. In jedem Fall können die Beschreibungen Ihnen helfen, den Finger auf das zu legen, was Ihr Partner vorhat.

In den folgenden Abschnitten werden Typen von Männern beschrieben, wie sie sich zeigen, *während sie sich missbräuchlich verhalten.* Ich meine nicht, dass die Männer die ganze Zeit diesem Typ entsprechen. Tatsächlich können Männer aus allen unten aufgeführten Kategorien jederzeit freundlich und liebevoll sein und für Tage, Wochen oder sogar Monate in diesem Modus bleiben.

Der Fordernde

Der Fordernde hat ein ausgeprägtes Berechtigungsdenken. Er erwartet, dass sich das Leben seiner Partnerin um die Befriedigung seiner Bedürfnisse dreht, und wird wütend und gibt ihr die Schuld, wenn etwas nicht in seinem Sinne läuft. Er ist aufgebracht, wenn er nicht versorgt wird oder auch nur geringfügige Umstände entstehen. Die Partnerin dieses Mannes hat das Gefühl, dass nichts, was sie tut, jemals gut genug ist, und dass es unmöglich ist, ihn glücklich zu machen. Er kritisiert sie oft, meist wegen Dingen, die sie seiner Meinung nach für ihn hätte tun sollen – oder auf bessere Art hätte tun sollen.

Ist jeder höchst anspruchsvolle Partner ein Misshandelnder? Nein. Es gibt bestimmte Aspekte, die auf einen fordernden Mann hinweisen:

1. Er hat wenig Sinn für das Verhältnis von Geben und Nehmen. Seine Forderungen nach emotionaler Unterstützung, Nettigkeiten, Fürsorge oder sexueller Zuwendung stehen in keiner Relation zu seinen Beiträgen. Er hat ständig das Gefühl, dass Sie ihm etwas schuldig sind, obwohl er nichts dafür getan hat.
2. Er übertreibt und überbewertet seine eigenen Beiträge. Wenn er vor Jahren einmal großzügig war, hören Sie wahrscheinlich noch heute davon als Beweis dafür, wie wunderbar er Sie behandelt und wie undankbar Sie sind. Er scheint innerlich eine Liste aller Gefallen oder Liebenswürdigkeiten zu führen, die jemals von seiner Seite aus kamen, und er erwartet, dass alles zu einem hohen Zinssatz zurückgezahlt wird. Er ist der Meinung, dass Sie ihm überaus dankbar dafür sein sollten, dass er die normalen Pflichten des täglichen Lebens erfüllt – wenn er sie überhaupt leistet –, doch Ihre Beiträge nimmt er für selbstverständlich.
3. Wenn er nicht bekommt, was ihm seiner Meinung nach zusteht, bestraft er Sie, weil Sie ihn enttäuscht haben.
4. Wenn er großzügig oder unterstützend ist, dann nur, weil ihm danach ist. Wenn er nicht in der Stimmung ist, etwas zu geben, macht er es auch nicht. Er ist Ihnen gegenüber positiv oder liebevoll, wenn er das Bedürfnis hat, sich selbst oder anderen zu beweisen, dass er ein guter Mensch ist, oder wenn es etwas gibt, das

er als Gegenleistung verlangen wird; mit anderen Worten, es geht um *ihn*, nicht um Sie. Je länger Sie mit ihm zusammen sind, desto eigennütziger erscheinen seine vermeintlich großzügigen Handlungen.

5. Wenn Ihre Bedürfnisse jemals mit seinen kollidieren, ist er wütend. In solchen Momenten greift er Sie als egozentrisch oder unflexibel an und stellt die Realität mit Aussagen wie „Du kümmerst dich nur um dich selbst!" auf den Kopf. Er arbeitet hart daran, Außenstehende davon zu überzeugen, wie egoistisch und undankbar Sie sind, und spricht mit gekränktem Ton über all die Dinge, die er für Sie tut.

Gleichzeitig ist der Fordernde wahrscheinlich wütend, wenn etwas von *ihm* verlangt wird. Sie sollen nicht nur kein Entgegenkommen von ihm verlangen, Sie sollen ihn nicht einmal bitten, sich um seine eigenen Verpflichtungen zu kümmern. Wenn Sie ihn auffordern, ein Chaos aufzuräumen, das *er* hinterlassen hat, antwortet er: „Ich bin nicht dein verdammter Diener!" Wenn Sie ihn bitten, Geld zurückzuzahlen, das er Ihnen schuldet, oder mehr zu arbeiten, um die Haushaltsausgaben zu decken, sagt er: „Das ist typisch Frau, du willst nur mein Geld." Wenn Sie sich bei ihm darüber beschweren, wie selten er für Sie da ist, wird er antworten: „Du bist eine bedürftige, kontrollierende Schlampe." Immer wieder verdreht er die Dinge auf diese Weise, sodass jede Anstrengung, die Sie unternehmen, um über Ihre Bedürfnisse oder seine Verantwortlichkeiten zu sprechen, sich abrupt auf *seine* Bedürfnisse und *Ihre* Verantwortlichkeiten richtet.

Der Fordernde ist manchmal weniger kontrollierend als andere Misshandelnde, solange er seine Bedürfnisse zu seinen Bedingungen erfüllt bekommt. Er mag Ihnen erlauben, eigene Freundschaften zu pflegen, oder unterstützt Sie bei der Verfolgung Ihrer eigenen Karriere. Doch die Auswirkungen, welche die extreme Anspruchshaltung Ihres Partners auf Sie hat, können ebenso destruktiv sein wie eine strenge Kontrolle.

Die zentralen Einstellungen, die den Fordernden antreiben, sind:

- Es ist deine Aufgabe, Dinge für mich zu tun, einschließlich der Übernahme meiner Verpflichtungen, wenn ich es nicht schaffe. Wenn ich aus irgendeinem Grund in meinem Leben unglücklich bin, ob es nun mit unserer Beziehung zu tun hat oder nicht, dann ist es deine Schuld.
- Du solltest überhaupt keine Forderungen an mich stellen. Du solltest dankbar sein für das, was ich dir gebe.
- Ich stehe über jeder Kritik.
- Ich bin ein sehr liebevoller und gebender Partner. Du kannst dich glücklich schätzen, mich zu haben.

Der Rechthaber

Der Rechthaber betrachtet sich bei jedem Thema als höchste Instanz unter der Sonne; man könnte ihn „Mr. *Always* Right" nennen. Er spricht mit absoluter Gewissheit und schiebt Ihre Meinungen wie lästige Mücken beiseite. Er scheint die Welt als ein riesiges Klassenzimmer zu betrachten, in dem er der Lehrer ist und Sie seine Schülerin sind. Er hält nicht viel von Ihren Gedanken oder Ansichten, also versucht er, Ihren Kopf zu leeren und ihn mit *seinen* brillanten Geistesergüssen zu füllen. Wenn der Rechthaber in einer meiner Gruppen für misshandelnde Männer sitzt, spricht er oft von seiner Partnerin, als sei sie durch ihre eigene Idiotie in Gefahr und dass er sie vor sich selbst retten müsste. Der Rechthaber hat Schwierigkeiten, mit seiner Partnerin – oder über sie – zu sprechen, ohne dass seine Stimme herablassend klingt. Und bei einer Auseinandersetzung wird seine Arroganz noch schlimmer.

Die Demonstration seiner Überlegenheit ist ein bequemer Weg für den Rechthaber, das zu bekommen, was er will. Wenn er und seine Partnerin sich über ihre gegensätzlichen Bedürfnisse streiten, macht er daraus eine Frage zwischen Recht und Unrecht oder zwischen Vernunft und Dummheit. Er macht ihre Perspektive lächerlich und diskreditiert sie, um so der Auseinandersetzung zu entgehen. Hier ist ein Gespräch, das ich mit einem Rechthaber hatte, mit dem ich in einer meiner Tätergruppen gearbeitet habe:

BANCROFT: Pat, haben Sie über irgendwelche missbräuchliche Verhaltensweisen in der vergangenen Woche zu berichten?

PAT: Nun, ich habe Gwen einmal angeschrien und sie „Schlampe" genannt. Wir haben uns wie immer wegen Geld gestritten.

BANCROFT: Wie war Gwens Position bei dem Streit?

PAT: Sie denkt, Geld wächst auf Bäumen.

BANCROFT: Gwen sagte, dass Geld auf Bäumen wächst?

PAT: Nun, nein, nicht genau so. Aber so verhält sie sich.

BANCROFT: Versuchen wir es noch einmal. Was hat sie bei der Auseinandersetzung gesagt?

PAT: Sie meint, wir hätten genug Geld, um beiden Kindern neue Kleidung zu kaufen. Aber wir haben ihnen erst vor ein paar Wochen die ganzen neuen Sachen gekauft. Und wir haben es im Moment einfach nicht so dicke.

BANCROFT: Findet Gwen auch, dass die letzten Einkäufe erst vor ein paar Wochen stattfanden?

PAT: Nein, sie sagt, es sei vor vier Monaten gewesen, zu Beginn des Sommers, was totaler Stuss ist. Ich kann mich daran erinnern, dass der Sommer schon zur Hälfte rum war.

BANCROFT:	Ihre Erinnerung unterscheidet sich also von ihrer. Hat sie gesagt, warum sie glaubt, dass es früher war?
PAT:	Natürlich nicht, sie ist … Nun, vielleicht hat sie etwas darüber gesagt, dass sie sich daran erinnert, dass sie die Kreditkartenrechnung für diese Kleidung bezahlt hat, als die Kinder noch in der Schule waren. Aber sie irrt sich.
BANCROFT:	Nun, Sie sagten, dass das Geld einfach nicht da ist. Gwen denkt da offensichtlich anders. Woher sollte ihrer Meinung nach das Geld kommen?
PAT:	Ich habe es Ihnen bereits gesagt, sie möchte, dass ich es wie ein Zauberer einfach herbeizaubere.
BANCROFT:	Aber sie hat sicher konkret etwas dazu gesagt. Was hat sie gesagt?
PAT:	Ach, ich weiß nicht … Sie sagte, wir sollten unser Auto verkaufen und uns eine Scheißkiste besorgen, was uns auf lange Sicht nur noch mehr kosten würde, außerdem will ich mich damit nicht befassen.
BANCROFT:	Was fahren Sie jetzt?
PAT:	Einen Saab.
BANCROFT:	Lassen Sie mich raten. Sie würde den Saab gerne gegen ein zuverlässiges Auto eintauschen, mit niedrigeren monatlichen Raten, günstigeren Ersatzteilen und weniger Reparaturrechnungen.
PAT:	Ja, genau, was ich gesagt habe, eine Scheißkiste.

Was Pat in diesem Gespräch erkennen ließ, war, dass Gwen jedes Mal, wenn sie versucht, für sich selbst einzustehen oder ihre Ansichten darzulegen, er ihre Aussagen verdreht, um sie absurd klingen zu lassen. Beachten Sie, wie lange ich gebraucht habe, um aus ihm herauszubekommen, was tatsächlich Gwens Ansichten sind. Gwen fühlte sich natürlich von Pat erdrückt, da sie nichts tun konnte, damit ihre Meinung gehört und ernst genommen wurde. Ein Teil der Gründe, warum Pat davon überzeugt ist, dass Gwen dumm ist, liegt darin, dass er sich seiner eigenen Klugheit und Klarsichtigkeit so übertrieben sicher ist. Da sie ihm wiederholt widerspricht, nimmt er das als Beweis für ihre Dummheit.

Wenn der Rechthaber beschließt, die Kontrolle über ein Gespräch zu übernehmen, schaltet er in den Modus der Stimme der Wahrheit und gibt endgültige Erklärungen darüber ab, was die richtige Antwort oder die richtige Sichtweise ist. Berater von Misshandelnden nennen diese Taktik die *Definierung der Realität.* Mit der Zeit kann sein bestimmender Ton seine Partnerin dazu veranlassen, an ihrem eigenen Urteilsvermögen zu zweifeln und sich selbst als nicht sehr intelligent zu betrachten. Mir ist aufgefallen, wie oft ich mit der intelligent klingenden Partnerin eines meiner Klienten spreche, und sie mir dann sagt: „Ich bin nicht so klug." Der

Täter *will*, dass sie auf diese Weise an ihren geistigen Fähigkeiten zweifelt, damit er sie besser kontrollieren kann.

Abgesehen davon, dass der Rechthaber alles über die Welt weiß, ist er auch Experte für Ihr Leben und dafür, wie Sie es führen sollten. Er kennt die Antworten auf Ihre Konflikte bei der Arbeit, wie Sie Ihre Zeit verbringen und wie Sie Ihre Kinder erziehen sollten. Er kennt sich besonders gut mit *Ihren Fehlern* aus, und macht gerne eine Bestandsaufnahme von dem, was mit Ihnen angeblich nicht stimmt, so als ob Sie besser werden würden, wenn man Sie vorher niedermacht. Es scheint ihm vielleicht Spaß zu machen, Sie regelmäßig vor anderen Leuten zurechtzuweisen, um Sie zu demütigen und damit seine unbestreitbare intellektuelle Überlegenheit zu begründen.

Wenn die Partnerin des Rechthabers sich weigert, sich seinen hoch entwickelten Kenntnissen zu fügen, wird sich die Situation wahrscheinlich zuspitzen und er wird sie beleidigen, beschimpfen oder durch Nachahmung verspotten. Wenn er immer noch nicht das Gefühl hat, sie tief genug gedemütigt zu haben, greift er vielleicht zu stärkeren Waffen, indem er z. B. Pläne für den Abend ruiniert, weggeht und sie zurücklässt oder anderen Menschen schlechte Dinge über sie erzählt. Wenn er körperlich aggressiv wird, dann ist dies der Zeitpunkt, dass er mit Sachen rumwirft, die Fäuste erhebt oder gewalttätig wird. Kurz gesagt, der Rechthaber findet einen Weg, um sicherzustellen, dass seine Partnerin es bedauert, auf ihrem eigenen Willen bestanden zu haben.

Der Rechthaber ist in mancher Hinsicht die etwas weniger gewalttätige und beängstigende Version des Feldwebels (siehe Seite 84), er neigt jedoch dazu, seine Kontrolle besonders darauf zu konzentrieren, seiner Partnerin vorzuschreiben, was sie zu *denken* hat. Sie fühlt sich durch sein Kontrollverhalten erstickt, als ob er jede ihrer Bewegungen unter dem Mikroskop beobachten würde.

Der Rechthaber versucht, sein Mobbing zu entschärfen, indem er mir gegenüber äußert: „Ich habe starke Ansichten" oder „Ich diskutiere gerne Ideen". Das ist, als würde ein Bankräuber sagen: „Ich interessiere mich für Finanzfragen." Der Rechthaber ist nicht daran interessiert, über Ideen zu debattieren; er will seine eigenen durchsetzen.

Die zentralen Einstellungen, die den Rechthaber antreiben, sind:

- Sie sollten Ehrfurcht vor seiner Intelligenz haben und intellektuell zu ihm aufschauen. Er weiß alles besser als Sie, auch, was gut für Sie ist.
- Ihre Ansichten sind es nicht wert, dass man Ihnen aufmerksam zuhört oder sie ernst nimmt.
- Die Tatsache, dass Sie manchmal anderer Meinung sind als er, zeigt, wie schluderig Sie denken.
- Wenn Sie einfach akzeptieren würden, dass er weiß, was richtig ist, würde Ihre Beziehung viel besser laufen. Auch Ihr eigenes Leben würde besser verlaufen.
- Wenn Sie mit ihm in einer Sache nicht übereinstimmen, egal wie respektvoll oder sanftmütig Sie das äußern, dann ist das für ihn eine Missachtung.
- Wenn er Sie lange genug niedermacht, werden Sie es eines Tages schon einsehen.

Der Destabilisierer

Die Vorgehensweise des Destabilisierers beweist, dass Wut nicht zu körperlichen Misshandlungen führen muss. Er misshandelt seine Partnerin psychisch, ohne auch nur seine Stimme zu erheben. Er bleibt in Auseinandersetzungen ruhig und benutzt seine eigene Ausgeglichenheit als Waffe, um die Frau um den Verstand zu bringen. Oft hat er ein überlegenes oder verächtliches Grinsen im Gesicht, ist selbstgefällig und von sich überzeugt. Er wendet ein Repertoire an aggressiven Gesprächstaktiken an, ohne dabei laut zu werden, darunter Sarkasmus, Spott – wie z. B. unverhohlen über den anderen lachen –, die Nachahmung ihrer Stimme sowie grausame, schneidende Bemerkungen. Wie der Rechthaber verdreht er alles, was sie sagt, bis zur Unkenntlichkeit, um sie absurd erscheinen zu lassen, vielleicht vor allem vor anderen Leuten. Er traktiert seine Partnerin mit einem langsamen, aber stetigen Strom von emotionalen, nicht allzu schwerwiegenden Angriffen, vielleicht auch mit gelegentlichen Schlägen oder anderen „kleineren" Gewalttaten, die im Allgemeinen keine sichtbaren Verletzungen verursachen, aber großen psychischen Schaden hinterlassen können. Er ist unerbittlich in seinem stillen Spott und seiner Gemeinheit.

Die Auswirkung all dieser subtilen Taktiken auf eine Frau besteht darin, dass sie entweder sehr wütend wird oder sie sich dumm und minderwertig fühlt, oder eine Kombination aus beidem. Bei einer Auseinandersetzung kann es passieren, dass sie am Ende frustriert herumschreit, den Raum weinend verlässt oder in Schweigen versinkt. Der Destabilisierer sagt dann: „Siehst du, du bist die Misshandelnde, nicht ich. Du bist diejenige, die herumschreit und sich weigert, vernünftig über die Dinge zu reden. Ich habe nicht einmal meine Stimme erhoben. Es ist unmöglich, vernünftig mit dir zu reden."

Die psychischen Auswirkungen des Zusammenlebens mit einem Destabilisierer können gravierend sein. Seine Taktiken sind nicht einfach zu erkennen, sodass sie tief in die Seele eindringen können. Für Frauen kann es schwer sein, sich nicht selbst die Schuld für ihre Reaktion auf das Verhalten ihres Partners zu geben, wenn sie nicht einmal wissen, wie sie dieses benennen sollen. Wenn Ihnen jemand ins Gesicht schlägt, wissen Sie, dass Sie geohrfeigt wurden. Wenn eine Frau sich jedoch psychisch angegriffen fühlt und kaum eine Ahnung hat, warum, wendet sie nach einem Streit mit dem Destabilisierer ihre Frustration nach innen. Wie soll man sich zum Beispiel bei einem Freund Unterstützung holen, wenn man nicht weiß, wie man das beschreiben soll, was schiefläuft?

Der Destabilisierer glaubt meist wirklich, dass an seinem Verhalten nichts Ungewöhnliches ist. Wenn seine Partnerin anfängt, ihn mit seinen Misshandlungen zu konfrontieren – was sie früher oder später in der Regel tut –, sieht er sie an, als sei sie verrückt, und sagt: „Wovon zum Teufel redest du? Ich habe dir nie etwas angetan." Freunde und Familienmitglieder, die das Miteinander des Paares miterlebt haben, könnten ihm den Rücken stärken. Sie schütteln den Kopf und sagen zueinander: „Ich weiß nicht, was mit ihr los ist. Manchmal explodiert sie einfach in seiner Gegenwart, dabei ist er so zurückhaltend." Ihre Kinder könnten den Eindruck gewinnen, dass ihre Mama „wegen nichts in die Luft geht". Sie selbst könnte anfangen, sich zu fragen, ob mit ihr psychisch etwas nicht stimmt.

Der Destabilisierer ist wie die meisten misshandelnden Männer auf Rache aus, aber er versteckt es vielleicht besser. Wenn er körperlich tätlich wird, hat seine Gewalt eher die Form von kaltherzigen Ohrfeigen „zu deinem eigenen Wohl" oder „damit du aufwachst", statt sich als explosiver Wutausbruch zu äußern. Seine Vorgehensweise scheint sorgfältig durchdacht zu sein, und selten macht er offensichtliche Fehler – z. B. wenn er seine Misshandlung in der Öffentlichkeit zeigt –, die andere Menschen gegen ihn aufbringen oder ihn in rechtliche Schwierigkeiten bringen könnten.

Wenn Sie es mit einem Destabilisierer zu tun haben, kann es sein, dass Sie sich jahrelang abkämpfen, um herauszufinden, was da vor sich geht. Sie haben vielleicht das Gefühl, dass Sie auf sein Verhalten überreagieren und dass er gar nicht so schlimm ist. Doch die Auswirkungen seiner Kontrolle und Verachtung sind im Laufe der Jahre in Sie eingedrungen. Wenn Sie ihn schließlich verlassen, erleben Sie vielleicht intensive Phasen verspäteter Wut, weil Ihnen bewusst wird, auf welch stille, aber tödliche Art er Sie erdrückt hat.

Diese Art von misshandelndem Mann hält es selten lange in einem Täterprogramm aus, es sei denn, er wurde richterlich dazu verpflichtet. Er ist so daran gewöhnt, mit seinen Taktiken Erfolg zu haben, dass er keine Umgebung tolerieren kann, in der die Betreuer seine Manöver erkennen und benennen und ihn nicht damit davonkommen lassen. Oft entscheidet er schnell, dass seine Gruppenleiter genauso verrückt sind wie seine Partnerin, und verschwindet durch die Tür.

Die zentralen Einstellungen, die den Destabilisierer antreiben, sind:

- Du bist verrückt. Du fährst wegen nichts aus der Haut.
- Ich kann andere Leute leicht davon überzeugen, dass du diejenige bist, die verrückt ist.
- Solange ich ruhig bin, kannst du nichts, was ich tue, als Misshandlung bezeichnen, egal wie grausam es ist.
- Ich weiß genau, wie ich dir unter die Haut gehen kann.

Der Feldwebel

Der Feldwebel treibt das Kontrollverhalten ins Extreme, indem er das Leben seiner Partnerin auf jede nur erdenkliche Weise steuert. Er kritisiert ihre Kleidung, sagt ihr, ob sie ausgehen darf oder nicht, stört sie bei der Arbeit. Er will, dass sie niemanden in ihrer Nähe hat, deshalb zerstört er ihre Beziehungen zu ihren Freunden und Verwandten oder verbietet ihr einfach, sie zu sehen. Er belauscht ihre Telefongespräche, liest ihre Post oder verlangt von den Kindern, dass sie über ihre Aktivitäten berichten, wenn er nicht da ist. Wenn sie abends nicht zu der von ihm festgelegten Sperrstunde zu Hause ist, riskiert sie, von ihm misshandelt zu werden. Sie fühlt sich wie ein kleines Mädchen, das bei einem tyrannischen Vater lebt, mit nicht mehr Freiheit, als eine Achtjährige haben würde.

Der Feldwebel ist oft fanatisch eifersüchtig. Er attackiert seine Partnerin verbal und beschuldigt sie, ihn zu betrügen oder sich nach anderen Männern umzuschauen, und er spickt seine Tiraden mit krassen und verstörenden sexuellen

Ausdrücken. Möglicherweise ergänzt er die hasserfüllten Bemerkungen über seine Partnerin durch abscheuliche Kommentare über Frauen im Allgemeinen, wie zum Beispiel: „Alle Frauen sind Huren." Das emotionale Erlebnis dieser verbalen Attacken kann ähnlich wie bei einem sexuellen Übergriff sein: Die Frau fühlt sich verletzt, erniedrigt und traumatisiert. Gleichzeitig hat dieser Tätertyp in den meisten Fällen selbst Affären. Es geht ihm nicht um Treue, sondern um Besitz.

Es ist leider so gut wie sicher, dass der Feldwebel früher oder später körperlich gewalttätig wird, wahrscheinlich beginnend mit Drohungen, die schließlich in Körperverletzung eskalieren. Wenn seine Partnerin sich ihm entgegenstellt, z. B. indem sie versucht, eines ihrer Freiheitsrechte zu wahren, werden seine Gewalttätigkeit und Drohungen wahrscheinlich so weit eskalieren, bis sie verletzt oder so verängstigt ist, dass sie sich seiner Kontrolle unterwirft. Es besteht die Gefahr, dass er seine Partnerin bis hin zu schweren Verletzungen schlägt.

Es kann schwierig sein, dem Feldwebel zu entkommen. Da er die Bewegungen der Frau so genau beobachtet, ist es für sie eine Herausforderung, z. B. zu einer Selbsthilfegruppe für misshandelte Frauen zu gelangen oder andere Arten von Unterstützung zu suchen. Da er sie von anderen isoliert, muss sie sich ganz auf ihre eigene Kraft verlassen, wobei sie an vielen Tagen vielleicht das Gefühl hat, nicht mehr viel Kraft zu haben. Und da er wahrscheinlich von Zeit zu Zeit offen gewalttätig ist, muss sie sich überlegen, welche Folgen der Versuch, ihn zu verlassen, haben könnte, einschließlich der Frage, ob er versuchen könnte, sie zu töten.

Wenn Ihr Partner ein Feldwebel ist, ist Ihre Situation gefährlich. Möglicherweise müssen Sie Mut – sowie vorsichtige Wachsamkeit – aufbringen, um selbst dieses Buch zu lesen. Vielleicht verstecken Sie es unter einer Matratze oder lesen es bei jemand anderem zu Hause in kurzen Abschnitten. Geben Sie nicht auf. Viele Frauen sind durch diese Art der Gefangenschaft gegangen und haben einen Weg zur Flucht gefunden, auch wenn es einige Zeit dauert. Das Wichtigste ist, nach Möglichkeiten zu suchen, eine Hotline für misshandelte Frauen anzurufen (siehe „Ressourcen" am Ende dieses Buches). Rufen Sie dort an und sprechen Sie anfangs vielleicht nur fünf Minuten mit ihnen, wenn das alles ist, was Sie zunächst sicher tun können. Rufen Sie täglich an, wenn das für Sie möglich ist. Die Hotline ist der Anfang Ihres Weges in die Freiheit.

Vielleicht sind Sie versucht, eine heimliche Affäre zu haben, da Ihr Partner Ihnen so wenig Freundlichkeit oder Zärtlichkeit entgegenbringt. Eine positive Sexualbeziehung kann für Sie besonders aufbauend sein, da der Feldwebel in der Regel sexuell erniedrigend agiert. Aber ihn zu betrügen kann tödlich sein, wenn er Sie erwischt. Überlegen Sie, eventuell mit Beziehungen zu anderen Männern so lange zu warten, bis Sie sich in Sicherheit gebracht haben.

Der Feldwebel hat oft psychische Probleme. Obwohl psychische Erkrankungen nicht die Ursache von Misshandlungen sind, können sie die Gewaltbereitschaft eines Mannes verstärken. Wenn er manchmal von Dingen überzeugt zu sein scheint, die offensichtlich nicht den Tatsachen entsprechen, wenn er allgemein Schwierigkeiten hat, mit Menschen auszukommen, wenn er als Kind schwer misshandelt oder vernachlässigt wurde oder wenn er andere Anzeichen psychischer Probleme zeigt, müssen Sie noch vorsichtiger sein.

Mehr über den Umgang mit gefährlichen Missbrauchstätern finden Sie unter „Der Terrorisierende" weiter unten in diesem Kapitel (siehe Seite 97) und unter „Einen Missbrauchstäter sicher verlassen" (siehe Seite 220).

Die zentralen Einstellungen, die den Feldwebel antreiben, sind:

- Ich muss jede deiner Bewegungen kontrollieren, sonst machst du etwas falsch.
- Ich weiß genau, wie alles gemacht werden muss.
- Für dich darf es neben mir niemanden – oder *sonst etwas* – in deinem Leben geben.
- Ich werde dich wie ein Falke beobachten, um dich davon abzuhalten, Stärke oder Unabhängigkeit zu entwickeln.
- Ich liebe dich mehr als jeden anderen auf der Welt, aber du ekelst mich an. (!!!)

Der Einfühlsame

Der Einfühlsame scheint das genaue Gegenteil des Feldwebels zu sein. Er spricht leise, ist sanft und unterstützend – wenn er nicht missbräuchlich ist. Er liebt die Sprache der Gefühle, spricht offen über seine Unsicherheiten, seine Ängste und seine emotionalen Verletzungen. Er umarmt andere Männer. Er spricht möglicherweise über die Absurdität des Krieges oder die Notwendigkeit, dass Männer „mit ihrer weiblichen Seite in Kontakt kommen". Vielleicht ist er Mitglied einer Männergruppe oder besucht Männer-Retreats. Oft hat er ausgiebig an Therapien oder Zwölf-Schritte-Programmen teilgenommen oder all die dicken Selbsthilfebücher gelesen, sodass er die Sprache der Laienpsychologie und der Selbstbeobachtung spricht. Sein Vokabular ist gespickt mit Formulierungen wie *Nähe entwickeln, die eigenen Probleme herausarbeiten* oder *sich den eigenen schwierigen Themen stellen*. Er präsentiert sich den Frauen als Verbündeter im Kampf gegen die Einschränkungen der Geschlechterrollen. Manchen Frauen erscheint er wie ein wahr gewordener Traum.

Was stimmt also nicht an diesem Bild? Bisher nichts Offensichtliches. Aber genau hier liegt das Problem: Der Einfühlsame hüllt sich in eine der überzeugendsten Verkleidungen, die ein Mann haben kann. Wenn Sie anfangen, sich von ihm chronisch misshandelt zu fühlen, vermuten Sie wahrscheinlich, dass mit Ihnen etwas nicht stimmt, und wenn Sie sich bei anderen Leuten über ihn beschweren, denken diese vielleicht, Sie seien verwöhnt: „Du hast den New-Age-Mann, was willst du mehr?"

Die folgenden Dynamiken sind typisch für die Beziehung mit einem Einfühlsamen und können dazu beitragen, Ihr Gefühl zu erklären, dass etwas schiefläuft:

1. Sie scheinen seine Gefühle ständig zu verletzen, obwohl Sie sich nicht im Klaren darüber sind, warum, und er erwartet, dass Ihre Aufmerksamkeit permanent auf seine emotionalen Verletzungen gerichtet ist. Wenn Sie mal schlecht gelaunt sind und etwas Unfaires oder Unsensibles sagen, wird es nicht genügen, dass Sie sich aufrichtig bei ihm entschuldigen und Verantwortung übernehmen. Er wird immer weiter darüber reden und erwarten, dass Sie vor ihm auf dem Boden kriechen, als hätten Sie ihn zutiefst grausam behandelt. (Beachten Sie hier die Täter-Opfer-Umkehr: Dies ist genau das, was *ein Täter* seiner Partnerin vorwirft, während sie andersherum nur ein ehrliches „Es tut mir leid" erwartet.)
2. Wenn *Ihre* Gefühle dagegen verletzt sind, wird er darauf bestehen, schnell darüber hinwegzugehen. Vielleicht überschüttet er Sie mit einem Schwall populär-psychologischer Formulierungen („Lass deine Gefühle einfach durch dich hindurchströmen, halte nicht an ihnen fest" oder „Es liegt alles an deiner Einstellung dem Leben gegenüber" oder „Niemand kann dich verletzen, wenn du es nicht zulässt") als Ersatz für eine echte Unterstützung Ihrer Gefühle, vor allem wenn Sie sich über etwas ärgern, was *er* getan hat. Keine dieser Lebensweisheiten gilt übrigens, wenn Sie ihn verärgert haben.
3. Im Laufe der Zeit gibt er Ihnen zunehmend die Schuld an allem, womit er in seinem eigenen Leben unzufrieden ist, und Ihre Schuldgefühle werden immer größer.
4. Er beginnt, eine gemeine Seite zu zeigen, die niemand sonst zu sehen bekommt, und kann sogar bedrohlich oder einschüchternd werden.

Der Einfühlsame hat das Potenzial, körperlich bedrohlich zu werden wie jeder andere Tätertyp, ganz gleich wie sehr er Gewaltlosigkeit predigt. Nach einem aggressiven Vorfall wird er von seinen Handlungen eher als „Wutausbruch" denn als „Misshandlung" sprechen, als gäbe es keinen Unterschied dazwischen. Er gibt Ihnen oder seinen emotionalen „Problemen" die Schuld an seinem aggressiven Verhalten und sagt, seine Gefühle seien so tief verletzt worden, dass er keine andere Wahl hatte.

Viele Menschen verwerfen die Vorstellung, dass ein Einfühlsamer ein Misshandelnder sein könnte. Mir begegnete dieser Unglaube, als ich an einem Wochenende einen Kurs zur emotionalen Genesung leitete, wie ich es regelmäßig tue. Meine Workshops konzentrieren sich zum Teil auf die heilende Wirkung des Weinens und werden daher tendenziell eher von Frauen als von Männern besucht. Zu den Männern, die daran teilnehmen, gehören viele der wunderbarsten Männer, die ich je kennengelernt habe, sowie eine Handvoll der größten Manipulatoren. Vor einigen Jahren kam eine Teilnehmerin namens Deanna vor einem Workshop ängstlich auf mich zu. Sie erklärte, dass ein ehemaliger Partner von ihr namens Brad sie einige Tage vor dem Workshop angerufen habe, um ihr mitzuteilen, dass er am selben Wochenendkurs teilnehme. Sie fühlte sich unbehaglich deswegen und sagte ihm, dass sie nicht an dem Workshop teilnehmen würde, wenn er käme. Er versprach ihr jedoch, sie nicht zu belästigen, und sagte, er werde ihre Beziehung in keiner Weise zur Sprache bringen. Er kam mit seiner neuen Freundin, was Deannas Sorgen besänftigte.

Zu Beginn des Workshops verbrachte ich einige Zeit im Gespräch mit Brad, ohne Deanna zu erwähnen, und er schien sympathisch, freundlich und – wie soll ich sagen – sensibel zu sein. Allerdings stellte ich nach kurzer Zeit fest, dass er in der Tat mit anderen über seine Vergangenheit mit Deanna sprach und sie gegen Deanna aufstachelte, weil diese vor ihren ungelösten Problemen „weglaufen würde". Am Sonntagmorgen provozierte er schließlich vor dem gesamten Workshop eine Szene im Zusammenhang mit ihrer Beziehung, was für Deanna demütigend war.

Die Geschichte ist noch nicht zu Ende. Ich unterbrach die Sitzung und nahm Brad beiseite. Ich sagte ihm, dass er – so wie ich ihn verstanden hatte – zugestimmt habe, diese Themen nicht anzusprechen, und dass mir klar geworden sei, dass er mit der Absicht zu diesem Wochenend-Workshop gekommen sei, um genau das zu tun, was er versprochen hatte, nicht zu tun. Ich fuhr fort, darauf hinzuweisen, dass er Deanna das Wochenende weggenommen habe und dass ich diese Art von Machtübernahme als Missbrauch betrachte, insbesondere da sie sich an eine Ex-Partnerin richte.

Einer misshandelnden Person gegenüber das Wort *Missbrauch* zu verwenden, kann wie das Anzünden eines Pulverfasses sein: Wenn man das gehütete Geheimnis benennt, dreht er durch. Brad wurde laut, rollte mit den Augen, beschimpfte mich als einen hysterischen Übertreiber und nahm die Opferhaltung ein, indem er sagte: „Ich *bitte* Sie, damit aufzuhören." Dann kam der entscheidende Teil: Er sagte mit krächzendem Gejammer: „Ich habe nur einmal in meinem Leben, vor vielen Jahren, die Hand gegen eine Partnerin erhoben, und ich habe sie kaum von mir weggestoßen, *etwa so …*" – und er stieß mich hart gegen die Schulter –, „nachdem sie meine Mutter als üble Frau bezeichnet hatte."

Nun, warum leugnete Brad eine Vorgeschichte von Übergriffen (während er tatsächlich einen zugab), obwohl ich nichts über Gewalt gesagt hatte? Die Möglichkeit, dass er körperlich tätlich werden könnte, war mir vorher noch nicht in den Sinn gekommen, aber nun war es in der Tat so weit. Die Anzeichen dafür waren allesamt vorhanden: sein Mobbing gegenüber Deanna an diesem Wochenende, das er anschließend als zu ihrem eigenen Wohle bezeichnete; die Tatsache, dass er sich berechtigt fühlte, eine wichtige Vereinbarung zu ignorieren, und dass er seiner früheren Freundin die Schuld für seinen Übergriff auf sie gab und diesen herunterspielte – die Stärke des Schubs, den er mir gab, hätte die meisten Frauen erschüttert. Ich bezweifelte nun, dass der von ihm beschriebene tätliche Vorfall die einzige Situation war, bei der er eine Frau körperlich eingeschüchtert hatte.

An diesem Punkt forderte ich Brad auf, den Workshop zu verlassen. Anschließend musste ich mich mit einem Mini-Aufstand einiger anderer Workshop-Teilnehmerinnen auseinandersetzen, die nicht glauben konnten, dass ich diesen sanften Mann, der so in Kontakt mit seinen Gefühlen war, hinauswarf. Er *weinte* sogar; wie konnte er da missbräuchlich sein?

Dieser Tätertyp des „sanften Mannes" neigt dazu, sehr egozentrisch zu sein und fordernd im Hinblick auf emotionale Fürsorge. Er ist vielleicht nicht der Mann, der einen Anfall bekommt, weil das Abendessen noch nicht fertig ist, sondern eher, weil seine Partnerin auf irgendeine Weise ihre eigenen Bedürfnisse oder Interessen nicht hinten angestellt hat, um ihn zufriedenzustellen. Er inszeniert den Eindruck von seiner Sensibilität, um die Aufmerksamkeit von der Schneise der Zerstörung abzulenken, die er hinterlässt.

Die zentralen Einstellungen, die den Einfühlsamen antreiben, sind:

- Ich bin gegen Macho-Männer, deswegen kann ich selbst nicht missbräuchlich sein.
- Solange ich viel „Psychogeschwätz" anwende, wird niemand glauben, dass ich dich misshandle.
- Ich kann dich kontrollieren, indem ich analysiere, wie dein Verstand und deine Gefühle funktionieren und was deine Probleme aus der Kindheit sind. Ich kann in deinen Kopf eindringen, ob du mich dort haben willst oder nicht.
- Nichts auf der Welt ist wichtiger als meine Gefühle.
- Frauen sollten mir dankbar sein, dass ich nicht wie diese anderen Männer bin.

Der Spieler

Der Spieler ist in der Regel gut aussehend und oft sexy. (Aber manchmal denkt er das auch nur.) In der Anfangsphase einer Beziehung scheint er bis über beide Ohren verliebt zu sein und möchte so viel Zeit wie möglich mit seiner Partnerin im Bett verbringen. Er ist ein ziemlich guter Liebhaber. Sie können sich glücklich schätzen, dass Sie jemanden erwischt haben, der Sie anzumachen weiß, und stolz darauf sein, mit ihm gesehen zu werden. Ihr Selbstwertgefühl bekommt einen ordentlichen Auftrieb.

Nach einer Weile fangen jedoch einige Dinge an, Sie zu stören. Sie merken, dass sein Interesse an Ihnen – abgesehen vom Sex – nachlässt, und sogar seine sexuelle Energie ein wenig abflaut. Er scheint seine Augen stark auf andere Frauen zu richten, die vorbeigehen. Er flirtet mit Kellnerinnen, Angestellten und selbst mit Ihren Freundinnen. Die meisten seiner Interaktionen mit Frauen scheinen von sexuellen Untertönen durchdrungen zu sein, mit Ausnahme derer, die er völlig unattraktiv findet. Es kommen immer wieder Gerüchte auf, dass er mit dieser Frau gesehen wurde, dass er mit jener schläft und dass er einer anderen nachstellt, aber diese noch nicht interessiert ist. Anfangs ignorieren Sie diese Gerüchte als verletzenden Klatsch, aber nach einer Weile beginnen Sie sich zu wundern.

Der Spieler hält Sie öfter hin, wenn es um Ihren Plan geht zusammenzuziehen oder einer festen Beziehung zuzustimmen, obwohl er es früher nicht erwarten konnte, sich ernsthaft mit Ihnen zu verbinden. Vielleicht argumentiert er, dass er früher verletzt wurde oder Angst vor einer Bindung hat („Ich bin einfach noch nicht bereit“), aber das eigentliche Problem ist, dass er keine Einschränkungen seiner Freiheit will. Ein Großteil seiner Lebenszufriedenheit rührt daher, dass er Frauen ausbeutet und sich als Sexprotz fühlt. Die Frauen in der Umgebung des Spielers scheinen viel mehr *aufeinander* als auf ihn sauer zu sein und geraten manchmal in körperlich ausgetragene Konfrontationen. Diese Spannungen wirken sich positiv für ihn aus, denn sie lenken die Aufmerksamkeit von seiner Untreue und Unehrlichkeit ab. Er baut diese Dynamik mit einer Kombination folgender Taktiken auf:

1. Er versteht es, jeder Frau das Gefühl zu geben, dass sie etwas Besonderes ist, und lässt sie gleichzeitig im Ungewissen, sodass sie sich nie ganz sicher ist, woran sie bei ihm ist.
2. Er erzählt jeder, dass die anderen Lügen über ihre Beziehungen mit ihm erzählen, weil sie eifersüchtig auf sie sind, weil er sie abblitzen ließ oder weil er früher mit ihnen zusammen war, es aber nicht mehr ist.

3. Er erzählt jeder von ihnen, wie andere Frauen ihn misshandelt haben, oder gibt andere – weitgehend erfundene – Informationen weiter, die frühere oder gegenwärtige Frauen in seinem Leben als hinterhältig, rachsüchtig oder abhängig von Substanzen erscheinen lassen.
4. Er macht mit Frauen Schluss und kommt wieder mit ihnen zusammen, sodass niemand den Überblick über das Geschehen behalten kann.
5. Er nimmt ein oder zwei Frauen, die sich unattraktiv fühlen, in seinen Dunstkreis auf, weil er weiß, dass er mehr Macht über sie haben kann, und manipuliert sie so, dass sie die Frauen hassen, die als attraktiver gelten.

Wenn dies der Stil Ihres Partners ist, werden Sie wahrscheinlich nie sicher sein, ob er wirklich Sex mit anderen Frauen hat oder ob er nur mit ihnen flirtet, weil er die Aufmerksamkeit genießt und möchte, dass Sie sich bedroht fühlen. Er könnte vehement abstreiten, dass er Sie jemals betrogen hat, und versuchen, den Spieß umzudrehen, indem er Ihnen vorwirft, zu misstrauisch zu sein. Aber selbst wenn er die Wahrheit sagt – was er wahrscheinlich nicht tut –, kann sein ständiges Flirtverhalten genauso schädlich sein wie tatsächliche Affären. So oder so wird er Ihren anderen Beziehungen schaden, weil Sie anfangen werden, jede Frau als eine potenzielle Bedrohung für sich wahrzunehmen. Wenn er in der Vergangenheit Frauen angemacht hat, die Ihnen nahestehen, wie z.B. Ihre Schwester oder Ihre beste Freundin, kann es dazu kommen, dass Sie sich am Ende von den Frauen, die Ihnen am wichtigsten sind, isoliert haben, aus Angst, dass er eine Affäre mit ihnen anfängt, wenn Sie sie nicht von ihm fernhalten.

Chronische Untreue ist an sich schon missbräuchlich, aber der Spieler hört an dieser Stelle nicht auf. Er ist unverantwortlich, herzlos im Umgang mit den Gefühlen seiner Partnerin und immer wieder verbal misshandelnd. Im Laufe der Beziehung kann es vorkommen, dass er seine Partnerin für längere Zeit fast nicht beachtet und kaum noch mit ihr spricht, sodass sie sich zurückgestellt fühlt. Wahrscheinlich weigert er sich, die Verantwortung für sicheren Sex zu übernehmen (z.B. die Verwendung eines Kondoms), und möglicherweise hat er Kinder gezeugt, für die er nicht sorgt. Sein missbräuchliches Verhalten kann schlagartig eskalieren, wenn er mit seiner Untreue konfrontiert oder in sie verwickelt wird, und er kann an diesem Punkt körperlich beängstigend werden. In einer seltsamen, aber gefährlichen Täter-Opfer-Umkehr schlägt der Spieler manchmal seine Partnerin, weil sie *ihn* beim Betrügen erwischt hat, und nicht umgekehrt.

Sein ständiges Flirten und Betrügen helfen dem Spieler, mit anderen Formen der Misshandlung davonzukommen. Seine Partnerin wird sich wahrscheinlich auf ihre verletzten Gefühle wegen seiner Untreue konzentrieren und sich bemühen, ihn vom Fremdgehen abzuhalten, und verliert dabei das Muster seiner Misshandlungen aus den Augen. Wenn sie mich fragt, ob ich glaube, dass ihr Partner jemals sesshaft und ihr treu sein wird – wenn sie beispielsweise heiraten –, antworte ich: „Vielleicht wird er es eines Tages, aber dann werden Sie einen treuen Missbrauchstäter haben." Seine Promiskuität ist Ausdruck eines tieferen Problems: Er ist unfähig, Frauen als menschliche Wesen und nicht als Spielzeug ernst zu nehmen. Mit dieser Geisteshaltung bleibt er ein destruktiver Partner, ob er nun betrügt oder nicht.

Die Spieler, mit denen ich gearbeitet habe, behaupten manchmal, an „Sexsucht" zu leiden, und schließen sich den Anonymen Sex- und Liebessüchtigen an (ein Umfeld, das sie vielleicht als guten Rahmen entdecken, um Frauen aufzureißen). Aber Sexsucht führt nicht zu Untreue, verbalen Beschimpfungen oder einschüchterndem Verhalten. Der Spieler ist ganz und gar nicht sexsüchtig. Wenn er nach irgendetwas süchtig ist, dann nach dem Nervenkitzel, Frauen zu benutzen, ohne Rücksicht auf die Auswirkungen auf sie.

Die zentralen Einstellungen, die den Spieler antreiben, sind:

- Frauen sind auf dieser Welt, um Sex mit Männern zu haben – besonders mit mir.
- Frauen, die Sex wollen, sind zu liederlich, und Frauen, die Sex ablehnen, sind zu verklemmt. (!)
- Es ist nicht meine Schuld, dass Frauen mich unwiderstehlich finden. (Dies ist ein wörtliches Zitat einiger meiner Klienten.) Es ist nicht fair, von mir zu erwarten, dass ich der Versuchung widerstehe, wenn sie überall um mich herum sind. Frauen verführen mich manchmal, und ich kann nicht anders.
- Wenn du mir zeigst, dass du etwas von mir willst, werde ich dich ignorieren. Ich führe diese Beziehung so, wie es mir passt und wenn mir danach ist.
- Frauen, die wollen, dass die nicht-sexuellen Aspekte ihrer Persönlichkeit geschätzt werden, sind Schlampen.
- Wenn du meine sexuellen Bedürfnisse befriedigen könntest, müsste ich mich nicht anderen Frauen zuwenden.

Rambo

Rambo ist jedem gegenüber aggressiv, nicht nur gegenüber seiner Partnerin. Für ihn ist es ein Nervenkitzel, Menschen einzuschüchtern, und er bemüht sich, alle Lebenssituationen zu meistern, indem er subtil oder offen Angst erzeugt. Er hat eine übertriebene, stereotype Auffassung davon, wie ein Mann zu sein hat, was damit einhergeht, dass er Frauen als zart, minderwertig und schutzbedürftig betrachtet. Rambo kommt oft aus einem Zuhause oder einem Umfeld, wo er selbst Ziel von Gewalt war und gelernt hat, dass er sich nur dann sicher fühlen kann, wenn er stärker, härter und weniger fürsorglich ist als alle anderen. Er hat wenig Geduld für Schwäche, Zerbrechlichkeit oder Unentschlossenheit. Häufig ist er wegen Gewalt, Diebstahl, Trunkenheit am Steuer oder Drogenhandel vorbestraft.

Am Anfang einer Beziehung ist Rambo wahrscheinlich liebevoll und freundlich zu seiner Partnerin, wie die meisten Missbrauchenden. Weil er keine Angst hat – oder zumindest so tut –, kann er einer Frau das Gefühl geben, sich sicher und geschützt zu fühlen. Dieser Tätertyp kann daher besonders attraktiv für Frauen sein, die selbst aus einem gewalttätigen Elternhaus kommen, oder *die dabei sind, eine andere missbräuchliche Beziehung zu verlassen.* Rambo kann Ihnen das Gefühl geben, dass seine Aggressivität sich niemals gegen Sie richten wird, weil er Sie liebt. Er möchte für Ihre Sicherheit sorgen, als wären Sie seine Tochter. Er genießt die Rolle des Beschützers und fühlt sich wie ein tapferer Ritter. Doch es fehlt ihm an Respekt gegenüber Frauen, und dieser Mangel an Respekt, kombiniert mit seinen allgemeinen gewalttätigen Tendenzen, bedeutet, dass es nur eine Frage der Zeit ist, bis er derjenige sein wird, *vor dem Sie* Schutz brauchen.

Viele extrem „maskuline" Männer sind *keine* Rambos. Die Vorstellung, dass alle Macho-Männer wahrscheinlich Frauen misshandeln, basiert weitgehend auf Klassen- und ethnischen Vorurteilen, auf denselben Missverständnissen, die es dem Einfühlsamen oder dem Rechthaber erlauben, unbehelligt davonzukommen. Es gibt viele „harte Kerle", die zu jedem freundlich sind und aggressive Interaktionen nach Möglichkeit vermeiden, aber gerne Gewichte heben, harte Sportarten treiben, jagen und andere Aspekte stereotyper Männlichkeit genießen. Sie mögen gute Kämpfer sein, aber nur zur Selbstverteidigung. Es ist nicht das Machohafte, vor dem Frauen auf der Hut sein müssen. Die Gefahrensignale sind Gewalt und Einschüchterung gegenüber jedermann sowie Respektlosigkeit und Überlegenheitsgefühl gegenüber Frauen.

Manchmal ist Rambo ein Psycho- oder Soziopath, was ihn emotional und in manchen Fällen auch physisch umso missbräuchlicher sein lässt. Später werden wir einen Blick auf Psychopathen und andere psychisch gestörte Missbrauchende werfen.

Die zentralen Einstellungen, die Rambo antreiben, sind:

- Stärke und Aggressivität sind gut, Mitgefühl und Konfliktlösungsbereitschaft sind schlecht.
- Alles, was auch nur im Entferntesten mit Homosexualität in Verbindung gebracht werden könnte, einschließlich des Zurückweichens vor möglicher Gewalt oder des Zeigens von Angst oder Trauer, muss um jeden Preis vermieden werden.
- Weiblichkeit und Femininität (die er mit Homosexualität in Verbindung bringt) sind minderwertig. Frauen sind dazu da, dem Mann zu dienen und von ihm beschützt zu werden.
- Männer sollten Frauen niemals schlagen, weil dies unmännlich ist. Ausnahmen von dieser Regel können jedoch für meine eigene Partnerin gemacht werden, wenn ihr Verhalten schlimm genug ist. Männer müssen ihre Frauen in Schach halten.
- Du bist etwas, das mir gehört, so etwas wie eine Trophäe.

Das arme Opfer

Das Leben war für das arme Opfer hart und ungerecht. Gemäß seinen Erzählungen wurde seine Intelligenz permanent unterschätzt, er wurde von Menschen, denen er vertraute, übers Ohr gehauen, und seine guten Absichten wurden missverstanden. Das arme Opfer appelliert an das Mitgefühl und den Wunsch der Frau, in seinem Leben etwas zum Besseren bewirken zu wollen. Er erzählt oft überzeugende und herzzerreißende Geschichten darüber, wie er von seiner früheren Partnerin misshandelt wurde, und fügt manchmal den tragischen Umstand hinzu, dass sie jetzt den Kontakt zu seinen Kindern einschränkt oder verhindert. Er bringt die Frau dazu, seine Ex-Partnerin zu hassen, und es kann ihm gelingen, sie für eine Kampagne der Drangsalierung, Verbreitung von Gerüchten oder für den Kampf um das Sorgerecht zu gewinnen.

Als Berater misshandelnder Männer hatte ich Dutzende Male die Gelegenheit, sowohl mit der ehemaligen Partnerin eines Klienten zu sprechen als auch anschließend die neue Partnerin zu befragen. Letztere spricht gewöhnlich ausführlich darüber, was für eine böse Hexe die Frau vor ihr war. Ich kann ihr leider nicht sagen, was ich weiß, so sehr ich es mir auch wünschte, weil ich dafür verantwortlich bin, die Vertraulichkeit und Sicherheit der ehemaligen Partnerin zu schützen. Alles, was ich sagen kann, ist: „Ich empfehle immer, *wenn* es Behauptungen über emotionale oder körperliche Misshandlungen gibt, dass Frauen direkt miteinander reden und nicht nur die Leugnungen des Mannes akzeptieren."

Frauen fragen mich manchmal: „Aber was ist, wenn der Mann, mit dem ich mich treffe, wirklich von seiner früheren Freundin schikaniert wurde? Wie kann ich den Unterschied erkennen?" Hier sind einige Dinge, auf die Sie achten sollten:

1. Wenn Sie genau zuhören, können Sie oft den Unterschied zwischen *Wut* auf eine Ex-Partnerin, die an sich nicht beunruhigend wäre, und *Respektlosigkeit oder Verachtung* ihr gegenüber feststellen, was für Sie eindeutige Warnsignale sein sollten. Ein Mann, der eine Beziehung mit Bitterkeit verlassen hat, sollte nichtsdestotrotz in der Lage sein, über seine Ex-Partnerin als menschliches Wesen zu sprechen, mit einem gewissen Verständnis dafür, was ihre Seite der Konflikte war und auf welche Weise er zu dem, was schiefgelaufen ist, beigetragen haben könnte. Wenn er in erniedrigender oder überlegener Weise über sie spricht oder alles, was in der Beziehung schiefgegangen ist, zu ihrem Fehler macht, dann ist Vorsicht geboten, denn es ist wahrscheinlich, dass er der Misshandelnde war.
2. Versuchen Sie, ihn dazu zu bringen, über sein eigenes Verhalten in der Beziehung zu sprechen, insbesondere um die Zeit der Trennung herum. Wenn er sein eigenes Verhalten auf sie schiebt, ist das ein schlechtes Zeichen.
3. Seien Sie besonders vorsichtig bei einem Mann, der behauptet, Opfer von körperlicher Gewalt durch eine frühere Partnerin gewesen zu sein. Die große Mehrheit der Männer, die solche Behauptungen aufstellt, sind selbst körperlich Misshandelnde. Fragen Sie ihn nach so vielen Einzelheiten wie möglich über die gewalttätigen Vorfälle und versuchen Sie dann, mit der Ex-Partnerin zu sprechen, oder suchen Sie nach jemand anderem, der Ihnen eine andere Sichtweise der Geschehnisse vermitteln kann. Achten Sie auf Warnzeichen für Misshandlungen (siehe Kapitel 5).
4. Achten Sie darauf, wie er über misshandelte Frauen spricht und denkt. Ein Mann, der wirklich Opfer von Misshandlungen war, neigt dazu, Mitgefühl für misshandelte Frauen zu empfinden und ihre Sache zu unterstützen. Das arme Opfer hingegen sagt oft, dass Frauen ihre Behauptungen über Misshandlungen übertreiben oder erfinden, oder er besteht darauf, dass Männer genauso misshandelt werden wie Frauen.

Das arme Opfer kann sich die Sprache der Missbrauchsopfer zu eigen machen und z. B. behaupten, dass seine Ex-Partnerin „auf Macht und Kontrolle aus" war, ihn nicht respektiert hat und immer ihren eigenen Willen durchsetzen musste. In ein paar Jahren wird er eine ähnliche realitätsverdrehende Sprache über Sie verwenden – es sei denn, Sie ordnen sich ihm unter und stellen ihn dadurch zufrieden.

Das arme Opfer ist in Beziehungen ausgesprochen egozentrisch. Alles scheint sich um seine Verletzungen zu drehen, und er hält sich selbst im Zentrum der Aufmerksamkeit. Wenn Sie Kinder haben, versucht er, sie dazu zu bringen, ebenfalls Mitleid mit ihm zu haben. Er scheint immer wieder das Gleiche zu sagen: „Du verstehst mich nicht, du schätzt mich nicht, du hältst mir meine Fehler vor." Und doch spüren Sie, dass die Dynamik eigentlich umgekehrt ist. Wenn Sie sich wegen dieser Verzerrungen gegen ihn auflehnen, sagt er Ihnen, dass Sie ihn misshandeln, oder er sagt: „Du kannst es einfach nicht ertragen, dass ich mich gegen deine Schikanen wehre." Diese immer wiederkehrende Verdrehung der Realität ähnelt dem, was der Einfühlsame macht, aber ohne die Merkmale der Selbstbeobachtung und die sanfte Tour. Wenn Sie ihn verlassen, riskieren Sie, dass er sich um das Sorgerecht für Ihre Kinder bemüht und sich vor Gericht als Opfer Ihrer Misshandlungen und Ihrer Bemühungen, die Kinder gegen ihn aufzubringen, darstellt.

Oft behauptet das arme Opfer, nicht nur von Ihnen, sondern auch von seinem Chef, seinen Eltern, den Nachbarn, seinen Freunden und Fremden auf der Straße schikaniert worden zu sein. Alle tun ihm permanent Unrecht, und er ist immer ohne Schuld.

Wenn sich das arme Opfer einer Gruppe für Misshandelnde anschließt, klingt seine Geschichte meist so: „Ich habe die Misshandlung durch meine Partnerin jahrelang ertragen und ich habe mich nie gewehrt oder auch nur versucht, mich zu verteidigen. Aber schließlich habe ich es nicht mehr ausgehalten, und ich fing an, ihr einen kleinen Vorgeschmack davon zurückzugeben, was sie mir antut. Jetzt werde ich also als missbräuchlich bezeichnet. Frauen dürfen solche Dinge tun, und niemanden kümmert es, aber sobald ein Mann es tut, ist er ein Ausgestoßener."

Diese Argumentationslinie entwickelt sich oft zu einer Diskussion darüber, dass Männer in der Gesellschaft *insgesamt* Opfer von Frauen sind, weil Frauen die Welt regieren. Dies ist eine verblüffende Verzerrung, wenn man bedenkt, welches Geschlecht in Wirklichkeit fast alle gesetzgebenden Institutionen, Polizeibehörden, Richterämter, Unternehmen usw. bis zum Überdruss dominiert. Wenn ich das arme Opfer auf diese Realität hinweise, beschreibt es eine Art paranoide Fantasie, in der Frauen hinter den Kulissen heimlich die Fäden in der Hand halten, vor allem indem sie die Männer dazu bringen, Mitleid mit ihnen zu haben. Seine Fähigkeit, die Dinge auf diese Weise in ihr Gegenteil zu verkehren, ist eine zentrale Ursache für sein missbräuchliches Verhalten.

Wenn Sie es mit dem armen Opfer zu tun haben und seinem Missbrauch entgehen wollen, stellen Sie vielleicht fest, dass Sie sich *ihm gegenüber* schuldig fühlen, trotz seiner Misshandlungen, und dass Sie dadurch Schwierigkeiten haben, die Beziehung zu beenden. Möglicherweise merken Sie, dass Sie, weil sein Leben so hart war, zögern, seinen Schmerz dadurch noch zu vergrößern, dass Sie ihn im Stich lassen. Sie befürchten vielleicht, dass er nicht für sich sorgen kann, wenn Sie ihn verlassen, dass er vor Depressionen verkümmert, weder isst noch schläft oder sogar versucht, sich umzubringen. Das arme Opfer versteht es, sich selbst als hilflos und erbärmlich darzustellen, sodass es Ihnen schwerer fallen wird, Ihr eigenes Leben wieder in die Hand zu nehmen.

Die zentralen Einstellungen, die das arme Opfer antreiben, sind:

- Alle haben mir Unrecht getan, besonders die Frauen, mit denen ich zu tun hatte. Ich Armer.
- Wenn du mich der Misshandlung beschuldigst, schließt du dich den Menschen an, die grausam und unfair zu mir waren. Das beweist nur, dass du genauso wie die anderen bist.
- Es ist gerechtfertigt, dass ich dir das Gleich antue, was du mir meiner Ansicht nach antust, und dass ich es sogar noch etwas schlimmer mache, um sicherzustellen, dass du die Botschaft verstehst.
- Frauen, die sich über Misshandlungen durch Männer in der Partnerschaft oder über sexuelle Belästigung beschweren, sind männerfeindlich und auf Rache aus.
- Ich habe es so schwer gehabt, dass ich für meine Taten nicht verantwortlich bin.

Der Terrorisierende

Ich habe einige Monate mit einer misshandelten Frau namens Gloria gearbeitet, die sich irgendwann fragte, wie lange sie noch am Leben bleiben würde, denn ihr Mann Gerald hatte sie eines Tages angestarrt, mit den Fingern auf den Tisch getrommelt und gesagt: „Du hast noch sechs Monate. Sieh zu, dass die Dinge hier besser laufen. Sechs Monate." Sie war völlig durcheinander und ihr Herz hatte vor Angst gerast. Sie hatte ihn angefleht, ihr zu sagen, was genau er am Ende dieser Zeit mit ihr vorhatte. Und er hatte kalt lächelnd geantwortet: „Warte nur ab, warte nur ab. Sechs Monate, Gloria." Gerald hatte in den fünf Jahren, die sie zusammen waren, nie die Hand gegen sie erhoben, aber sie hatte schreckliche Angst. Sie begann, mit mir zusammen einen Fluchtplan auszuarbeiten, um mit ihrem zweijährigen Sohn zu fliehen.

Der Terrorisierende ist in hohem Maße kontrollierend und extrem fordernd. Das Schlimmste an ihm ist jedoch, dass er seine Partnerin häufig daran erinnert, dass er sie physisch attackieren oder sogar töten könnte. Er schlägt sie aber nicht unbedingt. Denn einige Täter wissen genau, wie sie ihre Partnerin mit Drohungen, seltsamen verschleierten Aussagen und bizarren Verhaltensweisen terrorisieren können. Einer meiner gewalttätigen Klienten schnitt aus der Zeitung einen Artikel über eine Frau aus, die von ihrem Mann ermordet worden war, und klebte ihn an den Kühlschrank. Ein anderer Mann reagierte auf die Ankündigung seiner Partnerin, dass sie ihn verlassen würde, indem er das Blut eines Tieres vor dem Haus vergoss. Ein anderer Klient holte seine Waffe heraus, als er wütend auf seine Partnerin war, bestand aber darauf, dass er sie nur reinigen wollte und dass es nichts mit ihr zu tun habe.

Im Gegensatz zu den meisten anderen Tätern scheint der Terrorisierende oft sadistisch zu sein: Er hat Freude daran, Schmerz und Angst zu verursachen, und scheint Grausamkeit erregend zu finden. Er ist wahrscheinlich als Kind schwer misshandelt worden, was bei anderen Tätern im Allgemeinen nicht der Fall ist. *Sie können ihm jedoch nicht helfen, ihn nicht heilen.* Das mag schwer zu akzeptieren sein, denn die Hoffnung, ihm bei der Überwindung seiner Probleme zu helfen, ist vielleicht das, was Sie die Schrecken des Zusammenlebens mit ihm aushalten lässt. Die Probleme des Terrorisierenden sind für die Partnerin viel zu tiefgehend, als dass sie sie lösen könnte. Sie beinhalten ein komplexes Geflecht aus schweren psychischen Störungen und der typisch destruktiven Natur eines Missbrauchstäters. Sie müssen sich stattdessen darauf konzentrieren, sich selbst in Sicherheit zu bringen. Das oberste Ziel des Terrorisierenden ist es, Sie vor Angst zu lähmen, damit Sie es nicht wagen, auch nur daran zu denken, ihn zu verlassen oder ihn zu betrügen. Die große Mehrheit der Täter, die tödliche Drohungen gegen ihre Partnerin aussprechen, führt diese Drohungen nie aus, aber es bleiben immer noch viele, die es tun. Das Trauma, mit dieser Art von Terror zu leben, kann tiefgreifend sein und es Ihnen extrem schwer machen, klar über Fluchtstrategien nachzudenken, um sich in Sicherheit zu bringen. *Die meisten Frauen* ***schaffen*** *es jedoch, da rauszukommen.* Der entscheidende erste Schritt ist, so schnell wie möglich vertrauenswürdige Hilfe zu finden. Beginnen Sie damit, unverzüglich eine Missbrauchs-Hotline oder das Hilfetelefon anzurufen (siehe „Ressourcen"). Weitere Vorschläge finden Sie in Kapitel 9.

Wenn eine Frau den Terrorisierenden verlässt, stalkt oder bedroht er sie vielleicht, und diese gefährliche Drangsalierung kann noch lange andauern. Wenn das Paar Kinder hat, kann er versuchen, das Sorgerecht oder die Erlaubnis zu unbeaufsichtigten Besuchen zu bekommen, sodass er sie über die Kinder terrorisieren oder kontrollieren kann. Er kann auch Informationen, die er über sie hat, z. B. wo sie arbeitet oder wo ihre Eltern leben, nutzen, um sie aufzuspüren und ihre Angehörigen zu bedrohen. *Es ist von entscheidender Bedeutung, dass Freunde, Verwandte, Gerichte und Gemeinschaften die Realitäten dieser Risiken verstehen und der Frau die größtmögliche Unterstützung und umfassenden Schutz gewähren sowie gleichzeitig Schritte unternehmen, um den Misshandelnden zur Verantwortung zu ziehen.* Es kann möglich sein, die Eskalation des Verhaltens eines Terrorisierenden bis hin zum Mord zu verhindern, aber nur, wenn er die klare Botschaft erhält, dass das Stalken und Bedrohen seiner Ex-Partnerin nicht akzeptabel ist, dass er für sein eigenes Handeln verantwortlich ist und dass die Gemeinschaft bereit ist, ihn ins Gefängnis zu stecken, wenn sein Drohverhalten nicht sofort aufhört. Maßnahmen, die nicht in diese Richtung gehen, sind oft unzureichend.

Kapitel 10 enthält weitere Informationen für Frauen, die mit einem Täter in einen Streit um das Sorgerecht oder die Besuchserlaubnis verwickelt sind, oder für diejenigen, die befürchten, dass ein solcher Kampf beginnen könnte.

Die zentralen Einstellungen, die den Terrorisierenden antreiben, sind:

- Du hast kein Recht, dich mir zu widersetzen oder mich zu verlassen. Dein Leben liegt in meiner Hand.
- Frauen sind böse und müssen terrorisiert werden, damit dieses Übel nicht die Oberhand gewinnt.
- Ich würde lieber sterben, als dein Recht auf Unabhängigkeit zu akzeptieren.
- Die Kinder sind eines der besten Werkzeuge, mit denen ich dir Furcht einflößen kann.
- Zu sehen, wie du Angst hast, ist erregend und befriedigend.

Der psychisch Kranke oder Suchtkranke

Diese letzte Kategorie ist nicht wirklich von den anderen getrennt. Ein misshandelnder Mann, der zu einem der oben genannten Typen zählt, kann auch psychische Störungen haben oder im Zusammenhang mit Drogenmissbrauch stehen, obwohl dies bei der Mehrheit nicht der Fall ist. Selbst wenn psychische Störungen oder Sucht ein Faktor sind, sind sie nicht *ursächlich* für den Missbrauch der Partnerin verantwortlich, aber sie können zur Schwere seines Problems beitragen und seinen Widerstand gegen Veränderungen fördern. Wenn diese zusätzlichen Probleme vorhanden sind, ist es wichtig, sich der folgenden Punkte bewusst zu sein:

1. Bestimmte psychische Erkrankungen erhöhen die Wahrscheinlichkeit, dass ein Missbrauchstäter gefährlich wird und körperliche Gewalt anwendet. Dazu gehören Paranoia, schwere Depressionen, Wahnvorstellungen oder Halluzinationen (Psychosen), Zwangsstörungen und antisoziale Persönlichkeitsstörungen (bekannt als Psychopathie oder Soziopathie). Diese psychiatrischen Zustände machen es einem Missbrauchstäter auch nahezu unmöglich, sich zu ändern, zumindest solange die psychische Krankheit nicht durch Therapie und/oder Medikamente unter Kontrolle gebracht wurde, was Jahre dauern kann. Selbst wenn die psychische Krankheit richtig behandelt wird, wird sich sein *Missbrauchsverhalten* nicht unbedingt ändern.
2. Die Wirkung der Einnahme bzw. Absetzung von Medikamenten auf den Missbrauchstäter ist unberechenbar. Eine Frau sollte in solchen Situationen besondere Vorkehrungen für ihre Sicherheit treffen. Ich hatte nur wenige Klienten, die konsequent und verantwortungsbewusst mit der langfristigen Einnahme ihrer Medikamente umgegangen sind. Sie mögen die Nebenwirkungen nicht und sie sind zu egoistisch, um sich um die Folgen ihrer psychischen Erkrankung für ihre Partnerin oder Kinder zu sorgen.
3. Das Gefährdungspotenzial eines psychisch kranken Missbrauchstäters muss anhand der Schwere seiner psychischen Symptome *in Kombination mit* der Schwere seiner Missbrauchsmerkmale beurteilt werden. Wenn man nur seine psychischen Symptome betrachtet, kann es dazu führen, dass die Gefahr, die von ihm ausgeht, unterschätzt wird.
4. Eine antisoziale Persönlichkeitsstörung ist nur bei einem kleinen Prozentsatz der Täter vorhanden, kann aber wichtig sein. Diejenigen, die an dieser Erkrankung leiden, haben kein Gewissen und sind daher immer wieder in Verhaltensweisen verwickelt, die für andere schädlich sind. Einige Anzeichen für diese Erkrankung sind: (a) Er ist bereits als Teenager in Konflikt mit dem Gesetzt geraten; (b) sein betrügerisches oder aggressives Verhalten bezieht sich auf Situationen, die nichts mit seiner Partnerin zu tun haben, ist also nicht auf sie beschränkt; (c) er gerät am Arbeitsplatz oder in anderen Zusammenhängen immer wieder in Schwierigkeiten wegen Diebstahl, Drohungen oder der Weigerung, Anweisungen zu befolgen, und wird wahrscheinlich bis zu seinem dreißigsten Lebensjahr ein beachtliches Strafregister haben, auch wenn es sich weitgehend um geringfügige Vergehen handelt; (d) er verhält sich immer wieder massiv verantwortungslos und zerrüttet

dadurch das Leben anderer oder gefährdet es; (e) er neigt dazu, Frauen zu betrügen, sie gegeneinander aufzuhetzen und oberflächliche Beziehungen zu ihnen zu unterhalten. Die physische Gewalt, die von einem Psychopathen ausgeht, ist entgegen dem gängigen Bild nicht notwendigerweise gravierend, aber er kann dennoch sehr gefährlich sein. Eine antisoziale Persönlichkeitsstörung lässt sich nur sehr schwer therapeutisch behandeln, und es gibt keine wirksamen Medikamente dafür. Sie passt in hohem Maße zu missbräuchlichem Verhalten gegenüber Frauen.

5. Diejenigen, die an einer narzisstischen Persönlichkeitsstörung leiden, haben ein stark verzerrtes Selbstbild. Sie sind nicht in der Lage zu akzeptieren, dass sie Schwächen haben könnten, und können sich daher nicht vorstellen, wie andere Menschen sie wahrnehmen. Dieser Zustand passt in hohem Maße zu missbräuchlichem Verhalten, obwohl er nur bei einem kleinen Prozentsatz der misshandelnden Männer auftritt. Zu den Hinweisen auf das Vorhandensein dieser Erkrankung gehören: (a) Die Egozentrik Ihres Partners ist massiv und überträgt sich auf Situationen, in die Sie nicht involviert sind; (b) er scheint alles auf sich selbst zu beziehen; (c) er ist empört, wenn ihn jemand kritisiert, und ist nicht in der Lage, sich vorzustellen, dass er jemals anders als freundlich und großzügig sein könnte. Diese Erkrankung ist hochgradig therapieresistent und mit Medikamenten nicht zu behandeln. Ein Missbrauchstäter mit dieser Erkrankung ist auch nicht in der Lage, sich durch ein Täterprogramm wesentlich zu verändern, auch wenn er manchmal einige kleinere Fortschritte macht.
6. Viele Täter, die nicht psychisch krank sind, wollen, dass Frauen denken, sie wären es, um sich der Verantwortung für ihre Einstellungen und ihr Verhalten zu entziehen.

Drogenmissbrauch führt, wie psychische Erkrankungen, nicht zu Misshandlungen der Partnerin, kann aber das Gewaltrisiko erhöhen. Wie der psychisch kranke Täter verändert sich der süchtige Täter nur, wenn er sich mit seiner Sucht auseinandersetzt, und selbst das ist nur der erste Schritt. Kapitel 8 untersucht die Rolle, die Drogen beim Partnermissbrauch spielen.

Die Einstellungen, die den psychisch kranken oder süchtigen Täter antreiben, sind die gleichen wie bei anderen Tätern und folgen auf ähnliche Weise dem Muster der neun oben beschriebenen Typen. Darüber hinaus sind folgende Einstellungen zu beobachten:

- Ich bin für meine Handlungen aufgrund meiner psychischen Störung oder Drogenprobleme nicht verantwortlich.
- Wenn du mich wegen meiner Misshandlungen zur Rechenschaft ziehst, bist du angesichts dieser anderen Probleme, die ich habe, gemein zu mir. Es zeigt auch, dass du meine anderen Probleme nicht verstehst.
- Ich bin nicht missbräuchlich, ich bin nur … (alkoholsüchtig, drogenabhängig, manisch-depressiv, ein erwachsenes Kind von Alkoholikern, oder was auch immer sein Zustand sein mag).
- Wenn du mich infrage stellst, wird das meine Sucht oder psychische Störung auslösen, und du wirst für das, was ich tue, verantwortlich sein.

Obwohl ich mich auf die emotional misshandelnden Typen dieser verschiedenen Arten von Tätern konzentriert habe, kann jeder von ihnen auch körperliche Gewalt anwenden, bis hin zu sexueller Nötigung. Auch wenn der Terrorisierende und der Feldwebel besonders gefährlich werden können, sind sie nicht die einzigen. Viele Täter wenden gelegentlich physische Gewalt oder Drohungen an, um Sie einzuschüchtern, wenn sie das Gefühl haben, dass ihre Macht oder Kontrolle über Sie nachlässt. Gewalt ist für sie eine Art „Trumpfkarte“, die sie einsetzen, wenn ihre normalen Muster des psychischen Missbrauchs ihnen nicht das Maß an Kontrolle verschaffen, zu der sie sich berechtigt fühlen. Wenn Sie sich Sorgen darüber machen, wie gefährlich Ihr Partner sein könnte, lesen Sie „Wird er gewalttätig?“ in Kapitel 6 und „Einen Missbrauchstäter sicher verlassen“ in Kapitel 9.

Wichtige Punkte, die Sie sich merken sollten

- Es gibt enorm viele unterschiedliche Typen von Missbrauchstätern. Ihr misshandelnder Partner verkörpert vielleicht einen Typ, dem ich noch nicht begegnet bin, aber das macht ihn nicht weniger real. Viele Männer sind eine Mischung aus verschiedenen Aspekten.
- Ein Täter kann sich von Tag zu Tag so sehr verändern, dass man ihn *keinem* Typ zuordnen kann. Diese Art von Missbrauchstäter ist so unberechenbar, dass sich seine Partnerin keinen Reim auf ihn machen kann.

- Misshandelnde jeden Typs können Tage haben, an denen sie liebevoll, aufmerksam und rücksichtsvoll sind. In solchen Momenten haben Sie vielleicht das Gefühl, dass sein Problem endlich verschwunden ist und dass die Beziehung wieder zu ihrem rosigen Anfang zurückkehrt. Die Misshandlungen kommen jedoch immer irgendwann zurück, es sei denn, der Missbrauchstäter hat sich mit seinem missbräuchlichen Verhalten auseinandergesetzt.

Teil II

Der misshandelnde Mann in Beziehungen

5

Wie missbräuchliches Verhalten entsteht

Ich verstehe nicht, was schiefgelaufen ist. Wir standen uns früher so nahe.
Ich weiß nicht, ob mit ihm etwas nicht stimmt oder ob es an mir liegt.
Er kümmert sich wirklich um mich. Er will jede Sekunde mit mir verbringen.
Meine Freunde beklagen sich, dass wir uns nie mehr treffen.

„Garten Eden" – so nenne ich den Beginn einer Beziehung mit einem misshandelnden Partner. In den ersten Wochen, Monaten oder länger geht die Frau wie auf Wolken. Erinnern Sie sich an Kristen und Maury, die wir in Kapitel 1 kennengelernt haben? Maury war umwerfend – unterhaltsam, interessant, energievoll – und Kristen war hingerissen. Zu dem, was sie am meisten an ihm mochte, gehörte, wie verrückt er nach *ihr* war. Er war begierig hinter ihr her, schien alles an ihr zu mögen und konnte nicht genug von ihr bekommen. Sie fühlte sich, als wäre sie Teil eines der Top 10 Love Songs, im Stile von „Alles ist perfekt, seit ich dich getroffen habe". Dieses Muster ist in missbräuchlichen Beziehungen häufig anzutreffen. Ein missbräuchlicher Mann ist oft ungewöhnlich gut darin, zu Beginn einer Beziehung eine intensive Fürsorglichkeit an den Tag zu legen und Ihnen das Gefühl zu geben, etwas *so* Besonderes und Auserwähltes zu sein – als wären Sie die einzige Person, die ihm je so viel bedeuten könnte.

Nicht jeder misshandelnde Mann verliebt sich so schnell Hals über Kopf, wie es Maury tat. Fran, den wir auch in Kapitel 1 kennengelernt haben, war anfangs ruhig und zurückhaltend, da war Barbara die Vorantreiberin. Sie fühlte sich wegen seiner Liebenswürdigkeit und Sensibilität und wegen der Herausforderung, ihn aus sich herauszulocken, sehr stark zu ihm hingezogen. Welch ein Triumph war es, als sie ihn endlich dazu brachte, sich zu öffnen und ihn dann für sich zu gewinnen! Traurigkeit und Misstrauen nagten an seinem Herzen, das konnte sie sehen, aber sie glaubte, ihn heilen zu können, wie eine zärtliche Krankenschwester. Sie war begeistert von ihrer Zuversicht, die Persönlichkeit, die in ihm steckte, hervorbringen zu können.

Die idyllische Anfangszeit ist Teil fast jeder missbräuchlichen Beziehung. Wie sonst sollte ein Missbrauchstäter jemals eine Partnerin finden? Frauen sind nicht dumm. Wenn Sie bei einem aufregenden ersten Date in ein Restaurant gehen und der Mann Sie beim Dessert als „egoistisches Miststück" bezeichnet und Ihr Wasserglas quer durch den Raum fliegen lässt, sagen Sie nicht: „Hey, hast du nächstes Wochenende wieder Zeit?" Es muss einen Haken geben. Die wenigsten Frauen hassen sich selbst so sehr, dass sie sich mit einem Mann einlassen, der von Anfang an niederträchtig ist – obwohl sie sich *später*, wenn der Täter Zeit gehabt hat, ihr Selbstbild Schritt für Schritt zu zerstören, womöglich schrecklich fühlen.

Die Kraft dieser wunderbaren ersten Monate

Die Partnerinnen meiner Klienten haben mir beschrieben, auf welch vielfältige Weise der strahlende Beginn einer Beziehung mit einem misshandelnden Mann dazu dienen kann, eine Frau in die Falle zu locken:

- Wie jede liebeskranke Frau läuft sie herum und erzählt ihren Freunden und ihrer Familie, was für ein toller Kerl er ist. Nachdem sie ihn so sehr angepriesen hat, ist es ihr peinlich, seine späteren Misshandlungen zu enthüllen, sodass sie es lange für sich behält.
- Sie geht davon aus, dass seine Misshandlungen von etwas herrühren, das bei ihm falsch gelaufen ist – was soll sie sonst schlussfolgern, wenn man bedenkt, wie wunderbar er anfangs war? Also bemüht sie sich herauszufinden, was passiert ist.
- Es fällt ihr schwer, ihren eigenen Traum loszulassen, da sie dachte, einen wunderbaren Mann gefunden zu haben.
- Sie kann nicht anders, als sich zu fragen, ob sie etwas falsch gemacht hat oder ob sie ein entscheidendes persönliches Defizit hat, das ihr Himmelsschloss zum Einsturz gebracht hat. Daher versucht sie, den Schlüssel zu dem Problem in sich selbst zu suchen.

Frage 7: Wenn er am Anfang so toll ist, plant er da, später missbräuchlich zu sein?

Eine der Fragen zu missbräuchlichem Verhalten, die mir am häufigsten gestellt werden, lautet: Wenn ein missbrauchender Mann zu Beginn einer Beziehung charmant ist, denkt er dann schon daran, die Frau später zu misshandeln? Hat er das alles schon geplant? Bindet er sie absichtlich emotional, damit er später grausam zu ihr sein kann? Die Antwort lautet in der Regel: Nein. Der Missbrauchende stellt sich nicht vor, dass er sie anschreien, erniedrigen oder mit Gegenständen nach ihr werfen wird. Wenn er sich verliebt, träumt er von einer glücklichen Zukunft in ehelicher Glückseligkeit, genau wie die Frau.

Wenn er also keine Pläne hat, sie zu verletzen, was *geht* dann in seinem Kopf vor? Zunächst ist er sehnsüchtig auf das Bild fixiert, das er sich von der Zukunft gemacht hat, in der die Frau alle seine Bedürfnisse erfüllt, zu jeder Tages- und Nachtzeit schön und sexy ist, keine eigenen Bedürfnisse hat und in Ehrfurcht vor seiner Großartigkeit und seinem Charme lebt. Er wünscht sich eine Frau, die sich um ihn kümmert und sich nie über etwas beschwert, was er tut, oder seinen Tag mit frustrierten oder unzufriedenen Äußerungen über ihr eigenes Leben überschattet.

Der missbräuchliche Mann erzählt seiner neuen Partnerin nicht von diesen egozentrischen Fantasien. Im Gegenteil, er selbst ist sich ihrer weitgehend nicht bewusst. Daher kann sie also nicht wissen, dass er eher nach einer persönlichen Betreuerin als nach einer Partnerin sucht. In der Tat neigen Täter dazu, während der Dating-Phase die Sprache der Gegenseitigkeit zu benutzen:

„Wir werden wirklich gut füreinander sein."
„Ich möchte die ganze Zeit mit dir zusammen sein."
„Ich möchte wirklich für dich da sein."
„Du kannst vorerst aufhören zu arbeiten, damit du die Schule beenden kannst; wir können dann von meinem Einkommen leben."
„Ich werde dir helfen, für die Prüfung zur Medizinischen Assistentin zu lernen, damit du dich beruflich verbessern kannst."

Es kann sein, dass er seinen eigenen Versprechungen wirklich glaubt, denn er möchte sich selbst als einen großzügigen und fürsorglichen Partner sehen, einen, der Frauen nicht misshandelt oder ihnen gegenüber respektlos ist. Wenn er später beginnt, die Frau zu kontrollieren und sie auszunutzen, wird er Wege finden, sich selbst davon zu überzeugen, dass er sich nicht so verhält oder dass es ihre Schuld ist. Misshandlung ist nicht sein Ziel, sondern *Kontrolle*, und er selbst wird zum Missbrauchenden, um die Kontrolle zu erlangen, auf die er ein Recht zu haben glaubt.

Auf der anderen Seite sind einige meiner Klienten von Anfang an bewusst manipulativ. Ein Mann dieses Typs lächelte mich vielsagend an, in der Annahme, dass jeder Mann die gleichen Tricks anwendet, und sagte: „Natürlich muss man die Ladys bezaubern und ihnen immer wieder beim Plappern zuhören, das gefällt ihnen. Man unterhält sich ein bisschen nett, man geht mit ihnen tanzen. Sie wissen, wie das ist." Aber selbst solche Männer planen im Allgemeinen nicht, die Frau später zu misshandeln. Er schafft die Art von Beziehung, die er sich wünscht, durch Charme und Unehrlichkeit und geht davon aus, dass er in diesem Modus immer weitermachen kann. Manipulation fühlt sich für diesen Tätertyp anständig und befriedigend an, während herabsetzende Sprache und körperliche Einschüchterung das nicht tun. Wenn er später anfängt, sie zu erniedrigen oder ihr Angst einzujagen, wird er ihr die Schuld dafür geben und sie wahrscheinlich für eine „Schlampe" halten, weil sie es ihm nicht ermöglicht, zu lügen und sich manipulativ durchs Leben zu schlagen. Denn er betrachtet Manipulation nicht als missbräuchlich.

Ein Missbrauchstäter ist weder ein Monster noch ein Opfer

Wir kommen nun zu zwei der wichtigsten Konzepte in Bezug auf misshandelnde Männer. Erstens:

Ein Missbrauchender ist ein Mensch, kein böses Monster, aber er hat ein zutiefst komplexes und zerstörerisches Problem, das nicht unterschätzt werden sollte.

Die verbreitete Ansicht, dass misshandelnde Männer böse, berechnende Unmenschen sind, kann es einer Frau schwer machen, das Problem ihres Partners zu erkennen. Sie neigt zu Gedanken wie: *Mein Partner kümmert sich wirklich um mich und er hat gute Seiten. Er hat Gefühle; er ist kein Sadist. Er könnte kein Täter sein.* Sie merkt nicht, dass er all diese positiven Eigenschaften haben kann und trotzdem ein Missbrauchsproblem hat.

Am anderen Ende des Spektrums finden wir eine ebenso verbreitete – und genauso irreführende – Sichtweise von misshandelnden Männern: Der Täter ist ein Mann, dessen sanfte Menschenfreundlichkeit unter seiner missbräuchlichen Oberfläche kaum verborgen ist und der durch Liebe, Mitgefühl und Einsicht verändert werden kann. Eines Morgens wird er aufwachen, um zu erkennen, wie verletzend er gewesen ist. Er wird seiner Grausamkeit abschwören, besonders wenn er sich der Liebe einer guten Frau gewiss ist. Diese Einstellung wird in populären Liedern, Filmen, Liebesromanen und Seifenopern dargestellt und verstärkt. Die schmerzliche Realität ist, dass es schwierig ist, Veränderungen bei einem Missbrauchstäter herbeizuführen. Ein misshandelnder Mann muss sein Mitgefühl in einem tiefen Loch vergraben, um dem der Menschheit grundlegend angeborenen Widerwillen zu entkommen, andere leiden zu sehen. Er muss sich strikt an seine Ausreden und Rationalisierungen halten und eine verstörende Fähigkeit entwickeln, sich von dem Schmerz, den er verursacht, zu isolieren. Darüber hinaus lernt er, Macht und Kontrolle über seine Partnerin zu genießen. Es ist unrealistisch zu erwarten, dass eine so komplexe Struktur, die fünfzehn oder zwanzig Jahre gebraucht hat, um sich zu entwickeln, wie Dampf verpufft. Dennoch werden Frauen oft von Freunden, Familie oder Fachleuten unter Druck gesetzt, „ihm eine Chance zu geben, sich zu ändern" und „ein wenig Vertrauen in die Menschen zu haben".

Die zweite wichtige Erkenntnis ist:

Das Verhalten eines Missbrauchenden erfolgt hauptsächlich bewusst – er handelt absichtlich und nicht zufällig oder weil er die Kontrolle über sich selbst verliert –, doch das zugrunde liegende Denken, das sein Verhalten steuert, ist weitgehend unbewusst.

Ein Missbrauchstäter lernt manipulatives und kontrollierendes Verhalten aus verschiedenen Quellen, einschließlich von wichtigen männlichen Rollenvorbildern, Gleichaltrigen und allgegenwärtigen kulturellen Botschaften (siehe Kapitel 13). Wenn er das Erwachsenenalter erreicht hat, hat er das manipulative Verhalten auf einer so tiefen Ebene verinnerlicht, dass er weitgehend automatisch handelt. Er weiß, was er tut, aber nicht unbedingt, warum. Bedenken Sie den folgenden Anruf, den ich von Kelsea, der Partnerin eines Klienten, erhielt:

> Lance wollte, dass ich an diesem Wochenende mit ihm zum Skifahren gehe, aber ich hatte wirklich keine Lust dazu, weil ich eine anstrengende Woche hinter mir hatte und Zeit mit meinen Freunden verbringen wollte. Als ich Nein sagte, überhäufte er mich mit Kritik. Er sagte, der Grund dafür, dass ich nie eine gute Skifahrerin geworden sei, sei, dass ich nicht dabeibleibe, dass ich nicht bereit sei, den Dingen eine Chance zu geben und daran zu arbeiten, dass ich faul sei und deshalb nie gut in irgendwas würde, und so weiter. Es fühlte sich schrecklich an … Aber, wissen Sie, ich denke, in gewisser Weise hat er Recht – vielleicht sollte ich beim Skifahren-Lernen disziplinierter vorgehen.

Woher kam Lances herabsetzender Schwall von Kritik. War er wirklich besorgt, dass Kelsea sich gehen lassen würde? Nein. Ein Mann zerrt nicht am Selbstwertgefühl seiner Partnerin aus dem Wunsch heraus, ihr zu helfen. Die eigentliche Frage betrifft das, was Lance für sich selber wollte: Er wollte, dass Kelsea ihm über das Wochenende Gesellschaft leistet, weil er keine Lust hatte, allein Ski zu fahren. Er nahm ihr die Entscheidung übel, die Freundschaften in ihrem Leben wichtig zu nehmen – ein häufiges Thema bei misshandelnden Männern –, und er glaubte, dass es ihre Pflicht sei, an seiner Seite zu sein und sich auf ihn zu konzentrieren. Er traktierte sie mit allen Mitteln, die ihm einfielen, um sie zum Mitkommen zu drängen (und er hatte Erfolg damit, denn sie begann, an sich selbst zu zweifeln). Als einige Mitglieder seiner Tätergruppe ihn in der nächsten Sitzung mit seinem Verhalten konfrontierten, wurden seine wahren Motive und Einstellungen deutlich. Ein großer Teil meiner Arbeit als Berater besteht darin, misshandelnden Männern zu helfen, sich ihrer wahren Gründe für ihr Verhalten bewusst zu werden und sich ihnen zu stellen.

Frühe Warnhinweise

Wenn Frauen hören, wie charmant Täter sein können – oder wenn sie es selbst direkt erleben –, fühlen sie sich ratlos. Sie fragen: „Bedeutet das, dass es keine Möglichkeit gibt, eine missbrauchende Beziehung zu vermeiden? Woran erkenne ich, ob ich mir Gedanken um meinen neuen Partner machen sollte?" Glücklicherweise senden die meisten Missbrauchenden Warnsignale aus, bevor ihr missbräuchliches Verhalten voll in Gang kommt. Die Zeichen, auf die es zu achten gilt, sollten Teil der Erziehung eines jeden Mädchens sein, bevor sie beginnt, sich zu verabreden.

Frage 8: Woran erkenne ich, ob ein Mann, mit dem ich mich treffe, missbräuchlich wird?

Die folgenden Warnhinweise bedeuten, dass das missbräuchliche Verhalten schon im Anmarsch sein könnte, vielleicht sogar nicht weit entfernt ist:

- ***Er spricht respektlos über seine früheren Partnerinnen.***

Ein gewisses Maß an Wut und Groll gegenüber einer Ex-Partnerin ist normal, aber hüten Sie sich vor dem Mann, der sehr auf seine Bitterkeit fokussiert ist oder der

Ihnen unangemessen früh bei Ihrer Verabredung davon erzählt. Seien Sie besonders vorsichtig gegenüber Männern, die erniedrigend oder herablassend über Frauen aus ihrer Vergangenheit sprechen oder sich selbst als Opfer von Misshandlungen durch Frauen bezeichnen. Seien Sie wachsam, wenn er behauptet, dass seine frühere Frau oder Freundin ihn fälschlicherweise beschuldigt hat, sie misshandelt zu haben. Die große Mehrheit der Berichte über Misshandlungen sind zutreffend. Wenn Sie hören, dass eine andere Frau ihn für missbräuchlich hält, suchen Sie *immer* einen Weg, um ihre Seite der Geschichte zu erfahren. Selbst wenn Sie ihr am Ende nicht glauben, werden Sie zumindest wissen, auf welche Verhaltensweisen Sie bei ihm achten müssen, nur für den Fall. Seien Sie auch bei einem Mann vorsichtig, der zugibt, eine frühere Partnerin misshandelt zu haben, aber behauptet, dass es außergewöhnliche Umstände waren, dass es ihre Schuld gewesen sei oder wenn er es auf Alkohol oder Unreife schiebt.

Seien Sie vorsichtig gegenüber einem Mann, der sagt, dass Sie nicht wie die anderen Frauen seien, mit denen er es bisher zu tun hatte, dass Sie die erste Partnerin seien, die ihn gut behandelt, oder dass frühere Frauen in seinem Leben ihn nicht verstanden hätten. Sie werden versucht sein, sich doppelt so stark anzustrengen, um zu beweisen, dass Sie nicht wie diese anderen Frauen sind, und so sitzen Sie mit einem Fuß bereits in der Falle. Es wird nicht mehr lange dauern, bis er Ihnen sagt, dass Sie „genau wie die anderen" sind. Durch sein Wahrnehmungssystem kann keine Frau eine gute Frau sein, wenn sie mit ihm zusammen ist.

Einige Männer gehen genau anders herum vor. Sie verherrlichen nämlich ihre ehemaligen Partnerinnen und heben sie auf einen Sockel, sodass man das Gefühl hat, nie ganz mithalten zu können. Wenn er anfängt, die Tatsache zu beklagen, dass Sie nicht so sexy, athletisch, häuslich oder erfolgreich sind wie die Frauen vor Ihnen, kann ich Ihnen versichern, dass Sie später auch nicht besser abschneiden werden, egal wie sehr Sie sich bemühen. Er will Ihnen zuvorkommen, damit er die Oberhand behalten kann.

Achten Sie darauf, ob er irgendeine Verantwortung für das übernimmt, was in seinen früheren Beziehungen schiefgelaufen ist. Wenn immer alles die Schuld der Frauen war, werden auch Sie bald schuld an allen Schwierigkeiten in Ihrer neuen Beziehung sein.

- ***Er ist Ihnen gegenüber respektlos.***

Respektlosigkeit ist der Nährboden, auf dem Missbrauch gedeiht. Wenn ein Mann Sie herabsetzt oder Ihre Meinung lächerlich macht, wenn er vor anderen Leuten unhöflich zu Ihnen ist, wenn er schneidend oder sarkastisch ist, vermittelt er einen Mangel an Respekt. Wenn diese Verhaltensweisen ein immer wiederkehrendes

Problem darstellen oder wenn er sich verteidigt, sobald Sie sich darüber beschweren und sagen, wie sehr Sie sich dadurch verletzt fühlen, dann sind Kontrolle und Misshandlung wahrscheinlich im Kommen. Respektlosigkeit kann auch die Form annehmen, dass er Sie idealisiert, Sie als perfekte Frau oder Göttin auf ein Podest stellt und Sie vielleicht wie ein kostbares Stück Porzellan behandelt. Der Mann, der Sie auf diese Weise anbetet, sieht nicht *Sie*. Er sieht sein Fantasiegebilde, und wenn Sie diesem Bild nicht gerecht werden, kann er unangenehm werden. Es gibt daher vielleicht keinen großen Unterschied zwischen dem Mann, der Sie herabsetzt, und dem, der Sie in den Himmel lobt. Beide zeigen, dass sie Sie nicht als echten Menschen respektieren, und das verheißt nichts Gutes.

- ***Er erweist Ihnen Freundlichkeiten, die Sie nicht wollen, oder zeigt sich in einem Maße großzügig, dass Sie sich dabei unwohl fühlen.***

Dies können Zeichen eines Mannes sein, der versucht, ein Gefühl der Verpflichtung zu erzeugen. Mein Klient Alan zum Beispiel verbrachte einen Großteil der ersten beiden Jahre mit Tory damit, ihrem Bruder zu helfen, sein Auto zu reparieren, ihre Schwester zu unterstützen, ihre neue Wohnung zu streichen, und ihren Vater zu Arztterminen zu bringen. Als Torys Familie sich darüber aufregte, wie Alan seine Partnerin behandelte, konnte Alan sie davon überzeugen, dass ihre Verwandten ihn ausgenutzt hätten und sich nun auf unfaire Weise gegen ihn wenden würden. Er sagte: „Jetzt, wo sie meine Hilfe nicht mehr brauchen, wollen sie mich aus dem Weg räumen, damit sie dich für sich allein haben." Alan gelang es, dass Tory Mitleid mit ihm hatte, und er trieb damit einen jahrelang anhaltenden Keil zwischen sie und ihre Familie, bis sie Alans Manipulationen durchschaute.

Ein Mann namens Robert kombinierte diese ersten beiden Warnhinweise: Er erzählte Lana, dass seine Ex-Frau ihn fälschlicherweise der Gewalt beschuldigt habe, um ihn davon abzuhalten, seine Jungen zu sehen. Er sagte: „Wenn eine Frau beim Familiengericht beantragt, dass die Besuche des Vaters unter Aufsicht stattfinden, gestehen sie ihr das automatisch zu." Lanas Herz schlug natürlich für ihn. Aber zwei Dinge geschahen, die ihr Unbehagen bereiteten. Erstens rief Robert nach einem Schneesturm an und bot ihr an, ihre Einfahrt freizuschaufeln. Sie sagte: „Oh nein, das ist nicht nötig", denn sie war sich nicht sicher, wie ernst sie es mit ihm meinte, und wollte ihm nichts vormachen. Als sie am Nachmittag von der Arbeit aus dem Zug stieg, fand sie ihre Einfahrt völlig freigeräumt vor. Zweitens erfuhr Lana zufällig von einer Freundin, die sich gerade von einem missbräuchlichen Mann scheiden ließ, dass das Familiengericht in der Regel umfangreiche Beweise für gewalttätiges Verhalten benötigte, bevor es in Erwägung zog, einem Vater den Besuch der Kinder unter Aufsicht aufzuerlegen. Sie fragte sich, was Roberts Ex-Frau wohl nachzuweisen hatte.

- ***Er ist kontrollierend.***

Am Anfang kann es aufregend sein, mit einem Mann zusammen zu sein, der die Kontrolle übernimmt. Hier ist eine typische Geschichte von der Partnerin eines meiner Klienten:

> Unsere ersten Dates waren aufregend und haben Spaß gemacht. Ich erinnere mich, wie er bei mir zu Hause ankam und den ganzen Abend bereits für uns verplant hatte. Er sagte: „Wir gehen erst ins Parker House auf einen Drink, dann zum Chinesen und anschließend habe ich noch Karten für einen Comedy-Club." Es sollte alles nach seinem Plan ablaufen. Zuerst liebte ich es, wie er sich genau überlegte, was er mit mir unternehmen wollte. Aber dann merkte ich, dass er selten darüber nachdachte, was *ich* vielleicht tun wollte. Wir gingen immer wieder zu Sachen, die ihm Spaß machten, wie zum Beispiel Hockeyspiele. Mir machen Hockeyspiele auch Spaß, aber das ist nicht mein Hauptinteresse. Und nach ein paar Monaten fing er an, ärgerlich zu werden, wenn ich nicht in der Stimmung war, das zu tun, was er wollte.

Kontrolle beginnt normalerweise auf subtile Weise, weit entfernt von allem, was man als Missbrauch bezeichnen würde. Er lässt Kommentare über Ihre Kleidung oder Ihr Aussehen fallen (zu sexy oder nicht sexy genug), äußert sich ein wenig negativ über Ihre Familie oder einen Ihrer guten Freunde, fängt an, Sie unter Druck zu setzen, dass Sie mehr Zeit mit ihm verbringen, Ihren Job kündigen oder einen besseren finden sollten, der mehr Geld einbringt. Er beginnt, zu viele Ratschläge zu geben, wie Sie Ihr Leben selbst in die Hand nehmen sollten, und zeigt eine gewisse Ungeduld, wenn Sie sich gegen seine Empfehlungen sträuben. Dann beginnt er, sich darüber zu ärgern, dass Sie nicht seine Meinungen über Politik, persönliche Beziehungen, Musik oder andere Geschmäcker teilen.

- ***Er ist besitzergreifend.***

Eifersüchtiges Verhalten ist eines der sichersten Anzeichen dafür, dass Missbrauch im Gange ist. Besitzanspruch, der sich als Liebe maskiert. Ihr Partner sagt vielleicht „Es tut mir leid, dass ich so aus der Fassung geraten bin, weil du mit deinem Ex-Freund gesprochen hast, aber ich war noch nie so verrückt nach einer Frau. Ich kann es einfach nicht ertragen, mir dich mit einem anderen Mann vorzustellen." Er ruft vielleicht fünfmal am Tag an, um sich die ganze Zeit zu vergewissern, was Sie tun, oder er besteht darauf, jeden Abend mit Ihnen zu verbringen. Seine Gefühle für Sie sind wahrscheinlich *sehr* stark, aber das ist nicht der Grund, warum er ständig mit Ihnen zusammen sein will. Er behält Sie im Auge und macht im Wesentlichen deutlich, dass Sie zu seinem Herrschaftsbereich gehören. Je nachdem, welche Art von Freunden er hat, versucht er vielleicht auch, diese damit zu beeindrucken, wie gut er Sie unter seiner Fuchtel hat. Bei all diesen Verhaltensweisen geht es um *Besitz,* nicht um Liebe.

Eifersüchtige *Gefühle* sind nicht dasselbe wie entsprechende Verhaltensweisen. Ein unsicherer Mann mag sich wegen Ihrer Verbindung zu anderen Männern, besonders zu Ex-Partnern, natürlicherweise unwohl fühlen und braucht vielleicht etwas Bestätigung. Aber wenn er andeutet, dass er von Ihnen erwartet, dass Sie Ihre Freiheit aufgeben, um seiner Eifersucht entgegenzukommen, schleicht sich Kontrolle ein. Ihr Sozialleben sollte sich nicht wegen seiner Unsicherheiten ändern müssen.

Die Eifersucht eines Mannes kann schmeichelhaft sein. Es fühlt sich gut an, dass er so sehr in Sie verliebt ist, dass er Sie so sehr will. Aber ein Mann kann verrückt nach Ihnen sein, ohne eifersüchtig zu werden. Das Besitzdenken macht deutlich, dass er Sie nicht als unabhängigen Menschen liebt, sondern als einen gehüteten Schatz. Nach einer Weile werden Sie sich durch seine ständige Überwachung erdrückt fühlen.

- ***Er hat niemals Schuld.***

Er gibt den Umständen oder anderen die Schuld für alles, was schiefgeht. Mit der Zeit werden Sie immer mehr zum Ziel seiner Schuldzuweisung. Dieser Typ Mann neigt auch dazu, Versprechungen zu machen, die er nicht hält, und er lässt sich ständig Ausreden einfallen, weil er Sie enttäuscht oder sich unverantwortlich verhalten hat, und dabei zieht er vielleicht auch noch ernsthafte wirtschaftliche Vorteile aus Ihnen.

- ***Er ist egozentrisch.***

In den ersten Monaten einer Beziehung ist die Egozentrik des Misshandelnden nicht immer ersichtlich, aber es gibt Symptome, auf die Sie achten können. Beobachten Sie, ob er mehr Raum bei einem Gespräch einnimmt, als ihm eigentlich zusteht, ob er schlecht zuhören kann, wenn Sie sprechen, und ob er das Gesprächsthema immer wieder auf sich selbst zurücklenkt. Egozentrik ist ein Persönlichkeitsmerkmal, das sehr veränderungsresistent ist, da sie entweder tief im Anspruchsdenken (bei Tätern) oder in schweren frühen emotionalen Verletzungen (bei Nichttätern) oder in beidem (bei narzisstischen Tätern) verwurzelt ist.

- ***Er missbraucht Drogen oder Alkohol.***

Seien Sie besonders vorsichtig, wenn er Sie unter Druck setzt, mit ihm Drogen oder Alkohol zu konsumieren. Obwohl abhängig machende Substanzen keinen Partnermissbrauch verursachen, gehen sie oft Hand in Hand damit. Er kann versuchen,

Ihnen weiszumachen, dass Sie ihm helfen können, clean und nüchtern zu werden. Drogenabhängige sind oft „kurz davor" aufzuhören.

- ***Er setzt Sie wegen Sex unter Druck.***

Dieses Warnzeichen ist immer wichtig, aber ganz besonders für Jugendliche und junge Erwachsene. Wenn Ihre Wünsche oder Gefühle in Bezug auf Sex nicht respektiert werden, zeugt das von Ausbeutung, die wiederum mit Missbrauch einhergeht. Es ist auch ein Zeichen dafür, dass die Frau nicht als Mensch, sondern als Sexobjekt betrachtet wird. Wenn er sagt, dass Sie Sex mit ihm haben müssen, um zu beweisen, dass Sie ihn wirklich lieben und er Ihnen wichtig ist, geben Sie ihm den Laufpass.

- ***Es wird ihm zu schnell ernst mit der Beziehung.***

Weil so viele Männer eine Bindungsphobie haben, kann eine Frau sich erleichtert fühlen, wenn sie einen Partner gefunden hat, der sich nicht scheut, über Ehe und Familie zu sprechen. Aber passen Sie auf, wenn er sich zu früh in die Planung Ihrer gemeinsamen Zukunft stürzt, ohne sich genügend Zeit zu nehmen, um Sie kennenzulernen und Ihnen näher zu kommen. Denn das kann bedeuten, dass er versucht, Sie fest in ein Paket zu schnüren, das ihm gehört. Ergreifen Sie Maßnahmen, um die Dinge ein wenig zu verlangsamen. Wenn er Ihre diesbezüglichen Wünsche nicht respektiert, wird es wahrscheinlich Schwierigkeiten geben.

- ***Er schüchtert Sie ein, wenn er wütend ist.***

Einschüchterung, auch wenn sie unbeabsichtigt zu sein scheint, ist ein Zeichen dafür, dass sich emotionaler Missbrauch abzeichnet – oder bereits im Gange ist –, und ist ein Alarmzeichen dafür, dass körperliche Gewalt folgen könnte. Jede der folgenden Verhaltensweisen sollte Sie in Alarmbereitschaft versetzen:

- Er kommt Ihnen zu nahe, wenn er wütend ist, stößt Ihnen den Finger ins Gesicht, schubst Sie, drängt Sie, versperrt Ihnen den Weg oder hält Sie zurück.
- Er sagt Ihnen, dass er „nur will, dass Sie zuhören".
- Er hebt die Faust, baut sich über Ihnen auf, schreit Sie nieder oder verhält sich auf eine andere Weise, die Sie zusammenzucken lässt oder Ihnen Angst einjagt.
- Er macht vage drohende Bemerkungen, wie etwa: „Du willst mich nicht wirklich wütend sehen!" oder „Du weißt nicht, mit wem du dich anlegst!"
- Er fährt rücksichtslos oder beschleunigt, wenn er wütend ist.
- Er schlägt gegen Wände oder tritt gegen Türen.
- Er wirft mit Sachen um sich, auch wenn sie Sie nicht treffen.

Je stärker Sie sich auf einen einschüchternden Mann einlassen, desto schwieriger wird es, aus der Beziehung auszusteigen. Leider glauben viele Frauen genau das Gegenteil, sie denken: *Nun, er macht mir manchmal ein bisschen Angst, aber ich warte ab, ob es schlimmer wird, und wenn ja, dann verlasse ich ihn.* Aber von jemandem wegzukommen, der einem Angst macht, ist viel komplizierter, als den meisten Menschen bewusst ist, und mit jedem Tag, der vergeht, wird es schwieriger. Warten Sie nicht zu lange.

- ***Er misst mit zweierlei Maß.***

Hüten Sie sich vor dem Mann, der für sein Verhalten andere Maßstäbe anlegt als für Ihres. Das Messen mit zweierlei Maß ist ein wichtiger Aspekt im Leben mit einem Missbrauchstäter, wie wir in Kapitel 6 sehen werden.

- ***Er hat eine negative Einstellung gegenüber Frauen.***

Ein Mann mag schon früh in Ihrer Beziehung behaupten, dass er Sie in einem anderen Licht betrachtet als Frauen im Allgemeinen, aber diese Unterscheidung wird nicht von Dauer sein. Wenn Sie eine Frau sind, warum sollten Sie sich dann mit jemandem einlassen, der Frauen für minderwertig, dumm oder hinterhältig hält oder sie nur für Sex gut findet? Er wird über kurz oder lang sich daran erinnern, dass Sie eine Frau sind.

Stereotype Ansichten über die Geschlechterrolle von Frauen tragen ebenfalls zum Risiko von missbräuchlichem Verhalten bei. Seine Überzeugung, dass Frauen sich um das Haus kümmern sollten oder dass die Karriere eines Mannes wichtiger ist als die einer Frau, kann zu einem ernsthaften Problem werden, denn er könnte Sie bestrafen, wenn Sie sich weigern, in seinem Rahmen zu leben. Frauen finden es manchmal schwierig, Männer kennenzulernen, die *keine* restriktiven Vorstellungen von der Rolle der Frau haben, insbesondere innerhalb bestimmter kultureller oder nationaler Gruppen, aber es ist wichtig, sich darum zu bemühen, solche Männer kennenzulernen.

- ***Er behandelt Sie anders, wenn andere Menschen anwesend sind.***

Erwachsene Misshandelnde neigen dazu, ihre Partner wie etwas Kostbares zu behandeln, wenn jemand zuschaut, und behalten sich die meisten ihrer Misshandlungen für Zeiten vor, in denen niemand dabei ist. Bei jugendlichen Missbrauchstätern ist oft das Gegenteil der Fall. Er ist vor anderen unhöflich und kalt Ihnen gegenüber, um seine Freunde damit zu beeindrucken, wie sehr er Sie „beherrscht" und wie „cool" er ist, aber er ist etwas netter, wenn Sie alleine sind.

- ***Er scheint sich von Verletzlichkeit angezogen zu fühlen.***

Diese Art Warnzeichen kann sich im Falle von solchen Männern manifestieren, die sich zu Frauen (oder Mädchen) hingezogen fühlen, die viel jünger sind als sie. Warum, zum Beispiel, ist ein zweiundzwanzigjähriger Mann hinter einer sechzehnjährigen Jugendlichen her? Weil er sich von ihr angeregt und herausgefordert fühlt? Offensichtlich nicht. Sie befinden sich an zwei völlig unterschiedlichen Entwicklungspunkten im Leben mit einer deutlichen Unausgewogenheit, was ihren Wissens- und Erfahrungsstand angeht. Er ist auf *Macht* aus und sucht eine Partnerin, die mit Ehrfurcht zu ihm aufschaut und sich von ihm führen lässt. Natürlich sagt er ihr das Gegenteil und versichert, dass er mit ihr zusammen sein will, weil sie für ihr Alter ungewöhnlich reif und gebildet ist. Vielleicht macht er ihr sogar Komplimente zu ihren sexuellen Fähigkeiten und sagt, wie viel Macht sie über *ihn* hat, und stellt das junge Opfer auf eine Weise dar, dass sie nicht bemerkt, was mit ihr geschieht. Selbst ohne den tatsächlichen Altersunterschied fühlen sich manche missbrauchende Männer zu Frauen hingezogen, die weniger Lebenserfahrung, Wissen oder Selbstvertrauen haben und die zum Partner als Lehrer oder Mentor aufschauen.

Ich hatte im Laufe der Jahre eine ganze Reihe von Klienten, die sich zu Frauen hingezogen fühlen, die aufgrund jüngster erlittener traumatischer Erfahrungen verletzlich sind. Darunter waren viele Männer, die Beziehungen begonnen haben, indem sie einer Frau geholfen haben, sich von einem misshandelnden Partner zu trennen, um sie dann selbst zu kontrollieren oder zu misshandeln. Einige misshandelnde Männer suchen sich Frauen, die eine problematische Kindheit hatten, die gesundheitliche Probleme haben oder die kürzlich einen schweren Verlust erlitten haben, und denen gegenüber sie sich als Retter präsentieren können. Seien Sie wachsam bei Männern, die sich offensichtlich von unausgewogenen Machtverhältnissen angezogen fühlen.

Gleichzeitig habe ich beobachtet, dass es viele misshandelnde Männer gibt, die sich *nicht* besonders von der Verletzlichkeit oder Bedürftigkeit einer Frau angezogen fühlen und sich eher zu starken oder erfolgreicheren Frauen hingezogen fühlen. Diese Art Täter scheint das Gefühl zu haben, dass er einen größeren Fang gemacht hat, wenn er eine talentierte, selbstbewusste Frau an Land gezogen hat, um diese dann zu dominieren.

Warnhinweise vor Missbrauch

Er spricht respektlos über seine ehemaligen Partnerinnen.
Er ist Ihnen gegenüber respektlos.
Er tut Ihnen einen Gefallen, den Sie nicht wollen, oder zeigt sich in einem Maße großzügig, dass Sie sich dabei unwohl fühlen.
Er ist kontrollierend.
Er ist besitzergreifend.
Er hat niemals Schuld.
Er ist egozentrisch.
Er missbraucht Drogen oder Alkohol.
Er setzt Sie wegen Sex unter Druck.
Es wird ihm zu schnell ernst mit der Beziehung.
Er schüchtert Sie ein, wenn er wütend ist.
Er misst mit zweierlei Maß.
Er hat eine negative Einstellung gegenüber Frauen.
Er behandelt Sie anders, wenn andere Menschen anwesend sind.
Er scheint sich von Verletzlichkeit angezogen zu fühlen.

Kein einziges der oben genannten Warnzeichen ist allein ein sicheres Zeichen für einen missbrauchenden Mann, mit Ausnahme von körperlicher Einschüchterung. Viele nicht-missbrauchende Männer können in begrenztem Maße eine Reihe dieser Verhaltensweisen annehmen. Was sollte eine Frau also tun, um sich selbst davor zu schützen, dass eine Beziehung missbräuchlich wird?

Obwohl es keine narrensichere Lösung gibt, ist der beste Plan:

1. Machen Sie ihm *so bald wie möglich* klar, welche Verhaltensweisen oder Einstellungen für Sie inakzeptabel sind und dass Sie keine Beziehung zu ihm haben können, wenn diese andauern.
2. Sollte es wieder vorkommen, hören Sie für einen längeren Zeitraum auf, ihn zu treffen. Treffen Sie ihn *nicht* erneut mit der Warnung, dass Sie es diesmal „wirklich ernst meinen", denn er wird das wahrscheinlich so interpretieren, dass Sie es nicht so meinen.
3. Wenn es ein drittes Mal passiert, oder wenn er zu anderen Verhaltensweisen übergeht, die ebenfalls Warnhinweise sind, sind die Chancen groß, dass er ein Missbrauchsproblem hat. Wenn Sie ihm zu viele Chancen geben, werden Sie es wahrscheinlich später bereuen. Weitere Vorschläge finden Sie unter „Verlassen eines Missbrauchstäters als Mittel zur Herbeiführung von Veränderungen" in Kapitel 14.

Seien Sie sich schließlich bewusst, dass ein Mann, der zu einem missbräuchlichen Verhalten übergeht, glaubt, dass *Sie* diejenige sind, die sich verändert hat. Seine Wahrnehmung funktioniert auf diese Weise, weil er sich in seinen Handlungen dermaßen gerechtfertigt fühlt, dass er sich nicht vorstellen kann, dass das Problem bei ihm liegen könnte. Alles, was ihm auffällt, ist, dass Sie seinem Bild von der perfekten, alles gebenden, ehrerbietigen Frau nicht gerecht zu werden scheinen.

Wann ist es Missbrauch?

Da eine Frau allmählich von Missbrauch erfasst werden kann, beginnend mit subtiler Kontrolle oder Respektlosigkeit, die mit der Zeit an Intensität gewinnt, tauchen einige brennende Fragen auf: Woher weiß ich, wann mein Partner missbräuchlich wird? Gibt es eine rote Linie, die ich im Auge behalten kann, sodass ich weiß, wann er sie überschritten hat? Wie viel ist zu viel? Niemand ist perfekt, also wie erkenne ich den Unterschied, ob er nur einen schlechten Tag hat, an dem er einfach nur ein Idiot ist, oder ob es sich um ein Muster handelt, das sich zu etwas Ernsterem entwickelt?

Es stimmt, dass fast jeder gelegentlich in einer Beziehung den anderen anschreit, und die meisten, ob männlich oder weiblich, beschimpfen ihre Partner schon mal, unterbrechen den anderen oder verhalten sich egoistisch oder unsensibel. Diese Verhaltensweisen sind verletzend und kritikwürdig, aber sie sind nicht alle Anzeichen von Misshandlung, auch haben sie nicht alle die gleichen psychischen Auswirkungen wie eine grundsätzlich missbräuchliche Verhaltensweise. Andererseits *sind* all diese Verhaltensweisen missbräuchlich, wenn sie Teil eines *Missbrauchsmusters* sind. Von einem respektvollen Partner angeschrien zu werden, fühlt sich nicht gut an, aber es verursacht nicht die gleiche abgekühlte, hässliche Atmosphäre wie die Schreie eines Missbrauchenden.

Bei *Missbrauch* geht es um *Macht*. Der Begriff bezieht sich auf eine Person, die ein Machtmissverhältnis ausnutzt, um eine andere Person auszubeuten oder zu kontrollieren. Überall dort, wo dieses Ungleichgewicht besteht, wie z. B. zwischen Männern und Frauen, zwischen Erwachsenen und Kindern oder zwischen Arm und Reich, werden einige Menschen diese Umstände für ihre eigenen Zwecke ausnutzen. (Wie ich in Kapitel 13 erläutere, hat sich herausgestellt, dass es keinen Partnermissbrauch in Gesellschaften gibt, in denen Männer und Frauen gleich viel Macht haben.) Der entscheidende Punkt beim Missbrauch ist also der Moment, in dem der Mann beginnt, über die Frau in einer Weise Macht auszuüben, die ihr Schaden zufügt und ihm einen privilegierten Status verschafft.

Frage 9:
Ist die Art und Weise, wie er mich behandelt, missbräuchlich?

Die Grenzen, wo subtilere Arten der Misshandlung enden und Missbrauch beginnt, sind durch folgende Handlungen gekennzeichnet:

- ***Er rächt sich an Ihnen, weil Sie sich über sein Verhalten beschwert haben.***

Nehmen wir an, Ihr Partner nennt Sie eines Tages eine „Schlampe". Sie sind wütend und lassen ihn wissen, dass Ihnen dieses Wort zutiefst missfällt und Sie nie wieder so genannt werden wollen. Er reagiert jedoch auf Ihre Beschwerde in der Form, *dass er Sie gezielt häufiger als Schlampe bezeichnet*. Vielleicht hat er dabei jetzt sogar einen gewissen Ausdruck in seinen Augen, weil er weiß, dass es Ihnen unter die Haut geht. In ähnlicher Weise könnten Sie in einem Streitgespräch zu Ihrem Partner sagen: „Hör auf, mich anzuschreien, ich hasse es, angeschrien zu werden", und er nimmt dies zum Anlass, seine Stimme umso *lauter* zu erheben und Ihnen die Schuld dafür zu geben. Dies sind Anzeichen für Missbrauch.

Eine andere Möglichkeit, wie er sich an Ihnen rächen kann, weil Sie sich seiner Kontrolle widersetzt haben, ist, dass er die Opferrolle einnimmt. Angenommen, Sie beschweren sich, dass er Sie bei Auseinandersetzungen durch seine ständigen Unterbrechungen zum Schweigen bringt. Dann bekommt er einen wütenden, feindseligen Ton in seiner Stimme, als ob Ihr Einwand *ihm* gegenüber unfair wäre, und sagt sarkastisch: „Na gut, ich höre einfach zu, und *du* redest", als ob Sie ihn unterdrücken wollten, wenn Sie ihn mit seinem Verhalten konfrontieren. Dies ist ein Versuch, Ihnen Schuldgefühle einzureden, weil Sie sich seiner Kontrolle widersetzt haben, und ist der Beginn des Missbrauchs.

Manche Männer machen sich über die Partnerin lustig, wenn sie sich über Misshandlungen beschwert, indem sie sie offen auslachen oder sie nachahmen. Diese Verhaltensweisen beseitigen jeden Zweifel daran, dass er missbräuchlich ist.

Die Vergeltungsmaßnahmen sind nicht immer so klar und unmittelbar wie in diesen Beispielen. Aber Sie können erkennen, wann das Verhalten Ihres Partners darauf abzielt, Sie dafür zu bestrafen, dass Sie sich gegen ihn gewehrt haben, auch wenn es Ihnen erst ein paar Tage später bewusst wird. Er glaubt, dass Sie nicht das Recht haben, sich ihm zu widersetzen, und er versucht, Sie zu verletzen, damit Sie es beim nächsten Mal nicht noch einmal tun.

- ***Er sagt Ihnen, dass Ihre Einwände gegen seine Misshandlung Ihr eigenes Problem seien.***

Wenn eine Frau versucht, Grenzen gegen kontrollierendes oder gefühlloses Verhalten zu setzen, wird der Misshandelnde sie dazu bringen wollen, dass sie an ihren Wahrnehmungen zweifelt, und sagt Dinge wie:

> *„Du bist zu empfindlich; jede Kleinigkeit stört dich. Es sollte keine große Sache sein."*
> *„Nicht jeder behandelt dich mit Samthandschuhen, wenn er wütend ist, so wie du es gerne hättest."*
> *„Hör auf, mir vorzuwerfen, ich würde dich misshandeln, nur weil dein Ex-Freund (oder deine Eltern) dich misshandelt haben. Du glaubst, dass jeder dich misshandelt."*
> *„Du bist nur deswegen wütend, weil du deinen Willen nicht bekommst; deswegen sagst du, ich würde dich misshandeln."*

Durch Kommentare wie diese kann der Missbrauchende versuchen, Sie davon zu überzeugen, dass: (1) Sie unangemessene Erwartungen an sein Verhalten haben und bereit sein sollten zu akzeptieren, wie er sich verhält; (2) Sie eigentlich auf etwas anderes in Ihrem Leben reagieren, nicht auf das, was er getan hat; und (3) Sie Ihre Beschwerden als Machtdemonstration gegen *ihn* verwenden. All diese Taktiken sind Formen der *Diskreditierung* Ihrer Beschwerden über Misshandlungen, was missbräuchlich ist. Seine diskreditierenden Manöver offenbaren eine grundlegende Einstellung, die er nie explizit formulieren würde und die er vielleicht nicht einmal selbst bewusst wahrnimmt: „**Du hast kein Recht, dich dagegen zu wehren, wie ich dich behandle.**" Und man kann nicht von einer fairen und gesunden Beziehung sprechen, wenn man darin keine Einwände erheben kann.

- ***Er macht Entschuldigungen, die unaufrichtig oder wütend klingen, und verlangt, dass Sie sie akzeptieren.***

Die folgende Auseinandersetzung veranschaulicht, wie diese Dynamik abläuft:

CLAIRE:	Ich habe immer noch das Gefühl, dass du nicht verstehst, warum mich das ärgert, was du getan hast. Du hast dich noch nicht einmal entschuldigt.
DANNY (wütend und laut):	Schon gut, schon gut! Es tut mir leid, ES TUT MIR LEID!
CLAIRE (den Kopf schüttelnd):	Du kapierst es nicht.
DANNY:	Was zum Teufel willst du von mir? Ich habe mich bereits entschuldigt! Was? Wirst du nicht eher zufrieden sein, bis du erreicht hast, was du willst?

CLAIRE: Deine Entschuldigung bedeutet mir nichts, denn es tut dir offensichtlich nicht leid.

DANNY: Was soll das heißen, es tut mir nicht leid?? Sag mir nicht, was ich fühle, du kleine Analytikerin! Du bist nicht in meinem Kopf.

Dieser Schlagabtausch dient natürlich nur dazu, dass Claire sich noch schlechter fühlt, denn Danny fügt dem, worüber sie sich bereits aufgeregt hat, weitere Beleidigungen und Verleugnungen hinzu. Danny hat das Gefühl, dass Claire für seine Entschuldigung dankbar sein sollte, auch wenn sein Tonfall das Gegenteil seiner Worte vermittelt. Er fühlt sich in der Tat *berechtigt*, Vergebung zu erhalten, und er fordert sie ein. (Er sieht es auch als sein Vorrecht an, darauf zu bestehen, dass sie seine Version der Realität akzeptiert, egal wie sehr diese mit allem kollidiert, was sie sieht und hört. In diesem Sinne sieht er ihren *Verstand* als Teil dessen an, was er zu kontrollieren berechtigt ist.)

- ***Er gibt Ihnen die Schuld für die Auswirkungen seines Verhaltens.***

Berater von Misshandelnden sagen über ihre Klienten: „Wenn er sich morgens anschaut und sein dreckiges Gesicht sieht, macht er sich daran, den Spiegel zu reinigen." Mit anderen Worten, er wird wütend und anklagend, wenn seine Partnerin die vorhersehbaren Auswirkungen permanenter Misshandlungen zeigt, und fügt dann der Verletzung noch eine Beleidigung hinzu, indem er sie lächerlich macht, weil sie sich von ihm verletzt fühlt. Er benutzt ihre emotionalen Verletzungen sogar *als Ausrede, um sie weiter zu misshandeln.* Wenn sie zum Beispiel durch seine verbalen Angriffe das Interesse an Sex mit ihm verliert, faucht er sie vorwurfsvoll an: „Du lässt es dir wohl woanders besorgen." Wenn sie ihm zunehmend misstraut, weil er sie misshandelt, sagt er, dass ihr Mangel an Vertrauen *dazu führt, dass sie ihn als missbräuchlich wahrnimmt,* und er verdreht Ursache und Wirkung in einer Weise, die einen wahnsinnig machen könnte. Wenn sie eines Morgens deprimiert oder weinerlich ist, weil er sie am Abend zuvor verbal angegriffen hat, sagt er: „Wenn du vorhast, heute den ganzen Tag so eine Spielverderberin zu sein, warum gehst du dann nicht einfach wieder ins Bett, damit ich dich nicht sehen muss?"

Wenn Ihr Partner Sie kritisiert oder niedermacht, weil Sie durch sein missbräuchliches Verhalten schwer beeinträchtigt sind, ist das Misshandlung. Ebenso, wenn er die Auswirkungen seiner Grausamkeit als Entschuldigung benutzt, wie einer meiner Klienten, der seine Partnerin mit seinen verbalen Angriffen vertrieb und ihr dann weismachen wollte, dass ihre emotionale Distanzierung seine Misshandlungen verursachte, und er so Ursache und Wirkung verdrehte. Er tritt Sie, wenn Sie schon am Boden sind, und er weiß das. Suchen Sie sich schnell Hilfe, denn diese Art psychischer Übergriffe kann dazu führen, dass sich Ihr emotionaler Zustand rasch verschlechtert.

- ***Es ist nie der richtige Zeitpunkt oder die richtige Weise, Dinge anzusprechen.***

In jeder Beziehung ist es sinnvoll, mit einer gewissen Sensibilität zu überlegen, wann und wie man ein schwieriges Beziehungsproblem angeht. Es gibt Wege, eine Beschwerde so zu formulieren, dass sie nicht wie ein persönlicher Angriff klingt, und wenn Sie eine gewisse Wertschätzung einfließen lassen, erhöhen Sie die Chance, dass Ihr Partner Ihnen zuhört. Aber bei einem Missbrauchstäter gibt es nicht den richtigen Weg, eine Beschwerde vorzubringen. Sie können den ruhigsten, entspanntesten Abend abwarten, Ihren Partner mit vielen verbalen Streicheleinheiten vorbereiten, Ihre Beschwerde in milder Sprache ausdrücken, aber er wird trotzdem nicht bereit sein, sie anzunehmen.

Eine anfängliche Abwehrhaltung oder Feindseligkeit gegenüber einer Beschwerde ist auch bei nicht-misshandelnden Menschen üblich. Manchmal muss man eine Auseinandersetzung für den Moment beenden und in ein paar Stunden oder am nächsten Tag darauf zurückkommen, und dann stellen Sie fest, dass Ihr Partner eher bereit ist, das, was Sie bedrückt, aufzunehmen. Bei einem Missbrauchstäter hilft das Verstreichen der Zeit jedoch nicht weiter. Er wird die Zeit dazwischen nicht damit verbringen, Ihre Kommentare zu verdauen und sich damit auseinanderzusetzen, um sich dem zu stellen, was er getan hat, wie es eine nicht-misshandelnde Person vielleicht tun würde. Vielmehr tut er das Gegenteil, indem er den Anschein erweckt, als ob er mental gegen Ihre Beschwerde Kräfte sammelt und als ob er sich darauf vorbereitet, vor einen Richter zu treten.

- ***Er untergräbt Ihre Fortschritte im Leben.***

Ein Eingriff in Ihre Freiheit oder Unabhängigkeit ist Missbrauch. Wenn er dazu beiträgt, dass Sie Ihren Arbeitsplatz verlieren oder eine schulische Ausbildung abbrechen, wenn er Sie entmutigt, Ihre Träume zu verfolgen, wenn er Ihren Beziehungen zu Freunden oder Familienmitgliedern Schaden zufügt, wenn er Sie finanziell ausnutzt und Ihren wirtschaftlichen Erfolg oder Ihre Sicherheit beeinträchtigt, untergräbt er Ihre Unabhängigkeit – ebenso, wenn er Ihnen sagt, dass Sie in bestimmten Bereichen, die Ihnen Spaß machen, inkompetent wären, wie z. B. Schreiben, Kunst oder in Ihrem Beruf, weil er Sie dazu bringen will, diesen aufzugeben.

- ***Er leugnet, was er getan hat.***

Manche Verhaltensweisen in einer Beziehung können eine Ermessensfrage sein: Was eine Person als Stimme erheben bezeichnet, erlebt eine andere als Schreien, und es besteht die Möglichkeit, unterschiedlicher Auffassung zu sein. Aber andere Handlungen, wie z. B. jemanden mit Schimpfwörtern anzuschreien oder mit der Faust auf den Tisch zu schlagen, sind entweder geschehen oder nicht. Während also ein nicht-misshandelnder Partner mit Ihnen darüber streiten könnte, wie Sie sein Verhalten interpretieren, leugnet der Missbrauchstäter seine Handlungen gänzlich.

- ***Er rechtfertigt seine verletzenden oder beängstigenden Handlungen oder sagt, dass Sie ihn dazu „getrieben" hätten.***

Wenn Sie Ihrem Partner z. B. sagen, dass sein Geschrei Sie ängstigt, und er darauf antwortet, dass er jedes Recht hat zu schreien, „weil du mir nicht zuhörst", dann ist das Missbrauch. Der Misshandelnde benutzt Ihr Verhalten als Entschuldigung für sein eigenes. Er weigert sich daher, sich bedingungslos zu verpflichten, mit seinem erniedrigenden oder einschüchternden Verhalten aufzuhören. Stattdessen besteht er auf einer Gegenleistung, wenn er z. B. sagt, dass er eine bestimmte Form der Misshandlung beenden wird, falls Sie bereit sind, etwas aufzugeben, das *ihn* stört, was oft etwas ist, wozu Sie jedes Recht haben.

- ***Wenn er wütend ist, geht er körperlich gegen Sie vor oder versetzt Sie auf andere Weise in Angst und Schrecken.***

Körperliche Aggression eines Mannes gegenüber seiner Partnerin ist Misshandlung, auch wenn sie *nur einmal* vorkommt. Wenn er die Faust hebt, ein Loch in die Wand schlägt, Dinge nach Ihnen wirft, Ihnen den Weg versperrt, Sie zurückhält, Sie packt, stößt, schubst oder Ihnen droht, Sie zu verletzen, dann ist das körperliche Misshandlung. Er erzeugt Angst und benutzt Ihr Bedürfnis nach körperlicher Freiheit und Sicherheit als Mittel, um Sie zu kontrollieren. Rufen Sie so schnell wie möglich eine Hotline an, wenn Ihnen etwas dieser Art passiert.

Manchmal kann ein Partner Ihnen unbeabsichtigt Angst einjagen, weil er sich nicht bewusst ist, wie sich seine Handlungen auf Sie auswirken. Er könnte zum Beispiel aus einer Familie oder Kultur stammen, in der die Menschen während einer Auseinandersetzung laut schreien und mit den Armen fuchteln, während die Menschen Ihres sozialen Umfelds sich ruhig und höflich verhalten. Der nicht-misshandelnde Mann wird unter diesen Umständen sehr betroffen sein, wenn Sie ihm mitteilen, dass er Ihnen Angst macht, und er wird Schritte unternehmen wollen, um zu verhindern, dass sich dies wiederholt, ohne dafür irgendwelche Bedingungen zu stellen.

Körperliche Misshandlungen sind gefährlich. Wenn sie einmal in einer Beziehung angefangen haben, können sie im Laufe der Zeit zu ernsteren Übergriffen wie Ohrfeigen, Schlägen oder Würgen eskalieren. Selbst wenn das nicht der Fall ist, kann eine sogenannte „körperliche Misshandlung auf niedrigerer Ebene“ Sie erschrecken, Ihrem Partner Macht über Sie geben und Ihre Fähigkeit, Ihr Leben selbst in die Hand zu nehmen, beeinträchtigen. Jede Form der körperlichen Einschüchterung ist für Kinder, die ihr ausgesetzt sind, äußerst schlimm. In einer Beziehung sollte kein Angriff, wie „geringfügig“ er auch sein mag, auf die leichte Schulter genommen werden.

Ich werde oft gefragt, ob körperliche Aggressionen von Frauen gegenüber Männern, wie z. B. eine Ohrfeige, eine Misshandlung sind. Die Antwort lautet: „Es kommt darauf an.“ Männer empfinden die Schläge oder Ohrfeigen von Frauen in der Regel eher als lästig und unangenehm, nicht aber als einschüchternd, sodass die langfristigen emotionalen Auswirkungen weniger schädlich sind. Es kommt selten vor, dass ein Mann wegen der Aggressivität einer Frau allmählich seine Freiheit oder sein Selbstwertgefühl verloren hat. Ich lehne jede Form von körperlicher Aggression in Beziehungen ab, mit Ausnahme dessen, was für die Selbstverteidigung wirklich wichtig ist, aber ich behalte mir das Wort *Misshandlung* für Situationen der Kontrolle oder Einschüchterung vor.

Eine Frau *kann* jedoch eine andere Frau einschüchtern, und ein Mann kann von seinem männlichen Partner in Angst und Schrecken versetzt werden. Das meiste von dem, was ich über die Geisteshaltung und die Taktiken von heterosexuellen Missbrauchstätern geschrieben habe, gilt auch für missbräuchliche Schwule und Lesben. Wir gehen in Kapitel 6 näher auf dieses Thema ein.

- ***Er zwingt Sie zum Sex oder ist sexuell übergriffig.***

Ich hatte Klienten, die ihre Partnerinnen im Laufe der Beziehung wiederholt vergewaltigt oder sexuell genötigt, sie aber nie geschlagen haben. Sexuelle Nötigung oder Gewalt in einer Beziehung ist Missbrauch. Studien zeigen, dass Frauen, die in einer Beziehung vergewaltigt wurden, noch tiefere und länger anhaltende Nachwirkungen erleiden als Frauen, die von Fremden oder Bekannten, mit denen sie in keiner Partnerschaft stehen, vergewaltigt wurden. Wenn Sie in Ihrer Beziehung sexuelle Übergriffe oder permanente sexuelle Nötigung erleben, rufen Sie eine Missbrauchs- oder Vergewaltigungs-Hotline an, auch wenn Sie der Meinung sind, dass der Begriff Vergewaltigung nicht auf das zutrifft, was Ihr Partner getan hat.

- ***Sein kontrollierendes, respektloses oder erniedrigendes Verhalten zeigt ein Muster.***

Dieser Punkt ist genauso wichtig wie die anderen, aber er erfordert das meiste Urteilsvermögen und die Fähigkeit, Ihren Instinkten zu vertrauen. Wann genau wird ein Verhalten zu einem Muster? Wenn es dreimal im Jahr geschieht? Wenn es einmal pro Woche vorkommt? Es gibt keine Antwort, die für alle Handlungen oder für alle Menschen gilt. Sie müssen Ihre eigenen Schlussfolgerungen ziehen, ob sich die Misshandlung Ihres Partners an Ihnen wiederholt.

- ***Sie zeigen Anzeichen dafür, dass Sie misshandelt werden.***

Bei allen anderen oben diskutierten Anzeichen von Misshandlung muss untersucht werden, was der Mann tut und wie er denkt. Aber es ist ebenso wichtig, auf sich selbst zu schauen, indem Sie sich Fragen stellen wie:

Haben Sie Angst vor ihm?
Entfernen Sie sich von Freunden oder der Familie, weil er diese Beziehungen schwierig macht?
Lassen Ihre Energie und Motivation nach, oder fühlen Sie sich deprimiert?
Ist Ihr Selbstbild geschwächt, sodass Sie permanent darum kämpfen, gut genug zu sein und sich selbst zu beweisen?
Sind Sie ständig mit Ihrer Beziehung und der Frage beschäftigt, wie Sie sie kitten können?
Haben Sie das Gefühl, dass Sie nichts richtig machen können?
Haben Sie das Gefühl, dass die Probleme in Ihrer Beziehung allein Ihre Schuld sind?
Gehen Sie immer wieder aus Streitigkeiten mit dem Gefühl heraus, durcheinander zu sein, ohne herauszufinden, warum?

Dies sind Anzeichen dafür, dass Sie möglicherweise mit einem missbrauchenden Partner zusammen sind.

Vielleicht ist Ihnen aufgefallen, dass bei den oben genannten Unterscheidungsmerkmalen von Misshandlungen kaum die *Wut* erwähnt wird. Zwar kann chronische Wut ein Warnzeichen für Misshandlungen sein kann, sie muss aber nicht zwangsläufig damit zusammenhängen. Es gibt z. B. abgebrühte, berechnende Missbrauchstäter, die selten in Wut geraten, und gleichzeitig gibt es einige nicht-missbrauchende Männer, die häufig Wut empfinden oder ausdrücken. Vielleicht entscheiden Sie sich, dass Sie nicht mit einem Partner zusammen sein wollen, der die ganze Zeit wütend ist – ich hätte keinen Spaß daran –, aber das ist kein Missbrauch an sich.

Was ist, wenn es ihm leidtut?

Fast jedes Mal, wenn ich über Missbrauch referiere, melden sich Zuhörer oder Zuhörerinnen und stellen folgende zwei Fragen: (1) Wenn ein Missbrauchstäter Reue zeigt, empfindet er sie dann auch wirklich? Und (2) Wenn es ihm wirklich leidtut, ist es dann weniger wahrscheinlich, dass er wieder missbräuchlich wird?

Frage 10:
Tut es ihm wirklich leid?

Die gute Nachricht ist, dass Reue oft echt ist; die schlechte Nachricht ist, dass sie selten hilft. Um diesen Widerspruch zu verstehen, müssen wir uns zunächst einen entscheidenden Aspekt dessen ansehen, was in einem Täter vor sich geht: **Täter haben zahlreiche widersprüchliche Einstellungen und Überzeugungen, die gleichzeitig in ihren Köpfen wirken.** Hier einige Beispiele für typische Widersprüche:

> *„Frauen sind zerbrechlich und schutzbedürftig, **aber** sie müssen von Zeit zu Zeit eingeschüchtert werden, sonst geraten sie außer Kontrolle."*
> *„Meine Partnerin und ich sollten gleichberechtigtes Mitspracherecht haben, **aber** ich sollte die Entscheidungsgewalt haben, wenn es um Fragen geht, die mir wichtig sind."*
> *„Ich fühle mich schrecklich, wie ich sie behandelt habe, **aber** ich sollte mich in einer Beziehung nie schlecht fühlen müssen, egal, was ich getan habe."*
> *„Ich sollte meine Stimme nicht erheben, **aber** ich sollte Kontrolle über meine Partnerin haben, und manchmal muss ich laut werden, um sie zu kontrollieren."*
> *„Man sollte niemals eine Frau schlagen, **aber** manchmal hat ein Mann keine andere Wahl."*

Wenn einem Mann sein missbräuchliches Verhalten leidtut, kollidiert sein Bedauern mit seinem Anspruchsdenken. Das widersprüchliche Geratter in seinem Kopf klingt in etwa so:

> Ich fühle mich schlecht, weil ich „Fick dich" zu ihr gesagt habe. Es ist nicht gut, so etwas zu sagen, vor allem nicht vor den Kindern. Ich habe es vermasselt; ich möchte, dass meine Familie ein Bild von mir als immer starken und verantwortungsbewussten Mann hat. Ich mag es nicht, wenn sie mich so aggressiv erleben wie in diesem Streit; das schadet meinem Selbstwertgefühl. Aber sie hat mich „unverantwortlich" genannt! Was glaubt sie, wie ich reagiere, wenn sie so etwas sagt? So kann sie nicht mit mir reden. Jetzt werden die Kinder denken, ich war der Übeltäter, obwohl sie die Ursache dafür war. Wenn sie sich auf ihre Seite stellen, werde ich ihnen sagen, warum ich wütend war. Jetzt hat sie mich wirklich schlecht aussehen lassen. Scheiß auf sie.

Folgen wir dem Weg, den der innere Dialog dieses Mannes nimmt. Erstens konzentriert sich seine Reue nicht in erster Linie auf die Art und Weise, wie seine verbale Attacke seine Partnerin verletzt hat. Weshalb er sich vor allem schlecht fühlt, ist:

(1) Er hat sein Ansehen in den Augen anderer beschädigt; (2) er hat seine eigene Vorstellung, wie er sein möchte, verletzt; und (3) er denkt, er müsste in der Lage sein, seine Partnerin zu kontrollieren, ohne sich wieder auf Beschimpfungen einzulassen. Nach diesen Gedanken geht er dazu über, seinen Ausbruch auf seine Partnerin zu schieben, wozu er sich berechtigt fühlt, und befreit sich auf diese Weise von seinen Schuldgefühlen. Am Ende seines Selbstgesprächs macht er seine Partnerin für alles verantwortlich, auch für den Eindruck, den *sein Verhalten* soeben auf ihre Kinder gemacht hat. Die Ichbezogenheit des Täters und seine Neigung, dem Opfer die Schuld zu geben, führen dazu, dass seine Reue auf diese Weise verblasst.

Die Gefühlsausbrüche eines Täters nach den ersten Misshandlungsvorfällen können pathetisch sein. Ich hatte Klienten, die weinten, ihre Partnerin um Verzeihung baten und sagten: „Du hast jemanden so viel Besseres verdient, ich weiß nicht, warum du überhaupt mit einem Idioten wie mir zusammen bist." Seine Reue kann den Eindruck erwecken, dass er nach wahrer Vertrautheit strebt, besonders wenn man ihn noch nie so traurig erlebt hat. Aber in ein oder zwei Tagen sind seine Schuldgefühle überwunden, vertrieben durch seine inneren Entschuldigungsmechanismen. Die Auswirkungen des missbräuchlichen Vorfalls halten für die misshandelte Frau natürlich viel länger an, und schon bald könnte der Täter sie angehen und sagen: „Was, bist du *noch nicht* darüber hinweg? Halte dich nicht damit auf, verdammt noch mal. Lassen wir es hinter uns und schauen wir nach vorne." Seine Einstellung ist: „Ich bin drüber hinweg, warum also nicht auch du?"

Echte Reue und Theatralik schließen einander nicht aus. Die meisten Täter bedauern es wirklich – wenn auch vielleicht größtenteils sich selbst – und übertreiben dabei durchaus etwas ihre Emotionen, um Mitgefühl zu erzeugen. Die effektvolle Reue eines Mannes rückt ihn wieder in den Mittelpunkt der Aufmerksamkeit. Seine Partnerin mag seine früheren Schikanen fast vergessen, da Mitgefühl für sein schlechtes Gewissen und seine Selbstvorwürfe über sie hereinbrechen. Vielleicht findet sie sich bald wieder in der Rolle, ihm zu versichern, dass sie ihn nicht verlassen wird, dass sie ihn immer noch liebt, und dass sie ihn nicht für einen schrecklichen Menschen hält. Wenn sie Kinder haben, könnte sie sich dabei ertappen, wie sie seine Taten vertuscht, damit die Kinder ihm keine Vorwürfe machen, denn sie will nicht, dass er sich noch schlechter fühlt. Auf diese Weise erntet er wohltuende Aufmerksamkeit als Belohnung für seine Misshandlung, und seine Handlungen bewirken, dass sich die Familie weiterhin auf seine Bedürfnisse konzentriert.

Gewöhnlich nimmt die Reue in dem Maße ab, wie sich missbräuchliche Vorfälle häufen. Der Aspekt der Aufrichtigkeit tritt in den Hintergrund, wenn sich der misshandelnde Mann daran gewöhnt, missbräuchlich zu handeln und die verletzten Gefühle seiner Partnerin auszublenden. Der theatralische Teil verblasst, wenn er weniger besorgt darüber ist, seine Partnerin zu verlieren, da er zuversichtlich ist, dass sie nun vollständig unter seiner Kontrolle ist und ihn nicht verlassen wird.

Der springende Punkt bei der Reue ist jedoch, dass es *kaum eine Rolle spielt, ob sie echt ist oder nicht.* Klienten, denen es nach Missbrauchshandlungen sehr leidtut, ändern sich etwa in gleichem Maße wie diejenigen, die es nicht tun. Diejenigen, die am meisten ihr Bedauern ausdrücken, sind manchmal die egozentrischsten und beklagen vor allem die Verletzung ihres eigenen Selbstbildes. Sie schämen sich, dass sie sich wie grausame Diktatoren verhalten haben, und wollen schnell wieder in die Rolle *gutartiger* Diktatoren zurückfallen, als ob sie dadurch viel bessere Menschen wären.

Wenn es nicht hilft, dass es ihm nach einem Vorfall leidtut, was könnte dann helfen?

Die folgenden Schritte könnten dazu beitragen, zukünftige Misshandlungen zu verhindern, und zwar auf eine Weise, die durch Entschuldigungen nicht möglich ist:

- Er lässt Ihnen etwas mehr Raum für Ihre Wut über das, was er Ihnen angetan hat, anstatt Ihnen zu sagen, dass Sie zu lange sauer waren, oder zu versuchen, Sie zum Schweigen zu bringen.
- Er hört sich Ihre Sicht der Dinge an, ohne Sie zu unterbrechen, Ausreden zu erfinden oder seine Handlungen auf Sie zu schieben.
- Er leistet Wiedergutmachung für alles, was er getan hat, z. B. indem er alles aufräumt, was er herumgeworfen hat, Freunden gegenüber zugibt, dass er über Sie gelogen hat, oder den Kindern sagt, dass sein Verhalten inakzeptabel und nicht Ihre Schuld war.
- Er trifft mit Ihnen bedingungslose Vereinbarungen zur sofortigen Änderung seines Verhaltens.
- Er holt sich Hilfe, *ohne* dass Sie ihn dazu drängen müssen.

Wenn er bereit ist, nach einem Vorfall von Misshandlung all diese Schritte zu unternehmen – und sie tatsächlich zu Ende führt –, besteht die Möglichkeit, dass er nicht ernsthaft missbräuchlich wird. Ohne ein solch eindeutiges Vorgehen wird sein missbräuchliches Verhalten jedoch zurückkehren.

Sofortmaßnahmen zum eigenen Schutz unternehmen

Viele Frauen nehmen eine „abwartende Haltung" ein, wenn Anzeichen von Missbrauch im Verhalten des Partners auftreten. Sie sagen sich: „Es fällt mir so schwer, ihn jetzt zu verlassen, weil ich ihn immer noch liebe. Aber wenn er noch übler wird, werden meine Gefühle für ihn nachlassen, und dann wird mir die Trennung leichter fallen." Das ist eine gefährliche Falle. Je länger man mit einem Missbrauchstäter zusammen ist und je zerstörerischer er ist, desto *schwieriger* kann es sein, sich selbst zu befreien, und zwar aus folgenden Gründen:

- Je mehr Zeit er hat, Ihr Selbstbild niederzureißen, desto schwieriger wird es für Sie sein, zu glauben, dass Sie eine bessere Behandlung verdienen.
- Je mehr Zeit er hat, Sie emotional zu verletzen, desto wahrscheinlicher ist es, dass Ihre Energie und Ihre Initiative nachlassen, sodass es schwieriger wird, die Kraft zum Ausstieg aufzubringen.
- Je mehr Schaden er in Ihren Beziehungen zu Freunden und Familie anrichtet, desto weniger Unterstützung werden Sie für den schwierigen Prozess der Beendigung der Beziehung haben.
- Je länger Sie schon mit den Zyklen seines intermittierenden Missbrauchs und seiner freundlichen, liebevollen Behandlung leben, desto *mehr* werden Sie sich wahrscheinlich an ihn gebunden fühlen, und zwar durch einen Prozess, der als *Traumatische Bindung* bekannt ist (siehe Kapitel 9).

Aus all diesen Gründen sollten Sie eher früher als später handeln.

Andererseits ist es nie zu spät, Ihre Rechte wiederzuerlangen und frei zu werden, selbst wenn Sie bereits seit fünf, zehn oder dreißig Jahren in einer Beziehung mit einem misshandelnden Mann leben. Hilfe steht Ihnen zur Verfügung, unabhängig davon, wie lange Ihre Beziehung schon dauert und wie tiefgehend die Auswirkungen sind (siehe „Ressourcen").

Ein letztes Wort der Vorsicht: Wenn Sie bisher keine Kinder mit Ihrem missbräuchlichen Partner haben, *belassen Sie es dabei.* Manche Frauen hoffen, dass die Geburt eines Babys einen Missbrauchstäter dazu veranlassen kann, sein Verhalten zu ändern, aber das wird nicht geschehen. Es wird ihn nicht dazu bringen, beständiger und verantwortungsbewusster zu werden oder an Reife zu gewinnen. Er wird nicht mit seinen eifersüchtigen Beschuldigungen aufhören, indem Sie ihn davon überzeugen, dass Sie sich für ihn entschieden haben, noch wird es ihn davon abhalten, Sie zu betrügen. Die Anwesenheit von Kindern im Haus wird ihn nicht davon abhalten, Sie zu misshandeln. Kinder mit einem Partner zu haben, der Sie misshandelt, wird Ihr Leben nur noch stressiger machen, da Sie anfangen, sich über die Auswirkungen seines Verhaltens auf Ihre Kinder Sorgen zu machen. Und wenn Sie sich später entschließen, ihn zu verlassen, wird es Ihnen mit Kindern sehr viel schwerer fallen, sich zu entscheiden, und es besteht die Möglichkeit, dass er damit droht, das Sorgerecht für die Kinder zu beantragen (siehe Kapitel 10). Ich habe bisher noch keinen Fall erlebt, in dem die Ankunft von Kindern die Probleme einer Frau mit einem misshandelnden Mann gelöst oder gar gemildert hat.

Wichtige Punkte, die Sie sich merken sollten

- Die Frühwarnzeichen für missbräuchliches Verhalten sind in der Regel sichtbar, wenn man weiß, worauf man achten muss.
- Wenn es Warnzeichen gibt, handeln Sie schnell; setzen Sie entweder Grenzen oder steigen Sie aus der Beziehung aus. Je tiefer Sie sich mit einem Missbrauchstäter einlassen, desto schwieriger ist es, aus der Beziehung herauszukommen.
- Sie sind nicht die Ursache dafür, dass Ihr Partner in misshandelndes Verhalten abrutscht, und Sie können es auch nicht aufhalten, indem Sie herauszufinden versuchen, was ihn stört, oder indem Sie sich noch mehr bemühen, seine Bedürfnisse zu befriedigen. Emotionale Unzufriedenheit und nicht erfüllte Bedürfnisse haben wenig mit Missbrauchsverhalten zu tun.
- Bestimmte Verhaltensweisen und Einstellungen sind charakteristisch für Missbrauch, wie z. B. das Lächerlichmachen Ihrer Beschwerden über die Misshandlungen sowie körperliche Einschüchterung oder sexuelle Übergriffe. Wenn etwas davon zutrifft, hat der Missbrauch bereits begonnen.
- Misshandelte Frauen sind nicht „co-abhängig“. Es sind die Missbrauchenden, nicht ihre Partnerinnen, die Missbrauchsbeziehungen schaffen.
- Rufen Sie eine Hotline zur Unterstützung an oder nutzen Sie eine der Ressourcen, die hinten in diesem Buch aufgeführt sind, sobald bei Ihnen Fragen zu einem eventuellen Missbrauch auftauchen. Warten Sie nicht, bis Sie sich sicher sind.

6

Der misshandelnde Mann im Alltag

Ich habe das Gefühl, verrückt zu werden.
Manchmal merke ich sofort, dass es einer dieser Tage ist; egal was ich tue, früher oder später kriege ich es ab.
Innen drin ist er ein knuddeliger Bär.
Ich weiß nie, was mich erwartet. Er kann sich aus heiterem Himmel einfach gegen mich wenden.
Ich würde ihn nicht als Missbrauchstäter bezeichnen. Ich meine, er kann wochenlang wirklich nett sein.
Ich liebe ihn wirklich.

In all den Jahren, in denen ich mit misshandelnden Männern arbeite, habe ich unzählige Stunden am Telefon damit verbracht, den Partnerinnen meiner Klienten zuzuhören, wie sie ihr Leben beschreiben. Meine Aufgabe als Berater ist es, meine Klienten durch die Augen der Frau zu sehen, indem ich meine Vorstellungskraft benutze, um ihr Haus zu betreten und die Atmosphäre aufzunehmen, die er Tag für Tag schafft. Indem ich ihre Perspektive einnehme, beginne ich, hinter die Fassade meines Klienten zu blicken.

Gleichzeitig erlebe ich nicht genau denselben Mann wie die misshandelte Frau. Die Umstände, unter denen ich ihn treffe, sind besonders:

- Für mich ist es sicher, ihn herauszufordern und zu konfrontieren, denn ich sitze in einem Raum voller Zeugen, einschließlich meines Co-Leiters. In vielen Fällen habe ich eine gewisse Macht über den Mann, weil er auf Bewährung ist, sodass ein negativer Bericht von mir die Konsequenz haben könnte, dass er einem Richter vorgeführt wird.

- Ich kenne die Terminologie und Beschreibungen für seine Taktiken. Es ist schwer für ihn, mich zu verwirren, einzuschüchtern oder mir ein schlechtes Gewissen einzureden, weil ich immer wieder auf seine Manöver und seine Motive hinweise. Missbrauch verliert etwas von seiner Macht, wenn man Bezeichnungen für seine Waffen hat.
- Ich muss nicht mit diesem Mann leben, sodass er nur wenige Gelegenheiten hat, sich an mir zu rächen, wenn ich mich gegen ihn gewehrt habe.
- Einige andere Gruppenteilnehmer, die versuchen, das Konzept des Programms umzusetzen, könnten den Mann mit seinen Einstellungen und Verhaltensweisen konfrontieren. Diese Anfechtungen durch andere Täter machen es ihm schwieriger, alles auf seine Partnerin oder allgemein auf Frauen zu schieben.

Ich erfahre auch etwas über einen Mann, wenn ich seine Reaktionen auf Diskussionen in der Gruppe beobachte. Zum Beispiel kann er seine Missbilligung gegenüber anderen Klienten zum Ausdruck zu bringen, deren Missbrauchsverhalten sich von seinem *unterscheidet* – weil er alles, was er nicht tun würde, als „echten" Missbrauch betrachtet. Gleichzeitig zeigt er Mitgefühl und Unterstützung für jeden anderen Täter, der die *gleichen* Taktiken oder Rechtfertigungen anwendet wie er, und wendet sich an mich mit den Worten: „Aber was erwarten Sie von dem armen Mann angesichts seiner Umstände?"

Die misshandelte Frau und ich versuchen daher, ein Team zu bilden, damit wir unsere Beobachtungen über den Mann teilen und uns gegenseitig helfen können, Muster oder Dynamiken zu erkennen. Ich bin begierig darauf, *von ihr* etwas über meinen Klienten zu erfahren, und gleichzeitig begierig darauf, *mit ihr* meine Beobachtungen zu teilen, die ihr helfen könnten, sich zu schützen oder klarer zu sehen, was er ihrer Seele antut.

Eine der ersten Lektionen, die ich von misshandelten Frauen gelernt habe, ist, dass man, um Missbrauch zu verstehen, nicht nur auf die Ausbrüche schauen darf. Man muss mit gleicher Sorgfalt die Zeit *zwischen* den Explosionen untersuchen. Die Dynamik dieser Perioden erzählt uns ebenso viel über die Misshandlungen wie die Wutausbrüche, die geworfenen Gegenstände, die widerlichen Beschimpfungen oder die eifersüchtigen Anschuldigungen. Das Denken und Verhalten des Täters während der ruhigeren Phasen sind es, die seine großen Ausbrüche verursachen, die verletzen oder Angst einjagen. In diesem Kapitel begeben wir uns in die Gedankenwelt des Täters an verschiedenen Punkten seines Alltags, um besser zu verstehen, was seine missbräuchlichen Handlungen auslöst.

Der misshandelnde Mann in Auseinandersetzungen

Ich beginne damit, einen Streit zwischen einem misshandelnden Mann und seiner Partnerin im Detail zu untersuchen, weil ich diese Art immer wieder von meinen Klienten und ihren Partnerinnen erzählt bekomme. Jesse und Bea gehen in der Stadt spazieren. Jesse ist mürrisch und sichtlich verärgert.

BEA: Was ist los mit dir? Ich verstehe nicht, worüber du dich ärgerst.

JESSE: Ich bin nicht verärgert, mir ist nur gerade nicht nach Reden zumute. Warum musst du immer etwas hineininterpretieren? Kann ich nicht einfach mal ruhig sein? Nicht jeder mag die ganze Zeit reden, reden, reden, nur weil du es tust.

BEA: Ich rede, rede, rede nicht die ganze Zeit. Was willst du damit sagen? Ich möchte nur wissen, was dich nervt.

JESSE: Ich habe dir gerade gesagt, dass mich *nichts* nervt ... und mach du mal 'ne Pause und quatsch nicht die ganze Zeit. Als wir mit meinem Bruder und seiner Frau zu Abend aßen, habe ich gedacht, ich spinne, wie du immer wieder über deinen dummen Journalismus-Kurs gesprochen hast. Du bist vierzig Jahre alt, verdammt noch mal! Es ist nicht die ganze Welt begeistert von deinen Fantasien, berühmt zu werden. Werde mal ein bisschen erwachsen.

BEA: Fantasien, berühmt zu werden? Ich versuche, einen Job zu bekommen, Jesse, denn die Jobs in den Reisebüros sind alle in die Innenstadt gezogen. Und ich wollte nicht groß darüber reden. Aber sie waren *interessiert;* sie haben mir viele Fragen dazu gestellt – deshalb haben wir uns eine Weile mit diesem Thema beschäftigt.

JESSE: Oh ja, sie waren wirklich interessiert. Sie waren *höflich* dir gegenüber, weil du so von dir eingenommen bist. Du bist so naiv, dass du nicht einmal merkst, wenn du gönnerhaft behandelt wirst.

BEA: Das glaube ich einfach nicht. Dieses Abendessen ist fast zwei Wochen her. Hast du dir die ganze Zeit darüber den Kopf zerbrochen?

JESSE: Ich zerbreche mir nicht den Kopf, Bea, du bist diejenige, die sich was zusammenreimt. Du liebst es, uns zu verwirren. Wir sehen uns später. Ich bin wirklich nicht in der Stimmung für diesen Scheiß.

BEA: Was für einen Scheiß? Ich habe doch gar nichts gemacht! Du hast mich auf dem Kieker, seit wir uns getroffen haben!

JESSE: Schrei nicht so, Bea. Du weißt, ich hasse es, wenn man mich anschreit. Du brauchst Hilfe, deine Emotionen gehen einfach mit dir durch. Wir sehen uns später.

BEA: Wo willst Du hin?

JESSE: Ich gehe zu Fuß nach Hause, danke. Du kannst das Auto nehmen. Ich möchte lieber allein sein.

BEA: Du wirst mehr als eine halbe Stunde brauchen, um nach Hause zu laufen, und es ist eiskalt heute.

JESSE: Oh, jetzt plötzlich machst du dir Sorgen um mich. Du kannst mich mal. Tschüs. *(Er geht weg.)*

Das Leben misshandelter Frauen ist voll von dieser Art von Auseinandersetzungen. Jesse hat Bea nicht beschimpft, er hat nicht geschrien, sie nicht geschlagen und auch nicht bedroht. Bea wird es nicht leicht haben, wenn sie einer Freundin erklären will, wie aufgewühlt sie ist, denn Jesses Verhalten ist schwer zu beschreiben. Was kann sie sagen? Dass er sarkastisch ist? Dass er auf den Dingen beharrt? Dass er übermäßig kritisch ist? Ein Freund würde antworten: „Nun, das klingt krass, aber ich würde es nicht als *Missbrauch* bezeichnen." Doch Bea fühlt sich, nachdem Jesse gegangen ist, als hätte er ihr ins Gesicht geschlagen.

Was passiert bei dieser Auseinandersetzung?

Wir schauen uns zunächst an, was Jesse *tut*, und untersuchen dann, wie seine *Denkweise* ist. Der erste erhellende Punkt ist:

Das Problem des Täters ist nicht, dass er unangemessen auf Konflikte reagiert. Seine Missbräuchlichkeit ist bereits *vor* dem Konflikt wirksam: Sie *schafft* in der Regel den Konflikt und sie bestimmt die *Form*, die der Konflikt annimmt.

Therapeuten versuchen oft, mit einem Missbrauchstäter zu arbeiten, indem sie seine Reaktionen auf Meinungsverschiedenheiten analysieren und versuchen, ihn dazu zu bringen, anders mit Konflikten umzugehen. Aber ein solcher Ansatz geht an der Sache vorbei: Seine missbräuchliche Einstellung war es, die die Spannung am Anfang verursacht hat.

Jesse wendet eine Reihe von Taktiken an, um das Gespräch zu kontrollieren, so wie es die meisten Täter tun:

- Er leugnet, wütend zu sein, obwohl er es offensichtlich ist, und anstatt sich mit dem auseinanderzusetzen, was ihn stört, kanalisiert er seine Energie in Kritik an Bea über etwas anderes.
- Er beleidigt Bea, setzt sie herab und bevormundet sie in mehrfacher Hinsicht, unter anderem sagt er, dass sie gerne die ganze Zeit redet und davon träumt, berühmt

zu werden. Er sagt, sie solle „erwachsen" werden, und er behauptet, dass sie ihn beschuldigt, sich über Dinge hinwegzusetzen, obwohl sie das eigentlich macht.
- Er sagt ihr, sie sei sich nicht bewusst, dass andere Menschen auf sie herabsehen und sie nicht ernst nehmen, und nennt sie „naiv".
- Er kritisiert sie dafür, dass sie als Reaktion auf seinen Schwall von Beleidigungen laut wird.
- Er sagt ihr, dass *sie ihn* misshandelt.
- Er stapft davon und nimmt die Opferrolle ein, indem er sich in die Lage bringt, einen langen Spaziergang durch die Kälte nach Hause machen zu müssen.

Bea bleibt unglücklich zurück – sie fühlt sich wie ein Kratzbaum, an dem eine Katze gerade ihre Krallen geschärft hat. Das Erlebnis hat sie unter anderem deshalb so erschüttert, weil sie nie weiß, wann einer dieser verbalen Übergriffe stattfindet oder was ihn auslöst. An einem anderen Tag hätte sie sich vielleicht mit Jesse getroffen, um zusammen mit ihm nach Hause zu fahren und ein angenehmes Gespräch über seinen Arbeitstag zu führen. So bleibt ihr die Vorstellung, dass etwas Schlimmes bei seiner Arbeit passiert sein muss und er es jetzt an ihr auslässt – was in gewisser Weise wahr sein mag, aber eigentlich wenig mit dem zu tun hat, was geschehen ist.

Also, was geschieht hier *wirklich*? Die Geschichte begann zwei Wochen zuvor, als Jesse und Bea sich mit Jesses Verwandten zum Abendessen verabredet hatten. Aus der oben geführten Auseinandersetzung haben wir erfahren, dass Jesse es nicht mag, wenn Bea für längere Zeit im Mittelpunkt der Aufmerksamkeit steht. Warum nicht? Es gibt ein paar Gründe:

1. Er sieht es als ihre Aufgabe an, ihn zu unterstützen. Das ist dasselbe wie die Einstellung: „Hinter jedem großen Mann steht eine Frau, die ihm den Rücken frei hält". Wenn also einer von ihnen im Mittelpunkt der Aufmerksamkeit steht, dann ist er es, und wenn er das Gefühl hat, still sein zu wollen, sollte auch sie in seinem Schatten bleiben.
2. Er ist ständig auf ihre Fehler konzentriert, also geht er davon aus, dass alle anderen es auch sind.
3. Er mag es nicht, wenn sie in der Öffentlichkeit klug, fähig und interessant erscheint, denn das kollidiert mit seiner tief verwurzelten Überzeugung, dass sie irrational, inkompetent und es wert ist, ignoriert zu werden – eine Einschätzung, von der er vielleicht möchte, dass andere sie mit ihm teilen.
4. In gewisser Weise hat er Angst, dass sie ihn verlässt, wenn sie genug Unterstützung für ihre Fähigkeiten bekommt – und er hat damit wahrscheinlich recht.

Beachten Sie, dass die Punkte zwei und drei fast widersprüchlich sind: Er geht davon aus, dass sie keinen Erfolg haben wird, was ihm peinlich ist, aber er ist auch besorgt, dass sie vielleicht sehr gut abschneiden könnte, denn dann könnten andere Leute sie als kompetente Person ansehen. Er reagiert stark auf beide Möglichkeiten.

Wir sehen auch Anzeichen dafür, dass Jesse Beas Journalismus-Kurs als Bedrohung für seine Kontrolle über sie empfindet. Tatsächlich ist es wahrscheinlich das, was ihn in den letzten zwei Wochen am meisten beschäftigt und seine mürrische Stimmung verursacht hat. Misshandelnde Männer fühlen sich unwohl, wenn sie bei ihren Partnerinnen Anzeichen für aufkeimende Unabhängigkeit sehen, und suchen oft nach Wegen, den Fortschritt der Frau anschließend zu untergraben.

Wenn wir nun auf den Tag der Auseinandersetzung zurückkommen, können wir sehen, dass Jesse viele seiner eigenen Eigenschaften Bea zuschreibt, indem er ihr vorwirft, von sich selbst eingenommen zu sein, auf Klagen zu beharren, zu schreien und sich nicht um ihn zu kümmern. Dieses Täterverhalten wird manchmal fälschlicherweise als *Projektion* bezeichnet, ein psychischer Prozess, bei dem Menschen ihre eigenen Ängste oder Fehler auf ihre Umgebung übertragen. Aber wie wir in Kapitel 3 gesehen haben, ist der Vorgang, bei dem ein Missbrauchstäter die Realität auf den Kopf stellt, nicht ganz dasselbe wie eine Projektion. Jesse nimmt Bea als schreiend wahr, weil eine seiner grundlegenden Werte besagt, dass sie nicht wütend auf ihn zu sein hat, egal was er tut. Er denkt, sie kümmert sich nicht um ihn, weil sie sich seiner Meinung nach nur dann um ihn kümmern kann, wenn sie sich *ausschließlich* um ihn und nicht um sich selbst oder jemand anderen kümmert. Er glaubt, dass sie von sich selbst eingenommen ist, weil sie sich manchmal für ihre eigenen Ziele oder Unternehmungen begeistert, obwohl er der Ansicht ist, dass sie sich am meisten für *seine* Interessen begeistern sollte. Er glaubt, dass sie an ihren Klagen festhält, denn sie versucht manchmal, ihn zur Verantwortung zu ziehen, anstatt dass sie sein Chaos aufräumt, buchstäblich und bildlich gesprochen.

Jesse setzt Projektion auch als Kontrolltaktik ein. Einer der Gründe, warum Jesse Bea beschuldigt, all die egoistischen oder missbräuchlichen Dinge zu tun, die er eigentlich tut, ist, weil er es ihr schwer machen will, mit ihren Beschwerden Erfolg zu haben. Ich habe viele Klienten erlebt, die mir sagten: „Oh, ich wusste, dass das, was ich über sie gesagt habe, nicht wahr ist, aber so kommt man wirklich an sie ran." (Es überrascht, wie häufig Missbrauchstäter – wenn sie überrumpelt werden – zugeben, dass sie absichtlich ein aggressives und kontrollierendes Verhalten an den Tag legen.) Aus all diesen Gründen erklärt die bloße Aussage, dass „er projiziert", die Gründe für die verzerrten Anschuldigungen eines Täters nicht in angemessener Weise.

Am Schluss müssen wir Jesses abschließendes Verhalten, seine Entscheidung, allein einen langen Spaziergang durch die Kälte nach Hause zu machen, untersuchen. Warum macht er sich selbst zum Opfer?

- Er möchte, dass Bea Mitleid mit ihm hat, damit seine Gefühle im Mittelpunkt stehen und ihre verdrängt werden. Sie wird das Gefühl haben, dass sie ihre Beschwerden über die Art und Weise, in der er sie gerade verbal angegriffen hat, nicht weiter verfolgen sollte, weil er so sehr leidet.
- Er möchte auch, dass andere Menschen Mitleid mit ihm haben. Er kann Freunden oder Verwandten beschreiben, wie der Streit dazu geführt hat, dass er einen elenden Weg zurück nach Hause hatte, und sie werden denken: „Der arme Mann." Er wird die Geschichte wahrscheinlich zu seinem Vorteil anpassen – die Täter polieren ihre Berichte in der Regel auf – und sagen, dass sie wütend war und ohne ihn weggefahren ist und er den ganzen Weg vor Kälte zitternd nach Hause gehen musste. Er plant diese Manöver nicht bewusst im Voraus, aber die Erfahrung hat ihn auf einer tieferen Ebene gelehrt, dass die Sympathie für ihn sich erhöht, wenn er die Opferrolle einnimmt.
- Er möchte vielleicht, dass sie sich Gedanken darüber macht, was andere denken werden. Sie wird nicht als die Gemeine dastehen wollen, also wird sie Schritte unternehmen, um den Streit zu schlichten.
- Irgendwie genießt er es, eine halbe Stunde lang allein zu laufen und in Selbstmitleid zu schwelgen, weil er sich dadurch im Hinblick auf sein immer wiederkehrendes Muster der Grausamkeit und Untergrabung gegenüber Bea gerechtfertigter fühlt. Es ist eine Möglichkeit, sich selbst zu versichern, dass sie die Böse ist und nicht er. Ein Täter ist ein menschliches Wesen, und irgendwo in seinem Inneren, begraben unter dicken Schichten von Berechtigungsdenken und Respektlosigkeit, gibt es ein Herz, das weiß, dass sein Verhalten falsch ist. Dieses Herz versucht periodisch, ein paar Schläge durch die Schichten nach oben zu senden, sodass der Täter sie wieder zurückdrängen muss.

Jede verbale Auseinandersetzung mit einem Täter ist ein Gang durch ein Minenfeld, und jedes Feld ist anders. Jesse scheint eine Mischung aus dem Typ Destabilisierer und Opfer zu sein, mit einem Spritzer des Typs Rechthaber. Vielleicht würde ein Streit zum selben Thema mit dem Feldwebel oder dem Spieler ganz anders verlaufen. Aber unabhängig von dem bestimmten Tätertypen ist nur sehr wenig von dem, was ein Täter in einer Auseinandersetzung tut, so irrational oder emotional, wie es scheint.

Vier entscheidende Merkmale einer missbräuchlich geführten Auseinandersetzung

Möglicherweise haben Sie den Eindruck, dass jede Meinungsverschiedenheit mit Ihrem Partner außergewöhnlich ist und auf tausend verschiedene Arten beginnen kann, aber es gibt nur vier oder fünf verschiedene Ausgänge, die der Streit haben kann – und alle sind schlecht. Ihr nagendes Gefühl der Sinnlosigkeit und Vergeblichkeit hängt in Wirklichkeit mit der Gedankenwelt des misshandelnden Mannes in Bezug auf verbale Konflikte zusammen. Seine Sichtweise macht es unmöglich, dass eine Auseinandersetzung auf irgendetwas anderes hinausläuft als die Erfüllung seiner Wünsche – oder auf gar nichts. Vier Merkmale stechen heraus:

1. Der Täter betrachtet eine Auseinandersetzung als Krieg.

Für ihn geht es bei einem verbalen Konflikt nicht darum, verschiedene Bedürfnisse zu diskutieren, die Erfahrungen des anderen zu verstehen oder Lösungen ins Auge zu fassen, die beiden Seiten Vorteile bieten. Er will nur *gewinnen*. Der Erfolg wird daran gemessen, wer am meisten redet, wer die niederschmetterndsten oder „lustigsten" Beleidigungen ausspricht (von denen seine Partnerin keine lustig findet), und wer die Hoheit über das endgültige Ergebnis einer Debatte hat. Er wird sich mit nichts anderem als dem Sieg zufriedengeben. Wenn er das Gefühl hat, die Auseinandersetzung verloren zu haben, zieht er sich aus taktischen Gründen vielleicht zurück und sammelt seine Kräfte, um später erneut zuzuschlagen.

Unter dieser Ebene gibt es bei vielen missbrauchenden Männern eine noch tiefere Schicht, in der sich seine grundlegende Auffassung von der *Beziehung als Krieg* offenbart. Bei dieser Einstellung gibt es für Beziehungen nur zwei Alternativen, und man befindet sich entweder auf der einen oder auf der anderen Seite: Man ist der Dominierende oder der Unterworfene, der Champion oder der Narr, der coole Mann oder der Loser. Der Missbrauchstäter kann sich keine andere Konstellation vorstellen.

2. Sie hat in seinen Augen immer unrecht.

Es ist frustrierend und letztlich sinnlos, mit jemandem zu diskutieren, der über jeden Zweifel erhaben ist, dass seine Perspektive richtig und umfassend ist und dass Ihre falsch und dumm ist. Wohin kann das Gespräch möglicherweise führen?

Die Frage ist nicht, ob er energisch argumentiert oder nicht. Viele nicht-missbrauchende Menschen drücken ihre Meinung mit enormer Überzeugungskraft und Emotion aus und lassen sich dennoch vom Standpunkt des anderen beeinflussen.

Andererseits ist es nicht schwer zu erkennen, wenn sich jemand weigert, sich mit Ihren Ideen auseinanderzusetzen, und stattdessen nach Möglichkeiten sucht, Ihnen den schwersten Schlag zu versetzen. Wenn Ihr Partner abschätzig zu Ihnen sagt: „Oh, der wahre Grund, warum du dich beschwerst, wie ich diskutiere, ist, dass du nicht damit umgehen kannst, dass ich starke Meinungen habe", lenkt er die Aufmerksamkeit von seiner Taktik ab. Er verdreht auch die Realität, nämlich die Tatsache, dass *er Ihre* unterschiedliche Auffassung nicht akzeptieren kann und sein Denken nicht von Ihnen beeinflussen lassen will. (Und in den seltenen Fällen, in denen er sich Ihre Ideen zu eigen macht, behauptet er vielleicht, dass sie von Anfang an seine waren.)

3. Er verfügt bei Konflikten über eine Reihe von Kontrollmechanismen.

Meine Klienten boxen sich auf so vielfältige Weise durch Auseinandersetzungen, dass ich sie unmöglich alle nennen kann, aber die häufigsten Taktiken des Täters sind im nachfolgenden Kasten aufgeführt:

Sarkasmus
Spott
Verdrehung Ihrer Worte
Verzerrung dessen, was in einer früheren Interaktion geschah
Schmollen
Sie für etwas beschuldigen, was er getan hat, oder dafür, dass Sie etwas denken, was er eigentlich denkt
Im Ton absoluter Gewissheit und endgültiger Autorität sprechen – „die Realität definieren"
Unterbrechen
Nicht zuhören, sich weigern zu antworten
Laut über Ihre Meinung oder Einstellung lachen
Ihre Beschwerden verdrehen, um sie gegen Sie zu verwenden
Das Thema wechseln und auf seine Beschwerden lenken
Harte, unverdiente oder häufige Kritik
Schuldgefühle provozieren
Das Opfer spielen
Grinsen, Augenrollen, verächtliche Gesichtsausdrücke
Brüllen, Schreien
Fluchen

Beschimpfungen, Beleidigungen, Herabsetzungen
Rausgehen
Sich über Sie erheben
Einschüchternd auf Sie zugehen
Blockieren einer Tür
Andere Formen der physischen Einschüchterung, wie z. B. zu nahe kommen, während er wütend ist
Drohung, Sie zu verlassen
Drohung, Ihnen zu schaden

Kontrollierende Gesprächstaktiken sind unabhängig davon, wer sie einsetzt, ärgerlich, aber sie sind besonders angsteinflößend und verstörend, wenn sie von einem missbrauchenden Mann vor dem Hintergrund seines emotional oder körperlich einschüchternden Verhaltens angewendet werden. Ich kenne kaum einen Missbrauchstäter, der in Konflikten nicht ein breites Spektrum der oben genannten Taktiken einsetzt. Denn wenn jemand einen Streit mit seiner Partnerin als Krieg betrachtet, warum sollte er dann nicht auch jede Waffe einsetzen, die ihm einfällt? Die zugrunde liegende Denkweise macht diese Verhaltensweisen fast unvermeidlich.

Der misshandelnde Mann will vor allem Ihre Perspektive *diskreditieren*, besonders Ihre Klagen. Er kann Ihnen gegenüber zum Beispiel behaupten, dass die „wahren" Gründe für Ihre Beschwerden über die Art, wie er Sie behandelt, folgende sind:

- Sie wollen nicht, dass er sich gut fühlt.
- Sie können nicht damit umgehen, wenn er anderer Meinung ist als Sie, wenn er wütend ist oder wenn er recht hat.
- Sie sind zu empfindlich, Sie interpretieren zu viel in die Dinge hinein oder Sie verstehen vieles falsch.
- Sie wurden als Kind oder von einem ehemaligen Partner misshandelt, also denken Sie, alles sei Misshandlung.

Er verwendet all diese Strategien, um nicht ernsthaft über Ihre Beschwerden nachdenken zu müssen, denn dann könnte er gezwungen sein, sein Verhalten oder seine Einstellung zu ändern.

Das Ziel des misshandelnden Mannes in einer hitzigen Auseinandersetzung besteht im Wesentlichen darin, Sie dazu zu bringen, *nicht mehr für sich selbst zu denken* und Sie *zum Schweigen* zu bringen. Denn für ihn sind Ihre Ansichten und

Beschwerden Hindernisse für die Durchsetzung seines Willens sowie ein Affront gegen sein Berechtigungsdenken. **Wenn Sie genau hinsehen, werden Sie feststellen, wie sehr sein Kontrollverhalten letztlich darauf abzielt, Sie zu diskreditieren und zum Schweigen zu bringen.**

4. Er stellt sicher, dass er sich auf die eine oder andere Weise durchsetzen kann. Das Entscheidende bei Auseinandersetzungen mit einem Täter ist, dass er will, was er will – heute, morgen und für immer –, und dass er das Gefühl hat, ein Recht darauf zu haben.

Die Zyklen des Täters

Das Leben mit einem Misshandelnden kann eine schwindelerregend hohe Welle aufregender guter Zeiten und schmerzhafter Phasen verbaler, körperlicher oder sexueller Übergriffe sein. Je länger die Beziehung andauert, desto kürzer und seltener werden die positiven Phasen. Wenn Sie seit vielen Jahren mit einem missbrauchenden Partner zusammenleben, haben die guten Zeiten möglicherweise ganz aufgehört, sodass er für Sie eine beständige Quelle des Elends ist.

Auf Phasen relativer Ruhe folgen einige Tage oder Wochen, in denen der Missbrauchstäter zunehmend reizbarer wird. Je mehr sich seine Spannung aufbaut, desto weniger braucht es, um bei ihm eine Tirade von Beleidigungen zu provozieren. Seine Ausreden dafür, dass er seine Aufgaben nicht erfüllt, häufen sich, und seine Kritik und sein Unmut scheinen sich nicht zu legen. Viele Frauen erzählen mir, dass sie während dieses Prozesses lernen, die Stimmungen ihres Partners zu lesen, und dass sie spüren, wenn er kurz davor ist auszurasten. Dann stößt er schließlich an seine Grenzen und explodiert, oft wegen banaler Anlässe, brüllt herum, beleidigt mit widerlichen und verletzenden Schmähungen oder zeigt ein beängstigendes aggressives Verhalten. Wenn er ein körperlich gewalttätiger Mann ist, verliert er jegliche Hemmungen, stößt Stühle um, schleudert Gegenstände durch die Gegend, schlägt Löcher in Wände oder greift seine Partnerin direkt an, sodass sie sich zu Tode erschreckt.

Nachdem er sich ausgetobt hat, schämt er sich normalerweise oder bedauert seine Grausamkeit oder Gewalt, zumindest in den ersten Jahren einer Beziehung. Danach kann es eine Phase geben, in der er Sie an den Mann erinnert, in den Sie sich verliebt hatten – er ist charmant, aufmerksam, lustig und liebenswürdig. Seine Handlungen bewirken, dass er Sie in einen sich wiederholenden traumatischen Zyklus hineinzieht, in dem Sie jedes Mal hoffen, dass er sich endlich für immer ändert. Dann beginnen Sie, die Anzeichen seines nächsten langsamen Rückfalls in den Missbrauch zu erkennen, und Ihre Angst und Verwirrung nehmen wieder zu.

Frauen fragen mich häufig: „Was geht während dieses Zyklus in seinem Kopf vor? Warum kann er nicht einfach in der guten Phase bleiben, was kann ich tun, um ihn dort zu halten?" Um diese Fragen zu beantworten, schauen wir uns jede einzelne Phase aus seiner Perspektive an:

- ***Die Phase des Spannungsaufbaus.***

Während dieser Zeit sammelt Ihr Partner Negativpunkte über Sie und bewahrt sie zur Sicherheit auf. Jede Kleinigkeit, die Sie falsch machen, jede Enttäuschung, die er erlebt, jede Situation, in der Sie seinem Bild von der perfekten selbstlosen Frau nicht gerecht werden – all das wird in Form von Minuspunkten neben Ihrem Namen vermerkt.

Täter pflegen ihre Kritikpunkte. Einer meiner früheren Kollegen sprach im Zusammenhang mit dieser Angewohnheit vom Garten der Ressentiments. Es ist ein Prozess, bei dem ein Missbrauchstäter eine geringfügige Beschwerde einpflanzt und sie dann sorgfältig kultiviert, bis sie zu einer enormen Größe heranwächst, die ihn berechtigt, empört und missbräuchlich zu werden. Jesse zum Beispiel pflanzte das Gespräch am Esstisch in seinen Garten der Ressentiments und erntete es zwei Wochen später, um es Bea ins Gesicht zu schleudern und es mit verschiedenen anderen Themen zu einem großen, hässlichen Ball zu verklumpen.

Um sich gegen jegliche Beschwerden zu verteidigen, die Sie versuchen anzusprechen, hortet der Täter seine gesammelten Kritikpunkte wie Waffen, um sein kostbares Terrain des Egoismus und der Verantwortungslosigkeit zu schützen. Dabei geschieht ein Teil seiner Negativität Ihnen gegenüber aus reiner Gewohnheit. Ein Täter verfällt in eine Routine, in der er damit beschäftigt ist, auf den angeblichen Fehlern seiner Partnerin herumzureiten. Da Sie in seinen Augen dafür verantwortlich sind, alles für ihn in Ordnung zu bringen, wählt er Sie logischerweise als Abladeplatz für alle normalen Frustrationen und Enttäuschungen in seinem Leben.

- ***Der Ausbruch.***

Der misshandelnde Mann neigt dazu, innerlich Unmut gegen Sie zu sammeln, bis er das Gefühl hat, dass Sie eine Strafe verdienen. Sobald er bereit ist zu explodieren, entzündet ihn der kleinste Funke. Gelegentlich beschließt eine misshandelte Frau, ihren Partner an diesem Punkt selbst zu provozieren, so beängstigend das auch sein mag, denn in Furcht abzuwarten, was er tun wird und wann er es tun wird, ist noch schlimmer. Die daraus resultierende Explosion verbaler oder physischer Angriffe ist schrecklich, aber zumindest ist sie dann vorbei.

Nachdem er ausgerastet ist, spricht der Täter sich von jeglicher Schuld frei, indem er seinen Kontrollverlust damit rechtfertigt, dass er Opfer der Provokationen seiner Partnerin oder seines eigenen unerträglichen Schmerzes geworden sei. Während er bei anderen Gelegenheiten vielleicht betont, dass Männer stärker und weniger emotional seien als Frauen, ändert er jetzt seine Meinung und sagt: „Ein Mann kann nur ein gewisses Maß ertragen“ oder: „Sie hat meine Gefühle wirklich verletzt, und mir blieb nichts anderes übrig, als in die Luft zu gehen.“ Er mag emotionale Reaktionen von Frauen – wie z. B. ein Tränenausbruch – als verachtungswürdig ansehen, aber wenn ein Mann starke Emotionen hat, kann sogar Gewalt entschuldbar sein. Einige meiner hartgesottensten Klienten entschuldigen ihr grausames Verhalten ungeniert mit ihren schmerzlichen Gefühlen.

- ***Die „guten" Phasen.***

Nachdem die Entschuldigungen vorbei sind, kann der Täter in eine Phase relativer Ruhe eintreten. Er scheint nach dem massiv missbräuchlichen Bombardement seiner Partnerin eine Katharsis erfahren zu haben. Er fühlt sich regeneriert, spricht von einem Neuanfang, der die Beziehung in eine neue Richtung lenken soll. Natürlich hat es für seine Partnerin nichts Kathartisches, wenn sie das Ziel seiner Misshandlungen ist (sie fühlt sich mit jedem Zyklus schlechter), aber in seiner Ichbezogenheit glaubt der Missbrauchende, dass sie sich jetzt auch besser fühlen sollte, weil *er* sich besser fühlt.

Während dieser Zeit bemüht sich der Täter darum, die Brücke wieder aufzubauen, die seine Misshandlung gerade niedergebrannt hat. Er möchte wieder in der Gunst seiner Partnerin stehen und vielleicht möchte er Sex mit ihr haben. Außerdem braucht er die Zusicherung, dass sie ihn nicht verlassen wird – oder ihn bloßstellt. Briefe und Geschenke sind in dieser Phase üblich. Der misshandelnde Mann will sich jedoch nicht ernsthaft mit seinem Verhalten auseinandersetzen. Er will lediglich die Löcher, die er geschlagen hat – bildlich bzw. wörtlich – mit Tapeten zukleistern und wieder zur Tagesordnung übergehen. Die gute Zeit kann nicht von Dauer sein, weil sich nichts geändert hat. Seine Zwang ausübenden Gewohnheiten, seine Doppelmoral, seine Verachtung sind immer noch da. Der Zyklus wiederholt sich, weil es keinen Grund gibt, warum es nicht so sein sollte.

Einige missbrauchende Männer folgen nicht solch einem erkennbaren Zyklus, wie ich ihn gerade beschrieben habe. Die missbräuchlichen Vorfälle seitens Ihres Partners folgen möglicherweise auch keinem Muster, sodass Sie nie voraussehen können, was als Nächstes geschieht. Ich hatte Klienten, die aus ihrer eigenen Unberechenbarkeit fast einen Nervenkitzel zu schöpfen schienen, was ihre Macht noch weiter erhöhte. Willkürliche Misshandlungen können für Sie und Ihre Kinder in psychischer Hinsicht besonders schädlich sein.

Ein genauerer Blick auf die guten Phasen

Wenn ein Alkoholiker ein oder zwei Monate ohne Alkohol auskommt, sagen wir, dass die Person „trocken" ist. Die trockene Phase bedeutet einen Bruch im Verhaltensmuster und weckt die Hoffnung auf eine positive Entwicklung. Doch beim Missbrauch der Partnerin liegen die Phasen, in denen der Mann sich gut – oder zumindest nicht allzu schlecht – verhält, *nicht* wirklich außerhalb seines Musters. Sie sind im Allgemeinen ein integraler Bestandteil seines Missbrauchsverhaltens und in seine Denk- und Verhaltensstruktur eingewoben.

Welche Funktion haben die guten Zeiten? Sie erfüllen mehrere Funktionen, darunter folgende:

- Seine aufflammende Freundlichkeit und Großzügigkeit helfen ihm, sich gut zu fühlen. Er kann sich einreden, dass Sie diejenige sind, die verkorkst ist, „denn schau mich an, ich bin ein toller Kerl".
- Nach und nach fühlen Sie sich ihm gegenüber fürsorglicher und vertrauensvoller. Die guten Phasen sind wichtig, um Sie wieder an die Beziehung zu binden, vor allem, wenn er keine andere Möglichkeit hat, Sie am Weggehen zu hindern, wie z. B. finanzielle Abhängigkeit oder die Drohung, Ihnen die Kinder wegzunehmen.
- Während Sie wieder mehr Vertrauen aufbauen, offenbaren Sie vielleicht mehr von Ihren eigentlichen Gefühlen in Bezug auf verschiedene Themen Ihres Lebens und zeigen ihm mehr Fürsorge, was eine gewisse Verwundbarkeit schafft, die er später nutzen kann, um Sie zu kontrollieren (obwohl er das wahrscheinlich nicht bewusst plant). Wenn Jesse sich in einer schlechten Phase befindet, würde Bea ihm gegenüber zum Beispiel als Begründung für ihren Kurs in Journalismus angeben, „nur um die Englisch-Credits für meinen College-Abschluss zu bekommen" und ihre eigentlichen Beweggründe dadurch schützen. In einer vertraulicheren Phase würde sie vielleicht eher von ihrem Traum erzählen, eine Karriere als Journalistin zu machen, und er würde sie bestätigen und sagen, dass es eine großartige Idee sei. Später dann, wenn er sich wieder im Missbrauchsmodus befindet, wäre er ausgestattet mit Wissen über ihre innersten Wünsche und Gedanken, mit dem er sie verletzen könnte, wie wir in ihrer Auseinandersetzung gesehen haben.
- Er nutzt die guten Phasen, um sein Selbstbild in der Öffentlichkeit zu formen, was es für Sie schwieriger macht, andere glauben zu machen, dass er missbräuchlich ist.

Unter den rund zweitausend Männern, mit denen ich gearbeitet habe, ist mir kein Fall begegnet, bei dem eine der guten Phasen über einen längeren Zeitraum angedauert hat, es sei denn, der Mann hat auch tiefgreifende Arbeit an seiner missbrauchenden Haltung geleistet. Freundliches und liebevolles Verhalten bedeutet in der Regel einfach eine andere Form der Kontrolle und Manipulation, die allmählich wieder zu offen ausgetragenen Misshandlungen führt. Ich weiß, wie schmerzhaft oder beängstigend es für eine misshandelte Frau sein kann, dieser Realität ins Auge zu sehen, denn diese Zeiten der Freundlichkeit und der damit verbundenen Hoffnung sind oft das einzige geblieben, woran man sich festhalten kann, wenn man bedenkt, wie viel er einem weggenommen hat. Aber Illusionen hinsichtlich einer Veränderung halten Sie auch gefangen und können Ihre Gefühle der Hilflosigkeit oder Enttäuschung verstärken, wenn er zu seinen alten Gewohnheiten zurückkehrt. Eine echte Veränderung sieht ganz anders aus als eine typische gute Phase – so anders, dass man die beiden kaum verwechseln kann, wie wir in Kapitel 14 sehen werden.

Zehn Gründe, die dafür sprechen, sich nicht zu ändern

Um die Frage „Warum tut er das?" zu beantworten, müssen wir die Grundlagen untersuchen, auf der missbräuchliche Verhaltensweisen basieren. Auf der ersten Ebene befinden sich die Einstellungen, Überzeugungen und Gewohnheiten des Missbrauchstäters – das Denken, das sein Verhalten tagtäglich bestimmt, welches wir untersucht haben. Auf der zweiten Ebene befindet sich der Lernprozess, durch den sich einige Jungen zu missbrauchenden Männern entwickeln oder, mit anderen Worten, wo Missbrauch produzierende Werte ihren Ursprung haben; darauf werde ich in Kapitel 13 näher eingehen.

Es gibt noch eine dritte Ebene, die in Diskussionen über Missbrauch selten erwähnt wird, die aber eigentlich eine der wichtigsten Dynamiken bildet: die *Vorteile*, die ein Missbrauchstäter gewinnt und die sein Verhalten für ihn *wünschenswert* machen. Auf welche Weise lohnt sich Missbrauch? Wodurch wird dieses destruktive Muster verstärkt?

Stellen Sie sich folgendes Szenario vor: Mutter und Vater sind mit ihren Kindern an einem Mittwochabend beim Essen. Der Vater ist bissig und gereizt, kritisiert während des Essens alle und verbreitet seine Anspannung wie Elektrizität. Als er mit dem Essen fertig ist, steht er abrupt auf und verlässt das Zimmer. Seine zehnjährige Tochter ruft ihm hinterher: „Papa, wo gehst du hin? Am Mittwoch musst du das Geschirr abwaschen." Als er diese Worte hört, explodiert ihr Vater und schreit: „Du kleiner Scheißer, wag es nicht, mir zu sagen, was ich tun soll! Sonst kriegst du noch einen Teller ins Gesicht!" Er schnappt sich einen Teller vom Tisch, tut so, als wolle er ihn nach ihr werfen, dreht sich dann weg und zertrümmert ihn auf dem Boden. Er stößt mit der Hand einen Stuhl um und stürmt aus dem Raum. Die Mutter und die

Kinder bleiben zitternd zurück; die Tochter bricht in Tränen aus. Der Vater taucht wieder in der Türöffnung auf und schreit, sie solle besser still sein, sodass sie ihre Tränen herunterwürgt, was sie noch heftiger zittern lässt. Ohne jemanden berührt zu haben, hat der Vater schmerzhafte Schockwellen durch die ganze Familie geschickt.

Wir spulen nun vor zum nächsten Mittwoch. Das Abendessen verläuft einigermaßen normal, ohne die Anspannung der vergangenen Woche, doch der Vater spaziert wieder aus der Küche, als er mit dem Essen fertig ist. Erinnert ihn ein Familienmitglied daran, dass er mit dem Abwasch dran ist? Nein, natürlich nicht. Es werden viele, viele Monate vergehen, bis jemand diesen Fehler wieder begeht. Sie kümmern sich leise um den Abwasch oder streiten untereinander, wer es tun soll, und lassen ihren Frust über die Ungerechtigkeit und mangelnde Verlässlichkeit des Vaters aneinander aus. Das beängstigende Verhalten des Vaters hat eine Lage geschaffen, in der er den Abwasch nicht machen muss, wenn ihm nicht danach ist, und niemand wird es wagen, ihn dafür zur Rechenschaft zu ziehen.

Jeder Vorfall von missbräuchlichem Verhalten bringt dem Misshandelnden Vorteile, genau wie dieser. **Mit der Zeit gewöhnt sich der Mann an seine rasch anwachsende Sammlung von Annehmlichkeiten und Privilegien.** Hier sind einige der Gründe, warum er so entschlossen erscheint, nicht mit dem Mobbing aufhören zu wollen:

1. Die intrinsische Befriedigung durch Macht und Kontrolle.

Der misshandelnde Mann gewinnt durch sein Zwang ausübendes und einschüchterndes Verhalten an Macht – ein Gefühl, das eine starke, rauschhafte Erregung erzeugen kann. Der Machtausübende fühlt sich wichtig und erfolgreich und erlebt eine vorübergehende Befreiung von den normalen Bedrängnissen des Lebens. Es ist nicht der Schmerz, den er der Frau zufügt, der ihn reizt; die meisten Täter sind keine Sadisten. Tatsächlich muss er einige Anstrengungen unternehmen, um sich selbst vor seiner eigenen natürlichen Neigung zur Empathie zu schützen. Es ist das Gefühl, dass er *der Bestimmer* ist, was ihm Vergnügen bereitet.

Doch der aufregende Rausch der Macht ist bloß der Anfang dessen, was der Täter durch die Misshandlung seiner Partnerin gewinnt. Wenn die Belohnungen hier aufhören würden, würde es mir viel leichter fallen, meine Klienten zu einer Veränderung zu bewegen.

2. Der Wille, alles durchzusetzen, vor allem das, was ihm am wichtigsten ist.

Eine Liebesbeziehung beinhaltet eine nicht enden wollende Reihe von Abstimmungen der unterschiedlichen Bedürfnisse, Wünsche und Vorlieben zweier Menschen. Viele der Unterschiede, die herausgearbeitet werden müssen, sind für das Gefühlsleben jedes Partners von enormer Bedeutung, wie z. B.:

- Verbringen wir Weihnachten (oder die Feiertage, die für ein bestimmtes Paar am wichtigsten sind) mit meinen Verwandten, die ich mag, oder mit deinen Verwandten, die mir auf die Nerven gehen und mich nicht zu mögen scheinen?
- Essen wir heute Abend in meinem Lieblingsrestaurant oder in dem Restaurant, das ich satthabe und wo die Kinder anscheinend aufdrehen und nervig sind?
- Muss ich allein zu meiner Büroparty gehen, womit ich mich nicht wohl fühle, oder kommst du mit, auch wenn du den Abend lieber mit jedem anderen auf der Welt verbringen würdest?

Es ist wichtig, die Auswirkungen solcher alltäglichen Entscheidungen nicht zu unterschätzen. Ihre Zufriedenheit in einer Beziehung hängt stark von der Möglichkeit ab, dass Ihre Bedürfnisse gehört und ernst genommen werden. Wenn diese Entscheidungen von einem misshandelnden oder kontrollierenden Partner getroffen werden, erleben Sie eine Enttäuschung nach der anderen, weil Sie ständig Ihre Bedürfnisse opfern müssen. Er hingegen genießt den Luxus einer Beziehung, in der er nur selten Kompromisse eingehen muss, die Dinge tun darf, die ihm Spaß machen, und den Rest übergeht. Er zeigt sich großzügig, wenn der Einsatz gering ist, sodass seine Freunde sehen, was für ein prima Kerl er ist.

Der Täter hat am Ende die Vorteile einer Beziehung, ohne Opfer bringen zu müssen, die normalerweise damit verbunden sind. Das ist ein ziemlich privilegierter Lebensstil.

3. *Er hat jemanden, an dem er seine Probleme auslassen kann.*

Haben Sie jemals eine herbe Enttäuschung oder einen schmerzlichen Verlust erlitten und dann nach einem Sündenbock dafür gesucht? Waren Sie zum Beispiel schon einmal unfreundlich zu einer Verkäuferin oder einem Verkäufer, nachdem Sie sich richtig über Ihre Arbeit aufgeregt hatten? Die meisten Menschen haben den Drang, schlechte Gefühle auf eine unbeteiligte Person abzuwälzen, um so – vorübergehend – Traurigkeit oder Frustration zu lindern. An manchen Tagen wissen Sie vielleicht selbst, dass Sie aufpassen müssen, jemand anderem nicht den Kopf abzureißen.

Der misshandelnde Mann macht sich darüber jedoch keine Gedanken. Vielmehr hält er sich für berechtigt, seine Partnerin als eine Art menschliche Müllhalde zu benutzen, auf der er das normale Leid und den Frust, den das Leben mit sich bringt, abladen kann. Sie ist eine immer verfügbare Zielscheibe, sie ist leicht zu beschuldigen – kein Partner ist perfekt –, und sie kann ihn nicht daran hindern, seinen Frust bei ihr abzuladen; denn wenn sie es versucht, wird er noch fieser. Seine Entschuldigung dafür, dass er sein Elend auf sie abwälzt, ist, dass sein Leben ungewöhnlich mühsam sei – eine inakzeptable Rationalisierung, selbst wenn sie wahr wäre, was sie in der Regel nicht ist.

4. Unentgeltliche Arbeit von ihr; Freizeit und Freiheit für ihn.

Kein misshandelnder Mann leistet seinen Teil der Arbeit in der Beziehung. Er profitiert von der mühsamen Leistung seiner Partnerin, den Haushalt zu führen, die Mahlzeiten vorzubereiten, die Kinder zu versorgen und die unzähligen Einzelheiten des Lebens zu regeln. Falls er einer der wenigen Missbrauchstäter ist, der seinen Beitrag in diesem Bereich leistet, dann nutzt er sie stattdessen emotional aus, indem er ihre Aufmerksamkeit, Fürsorge und Unterstützung einfordert, selbst aber nur wenig zurückgibt.

All diese von ihr geleistete unentgeltliche Arbeit bedeutet Freizeit für ihn. Während all der Zeit, die er damit verbringt, über sich selbst zu sprechen, wird er von der Arbeit des Zuhörens enthoben. Die langen Tage am Wochenende, an denen sie sich um die Kinder kümmert, sind seine Gelegenheit, Sport zu treiben, klettern zu gehen oder seinen Roman zu schreiben. Meine Klienten sehen nicht den Zusammenhang, dass *jemand anderes* sich um die Arbeit kümmert. Sie denken, dass sie auf mysteriöse Weise erledigt wird und bezeichnen Frauen als „faul". Auf einer tieferen Ebene scheint der Täter jedoch zu erkennen, wie hart seine Partnerin arbeitet, denn er kämpft wie verrückt darum, diese Last nicht teilen zu müssen. Er ist an seinen Luxus gewöhnt und spricht oft in übertriebenem Maß über seine Erschöpfung, um zu entschuldigen, dass er auf seinem Hintern sitzen bleibt.

Studien haben gezeigt, dass die Mehrheit der Frauen das Gefühl hat, dass sich ihre Partner nicht gerecht an den Aufgaben im Haushalt beteiligen. Eine Frau, deren Partner nicht missbräuchlich ist, hat jedoch zumindest die Möglichkeit, bei ihrer Arbeitsbelastung ein Machtwort zu sprechen und darauf zu bestehen, dass der Mann die Lücken füllt. Wenn Sie jedoch bei einem missbrauchenden Mann ein Machtwort sprechen, ignoriert er Sie oder lässt Sie dafür bezahlen.

Der missbräuchliche Mann kommt und geht, wie es ihm gefällt, erfüllt oder ignoriert seine Verantwortung nach Lust und Laune und lässt alles aus, was ihm zu unangenehm ist. Tatsächlich sind einige Täter selten zu Hause und benutzen das Zuhause nur als Basis für regelmäßiges Auftanken.

5. Er steht im Mittelpunkt der Aufmerksamkeit und seine Bedürfnisse haben Priorität.

Wenn eine Frau chronisch von ihrem Partner misshandelt wird, womit beschäftigen sich dann ihre Gedanken? Mit ihm natürlich. Sie überlegt, wie sie ihn beruhigen kann, damit er nicht explodiert, wie sie sich in seinen Augen verbessern oder wie sie ihm gegenüber ein heikles Thema ansprechen kann. Ihr bleibt wenig Raum, um über ihr eigenes Leben nachzudenken, was dem Täter entgegenkommt. Er möchte, dass sie an ihn denkt. Der Täter erlangt ihr Entgegenkommen und die Befriedigung seiner körperlichen, emotionalen und sexuellen Bedürfnisse. Und wenn das Paar Kinder hat, bemüht sich die ganze Familie darum, seine gute Laune zu erhalten und seine schlechte zu vermeiden, in der Hoffnung, dass er nicht auf sie losgeht. Wenn der Täter stets im Mittelpunkt steht und seinen eigenen Willen durchsetzen kann, kann er sicherstellen, dass seine emotionalen Bedürfnisse zu seinen Bedingungen erfüllt werden – ein Luxus, von dem er sich nur ungern trennen möchte.

6. Er hat die Kontrolle über die Finanzen.

Geld ist ein Hauptgrund für Spannungen in modernen Beziehungen, zumindest in Familien mit Kindern. Finanzielle Entscheidungen haben enorme Auswirkungen auf die Lebensqualität, darunter auch Bereiche wie: Wer darf die Einkäufe tätigen, die ihm oder ihr am wichtigsten sind? Welche Vorkehrungen sind für die Zukunft zu treffen, einschließlich des Ruhestands? Welche Arten von Freizeitaktivitäten und Reisen werden unternommen? Wer muss arbeiten, wer muss *nicht* arbeiten, wenn er oder sie nicht arbeiten will? Und wie werden die Bedürfnisse der Kinder erfüllt? Wenn Ihnen bei diesen Entscheidungen die Stimme entzogen wird, ist das eine ganz erhebliche Einschränkung Ihrer Rechte, mit langfristigen Auswirkungen. Gleichzeitig erzwingt der missbräuchliche Mann, der diese Art von Entscheidungen dominiert, wichtige Vorteile für sich selbst, unabhängig davon, ob die Familie ein niedriges oder hohes Einkommen hat. Eine der gängigsten Taktiken, die ich mitbekomme, ist zum Beispiel, dass es dem Täter gelingt, Geschäfte so zu fingieren, dass sein Name zusammen mit oder *anstelle* ihres Namens auf den Eigentumspapieren seiner Partnerin steht – wie z. B. ihrem Haus oder ihrem Auto. In der Tat hatte ich Klienten, deren Missbrauch fast ausschließlich ökonomisch motiviert war und die es schafften, ihrer Partnerin Tausende von Dollar zu entziehen, entweder offen oder durch finanzielle Tricks.

Der Vorgang der wirtschaftlichen Ausbeutung seitens des Missbrauchstäters versetzt ihn in der Regel in eine viel bessere finanzielle Lage als seine Partnerin, wenn die Beziehung zerbricht. Dieses Ungleichgewicht macht es ihr schwerer, ihn zu verlassen, insbesondere wenn sie einen Weg finden muss, ihre Kinder zu versorgen. Er kann auch damit drohen, seinen wirtschaftlichen Vorteil zu nutzen, um einen Anwalt zu engagieren und das Sorgerecht zu erstreiten, eine der schrecklichsten Aussichten, die einer misshandelten Frau bevorstehen kann.

7. Es ist gewährleistet, dass seine Karriere, seine Ausbildung oder andere seiner Ziele Priorität haben.

Eng verwoben mit der finanziellen Kontrolle ist die Frage, wessen persönliche Ziele Priorität haben. Wenn der Täter an mehreren Abenden weg sein muss, um für einen

Abschluss zu lernen, der sein berufliches Aufstiegspotenzial verbessert, wird er es tun. Wenn eine Karrierechance für ihn den Umzug in eine andere Stadt beinhaltet, wird er wahrscheinlich die Auswirkungen seiner Entscheidung auf seine Partnerin ignorieren. Auch ihre eigenen Ziele können sich zuweilen entwickeln, aber nur so lange, wie sie nicht mit seinen in Konflikt geraten.

8. Sein öffentlicher Status als Partner und/oder Vater, ohne Opfer bringen zu müssen.

Wegen seiner ausgeprägten Fähigkeit, bei anderen gut anzukommen, und seiner spritzigen Energie, wenn er in der Öffentlichkeit steht, wird der misshandelnde Mann oft als ein ungewöhnlich lustiger und liebevoller Partner und als ein herziger, engagierter Vater angesehen. Er saugt das Lächeln und die Wertschätzung auf, die er von Angehörigen, Nachbarn und Menschen auf der Straße erhält, die sich seines Verhaltens im privaten Bereich nicht bewusst sind.

9. Die Zustimmung seiner Freunde und Angehörigen.

Ein Täter sucht sich oft Freunde, die eine missbräuchliche Haltung unterstützen. Darüber hinaus kann er selbst aus einer missbrauchenden Familie stammen. Tatsächlich könnten sein Vater oder Stiefvater wichtige Vorbilder für seinen Umgang mit Partnerinnen gewesen sein. In diesem sozialen Umfeld bekommt er Zustimmung dafür, dass er weiß, wie er seine Partnerin kontrollieren kann, indem er sie von Zeit zu Zeit „in ihre Schranken weist“ und ihre Beschwerden über ihn ins Lächerliche zieht. Seine Freunde und Angehörigen fühlen sich mit ihm eventuell sogar eins, weil er Frauen allgemein als irrational, rachsüchtig oder habgierig betrachtet. Wenn dieser Mann auf Missbrauch verzichten würde, müsste er auch seine Fan-Truppe aufgeben.

10. Doppelmoral.

Ein missbrauchender Mann errichtet auf subtile oder offene Weise ein System, in dem er von den Regeln und Normen, die er auf Sie anwendet, ausgenommen ist. Er erlaubt sich gelegentliche Affären, „weil Männer ihre Bedürfnisse haben“, aber wenn Sie einen anderen Mann auch nur anschauen, sind Sie eine „Hure“. Er darf bei Auseinandersetzungen schreien, aber wenn Sie Ihre Stimme erheben, sind Sie „hysterisch“. Er darf eines der Kinder am Ohr packen, aber wenn Sie Ihren Sohn packen und ihm eine Auszeit verordnen, weil er Ihnen gegen das Bein getreten hat, sind Sie eine „Kinderschänderin“. Er kann seinen Zeitplan offen und flexibel gestalten, während Sie über Ihre Zeit Rechenschaft ablegen müssen. Er darf auf Ihre Fehler hinweisen, während er sich selbst über jede Kritik hinwegsetzt, sodass er sich nicht mit Ihren Beschwerden auseinandersetzen oder mit den Folgen seines egoistischen und destruktiven Handelns konfrontieren muss. Der missbrauchende Mann hat das Privileg, nach einem speziellen Kriterienkatalog zu leben, der nur für ihn entworfen wurde.

Schauen Sie noch einmal schnell zurück auf diese beeindruckende Sammlung von Privilegien. Ist es da ein Wunder, dass missbrauchende Männer zögern, sich zu ändern? Die Vorteile, welche die Täter aus ihren Misshandlungen ziehen, sind ein großes soziales Geheimnis, das selten irgendwo erwähnt wird. Und warum? Vor allem deshalb, weil Missbrauchstäter Spezialisten darin sind, unsere Aufmerksamkeit abzulenken. Sie wollen nicht, dass jemand merkt, wie gut dieses System für sie funktioniert (und wollen es sich in der Regel nicht einmal selbst eingestehen). Wenn wir das kapieren würden, würden wir aufhören, sie zu bemitleiden und stattdessen anfangen, sie für ihre Taten zur Rechenschaft zu ziehen. Solange wir die Täter als Opfer oder als außer Kontrolle geratene Monster betrachten, werden sie weiterhin unbehelligt das Leben anderer ruinieren. **Wenn wir wollen, dass sich Täter ändern, müssen wir von ihnen verlangen, dass sie den mit der Ausbeutung für sie verbundenen Luxus aufgeben**.

Wenn Sie sich nach einer Konfrontation mit Ihrem kontrollierenden Partner verletzt oder verwirrt fühlen, fragen Sie sich: Was wollte er mit dem, was er gerade getan hat, erreichen? Was ist der letztendliche Nutzen für ihn? Sich diese Fragen zu stellen, kann Ihnen helfen, den Kopf frei zu bekommen und seine Taktiken zu durchschauen.

Natürlich *verliert* der misshandelnde Mann auch eine Menge durch sein missbräuchliches Verhalten. Er verliert zum Beispiel die Möglichkeit, echte Nähe in seiner Beziehung zu erleben, sowie seine Fähigkeit zu Mitgefühl und Empathie. Doch sind dies oft Dinge, die er nicht wertschätzt, sodass er ihre Abwesenheit vielleicht nicht spürt. Und selbst wenn er mehr Intimität wünscht, wird dieser Wunsch durch seine Bindung an die Vorteile des Missbrauchs aufgewogen.

Wird er gewalttätig werden?

Ein misshandelnder Mann kann beängstigend sein. Selbst wenn er nie die Hand erhebt oder eine Drohung ausspricht, kann er seine Partnerin dazu veranlassen, sich zu fragen, wozu er fähig ist. Sie sieht, wie gemein er werden kann, manchmal wie aus heiterem Himmel. Sein Wunsch, sie emotional zu vernichten, ist ab und zu spürbar. Manchmal nimmt er sie verbal auseinander, mit einer Grausamkeit, die sie sich früher in ihrer Beziehung nie hätte vorstellen können. Wenn ein Mann zeigt, dass er zu Bösartigkeit fähig ist, ist es natürlich und in der Tat klug, sich zu fragen, ob er noch weiter gehen wird. Misshandelte Frauen fragen mich immer wieder: „Glauben Sie, dass mein Partner gewalttätig werden könnte? Reagiere ich über? Ich meine, er ist kein *Schläger* oder so."

Bevor ich Sie durch eine Liste von Punkten führe, um diese Frage zu beleuchten, machen Sie sich mental bitte folgende Notiz:

Wissenschaftliche Studien zeigen, dass das intuitive Gespür einer Frau dafür, ob ihr Partner ihr gegenüber gewalttätig sein wird oder nicht, ein wesentlich genauerer Indikator für zukünftige Gewalt ist als jedes andere Warnzeichen.

Hören Sie daher vor allem auf Ihre innere Stimme.

Wenn eine Frau mir von ihren Bedenken bezüglich des Gewaltpotenzials ihres Partners erzählt, ermutige ich sie zunächst, genau auf ihre Gefühle zu achten. Wenn er ihr Angst macht, sollte sie ihr intuitives Gespür ernst nehmen, auch wenn sie nicht glaubt, dass sein beängstigendes Verhalten beabsichtigt ist. Als Nächstes frage ich sie nach dem, was bereits vorgefallen ist:

Hat er Sie jemals in einen Raum eingeschlossen und nicht wieder herausgelassen?
Hat er schon einmal die Faust gegen Sie erhoben, als wollte er Sie schlagen?
Hat er schon einmal einen Gegenstand geworfen, der Sie getroffen hat oder beinahe getroffen hätte?
Hat er Sie jemals festgehalten oder Sie gepackt, um Sie zurückzuhalten?
Hat er Sie jemals geschubst, gestoßen oder gepackt?
Hat er jemals gedroht, Sie zu verletzen?

Wenn die Antwort auf eine dieser Fragen Ja lautet, dann brauchen wir uns nicht länger fragen, ob er jemals gewalttätig sein wird; *er ist es bereits gewesen*. In mehr als der Hälfte der Fälle, in denen mir eine Frau berichtet, dass ihr Partner sie verbal misshandelt, stelle ich fest, dass er auch körperlich misshandelnd ist.

Es ist von entscheidender Bedeutung, dass man mit *gesundem Menschenverstand – und juristischem Verständnis – definiert, was Gewalt ist, und* ***nicht*** *die Definition des Täters übernimmt*. Ein Täter verharmlost sein Verhalten, indem er sich mit Männern vergleicht, die schlimmer sind als er selbst und die er für „echte" Täter hält. Wenn er seiner Partnerin z. B. nie droht, dann definiert er Drohungen als echten Missbrauch. Wenn er nur droht, aber nie wirklich zuschlägt, dann sind für ihn echte Täter diejenigen, die zuschlagen. Jeder Täter versteckt sich hinter dieser Denklogik: Wenn er sie schlägt, aber nie mit der geschlossenen Faust … Wenn er sie schlägt, sie aber nie gebrochene Knochen hatte oder im Krankenhaus behandelt werden musste … Wenn er sie schlimm verprügelt, sich aber danach entschuldigt und sie selbst ins Krankenhaus fährt (wie es mehrere meiner Klienten getan haben) … Nach Ansicht des Täters ist *sein* Verhalten nie wirklich gewalttätig.

Ein ähnlicher Denkprozess offenbart sich, wenn ein Klient mir gegenüber beteuert, was viele tun: „Ich bin nicht wie einer dieser Typen, der nach Hause kommt und seine Frau *grundlos* schlägt." Mit anderen Worten: Wenn er eine angemessene Rechtfertigung hätte, dann wäre es keine Gewalt. Die Denkweise des Täters dringt meist wie ein Bandwurm auch in die Psyche der Frau ein. Die Partnerinnen meiner Klienten sagen Dinge zu mir wie „Ich habe ihn wirklich zu weit getrieben" oder „Er hat mich nie geschlagen, er schubst mich nur manchmal", was mit ziemlicher Sicherheit auf die Indoktrination des Täters zurückzuführen ist.

Um diese verzerrte Denkweise zu vermeiden, müssen wir den Tätern die Definition von Gewalt aus den Händen reißen und eine angemessene eigene einführen. *Gewalt* ist ein Verhalten, das sich folgendermaßen äußert:

- Er tut Ihnen körperlich weh oder macht Ihnen Angst; er bedrängt Sie körperlich, um Sie zu kontrollieren oder einzuschüchtern.
- Er nimmt Ihnen Ihre Bewegungsfreiheit, indem er Sie z. B. in einen Raum einsperrt oder sich weigert, Sie aus einem Auto aussteigen zu lassen.
- Er veranlasst Sie zu der Annahme, dass Sie körperlich verletzt werden.
- Er zwingt Sie zu sexuellem Kontakt oder anderer ungewollter körperlicher Intimität.

Auf der Grundlage dieser Definitionen können wir wichtige Fragen beantworten, die sich stellen:

FRAGE: Handelt es sich um Gewalt, wenn er mir sagt, dass er mir *„die Scheiße aus dem Leib prügeln"* wird, es aber nie tut?

ANTWORT: Ja. Das Androhen körperlicher Gewalt ist körperliche Misshandlung. Die Frau duckt oder verkriecht sich, sie rennt aus dem Raum, sie versteckt sich mit ihren Kindern. Es gibt natürlich auch emotionale Auswirkungen, da körperliche Misshandlungen von Natur aus ebenso psychische Misshandlungen sind.

FRAGE: Ist es Gewalt, wenn er mich schubst?

ANTWORT: Wahrscheinlich. Männer, die keinen Zwang ausüben, schubsen meiner Erfahrung nach ihre Partnerin nicht. Wenn er Sie erschreckt, Ihnen Schmerzen bereitet, Sie kontrolliert oder Sie dazu bringt, sich zu fragen, was er das nächste Mal tun wird, dann ist es Gewalt. Ob sein Verhalten diese Auswirkungen haben wird, hängt zum Teil davon ab, wie seine vorherigen Einschüchterungen waren und welche Motive er bei den betreffenden Vorfällen hatte. Wenn er wiederholt emotional missbräuchlich handelt, dann ist ein Schubs definitiv gewalttätig. Mit anderen Worten, der Kontext spielt eine Rolle.

Der Täter wird natürlich leugnen, dass er seine Partnerin einschüchtern wollte; er hat einfach „die Fassung verloren" oder „konnte es nicht mehr ertragen". Er wird sie vielleicht lächerlich machen, weil sie so aufgebracht war: „Du bezeichnest einen Schubs als *gewalttätig*? Als *Misshandlung*??? Du bist die hysterischste, melodramatischste Person der Welt!" Für mich macht diese schikanierende Reaktion deutlich, dass er tatsächlich Machtmotive hatte.

FRAGE: Ich schlug ihn ins Gesicht, und er boxte mich und verpasste mir ein blaues Auge. Er sagt, er hätte sich nur selbst verteidigt. Hat er recht?

ANTWORT: Nein, es war Rache. Meine Klienten berichten oft, dass sie ihre Partnerin zurückgeschlagen haben, „damit sie sieht, wie es ist" oder „um ihr zu zeigen, dass sie das nicht mit mir machen kann". Das ist keine Selbstverteidigung; denn dabei würde man nur ein *Minimum* an Gewalt anwenden, um sich selbst zu schützen. Er benutzt ihre Schläge als Einladung, um seine Gewalttätigkeit demonstrieren zu können und ihr damit klarzumachen, was in Zukunft passieren könnte, wenn sie nicht aufpasst. Seine Rache ist in der Regel um ein Vielfaches verletzender und einschüchternder als das, was sie ihm angetan hat. Dies macht seine Behauptung von der Selbstverteidigung noch fragwürdiger. Er ist der Ansicht, dass er, wenn er sich von Ihnen emotional oder körperlich verletzt fühlt, das Recht hat, Ihnen etwas weitaus Schlimmeres anzutun.

FRAGE: Er sagt, *ich* sei gewalttätig, weil ich ihn ein paar Mal geohrfeigt oder geschubst habe. Hat er recht?

ANTWORT: Wenn Ihre Handlungen ihn nicht verletzt, geängstigt oder kontrolliert haben, entsprechen sie nicht meiner Definition von Gewalt. Ihr Partner bezeichnet Sie als gewalttätig, um den Fokus auf das zu lenken, was *Sie* falsch machen, wodurch er Sie nur noch fester in seinen Griff bringt. Ich empfehle Ihnen jedoch, ihn nicht noch einmal anzugreifen, da er dies als Vorwand nehmen könnte, um Sie ernsthaft zu verletzen. Manche Frauen reden sich ein, dass sie sich behaupten, wenn sie selbst auch Gewalt anwenden. Sie sagen: „Ich kann einstecken, aber ich kann auch austeilen." Aber mit der Zeit werden Sie feststellen, dass Sie diejenige sind, die kontrolliert, verletzt und in Angst versetzt wird. Außerdem ist es schlichtweg falsch, einen Partner zu schlagen, außer zur Selbstverteidigung. Benutzen Sie Ihr eigenes Verhalten als Warnzeichen dafür, dass Sie mit Ihrem misshandelnden Partner nicht umgehen können, und rufen Sie so schnell wie möglich das Hilfetelefon oder eine andere Missbrauchs-Hotline an.

Frage 11: Werden seine verbalen Misshandlungen in Gewalt umschlagen?

Wenn Ihr Partner bisher keine körperliche Gewalt angewendet hat, wie können Sie dann feststellen, ob er sich wahrscheinlich in diese Richtung bewegen wird? Dies sind einige der Anzeichen, die möglicherweise darauf hinweisen, dass eines Tages ein heftiger Sturm aufziehen könnte:

- Reagiert er, wenn er wütend auf Sie ist, indem er mit Sachen herumwirft, gegen Türen schlägt oder gegen das Auto tritt? Benutzt er gewalttätige Gesten wie Zähneknirschen, Zerreißen seiner Kleidung oder Herumfuchteln mit seinen Armen, um seine Wut zu zeigen? Haben Sie Angst gehabt, wenn er sich so verhalten hat?
- Ist er bereit, die Verantwortung für diese Verhaltensweisen zu übernehmen und zuzustimmen, damit aufzuhören, oder rechtfertigt er sie wütend?
- Hört er Ihnen zu, wenn Sie sagen, dass diese Verhaltensweisen Ihnen Angst machen, oder dreht er den Spieß um, indem er sagt, dass Sie seine Verhaltensweisen verursachen, sodass es Ihr eigenes Problem ist, wenn Sie Angst haben?
- Versucht er, sein beängstigendes Verhalten als Druckmittel einzusetzen, indem er zum Beispiel sagt, dass er nicht gegen die Wände schlagen wird, wenn Sie aufhören, mit Ihren Freunden auszugehen?
- Leugnet er, dass er überhaupt etwas mit dem beängstigenden Vorfall zu tun hat, indem er z. B. behauptet, dass jemand anderes die Tür zerbrochen hat oder dass Sie sich das Geschehene ausdenken oder übertreiben?
- Macht er jemals versteckte Drohungen wie „Du willst mich nicht wütend sehen" oder „Du weißt nicht, mit wem du dich anlegst"?
- Ist er massiv verbal beleidigend? (Forschungsstudien deuten darauf hin, dass die *beste* Vorhersage, welche Männer ihren Partnerinnen gegenüber gewalttätig werden, *der Grad ihrer verbalen Beschimpfung ist.*)

Auch wenn diese Fragen Ihnen helfen können, den Grad der Gewaltbereitschaft Ihres Partners zu bestimmen, ist es wichtig, sich unabhängig von Ihren Antworten an eine Beratungsstelle für misshandelte Frauen zu wenden. Die Tatsache, dass Sie sich überhaupt mit seinem Gewaltpotenzial beschäftigen, bedeutet, dass etwas ernsthaft falsch läuft.

Wenn Ihr Partner Sie verletzt oder erschreckt, sollten Sie sich rechtlichen Beistand suchen. So können Sie z. B. eine einstweilige Verfügung beantragen, auch wenn Ihr Partner Sie nie geschlagen oder sexuell missbraucht hat; es reicht, dass er Sie in Angst versetzt hat und Gefahr im Verzug ist. Bei Körperverletzung oder massiver Bedrohung kann im Rahmen des Gewaltschutzgesetzes ein Betretungsverbot der Wohnung gegen den Täter ausgesprochen werden („Wer schlägt, der geht!").

Einige Ansätze zur Gefahreneinschätzung Ihres Partners werden in Kapitel 9 unter „Einen Missbrauchstäter sicher verlassen" behandelt. Die Vor- und Nachteile rechtlicher Schritte werden in Kapitel 12 „Sollte ich eine einstweilige Verfügung erwirken?" erörtert.

Kulturelle Unterschiede bei missbräuchlichem Verhalten

Ich bin der Ansicht, dass das grundlegende Denk- und Verhaltensmuster missbrauchender Männer ethnische Grenzen überschreitet. Das zugrunde liegende Ziel dieser Täter, ob bewusst oder unbewusst, ist die Kontrolle ihrer Partnerinnen. Sie halten sich selbst für berechtigt, Dienstleistungen zu verlangen und Strafen zu verhängen, wenn sie das Gefühl haben, dass ihre Bedürfnisse nicht erfüllt werden. Sie betrachten ihre Partnerin als ihnen unterlegen, eine Einstellung, die sich oft auch auf Frauen im Allgemeinen erstreckt.

Gleichzeitig kann die spezifische *Form*, die der Missbrauch annimmt, je nach Herkunft und Kultur sehr unterschiedlich sein. Missbrauchstäter verlassen sich in hohem Maße auf die Formen der Misshandlung, die unter Männern ihrer Herkunft am akzeptabelsten sind. Meine weißen amerikanischen Klienten neigen zum Beispiel dazu, extrem rigide zu sein, wenn es darum geht, wie ihre Partnerinnen diskutieren oder Wut ausdrücken dürfen. Wenn die Partnerin einer dieser Klienten ihre Stimme erhebt, flucht oder sich weigert, den Mund zu halten, wenn sie dazu aufgefordert wurde, wird es wahrscheinlich zu Misshandlungen kommen. Klienten aus bestimmten anderen Kulturen konzentrieren sich mehr darauf, wie ihre Partnerin das Haus versorgt und die Mahlzeiten zubereitet. Ihr gesellschaftliches Leben spielt sich um das Essen herum ab, deshalb erwarten sie, dass sie jeden Abend wie Könige mit einem warmen, abwechslungsreichen und schmackhaften Abendessen bedient werden. Wenn der Mann zwei Stunden später kommt, ohne anzurufen, erwartet er *trotzdem*, dass das Essen immer noch irgendwie warmgehalten wurde. Ich habe festgestellt, dass Klienten einiger Länder sich durch ihre fanatische Eifersucht auszeichnen, die dazu führen kann, dass sie ihre Partnerin verbal auseinandernehmen, weil sie zehn Minuten lang mit einem Fremden auf der Straße gesprochen oder auf einer Party eine Runde mit einem anderen Mann getanzt hat. Gewalttätige Männer aus bestimmten Regionen der Welt schlagen ihre Kinder häufig mit Gürteln, ein Verhalten, das bei Gewalttätern aus anderen Teilen der Welt auf große Ablehnung stößt. Sie wiederum sorgen bei der ersten Gruppe für Entsetzen, wenn sie den Müttern das Sorgerecht für ihre Kinder wegnehmen.

Nicht nur die konkreten missbräuchlichen Verhaltensweisen, sondern auch die Ausreden und Rechtfertigungen, die damit einhergehen, sind zum Teil durch den ethnischen Hintergrund eines misshandelnden Mannes geprägt. Männer der einen Gruppe verlassen sich z. B. eher auf die Ausrede, die Kontrolle über sich selbst verloren zu haben, während andere zugeben, dass sie bewusst handeln, dies aber damit rechtfertigen, dass sie auf Misshandlungen zurückgreifen müssen, um zu verhindern, dass die Familie außer Kontrolle gerät.

Wie wir in Kapitel 13 sehen werden, ist Missbrauch in Beziehungen ein Problem, das durch kulturelle Erziehung von Generation zu Generation weitergegeben wird und daher in jeder Gesellschaft eine spezifische Gestalt annimmt. Aber für die Frauen (und oft auch für die Kinder), die die Zielscheibe der Gewalt sind, verändern die kulturspezifischen Unterschiede ihre Lebensqualität nicht wesentlich. Missbrauchsverhalten kann man sich als eine Rezeptur vorstellen, die eine Reihe konsistenter Zutaten beinhaltet: Kontrolle, Berechtigung, Respektlosigkeit, Ausreden und Rechtfertigungen (einschließlich der Schuldzuweisung an das Opfer) – Elemente, die immer vorhanden sind, oft begleitet von körperlicher Einschüchterung oder Gewalt. Je nach Kultur verwenden missbrauchende Männer etwas mehr von der einen und etwas weniger von einer anderen Zutat, indem sie unterschiedliche Taktiken und Ausreden benutzen sowie ihrer Partnerin bestimmte Rechte zugestehen und andere wegnehmen. Aber trotz dieser Unterschiede bleibt der Geschmack des Missbrauchs etwa derselbe. Die Missbrauchstäter – und damit auch ihre misshandelten Partnerinnen – haben über nationale und ethnische Grenzen hinweg sehr viel gemeinsam.

Gibt es Kulturen, in denen der Missbrauch von Frauen akzeptabel ist?

Ich begegne häufig dem Irrglauben, dass Männer bestimmter nationaler oder ethnischer Gruppen sich Frauen gegenüber missbräuchlicher verhalten als der Durchschnittsmann Nordamerikas und Westeuropas. Sozialarbeiterinnen und Sozialarbeiter äußern mir gegenüber zum Beispiel manchmal: „Die Familie, mit der ich gerade arbeite, stammt aus einer jener Kulturen, in denen häusliche Gewalt als normal und hinnehmbar gilt.“ Die Realität sieht jedoch so aus, dass die kulturelle Zustimmung zur Misshandlung von Partnerinnen in unserer Gesellschaft beunruhigend hoch ist, selbst unter den Privilegierten und Gebildeten (siehe Kapitel 13), und unsere Statistiken über häusliche Gewalt sind zwar nicht die schlechtesten der Welt, aber sie bewegen sich auf sehr hohem Niveau. Die Vereinigten Staaten sind die einzige Industrienation, die es versäumt hat, die UN-Konvention zur Beseitigung jeder Form von Diskriminierung der Frau zu ratifizieren, in der Gewalt gegen Frauen ausdrücklich als eine Form der Diskriminierung bezeichnet wird. Mit dem Finger auf andere Länder zu zeigen, kann eine Möglichkeit sein, die ernsten Probleme in unserem eigenen Land zu ignorieren.

In Wirklichkeit ist die Misshandlung von Frauen – und die gesellschaftliche Zustimmung dazu – ein weitverbreitetes Problem in der großen Mehrheit der modernen Kulturen. Nur bei einigen Stammesvölkern, die jegliche Form der Aggression in hohem Maße missbilligen und Frauen und Männern gleiche oder fast gleiche Macht geben, zeigt sich, dass es dieses Problem nicht gibt.

Misshandelnde Männer aus einigen Herkunftsländern sind sehr eindeutig und direkt bezüglich ihrer kulturellen oder religiösen Regeln, die ihr Verhalten ungewöhnlich schlecht erscheinen lassen. Ein Mann könnte zum Beispiel behaupten: „Gott hat bestimmt, dass der Mann die Frau züchtigen soll“, oder er könnte in bedrohlicher Weise gegenüber seiner Partnerin äußern: „Teil der Aufgabe einer Frau ist es, dem Mann sexuell zur Verfügung zu stehen, wann immer er es will.“ Denken weiße amerikanische Missbrauchstäter weniger auf diese Weise als Missbrauchstäter anderer Kulturen? Nein. Sie verbergen ihre Überzeugungen oft besser und können dadurch den Eindruck erwecken, „aufgeklärter“ zu sein. Aber die *Direktheit* einer kulturellen Botschaft sagt nicht unbedingt etwas über ihre *Stärke* aus. Ich habe mit Hunderten von nicht-weißen Missbrauchstätern aus einem großen Spektrum von Kulturen und Religionen gearbeitet, darunter mehr als zwanzig verschiedene Herkunftsländer, und ich kann Ihnen versichern, dass meine weißen Klienten aus der Mittelschicht sich genauso berechtigt fühlen wie die anderen und eine ebenso überlegene und respektlose Einstellung gegenüber Frauen haben. Als Produkt der weißen angelsächsischen protestantischen Kultur bin ich mit ihrer jahrhundertealten Tradition vertraut, ihre Misshandlung von Frauen unter einer hübschen Verpackung zu verbergen. Ausgepackt sieht sie nicht viel anders aus.

Einige spezifische kulturelle Ausreden und Rechtfertigungen

Bestimmte kulturspezifische Rationalisierungen, die von misshandelnden Männern verwendet werden, können für Frauen besonders verwirrend sein. Zum Beispiel erlebe ich es ziemlich häufig, dass ein Misshandelnder glaubt, dass die Rassendiskriminierung, der er in seinem Leben ausgesetzt war, die Misshandlung seiner Partnerin entschuldigt. Wenn Sie sich bei ihm beklagen, dass er Sie misshandelt, kann es sein, dass er Sie beschuldigt, ihn als Migranten zu verraten, weil Sie sich angeblich auf die Seite der weißen Kultur stellen, die ihn bereits so sehr zerstört hat. Da Rassismus nach wie vor eine harte Realität bleibt, kann es ihm gelingen, Ihnen Schuldgefühle einzureden, weil Sie ihn kritisiert haben oder weil Sie versucht haben, ihn zu verlassen. Wenn Sie denselben kulturellen Hintergrund haben, legt er einen doppelten Maßstab an ethnische Solidarität an. Seiner Meinung nach verrät er seine ethnische Gruppe nicht, obwohl er eine Frau gleicher Herkunft misshandelt, doch er hält *Sie* für illoyal, wenn Sie sich über seine Behandlung beschweren oder ihn denunzieren. Er hat die Realität verdreht, denn derjenige, der die Solidarität verrät, ist er.

Ich hatte im Laufe der Jahre auch einige Dutzend Klienten, die fundamentalistischen religiösen Gruppen angehören, in der Regel christliche oder islamische Fundamentalisten sowie orthodoxe Juden. Misshandelnde Männer dieser Gruppen verteidigen oft offen ein System, in dem Frauen so gut wie keine Rechte haben und Männer berechtigt sind, der unangefochtene Herrscher des Hauses zu sein. Erschwerend kommt hinzu, dass diese religiösen Sekten in den letzten Jahrzehnten ihre politische Macht weltweit stark ausgebaut haben. Denken Sie zum Beispiel an den wachsenden Einfluss des christlichen Fundamentalismus in den Vereinigten Staaten. Frauen, die innerhalb dieser religiösen Gruppen leben, können sich im Fall von Misshandlungen besonders gefangen fühlen, da ihr Widerstand gegen die Herrschaft wahrscheinlich als *böse* angesehen wird und die religiöse Gemeinschaft sich hinter den Täter stellen oder ihn sogar verehren könnte. (Christliche Frauen, die von Missbrauch betroffen sind, finden unter „Ressourcen" hilfreiche Lektüre.)

Einige meiner afroamerikanischen Klienten behaupten, dass schwarze Frauen zu stark sind, um misshandelt zu werden; sie behaupten sogar manchmal, selbst Opfer der Gewalt durch Frauen zu sein. Diese Behauptung wird manchmal von Beschreibungen der schwarzen Familie als „matriarchalisch" oder „weiblich dominiert" begleitet. Eine derartigeÜberzeichnung kultureller Unterschiede dient dazu, die Tatsache zu verschleiern, dass nach den neuesten US-Statistiken afroamerikanische Frauen etwa in gleichem Maße misshandelt werden wie weiße Frauen.

Meiner Erfahrung nach trifft es zu, dass schwarze Frauen sich manchmal stärker als weiße Frauen gegen einen körperlich gewalttätigen Täter wehren (obwohl viele weiße Frauen sich auch wehren), sie dadurch aber nicht weniger verletzt, verängstigt oder kontrolliert sind.

Schließlich gibt es die Situation, dass Männer einiger indigener Kulturen missbräuchliche Verhaltensweisen gegenüber Frauen entwickelt haben, nachdem sie zum ersten Mal ausgiebigen Kontakt mit modernen Gesellschaften hatten. Indigene Frauen haben zum Beispiel berichtet, dass, als das Fernsehen in ihre Region kam, häusliche Gewalt ebenfalls mit einzog, weil ihre Männer begannen, die gewalttätigen und männlich dominierenden Einstellungen zu übernehmen, welche die moderne Kultur so sehr prägen. Ein indigener Mann mag also seine Missbräuchlichkeit mit *Fortschritt* und der *Anpassung an den Mainstream* rechtfertigen, indem er die Verspottung seiner Partnerin mit der Herabsetzung der gesamten Stammeskultur verknüpft, auch wenn einige das Gegenteil tun und fälschlicherweise behaupten, dass die Tradition ihre repressiven Verhaltensweisen unterstützt.

Während ich mich hier auf kulturelle Unterschiede und Ähnlichkeiten bei misshandelnden Männern konzentriert habe, gibt es eine andere Situation, in der Kultur und Herkunft bei Missbrauch eine große Rolle spielen: wenn der Misshandelnde ein weißer Amerikaner oder Europäer ist, seine Partnerin hingegen Migrantin. In einer solchen Beziehung neigt der Täter dazu, Rassismus als zusätzliche Taktik einzusetzen, um seine Partnerin zu beleidigen und zu kontrollieren. Migrantinnen, die es mit weißen Tätern zu haben, können bei der Polizei, den Gerichten oder der Kinderschutzbehörde auf erhebliche Voreingenommenheit treffen. Einige spezifische Ressourcen für misshandelte Frauen mit Migrationshintergrund – unabhängig von der Ethnie des misshandelnden Mannes – sind im hinteren Teil dieses Buches aufgeführt.

Gleichgeschlechtliche Missbrauchstäter

Obwohl die meisten Misshandelnden männlich und die meisten Misshandelten weiblich sind, sind die Gründe für dieses einseitige Bild nicht biologischer, sondern sozialer Natur. Frauen misshandeln manchmal ihre lesbischen Partnerinnen, und Männer können von ihren schwulen Partnern misshandelt werden. Die Denkweise, die das Verhalten von lesbischen und schwulen Tätern und Täterinnen bestimmt, folgt weitgehend den Mustern, die wir untersucht haben. Es stimmt zwar, dass einige Rechtfertigungen, die von heterosexuellen männlichen Missbrauchstätern verwendet werden, nicht auf schwule oder lesbische Täter zutreffen – wie z. B. „Ich habe das Recht, über dich zu herrschen, weil ich der Mann bin und du die Frau“ –, doch der gleichgeschlechtliche Täter ersetzt solche Argumente durch andere, die genauso mächtig sein können. Die misshandelte Lesbe oder der misshandelte Schwule kann daher genauso stark verfangen sein wie die heterosexuelle Frau.

Lassen Sie uns zunächst einige der Aspekte betrachten, die der gleichgeschlechtliche Täter *nicht* so leicht *tun kann* (ich werde den Täter „sie“ nennen):

- Sie wird nicht in der Lage sein, Erwartungen an Geschlechterrollen, die auf kulturellen oder religiösen Regeln beruhen, so leicht zu nutzen wie der heterosexuelle männliche Täter.
- Sie hat nicht so viele soziale Machtvorteile wie ein Mann, der es mit einer Frau zu tun hat. (Der heterosexuelle männliche Täter kann sich auf vielfältige Weise die Tatsache zunutze machen, dass wir trotz der jüngsten gesellschaftlichen Veränderungen immer noch in einer „Männerwelt“ leben.)
- Sie ist möglicherweise nicht in der Lage, durch Größe und Stärke so leicht einzuschüchtern, wie es die meisten heterosexuellen männlichen Täter tun. Tatsächlich mag sie kleiner sein oder weniger „stark“ wirken als ihre Partnerin oder ihr Partner.

Der gleichgeschlechtliche Täter gleicht diese Lücken auf verschiedene Weise aus. Ich möchte hier nur einige Beispiele nennen:

1. Sie ist vielleicht noch mehr überzeugt als der heterosexuelle männliche Täter, dass sie unmöglich missbräuchlich handeln kann, egal wie grausam oder sogar gewalttätig sie wird, weil Missbrauch in gleichgeschlechtlichen Beziehungen „einfach nicht passiert“. Sie mag in diesem Punkt so selbstsicher klingen, dass sie in der Lage ist, ihren misshandelten Partner/ihre misshandelte Partnerin davon zu überzeugen, dass das, was geschieht, ein ganz normaler Beziehungskonflikt ist.
2. Sie spielt die Homosexualität ihrer Partnerin gegen sie aus. Wenn sie wütend ist, droht sie möglicherweise damit, den Eltern ihrer Partnerin von ihrer Beziehung zu erzählen oder am Arbeitsplatz anzurufen und sie zu „outen“, was zum Arbeitsplatzverlust führen könnte. Wenn sie gewalttätig ist, kann sie gegenüber ihrer Partnerin anmerken: „Glaubst du, die Polizei oder die Gerichte werden dir helfen, wenn sie wissen, dass du lesbisch bist?“ Der schwule Gewalttäter kann seinem Partner sagen: „Die Polizei wird dich nur auslachen, wenn du ihnen sagst, dass du Angst hast. Sie werden sagen, dass du dich wie ein Mann verhalten sollst.“

Lesben und Schwule, die es mit einem gewalttätigen oder bedrohlichen Täter zu tun haben, befürchten eher, von der Polizei und den Gerichten diskriminiert zu werden, was der Täter sich häufig zunutze macht.

3. Der gleichgeschlechtliche Täter kann sogar noch mehr erreichen, wenn er das Opfer spielt, als der heterosexuelle männliche Täter. Wenn ein heterosexueller Mann hergeht und behauptet, dass eine Frau ihn missbraucht, stößt er oft auf erhebliche Skepsis – und das sollte er auch. Wenn wir aber zwei Menschen gleichen Geschlechts gegenüberstehen, wie sollen wir dann erkennen, wer von beiden die Macht missbraucht? Ein kurzer Blick wird uns keine Antwort geben.

   Das Ergebnis ist, dass ein gleichgeschlechtlicher Missbrauchstäter oft die Menschen in seiner Umgebung und manchmal sogar seinen eigenen Partner davon überzeugen kann, dass er derjenige ist, der missbraucht wird. Wenn Lesben oder Schwule sich an Beratungsstellen wenden, um Hilfe bei Missbrauch in der Beziehung zu erhalten, ist es nicht ungewöhnlich, dass die Täterin sagt, dass sie das Opfer ist, *und* dass das Opfer sagt, dass sie die Täterin ist! Manchmal gelingt es der Täterin, für eine ganze Weile Unterstützung und Sympathie zu bekommen, bevor die Mitarbeiter der Beratungsstelle merken, dass sie der falschen Person helfen.
4. Der Täterin gelingt es manchmal, ihr weiteres soziales Umfeld dazu zu bringen, über den Missbrauch zu schweigen, weil jeder bereits mit dem negativen gesellschaftlichen Image der Homosexualität kämpft. Viele Lesben und Schwule haben verständlicherweise das Gefühl, dass die Kenntnis von Missbrauch in gleichgeschlechtlichen Beziehungen von Fanatikern als Ausrede für weitere Stereotypisierung und Diskriminierung benutzt wird. Und es steht wirklich außer Frage, dass die Fanatiker genau dies tun werden. Aber Schweigen ist auch keine Lösung, da es misshandelte Lesben und Schwule isoliert und im Stich lässt und es den Missbrauchstätern erlaubt, das Leben ihrer Partner und Partnerinnen zu zerstören.

Die gleichgeschlechtliche Missbrauchstäterin mag ein extrem schwieriges Leben gehabt haben und sie mag das Gefühl haben, dass jede, die sie als „missbrauchend“ bezeichnet, ihr gegenüber unfair ist, wenn man bedenkt, was sie durchgemacht hat. Vielleicht wurde sie wegen ihrer Homosexualität aus ihrer Familie verbannt, von einer Karriere ausgeschlossen oder in ihrer Jugend mit heimlicher Scham erfüllt. Möglicherweise haben Menschen in ihrem sozialen Umfeld ähnliche Prüfungen durchgemacht und empfinden daher sofort Verständnis für ihre Ausreden. Aber auch nicht-missbrauchende Lesben und Schwule haben aufgrund ihrer Sexualität bedrückende Erfahrungen gemacht. Gleichgeschlechtliche Missbrauchstäter wie auch heterosexuelle männliche Missbrauchstäter nutzen jede erdenkliche Ausrede, um sich von der Verantwortung für ihre Handlungen zu befreien und Verständnis zu wecken.

Letztlich ähneln das Denken und Handeln lesbischer und schwuler Missbrauchstäter eher denen anderer Missbrauchstäter, als dass sie sich von ihnen unterscheiden. Wenn wir später die sozialen Wurzeln des Missbrauchs erforschen, wird klar werden, warum alle Missbrauchstäter mehr oder weniger demselben Muster folgen.

Wichtige Punkte, die Sie sich merken sollten

- In den meisten Fällen wendet ein missbrauchender Mann verbal aggressive Taktiken in einer Auseinandersetzung an, um Ihre Aussagen zu *diskreditieren* und Sie zum *Schweigen* zu bringen. Kurz gesagt, er möchte vermeiden, sich in einem Konflikt ernsthaft mit *Ihrer Perspektive* auseinandersetzen zu müssen.
- Auseinandersetzungen, die „grundlos" außer Kontrolle zu geraten scheinen, werden von dem misshandelnden Mann tatsächlich meistens benutzt, um bestimmte Ziele zu erreichen, auch wenn er sich seiner eigenen Motive nicht immer bewusst ist. Seine Handlungen und Äußerungen ergeben weit mehr Sinn, als er denkt.
- Die guten Zeiten eines misshandelnden Mannes sind ein wichtiger und integrierter Aspekt seines Missbrauchs, nichts davon Getrenntes.
- Misshandelnde Männer empfinden Missbrauch als lohnend. Die privilegierte Stellung, die sie dadurch erlangen, ist ein entscheidender Grund für ihren Widerwillen, sich zu ändern.
- Misshandelnde Männer sind in der Regel nur dann glücklich, wenn alles in der Beziehung *zu ihren Bedingungen* abläuft. Dies ist ein Hauptgrund für die starken Stimmungsschwankungen, die sie oft von einem auf den anderen Tag zeigen.
- Gewalt besteht nicht nur aus Schlägen und Ohrfeigen, sondern aus allem, was Sie in körperliche Angst versetzt oder Ihren Körper dazu benutzt, Sie zu kontrollieren.
- Die Tätertypen variieren je nach Ethnie, Nationalität und sexueller Orientierung. Ihre Gemeinsamkeiten wiegen jedoch bei Weitem schwerer als ihre Unterschiede.
- Die Probleme, Unsicherheit und Angst, die Ihr Partner im täglichen Leben verursacht, können es schwierig machen, das Muster seiner Einstellungen und seines Verhaltens zu erkennen. Wenn Sie innerlich einen Schritt zurücktreten, sind Sie früher oder später dazu in der Lage, die wiederkehrenden Themen zu sehen.
- Seien Sie vorsichtig und suchen Sie sich Hilfe. Sie haben es nicht verdient, so zu leben, und Sie müssen es auch nicht. Versuchen Sie, seine Worte aus Ihrem Gedächtnis zu verdrängen, und glauben Sie an sich selbst. Sie schaffen das.

7

Misshandelnde Männer und Sex

Er fühlt sich nicht mehr von mir angezogen, was mich wirklich verletzt.
Manchmal ist es einfacher, nachzugeben.
Er schlägt mich nie, aber er hat mich einmal zum Sex gezwungen.
Jetzt haben wir beide eine Infektion, und er sagt, dass es von **mir** *kommen muss, aber ich hatte keine Affären, also weiß ich, dass es von ihm ist.*
Es scheint, dass wir uns nur dann nahe fühlen, wenn wir Liebe machen.

Libby blickte finster drein, mit angespannten Muskeln in Gesicht und Nacken, als sie einen misshandelnden Ex-Freund beschrieb, den sie drei Jahre zuvor verlassen hatte. „Arnaldo hat mich nie geschlagen, aber es schien ihn zu erregen, unheimlich und furchterregend zu sein. Eines Tages beschrieb er in anschaulichen Details, wie er meine Katze quälen und töten wollte, weil er wusste, wie viel mir meine Haustiere bedeuten. Ein anderes Mal sprach er, während er mich massierte, in diesem hypnotisierenden Tonfall zu mir und sagte: ‚Als ich in der Green-Beret-Ausbildung war, zeigte man uns eine bestimmte Stelle im Nacken eines Menschen, wo man ihn, wenn man ihn dort hart und schnell stößt, dauerhaft lähmen kann'" Libby fand später heraus, dass Arnaldo nie beim Militär gewesen war. Er hatte auch andere Lügen erzählt, wie die über seine todkranke Großmutter, die ihm dreißigtausend Dollar hinterlassen wollte. Aber seine Geschichten hatten alle so überzeugend geklungen. „Er brachte mich dazu, ihn ein Jahr lang finanziell zu unterstützen und ihm außerdem eine Menge Geld zu leihen. Seinetwegen habe ich fünf- oder sechstausend Dollar verloren." Ihre Stimme war von Groll erfüllt, als sie in Fahrt kam. „Ich wäre jetzt in einer ganz anderen finanziellen Situation, wenn er nicht gewesen wäre. Und ich kaufte ihm die

Dinge, weil er mir jedes Mal versprach, mir das Geld zurückzuzahlen, und immer sagte, dass das Geld jeden Moment ankommen müsste. Was für ein Hochstapler!" Und sie erzählte mir, wie Arnaldo ihr vorwarf, zu dünn zu sein, sodass sie sich ihres Körpers schämte. Es war schwer zu sagen, was ihre Gefühle stärker bestimmte, Wut oder Trauer.

Dann wurden Libbys Gesichtszüge plötzlich weicher. Der Hauch eines Lächelns umspielte ihre Mundwinkel und ihre Augen bekamen einen leichten Glanz, als sie sich auf ein Bild in ihrem Inneren konzentrierte. „Aber da war eine Sache, die bei Arnaldo nicht wie beim Rest war. Sex. Mit ihm zu schlafen, war großartig. Er war so voll *dabei*. Er zündete Kerzen an und sorgte eine Weile für Stimmung. Es hielt eine Zeit lang an. Er war so intensiv und leidenschaftlich. Diese ganze Inszenierung, die er schuf, das war so faszinierend. Ich habe so etwas noch nie zuvor erlebt. Oder seitdem, wirklich. Ich wünschte, ich könnte nur diesen einen Teil der Beziehung behalten. Der Rest war schrecklich."

Libbys Geschichte ist nicht so ungewöhnlich, wie Sie vielleicht denken. Wenn ich mit den Partnerinnen meiner Klienten spreche, frage ich sie immer, ob es sexuelle Misshandlungen gegeben hat. Es kommt nicht selten vor, dass ich erlebe, wie die Stimme der Frau an Spannung verliert, wie bei Libby der Gesichtsausdruck, und wie sie mit einem gewissen Augenzwinkern sagt: „Oh, na ja, in *diesem* Bereich hatten wir noch nie Probleme", gefolgt von einem zufriedenen und leicht verlegenen Glucksen. Tatsächlich kann die Erinnerung an schöne Aspekte ihrer sexuellen Beziehung ein Grund sein, warum eine Frau, die einen misshandelnden Partner verlassen hat, versucht ist, ihm noch eine Chance zu geben.

Aber es gibt auch das andere Extrem. Ich hatte Klienten, deren einziges Interesse am Sex darin bestand, ihre Partnerin zu beherrschen und zu erniedrigen. Für die Frau kann es ein Albtraum sein, mit diesem Typ von Missbrauchstäter im Bett zu sein. Er will Sex, wann er ihn will, so wie er ihn mag, und mit wenig Rücksicht darauf, wie sie sich vielleicht fühlt oder was ihre Bedürfnisse sein könnten. Sexuelle Begegnungen mit ihm können sich für sie wie sexuelle Übergriffe anfühlen, wie die Partnerin einer meiner Klienten zu mir sagte: „Ich will gar nicht groß darüber reden. Es ist einfach nur scheußlich."

Der sexuell missbrauchende Mann vergewaltigt seine Partnerin nicht unbedingt im eigentlichen Sinne, dass er körperliche Gewalt anwendet oder ihr droht, ihr Schaden zuzufügen – obwohl einige es tun. Stattdessen wird er sie vielleicht beleidigen, wenn sie seine Avancen ablehnt, und sie als „frigide" oder „lesbisch" beschimpfen oder vorwurfsvoll knurren: „Ich muss es mir also woanders besorgen, denn du willst es ja nicht mehr mit mir machen." Er kann ihr Schuldgefühle wegen seiner sexuellen Frustration machen, ihr sagen, dass er das Gefühl hat, dass sie ihn nicht mehr liebt, oder sagen, dass ein Mann seine Bedürfnisse befriedigt haben muss. Er droht vielleicht mit Untreue: „Wenn du also keinen Sex mit mir haben willst, gibt es genug Frauen, die es tun.“ Und er kann diese Drohung wahr machen. Viele meiner Klienten haben Affären benutzt, um ihre Partnerin zu bestrafen.

Eine Frau namens Cynthia erzählte, wie ihr Partner sie unerbittlich dazu gezwungen hat: „Wenn ich keinen Sex mit Ernie haben will, macht er einfach immer weiter und hört nicht auf, bis ich meine Meinung ändere. Erst fleht er mich an, dann wird er grob und sagt, dass ich jemand anderen ficke. Dann kommen pausenlos Beleidigungen. Wenn ich schlafen gehe, weckt er mich auf. Manchmal bin ich nachts ab einem gewissen Punkt einfach nur noch erschöpft. Was soll ich also tun? Meistens gebe ich schließlich nach. Ich ertrage es nicht, das durchzustehen. Am Ende ist es besser, es einfach hinter sich zu bringen, auch wenn es schrecklich ist, denn dann lässt er mich wenigstens schlafen.“

Wenn Menschen über erzwungenen Sex nachdenken, stellen sie sich körperliche Übergriffe vor. Wenn also ein Täter Sex durch Druck, Manipulation oder Schlafentzug erzwingt, weiß eine Frau nicht, wie sie es benennen soll, und gibt sich möglicherweise selbst die Schuld. Dutzende von Partnerinnen meiner Klienten, darunter auch Cynthia, haben geäußert: „Es ist meine eigene Schuld. Ich sollte ihm nicht nachgeben.“ Eine Frau braucht etwas Zeit und Abstand, bevor sie erkennen kann, dass sie für die sexuelle Misshandlung ihres Partners nicht verantwortlich war, und bevor sie überhaupt benennen kann, was er getan hat. Eine Ex-Partnerin einer meiner Klienten erzählte mir etwa zwei Jahre nach der Scheidung: „Wenn ich jetzt auf die Zeit zurückblicke, wird mir bewusst, dass ich mehr als zehn Jahre lang immer wieder vergewaltigt wurde.“ Und ihr wurde klar, wie zerstörerisch seine Taten auf ihre Seele gewirkt hatten. Studien zeigen, *dass Frauen, die in der Partnerschaft sexuell missbraucht wurden, einige der größten emotionalen Schwierigkeiten, einschließlich Depressionen, aller missbrauchten Frauen haben können.*

Das Sex-Verständnis vieler missbrauchender Männer

Arnaldo, der sexuell erstaunliche, und Ernie, der sexuell erniedrigende Täter, sind nicht so verschieden, wie es den Anschein haben mag. Ihre zugrunde liegende sexuelle Orientierung ist ähnlich. Ein missbrauchender Mann kann sich in der frühen Phase einer Beziehung sexuell angemessen verhalten, und dann, in einer grauenvollen Nacht, kann er seine Partnerin mit aggressivem, erniedrigendem Sex massiv bedrängen oder sie sogar direkt dazu zwingen. Die Frau steht danach unter Schock, ist todunglücklich, fühlt sich verraten und hat das Gefühl, ihr Leben ist auf den Kopf gestellt. Einige der Frauen, mit denen ich gearbeitet habe, haben mir sogar von den Qualen der sexuellen Nötigung während ihrer Hochzeitsnacht oder innerhalb weniger Tage danach erzählt. Bei anderen missbrauchenden Männern erfolgt der Wechsel eher allmählich als abrupt, wobei die ersten Monate aufregender und liebevoller Sexualität langsam in Druck und Abscheulichkeit übergehen. Wenn wir uns das Bewusstsein des Missbrauchstäters veranschaulichen, stellen wir oft fest, dass faszinierendes Liebesspiel und seelentötende sexuelle Aggression tatsächlich zwei Aspekte ein und derselben Denkweise sein können.

Bevor wir uns die Details und Feinheiten anschauen, wie missbrauchende Männer meist mit einer Reihe von sexuellen Themen umgehen, möchte ich die Grundlagen der sexuellen Mentalität vieler Täter hervorheben, das Fundament, das oft den Rest der Struktur stützt.

1. Es geht um ***ihn.***

Die sexuelle Ausrichtung des Täters ist in der Regel egozentrisch. Für ihn geht es beim Sex in erster Linie darum, *seine* Bedürfnisse zu befriedigen. Er mag sich vielleicht etwas Mühe geben, seiner Partnerin Vergnügen zu bereiten, aber wahrscheinlich nicht, weil ihre Zufriedenheit oder das Teilen einer gemeinsamen Erfahrung für ihn wichtig sind. Er bemüht sich, sie zum Orgasmus zu bringen, damit er sich als großer Liebhaber fühlen kann. Er will erotisch wirken, weil er glaubt, dass seine sexuellen Fähigkeiten es ihm ermöglichen, Frauen zu dominieren. Natürlich erfüllt es jeden Liebhaber mit einem gewissen Stolz, wenn er seiner Partnerin Freude bereiten kann. Aber für viele missbrauchende Männer ist das der *einzige* Grund, warum die Befriedigung der Frau für ihn wichtig ist. Alles verweist auf ihn zurück.

Ein missbrauchender Mann schnürt gewöhnlich all seine emotionalen Bedürfnisse in ein gewaltiges Bündel, von dem er erwartet, dass es durch Sex befriedigt werden kann. Meist fehlt ihm eine wirkliche Herzensverbindung zu seiner Partnerin, da ein Mann, der seine Partnerin misshandelt, ihr nicht wirklich nahe sein kann. (Obwohl sich seine Partnerin durch traumatische Bindungserfahrungen sehr an ihn und auch er sich sehr mit ihr *verbunden* fühlen kann, weil sie seine verschiedenen Bedürfnisse erfüllt, sind Bindung und Nähe zwei verschiedene Dinge.) Er kompensiert den Mangel an echter Intimität dadurch, dass er Sex auf die höchste Ebene erhebt und ihn gleichzeitig mit einer enormen Erwartungshaltung belastet. Denn der Sex muss ihm die emotionale Befriedigung verschaffen, die er anderswo in seiner Beziehung nicht erhält.

2. Sie schuldet ihm Sex.

Meine Klienten sind meist der Ansicht, dass eine Frau ihr Recht, Sex zu verweigern, verliert, wenn sie sich ernsthaft mit einem Mann eingelassen hat. Sie ist dafür verantwortlich, mit ihm Sex zu haben, damit er sich geliebt fühlt, um seine sexuellen Bedürfnisse zu befriedigen oder einfach, weil das ihre Aufgabe ist. Der konkrete Punkt, an dem sie ihr Recht verliert, Nein zu sagen, ist von Täter zu Täter unterschiedlich. Für einige ist das Tor zur sexuellen Herrschaft das erste Mal, wenn sie Sex haben. Mit anderen Worten: Sie hat das Recht, Nein zu sagen, solange sie *immer* Nein sagt, aber beim ersten Mal, wenn sie tatsächlich miteinander schlafen, verliert sie ihre Option, ihn von nun an zurückzuweisen. Dies trifft meines Erachtens besonders für meine jüngeren Klienten zu. Für andere Missbrauchstäter ist die Eheschließung der Moment, in dem ihr Körper in sein Eigentum übergeht. Für wieder andere ist das Zusammenziehen die Demarkationslinie.

Die Mehrheit meiner Klienten scheint zu glauben, dass die Frau ihr Recht verliert, ihn zurückzuweisen, wenn der Mann entscheidet, dass es „zu lange" her ist, dass sie Sex hatten. Die Definition, wie viele Tage ohne Sex zu viel sind, ist bei jedem Täter unterschiedlich, aber er hat seine innere Uhr im Blick und erwartet Zugang, wenn der Wecker losgeht. Ihre Entscheidung, keinen Sex haben zu wollen, wird bis zu diesem Zeitpunkt vielleicht respektiert, aber danach gewinnt sein Anspruchsdenken die Oberhand.

In einer typischen missbräuchlichen Umkehrung versuchen meine Klienten oft, mich davon zu überzeugen, dass sie die sexuellen Opfer in ihren Beziehungen sind. Wie ein Mann sagte: „Meine Partnerin benutzt Sex, um *mich* zu kontrollieren; so verarschen Frauen Männer. Frauen sind diejenigen, die wirklich die Macht über Männer haben, weil sie wissen, dass sie das haben, was wir am meisten wollen, und sie haben die Macht, uns auszuschließen. Meine Frau möchte, dass ich ihr kleines Hündchen bin, das bettelt, sabbert und mit dem Schwanz wedelt, nur so bekomme ich Sex." Die zugrunde liegende Einstellung bricht aus diesen Worten hervor: Er glaubt, dass seine Frau, wenn sie keinen intimen Kontakt wünscht, ihm etwas vorenthält, das *ihm* gehört. Er betrachtet sexuelle Rechte an einer Frau als Eigentumsrecht – er hat ein Anrecht darauf.

3. *Sex ist eine Möglichkeit, Macht und Dominanz zu etablieren.*

Wir haben uns mit der missbräuchlichen Haltung befasst, die besagt: „Wir haben Sex, weil ich Macht über dich habe." Auf der Kehrseite dieser Sichtweise befindet sich ein ebenso vorherrschender Aspekt des missbräuchlichen Denkens: „Ich habe Macht über dich, weil wir Sex haben." In dieser Hinsicht haben seine sexuellen Handlungen die gleiche Bedeutung wie die eines Katers, der sein Territorium markiert. Wenn er einmal „den ganzen Weg" mit einer Frau „gegangen ist", hat er das Gefühl, sie oder zumindest einen Teil von ihr zu besitzen. Sowohl die guten als auch die grausamen Aspekte der Sexualität missbrauchenden Männer können der Instrumentalisierung von Sex zur Herstellung von Dominanz entspringen.

Ein Viertel oder mehr meiner Klienten betrügt wiederholt ihre Partnerin. Diese Männer scheint es zu erregen, ihre generelle Macht über Frauen zu demonstrieren, indem sie ihre Fähigkeit unter Beweis stellen, sexuelle Kontakte herstellen zu können. Ein Täter kann sich all diesen Sex verschaffen, indem er sich selbst als wunderbaren Liebhaber darstellt und einer Frau nach der anderen sagt, dass er sie liebt und vorhat, seine Partnerin für sie zu verlassen, „sobald ich es ihr sagen kann, aber ich brauche nur ein wenig Zeit, um sie auf die sanfte Tour verlassen zu können". Er mag auch Drogen oder Alkohol einsetzen, um die Widerstandsfähigkeit einer Frau zu beeinträchtigen, oder gar Gewalt und Einschüchterung. Dieser Mann ist stark damit beschäftigt, „Punkte zu sammeln", wobei die tatsächliche Wirkung, die er auf das Leben dieser Frauen hat, von gebrochenen Versprechen bis hin zu sexuell übertragbaren Krankheiten, ihn nie ins Grübeln gebracht zu haben scheint.

Aufgrund der sexuellen Kontakte zu vielen verschiedenen Frauen fühlt er sich nicht nur gegenüber Frauen, sondern auch im Verhältnis zu anderen Männern stark. Wenn er sich in Konkurrenz zu anderen Männern befindet, kann er seine Überlegenheit dadurch demonstrieren, dass er mehr Kerben in seinem Gürtel hat und Frauen wie Rehe „erlegt". Er umgibt sich mit Männern, die seine Ansicht teilen, dass ein hoher Status in der Hackordnung denjenigen zukommt, die die meisten Frauen kontrollieren oder ausbeuten können (siehe „Der Spieler" in Kapitel 4).

Auch bei Tätern, die ihre Partnerinnen nicht permanent betrügen, kann es diesen Wettbewerb mit anderen Männern geben, wie z. B. in Form des Wunsches, die schönste oder begehrenswerteste Partnerin zu haben, und dem Verlangen, andere Männer sehen zu lassen, auf welche Weise er sie besitzt und kontrolliert. Seine Partnerin mag sich anfangs von seinem Stolz auf sie geschmeichelt fühlen, aber allmählich bekommt sie das Gefühl, dass sie als Ausstellungsstück benutzt und als Mensch ignoriert wird.

4. Er betrachtet sie als Sexobjekt.

Ein Missbrauchstäter, der eine der oben beschriebenen sexuellen Einstellungen – oder alle drei – zeigt, muss sich von den Gedanken und Gefühlen seiner Partnerin distanzieren, um Schuldgefühle darüber zu vermeiden, wie er sie sexuell benutzt und verletzt. Eine Möglichkeit, dies zu tun, besteht darin, seine Partnerin als Sexualobjekt zu sehen, so als wäre sie ein pornografisches Foto und keine Person, ohne Emotionen oder Ambitionen, frei von jeglichem Bedürfnis nach persönlicher Integrität oder Sicherheit. Dieser Typ des misshandelnden Mannes betrachtet seine Partnerin als eine Maschine, die für seine sexuellen Zwecke benutzt werden kann. Diese Entpersonalisierung der Partnerin kann auf lange Sicht psychisch genauso schädlich für sie sein wie jede seiner anderen aggressiven Verhaltensweisen. Partnerinnen meiner Klienten berichten manchmal:

> *„Bei ihm fühle ich mich einfach eklig."*
> *„Ich fühle mich schmutzig und vollgeschleimt."*
> *„Bei ihm fühle ich mich billig."*
> *„Die sexuellen Sachen, die er mit mir macht, haben mein Selbstwertgefühl komplett ruiniert."*
> *„Es ist Jahre her, dass ich Sex hatte, der sich wirklich liebevoll oder freiwillig anfühlte. Bei ihm scheint es eher so, als ob er denkt, er würde einen Krieg oder so gewinnen. Es ist wie eine Invasion. Ich hasse es."*

Entmenschlichung kann für die Partnerin, gegen die sie gerichtet ist, eine entsetzliche, schreckliche Erfahrung sein. Wenn Sie es mit einem sexuell ausbeutenden Partner zu tun haben, werden Sie Sex manchmal, oder vielleicht auch immer, als Albtraum empfinden. Ausbeuterischer, grober, erzwungener, gefühlloser Sex ähnelt in seinen Auswirkungen körperlicher Gewalt und kann in vielerlei Hinsicht sogar schlimmer sein. Und ein Teil dessen, warum es sich für die Frau so erniedrigend anfühlt, ist die spürbare Tatsache, dass sie in der Vorstellung ihres Partners aufgehört hat, als Mensch zu existieren.

Missbrauchende Männer, die diese Auffassung von sexuellem Eigentum haben, weigern sich manchmal, Empfängnisverhütung anzuwenden oder Safer Sex zu praktizieren. Ich hatte zahlreiche Klienten, die durch sexuelle Übergriffe auf ihre Partnerinnen Kinder gezeugt haben. Die Auswirkungen dieser Art von sexuellem Missbrauch für eine Frau – und für ihre Kinder – sind sehr schwerwiegend.

Zurück zu Mr. Wonderful

Nachdem wir die schlimmsten Aspekte der sexuellen Vorstellungen vieler missbrauchender Männer dargelegt haben, können wir uns nun wieder Arnaldo zuwenden, dem sexuell spannenden und engagierten Tätertyp. Ironischerweise liegt ein Teil der sexuellen Dynamik von Arnaldo darin, dass er zutiefst egoistisch ist. Er kann ein pulsierendes, sinnliches Liebeserlebnis schaffen, weil er sich selbst als eine Ehrfurcht gebietende Person betrachtet. (Dies ist auch ein Grund, warum stark egozentrische Menschen, nicht nur missbrauchende Männer, im Allgemeinen oft charismatisch und verführerisch sind.) Wenn Mr. Wonderful Kerzen anzündet, Musik auswählt und seine weiche, geschmeidige Stimme einsetzt, um die sexuelle Stimmung zu entfachen, denken Sie vielleicht: „Wow, das ist so wundervoll intensiv, was wir beide hier gemeinsam erleben." Aber in Wirklichkeit befindet sich der Missbrauchstäter heimlich in einer Welt, in der er allein ist und mehr mit seiner Fantasie beschäftigt ist als mit Ihnen.

Mr. Wonderful ist noch aus einem anderen Grund verzaubert: Er empfindet Besitz spannend. Er hat das Gefühl, ein magisches Reich zu betreten, in dem Sie ihm ganz und gar gehören, in dem er der ultimative Herr sein kann und Sie seine unbestrittene und zufriedene Sklavin. Er sehnt sich, kurz gesagt, nach einer Sexualpartnerin ohne eigenen Willen oder Verstand.

Schließlich hofft er, dass seine Fähigkeit, Sie sexuell zu verführen, Sie in gewisser Weise an ihn bindet, sodass er auf andere, nicht-sexuelle Weise Macht über Sie haben kann. Und in einigen Beziehungen ist der Glaube des Täters an die Macht seiner Sexualität selbsterfüllend: Wenn er sich ansonsten die meiste Zeit kalt oder gemein verhält, kann der Liebesakt zur einzigen Erfahrung werden, die Sie mit liebevoller Zuwendung von seiner Seite in Verbindung bringen, und seine Sucht erzeugende Anziehungskraft wird dadurch größer. Auf diese Weise kann er Sie, wenn auch aus einem ganz anderen Grund, genauso abhängig vom Sex machen, wie er es selbst ist.

Der Täter, der kein Interesse an Sex hat (zumindest nicht mehr)

Nicht jeder misshandelnde Mann übt Druck aus oder stellt Forderungen in Bezug auf Sex. In der Tat klagt eine beträchtliche Anzahl der Partnerinnen meiner Klienten über das gegenteilige Problem: Der Mann hat das sexuelle Interesse fast vollständig verloren; die Frau fühlt sich abgelehnt und sehnt sich nach Sex und Zuneigung.

Sein Abfall an sexueller Energie kann durch verschiedene Faktoren vorangetrieben werden, unter anderem:

- Ein erheblicher Anteil der misshandelnden Männer ist sexuell nur oberflächlich interessiert und fühlt sich daher nur zu Frauen hingezogen, mit denen er noch keinen oder nur wenige Male Sex hatte. Möglicherweise ist Ihr Partner nicht an Sex als Form der tiefen Verbindung interessiert, die für die Aufrechterhaltung einer lebendigen sexuellen Beziehung auf Dauer erforderlich ist. Stattdessen verfolgt er seine neuesten Fantasien von einer großartigen sexuellen Beziehung. Sein Körper ist vielleicht noch nicht untreu, sein Geist aber schon.
- Ebenso kann es sein, dass er unfähig ist, sich nachhaltig von einer Frau sexuell angezogen zu fühlen, die nicht seinem übertriebenen Ideal entspricht. Vielleicht wünscht er sich eine Frau mit perfekten Gesichtszügen und einem makellosen Körper wie die retuschierten Models in den Zeitschriften. Er könnte schnell das Interesse an einer Frau aus dem wirklichen Leben verlieren, deren Körper sich im Laufe der Zeit verändert (z. B. durch die Geburt eines Kindes oder einfach durch das Alter), oder an einer Frau, bei der sich bei näherem Hinsehen herausstellt, dass sie, wie jeder echte Mensch, Makel oder Unvollkommenheiten hat. Er wird seine Traumfrau niemals finden, weil es sie nicht gibt, aber er wird vielleicht einen Großteil seiner Zeit und geistigen Energie in die Suche investieren – und in Ihre Bestrafung, weil Sie ihr nicht entsprechen.
- Möglicherweise fühlt er sich in erster Linie von Sex angezogen, bei dem es um Dominanz geht und der von einigen Forschern als *Sexualisierung der Unterwerfung* bezeichnet wird. Im Laufe Ihrer Beziehung könnte er enttäuscht feststellen, dass Sie nicht seiner Vorstellung von einer gefügigen und unterwürfigen Geliebten entsprechen. Es mag Bereiche geben, in denen Sie sich weigern, ihm die Kontrolle über bestimmte Aspekte Ihres Lebens oder Ihre Gedanken zu überlassen. Einige missbrauchende Männer haben leider Schwierigkeiten, sexuell erregt zu werden, sobald sie entdecken, dass eine Frau entschlossen ist, über sich selbst zu bestimmen.
- Möglicherweise bestraft er Sie dafür, dass Sie ihn auf irgendeine Weise infrage gestellt haben, oder für Situationen, in denen Sie keine Lust auf Sex mit ihm hatten. Es ist üblich, dass missbrauchende Männer Sex als Kontrollinstrument vorenthalten.
- Wenn er tatsächlich eine Affäre hat, ist seine sexuelle Energie zu Hause zwangsläufig etwas erschöpft. Auch die Wahrscheinlichkeit, dass er eine gefährliche Infektion überträgt, nimmt zu. Wenn Sie die Befürchtung haben, dass Ihr Partner Sie betrügt, bestehen Sie auf sichereren Sexualpraktiken. Wenn es Ihnen gefährlich erscheint,

von ihm Safer Sex zu verlangen, weil Sie Angst haben, wie er reagieren könnte, rufen Sie sofort eine Hotline an, um Hilfe zu erhalten.

- Er könnte drogen- oder alkoholabhängig sein. Einige Drogenabhängige verlieren ihren Sexualtrieb.
- Er könnte schwul sein. Eine kleine Zahl meiner Klienten hat schließlich ihren Partnerinnen oder mir gegenüber erklärt, dass sie sich in erster Linie zu Männern hingezogen fühlen. In einer etwas größeren, aber immer noch geringen Zahl von Fällen gibt der Mann nie zu, dass er schwul ist, doch die Frau erwischt ihn entweder mit einem Mann oder ihr wird klar, dass er die meiste Zeit in schwulen Treffpunkten oder mit schwulen Freunden verbringt. Nur weil ein Mann schwul ist, bedeutet das nicht, dass er sich gegenüber Frauen nicht auch missbräuchlich verhalten kann. Er kann z. B. eine weibliche Partnerin als Fassade benutzen, um sein soziales Ansehen zu erhalten und die Aufmerksamkeit von seiner Homosexualität abzulenken. Dies ist einfach ein weiteres Beispiel dafür, wie misshandelnde Männer, ob heterosexuell oder homosexuell, dazu neigen, Frauen für egoistische Zwecke zu missbrauchen.
- Vielleicht rationiert er Sex als Mittel, um Macht über Sie zu gewinnen, weil er das Gefühl hat, dass Sie sich besonders anstrengen werden, ihn glücklich zu machen, in der Hoffnung, ihn dadurch für das Liebesspiel zu begeistern.

Wie ich bereits dargelegt habe, bewegen sich misshandelnde Männer zwischen Extremen, von liebevoll und aufmerksam bis hin zu hasserfüllt und einschüchternd, von einer übertriebenen Beschäftigung mit den kleinsten Details Ihres Lebens bis hin zu einem Mangel an Interesse, von einer außerordentlichen Sorge um das, was gut für Sie ist, bis hin zu einem unbändigen Egoismus. Der Wechsel von einer elektrisierten sexuellen Erregbarkeit zum Verlust aller sexuellen Begierden kann seine Macht ebenso steigern wie die anderen Höhen und Tiefen.

Sex als Allheilmittel

Bei den Partnerinnen meiner Klienten stellt sich immer wieder eine verblüffende Frage: „Warum verlangt er gleich nach einem Vorfall, bei dem er schrecklich zu mir war, nach Sex? Sex ist das *Letzte*, woran ich in diesem Moment denke.“

Frage 12: Warum will er Sex, nachdem er mich misshandelt hat?

Im Gegensatz zu dem, was einige missbrauchende Männer zu glauben scheinen, finden Frauen Misshandlungen nicht sexy. Wenn ein Mann seine Partnerin als „Schlampe" oder „Hure" bezeichnet, sie verspottet oder körperlich einschüchtert, hat aus ihrer Sicht die Vorstellung, mit ihm intim zu werden, keinen Platz. Wie kann man „Liebe machen", nachdem man gerade von jemandem auf eine Weise behandelt wurde, die sich eher wie Hass anfühlt? Misshandelnde Männer begreifen nicht, wie widerlich sie wirken, wenn sie sich grausam verhalten.

Warum unterscheiden sich *seine* Gefühle also so sehr von Ihren? Törnt ihn Missbrauch an? Vielleicht. Manche Männer scheinen Misshandlungen erregend zu finden, wahrscheinlich weil sie Sexualität mit Dominanz verbinden. Aber auch andere Gründe, warum er Sex haben will, nachdem er Sie misshandelt hat, sind häufiger anzutreffen:

- Er sucht eine schnelle Lösung nach seinem missbräuchlichen Verhalten. Er hat das Gefühl, wenn Sie zusammen Sex haben, beweist dies, dass sein erniedrigendes Verhalten oder seine Gewaltausbrüche nicht so schwerwiegend sind, dass Sie durch das, was er getan hat, nicht verletzt wurden und dass alles vergeben und vergessen ist.
- Er möchte sich selbst versichern, dass sein missbräuchliches Verhalten nicht dazu führen wird, dass Sie sich emotional oder sexuell von ihm entfernen. Tatsächlich kann der Liebesakt nach dem Missbrauch Ausdruck des Anspruchs des Mannes sein, als wolle er sagen: „Selbst wenn ich gemein zu dir bin, sollte ich dennoch sexuellen Zugang erhalten."

Ein Missbrauchsvorfall hinterlässt bei dem misshandelnden Mann einen schlechten Geschmack im Mund, den er schnell verjagen will, und Sex hilft ihm dabei. Aber die Frau kann *ihren* Seelenschmerz nicht so leicht vertreiben, da er viel zu tief sitzt. Leider ist der Täter aufgrund seiner Ichbezogenheit nicht willens, diesen Unterschied zu verstehen.

Sex als Möglichkeit, Frauen auseinanderzubringen

Einige meiner Klienten sind der Brennpunkt von aufbrausenden Konflikten zwischen Frauen, die sich leidenschaftlich hassen. Der Mann kreiert und nährt diese Kämpfe, indem er sexuell untreu ist, verschiedenen Frauen verspricht, mit ihnen eine langfristige Beziehung eingehen zu wollen, Frauen untereinander schlecht macht sowie Frauen schwängert und sie dazu bringt, Mitleid mit ihm zu haben (siehe „Der Spieler“ in Kapitel 4). Indem er die Frauen dazu bringt, ihre Energie in den Kampf gegeneinander zu lenken, entgeht er der Konfrontation oder der Verantwortung für seine eigenen Handlungen und bringt die Frauen dazu, sich auf die Erfüllung seiner Bedürfnisse zu konzentrieren und ihn glücklich zu machen. Hier sind einige der Vorgehensweisen, die meine Klienten angewendet haben:

Chris und Donna

Chris verunsichert seine Partnerin Donna, indem er häufig andere Frauen intensiv betrachtet oder mit ihnen flirtet sowie viel Zeit mit Telefongesprächen verbringt, für die er seltsame Erklärungen hat. Es gefällt ihm, dass Donna sich bewusst ist, dass viele Frauen an ihm interessiert sind, weshalb er von Zeit zu Zeit suggestive Bemerkungen fallen lässt. Er tut so, als würde er diese Frauen ablehnen, denen er vorwirft, sie würden „versuchen, uns auseinanderzubringen, weil sie mit mir zusammen sein wollen“. Als Donna Gerüchte zu Ohren kommen, dass er mit allen möglichen Frauen schläft, und eine Frau ihr schließlich ins Gesicht sagt, dass sie eine Affäre mit Chris hatte, versichert er Donna, dass dies Lügen seien, die einen Keil zwischen ihn und sie treiben sollen. Donna verbringt viel Zeit damit, herauszufinden, ob Chris wirklich die Wahrheit sagt, und sie hasst die Frauen, die versuchen, ihr den Mann wegzunehmen.

Sam und Nancy

Nachdem Sam schon einige Jahre mit Nancy zusammen war, begann er für ein paar Monate eine geheime Affäre mit einer Frau namens Zoe. Schließlich bricht er die Affäre ab und gesteht sie gegenüber Nancy. Er behauptet, Zoe habe ihn verführt und er habe die ganze Zeit gewusst, dass sie sich nicht hätten treffen sollen. Aber er hatte Angst, ihr wehzutun, weil sie sehr deprimiert schien, sodass er die Entscheidung, die Affäre zu beenden, immer wieder aufschob. „Zoe sagte immer wieder, dass sie und ich die Richtigen füreinander sind, aber ich wusste immer, dass es nur eine Affäre ist und ich zu dir gehöre. Aber sie wollte einfach nichts davon wissen.“ Er meint, was ihn schließlich dazu veranlasst habe, die Sache mit Zoe zu beenden, seien ihre unfreundlichen Bemerkungen über Nancy gewesen, die er ihr gegenüber zitierte. Nancy wird wütend auf Zoe, als sie von den Beleidigungen erfährt.

Etwa ein Jahr später spürt Nancy, dass Sam sich von ihr entfremdet und auch das Interesse an Sex verliert. Sie forscht ein wenig nach und entdeckt, dass er wieder mit Zoe zusammen ist. Sie verlangt, dass Sam aufhört, sich mit ihr zu treffen, und er stimmt ihr widerwillig zu. Aber zwei Monate später ist er wieder mit ihr zusammen. „Ich weiß nicht, wie ich es erklären soll", sagt Sam, „weil ich nicht die Gefühle für sie habe, die ich für dich empfinde. Sie hat irgendwie Macht über mich. Es ist wohl etwas Sexuelles. Ich kann einfach nicht Nein sagen." Nancy steigert ihren Hass auf Zoe, weil diese ihre Beziehung ruiniert.

Währenddessen benutzt Sam seine quälenden Gefühle, „zwischen zwei Frauen gefangen zu sein", als Entschuldigung für zunehmendes missbräuchliches Verhalten. Zum Beispiel konfrontiert Nancy ihn eines Tages damit, dass er sie belügt und ihr Geld stiehlt. Sam reagiert, indem er sich entschuldigt und erklärt, dass er sich wegen seiner Beziehung zu Zoe schuldig und zerrissen fühlt. Er sagt, dass er das Geld gestohlen habe, um etwas für Zoe zu kaufen, weil sie so deprimiert war, dass er Angst hatte, sie könnte versuchen, sich etwas anzutun. Die Jahre vergehen, und er zögert immer noch, eine klare Entscheidung zwischen den beiden Frauen zu treffen, sodass ihre gegenseitige Verbitterung tief sitzt.

In dieser Zeit wird Sams Verhalten gegenüber Nancy immer schlechter; einmal wirft er sogar einen Tisch um, der auf ihr Bein fällt. Es gibt keinerlei Anzeichen, dass er sich auch Zoe gegenüber missbräuchlich verhält, was dazu führt, dass Nancy sie umso mehr hasst. Unterdessen geht Zoe herum und erzählt den Leuten: „Nancy behandelt Sam so schlecht; er wird von ihr so verletzt. Er hat mir alles darüber erzählt, wie gemein sie zu ihm ist, und deshalb will er mit mir zusammen sein. Er hat Schwierigkeiten, sich von ihr scheiden zu lassen, weil sie schon viele Jahre zusammen und ihre Familien befreundet sind, aber er ist fast so weit."

In beiden oben beschriebenen Szenarien geht es um einen misshandelnden Mann, der die Frauen dazu bringt, sich auf das Verhalten der anderen statt auf seines zu konzentrieren. Er stützt sich zum Teil auf populäre negative Stereotypen von Frauen, gegen die selbst Frauen nicht immun sind. Frauen sind zum Beispiel darauf konditioniert, sich gegenseitig als heimtückisch und intrigant zu betrachten, darauf erpicht, anderen Frauen die Männer wegzunehmen. Dabei darf er ein Spieler bleiben, und das ist es, was er will. Bei einigen Gelegenheiten haben meine Kollegen und ich im Wartebereich Klienten belauscht, die darüber scherzten und lachten, wie Frauen auf diese Machenschaften hereinfallen, als ob ihre Fähigkeit, damit durchzukommen, ihre Männlichkeit stärken würde.

Wie man dieses Verhalten beenden kann

Frauen können bei solchen Manipulationen eingreifen, wenn sie die folgenden Grundsätze beachten:

1. Ein misshandelnder Mann lügt viel. Glauben Sie nichts, was er Ihnen über seine Beziehungen zu anderen Frauen erzählt, einschließlich dessen, was diese Frauen angeblich über Sie gesagt haben.
2. Kommunizieren Sie so viel wie möglich direkt mit den anderen Frauen, um die Geschichten über das, was er sagt und tut, miteinander zu vergleichen, damit er Sie nicht gegeneinander ausspielen kann.
3. Wenn ein Mann betrügt, ist das zu 100 Prozent seine eigene Verantwortung. Lassen Sie nicht zu, dass er Ihre Wut auf die andere Frau lenkt, als wäre er das hilflose Opfer einer Verführung. Missbrauchende Männer lieben es, sich so darzustellen, als könnten sie ihre hormonellen Triebe nicht kontrollieren, was Unsinn ist.
4. Wenden Sie das Prinzip „keine dritte Chance" an. Wenn ein Mann, vor allem ein misshandelnder, zum zweiten Mal betrügt, bedeutet das, dass weitere Affären folgen werden, ganz gleich, welche Versprechungen er macht.
5. Viele Frauen wollen einen sexuell intensiven Partner haben, was in Ordnung ist. Männer müssen nicht betrügen, um sexy zu sein. Missbrauchende Männer erwecken gerne den Eindruck, dass ihr sexuelles Umherschweifen ein Ausdruck ihrer Leidenschaft ist. Tatsache ist jedoch, dass sexuelle Leidenschaft und Treue miteinander völlig kompatibel sind. Der Grund, warum er betrügt, ist, weil er ein Manipulator ist, nicht weil er sexy ist.

Die Rolle der Pornografie

In der Pornografie, die sich an heterosexuelle Männer richtet, werden Frauen als sehr schlicht dargestellt. Sie sind immer in der Stimmung für Sex und sie sagen nie Nein. Sie haben keine eigenen sexuellen Bedürfnisse – oder überhaupt irgendwelche. Alles, was sie zu interessieren scheint, ist das Vergnügen des Mannes. Sie verlangen keine Verpflichtung, keine Opfer und wenig Geld. Wenn ein Mann mit ihnen fertig ist, schaltet er das Video aus oder schließt die Zeitschrift, und sie sind weg. Was könnte einfacher sein?

Die meisten pornografischen Bilder passen bedauerlicherweise gut zu ihren missbräuchlich geprägten Einstellungen. Die Frau ist verfügbar und unterwürfig.

Indem sie rein auf ihren Körper, gewöhnlich sogar nur auf ihre Sexualorgane, reduziert wird, wird sie entpersonalisiert. Der Mann besitzt sie im wahrsten Sinne des Wortes, denn ihm gehört das Video, die Zeitschrift oder das Computerbild. Die Frau wird manchmal sogar so dargestellt, als sei sie durch verbale Misshandlungen, Grobheit, Gewalt oder sogar Folter sexuell erregt. Karikaturen und Witze im Bereich der Pornografie beleidigen oder erniedrigen oft Frauen und ihre Anatomie oder lassen sogar Vergewaltigungen komisch erscheinen, was frauenfeindliche Denkweisen nährt.

Die Sexualität vieler missbrauchender Männer wurde seit ihrem Teenageralter – oder als sie noch jünger waren – durch Pornografie geprägt. Es hat dazu beigetragen, dass sie sich ein Bild davon gemacht haben, wie Frauen sind und wie sie sein sollten. Wenn ein Absolvent der, wie ich es nenne, „Pornography School of Sexuality" zum Beispiel feststellt, dass seine Partnerin eine Ohrfeige nicht erregend findet, denkt er, es sei ein Beleg dafür, dass mit *ihr* sexuell etwas nicht stimmt, nicht mit ihm. Seine Einstellung lautet: Den Frauen in den Zeitschriften und Videos gefällt das, warum also nicht auch dir? Ein großer Prozentsatz der misshandelten Frauen berichtet, dass sie ein oder mehrere Male unter Druck gesetzt wurden, sich wie die Frauen in den Porno-Videos zu verhalten, oft bis zu dem Punkt, dass sie bestimmte Szenen nachspielen mussten, die der Mann verführerisch fand, die sie aber als abstoßend, beängstigend oder gewalttätig erlebten. Die Täter orientieren sich bei ihren sexuellen Interessen auf diese Weise manchmal direkt an Geschichten oder Bildern aus pornografischen Darstellungen.

Partnerinnen meiner Klienten berichten mir von ihren Bemühungen, Grenzen zu setzen, was das Vorhandensein von Pornografie im Haus betrifft, insbesondere dort, wo Kinder Zugang dazu haben könnten. Diese Frauen haben gute Instinkte. Missbrauchende Männer müssen unbedingt von Pornografie ferngehalten werden, da sie konkret die Haltung nährt, die ihr missbräuchliches Verhalten fördert. Frauen, die selbst gerne Pornografie verwenden, sollten dies möglichst nicht mit einem missbrauchenden Partner tun.

Ich habe im Laufe der Jahre zahlreiche Berichte von Frauen erhalten, die mir erzählten, dass sie von ihren missbrauchenden Partnern unter Druck gesetzt oder aufgefordert wurden, sich Pornos anzusehen. Dies scheint meist eine Strategie zu sein, um den Widerstand der Frau gegen die Ausführung bestimmter sexueller Handlungen, die der Mann wünscht, zu brechen, obwohl der tatsächliche Effekt oft eher darin besteht, dass ihre Abneigung verstärkt als dass ihr Begehren geweckt wird. Die Pornografie ist in der Regel geprägt von Misshandlungen von Frauen, sodass der Drang des Mannes, seine Partnerin zum Zuschauen zu zwingen, auch daher rühren kann, dass er ihr beweisen will, dass seine erniedrigende Behandlung normal ist.

*Was ist mit Sex, der gewaltvolle **Spiele** beinhaltet?*

Ist jedes Sexspiel, das die Übernahme von Dominanz- oder Gewaltrollen beinhaltet, missbräuchlich, auch wenn es einvernehmlich ist? Diese Frage ist sowohl unter Heterosexuellen als auch unter Lesben und Schwulen höchst umstritten. Nach meiner Ansicht lautet die Antwort Nein. Die Schlüsselwörter sind jedoch *einvernehmlich* und *spielerisch*. Zum Beispiel müssen Paare, die Sexspiele mit Gewalt spielen, ein gemeinsam festgelegtes Signal haben, das bedeutet: „Ich will, dass du wirklich aufhörst", und dieses Signal muss respektiert werden. Wenn ein Partner das „Stopp"-Signal gibt und die Gewalt nicht sofort aufhört, handelt es sich um einen sexuellen Übergriff, nicht um ein Liebesspiel.

Hier ist ein weiterer entscheidender Punkt: *Die Bedeutung dessen, was während des sexuellen Spiels geschieht, wird durch den Kontext der Beziehung bestimmt.* Wenn die Partner im täglichen Leben stets freundlich und respektvoll miteinander umgehen, können sie wahrscheinlich ein abartiges Liebesspiel miteinander haben, ohne dass sich eine der beiden Personen unsicher oder erniedrigt fühlt. Aber in einer missbrauchenden Beziehung sind diese Linien zu verschwommen. Es scheint jedoch sehr weit hergeholt, *jeglichen* sexuellen Kontakt als völlig einvernehmlich zu bezeichnen, wenn er in einer Atmosphäre des Missbrauchs stattfindet. Die Frau muss immer abschätzen, ob ihr Partner missbräuchlich reagieren wird, wenn sie Nein zu einem bestimmten Geschlechtsakt sagt, sodass sich ihre Entscheidungen selten wirklich frei anfühlen. Für viele Missbrauchstäter ist es erregend, das Sexspiel zu weit zu treiben, bis es kein Spiel mehr ist, sondern echte Schmerzen oder Angst verursacht. Wenn die Frau später äußert, dass sie sich angegriffen oder vergewaltigt gefühlt hat, reagiert er vielleicht geringschätzig mit den Worten: „Wir spielen immer solche Spiele. Hör auf damit." Wenn sie versucht, ihm zu erklären, warum sich der Sex so schlecht angefühlt hat, ist er nicht bereit zuzuhören, vor allem, weil er *weiß*, dass es diesmal nicht einvernehmlich war und er daran schuld ist.

Wenn Sie in einer Beziehung misshandelt werden, halten Sie sich beim Liebesspiel von Gewaltszenarien fern, auch wenn Ihnen die Situationen, in denen sich Ihr Partner in angemessenen Grenzen verhält, Spaß machen. Denn zu anderen Zeiten wird es vielleicht überhaupt keinen Spaß machen. Wenn Sie diese Spiele ablehnen können, ohne Gefahr zu laufen, angegriffen zu werden, tun Sie das. Diese Art von Spielen kann nur in einer nicht-missbräuchlichen Beziehung sicher erfolgen.

Sex und Doppelmoral

Das Messen mit zweierlei Maß, das bei Tätern endemisch ist, tritt bei der Sexualmoral deutlich zutage. Am offensichtlichsten ist es bei Beziehungen außerhalb der Partnerschaft. Der Täter, der häufig Affären hat, ist oft derselbe, der seine Partnerin über ihre Bewegungen und sozialen Kontakte ausfragt und ausrastet, wenn er den geringsten Verdacht hat, dass sie irgendeine Art von Beziehung – sexueller oder anderer Natur – zu einem anderen Mann entwickelt. Er genießt es vielleicht, andere Frauen von Kopf bis Fuß zu betrachten, wenn er und seine Partnerin die Straße entlanggehen, aber wenn sie auch nur einen Seitenblick auf einen Mann wirft, schreit er sie an und nennt sie eine „Schlampe".

Eine beliebte Rechtfertigung für diese Doppelmoral ist, dass Männer ein angeborenes Bedürfnis haben, mit vielen verschiedenen Frauen zusammen zu sein, während Frauen monogam sein wollen. Im Laufe der Jahre haben viele Klienten mir gegenüber solche soziobiologischen Argumente vorgebracht, die besagen, dass Männer aus genetischer Sicht Grund haben, Sex mit so vielen verschiedenen Frauen wie möglich zu wünschen, während Frauen evolutionär gesehen am erfolgreichsten sind, wenn sie ihre Partner sorgfältig auswählen. Man könnte dies das Argument „Menschen sind im Grunde genommen Paviane" nennen. In Wirklichkeit gibt es in der Natur viele Beispiele für stabile Monogamie. Aber diese Argumente spielen letztlich keine Rolle. Es gibt einfach keine Entschuldigung für Doppelmoral oder für irgendeinen anderen Aspekt des Missbrauchs. (Wenn meine Klienten versuchen, mich in diesen theoretischen Sumpf zu führen, frage ich sie manchmal: „Braten Sie Ihr Fleisch, bevor Sie es essen?" Wenn sie darauf antworten, dass sie es selbstverständlich tun würden, entgegne ich: „Ist das nicht furchtbar unnatürlich? Ich habe noch nie ein anderes Tier gesehen, das so etwas Merkwürdiges tut." Menschliches Verhalten kann nur mit menschlichen Maßstäben gemessen werden.)

Meine Klienten setzen ihre Partnerinnen manchmal mit dem Mythos unter Druck, dass Männer körperliche Schmerzen oder Schäden erleiden können, wenn sie sexuell erregt sind und dann nicht befriedigt werden. Natürlich habe ich nie von ihnen gehört, dass dieses Risiko auch auf unbefriedigte Frauen zutrifft.

Eine ganze Reihe meiner Klienten hat einen zusätzlichen Doppelstandard erhoben, demzufolge von der Frau erwartet wird, dass sie jederzeit, wenn der Mann in Stimmung ist, in den Sex einwilligen, sie selbst aber niemals den Sex initiieren soll. So berichtete die Partnerin einer meiner Klienten: „Wenn ich in der Stimmung bin, muss ich darauf achten, dass es nicht zu offensichtlich ist, denn er würgt es sehr schnell ab, wenn es von mir kommt." Nichts könnte die Art und Weise besser illustrieren, in der der Umgang eines Täters mit Sex seine allgemeine Ausrichtung auf Macht und Kontrolle widerspiegelt. Er will das Sexualleben des Paares bestimmen, und er will nicht, dass ihre Bedürfnisse in irgendeiner Weise mit seiner Fantasie in Konflikt geraten. Er bevorzugt die zweidimensionalen Frauen in den Zeitschriften, die nie etwas von ihm wollen.

Sex und Verletzlichkeit

Für die meisten Frauen (und vermutlich auch für die meisten nicht-missbrauchenden Männer) ist Sex ein Bereich emotionaler Verletzlichkeit. Der Charme eines Täters in den besseren Phasen einer Beziehung kann seine Partnerin dazu bringen, sich ihm gegenüber in zutiefst persönlichen und möglicherweise schmerzhaften Fragen zu öffnen. Die sexuelle Beziehung fügt dann eine zusätzliche Ebene der Verwundbarkeit hinzu, da der Täter von den sexuellen Vorlieben und Abneigungen der Frau und ihren früheren sexuellen Erfahrungen weiß. Es kann sein, dass sie ihm das Erlebnis eines sexuellen Missbrauchs anvertraut, den sie früher im Leben erlitten hat, oder über eine Zeit der Promiskuität spricht, die sie durchgemacht hat, oder über ihre „Komplexe" und sexuellen Schwierigkeiten. Der misshandelnde Mann neigt dazu, sich das erlangte, höchst persönliche Wissen zu merken. In einer anderen Phase der Beziehung, wenn die Dinge hässlich werden, stellt seine Partnerin möglicherweise fest, dass ihre Verletzlichkeit gegen sie verwendet wird. Wenn sie ihm früher offenbart hat, dass sie manchmal Schwierigkeiten hat, einen Orgasmus zu bekommen, wirft er ihr jetzt vielleicht Worte wie *frigide* und *kalter Fisch* ins Gesicht. Wenn sie ihm irgendein Unbehagen beim Geschlechtsverkehr anvertraut hat, wird er sie jetzt als *verklemmt* und *verkrampft* bezeichnen, vor allem, wenn ihr das, was *er* mag, nicht gefällt. (Für den Täter bedeutet *sexuelle Befreiung* die Freiheit zu tun, was immer *er* will.) Wenn sie ihm von erlittenem sexuellem Missbrauch in der Kindheit oder von früheren Vergewaltigungserfahrungen erzählt hat, wird er sie jetzt als durch diese Verletzungen dauerhaft geschädigt charakterisieren oder ihre Vergangenheit dazu benutzen, ihre aktuellen Beschwerden zu diskreditieren: „Du denkst nur deswegen, dass ich dich nicht gut behandle, weil du früher missbraucht worden bist. Das war nicht ich." In einigen meiner Fälle hat der Misshandelnde sogar private sexuelle Informationen über seine Partnerin, einschließlich der Ursachen ihrer Scham, in der Öffentlichkeit verbreitet, sie dadurch gedemütigt und es ihr schwer gemacht, sich weiterhin mit anderen Menschen zu treffen. Andere meiner Klienten waren nachlässig oder unsensibel gegenüber dem Risiko einer

Schwangerschaft oder der Übertragung sexuell übertragbarer Krankheiten, was das Gefühl der Frau, missbraucht worden zu sein, verstärkt hat.

Der Schock für eine Frau, wenn jemand, den sie geliebt und dem sie vertraut hat, ihr ihre tiefste Verletzlichkeit ins Gesicht schleudert, kann einen unvergleichlichen brennenden Schmerz verursachen. Das ist intime seelische Grausamkeit in einer ihrer schlimmsten Formen.

Sexueller Übergriff ist Gewalt

Im Laufe der Jahre hatte ich gelegentlich Klienten, die ihre Partnerinnen zwar nicht schlagen, ohrfeigen oder körperlich verletzen, sie jedoch wiederholt durch Drohungen, Einschüchterung, Festhalten oder körperliche Gewalt zum Sex gezwungen haben. Die Partnerinnen dieses Tätertyps sagen manchmal: „Er war nie gewalttätig zu mir", obwohl sie eine erniedrigende und hemmende Geschichte von erzwungenem Sex erzählen. Aber sexueller Übergriff *ist* Gewalt. Ein Täter, der seine Partnerin gegen ihren Willen zu sexuellen Handlungen jeglicher Art zwingt, misshandelt sie körperlich. Es gibt eine gesellschaftliche Tendenz, die bei sexuellen Übergriffen vorhandene Gewalttätigkeit nicht anzuerkennen, was es einer Frau erschweren kann, ihre eigenen Reaktionen zu verstehen und Hilfe zu suchen. Wenn Sie das Gefühl haben, von Ihrem misshandelnden Partner sexuell missbraucht worden zu sein, vertrauen Sie Ihrer eigenen Wahrnehmung und rufen Sie eine Missbrauchs- oder Vergewaltigungs-Hotline an (siehe „Ressourcen").

Studien haben wiederholt gezeigt, dass Männer, die sich bestimmte zentrale Mythen über Vergewaltigung zu eigen machen, mit größerer Wahrscheinlichkeit sexuell übergriffig werden. Zu den Missverständnissen gehört der Glaube, dass Frauen Vergewaltigung erregend finden, dass sie durch ihren Kleidungsstil oder ihr Verhalten sexuelle Übergriffe provozieren und dass Vergewaltiger die Kontrolle über sich selbst verlieren. Diese Mythen sind für viele missbrauchende Männer leicht zu akzeptieren, weil sie mit den anderen Merkmalen einer missbräuchlichen Einstellung gegenüber Partnerinnen übereinstimmen. Es ist daher nicht überraschend, dass das Risiko für eine misshandelte Frau, von ihrem Partner auch sexuell missbraucht zu werden, hoch ist. Ich hatte auch Klienten, die sexuelle Nötigung gegenüber ihren Partnerinnen als *Strafe* einsetzten, manchmal aufgrund von Wut, die direkt mit Sex zusammenhängt, manchmal aber auch nicht, und darunter auch einige, die ihre Ex-Partnerinnen vergewaltigt haben, weil diese sie verlassen hatten. Die Auswirkungen solcher Übergriffe können verheerend sein.

Sexualität ist ein zentraler Schauplatz, auf dem das Verhältnis des Täters zur Macht ausgetragen wird, einschließlich der Macht über den Fortpflanzungsprozess seiner Partnerin. Auch wenn es den Anschein haben mag, dass er seine Misshandlungen von Ihrem Sexualleben getrennt hält, kann eine genauere Betrachtung der Dynamik seines Verhaltens Sie davon überzeugen, dass er seine zentrale problematische Einstellung bis ins Schlafzimmer trägt. Es kann einige Zeit dauern, um die subtile zugrunde liegende Strömung der „Sexualisierung der Unterwerfung“ zu identifizieren. Leider ist es selten, dass irgendein Aspekt der Paarbeziehung von seinem Berechtigungsdenken und seiner Respektlosigkeit unberührt bleibt.

Wichtige Punkte, die Sie sich merken sollten

- Der Täter glaubt oft, dass die letztendliche Entscheidungsgewalt bezüglich Sex bei ihm liegt. Er betrachtet seine Partnerin als sein sexuelles Eigentum.
- Sex mit einem Täter kann ausgesprochen gut sein, aber auch zur Horror-Show werden. Beide Extreme resultieren in Wirklichkeit aus einer ähnlichen Einstellung des Täters in Bezug auf Sex.
- Die Mehrheit der Täter sexualisiert Macht, einschließlich einiger Männer, die Gewalt sexuell erregend finden.
- Da Sexualität für die meisten Frauen ein besonders verletzbarer Bereich ist, kann ein Täter jede Ihrer Befindlichkeiten gegen Sie verwenden.
- Wenn Sie sich bei sexuellen Interaktionen mit Ihrem Partner unwohl fühlen, hören Sie genau auf Ihre innere Stimme, was gut für Sie ist. Ein missbrauchender Mann wird versuchen Ihnen einzureden, dass Ihr Unbehagen Ihr eigenes Problem ist und nicht das Ergebnis seines erzwungenen, respektlosen oder erniedrigenden Sexualverhaltens.
- Frauen (und Männer) können von schädlichen sexuellen Erfahrungen heilen, aber Heilung ist unwahrscheinlich, solange der Missbrauch anhält. Das Erreichen eines missbrauchsfreien Lebens ist daher der erste Schritt zu sexuellem Wohlbefinden.

8

Misshandelnde Männer und Sucht

Wenn ich ihn nur dazu bringen könnte, mit dem Trinken und Gras-Rauchen aufzuhören, dann würde sein missbräuchliches Verhalten auch aufhören.
Er ist ganz anders, wenn er trinkt – dann wird er fies.
Er hat mit dem Trinken aufgehört, und jetzt behauptet er, **ich** *hätte ein Problem mit Alkohol.*
Ich bemühe mich wirklich sehr, ihn nicht zu verärgern, denn wenn er wütend wird, trinkt er.
Es gibt Terror, wenn er kein Gras hat. Es ist viel einfacher, mit ihm umzugehen, wenn er bekifft ist.

Die Rolle, die Alkohol, Drogen und andere Süchte bei der Misshandlung spielen, wurde höchst missverstanden. Die meisten Missbrauchstäter sind nicht süchtig, und selbst diejenigen, die Drogen nehmen, misshandeln ihre Partnerinnen auch, wenn sie nicht unter Drogeneinfluss stehen. Misshandelnde Männer, denen es gelingt, sich von einer Sucht zu befreien, misshandeln ihre Partnerinnen weiterhin, auch wenn es manchmal eine kurze Pause von ihrem schlimmsten Verhalten gibt. Körperlich gewalttätige Missbrauchstäter halten sich manchmal für einen längeren Zeitraum von Gewalttätigkeiten zurück, wenn sie clean werden, aber ihre psychischen Misshandlungen setzen sie fort oder verstärken sie sogar noch. *Sucht verursacht keinen Missbrauch in der Partnerschaft, und eine Genesung von der Sucht „heilt“ kein missbräuchliches Verhalten.*

Gleichzeitig kann die Abhängigkeit eines Mannes auf entscheidende Weise zu seiner Grausamkeit oder Unberechenbarkeit beitragen. Ein betrunkener oder drogenabhängiger Täter neigt dazu, das Leben seiner Partnerin noch unglücklicher zu machen als ein nüchterner. Es ist wichtig, Fakten und Fiktion voneinander zu trennen, einschließlich der Mythen, die von den Missbrauchstätern selbst aufrechterhalten werden, und zu untersuchen, wie sich die Sucht auf den misshandelnden Mann und seine Partnerin auswirkt.

Nicht alle Drogenabhängige sind misshandelnde Partner

Ein Grund, warum wir wissen, dass Partnermissbrauch nicht durch Drogen verursacht wird, liegt darin, dass viele Alkoholiker und Drogenabhängige weder gemein zu ihren Partnerinnen sind noch diese kontrollieren. Manche Alkoholiker trinken erst spät in der Nacht oder auswärts und kommen nur zurück, um sich auszuschlafen. Manche werden passiv und rührselig, nicht aggressiv oder herrschsüchtig. Eine gewisse Anzahl sorgt sogar recht verantwortungsbewusst für ihre Familien und kümmert sich gut um die Kinder, zumindest in den ersten Jahren ihrer Sucht. In solchen Fällen verursacht der Drogenmissbrauch des Mannes zweifellos ernsthafte Probleme für seine Partnerin und seine Kinder, aber die Atmosphäre unterscheidet sich stark von dem Umfeld, in dem ein misshandelnder Partner lebt. Und während Drogenabhängige männlich oder weiblich sein können, sind misshandelnde Partner überwiegend männlich.

Nicht alle misshandelnden Partner haben ein Drogenproblem

Wir können Sucht und missbräuchliches Verhalten gegenüber der Partnerin weiter voneinander trennen, indem wir feststellen, dass eine klare Mehrheit der Täter keinen Alkohol- oder Drogenmissbrauch betreibt oder andere Anzeichen von Sucht zeigt. Selbst wenn wir unsere Diskussion auf körperlich gewalttätige Missbrauchstäter beschränken, kann ich feststellen, dass Sucht in weniger als der Hälfte der Fälle vorhanden ist, und die meisten Forscher berichten von ähnlichen Beobachtungen.

Kurz gesagt: Missbrauch der Partnerin und Drogenmissbrauch sind zwei voneinander getrennte Probleme. Beide sind heute weit verbreitet, sodass es keine Überraschung ist, dass sie oft bei ein und derselben Person auftauchen, zusammen mit Kopfschuppen, Akne, College-Abschlüssen und verschiedenen anderen nicht kausalen Faktoren.

Ist der Missbrauch der Partnerin nicht auch eine Art von Sucht?

Nein. Das missbräuchliche Verhalten gegenüber der Partnerin hat seine eigenen Ursachen und Dynamiken, die nichts mit Sucht zu tun haben, obwohl es auch einige ähnliche Merkmale aufweist. In den letzten Jahren sind einige Beratungsprogramme entstanden, die angeblich Drogenabhängigkeit und Partnermissbrauch zugleich behandeln, aber sie wecken falsche Hoffnungen. Ein Arzt wäre theoretisch in der Lage, sich sowohl auf Hirnchirurgie als auch auf Beckenrekonstruktion zu spezialisieren – auch wenn das angesichts der damit verbundenen Komplexität sehr schwierig wäre –, aber wenn er oder sie behauptet, *ein* Verfahren durchzuführen, das Probleme in *beiden* Bereichen lösen kann, sollten Sie sich nicht darauf einlassen. Die Unterschiede zwischen dem Missbrauch von Frauen und dem Missbrauch von Substanzen sind so groß, dass sie auf unterschiedliche Weise angegangen werden müssen.

Ähnlichkeiten beim Missbrauch in der Partnerschaft und Sucht

Aspekte von missbräuchlichem Verhalten gegenüber der Partnerin, die denen der Sucht ähneln, sind:

- ***Eskalation***

Alkoholiker erleben, dass sie immer mehr oder immer häufiger trinken, oder beides. Diese Eskalation wird zum Teil durch *Toleranzentwicklung* verursacht, was bedeutet, dass sich der Körper an die Substanz gewöhnt, sodass mehr benötigt wird, um die gleiche Wirkung zu erzielen. „Ich weiß mit meinem Alkoholkonsum umzugehen" ist im Wesentlichen die Kurzform für: „Ich trinke schon seit langer Zeit zu viel, ich brauche also einiges, um betrunken zu werden." (Manche Süchtige erleben die gegenteilige Wirkung, sodass immer kleinere Mengen sie mit der Zeit schon berauschen können.) Drogenmissbrauch eskaliert auch aus anderen Gründen, u. a. wegen der zunehmenden Angst des Süchtigen, sich der Realität zu stellen, je mehr Zeit er oder sie damit verbracht hat, ihr zu entfliehen, und wegen der zunehmenden Lebensprobleme, die die Sucht selbst schafft, wodurch es noch mehr Dinge gibt, *vor* denen der Süchtige fliehen muss.

Auch die Misshandlungen in der Partnerschaft neigen dazu, zu eskalieren, zumindest in den ersten Jahren der Beziehung. Eine der Ursachen für zunehmende Misshandlungen ist, dass der Täter durch die Auswirkungen seines eigenen Verhaltens frustriert wird und das dann als Entschuldigung für weiteren Missbrauch benutzt. Wenn Sie zum Beispiel als Partnerin eines misshandelnden Mannes im Laufe der Zeit zunehmend depressiv geworden sind (weil chronische Misshandlungen deprimierend sind), ärgert er sich darüber, dass Sie sich nun wegen Ihrer eingeschränkten Energie weniger engagiert um ihn kümmern. In ähnlicher Weise kann Misshandlung Ihren Wunsch nach Sex vermindern, sodass Ihr Partner verletzt und wütend über Ihren Mangel an Verlangen nach ihm ist.

Das Phänomen der Toleranzentwicklung kann auch auf missbräuchliches Verhalten in der Partnerschaft angewandt werden, jedoch mit anderen Konsequenzen. In dem Maße, wie sich ein missbrauchender Mann an ein gewisses Maß an Misshandlung gegenüber seiner Partnerin gewöhnt, nagen seine Schuldgefühle immer weniger an ihm, sodass er dann in der Lage ist, zu massiveren Handlungen überzugehen. Er gewöhnt sich an ein Maß an Grausamkeit oder Aggressivität, das für ihn einige Jahre zuvor noch außer Frage gestanden hätte. In einigen Fällen wird Toleranzentwicklung auch durch das Verhalten der misshandelten Frau ausgelöst, wenn sie gegen seine Misshandlungen unempfindlich wird und anfängt, sich mehr gegen ihn zu wehren. Er verstärkt dann seine Misshandlungen, weil er sieht, dass mehr als früher nötig ist, um sie zu erschrecken oder zu kontrollieren. Diese Eskalation ähnelt der Art der Kontrolle von Menschenmengen, wie sie von Militärdiktaturen angewandt wird, die Gummigeschosse abfeuern, solange diese Maßnahme ausreicht, um die Demonstranten zu zerstreuen, aber auf scharfe Munition umschalten, wenn die Menge aufhört, vor den Gummigeschossen wegzulaufen.

Viele Frauen (und ihre Kinder) reagieren auf traumatische Missbrauchserfahrung jedoch, indem sie leichter eingeschüchtert werden können, statt abgehärtet zu werden. Eine Studie über körperliche Misshandlungen ergab zum Beispiel, dass etwa ein Drittel der Männer das Maß ihrer Gewalt im Laufe der Zeit reduziert hat, weil die Frauen so verängstigt waren, dass die Männer sie mit angsteinflößenden Worten und Blicken unter Kontrolle bringen konnten, wodurch tatsächliche körperlich Übergriffe unnötig wurden.

- ***Leugnen, Verharmlosen und Beschuldigen***

Süchtige und Männer, die ihre Partnerin misshandeln, teilen die Fähigkeit, sich selbst davon zu überzeugen, dass sie kein Problem haben, und dieses gegenüber anderen vehement zu leugnen. Ein Alkoholiker sagt vielleicht, dass er an einem Abend „ein paar kühle Bierchen“ hatte, wenn es eigentlich sechs Halbe und zwei

Kurze waren, oder er besteht darauf, dass Alkohol für ihn kein Problem darstellt, weil er nie Schnaps trinkt, dabei aber jedes Wochenende zwei Kästen Bier kippt. Ebenso verfolgt der Süchtige das Muster des misshandelnden Mannes, wenn er die Verantwortung für sein Verhalten externalisiert. In der Drogentherapie wird der Ausdruck *„Menschen, Orte und Dinge“* verwendet, um die Art und Weise zu beschreiben, wie der Süchtige immer jemanden oder etwas findet, dem er die Schuld an seinem Alkohol- oder Drogenkonsum geben kann.

- ***Hinwendung zu Gleichgesinnten***

Drogenabhängige verbringen ihre Zeit am liebsten mit Menschen, die selbst Drogen nehmen, oder mit solchen, die die Sucht zumindest akzeptieren, ohne sie zu thematisieren, und verständnisvoll auf die Ausreden für ihr Verhalten reagieren. Männer, die ihre Partnerinnen misshandeln, treffen ähnliche Entscheidungen hinsichtlich ihres sozialen Umfelds. Ihre Freunde misshandeln entweder ebenfalls ihre Partnerinnen oder geben Kommentare über Missbrauch ab, in denen Ausreden und Opferbeschuldigungen akzeptiert werden. (In der Forschungsterminologie wird dies als *inhaltliche Rechtfertigung von Missbrauch* bezeichnet.) Seine Freundinnen sind meist Menschen, die seine Geschichten über „ich Armer bin das Opfer hysterischer oder psychisch kranker Frauen“ akzeptieren.

- ***Lügen und Manipulieren***

Sowohl misshandelnde Partner als auch Süchtige können chronisch lügen, um ihre Schwierigkeiten zu vertuschen, der Verantwortung zu entgehen und andere Menschen dazu zu bringen, das von ihnen verursachte Chaos aufzuräumen. Misshandelnde Partner nutzen Unehrlichkeit und Manipulation darüber hinaus zu dem Zweck, Macht und Kontrolle über ihre Partnerin zu erlangen, was eine eigene Dynamik darstellt.

- ***Mangelnde Vorhersehbarkeit***

Sowohl misshandelnde Partner als auch Drogenabhängige neigen dazu, ihre Partnerin und Kinder im Ungewissen darüber zu lassen, was als Nächstes geschieht. Diese Dynamik trägt dazu bei, dass Familienmitglieder an der Hoffnung festhalten, er wird sich ändern.

- ***Rollenzuschreibung in der Familie***

Sowohl misshandelnde Männer als auch Süchtige können Familienmitgliedern bestimmte Rollen im Missbrauchsszenario zuteilen. Eine Person kann zum Widersacher, eine andere zum Beschützer und wieder eine andere zum Sündenbock der

Familie werden, den der Misshandelnde als Zielscheibe benutzt, um die Schuld für all die Probleme, die er selbst in der Familie verursacht, auf ihn zu laden.

- ***Hohe Rückfallraten zu missbräuchlichem Verhalten nach Phasen scheinbarer Veränderung***

Beide Gruppen haben das weitverbreitete Problem, Therapieprogramme abzubrechen oder den Missbrauch auch nach „erfolgreichem“ Abschluss eines Programms fortzusetzen. Eine tiefgreifende und dauerhafte Veränderung gelingt nur durch eine umfangreiche und mühsame Reihe von Schritten, obwohl der Veränderungsprozess für Drogenabhängige ganz anders verläuft als der für misshandelnde Partner.

Inwiefern Missbrauch in der Partnerschaft und Sucht sich unterscheiden

Aspekte, wie sich Missbrauch in der Partnerschaft von Sucht *unterscheidet*:

- ***Misshandelnde Partner „erreichen keinen Tiefpunkt“***

Drogenmissbrauch ist selbstzerstörerisch. Mit der Zeit wird das Leben des Süchtigen zunehmend unkontrollierbarer. Er bekommt Schwierigkeiten, seinen Arbeitsplatz zu behalten, seine Finanzen geraten in Unordnung (zum Teil aufgrund der Kosten seines Drogenkonsums) und seine Freundschaften nehmen ab. Möglicherweise entfremdet er sich von seinen Verwandten, außer sie sind selbst Drogensüchtige. Diese Abwärtsspirale kann dazu führen, dass der Süchtige einen Tiefpunkt erreicht, an dem sein Leben schließlich so chaotisch ist, dass er sein Problem nicht mehr leugnen kann. Alkoholiker schreiben den Beginn ihrer Genesung gewöhnlich einer solchen Erfahrung des „Tiefpunktes“ zu.

Missbrauch in der Partnerschaft hingegen ist nicht besonders selbstzerstörerisch, obwohl er für *andere* zutiefst zerstörerisch ist. Ein Mann kann zwanzig oder dreißig Jahre lang Frauen misshandeln und trotzdem einen stabilen Arbeitsplatz oder eine berufliche Karriere haben, seine Finanzen in Ordnung halten und bei seinen Freunden und Verwandten beliebt bleiben. Sein Selbstwertgefühl, seine Fähigkeit, nachts zu schlafen, sein Selbstvertrauen, seine körperliche Gesundheit: All das bleibt genauso stabil wie bei einem nicht-misshandelnden Mann. Eine der vorrangigen Ursachen für die Qualen im Leben einer misshandelten Frau ist ihr Gefühl der Isolation und Frustration, weil niemand sonst zu bemerken scheint, dass bei ihrem Partner etwas nicht stimmt. *Ihr* Leben und ihre Freiheit mögen aufgrund dessen, was er ihrer Seele antut, den Bach runtergehen, aber *sein* Leben ist in der Regel davon nicht betroffen.

Es trifft zu, dass missbrauchende Männer aufgrund ihres Verhaltens an Intimität verlieren, da echte Nähe und Missbrauch sich gegenseitig ausschließen. Allerdings betrachten sie dies selten als einen großen Verlust, denn entweder erleben sie Nähe durch enge emotionale Verbindungen zu Freunden oder Verwandten, wie es bei vielen meiner Klienten der Fall ist, oder sie sind Menschen, für die Intimität weder ein Ziel noch einen Wert darstellt (wie es auch für viele Nichttäter gilt). Man kann nicht etwas vermissen, an dem man nicht interessiert ist.

In den letzten Jahren sind körperlich misshandelnde Täter zum ersten Mal zumindest in gewisser Hinsicht an einem Tiefpunkt angelangt: Sie haben gelegentlich unangenehme rechtliche Konsequenzen für ihre Handlungen erfahren. Leider landen die meisten Fälle von häuslicher Gewalt nach wie vor nicht vor Gericht und können demzufolge nicht angemessen bestraft werden.

- ***Kurzfristiger versus langfristiger Gewinn***

Drogenmissbrauch kann sehr lohnend sein. Er verschafft schnellen und einfachen Genuss sowie Befreiung von emotionalen Sorgen. Durch die Aufnahme in einen Freundeskreis, dessen gesellschaftliches Leben sich darum dreht, den Rausch zu suchen und zu genießen, erfährt man oft Kameradschaft. Diese Vorteile sind jedoch in der Regel von kurzer Dauer. Im Laufe der Zeit verursacht der Drogenmissbrauch dem Süchtigen emotionale Probleme, die genauso groß sind wie die, denen er oder sie ursprünglich zu entkommen versuchte. Freundschaften, die auf Drogenmissbrauch beruhen, sind oberflächlich und aufgrund von finanziellen Ressentiments, Paranoia, gegenseitiger Verantwortungslosigkeit und vielen anderen Faktoren anfällig für Spannungen und Brüche. Ein Alkoholiker trinkt immer mehr und mehr, nicht weil der Alkohol so gut wirkt, sondern weil es so schlecht funktioniert.

Missbrauch in der Partnerschaft hingegen kann sich für den Täter über viele Jahre und möglicherweise ein Leben lang lohnen. In Kapitel 6 haben wir die vielfältigen Vorteile untersucht, die Täter durch ihr Verhalten gewinnen, von denen keiner zwangsläufig mit der Zeit abnimmt. Es ist unmöglich, missbrauchende Männer dazu zu bewegen, sich zu ändern, indem man sie zu überreden versucht, sich den Schaden anzuschauen, den sie ihrem eigenen Leben zufügen (so wie ich es in meinen frühen Jahren als Berater versucht habe), denn aus ihrer Perspektive überwiegen die Vorteile bei Weitem. Eine Veränderung bei einem Missbrauchstäter wird vor allem dann herbeigeführt, wenn es der Gesellschaft gelingt, ihn dazu zu zwingen, sich um den Schaden zu kümmern, den er *anderen* zufügt.

- ***Die gesellschaftliche Akzeptanz von Missbrauch in der Partnerschaft ist größer***

Der gesellschaftliche Rückhalt sowohl bei Drogenmissbrauch als auch bei Missbrauch in der Partnerschaft ist bedauerlich hoch, aber für letzteren ist er noch größer, wie in Kapitel 13 erörtert wird. Der Drogenmissbrauch wird aktiv durch Alkoholwerbung gefördert, was bei häuslicher Gewalt nicht der Fall ist. Es gibt jedoch eine Reihe von Autoren und Organisationen, die sich aktiv gegen Verbesserungen der rechtlichen und institutionellen Reaktionen auf häusliche Gewalt wenden, während es keine vergleichbaren organisierten Bemühungen zur Verteidigung des Drogenmissbrauchs gibt. Fernsehen, Filme, Musikvideos und andere kulturelle Medien sind voll von Botschaften, in denen Misshandlungen von Partnerinnen geduldet werden.

Aufgrund dieser wichtigen Unterscheidungen von Missbrauch in der Partnerschaft auf der einen und Sucht auf der anderen Seite, haben Programme und Bücher, die versuchen, auf der Basis eines Suchtmodells gegen Missbrauch vorzugehen, schwer versagt. „Batterers Anonymous"-Selbsthilfegruppen („Anonyme Schläger" – Anm. d. Übers.) sind zum Beispiel dafür berüchtigt, Missbrauchstäter bei Ausreden und Rechtfertigungen zu unterstützen, anstatt ein Sprungbrett für Veränderungen zu bieten. Therapien sprechen im Allgemeinen nur wenige oder gar keine der zentralen Einstellungen und Gewohnheiten an, die Missbrauch in der Partnerschaft verursachen.

Missbrauch in der Partnerschaft verschwindet nicht, wenn der Täter sich von seiner Sucht erholt

Frage 13:
Wenn er aufhört zu trinken, wird er dann auch aufhören, mich zu misshandeln?

Im Laufe der Jahre haben Dutzende meiner Klienten einen Entzug von ihrer Sucht unternommen, während sie an meinem Programm teilnahmen, teils auf Druck von mir. Es ist dadurch keine wesentliche Besserung eingetreten, außer bei den Männern, die auch ernsthaft an ihren Problemen in Bezug auf ihr missbräuchliches Verhalten gegenüber ihrer Partnerin gearbeitet haben. Während der ersten Monate des Entzugs lassen die harsche tägliche Kritik und Kontrolle des Mannes sowie jegliche von ihm ausgeübte körperliche Gewalt nach oder hören für eine gewisse Zeit ganz auf, was die Hoffnung der misshandelten Frau weckt. Sie interpretiert diese Atempause als Bestätigung dafür, dass seine Sucht tatsächlich Ursache für die Misshandlungen war. Doch nach und nach oder auch abrupt wird sein Verhalten wieder so destruktiv wie während seiner Zeit als Säufer.

Ironischerweise beginnt der Rückfall des Mannes genau dann, *wenn seine Genesung von der Sucht sich allmählich stabilisiert*. Die frühe Phase des Entzugs ist überwältigend: Der Zwang zu trinken ist intensiv, und so trägt der Alkoholiker täglich einen inneren Kampf aus, der oft am seidenen Faden hängt. Möglicherweise nimmt er an einer oder mehreren Therapiesitzungen pro Tag teil, die seine Zeit in Anspruch nehmen und seine Konzentration erfordern. Als Ergebnis dieser Herkules-Aufgabe hat der Mann wenig Zeit und Energie und ist auch mental nicht dazu in der Lage, sich der Kontrolle oder Manipulation seiner Partnerin zu widmen. Er ist völlig auf sich selbst konzentriert und absorbiert. Aber sobald er sich durch den nervenaufreibenden ersten Genesungsprozess gearbeitet hat, lenkt er seine Energie und Aufmerksamkeit wieder auf seine Partnerin, und sein Wunsch, sie zu schikanieren, kehrt zurück.

Es ist auch nicht ungewöhnlich, dass sich das Verhalten von misshandelnden Männern sogar noch verschlimmert, wenn sie sich im Genesungsprozess befinden, zum Teil, weil sie durch die Abstinenz reizbarer werden und dies an Familienmitgliedern auslassen. Andere Missbrauchstäter sind nüchtern eher in der Lage, Kontrolle auszuüben, als in betrunkenem Zustand, denn ihre Aufmerksamkeit ist nicht mehr vom Alkohol getrübt.

Vielleicht noch wichtiger ist, dass das Therapieprogramm des Täters manchmal selbst zu einer Waffe gegen seine Partnerin wird. Wenn er zum Beispiel mit dem Trinken aufhört, kann er den Spieß umdrehen und darauf beharren, dass auch sie Alkoholikerin ist, selbst wenn sie tatsächlich nur mäßig trinkt. Er beginnt, sie dafür zu kritisieren, dass sie ihren eigenen Alkoholkonsum „verleugnet" – ein Konzept, das er bei seinen Treffen gelernt hat und wofür er sich jetzt als Experte betrachtet. Beleidigende Kommentare über ihre Trinkgewohnheiten und Druck auf sie, den Alkoholkonsum aufzugeben und den Anonymen Alkoholikern (AA) beizutreten, werden wahrscheinlich folgen.

Der Täter kann auch spezielle Konzepte der AA gegen seine Partnerin einsetzen. Zum Beispiel ermutigen die AA ihre Teilnehmer, ihre eigenen Fehler und Vergehen zu überprüfen und eine Bestandsaufnahme zu machen. Dabei wird davon abgeraten, Kritik an den Unzulänglichkeiten anderer zu üben oder sich auf diese zu konzentrieren. Der Missbrauchstäter wendet dieses Konzept gegen seine Partnerin an, indem er jedes Mal, wenn sie versucht, sich über sein missbräuchliches Verhalten und dessen Auswirkungen auf sie zu beschweren, zu ihr sagt: „Du solltest an deinen eigenen Problemen arbeiten, anstatt bei mir eine Bestandsaufnahme zu machen.“ In ähnlicher Weise benutzt er die Drohung, dass er wieder trinken könnte, als Vorwand, um sie zu kontrollieren. Wenn er sich zum Beispiel über etwas ärgert, was sie tut, wie zum Beispiel ihn wegen seines Mobbings zu konfrontieren, sagt er: „Du stresst mich, und du *weißt*, dass ich wieder mit dem Trinken anfangen könnte, wenn ich zu viel Stress habe.“ Der Vorwurf „Du bist eine Bedrohung für meine Abstinenz!“ wird zu einem neuen Mittel, das der Täter benutzt, um seine Partnerin zu traktieren und zum Schweigen zu bringen. Der Täter entwickelt also neue Ausreden für sein missbräuchliches Verhalten, um auszugleichen, dass er es nicht mehr auf seinen Alkoholkonsum schieben kann.

Die Philosophie des Zwölf-Schritte-Programms enthält Elemente, die für missbrauchende Männer wertvoll sein könnten, aber ich habe den Eindruck, dass meine Klienten dazu neigen, die Prinzipien, die ihnen helfen könnten, zu ignorieren. Nach Ansicht der AA ist ein Alkoholiker beispielsweise dafür verantwortlich, all den Schaden wiedergutzumachen, den er anderen Menschen zugefügt hat, während er betrunken war. Missbrauchstäter wählen stattdessen die fast entgegengesetzte Sichtweise, indem sie argumentieren, dass ihre Partnerin sich nicht über frühere Misshandlungen beschweren sollte, „weil das geschehen ist, als ich getrunken habe, und so bin ich jetzt nicht mehr, also sollte sie die Vergangenheit ruhen lassen“. Sie stellen sich die Heilung von der Sucht als ein gigantisches, selbst verdientes Amnestieprogramm vor, das die Ressentiments und das Misstrauen ihrer Partnerin einfach verschwinden lassen sollte.

Missbrauchstäter im Entzug schreiben ihr Verhalten genauso sehr dem Alkohol zu, wie sie es in der Zeit ihres Alkoholismus getan haben. Sie ziehen es vor, die Philosophie der Anonymen Alkoholiker dahingehend falsch zu interpretieren, dass sie für ihre Handlungen während der Trunkenheit nicht verantwortlich waren – was *nicht* den Anonymen Alkoholikern entspricht –, und dass Alkohol daher eine umfassende und angemessene Erklärung für all die Grausamkeit und den Egoismus ist, denen sie die Frauen ausgesetzt haben. Einige meiner Klienten nutzen den Entzug, um sich ihrer Verantwortung zu entziehen, und sie behaupten, dass sie nicht mit den Kindern helfen, keine Arbeit finden oder auf andere Weise etwas beitragen können, „weil das Programm sagt, ich müsse mich auf mich selbst konzentrieren“. Auf diese Weise kann die Therapie die Egozentrik und die Ausreden eines misshandelnden Mannes fördern. Eine Frau, die sich diese Erklärungen ihres Partners anhören muss, kann Zweifel daran bekommen, ob er sich wirklich ändern wird, und sie ist gut beraten, auf ihre Skepsis zu hören. Ihr Partner bemängelt vielleicht: „Du hast einfach kein Vertrauen in die Menschen“ oder „Du glaubst nicht, dass sich jemand ändern kann“ (als ob er sie dadurch, dass er sie niedermacht, davon überzeugen kann, dass er nicht mehr missbräuchlich ist), aber ihr Instinkt täuscht sie nicht, dass er genau derselbe geblieben ist.

Ich hatte Klienten, die durch eine *Kombination* aus Alkoholentzug *und* ernsthafter Auseinandersetzung damit, die Verantwortung für ihre Misshandlung zu übernehmen, erhebliche Veränderungen erfahren haben. Nur dann kann der Entzug eines missbräuchlichen Täters von seiner Sucht ein entscheidender Schritt sein.

Alkohol steht in keinem biologischen Zusammenhang mit Missbrauch oder Gewalt

Alkohol macht Menschen nicht direkt streitlustig, aggressiv oder gewalttätig. Es gibt Beweise dafür, dass bestimmte chemische Stoffe gewalttätiges Verhalten verursachen können – anabole Steroide zum Beispiel oder Crack –, aber Alkohol gehört nicht dazu. Im menschlichen Körper ist Alkohol eigentlich ein Depressivum, eine Substanz, die nur selten Aggressionen hervorruft. Auch Marihuana hat keine biologische Wirkung im Zusammenhang mit missbräuchlichem Verhalten.

Alkohol und andere Drogen tragen somit auf zwei Arten zur Misshandlung in der Partnerschaft bei:

1. Die Überzeugungen eines Mannes von der Wirkung der Substanz werden weitgehend wahr. Wenn er glaubt, dass Alkohol ihn aggressiv machen kann, wird er es auch werden, wie wissenschaftlich nachgewiesen wurde. Wenn er andererseits den Substanzen keine Gewalt verursachenden Kräfte zuschreibt, ist es unwahrscheinlich, dass er aggressiv wird, selbst wenn er stark berauscht ist.
2. Alkohol bietet einem misshandelnden Mann einen *Vorwand*, um frei nach seinen Wünschen vorzugehen. Nach ein paar Drinks legt er los, um so beleidigend oder einschüchternd zu sein, wie er Lust hat, in dem Wissen, dass er am nächsten Tag sagen kann „Hey, tut mir leid wegen gestern Abend, ich war wirklich betrunken" oder sogar behaupten kann, den Vorfall völlig vergessen zu haben. Seine Partnerin, seine Familie oder sogar ein Richter werden ihn damit davonkommen lassen. (Die Gerichte neigen dazu, besonders nachsichtig mit Tätern zu sein, die ihre Gewalt auf ein Alkoholproblem schieben.) Und Alkohol ist eine Ausrede, die *er* akzeptiert, sodass er nachts nicht mit nagenden Schuldgefühlen wach liegt, weil er seine Partnerin verletzt hat.

Ich habe mehrere physisch gewalttätige Klienten gehabt, die zugegeben haben, dass sie entschieden haben, ihre Partnerin anzugreifen, *bevor* sie Alkohol im Körper hatten. Sie gingen aus, um, wie einige der Männer es ausdrücken, „in Fahrt zu kommen". Sie tranken ein paar Stunden lang, bevor sie nach Hause kamen, um eine bösartige, erschreckende Auseinandersetzung zu beginnen. Alkohol stattet die Täter mit einer Ausrede aus und hilft ihnen, jede Scham oder Verlegenheit zu überwinden, die sie zurückhalten könnte. Hüten Sie sich vor dem Mann, der glaubt, dass Drogen oder Alkohol ihn gewalttätig werden lassen. Wenn er glaubt, dass es so ist, hat er recht.

*Was ist mit den Männern, die **nur** missbräuchlich sind, wenn sie getrunken haben?*

Ich könnte die Klienten an einer Hand abzählen, deren missbräuchliches Verhalten allein auf Zeiten des Rausches beschränkt ist. Ich habe jedoch mit Dutzenden von Männern gearbeitet, deren *schlimmste* Vorfälle zwar mit Alkoholkonsum einhergehen, deren kontrollierendes und respektloses Verhalten aber auch in nüchternem Zustand zu ihrem Verhaltensmuster gehört. Diese Täter passen tendenziell in eine der folgenden Kategorien:

1. *Der verbal misshandelnde Mann, dessen Verhalten nur im Rausch zu körperlicher Gewalt oder Drohungen eskaliert:* Wenn ich die Partnerin eines solchen Mannes bitte, sein alltägliches Verhalten zu beschreiben, berichtet sie meist, dass er gemeiner und furchterregender wird, wenn er getrunken hat, aber dass seine Beschimpfungen, seine Respektlosigkeit und sein Egoismus gleich sind, egal ob er betrunken oder nüchtern ist. Sie glaubt meist, dass sein körperlich angsteinflößendes Verhalten aufhören würde, wenn sie ihn in den Entzug bringen könnte, und dass sie den Rest seines missbräuchlichen Verhaltens in den Griff bekäme. Diese sich selbst beruhigende Hoffnung ist aus zwei Gründen falsch: (a) Wenn diese Art von Tätern trocken wird, gewöhnen sie sich allmählich – meist in einem Zeitraum von ein oder zwei Jahren – an die Anwendung von Gewalt, ohne dazu Alkohol zu brauchen; und (b) selbst wenn er zu den wenigen Ausnahmen von dieser Regel gehört, entdeckt die Frau meist, dass seine psychischen Misshandlungen für sie genauso zerstörerisch sein können wie die körperliche Gewalt, weshalb sie sich wieder Gedanken darüber machen muss, was sie tun soll.
2. *Der verbal misshandelnde Täter, der bei Trunkenheit noch grausamer und erniedrigender wird, dessen Verhalten aber nicht zu Gewalt eskaliert:* Er tut dasselbe, was der körperlich angreifende Täter macht – er benutzt Alkohol als Ausrede. Wenn er trocken wird, denkt er sich nach und nach neue Ausreden aus. Er lernt unter

anderem, seinen Entzug als Vorwand zu benutzen, sodass das Leben mehr oder weniger weitergeht wie bisher.

3. *Der aggressive Täter, der noch gewalttätiger wird, wenn er berauscht ist:* Dies ist meiner Meinung nach der häufigste Typ unter drogenabhängigen Männern, die ihre Partnerin misshandeln. Wenn dieser Täter nicht berauscht ist, verzichtet er meist auf die schrecklichsten Formen seiner Gewaltanwendung wie Schläge, Tritte, Würgen oder die Drohung, sie zu töten. Vielleicht sagt seine Partnerin: „Er ist nur gewalttätig, wenn er trinkt", aber sie erzählt mir dann, dass er sie schubst oder packt, bedrohlich auf sie zugeht, sexuell grob ist oder andere Formen körperlicher Einschüchterung oder Gewalt anwendet, selbst wenn er nüchtern ist – Verhaltensweisen, von denen der Täter sie erfolgreich überzeugt hat, diese nicht als *Gewalt* zu definieren.

Wenn sich das Verhalten Ihres Partners im Alkoholrausch deutlich verschlechtert, tendieren Sie vielleicht dazu, Ihre Aufmerksamkeit darauf zu richten, mit seinem Alkoholkonsum zurechtzukommen, sodass Sie nie vollständig erkennen, wie missbräuchlich er auch im nüchternen Zustand ist. Sein Drogenproblem kann dadurch eine enorme Ablenkung von wichtigen Fragen bewirken.

Alkohol verändert nicht das grundlegende *Wertesystem* einer Person. Auch wenn sich die Persönlichkeit eines Menschen im Rausch etwas verändert, steht sie immer noch in Beziehung zu der Person, die sie im nüchternen Zustand ist. Wenn Sie betrunken sind, verhalten Sie sich vielleicht albern oder peinlich; Sie sind vielleicht übermäßig vertrauensselig oder taktlos mitteilsam, vielleicht auch nachlässig oder vergesslich. Aber stoßen Sie kleine alte Damen aus Spaß um? Wahrscheinlich nicht. Belästigen Sie die Verkäuferin im Supermarkt sexuell? Unwahrscheinlich. Das Verhalten der Menschen wird auch im Rausch weiterhin von den wesentlichen Grundzügen ihrer Überzeugungen und Einstellungen bestimmt, auch wenn sich das Fundament etwas gelockert hat. Alkohol bringt Menschen dazu, das, was unter der Oberfläche brodelt, freizulassen.

Misshandelnde Männer treffen bewusste Entscheidungen, auch wenn sie berauscht sind

Einer meiner ersten missbräuchlichen Klienten vor nunmehr fast 35 Jahren war ein gewalttätiger Ehemann namens Max, der für ein Versorgungsunternehmen arbeitete. Er war eines Abends nach der Arbeit etwas trinken gegangen, und als er nach Hause kam, war er „besoffen". Er erzählte mir, dass seine Frau Lynn, sobald er im

Haus war, anfing, ihn zu „nerven". Er „sah rot" und fing an, sie anzuschreien, und bald darauf schlug er mit seinen Fäusten auf sie ein. Max erzählte mir verlegen von diesem Ereignis und gab dann zu, dass er Lynn einige Kleider vom Leib gerissen und sie „teilweise" an einen Stuhl gefesselt hatte (ich bin mir nicht sicher, wie man jemanden „teilweise" an einen Stuhl fesselt; entweder ist er gefesselt oder nicht). Als Max in meinem Büro saß, schien er ein sympathischer, gutmütiger Fließbandarbeiter zu sein. Es war nicht leicht sich vorzustellen, wie er an diesem Abend aus Sicht von Lynn ausgesehen haben muss.

Ich bat ihn, Lynns Verletzungen zu beschreiben, und er sagte mir, dass sie an beiden Beinen von oben bis unten schwarzblaue Flecken und Striemen hatte. Ich erkundigte mich nach weiteren Verletzungen, und er sagte, es hätte keine weiteren gegeben. Angesichts der Brutalität des Angriffs war ich überrascht. „Lynn hatte keine Blutergüsse an den Armen oder im Gesicht? Warum nicht?" Max' Gesichtsausdruck veränderte sich und er schaute mich plötzlich an, als ob ich nicht sehr helle sei, und stotterte: „Oh, na ja, natürlich wollte ich nichts tun, was man hätte *sehen* können."

Lynn bestätigte mir später, dass Max an diesem Abend tatsächlich sturzbetrunken gewesen war. Aber hatte er durch den Rausch die Kontrolle verloren? Offensichtlich nicht. Er war weiterhin auf sein Interesse konzentriert, seinen eigenen Ruf zu wahren und sich nicht dem Risiko einer Verhaftung auszusetzen, sodass er Lynns Verletzungen auf Stellen beschränkt hatte, wo sie am nächsten Tag durch Kleidung verdeckt sein würden. Man konnte kaum davon sprechen, dass er „außer Kontrolle" war.

Ich könnte unzählige ähnliche Beispiele für die Bewusstheit und Entscheidungsfähigkeit anführen, die meine Klienten zeigen, wenn sie betrunken oder auf Drogen sind. Sie wählen ihre Worte vielleicht nicht ganz so sorgfältig und die Koordination ihrer Bewegungen ist vielleicht nicht perfekt, aber sie schützen ihre Eigeninteressen: Sie vermeiden es, ihre eigenen wertvollen Habseligkeiten zu beschädigen, und lassen ihre Freunde und Verwandten gewöhnlich nicht die offensichtlichen und grausamsten Formen verbaler oder körperlicher Misshandlung sehen oder irgendetwas anderes, von dem sie meinen, dass es durch die Ausrede „Ich war betrunken" nicht angemessen abgedeckt wäre.

Wenn ich meine Klienten wegen ihrer Misshandlungen im betrunkenen Zustand kritisiere, reagieren sie manchmal mit den Worten „Aber ich hatte einen Blackout". Ein Blackout ist jedoch eine Gedächtnislücke, die eintritt, *nachdem* eine betrunkene Person das Bewusstsein verloren hat, und dazu führt, dass die Person beim Aufwachen nicht mehr weiß, was geschehen ist. Die Person war *während* des Ereignisses noch bei Bewusstsein. Wenn Sie eine extrem betrunkene, aber immer noch wache Person fragen, was früher an diesem Abend passiert ist, kann sie es

Ihnen sagen. Deswegen gibt es so etwas wie „in“ einem Blackout sein nicht; der Gedächtnisverlust tritt erst später ein.

Und schließlich, selbst wenn Substanzen dazu führen könnten, dass Menschen „die Kontrolle verlieren“, wäre der misshandelnde Mann immer noch für seine Handlungen verantwortlich, wenn er berauscht ist, weil er die *Entscheidung* getroffen hat, sich selbst mit Alkohol oder Drogen zu beeinträchtigen. Die Behauptung eines Mannes, er sei nicht voll verantwortlich für die Misshandlung seiner Partnerin, weil er betrunken war, ist einfach ein weiterer Beweis für seine missbräuchliche Einstellung.

Drogen als Waffen des Missbrauchs

Oscar und Ellen

Oscar und Ellen waren zusammen in einem Restaurant. Während des Essens stieg die Spannung aufgrund mehrerer Beziehungsprobleme, die zumeist mit Ellens Beschwerden über Oscars Misshandlungen zusammenhingen. Oscar hingegen bestand darauf, dass Ellens Beanstandungen alle durch ihre eigene Überempfindlichkeit und ihren Wunsch, *ihn* zu kontrollieren, entstanden seien. Ellen setzte ihre Hoffnungen für ihre Beziehung darauf, Oscar davon zu überzeugen, sein Alkoholproblem in den Griff zu bekommen. Er hatte zu einem früheren Zeitpunkt in ihrer Beziehung zugegeben, dass er tatsächlich zu viel trinkt, und er war neun Monate lang trocken gewesen. Sein missbräuchliches Verhalten ihr gegenüber hatte sich in dieser Zeit nicht gebessert, aber sie sah keine andere Strategie, um ihn dazu zu bringen, sich zu ändern.

Der Streit an diesem Abend konzentrierte sich darauf, dass er sich in finanziellen Fragen missbräuchlich ihr gegenüber verhielt. Konkret hatte er 4.000 Dollar – praktisch ihre gesamten Ersparnisse – von ihrem gemeinsamen Bankkonto abgehoben und einen alten BMW „für sie“ gekauft. Ellen war wütend, dass er nicht mit ihr darüber gesprochen hatte, zumal sie mit ihrem ersten Kind schwanger war und eine gewisse finanzielle Sicherheit haben wollte. Oscar reagierte, indem er ihre Wut noch übertraf und mit zusammengebissenen Zähnen fauchte: „Du weißt nie etwas zu schätzen, was ich für dich tue! Nichts ist jemals gut genug für dich! Du meckerst nur, meckerst, meckerst, meckerst!“ Er bestellte sofort einen Cocktail, denn er wusste, dass er sie damit ärgern würde. Sobald die Kellnerin ihm seinen Drink gebracht hatte, blickte er Ellen in die Augen, stürzte ihn in drei Schlucken hinunter und bestellte gleich noch einen weiteren. Er tat alles, um schnell betrunken zu werden, und das wurde er auch. Ellen hatte daraufhin Angst, das Restaurant mit ihm zu verlassen, weil sie zahlreiche Gelegenheiten erlebt hatte, bei denen er Alkohol und Wut in einer explosiven Mischung kombiniert hatte, die zu erhobenen Fäusten, Schlägen gegen die Wand, geworfenen Gegenständen und Drohungen geführt und sie kauernd und zitternd zurückgelassen hatte.

Unter meinen Klienten sind mir auch zahlreiche andere Formen begegnet, bei denen Substanzen als Waffen eingesetzt wurden, wie z. B.:

- Er stampft hinaus, um in betrunkenem Zustand Auto zu fahren, weil er weiß, dass sie das in Aufregung versetzt und beunruhigt. Diese Art von Manöver ist besonders wirkungsvoll, wenn das Paar Kinder hat und die Familie auf das Einkommen des Mannes angewiesen ist.
- Sie wird gezwungen, ihm beim Schmuggeln oder Dealen von Drogen zu helfen, wodurch sie ernsthafte rechtliche Konsequenzen riskiert, die er nutzen kann, um sie weiter zu kontrollieren. (Ein großer Prozentsatz der Frauen, die wegen Drogen- oder Alkoholdelikten oder wegen kleinerer Wirtschaftsdelikte, wie z. B. Scheckfälschung, im Gefängnis sitzt, verbüßt die Strafe für Verbrechen, die direkt oder indirekt von ihren misshandelnden Partnern angezettelt wurden.)
- In Zeiten, in denen er trocken oder clean ist, droht er mit der Rückkehr zum Alkohol- oder Drogenkonsum, wenn sie seinen Forderungen nicht nachkommt oder seinen Befehlen nicht gehorcht, oder er behauptet, dass ihre Beschwerden gegen ihn „seine Abstinenz bedrohen".
- Er macht sie für Probleme in seinem Leben verantwortlich, die in Wirklichkeit mit seiner Sucht zusammenhängen.
- Er setzt seine Partnerin unter Druck und manipuliert sie, damit sie selbst Drogen nimmt. Dann benutzt er ihre Sucht, um seine Macht über sie zu vergrößern und andere Menschen dazu zu bringen, ihren Berichten über seine Misshandlungen nicht zu glauben. Diese Taktik kommt besonders häufig vor, wenn der Täter selbst ein Drogenproblem hat und nicht möchte, dass seine Partnerin sich über ihn erhebt. Ich habe aber auch Klienten gehabt, die ihre Partnerin drogenabhängig hielten, während sie selbst clean blieben oder nur mäßig Drogen nahmen.

Shane und Amanda

In einem meiner Fälle hatte es eine alkoholkranke Partnerin namens Amanda mehrmals geschafft, trocken zu bleiben, aber ihr Ehemann Shane sabotierte jedes Mal ihren Fortschritt, indem er sie dafür lächerlich machte, „abhängig" von den Anonymen Alkoholikern zu sein, und ihr sagte, dass sie schwach sei, weil sie nicht in der Lage sei, sich allein, „ohne Krücke" vom Alkohol fernzuhalten. Er ging auch immer Bier kaufen und erklärte: „Ich möchte nur ein paar Flaschen im Haus haben, falls Freunde vorbeikommen", aber sie schienen nie getrunken zu werden. Sie standen nur im Kühlschrank und in den Schränken, um sie in Versuchung zu führen, und schließlich gab sie nach.

Amanda ging schließlich in eine Entzugsklinik und sagte Shane nicht, wohin sie ging. Sie wusste nämlich, dass sie, wenn sie mit ihm sprechen würde, wahrscheinlich der Versuchung nachgeben würde, wieder mit ihm zusammenzukommen. Shane ließ nichts unversucht, um herauszufinden, wo sie war, und um ihr eine Nachricht zu überbringen. Als ich zuletzt Kontakt mit diesem Fall hatte, war es ihr gelungen, sich von ihm fernzuhalten und infolgedessen das Sorgerecht für ihre Kinder wiederzuerlangen, das sie durch seinen Missbrauch und ihren Alkoholismus verloren hatte.

Gegenseitig verstärkende Mechanismen von Sucht und Missbrauch in der Partnerschaft

Beachten Sie, dass ein Mann, der Drogen als Waffe einsetzt, am Ende selbst von seinem eigenen Drogenproblem betroffen ist. So kann Misshandlung in der Partnerschaft das Suchtproblem nähren, und nicht nur umgekehrt. Es handelt sich um zwei getrennte Probleme, von denen keines das andere verursacht, die aber dazu beitragen, dass beide bestehen bleiben. Durch die Misshandlung verstärkt der Mann die Leugnung seines Drogenproblems, da er sämtliche Schwierigkeiten in seinem Leben auf seine Partnerin schiebt. Seine negative Haltung ihr gegenüber erlaubt es ihm, ihre Befürchtungen bezüglich seiner Sucht einfach abzutun. Gleichzeitig unterstützt seine Sucht die Leugnung seines missbräuchlichen Verhaltens, da er Drogen als Entschuldigung und als Waffe benutzt.

Andere Süchte

Ich habe mit Klienten gearbeitet, die spiel-, kokain-, heroin- und medikamentensüchtig waren. Mehrere haben auch behauptet, „sexsüchtig" zu sein, aber ich kaufe missbrauchenden Männern diese Selbstdiagnose nicht ab (aus Gründen, die ich in Kapitel 4 unter „Der Spieler" behandele). Jede Sucht kann ein Paar finanziell belasten, zur Heimlichtuerei des Mannes beitragen und ihn bestärken, seine Partnerin als Sündenbock zu benutzen. Die Sucht eines Missbrauchstäters verursacht zwar nicht die Misshandlungen, aber sie macht das Leben seiner Partnerin noch schmerzhafter und komplizierter.

Berechtigungsdenken und Sucht

Ein misshandelnder Mann glaubt in der Regel, dass sein Konsum oder Missbrauch von Substanzen seine Partnerin nichts angeht. Unabhängig davon, ob seine Sucht ihn dazu bringt, sich gegenüber seiner Partnerin wirtschaftlich missbräuchlich zu verhalten (weil er Geld für seine Sucht verschwendet und/oder Schwierigkeiten hat, seinen Job zu behalten), ganz gleich, wie sehr sie mit den häuslichen Pflichten belastet ist, weil er auf einer Party ist, und egal, wie viel schlechter er sie im Rausch behandelt, fühlt er sich dennoch berechtigt, Substanzen nach Belieben zu konsumieren. Wenn sie ihn wegen seines Egoismus kritisiert oder ihn mit den Auswirkungen seines Partymachens auf ihr Leben konfrontiert, fühlt er sich berechtigt, sie als „Nervensäge", „Schlampe" oder als „kontrollierend" zu bezeichnen. Kurz gesagt, der unverantwortliche Konsum von Alkohol oder Drogen ist ein weiteres Privileg, das sich der misshandelnde Mann selbst einräumt. Wenn seine Partnerin sich dagegen wehrt, bestraft er sie mit psychischen oder physischen Übergriffen.

Drogenmissbrauch hemmt Selbstreflexion

Substanzabhängigkeit führt zwar nicht dazu, dass ein Mann missbräuchlich wird, aber sie sorgt dafür, dass der Missbrauch *anhält*. Ich habe noch nicht erlebt, dass ein drogenabhängiger Klient den Umgang mit seiner Partnerin wesentlich und nachhaltig verbessert hat, wenn er sich nicht gleichzeitig mit seiner Sucht befasst. Tatsächlich gebe ich einem Alkoholiker oder Drogenabhängigen nur etwa zwei Monate Zeit, um selbst in den Entzug zu gehen, und wenn er das nicht tut, entlasse ich ihn aus dem Therapieprogramm für misshandelnde Männer. Ich möchte seiner Partnerin keine falschen Hoffnungen machen und ich möchte auch nicht die Zeit meines Programms verschwenden. Sich dem Problem des Missbrauchs in der Partnerschaft zu stellen und dieses zu ändern, ist ein ausgesprochen komplexer und unbequemer Prozess, der ein konsequentes Engagement über einen langen Zeitraum erfordert. Er verlangt von einem Mann ungeheuren Mut, ehrlich zu sich selbst zu sein, seine Haltung gegenüber seiner Partnerin zu überdenken, neu zu bewerten und zu akzeptieren, wie viel seelischen Schmerz er ihr zugefügt hat. Kein aktiver Drogenabhängiger ist bereit oder in der Lage, diese Aufgabe anzunehmen.

Daher ist der Entzug von der Sucht zwar nicht ausreichend, um eine Veränderung im missbräuchlichen Verhalten eines Mannes herbeizuführen, sie ist jedoch eine *notwendige Voraussetzung*. Nur wenn er bereit ist, *beide* Probleme anzugehen – und ich hatte eine Reihe von Klienten, die es ernst damit meinten, sowohl clean als auch respektvoll zu werden –, kann er aufhören, für seine Partnerin eine Quelle des Schmerzes und der Verzweiflung zu sein.

Wichtige Punkte, die Sie sich merken sollten

- Alkohol oder Drogen können aus einem Mann, der nicht missbräuchlich ist, keinen Täter machen.
- Selbst im Rausch treffen Missbrauchstäter weiterhin Entscheidungen hinsichtlich ihrer Handlungen, und zwar auf der Grundlage ihrer Gewohnheiten, Einstellungen und ihres Eigeninteresses.
- Die primäre Rolle, die Sucht bei Misshandlungen in der Partnerschaft spielt, ist die einer Ausrede.
- Misshandlung und Sucht sind zwei verschiedene Probleme, die getrennte Lösungen erfordern.

9

Der misshandelnde Mann und Trennung

Freunde sagen mir, dass es ihm wirklich nicht gut geht, seit wir uns getrennt haben.
Ich mache mir Sorgen um ihn.
Als ich das letzte Mal versuchte, ihn zu verlassen, hat er mich fast zu Tode erschreckt.
Manchmal scheint es, als wollte er mich umbringen.
Ich will ihm die Kinder nicht wegnehmen; er ist schließlich ihr Vater.
Er war mit unserer Trennung einverstanden, bis er herausfand, dass ich mich mit jemand anderem traf.

Van sprach mit einer rauen, gesetzten Stimme, die den Ausdruck seiner traurig dreinblickenden blauen Augen ergänzte. Sein rötlich-blondes Haar war immer in ein Bandana gewickelt, was zusammen mit seinem kräftigen Hals und seinen starken Oberarmen das Bild eines Bikers entstehen ließ. Doch seine Sprache passte nicht zum Klischee des harten Kerls. Er sprach von seinem Schmerz, von der Notwendigkeit, sich selbst zu stellen, von dem Prozess der Verleugnung und Akzeptanz. Er schien sein eigener härtester Kritiker zu sein und verwies immer wieder auf seinen Egoismus, seine Unreife und andere „Charakterschwächen". Er gestand offen, dass er Alkoholiker sei und an mindestens einer Sitzung der Anonymen Alkoholiker pro Tag teilnehme. Er hatte seit fast acht Monaten keinen Alkohol mehr getrunken.

Van hatte seine Partnerin Gail neun Monate zuvor – nach seiner eigenen Beschreibung – bei einer Schlägerei fast getötet. Er blickte auf den Boden und sprach langsam, während er sich an diesen Überfall erinnerte, ein Bild der Reue. „Es war schlimm", sagte er, „echt schlimm. Ich habe Glück, dass sie noch am Leben ist." Er wurde verhaftet und verbrachte eine Nacht im Gefängnis, bevor seine Mutter und sein Bruder ihn am nächsten Tag gegen Kaution herausholten. „Ich trank danach drei Wochen lang ohne Unterbrechung, um das, was ich getan hatte, zu verdrängen. Und dann wachte ich eines Morgens mit blauen Flecken auf, die von einem Kampf herrührten, in den ich verwickelt war, ich weiß nicht einmal, wo, und seitdem habe ich nicht mehr getrunken. Schließlich akzeptierte ich die Tatsache, dass ich nicht ewig vor mir selbst davonlaufen konnte und dass ich mich damit beschäftigen musste, was ich Gail angetan hatte." Er schloss sich jedoch erst einige Monate später einem Täterprogramm an, als er vom Gericht dazu verpflichtet wurde.

Van war wochenlang das Vorzeigemitglied meiner Gruppe. Er forderte andere Männer heraus, sich ihrer Leugnung zu stellen, konfrontierte sie damit, dass sie ihr eigenes Verhalten auf ihre Partnerinnen schoben, und mit der Notwendigkeit, einen ehrlichen und schmerzhaften Blick auf sich selbst zu werfen. Ich drängte ihn einige Male dazu, seinen Alkoholismus nicht länger als Vorwand für seine Misshandlungen zu benutzen und die Geschichte seines Mobbings und der Gewalt gegenüber Gail ernsthafter zu untersuchen. Er reagierte auf meine Aufforderungen mit vorübergehender Irritation, aber dann wurde er weich und sagte: „Ich weiß, dass ich noch viel Arbeit vor mir habe." Kurz gesagt, er schien ein missbräuchlicher Mann zu sein, der daran interessiert war, die harte Arbeit zu leisten, die mit echten Veränderungen verbunden ist.

Van und Gail waren seit der schweren Schlägerei getrennt. Sie sprachen von Zeit zu Zeit miteinander, schliefen aber nicht miteinander. Van sagte, er glaube, dass es lange dauern würde, bis Gail ihm wieder vertrauen würde, und er müsse ihr Raum geben.

Nach drei oder vier Monaten wurde Van jedoch allmählich klar, dass Gail die Pause von ihrer Beziehung nicht dafür nutzte, um ihr Vertrauen in ihn wieder aufzubauen, wie er angenommen hatte. Sie war dabei, sich von ihm loszusagen. Als ihm dämmerte, dass sie ernsthaft darüber nachdachte, die Tür dauerhaft zu schließen, hatte er vor meinen Augen einen rapiden Rückfall. Zuerst überraschte er mich eines Tages mit der Bemerkung, dass Gail „unserer Beziehung wirklich noch eine Chance geben sollte". Ich war fassungslos. „Warum in aller Welt sollte sie das tun? Sie wäre fast gestorben! Ich würde es sicher nicht tun wollen."

Van sagte: „Der Schmerz in unserer Beziehung betraf nicht nur sie, wissen Sie. Sie hat mich auch sehr verletzt." Ich fragte ihn, ob das seine Schlägerei in irgendeiner Weise rechtfertige. „Nein", antwortete er, „ich rechtfertige sie nicht. Ich sage nur, es ist nicht so, dass nur ich schlecht war und sie nur gut."

„Und das bedeutet also, dass sie Ihnen noch eine Chance schuldet? Wie oft dürfen Sie eine Frau verprügeln, bevor sie Ihnen nichts mehr schuldet?" Dazu murmelte Van nur vor sich hin und schüttelte leicht den Kopf.

In der nächsten Sitzung konzentrierte ich mich mehr auf Van, denn Trennung ist eine Zeit, in der Missbrauchstäter besonders zerstörerisch sein können. Nach der letzten Sitzung hatte er von Gail die endgültige Nachricht erhalten, dass ihre Beziehung beendet sei und sie anfangen würde, sich mit anderen Männern zu verabreden, weshalb es für uns besonders wichtig war zu versuchen, seinen Denkprozess zu beeinflussen. Er begann sofort mit einem Sermon darüber, wie hart er an sich selbst arbeite, im Gegensatz zu Gail, „die sich nicht weiterentwickelt und sich überhaupt nicht mit *ihren* Problemen befasst". Ich fragte, wie Gails Fortschritt dadurch unterstützt werden könnte, dass sie zu einem misshandelnden Mann zurückkehrt. „Hey", sagte er, „ich bin viel besser für sie als diese Loser, mit denen sie jetzt herumhängt. Die meisten von ihnen trinken immer noch und verhalten sich völlig kindisch."

Vans Gruppe war beunruhigt wegen seines Rückfalls, und die Mitglieder bemühten sich, ihn wieder auf den rechten Weg zu bringen. Sie wiesen ihn darauf hin, dass (1) er zwar behauptete, sich stark geändert zu haben, sein beharrliches Berechtigungsdenken, dass Gail ihm Loyalität schulde, jedoch ein Beweis für einen Missbrauchstäter sei, der sich *nicht* geändert habe; (2) dass er wieder so weit abgerutscht sei, die zerstörerische Wirkung seiner Misshandlung und Gewalt gegenüber Gail auf ein Minimum zu verharmlosen, bis zu dem Extrem, dass er selbst davon überzeugt war, in ihrem Leben eine bessere Rolle zu spielen als andere; und (3) dass er es versäumte, die Realität zu akzeptieren, dass eine Frau nicht „100 Prozent gut" sein muss, um das Recht zu haben, frei von Misshandlungen zu leben. Ich behielt einen zusätzlichen Gedanken für mich, nämlich den, dass ich aufgrund meines Gesprächs mit ihr zuversichtlich war, dass Gails Leben sich keinesfalls „nicht weiterentwickeln" würde und dass ihr vorrangiges Ziel zu diesem Zeitpunkt darin bestand, von dem, was *er* ihr angetan hatte, zu genesen. Als er sich abfällig auf „ihre Probleme" bezog, ignorierte er die Tatsache, dass ihre Probleme zu 90 Prozent mit *ihm* zu tun hatten. Ich schwieg zu diesem Punkt, weil ich angesichts des Geisteszustands, in dem er sich befand, befürchtete, dass er, je mehr er über ihren Heilungsprozess wusste, umso wirksamere Schritte unternehmen würde, um ihn zu sabotieren.

Van war nicht mehr so offen für das Feedback seiner Gruppe wie in den Monaten zuvor. Er war zu verschlossen, wie wir an seinem empörten Kopfschütteln und seinen abweisend gekräuselten Lippen erkennen konnten. Die Gruppe war auf einen Kernaspekt von Vans Anspruchsdenken gestoßen – wie es bei jedem Klienten früher oder später passiert –, und wir konnten es nicht in ein paar wenigen Wochen bearbeiten. Wir hofften jedoch, dass wir ihn irgendwann erreichen würden, denn Van hatte von den elf Monaten, die das Gericht ihm für unser Programm verordnet hatte, noch sechs Monate vor sich.

Leider gab er uns nie die Chance dazu. Kaum drei Wochen später sprach er, überwältigt von seinem empörten Berechtigungsdenken, Gail in einem Restaurant vor zahlreichen Zeugen an, nannte sie eine „verdammte Schlampe" und ging weg, indem er ihr den Finger zeigte. Seine verbale Attacke verstieß gegen die einstweilige Verfügung, die ihm verbot, sich ihr zu nähern, und da er wegen seiner schweren Attacke auf sie bereits auf Bewährung war, wurde er für mindestens sechs Monate ins Gefängnis gesteckt. Gail hatte wenig Interesse daran, Van hinter Gittern zu sehen, aber in diesem Fall war seine Inhaftierung ein Segen, denn es verschaffte ihr die ungestörte Möglichkeit, mit ihm abzuschließen und sich auf ihr Leben zu konzentrieren, was sie auch tat. (Später in diesem Kapitel werden wir uns mit Strategien befassen, wie man sicher aus einer beängstigenden Beziehung herauskommt.)

Wie ein Missbrauchstäter reagiert, wenn er verlassen wird

Sich von einem Täter zu trennen, kann sehr schwer sein. Tatsächlich ist es im Gegensatz zu dem, was viele Menschen glauben, in der Regel einfacher, einen nicht-misshandelnden Partner zu verlassen. Nur wenige Täter lassen es bereitwillig zu, dass man sie verlässt. Wenn sie das Gefühl haben, dass ihre Partnerin beginnt, stärker zu werden, mehr an sich selbst zu denken und sich aus der Unterdrückung herauszuwinden, beginnen die Täter ihr Endspiel. Zu den häufiger vorkommenden Manövern gehören folgende:

Reaktionen von Tätern auf eine mögliche Trennung

Versprechen, sich zu ändern
Beginn einer Therapie oder eines Programms für Missbrauchstäter
Alkoholabstinenz, Teilnahme an Sitzungen der Anonymen Alkoholiker
Sich entschuldigen
Behauptung, dass Sie ohne ihn verloren seien
Behauptung, dass niemand sonst bei Ihnen sein will
Selbstmorddrohung

Behauptung, dass Sie ihn im Stich lassen, wodurch Sie sich schuldig fühlen sollen
Drohung, die Kinder zu entführen oder das Sorgerecht für sie einzuklagen
Drohung, Sie obdachlos oder ohne finanzielle Mittel zurückzulassen
Ausgesprochen nett sein
Andere dazu bringen, Sie unter Druck zu setzen, ihm eine weitere Chance zu geben
Sich um Dinge kümmern, über die Sie sich schon lange beschweren (z. B. endlich eine gefährliche Situation im Haus in Ordnung bringen; einen Job suchen; zustimmen, dass Sie mit Ihren Freunden ausgehen können)
Sich selbstzerstörerisch verhalten, sodass Sie sich Sorgen machen oder Mitleid mit ihm bekommen (z. B. nicht essen, viel trinken, der Arbeit fernbleiben, nicht mit seinen Freunden sprechen)
Gerüchte über Sie verbreiten und dadurch versuchen, Ihre Freundschaften oder Ihren Ruf zu ruinieren
Beginn einer neuen Beziehung/Affäre, um Sie eifersüchtig oder wütend zu machen
Darauf bestehen, dass er sich bereits geändert hat
Vertrauliche Informationen über Sie verbreiten, um Sie zu erniedrigen
Drohung oder Angriff gegen jemanden, mit dem Sie versuchen, eine neue Beziehung einzugehen, oder der Ihnen hilft
Sie schwängern
Stalking
Körperliche oder sexuelle Übergriffe gegen Sie
Verwüstung Ihres Hauses oder Autos
Drohung, Sie zu verletzen oder zu töten

Jeder Täter wendet eine andere Mischung der oben genannten Taktiken an, und einige lassen etwas leichter los als andere. Kontrollstrategien, die widersprüchlich erscheinen, können Hand in Hand gehen. Zum Beispiel kann er eines Tages hartnäckig darauf bestehen, „Du solltest merken, dass ich mich verändert habe", und dann am nächsten Abend anrufen und sagen: „Wenn du dieser Beziehung nicht noch eine Chance gibst, wirst du merken, wozu ich wirklich fähig bin." Eines Tages sagt er Ihnen vielleicht am Telefon, dass seine Liebe zu Ihnen niemals erlöschen wird, aber wenn es ihm mit seinem Gesäusel nicht gelingt, Sie zu einem Drink mit ihm zu überreden, wird er abrupt anfangen zu schreien: „Du bist mir sowieso scheißegal, also mach mit deinem Leben einfach in dem stinkenden Loch weiter, in dem es sich befindet!" Es ist ihm egal, dass das nicht zusammenpasst, denn er konzentriert sich einzig auf den Wunsch, Sie wieder unter seine Kontrolle zu bringen.

Er weiß, dass er Sie früher mit Charme, Zuneigung und Versprechungen kontrollieren konnte. Er erinnert sich auch daran, wie gut Einschüchterung oder Aggression zu anderen Zeiten funktioniert haben. Jetzt verlieren beide Mittel ihre Wirksamkeit, also versucht er, die Spannungen zu erhöhen. Er wechselt unberechenbar zwischen beiden Taktiken hin und her, wie ein Arzt, der einen Patienten mit unterschiedlichen Antibiotika behandelt und herauszufinden versucht, wie er die Infektion unter Kontrolle bringen kann. Und die Analogie ist zutreffend, denn ein Täter sieht die wachsende Stärke und Unabhängigkeit seiner (Ex-)Partnerin eher als Krankheit denn als Zeichen der Gesundung, was es tatsächlich ist.

Versprechungen, die ein Täter in dieser Zeit macht, können überzeugend sein, besonders wenn sie mit aufrichtig klingenden Entschuldigungen verbunden sind oder wenn er eine konkrete Initiative ergreift, wie z. B. mit dem Trinken aufzuhören, einen Therapeuten aufzusuchen oder sich einem Täterprogramm anzuschließen. Sobald es ihm jedoch gelingt, Sie zurückzugewinnen, arbeitet er sich allmählich wieder in den üblichen Trott zurück, wirft die Beratung hin, weil er sie sich „nicht leisten kann", sagt, er werde wieder „ein wenig" trinken, weil er „damit umgehen kann", und so weiter. Bald schon hat der Alltag wieder seine früheren Konturen angenommen.

Meine Klienten machen bei Trennungen mehrere Kehrtwendungen, wenn es darum geht, wer für die Auflösung der Beziehung verantwortlich ist, und geben abwechselnd sich und der Frau die Schuld an allem. Ihr die Schuld zu geben, kommt ihrem wirklichen Denken näher, während sich selbst die Schuld zu geben weitgehend dem Ziel dient, Sympathien von anderen Menschen und von Therapeuten zu gewinnen, die durch eine theatralische Darbietung schmerzlicher Schuldbekenntnisse für ihn eingenommen werden sollen. Und ironischerweise sind mehr Freunde und Verwandte versucht, die Frau unter Druck zu setzen, damit sie ihm glaubt, dass er sich ändern wird, je mehr er zugibt, dass die Trennung seine eigene Schuld sei.

Wenn einer meiner Klienten diese *Mea-culpa*-Haltung einnimmt, bitte ich ihn, im Detail zu beschreiben, wie sein Verhalten seine Partnerin vertrieben hat. In acht von zehn Fällen kann mir der Mann nur zwei oder drei Beispiele nennen oder gar keines. Mit anderen Worten: Er glaubt nicht wirklich, dass er missbräuchlich gehandelt hat, und meine Bitte um ausführliche Angaben entlarvt ihn. Wenn es ihm gelingt, einige Dinge aufzulisten, die er falsch gemacht hat, dann sind diese oft weit entfernt vom Kern seiner Destruktivität, wie z. B. folgende Kommentare deutlich machen: „Ich hätte ihr eine höhere Priorität einräumen sollen; wir haben nicht genügend zusammen gemacht“, oder es sind eigentlich hinterhältige Bemerkungen, um noch mehr gegen sie vorzubringen, wie z. B. „Ich bin immer weggegangen, wenn sie so verrückte Wutausbrüche hatte, aber ich hätte erkennen müssen, dass sie sich durch meinen Abgang nur noch schlechter fühlte“.

Die unberechenbaren, beleidigenden und manchmal gefährlichen Reaktionen, die Täter an den Tag legen, wenn sich Beziehungen dem Ende zuneigen, wurden oft, besonders von Psychologen, als Beweis für die „Angst des Mannes vor dem Verlassenwerden“ angesehen. Frauen haben genauso große Angst, verlassen zu werden, wie Männer, dennoch kommt es selten vor, dass sie ihre Partner nach einer Trennung stalken oder töten. Darüber hinaus sind viele Täter auch dann bösartig gegenüber ihren Ex-Partnerinnen, *wenn sie keine Wiedervereinigung wünschen oder wenn sie die Trennung selbst initiiert haben.* Der Anhaltspunkt dafür, wie ein misshandelnder Mann mit der Trennung umgeht, liegt in demselben Denken, das sein kontrollierendes und missbräuchliches Verhalten während der gesamten Beziehung bestimmt hat und das seine Partnerin von ihm weggetrieben hat.

Wie Täter Trennungen sehen

Vans innerer Prozess und das destruktive Verhalten, das er deshalb an den Tag gelegt hat, offenbart, wie ein missbrauchender Mann das Ende einer Beziehung wahrnimmt. Schauen wir uns die zentralen Elemente seiner Sichtweise an:

„Missbrauch ist kein Grund, eine Beziehung zu beenden.“

Van war nicht bereit zu akzeptieren, dass seine brutale Misshandlung von Gail ein ausreichender Grund für sie war, ihn zu verlassen. Warum? Erstens glaubte er, dass der Schmerz, den Gail ihm während ihrer Beziehung manchmal zugefügt hatte, sein missbräuchliches Verhalten ihr gegenüber überwog. Wenn Van in der Lage ist, sich einzureden, dass es trotz seiner schweren körperlichen Übergriffe eine ausgeglichene Bilanz gibt, dann stellen Sie sich vor, wie leicht dies einem rein psychisch Misshandelnden gelingt (auch wenn in Wirklichkeit emotionaler Missbrauch ebenso viel Schaden anrichten kann).

Zweitens war Van der Ansicht, es sei unzumutbar, von einem Mann zu erwarten, dass er nicht missbräuchlich wird, es sei denn, seine Partnerin habe seine Gefühle *nie* verletzt oder es versäumt, auf ihn einzugehen. Er meinte, wir seien unfair und unrealistisch in Bezug auf die angeborene Natur eines Mannes, so, als ob wir von einem Tiger verlangen würden, Vegetarier zu sein. Ohne dies direkt zu sagen, verriet er seine Einstellung, eine Frau müsse die Tatsache akzeptieren, dass ein gewisses Maß an Missbrauch einfach dazugehört, wenn man sich mit einem Mann einlässt, es sei denn, sie ist perfekt.

„Wenn ich verspreche, in Zukunft freundlicher zu sein, sollte das genügen."

Egal wie oft Van in der Vergangenheit seine Versprechen sich zu ändern gebrochen hatte, glaubte er dennoch, dass Gail *dieses Mal* einsehen sollte, dass er es wirklich ernst meinte, und ihm eine weitere Chance geben sollte. Seiner Meinung nach gab es keine Obergrenze für die Anzahl „weiterer Chancen"; er fühlte sich zu einer endlosen Serie berechtigt.

Zu allem Überfluss meinte Van, dass Gail seine rosarote Zukunftsvision akzeptieren sollte, obwohl er gleichzeitig lautstarke Warnsignale zeigte, die darauf hinwiesen, dass er sich *nicht geändert hatte*. Meine Klienten verlangen Vergebung, während sie weiterhin beleidigen, bedrohen, sofortige Reaktionen einfordern, sich nur um ihre eigenen Bedürfnisse kümmern und so weiter. Seiner Meinung nach sollte sie glauben, dass sein Missbrauch aufgehört hat, wenn *er* sagt, dass er aufgehört hat, unabhängig davon, was sie mit ihren eigenen Augen sieht.

„Für ihre Bereitschaft, an unserer Beziehung zu ‚arbeiten', darf es keine Grenzen geben."

Der misshandelnde Mann fühlt sich berechtigt, eine Beziehung jederzeit zu beenden, wenn ihm danach ist, aber er gesteht seiner Partnerin dieses Privileg nicht zu. In der Trennungsphase klagen meine Klienten erbittert mit Äußerungen wie:

> *„Heutzutage wirft man Beziehungen einfach in den Müll, sobald es schwierig wird. Es gibt keine Verpflichtung mehr, durchzuhalten und dafür zu sorgen, dass es funktioniert."*
> *„Ich schätze, unser Ehegelübde hat ihr nichts bedeutet."*
> *„Sie sagt, dass sie sich so sehr um unsere Kinder kümmert, aber damit ist es nicht weit her, wenn sie ein kaputtes Zuhause haben."*
> *„Sie ist bereit, alles, was wir zusammen hatten, einfach wegzuwerfen, weil sie einen anderen Typen hat."*

In keinem meiner Fälle hat eine Frau jemals einen Mann verlassen, wenn er das erste Mal missbräuchlich war (nicht, dass es falsch wäre, dies zu tun). Bis zu dem Zeitpunkt, an dem sie ihre Beziehung beendet, hat sie in der Regel jahrelang verbale

Beschimpfungen und Kontrolle erlebt und unzählige Male von ihrem Partner verlangt, dass er sie nicht mehr niedermacht oder ihr Angst einjagt. In den meisten Fällen hat sie ihn auch darum gebeten, mit dem Trinken aufzuhören, zur Beratung zu gehen, mit einem Seelsorger zu sprechen oder einen anderen Schritt zu unternehmen, um Hilfe zu bekommen. Meistens hat sie ihn zuvor schon ein paar Mal verlassen oder zumindest den Ansatz gemacht, ihn zu verlassen, und ist dann wieder zu ihm zurückgekommen. Zählt keine dieser ihrer Handlungen als Beweis für ihr Engagement? Hat sie jemals genug getan und das Recht erworben, sich selbst zu schützen? Aus Sicht des Täters ist die Antwort Nein.

Wieder einmal bestimmt die Doppelmoral des Täters das Geschehen. Er betrachtet seine wiederholten verbalen Misshandlungen oder gar Gewalttätigkeiten nicht als Versagen, „zu lieben und zu ehren", ihre Entscheidung, aus Sicherheitsgründen wegzugehen, allerdings schon. Seine Affären verdienen automatisch Vergebung, während er alle Affären, die sie hat, als Beweis für ihren liederlichen Charakter und ihre mangelnde Fürsorge betrachtet. Und die Tatsache, dass er seine Partnerin vor den Augen der Kinder erniedrigt und schikaniert, hält ihn nicht davon ab, sich selbst den Titel des Kinderschützers zuzusprechen, der ihnen ein „stabiles Familienleben" geben will, während ihre „egoistische" Mutter versucht, sie auseinanderzureißen.

„Sie ist immer noch für meine Gefühle und mein Wohlbefinden verantwortlich."

Im egoistischen Wertesystem des misshandelnden Mannes ist die Frau für seine Bedürfnisse und Gefühle verantwortlich, selbst *nachdem* sie erklärt hat, dass sie nicht mehr mit ihm zusammen sein will. Wenn er also seinen Job verliert, es mit seiner neuen Affäre nicht klappt oder seine Mutter krank wird, fühlt er sich immer noch berechtigt, von ihr emotionale Unterstützung zu verlangen. Insbesondere neigt er dazu, sie endlos für seine verletzten Gefühle während ihrer Beziehung oder wegen der Trennung verantwortlich zu machen.

„Die Beziehung ist vorbei, wenn ich es sage."

Immer wieder begegne ich folgendem Szenario: Ein neuer Teilnehmer unseres Programms für Missbrauchstäter beschreibt seinen schwersten Missbrauchsvorfall, wie es von allen Teilnehmern verlangt wird, und entschuldigt sein Verhalten mit den Worten: „Es ist passiert, weil ich herausgefunden habe, dass sie mich betrügt." Als ich mich mit der Frau in Verbindung setze, erfahre ich, dass er vielleicht recht hat, sie mit einem anderen Mann gesehen zu haben, *dass sie und mein Klient zu diesem Zeitpunkt jedoch bereits getrennt waren.* Mit anderen Worten: Nach Ansicht des Täters ist jede Beziehung, die sie hat, „eine Affäre", wenn sie in einer Zeit stattfindet, in der er sich immer noch wünscht, dass sie wieder zusammen wären, denn er fühlt sich berechtigt zu bestimmen, wann sie frei ist, sich mit anderen zu treffen.

„Sie gehört mir."

Die entmenschlichende Sicht des Täters auf seine Partnerin als persönlichen Besitz kann mit dem Ende einer Beziehung noch aggressiver werden. Ich finde es manchmal außerordentlich schwierig, einen Klienten in dieser Phase dazu zu bringen, sich daran zu erinnern, dass seine Partnerin ein Mensch mit Rechten und Gefühlen ist und nicht ein Objekt, das man angreifen kann, um es zu zerstören. Im schlimmsten Fall kann seine Anstrengung, sein Eigentum zurückzubekommen, darin bestehen, sie zu stalken und ihre Bewegungen zu überwachen, Menschen, die ihr zu helfen versuchen, in Angst zu versetzen, Männer, mit denen sie sich treffen möchte, zu bedrohen, die Kinder zu entführen sowie sie oder ihr nahestehende Personen körperlich anzugreifen. Für misshandelte Frauen ist die Trennung eine Zeit, in der das Risiko eines Mordes oder versuchten Mordes besonders hoch ist, wozu manchmal auch mörderische Angriffe auf ihren neuen Freund, ihre Kinder oder andere Menschen, die ihr wichtig sind, gehören.

Zahlreiche Studien haben gezeigt, dass die Misshandlung von Frauen durch missbräuchliche Partner nach der Trennung noch über einen längeren Zeitraum hinweg andauert und meist ein Niveau erreicht, das schlimmer ist als zu der Zeit, als das Paar noch zusammen war. Besonders häufig kommt es nach der Trennung zu Vergewaltigungen oder anderen Formen sexueller Übergriffe, womit eine starke Botschaft der Besitzverhältnisse vermittelt werden soll: *„Du gehörst weiterhin mir, und ich behalte meine Rechte an deinem Körper, bis* ***ich*** *mich anders entscheide."*

Wenn Sie befürchten, dass Ihr Partner zu extremer Gewalt fähig sein könnte – auch wenn er in der Vergangenheit nicht gewalttätig war –, treffen Sie sorgfältige Sicherheitsvorkehrungen („Einen Missbrauchstäter sicher verlassen", siehe Seite 220).

Traumatische Bindungen

Eine der großen Tragödien aller Formen der Misshandlung besteht darin, dass die misshandelte Person durch einen Prozess, der als *traumatische Bindung* bezeichnet wird, emotional vom Täter abhängig werden kann. Die Angriffe, die ein misshandelnder Mann auf das Selbstwertgefühl der Frau begeht, seine Untergrabung ihrer

Fortschritte im Leben, die Keile, die er zwischen sie und andere Menschen treibt, die psychischen Auswirkungen, die sein Angst erzeugendes Verhalten auf sie hat – all das kann dazu führen, dass sie *ihn immer mehr braucht*. Das ist eine bittere psychologische Ironie. Kindesmissbrauch funktioniert auf die gleiche Weise. Tatsächlich können sich Kinder stärker an misshandelnde Eltern binden als an nicht-misshandelnde. Überlebende von Geiselnahmen oder Folterungen können ähnliche Symptome zeigen, indem sie versuchen, ihre Peiniger vor rechtlichen Konsequenzen zu schützen, und darauf bestehen, dass die Geiselnehmer nur das Beste im Sinn hatten, oder sie sogar als freundliche und fürsorgliche Menschen beschreiben – ein Phänomen, das als *Stockholm-Syndrom* bekannt ist. Ich sah diese Dynamik am Beispiel eines Jungen, der einen Schock bekam, als er einen Elektrozaun berührte, und der davon so erschrocken war, dass er sich aus Sicherheitsgründen an dem Zaun festhielt — und bei jedem weiteren Stromstoß, der seine Panik erhöhte, nicht mehr losließ –, bis seine Schwester ihn davon wegziehen konnte.

Fast kein Täter verhält sich die ganze Zeit gemein oder angsteinflößend. Zumindest gelegentlich ist er liebevoll, sanft und humorvoll und vielleicht sogar fähig zu Mitgefühl und Empathie. Diese zeitweilige und gewöhnlich unberechenbare Freundlichkeit ist entscheidend, um eine traumatische Bindung aufzubauen. Wenn eine Person, ob männlich oder weiblich, über einen längeren Zeitraum eine brutale, schmerzhafte Behandlung erlitten hat, empfindet sie natürlich eine Welle von Liebe und Dankbarkeit gegenüber jedem, der Erleichterung bringt, wie die Woge der Zuneigung, die man vielleicht für denjenigen empfindet, der einem an einem sengend heißen Tag ein Glas Wasser anbietet. Aber in Missbrauchssituationen sind d*er Retter und der Peiniger ein und dieselbe Person*. Wenn ein Mann aufhört, seine Partnerin anzuschreien und sie als „nutzloses Stück Scheiße“ zu bezeichnen, und ihr stattdessen anbietet, mit ihr in Urlaub zu fahren, ist die typische emotionale Reaktion *Dankbarkeit*. Wenn er sie wachhält und mitten in der Nacht zum Sex drängt, schließlich zur Ruhe kommt und ihr den Schlaf gewährt, nach dem sie sich so verzweifelt gesehnt hat, fühlt sie eine wohltuende Ruhe wegen der Erleichterung, allein zu sein.

Die Zyklen von missbräuchlichem und nicht-missbräuchlichem Verhalten Ihres Partners können dazu führen, dass Sie sich ihm in den Zeiten, in denen er endlich freundlich und liebevoll ist, sehr nahe fühlen. Am Ende haben Sie vielleicht das Gefühl, dass der Albtraum seiner Misshandlung eine Erfahrung ist, die Sie *beide geteilt* haben und der Sie gemeinsam entfliehen, eine gefährliche Illusion, die ein Trauma verursachen kann. Ich höre misshandelte Frauen oft über ihren Partner sagen: „Er kennt mich wirklich“ oder „Niemand versteht mich so wie er“. Das mag wahr sein, aber der Grund, warum er Sie so gut zu verstehen scheint, ist, dass er Wege erforscht hat, Ihre Emotionen zu manipulieren und Ihre Reaktionen zu kontrollieren. Manchmal scheint er zu begreifen, wie sehr er Sie verletzt hat, was dazu führen kann, dass Sie sich ihm nahe fühlen, aber auch das ist eine Illusion. Wenn er sich wirklich in den Schmerz einfühlen kann, den er verursacht hat, würde er für immer aufhören, Sie zu misshandeln.

Die Gesellschaft neigt dazu, Frauen als „masochistisch“ zu bezeichnen oder als jemanden, „der sich mit ihm in seiner Krankheit verbindet“, wenn sie einem misshandelnden Mann dankbar ist oder an ihm hängt. Tatsächlich aber haben Studien gezeigt, dass es beim traumatischen Bindungsprozess kaum einen Unterschied zwischen den Geschlechtern gibt und dass Männer genauso an ihren „Entführern“ hängen können wie Frauen.

Das Trauma eines fortwährenden Missbrauchs kann auch dazu führen, dass eine Frau Ängste entwickelt, nachts allein zu sein oder ihr Leben nicht mehr allein bewältigen zu können. Sie kann sich von anderen Menschen isoliert fühlen, insbesondere wenn der Missbrauchstäter sie von ihren Freunden oder ihrer Familie getrennt hat. All diese Folgen der Misshandlung können es viel schwieriger machen, sich von einem missbrauchenden Partner zu trennen als von einem nicht-missbrauchenden. Der Sog zur Wiedervereinigung kann daher groß sein. Forscher haben herausgefunden, dass die meisten misshandelten Frauen den Täter mehrmals verlassen, bevor sie schließlich in der Lage sind, sich für immer von ihm zu trennen. Dieser langwierige Prozess ist weitgehend auf den fortlaufenden Zwang und die Manipulation des Täters zurückzuführen, aber auch auf die traumatische Bindung, die er in seiner Partnerin erzeugt hat.

Eine Übung, die Ihnen helfen kann, sich dieser Falle zu stellen, besteht darin, eine Liste aller – auch emotionalen – Weisen zu erstellen, in denen Sie sich von Ihrem Partner abhängig fühlen, und anschließend eine weitere Liste mit großen oder kleinen Schritten, die Sie unternehmen können, um allmählich unabhängiger zu werden. Diese Listen können Ihnen helfen, Ihre Energie in die Richtung zu lenken, in die Sie gehen müssen.

Warum er Ihre Bitte um eine „Verschnaufpause“ nicht akzeptiert

Haben Sie jemals versucht, eine kurze Beziehungsauszeit von Ihrem Partner zu nehmen? Vielleicht hatten Sie in Erwägung gezogen, aus Ihrer Beziehung auszubrechen, hatten aber Angst vor der Reaktion Ihres Partners, sodass Sie um „eine kleine Auszeit“ baten, anstatt sich ganz zu trennen. Oder vielleicht waren Sie sich nicht sicher, was Sie tun sollten, und sehnten sich einfach nach einer Auszeit, um nachzudenken, wie es weitergehen sollte, ohne sich täglich mit seinem Mobbing, seiner Kritik und seiner Kontrolle auseinandersetzen zu müssen. Vielleicht haben Sie versucht, ihm zu versichern, dass die Beziehung nicht zu Ende wäre, dass Sie immer noch „daran arbeiten wollten, wieder zusammenzukommen“, aber dass Sie einfach eine Pause brauchten. Sie haben wahrscheinlich darum gebeten, dass Sie beide für einige Wochen oder Monate an verschiedenen Orten wohnen und dass Sie sich wenig oder gar nicht sehen würden. Möglicherweise haben Sie auch andere spezifische Wünsche geäußert, wie z. B. überhaupt nicht miteinander zu sprechen, auch nicht telefonisch, damit Sie eine vollständige Pause hätten. Möglicherweise haben Sie um eine Vereinbarung gebeten, dass Sie sich während dieser Zeit mit anderen treffen können, oder Sie haben ausdrücklich das Gegenteil verlangt. Die große Mehrheit der misshandelten Frauen, mit denen ich arbeite, versucht irgendwann einmal für eine gewisse Zeit dem Druckkessel zu entkommen.

Meine Klienten kommen jedoch selten den Wünschen ihrer Partnerinnen nach. Zu Beginn zeigt sich der Mann als Befürworter des Plans und sagt: „Ich stimme dir zu, dass wir einige Zeit Abstand brauchen, um einfach alles abkühlen zu lassen und dann mit klaren Köpfen darüber zu sprechen.“ Aber er denkt nicht lange so. Schon bald beginnt er, die Grenzen des Abkommens zu überschreiten. Wenn sie ihn bittet, für eine Weile nicht anzurufen, schickt er ihr eine Karte. Dann ruft er unter irgendeinem Vorwand an, vielleicht wegen einer Rechnung, die bezahlt werden muss, oder wegen einer Einladung seiner Schwester an sie, und wirft dann spontan ein: „Und wie geht es dir?“, um mit ihr ein Gespräch in Gang zu bringen. Es kann sein, dass er immer wieder „zufällig“ an Orten auftaucht, wo sie sich gerade aufhält. Er untergräbt ihre Entschlossenheit, sooft er kann, bis sie einknickt und ihn trifft. Sobald sie sich von Angesicht zu Angesicht gegenüberstehen, überschüttet er sie mit seiner Liebenswürdigkeit und versprüht einen Charme, der an seine romantische Persönlichkeit der frühen Jahre ihrer Beziehung erinnert, und versucht, sie zu überreden oder dazu zu bringen, mit ihm ins Bett zu gehen. Vielleicht spürt er, dass sie, wenn sie einmal Sex haben würden, wieder anbeißen würde – eine Strategie, die ich bei meinen Klienten schon oft als erfolgreich erlebt habe. Auf die ein oder andere Weise scheint die Frau am Ende nie die Zeit zur Entspannung zu bekommen, von der sie weiß, dass sie für ihr Wohlbefinden unverzichtbar ist.

Warum lässt er die Pause nicht zu? Vordergründig vermisst er seine Partnerin vielleicht einfach, aber tief im Inneren hat er andere Interessen. Er erlebt die Trennung als Demonstration seiner Partnerin, dass sie in der Lage ist, ohne ihn zu überleben, dass sie am besten beurteilen kann, was gut für sie ist, dass ihre Bedürfnisse nicht immer hinter seinen zurückstehen sollten, dass ihr *Wille* Bedeutung hat. Diese Botschaften stellen eine aussagekräftige Zusammenfassung all dessen dar, was er in seiner Beziehung *nicht will,* und er fühlt sich dazu gedrängt, schnell zu handeln, um sie zu widerlegen.

Der Täter hat Angst vor dem, was seine Partnerin entdecken könnte, wenn es ihr gelingt, eine Atempause von seiner Kontrolle zu bekommen. Sie könnte erfahren, wie gut es sich anfühlt, ohne Herabsetzungen und Druck zu leben. Sie würde feststellen, dass es andere Menschen auf der Welt gibt, sowohl Frauen als auch Männer, die sie respektieren und sie gut behandeln, und vielleicht beobachtet sie sogar, dass einige ihrer Freundinnen von ihren Partnern gleichberechtigt behandelt werden. Sie könnte anfangen, eigene Gedanken zu entwickeln, ohne dass er da ist, um ihre Reflexionen zu überwachen und sie zu den Standpunkten zu lenken, die *er* ihr vermitteln möchte. Vor allem könnte sie entdecken, wie viel besser es ihr ohne ihn geht. Kurz gesagt, er toleriert die Pause nicht, weil er auf einer gewissen Ebene spürt, dass sie *zu positiv und heilsam für die Frau* sein könnte. Er möchte, dass sie seine Stimme hört und sein Gesicht sieht, weil er glaubt, dass er in der Lage ist, ihre Entschlossenheit zu zerstören.

Beschäftigt er sich sorgfältig mit diesen Bedenken? Wahrscheinlich nicht ganz. Er reagiert weitgehend automatisch auf der Grundlage seiner seit Jahren eingeübten Denk- und Verhaltensweisen. Und doch beobachte ich auch immer wieder, dass meine Klienten sich ihrer eigenen Strategien viel bewusster sind, als man annehmen würde. Wenn sie sich, wie so oft, über mich ärgern, vergessen sie, ihre Masken aufzubehalten, und platzen mit ihren eigentlichen Gedanken und Plänen heraus.

Der Missbrauchstäter, der will, dass die Beziehung zu Ende ist

Was, wenn Ihr Partner derjenige ist, der die Beziehung abbricht, oder was, wenn er zustimmt, dass Sie beide nicht zusammenpassen? Die gute Nachricht ist, dass er, wenn Sie keine Kinder mit ihm haben, Ihnen weitgehend aus dem Weg bleibt. Vielleicht ist er an einer anderen Frau interessiert oder möchte einfach wieder seiner Fantasie von der Traumfrau nachgehen, die alles für ihn tut und ihn nie infrage stellt. Vielleicht beschäftigt ihn auch etwas ganz anderes.

Ich bedauere, sagen zu müssen, dass selbst dann der Frieden nicht garantiert ist (obwohl ich nicht oft von *körperlichen* Angriffen eines missbräuchlichen Mannes nach einer von ihm akzeptierten Trennung gehört habe, außer in Fällen anhaltender Konflikte um die Kinder). Denn selbst der misshandelnde Mann, der bereit ist, wieder Single zu sein, sehnt sich vielleicht immer noch nach Vergeltung für all die Situationen, in denen Sie ihn seiner Meinung nach verletzt haben, was in seinem zerrütteten Wahrnehmungssystem all die Male einschließt, in denen Sie sich verteidigt, die Überlegenheit seines Wissens und Urteils infrage gestellt oder sich geweigert haben, einfach nur eine Kopie von ihm zu sein. Es kann also sein, dass er verzerrte Geschichten über den Verlauf Ihrer Beziehung verbreitet oder offen Lügen erzählt, um zu versuchen, Menschen gegen Sie aufzubringen. Da er sich selbst als den Mächtigeren darstellen muss, behauptet er vielleicht, dass *er* die Beziehung abgebrochen hat, obwohl *Sie* ihn um eine neue Chance „angefleht" und Sie „versprochen haben, sich zu ändern". Diese Art von Nachbeben missbräuchlichen Verhaltens kann quälend sein.

Ein Missbrauchstäter, der das Ende der Beziehung akzeptiert oder es sogar wünscht, kann dennoch weiterhin versuchen, alte Rechnungen mit Ihnen auf dem Rücken der Kinder zu begleichen, wie wir in Kapitel 10 näher untersuchen werden.

Es gibt natürlich auch Fälle, in denen die Frau die Beziehung ernsthaft fortsetzen will und der Täter nicht. Meine Klienten verlassen manchmal eine Frau, um sie zu bestrafen. Frauen in dieser Position können den Abgang des Täters als letzte Ohrfeige nach einer langen Reihe bereits erhaltener Schläge – im übertragenen oder wörtlichen Sinne – erleben, wodurch sie sich noch gedemütigter und weniger liebenswert fühlen. Deshalb hilft es einer misshandelten Frau nicht, wenn man zu ihr sagt: „Worüber regst du dich auf? Du hast Glück, dass du ihn los bist." Wer die Heilung und die Emanzipation einer misshandelten Frau unterstützen will, muss ihr Raum für ihre Trauer und ihre Empörung darüber geben, dass sie verlassen wurde, und verstehen, dass sein Abgang nur eine weitere Form war, auf ihr herumzutrampeln.

Misshandelnde, die sich davonmachen, hinterlassen neben den seelischen oder körperlichen Verletzungen aufseiten der Frau oft noch andere Schäden. Herausforderungen wie Schulden, zerstörte Habseligkeiten, Schwangerschaft oder traumatisierte Kinder können ihr vor die Füße geworfen werden. Gemeinschaften, die misshandelte Frauen unterstützen wollen, müssen erkennen, dass durch den Täter Schwierigkeiten entstanden sein können, die weit über seinen Abgang hinaus andauern.

Einen Missbrauchstäter sicher verlassen

Der Versuch, den Grad des Risikos zu bestimmen, ob ein bestimmter Missbrauchstäter körperlich gewalttätig wird, ist ein komplexer und schwammiger Prozess. Wenn Sie befürchten, dass Ihr Partner destruktiv oder gewalttätig reagieren könnte, wenn er verlassen wird, achten Sie genau auf Ihre Intuition, auch wenn Ihr Partner in der Vergangenheit nicht oder nicht besonders gewalttätig war. Eine Studie ergab, dass die Vorhersagen der Frauen über künftige Gewaltausbrüche durch ihre misshandelnden Partner weitaus genauer waren als Einschätzungen, die auf anderen Faktoren beruhten.

Eine Trennung kann eine besonders riskante Zeit sein. Ich hatte kürzlich mit einem Fall zu tun, bei dem eine Frau einen psychisch Misshandelnden verlassen hatte und dieser in den Monaten danach immer bedrohlicher und beängstigender wurde. Es ging so weit, dass sie mit Familienmitgliedern Vereinbarungen traf, wer im Falle ihres Todes für ihre beiden Kinder sorgen sollte. Und obwohl er sie während ihrer Beziehung nie geschlagen hatte, tötete er sie tatsächlich auf tragische Weise. Er versteckte sich einen Häuserblock vom Gerichtsgebäude entfernt, um ihr aufzulauern, als sie eine Anhörung verließ, bei der sie eine einstweilige Verfügung gegen ihn erwirkt hatte. Nachdem er sie getötet hatte, beging er Selbstmord. (Infolge einer kurzen Ansprache, die ich in Zusammenhang mit diesem Mord hielt, habe ich ihre untröstlichen Eltern persönlich kennengelernt.)

Beurteilung der potenziellen Gewaltbereitschaft eines Täters

Die unten stehenden Gefahrenhinweise können nützlich sein, unabhängig davon, ob Sie derzeit daran denken, Ihren Partner zu verlassen oder nicht. Es hat sich gezeigt, dass eine Kombination dieser Elemente häufig – wenn auch nicht immer – in Fällen vorhanden ist, in denen Täter die schwersten Gewalttaten begangen haben. Achten Sie auf Ihre innere Stimme, wenn Sie sich diese Indikatoren anschauen:

Warnzeichen bei misshandelnden Männern

- Er ist extrem eifersüchtig und besitzergreifend.
- Sein gewalttätiges Verhalten und seine Drohungen sind eskaliert.
- Er folgt Ihnen, überwacht Ihren Aufenthaltsort oder stellt Ihnen auf andere Weise nach.
- Sie unternehmen Schritte, um die Beziehung zu beenden, oder haben dies bereits getan.
- Er war Ihnen gegenüber während einer oder mehrerer Ihrer Schwangerschaften gewalttätig.
- Er war Ihnen gegenüber sexuell gewalttätig.
- Er hat gedroht, Sie zu töten oder Sie schwer zu verletzen, hat Sie gewürgt oder mit einer Waffe bedroht.
- Er hat Zugang zu Waffen und ist mit deren Gebrauch vertraut.

- Er scheint von Ihnen besessen zu sein.
- Er ist depressiv, selbstmordgefährdet oder zeigt Anzeichen, dass es ihm egal ist, was mit ihm geschieht.
- Er steht niemandem nahe.
- Er hat eine beträchtliche kriminelle Vergangenheit.
- Er wendet Gewalt gegen andere Menschen an oder droht damit.
- Er hat ein großes Drogenproblem.
- Er hat Kinder misshandelt.
- Er hat in der Vergangenheit häufig oder schwerwiegende Gewalt gegen Sie oder andere Partnerinnen ausgeübt oder angedroht.
- Er hat Haustiere getötet, misshandelt oder andere Terrortaktiken angewandt.
- Er nutzt Pornografie.
- Er hat extrem reagiert, als Sie zuvor schon einmal versucht haben, ihn zu verlassen.
- Er kennt Ihre Gewohnheiten, die Adressen Ihrer Freunde und Verwandten, Ihren Arbeitsplatz oder andere persönliche Informationen, mit denen er Sie ausfindig machen kann.

Bedauerlicherweise gibt es keine wissenschaftliche Grundlage für die Verwendung dieser Indikatoren. Es wäre irreführend, wenn ich zum Beispiel sagen würde, „drei bis fünf ‚Ja'-Antworten bedeuten eine mäßige, sechs und mehr eine ‚ernsthafte Gefahr'", oder wenn ich eine ähnliche Interpretation anbieten würde, denn die Realität ist nicht so einfach. Einige Leitfäden zur Bewertung des Gewaltrisikos eines Täters enthalten Kategorien bzgl. eines „niedrigen, mittleren oder hohen Risikos", was Frauen dazu bringen kann, die Gefahr, in der sie sich befinden, zu unterschätzen, weil sie nicht auf ihre Intuition hören. Bei einer kleinen Anzahl von Tätern, die ihre Partnerin töten oder schwer verletzen, treffen *nur wenige oder keine* der oben genannten Kriterien zu, was umso mehr Grund dafür ist, sich letztlich auf das eigene „Bauchgefühl" zu verlassen, um zu beurteilen, wie gefährlich Ihr Partner ist.

Sicherheitsvorkehrungen

Die Tatsache, dass Sie sich Gedanken machen, wie weit die Misshandlungen Ihres Partners gehen könnten, lässt mich vermuten, dass Sie bereits Aspekte an ihm erlebt haben, die auf beunruhigende Weise seltsam oder beängstigend waren. Ich empfehle Ihnen dringend, sich an eine Beratungsstelle für misshandelte Frauen zu wenden (siehe „Ressourcen“) und ein *strategisches Sicherheitskonzept* mit einem Missbrauchsspezialisten zu erstellen. Sicherheitskonzepte können zwei verschiedene Arten von Schritten beinhalten: einen zur Erhöhung Ihrer Sicherheit, während Sie mit Ihrem Partner zusammenleben, sowie einen weiteren für den Fall, dass Sie sich entscheiden, ihn zu verlassen. Denken Sie daran, dass der Prozess, sich von einem misshandelnden Mann zu trennen, riskant sein kann. Wenn Sie also eine Trennung vorbereiten, denken Sie zusätzlich darüber nach, welche Vorsichtsmaßnahmen Sie treffen können. Fachleute, die mit misshandelten Frauen arbeiten, berichten, dass die Frauen, denen es gelingt, zu gehen und vom Partner getrennt zu bleiben, fast immer einen Plan hatten, bevor sie gingen.

Ein Sicherheitskonzept für die Zeit, in der Sie mit Ihrem misshandelnden Partner zusammenleben, kann unter anderem folgende Elemente enthalten:

- Planen Sie verschiedene Fluchtwege aus Ihrem Haus für den Fall, dass Ihr Partner gewalttätig wird, und überlegen Sie, wohin Sie gehen könnten, wenn Sie über Nacht wegbleiben müssten.
- Verstecken Sie Ersatzautoschlüssel und wichtige Dokumente (Geburtsurkunden, Krankenversicherungskarten, Bankkarten) an Orten, wo sie sicher sind und wo Sie sie greifen und schnell damit weggehen könnten.
- Versuchen Sie, sich während Auseinandersetzungen von gefährlichen Orten zu entfernen, z. B. der Küche, wo sich Messer und andere scharfe Gegenstände befinden, mit denen der Täter Sie angreifen könnte.
- Besorgen Sie sich ein privates Postfach oder eine andere Adresse, über die Sie vertrauliche Post erhalten können.
- Legen Sie mit Freunden oder Verwandten sowie mit Ihren Kindern Codewörter fest, die auf einen Notfall hinweisen, und planen Sie, wie sie reagieren sollen, wenn Sie das Codewort persönlich oder am Telefon sagen.
- Eröffnen Sie ein geheimes Bankkonto, damit Sie Zugang zu Geldern haben, falls Sie fliehen müssen.
- Bewahren Sie ein funktionierendes Telefon in einem Raum mit einer abschließbaren Tür auf, damit Sie im Notfall Hilfe rufen können.

- Tragen Sie ein Mobiltelefon bei sich.
- Besorgen Sie sich gegebenenfalls einen Waffenschein, damit Sie Pfefferspray mitführen können.
- Halten Sie sich selbst von Drogen oder Alkohol fern, um sicherzustellen, dass Ihr Urteilsvermögen nie beeinträchtigt wird, und begeben Sie sich gegebenenfalls selbst in Behandlung wegen Drogenmissbrauchs.
- Rufen Sie das Hilfetelefon für misshandelte Frauen an, wenn Sie Angst haben, und rufen Sie die Polizei, wenn unmittelbare Gefahr besteht.

Nachdem Sie Ihren misshandelnden Partner verlassen haben, können Sie Ihren Sicherheitsplan um weitere Punkte ergänzen, wie zum Beispiel folgende:

- Wechseln Sie die Schlösser Ihrer Wohnung aus.
- Informieren Sie die Nachbarn über die Gefahr und geben Sie ihnen Beschreibungen oder Fotos des Missbrauchstäters und seines Autos.
- Informieren Sie Kollegen und Kolleginnen an Ihrem Arbeitsplatz über die potenzielle Gefahr, der Sie ausgesetzt sind.
- Sagen Sie Ihren Kindern, dass sie nicht mit dem Missbrauchstäter sprechen und sofort Hilfe holen sollen, wenn sie ihn sehen.
- Informieren Sie die örtliche Polizeidienststelle über Ihre Gefährdung, einschließlich früherer Drohungen oder Gewalttätigkeiten Ihres Ex-Partners, und erfragen Sie Hilfs- oder Schutzmaßnahmen.
- Informieren Sie die Lehrer und Betreuer Ihrer Kinder über das Risiko und stellen Sie ihnen ein Foto Ihres Ex-Partners sowie andere Informationen zur Verfügung, einschließlich einer Kopie Ihrer einstweiligen Verfügung, falls Sie eine haben.
- Bringen Sie Ihren Kindern bei, wie man vom Festnetz und vom Mobiltelefon aus den Notruf wählt.
- Variieren Sie die Strecken, die Sie und Ihre Kinder nehmen.
- Wenn Sie vorhaben, das Gericht einzuschalten, z. B. indem Sie eine einstweilige Verfügung anstreben, wenden Sie sich an einen Anwalt und entwickeln Sie mit ihm einen zusätzlichen Sicherheitsplan, der speziell darauf eingeht, wie Sie das Gerichtsverfahren am sichersten nutzen können. Wenn Sie eine einstweilige Verfügung erwirkt haben, behalten Sie eine Kopie jederzeit bei sich und deponieren Sie weitere Kopien in Ihrer Wohnung, in Ihren Fahrzeugen und an Ihrem Arbeitsplatz.

Dies sind ausgewählte Beispiele für Pläne, die Sie – idealerweise mit der Unterstützung eines Missbrauchsspezialisten – zur Erhöhung Ihrer Sicherheit und zum Schutz Ihrer Kinder erstellen können. Sie können das Hilfetelefon anrufen, ohne Ihren

Namen oder Ihre Telefonnummer anzugeben, sodass Ihre Privatsphäre vollständig gewahrt bleibt. Wenn Sie Beratungsangebote für misshandelte Frauen annehmen und einen Anwalt von Angesicht zu Angesicht treffen können, umso besser. Außerdem empfehle ich die Bücher *Ich kann ihm nichts mehr recht machen* und *Neu anfangen nach einer Misshandlungsbeziehung*, die beide im Abschnitt „Ressourcen" aufgeführt sind, nachdrücklich für jede Frau, die darum kämpft, sich vor einem angsteinflößenden Partner in Sicherheit zu bringen.

Wenn Sie Angst vor Ihrem misshandelnden Partner haben, ist es wichtig, einen Sicherheitsplan zu erstellen, *auch wenn Sie nicht vorhaben, ihn zu diesem Zeitpunkt zu verlassen.* Wenn er gezeigt hat, dass er gewalttätig ist, oder wenn Sie den Verdacht haben, dass dem so ist, gibt es allen Grund, *jetzt* damit zu beginnen, einen Plan zu machen, wie Sie sich und Ihre Kinder in Zukunft vor einer gefährlichen Situation schützen können.

Einige seelisch misshandelte Frauen vertrauen darauf, dass ihr Partner niemals zu Gewalt oder Drohungen greifen würde. Nach meiner Erfahrung werden jedoch die meisten missbrauchenden Männer – wenn auch nicht alle – früher oder später körperlich bedrohlich, auch wenn sie die Gewaltandrohung nie ausführen. Es ist für jede misshandelte Frau sinnvoll, in Ruhe zu überlegen, wie sie reagieren kann, wenn das Unerwartete eintritt.

Wenn Sie bereit sind, Ihre Beziehung zu verlassen, ist die Sicherheitsplanung noch wichtiger. Wenn Sie Angst vor Ihrem Partner haben, sagen Sie ihm erst dann, dass Sie mit ihm Schluss machen, wenn Sie einen klaren Plan und das Gefühl haben, dass Sie ihn auf sichere Weise informieren können. Brechen Sie dann jeden Kontakt mit ihm ab. Es kann sehr schwierig sein, den Kontaktabbruch zu einem missbrauchenden Ex-Partner durchzuführen. Je mehr Angst Sie vor ihm haben, desto mehr könnten Sie versucht sein, zu überprüfen, wie es ihm geht, denn in der Vergangenheit hing Ihre Sicherheit möglicherweise davon ab, dass Sie sich seiner Stimmungen ständig bewusst waren und vorbereitet waren, darauf zu reagieren. Aber die Wiederaufnahme des Kontakts zu ihm kann sehr gefährlich sein, da er freundlich klingen und sagen könnte, dass er Sie nur noch ein letztes Mal sehen oder sich verabschieden möchte, und dann die Gelegenheit nutzen könnte, Sie körperlich oder sexuell anzugreifen. Mir sind einige Fälle bekannt, in denen der Mann eine unschuldig klingende Ausrede vorbrachte, um sich „nur noch einmal" zu treffen, und er dann die Frau ermordete, weil sie ihn verlassen hatte. Der Wunsch, mit einem Ex-Partner befreundet zu bleiben, ist natürlich, aber das ist bei einem misshandelnden Mann selten möglich und bei einem, der körperlich gefährlich für Sie ist, absolut unmöglich. Und wenn er nicht vorhat, Sie zu verletzen, könnte er Sie dazu verleiten, sich stattdessen wieder auf ihn einzulassen.

Misshandelte Frauen mit Kindern

Die Beendigung einer Beziehung mit einem misshandelnden Mann kann für eine Frau, die Kinder hat, erheblich komplizierter sein, insbesondere wenn der Täter der rechtliche (biologische oder Adoptiv-) Vater der Kinder ist. Das Risiko, dass der Täter versucht, den Kindern zu schaden, sie gegen Sie aufzubringen oder zu versuchen, das Sorgerecht für sie per Gerichtsbeschluss zu erlangen, erfordert einen zusätzlichen strategischen Planungsprozess. Diese Fragen werden im nächsten Kapitel eingehend untersucht.

Wenn Sie sich entschließen, spontan zu fliehen, *nehmen Sie Ihre Kinder mit, wenn Sie dazu in der Lage sind*, und ebenso ihre Geburtsurkunden, Sozialversicherungskarten und Pässe. Manche Frauen befinden sich in so großer Gefahr, dass sie gezwungen sind, ihre Kinder zurückzulassen. Doch dann könnte der missbrauchende Partner vor Gericht das Sorgerecht mit der Begründung beantragen, dass Sie die Kinder „verlassen" haben.

Wichtige Punkte, die Sie sich merken sollten

- Wenn eine Trennung gegen den Willen eines missbräuchlichen Mannes geschieht, kann er die Entscheidung seiner Ex-Partnerin als provokative Unabhängigkeitserklärung definieren und dagegen in den Kampf ziehen, um zu beweisen, dass sie ihm gehört.
- Einen Täter zu verlassen ist sehr schwer, aber mit einer gewissen Planung kann man Erfolg haben.
- Wenn sich eine Beziehung auflöst, und auch eine lange Zeit danach, sollte eine misshandelte Frau besonders auf ihre eigene Sicherheit achten und Maßnahmen ergreifen, um sich zu schützen.
- Nachdem Sie sich von einem misshandelnden Mann getrennt haben, sollten Sie mindestens einige Monate warten, bevor Sie sich auf einen neuen Partner einlassen. Sich Zeit zu nehmen, um emotional von dem erlittenen Missbrauch zu genesen, kann wichtig sein, um Ihnen zu helfen, beim nächsten Mal nicht wieder einen misshandelnden Partner zu wählen.
- Lesen Sie *Neu anfangen nach einer Misshandlungsbeziehung* (siehe „Ressourcen").
- Ihr Leben gehört niemandem außer Ihnen.

Teil III

Der misshandelnde Mann in der Gesellschaft

10

Misshandelnde Männer als Väter

Er ist schrecklich zu mir, aber er ist ein wirklich guter Vater.
Er hat sich nicht für die Kinder interessiert, bis ich ihn verlassen habe; dann hat er sofort das Sorgerecht beantragt.
Meine Kinder sind durchgedreht und wollen nicht, dass er sie besucht, aber das Gericht hört nicht auf mich.
Ohne ihn käme ich nicht zurecht, weil die Kinder nicht auf mich hören.

Es ist Samstagnachmittag, und in der Familie Turner ist die Aufregung groß. Der elfjährige Randy und seine große Schwester Alex, die dreizehn Jahre alt ist, bereiten sich vor, um mit ihren Eltern zu einer großen Geburtstagsfeier für ihre Zwillingscousins zu gehen. Ihre Mutter Helen hilft ihnen beim Einpacken der Geschenke und bei der Auswahl der Kleider. Dabei muss sie ständig intervenieren, um Streitigkeiten zwischen den beiden zu schlichten, die alle paar Minuten auszubrechen scheinen. Tom, der Vater, ist in der Garage und versucht, Randys Dirt Bike zu reparieren; er ist mit Öl beschmiert. Helen wird immer unruhiger, je später es wird, denn Tom tut nichts, um sich fertig zu machen, sondern sagt immer wieder: „Lass mich verdammt noch mal in Ruhe, ich habe dir schon gesagt, dass ich pünktlich fertig werde. Ich kann das nicht mittendrin unterbrechen." Die Spannungen zwischen Randy und Alex eskalieren ebenfalls, bis Randy schließlich aufspringt und auf Alex einschlägt. Helen hört Alex schreien, rennt hinzu, um Randy von ihr wegzuziehen, und wird dabei selbst zweimal von Alex geschlagen. Randy schreit sie an: „Du stellst dich immer auf die Seite von Alex, du blöde Kuh", rennt in sein Zimmer und schlägt die Tür zu. Alex weint heftig und sagt zu ihrer Mutter:

„Du musst etwas gegen ihn *unternehmen*; ich halte es nicht mehr aus. Ich schwöre, wenn er mich noch einmal schlägt, *bringe* ich ihn um. Er ist außer Kontrolle!"

Helen bleibt noch ein paar Minuten bei ihrer Tochter und beginnt dann, die Sachen ins Auto zu packen. Der Zeitpunkt, um rechtzeitig loszufahren, ist vorbei. Tom kommt endlich aus der Garage und beginnt, sich in aller Ruhe die Hände zu schrubben. Dann beginnt er, in der Zeitung zu blättern, und Helen schnauzt ihn an: „Was *machst* du da? Wir müssen los." Tom schaut sie schneidend an, was ihr Herz zum Stillstand bringt, und sagt: „Ich wollte nur sehen, um wie viel Uhr das Spiel heute Abend anfängt. Aber da du es erwähnst, *sollte* ich vielleicht nachsehen, was sonst noch interessant sein könnte." Dann nimmt er mit einem kalten Grinsen im Gesicht die Zeitung mit zur Couch, legt die Füße hoch und beginnt, die Seiten ernsthaft durchzulesen. Helen stürmt wütend die Treppe hinauf. Zehn Minuten später sitzt Tom immer noch auf der Couch. Helen ruft ihm zu: „Wir kommen schon fast eine halbe Stunde zu spät; die Kinder haben Angst, die Spiele zu verpassen."

Toms Lippen verziehen sich zu einem eisigen Lächeln, und er antwortet: „Daran hättest du denken sollen, bevor du dich entschieden hast, so beschissen zu reagieren."

Helen schreit: „Oh, du Arschloch!"

In diesem Moment taucht Randy aus seinem Zimmer auf und geht die Treppe hinunter. „Ich sehe, du bist hysterisch, wie immer", wirft er seiner Mutter schnippisch an den Kopf, als er an ihr vorbeigeht. Als er unten ankommt, sieht er, dass sein Vater noch lange nicht bereit ist zu gehen, und er schaut auf die Uhr. Er überlegt, etwas zu sagen, besinnt sich aber eines Besseren. Er kennt die Anzeichen, wenn sein Vater wütend ist, auch wenn sie äußerlich nicht offensichtlich sind, und will nicht zur Zielscheibe werden. Also geht er wieder nach oben, erzählt Alex, was los ist, und beide suchen ihre Mutter, die weinend auf ihrem Bett sitzt.

Alex drängt: „Komm schon, Mama, lass uns einfach ohne Papa gehen. Die Party hat schon angefangen, wir verpassen sie." Helen schüttelt den Kopf. Alex fleht: „Warum nicht? Warum können wir nicht einfach gehen?"

Helen antwortet nur: „Wir gehen nicht ohne ihn", ohne den Kindern erklären zu wollen, wie ihr Vater sie dafür bezahlen lassen würde, wenn sie es täten.

Randy sagt dann: „Bitte geh und entschuldige dich bei ihm, Mama. Du weißt, dass es das ist, was er will. Dann wird er aufstehen und wir können gehen."

Helen hört auf zu weinen und ihre Stimme bekommt einen harten Ton. „Ich habe ihm nichts *getan*, Randy. Warum gehst du nicht zu ihm und bittest *ihn*, sich bei *mir* zu entschuldigen? Was habe *ich* ihm getan?"

Randy antwortet mit herablassender Stimme, als ob seine Mutter dumm wäre: „Richtig, Mama. Wann hat sich Papa jemals für etwas entschuldigt? Mach dich nicht lächerlich. Ich schätze, wir können es vergessen, noch zur Party zu gehen – das ist es doch, was du damit sagen willst."

Dann ruft ihr Vater von unten: „Kommt schon, lasst uns endlich gehen." Er hat leise seine Zeitung weggeräumt und sich gewaschen. Randys und Alex' Minen hellen sich auf und sie rennen los, um ihre Sachen zu holen. Helen kann sich kaum aufrichten und fühlt sich emotional von allen Seiten angegriffen. Noch mehr als eine Stunde danach sieht sie aschfahl aus.

Als sie fast zur Tür hinaus sind, bemerkt Tom zum ersten Mal Alex' Outfit, das er für zu sexy hält, und er blafft sie an: „Geh sofort wieder nach oben, junge Dame, und zieh dir etwas Anständiges an. Du gehst nicht wie eine Prostituierte auf die Party."

Alex ist wieder den Tränen nahe, weil sie sich auf das gefreut hatte, was sie anziehen würde. „Aber Mama und ich haben die Kleider gemeinsam ausgesucht", protestiert sie, ein hilfloses Wimmern in ihrer Stimme. „Sie sagte, ich sehe gut aus."

Tom starrt Helen an und spricht ein Machtwort: „Wenn du dich nicht in zwei Minuten umgezogen hast, gehen wir und du bleibst hier!" Alex rennt weinend nach oben, um sich etwas anderes anzuziehen.

Im Auto auf dem Weg zur Party lässt Tom seine Griesgrämigkeit fallen und scherzt mit den Kindern herum. Zu seinen Scherzen gehören auch beißende Anspielungen auf Helens Gefühlsausbrüche und Überängstlichkeit, die in ihrer Bösartigkeit raffiniert witzig sind. Die Kinder können sich das Lachen nicht verkneifen, obwohl Alex wegen beider Eltern verärgert ist und sich gegenüber ihrer Mutter schuldig fühlt, selbst als sie kichert. Helen schweigt.

Auf der Party tut Tom so, als ob alles in Ordnung wäre. Helen entschuldigt sich damit, dass sie sich nicht wohl fühlt, da es für die anderen offensichtlich ist, dass sie nicht sie selbst ist. Tom unterhält auf der Party sowohl die Erwachsenen als auch die Kinder, was so weit geht, dass er jedes Kind auf dem Hof herumwirbelt. Helen sieht, welchen Eindruck Tom auf die Menschen macht, und sie hat das Gefühl, dass es sinnlos wäre zu versuchen, irgendjemandem zu beschreiben, was vor der Party geschehen ist.

Es gibt ein paar Unbekannte auf der Party, denen Tom Alex als seine „Freundin" vorstellt, was er für einen charmanten Witz hält. Irgendwann kommentiert er gegenüber einigen Verwandten das Aussehen von Alex mit den Worten: „Sie entwickelt sich zu einer recht attraktiven jungen Dame, nicht wahr?" Alex ist in der Nähe und fühlt sich gedemütigt. Tom bemerkt ihr Unbehagen und sagt: „Was, kannst du kein Kompliment annehmen", und alle lachen. Dann umarmt er sie, küsst sie auf den Kopf und sagt seinem amüsierten Publikum: „Sie ist ein tolles Kind." Alex zwingt sich zu einem Lächeln.

Als sie von der Party nach Hause kommen und die Kinder oben sind, erwähnt Helen Tom gegenüber, dass Randy seine Schwester an diesem Nachmittag erneut geschlagen und dieses Mal sogar verletzt hat. Tom antwortet: „Helen, willkommen in der Realität. Geschwister streiten sich, okay? Oder vielleicht hast du noch nicht davon *gehört*, vielleicht war das noch nicht bei *Oprah*. Alex ist zwei Jahre älter als Randy, und sie ist größer. Sie tut gerne so, als ob sie verletzt worden sei, denn sie weiß, dass dann Mami angerannt kommt und Mitleid mit ihr hat, und dass der böse Randy die Schuld bekommt, während Alex völlig unschuldig ist. Du bist so naiv."

Helen fühlt sich verletzt von den vielen spitzen Bemerkungen, aber sie zwingt sich, ruhig zu antworten: „Ich denke, wir sollten mit dem Schulpsychologen darüber sprechen und uns beraten lassen."

Tom springt plötzlich wie verwandelt mit einem Satz auf, als hätte er gerade Feuer gefangen. Er geht zwei Schritte auf Helen zu, zeigt mit dem Finger auf sie und brüllt, dass ihr Herz zu rasen beginnt. „Wenn du diese Leute in unsere Angelegenheiten hineinziehst, wird es dir leidtun! Du hast verdammt noch mal keine Ahnung, was du da tust. Du solltest deinen verdammten Kopf einsetzen, du blöde Idiotin!" Er stürmt in die Garage, macht das Licht an und arbeitet weiter an Randys Fahrrad, während er im Radio das Spiel verfolgt. Er kommt erst wieder rein, nachdem Helen eingeschlafen ist.

Das Leben mit einem Missbrauchstäter im Haus kann für die Kinder genauso stressig und verwirrend sein wie für ihre Mutter. Sie beobachten die Auseinandersetzungen und spüren die Spannungen. Wenn sie Schreie und Beschimpfungen hören, machen sie sich Sorgen um die Gefühle ihrer Eltern. Sie haben Visionen von einem Auseinanderbrechen der Familie. Wenn der Täter ihr Vater oder eine Vaterfigur ist, fürchten sie die Aussicht auf eine Trennung. Wenn der Täter körperlich angsteinflößend ist, manchmal gegen Wände schlägt, Stühle umwirft oder die Mutter schlägt, dann packt die Kinder eine tiefgreifende Angst, die sie selbst dann beschäftigt, wenn es zu Hause ruhiger zugeht. Nach Vorfällen von Misshandlungen können sie von Schuldgefühlen geplagt sein und das Gefühl haben, dass sie entweder die Misshandlung ihrer Mutter verursacht haben oder dass sie einen Weg hätten finden müssen, dies zu verhindern.

Zeuge von Missbrauchsvorfällen zu werden, ist nur der Anfang dessen, was Kinder zu ertragen haben. Missbrauch produziert Schockwellen, die jeden Aspekt des Familienlebens durchdringen. Feindseligkeit schleicht sich in die Beziehung zwischen der Mutter und ihren Kindern, und Geschwister werden gegeneinander ausgespielt. Fraktionen bilden und verschieben sich. Die Gefühle der Kinder gegenüber Mutter und Vater können in Extreme umschlagen, von Phasen, in denen sie den Misshandelnden hassen, bis hin zu Zeiten, in denen sie ihn idealisieren und der Mutter die Schuld für die Auseinandersetzungen geben. Für Mütter ist es schwierig, eine starke Beziehung zu ihren Kindern aufrechtzuerhalten angesichts der Keile, die vom Täter zwischen sie getrieben werden, und weil Geschwister eigene Wege finden, sich gegenseitig zu unterstützen und Schutz zu bieten. Diese wilden Querströmungen bringen das Familienleben durcheinander.

(Der Einfachheit halber bezeichne ich in diesem Kapitel den Täter als den „Vater" der Kinder, aber die meisten Themen, die ich anspreche, treffen ebenso auf einen Stiefvater oder auf den Lebenspartner einer Mutter zu.)

Warum missbräuchliches Verhalten sich so oft auf die Erziehung auswirkt

Frage 14: Wie verhalten sich misshandelnde Männer als Väter?

Obwohl es bei meiner Arbeit einige Klienten gab, die die Misshandlung ihrer Partnerinnen klar abgegrenzt haben, sodass ihre Kinder die Missbrauchsdynamik weder sahen noch in sie hineingezogen wurden, zeigen die meisten Täter Aspekte ihrer Missbrauchsmentalität auch in ihrer Rolle als Eltern. Es gibt verschiedene Gründe, warum die missbräuchliche Einstellung eines Mannes seine Entscheidungen in Erziehungsfragen beeinflussen kann, unter anderem folgende:

1. Jede wichtige Entscheidung, die Eltern treffen, wirkt sich auf alle Familienmitglieder aus. Denken Sie zum Beispiel an die Entscheidung, mit der sich viele Eltern auseinandersetzen, ob ein Sechsjähriger reif ist, in die erste Klasse zu gehen, oder noch ein Jahr warten sollte. Der zeitliche Aufschub kann für die Mutter ein weiteres Jahr bedeuten, in der sie nicht mehrere Stunden außer Haus arbeiten kann, was sich auf die Finanzen der Familie auswirkt. Möglicherweise muss das Kind früh aufstehen, um den Bus zu erwischen, was zur Folge hat, dass die Eltern weniger Schlaf bekommen. Ein vielleicht jüngeres Geschwisterkind hat plötzlich den Erstklässler nicht mehr als Spielkameraden zu Hause und kann deshalb tagsüber launisch sein und die Aufmerksamkeit der Mutter einfordern. Wie wird ein misshandelnder Mann voraussichtlich auf dieses komplexe Bild reagieren? Er

wird wahrscheinlich weiterhin wie üblich sein eigenes Urteilsvermögen für besser halten als das seiner Partnerin und sich egoistisch darauf konzentrieren, was Veränderungen für *ihn* bedeuten, statt darauf zu achten, was für die Familie als Ganzes am besten ist. Wird sich seine Einstellung bei der Entscheidungsfindung schlagartig ändern, nur weil Kinder im Spiel sind? Das ist eher unwahrscheinlich.

2. Der Kern der missbräuchlichen Denkweise des Mannes ist dadurch bestimmt, dass dieser seine Partnerin als persönliches Eigentum betrachtet. Und wenn er sie als seinen Besitz ansieht, wie hoch ist dann die Wahrscheinlichkeit, dass er auch die Kinder als seine Untertanen betrachtet? Ziemlich hoch! Wenn er der rechtliche Vater der Kinder ist, sieht er sie als Erweiterung seiner selbst an; andernfalls neigt er dazu, sie als Erweiterungen von ihr zu sehen. So oder so wird sein Eigentumsbegriff wahrscheinlich sein elterliches Handeln prägen.
3. Es ist nahezu unmöglich für den Täter, seine Behandlung der Mutter vor den Kindern völlig geheim zu halten, so wie er es vor anderen Menschen tun kann, denn die Kinder sind fast immer in der Nähe. Deshalb entscheidet er sich dafür, sie in das Muster und die Dynamik seines Missbrauchs mit einzubeziehen, ihre Wahrnehmung zu manipulieren und zu versuchen, ihre Loyalität zu gewinnen.
4. Kinder sind für einen misshandelnden Mann eine verlockende Waffe, die er gegen die Mutter einsetzen kann. Nichts fügt einem fürsorglichen Elternteil, ob männlich oder weiblich, mehr Schmerz zu, als eines seiner oder ihrer Kinder verletzt zu sehen oder wenn die Eltern-Kind-Beziehung Schaden genommen hat. Viele Täter spüren, dass sie durch die Instrumentalisierung der Kinder gegen ihre Partnerin mehr Macht gewinnen können als durch andere Methoden, abgesehen von offenkundig terrorisierenden Übergriffen oder Drohungen. Für seine destruktive Denkweise sind die Kinder einfach zu verlockend, als dass er sie als Instrument des Missbrauchs auslassen könnte.

Neubetrachtung der missbräuchlichen Denkweise: Bedeutung für die Erziehung

Ich kehre nun zu den Turners zurück, die wir zu Beginn dieses Kapitels kennengelernt haben, um Stück für Stück die Dynamik zu untersuchen, die sich in diesen Szenen abspielt. Die zentralen Elemente der missbräuchlichen Denkweise dienen uns als Richtschnur:

Kontrolle

Wenn wir Toms Verhalten analysieren, erfahren wir eine seiner unausgesprochenen Regeln:

„Du sagst mir nicht, dass ich mich beeilen soll. Ich lasse mir so viel Zeit, wie ich will. Wenn du mich unter Druck setzt, werde ich dich bestrafen, indem ich viel länger brauche.“

Tom ist nicht im Begriff, sein System von Regeln und Strafen – die für ein missbräuchliches Verhaltensmuster grundlegend sind – aufzugeben, nur weil die Kinder die Hauptlast davon tragen. Tatsächlich ist er in gewisser Weise froh darüber, dass sie die Strafe am meisten trifft, denn er weiß, dass sich Helen dadurch noch schlechter fühlt.

Wir erleben auch, wie Tom Alex direkt kontrolliert, wie er diktatorisch über ihre Kleidung gebietet, sich über Helens Entscheidung hinwegsetzt und damit ihre elterliche Autorität *untergräbt*. Er ergreift die Entscheidungsgewalt über einen Vorgang, zu dem er nichts beigetragen hat. Wenn er das Recht haben will mitzubestimmen, was die Kinder anhaben, hätte er sich an den Bemühungen beteiligen müssen, die Familie startklar zu machen. Der Täter ist jedoch nicht der Ansicht, dass das Maß seiner *Autorität* über die Kinder in irgendeiner Weise mit seinem tatsächlichen Maß an *Bemühungen* oder *Opfern* zu ihren Gunsten verbunden ist oder damit, wie viel er tatsächlich über sie oder das, was in ihrem Leben vor sich geht, *weiß*. Er betrachtet es als sein Recht, die letztendliche Entscheidung darüber zu treffen, was gut für sie ist, auch wenn es nicht ihren Bedürfnissen entspricht oder wenn er nur zu jenem Teil der Kinderbetreuung beiträgt, der ihm selbst Spaß macht oder der ihn in der Öffentlichkeit als tollen Vater dastehen lässt.

Misshandelnde Männer neigen wie Tom dazu, autoritäre Eltern zu sein. Sie sind vielleicht nicht so oft involviert, aber wenn sie sich einmischen, dann geschieht es auf ihre Weise oder gar nicht. Meine Klienten verteidigen die autoritäre Erziehung, obwohl eine große Anzahl psychologischer Studien ergeben hat, dass sie destruktiv ist: Kinder gedeihen am besten, wenn die Eltern weder übermäßig streng noch übermäßig nachgiebig sind, eine feste Struktur bieten, aber auch Raum für Dialog, respektvolle Konfliktaustragung und Kompromisse lassen.

Die Neigung des misshandelnden Mannes, Zwang auszuüben, kommt also bei seiner Behandlung der Kinder und seinem Verhalten *gegenüber* den Kindern zum Tragen, einschließlich seiner Tyrannei bei Entscheidungen, bei denen die Mutter eine gleichberechtigte Stimme haben sollte.

Berechtigungsdenken

Tom akzeptiert nicht, dass die Entscheidung eines Paares, Kinder zu haben, große Veränderungen der Lebensweise bedeutet und Opfer erfordert. Er arbeitet an Randys Dirt Bike, weil es ihm Spaß macht, aber was sonst noch für die Kinder getan werden muss, ist nicht sein Problem. Dennoch gibt er sich auf der Party große Mühe, sich als toller Daddy zu präsentieren, weil ihm das *Image* und der *Status* der Vaterschaft gefallen.

Der Egoismus und die Egozentrik, die sein Berechtigungsdenken hervorruft, verursachen eine *Rollenumkehr* in der Beziehung zu seinen Kindern, indem er es als ihre Verantwortung ansieht, *seine* Bedürfnisse zu befriedigen. Tom kokettiert auf der Geburtstagsfeier mit seiner Teenager-Tochter, stellt sie als seine „Freundin“ vor, kommentiert versteckt ihre sexuelle Entwicklung und küsst sie, während sie zutiefst verlegen ist. Alex' Unbehagen ist offensichtlich, aber er macht sich nicht die Mühe, darauf Rücksicht zu nehmen. Er erfüllt seine eigenen Bedürfnisse durch die Vorstellung, eine attraktive junge Partnerin zu haben, und ist gleichzeitig als Elternteil stolz auf ihre Attraktivität.

Kinder von misshandelnden Vätern finden es oft schwer, ihre Aufmerksamkeit und Zustimmung zu bekommen. Dieser Mangel wirkt sich in ihren Augen *wertsteigernd* aus, denn jede Aufmerksamkeit von seiner Seite fühlt sich besonders und aufregend an. Ironischerweise erscheint ihnen ihre Mutter weniger wichtig, weil sie wissen, dass sie sich auf sie verlassen können.

Das Berechtigungsdenken des Täters, über alle Kritik erhaben zu sein, macht es seiner Partnerin schwer, sich im Interesse ihrer Kinder einzumischen. Als Helen versucht, Tom dazu zu bringen, sich um der Kinder willen zu beeilen, betrachtet er ihre Bemühungen als „beschissene Reaktion“ und bestraft alle, indem er sich absichtlich noch mehr Zeit lässt. Alex und Randy erkennen nicht, welchen Preis ihre Mutter und sie selbst zahlen müssen, wenn sie versucht, sich für sie gegen ihn einzusetzen, sodass sie am Ende das Gefühl haben, dass es ihr egal ist.

Externalisierung der Verantwortung

Tom schafft es durch sein Verhalten, dass die Kinder zu spät zu ihrer Party kommen, gibt dann aber Helen die Schuld dafür. Er behauptet auch, dass ihre allzu mitfühlende Reaktion auf Alex der Grund dafür sei, dass die Streitereien der Kinder eskalieren. Es kommt ihm nie in den Sinn, dass Randys Verhalten gegenüber Mädchen und Frauen mit dem zu tun haben könnte, was er ihm selbst vorlebt. Alles, was in der Familie schiefläuft, ist die Schuld von jemand anderem, in der Regel von Helen.

Kinder, die die Misshandlungen ihrer Mutter miterleben, haben oft Schwierigkeiten, in der Schule aufzupassen, kommen mit Gleichaltrigen schlecht aus oder verhalten sich aggressiv. Es hat sich in der Tat herausgestellt, dass sie praktisch alle Symptome aufweisen, die bei Kindern auftreten, die selbst misshandelt wurden. Der Täter führt all diese Symptome auf die schlechte Erziehung der Mutter oder auf eigene Schwächen der Kinder zurück.

Wenn eine Familie, die vom missbräuchlichen Verhalten des Vaters betroffen ist, auseinanderbricht, entdecken manche Kinder, wie viel schöner das Leben ohne ihren Vater zu Hause ist, und distanzieren sich möglicherweise von ihm. Dies kann ein Zeichen für emotionale Gesundheit und Genesung sein. Der Missbrauchstäter behauptet dann gerne, dass die Mutter die Kinder gegen ihn aufbringt. Was sollte seiner Meinung nach sonst der Grund dafür sein?

Manipulativität

Als die Familie Turner zur Party unterwegs ist, wechselt Tom abrupt seine Laune, scherzt mit den Kindern und bringt sie dazu, sich mit ihm gegen ihre Mutter zu verbünden. Es ist schwer, wütend auf ihn zu bleiben, wenn er ausgelassen ist. Die Kinder schämen sich, weil sie über ihre Mutter lachen – Alex empfindet es bewusst, Randy weniger –, doch sie werden auch in ein Bündnis mit ihrem Vater hineingezogen.

In gewisser Weise haben es Kinder, die mit einem missbrauchenden Elternteil zusammenleben, der die ganze Zeit böse ist, tatsächlich leichter, denn dann wissen sie, womit sie es zu tun haben und wer schuld ist. Aber der typische Missbrauchstäter wechselt ständig sein Gesicht, hinterlässt seine Kinder verwirrt und ambivalent und erhöht die Wahrscheinlichkeit, dass sie sich mit ihm identifizieren, in der Hoffnung, bei ihm auf der guten Seite zu stehen.

Eine wichtige Kategorie der Manipulation umfasst die verschiedenen Taktiken, die ein missbrauchender Mann anwendet, um Kinder davon abzuhalten, Außenstehenden gegenüber zu enthüllen, dass ihre Mutter misshandelt wird. Der Vater belohnt die Kinder vielleicht für die Geheimhaltung oder gibt ihnen das Gefühl, dass sie Schande über die Familie, einschließlich sich selbst, bringen würden, wenn jemand davon erfährt. In einigen Fällen übt der Mann offen Druck aus, einschließlich Drohungen, um die Geheimhaltung zu erzwingen.

Kinder, die den Missbrauch, der sich zu Hause abspielt, offenbaren, erleiden manchmal seelische oder physische Vergeltungsmaßnahmen seitens des Täters.

(Einige Kinder werden auch von ihrer Mutter unter Druck gesetzt, nichts zu sagen, weil sie Angst davor hat, was ihr Partner ihr oder den Kindern antun könnte, wenn etwas durchsickert.) Es ist wichtig, Schritte zu unternehmen, um Ihren Kindern die Bürde der Geheimhaltung, die sie möglicherweise tragen, zu nehmen, wie ich am Ende dieses Kapitels erläutern werde.

Überlegenheit, Respektlosigkeit

Tom macht Helen offen lächerlich, weil sie sich Sorgen wegen Randys Angriffslust gegenüber Alex macht. Ihre Erziehung ist also eines der Themen, in deren Zusammenhang er sie misshandelt. Kinder, die in dieser Atmosphäre aufwachsen, sehen mit der Zeit auf ihre Mutter als Elternteil herab, nachdem sie die Botschaften des misshandelnden Vaters aufgenommen haben, dass sie unreif, irrational, unlogisch und inkompetent sei. Selbst bei Kindern, die in den meisten Konflikten auf der Seite ihrer Mutter stehen, wie es viele Töchter und einige Söhne misshandelter Frauen tun, kann es dennoch dazu kommen, dass sie ihre Mutter als minderwertiger im Vergleich mit anderen Menschen und sich selbst betrachten. Randys Verhalten offenbart diese Dynamik, wenn er sich gegenüber seiner Mutter herablassend äußert: „Ich sehe, du bist hysterisch wie immer." Er hat gelernt, seine Mutter durch Toms Augen zu sehen.

Besitzdenken

Tom behandelt Alex wie einen Gegenstand, der ihm gehört. Wenn er sie vor der Party dazu nötigt, sich umzuziehen, könnte man meinen, er will nicht, dass seine Tochter in so jungem Alter sexualisiert auftritt, was gut ist. Aber auf der Party merkt man, dass er gar nichts gegen ihre Sexualisierung hat, er will nur die Kontrolle darüber haben und er will, dass sie auf *seine* Befriedigung ausgerichtet ist. Seine Forderung, dass sie ihren Körper nicht zur Schau stellen soll, gründet nicht auf dem Standpunkt eines verantwortungsbewussten Vaters, sondern eher auf der Einstellung eines eifersüchtigen Freundes.

Nicht alle Täter betrachten ihre Kinder als Besitzobjekte, aber viele tun es. Einem Mann, der bereits seine Partnerin als Besitz betrachtet, fällt es nicht schwer, seine Kinder auf die gleiche Weise zu sehen. Aber Kinder sind keine *Dinge*, und Eltern, die ihre Kinder auf diese Weise behandeln, werden dadurch wahrscheinlich seelischen Schaden verursachen, weil sie Kindern keine Rechte zugestehen.

Öffentliches Image

Für Kinder ist es verwirrend zu sehen, wie andere auf ihren missbräuchlichen Vater reagieren, als wäre er ein charmanter und unterhaltsamer Mensch. Was sollen Alex und Randy davon halten, wenn sie sehen, wie beliebt Tom auf der Party ist? Ihnen bleibt nichts anderes übrig als anzunehmen, dass sein Verhalten zu Hause normal ist, was wiederum bedeutet, dass sie und ihre Mutter schuld sein müssen.

Der missbrauchende Mann als Kindesmisshandler

Mehrere Studien haben gezeigt, dass Männer, die ihre Partnerin misshandeln, mit weitaus größerer Wahrscheinlichkeit als andere Männer auch Kinder misshandeln. Das Ausmaß des Risikos, das von einem bestimmten Missbrauchstäter für Kinder ausgeht, hängt weitgehend von dem Muster seiner Misshandlungen gegenüber der Mutter ab, obwohl auch andere Faktoren, wie seine eigene Kindheit, eine wichtige Rolle spielen können. Zu den erhöhten Risiken gehören folgende:

Körperliche Misshandlung

Der Täter, der am ehesten Kinder schlägt, ist derjenige, der die Mutter bereits körperlich angreift oder sie bedroht. Bei einem prügelnden Partner ist die Wahrscheinlichkeit, dass er Kinder körperlich misshandelt, siebenmal höher als bei einem nicht-prügelnden Mann, und das Risiko steigt mit der Häufigkeit seiner Gewalt gegenüber der Mutter. Es gibt jedoch auch einige Täter, die ihre Kinder schlagen, nicht aber die Mutter. Der Mann in dieser Kategorie entspricht oft folgenden Kriterien: Er ist (a) ein besonders strenger und autoritärer Elternteil, (b) ein kontrollierender und diktatorischer Partner und (c) ein Mann, der als Kind ebenfalls von seinen Eltern körperlich misshandelt wurde.

Sexueller Missbrauch

Inzesttäter ähneln sowohl in ihrer Einstellung als auch ihrer Vorgehensweise den Tätern, die ihre Partnerin misshandeln. Sie haben in der Regel ein ausgeprägtes Berechtigungsdenken, sind egozentrisch und manipulativ und benutzen Kinder, um ihre eigenen emotionalen Bedürfnisse zu befriedigen. Wie Tom kontrollieren sie oft ihre Töchter (oder Söhne) und betrachten sie als Objekte, die ihnen gehören. Durch Verlockungen und Nettigkeiten wickeln sie sie ein. Tatsächlich weist Tom viele der Warnzeichen eines sexuell missbrauchenden Vaters auf, einschließlich seiner offensichtlichen Eifersucht auf Alex und seiner Vorliebe, seinen Interaktionen mit ihr einen romantischen und sexuellen Touch zu geben.

Wie im Fall von körperlicher Misshandlung der eigenen Kinder haben mehrere Forschungsstudien ergeben, dass Männer, die ihre Partnerin misshandeln, viel häufiger Inzest begehen als nicht-misshandelnde Männer. Diese Studien deuten darauf hin, dass der Inzesttäter gegenüber der Mutter nicht unbedingt schwer gewalttätig sein muss, ein gewisses Maß an Übergriffen gegen sie jedoch üblich ist. Die Mentalität und die Taktik des Inzesttäters sind denen des misshandelnden Partners sehr ähnlich, einschließlich seiner Egozentrik und der Forderung, auf seine Bedürfnisse einzugehen, der Manipulation, der Kultivierung eines charmanten Bildes von sich in der Öffentlichkeit, der Verpflichtung des Opfers, den Missbrauch geheim zu halten, sowie anderer Merkmale. Obwohl der Prozentsatz des eindeutigen sexuellen Missbrauchs selbst unter misshandelnden Männern niedrig zu sein scheint, äußern Partnerinnen meiner Klienten häufig Bedenken über subtilere Arten von Grenzverletzungen und andere sexuell unangemessene Verhaltensweisen im Stile von Toms Verhalten auf der Party. Ein Mann, der sein Kind wie Tom als Besitzobjekt betrachtet, missachtet wahrscheinlich dessen Recht auf Privatsphäre oder auf Integrität am eigenen Körper.

Auch Jungen sind einem gewissen Risiko ausgesetzt, von Männern missbraucht zu werden, obwohl die meisten Inzesttäter sich dafür entscheiden, sich an Mädchen zu vergehen, wenn eines zur Verfügung steht. Jungen scheinen besonders gefährdet zu sein, wenn sie sehr jung sind, während die Verletzlichkeit von Mädchen bestehen bleibt und während der Adoleszenz sogar zunehmen kann.

Psychische Gewalt

Die Partnerinnen meiner Klienten erzählen mir häufig von ihrem Kummer wegen der seelischen Grausamkeiten, die der Täter an den Kindern verübt. Beschimpfungen, Herabsetzungen, Angriffe auf ihr Selbstvertrauen, Erniedrigungen vor anderen Menschen, Beschämung von Jungen in Bezug auf ihre Männlichkeit und Beleidigungen – oder unangemessene Komplimente – gegenüber Mädchen im Hinblick auf ihre körperliche Entwicklung und ihr Aussehen sind gängige elterliche Verhaltensweisen unter den misshandelnden Männern in meinen Gruppen. Darüber hinaus verletzen sie die Gefühle ihrer Kinder, indem sie bei wichtigen Ereignissen nicht erscheinen, versprochene Ausflüge nicht wahr machen oder indem sie kein Interesse an ihnen zeigen. Zu sehen, wie ihre Kinder auf diese Weise von ihren Vätern abgelehnt werden, ist für viele der misshandelten Frauen, mit denen ich spreche, eine Quelle des Schmerzes.

Der misshandelnde Vater als Vorbild

Was lernen Randy und Alex aus der Art und Weise, wie Tom Helen behandelt sowie aus den Botschaften, die er ihnen über sie vermittelt? Die Äußerungen und Verhaltensweisen von Eltern haben wahrscheinlich den größten Einfluss auf die Werteentwicklung ihrer Kinder sowie darauf, wie sie andere Menschen und sich selbst wahrnehmen – mindestens so stark wie die Worte der Eltern (die manchmal gegensätzliche Botschaften vermitteln). Kinder, die die Misshandlung der Mutter durch den Partner miterleben, lernen aus der Dynamik, in deren Mitte sie gefangen sind, folgende Lektionen:

„Das Ziel der Misshandlung ist schuld, nicht der Täter."

Tom macht seinen Kindern klar, dass Helen selbst schuld daran ist, wenn sie missbräuchlich behandelt wird, weil sie zu emotional ist, seine Entscheidungen infrage stellt oder übermäßig wütend ist. Randy (und vielleicht auch Alex) entwickelt wahrscheinlich Probleme im Umgang mit anderen Menschen, weil ihm beigebracht wurde, anderen, insbesondere Frauen, die Schuld für seine Taten zu geben. Alex wird vielleicht glauben, dass andere Menschen, vor allem Männer, das Recht haben, sie zu misshandeln, und dass es ihre eigene Schuld ist, wenn sie es tun.

„Befriedigung im Leben entsteht durch die Kontrolle und Manipulation anderer."

Das Verhalten des Vaters vermittelt seinen Kindern, dass es ein erstrebenswertes Ziel ist, Macht über andere Menschen zu haben. Die Möglichkeit, dass Teilen, Gleichheit, Zusammenarbeit und gegenseitiger Respekt zu einem erfüllten Leben führen können, liegt möglicherweise jenseits ihrer Wahrnehmungskraft. Wenn Söhne von misshandelnden Vätern in die Adoleszenz kommen, beginnen sie zum Beispiel häufig, ihre Freundinnen sexuell oder emotional auszubeuten. Ihnen mangelt es vielleicht an Einfühlungsvermögen für ihre Opfer, da sie von ihren Vätern konditioniert wurden, sich keine Gedanken über die Gefühle der Frauen zu machen.

„Jungen und Männer sollten die Kontrolle haben, und Frauen sollten sich dieser Kontrolle unterwerfen."

Wenn sie nicht starke Gegenbeispiele bei ihren Freunden oder Verwandten erleben, laufen Alex und Randy Gefahr, eine starre, missbrauchsanfällige Sichtweise dessen zu verinnerlichen, was Männer und Frauen angeblich von Natur aus *sind*. Die Eltern sind für ihre Kinder die erste und wichtigste Quelle für die Definition von und Identifikation mit Geschlechterrollen.

„Frauen sind schwach, inkompetent und unlogisch."

Tom lehrt seine Kinder – ob gewollt oder ungewollt –, Frauen in dem gleichen erniedrigenden Licht wahrzunehmen, das er auf Helen wirft. Er verstärkt diese Botschaften, indem er Alex in der Öffentlichkeit respektlos behandelt. Töchter von misshandelnden Männern haben oft tiefgreifende Probleme bezüglich ihres Selbstwertgefühls. Warum sollten sie das auch nicht haben? Sehen Sie sich an, was der Täter ihnen hinsichtlich des Wertes und der Respektwürdigkeit von Frauen vermittelt. Söhne von misshandelnden Männern hingegen neigen dazu, sich Mädchen und Frauen gegenüber überlegen zu fühlen und eine geringschätzige Haltung einzunehmen, besonders wenn sie alt genug sind, um sich mit Mädchen zu verabreden.

„Mütter übernehmen den anstrengenden, verlässlichen und verantwortungsvollen Part der täglichen Elternarbeit, während Väter dazukommen, um die wichtigen Entscheidungen zu treffen und an den spaßigen Zeiten teilzunehmen."

Alex und Randy werden dazu gebracht, ihre Mutter als die Muskelkraft des Familienunternehmens und ihren Vater als das Gehirn zu betrachten. Helen assoziieren sie mit Routine und Struktur, während sie Tom mit besonderen und aufregenden Zeiten in Verbindung bringen. Obwohl er oft sehr mürrisch ist, erscheint ihr Vater immer noch als der lustigere Elternteil. Sie nehmen z. B. wahr, wie unterhaltsam er auf der Party ist, während ihre Mutter verdrossen und zurückgezogen ist.

„Menschen, die dich lieben, dürfen dich misshandeln."

Kinder, die mit dem Verhalten eines misshandelnden Vaters aufwachsen, lernen, dass Missbrauch der Preis ist, den Menschen zahlen müssen, wenn sie Liebe erhalten wollen. Diese Lektion kann es Kindern schwer machen zu erkennen, wenn sie misshandelt werden, und sich zu wehren.

Wenn ein Missbrauchstäter sein Denken an die nächste Generation weitergibt, rekrutiert er seine Söhne in der Tat in die Reihen der misshandelnden Männer. Er will nicht buchstäblich, dass sein Sohn Frauen misshandelt – er glaubt ja selbst nicht, dass er es tut –, aber er will, dass sein Sohn *so denkt, wie er denkt,* einschließlich der Übernahme derselben Ausreden und Rechtfertigungen, sodass das Ergebnis dasselbe ist. Und in geringerem Maße rekrutiert er auch seine Töchter, damit sie sich den Reihen der misshandelten Frauen anschließen.

Wie misshandelnde Männer Mutter-Kind-Beziehungen beeinflussen

Frage 15: Warum sind in der Familie alle wütend auf einander statt auf ihn?

Toms Verhalten treibt Keile zwischen die Mitglieder seiner Familie, die mit der Zeit größer werden. Viele der Streitigkeiten, die er gesät hat, tragen bereits ihre giftigen Früchte. Wie beeinflusst er Helens Beziehung zu ihren Kindern? Und wie formt – und verzerrt – er ihre Sicht auf sie?

Untergrabung ihrer Autorität

Es ist nicht schwer für Alex und Randy herauszufinden, wer in der Familie das Sagen hat, denn sie sehen, dass Helens Entscheidungen außer Kraft gesetzt werden können. Kinder, die ein solches Ungleichgewicht erkennen, lernen, einen Elternteil gegen den anderen auszuspielen, und versuchen, sich bei demjenigen beliebt zu machen, der das letzte Wort hat. Sie lernen auch, sich der Autorität des misshandelten Elternteils zu widersetzen. Manche misshandelnde Männer untergraben die Autorität der Mutter zusätzlich, indem sie gegenüber den Kindern schlecht über sie sprechen und sie als verrückt, alkoholkrank oder als Rabenmutter charakterisieren.

Selbst wenn ein Mann die Erziehung der Mutter nicht direkt untergräbt, so wie es Tom tut, schwächt sein missbräuchliches Verhalten *von Natur aus* die Autorität der Mutter. Kinder, die sehen oder hören, wie ihr Vater ihre Mutter herabsetzt, sie zum Schweigen bringt, einfach weggeht und sie ignoriert oder sie körperlich einschüchtert, lernen, dass ein solches Verhalten ihr gegenüber sowohl akzeptabel als auch effektiv ist. Die meisten Kinder misshandelter Frauen sind sich bewusst, dass ihr Vater diese Dinge tut – auch wenn die Eltern nicht glauben, dass sie es wissen –, und sie probieren, sein Verhalten nachzuahmen, um zu sehen, ob es ihnen hilft, ihren Willen durchzusetzen.

Kinder hoffen manchmal auch, die Zustimmung ihres Vaters zu gewinnen, wenn sie sich ihm bei der Misshandlung ihrer Mutter anschließen. In einigen Fällen gelingen diese Bemühungen, aber in anderen Fällen macht der misshandelnde Vater schnell klar, dass das Privileg, die Mutter zu misshandeln, nur dem Vater zusteht. In diesem Fall unterdrücken die Kinder das Gelernte so lange, bis sich die Eltern trennen. Wenn der Täter dann aus dem Haus ist, lassen sie jegliche Hemmungen fallen und reproduzieren die Herabsetzungen und Einschüchterungen gegen die Mutter, wobei sie manchmal schnell außer Kontrolle geraten.

Kinder von misshandelnden Vätern übernehmen deren Erwartungen an die ständige Versorgung durch die Mutter. Der Sohn einer misshandelten Frau neigt z. B. dazu, wütend zu werden, wenn sie ihn nicht von vorne bis hinten bedient, wenn sie ihn drängt, seiner Verantwortung nachzukommen, oder wenn sie sein unangemessenes Verhalten infrage stellt. Sein Vater ist ein direktes Vorbild für seine wütenden und verbal missbräuchlichen Reaktionen in diesen speziellen Situationen.

Einmischung in ihre Erziehung

Am Abend nach der Geburtstagsfeier verbietet Tom Helen, die Schulpsychologin wegen Randys Angriffen auf seine Schwester einzubeziehen. Er sagt zwar nicht genau, wie ihre Strafe aussehen wird, wenn sie sich ihm widersetzt, aber sie kennt ihn gut genug, um es nicht herausfinden zu wollen. Auf diese Weise ist es ihr verboten, ihre Kinder zu erziehen.

Dutzende von misshandelten Frauen haben sich bei mir über die direkte Einmischung meiner Klienten in ihre Erziehung beschwert. Die häufigste Beschwerde ist die, dass sie daran gehindert werden, ein weinendes oder verängstigtes Baby oder Kleinkind zu trösten. Die Männer geben die Einmischung manchmal offen zu. Ein Klient von mir, Jacob, erzählte mir kürzlich, dass er es satthatte, wie seine Partnerin Patricia ihr elf Monate altes Baby Willy hochhob, als es weinte, und es „um es herumscharwenzelte", und dass er sie daran gehindert hatte, in das Zimmer des Babys zu gehen. Das war nur der Anfang. Ihre ältere Tochter lag mehrere Wochen mit einer schweren Hepatitis in einem Krankenhaus, das etwa zwei Stunden von ihrem Wohnort entfernt lag. Patricia eilte jeden Abend, sobald sie von der Arbeit zurück war, ins Krankenhaus, besuchte kurz ihre Tochter und sputete sich dann nach Hause zurück, in der Hoffnung, Willy noch zu sehen, bevor er einschlief. Wenn Patricia es jedoch nicht bis zu der von Jakob festgesetzten abendlichen Zeit nach Hause schaffte, *erlaubte Jakob ihr nicht*, in Willys Zimmer zu gehen, um ihn zu sehen, auch wenn Willy noch wach war. Bei mindestens einer Gelegenheit bemerkte der Junge, dass Patricia nach Hause gekommen war, und fing an zu rufen: „Mama, Mama!", Jacob hinderte sie jedoch *weiterhin* daran, das Zimmer zu betreten. Seine Entschuldigung? „Ich habe diese Frist nicht gesetzt", sagte er. „Wir haben uns gemeinsam darauf geeinigt." (Dies wäre selbst dann eine inakzeptable Entschuldigung gewesen, wenn sie wahr wäre, aber Patricia sagte mir, dass sie niemals einer solchen Frist zugestimmt hatte.)

Mir scheint es wichtig zu erwähnen, dass Jacob Patricia in ihren zehn gemeinsamen Jahren nie geschlagen hat und dass er Hochschulprofessor war, der in einer außerordentlich luxuriösen Nachbarschaft lebte. Jacob veranschaulicht eindrucksvoll das Ausmaß seelischer Grausamkeit, die ein Täter mit wenig oder keinerlei physischer Gewalt verüben und hinter der beeindruckendsten Fassade verstecken kann.

Ich habe mit einigen Müttern gesprochen, die durch die Misshandlungen psychische Symptome entwickelt haben, wie zum Beispiel Albträume, schwere Angstzustände oder Depressionen. Forschungsstudien haben ergeben, dass diese und verwandte Zustände, einschließlich der posttraumatischen Belastungsstörung, bei Frauen, die von ihren Partnern misshandelt wurden, nicht ungewöhnlich sind. Möglicherweise hat der missbräuchliche Vater seine Kinder dazu gebracht, ihre misshandelte Mutter als emotional gestört wahrzunehmen, aber er kann auch tatsächlich dazu *beigetragen* haben, dass sie etwas instabil wurde. In beiden Fällen schädigt sein Verhalten die Mutter-Kind-Beziehung, und es kann sowohl Zeit als auch Hilfe von außen für Mütter und Kinder erfordern, um wieder eine starke und vertrauensvolle Verbindung herzustellen.

Kinder als Waffe der Misshandlung einsetzen

Vor vielen Jahren hatte ich einen Klienten namens Wayne. Er war ein unscheinbarer, sanftmütiger junger Vater, der sich selbst als Feminist bezeichnete. Eines Morgens war er verärgert über etwas, das seine Frau Nancy zu ihm gesagt hatte, bevor sie das Haus verließ. Er stürmte umher, getrieben davon, etwas zu finden, damit sie ihre Worte wirklich bereute. Als er im Kühlschrank nach Milch für ihr zehn Monate altes Baby suchte, stieß er auf eine ältere Flasche, die verdorben war. Er erkannte das Fläschchen sofort als die ultimative Waffe und *gab dem Baby die verdorbene Milch zu trinken,* wodurch es heftig krank wurde. Kaum eine andere Tat hätte eine so verheerende Wirkung auf Nancy haben können wie diese. Der Kontrolleffekt war immens: Nancy hatte noch lange Zeit danach Angst davor, sich Wayne zu widersetzen oder ihn in irgendeiner Weise zu verärgern. Sie war außerdem jedes Mal von Angst erfüllt, wenn sie morgens zur Arbeit ging.

Ein anderer meiner Klienten beschrieb, wie er seiner Frau während eines Streites gesagt hatte: „Wenn du nicht den Mund hältst, wird es dir wirklich leidtun", und als sie ihn weiter anschrie, ging er an den Schrank ihrer Teenager-Tochter und schnitt deren Abschlussballkleid mit einer Schere in Streifen. Der Schmerz der Tochter, so erfuhr ich von der Mutter, war unbeschreiblich. Diese Art von Grausamkeit gegenüber Kindern wird durch das Bewusstsein des Täters genährt, dass die Empathie der Mutter für den emotionalen Schmerz ihrer Kinder sie mehr verletzt als alles, was er ihr direkt antun könnte.

Formung der kindlichen Wahrnehmung von missbräuchlichem Verhalten

Viele meiner Klienten sind erfahrene Meinungsmacher, die dazu in der Lage sind, die Aufmerksamkeit der Kinder von dem abzulenken, was vor ihnen liegt, und sie im Hinblick auf das Offensichtliche zu verwirren. Betrachten Sie folgendes Szenario: Zwischen einer Mutter und einem Vater bricht ein hässlicher Streit aus, mit Geschrei und Beschimpfungen auf beiden Seiten. Die Kinder können kaum herausfinden, worum es in dem Streit geht, auch weil ihnen der Bauch vor Anspannung wehtut. Für den Rest des Tages ist die Mutter distanziert und deprimiert und blafft sie wegen Kleinigkeiten an. Der Vater verschwindet für zwei, drei Stunden, doch als er wieder auftaucht, ist er gut gelaunt, scherzt und lacht mit den Kindern, als ob nichts passiert wäre. (Ein Missbrauchstäter kann sich verständlicherweise viel schneller von den negativen Auswirkungen eines missbräuchlichen Vorfalls erholen als die misshandelte Frau.) Welchen Elternteil werden diese Kinder wohl für die Störung der Ruhe in ihrem Zuhause verantwortlich machen? Wahrscheinlich den griesgrämigen. Es ist daher nicht überraschend, dass es dem Missbrauchstäter manchmal gelingt, die Wahrnehmung seiner Kinder zu verzerren, sodass sie die Mutter trotz der Misshandlungen, die sie miterleben, als unberechenbar oder unvernünftig betrachten.

Die Mutter in eine Zwickmühle bringen

Als Tom Helen bestraft, indem er die Kinder absichtlich zu spät kommen lässt, sind Randy und Alex sauer auf sie, weil *sie* nicht nachgegeben hat. Sie haben das Gefühl, wenn sie sich nur um ihren Vater kümmern und mit seinen Emotionen umgehen würde, bekämen sie, was sie brauchen, sodass sie in ihrer Mutter diejenige sehen, die ihnen wehtut. Sie wissen, dass es für ihn nicht infrage kommt, sich anders zu verhalten. Der Täter wird für sein Mobbing belohnt, weil die Kinder es aufgegeben haben, seine Seite der Gleichung zu beeinflussen, und stattdessen ihre Energie darauf verwenden, ihre Mutter dazu zu bringen, das Problem zu lösen.

Doch das ist nur die Hälfte des Problems. In einer anderen Situation gibt Helen Tom gegenüber vielleicht nach, um genau diese Art von Misshandlung und Vergeltung zu vermeiden, doch dann werden die Kinder sie *dafür* kritisieren. Sie werden vielleicht sagen: „Warum lässt du dich von Papa so herumschubsen? Warum lässt du dir das gefallen?“ Vielleicht murren sie: „Wenn Papa gemein zu uns ist, tut Mama nichts dagegen.“ Kinder misshandelter Frauen können also aus zwei Gründen wütend sein und sich über ihre Mutter aufregen: Erstens, wenn sie sich *gegen* den Misshandelnden stellt und zweitens, wenn sie sich *nicht gegen* ihn wehrt. Die Reaktionen der Kinder in dieser Hinsicht sind durchaus verständlich, doch die Mutter kann sich in einer unmöglichen Zwangslage befinden, die zu mehr Distanz und Spannungen zwischen ihr und ihren Kindern führt.

Kinderschutzbehörden beschuldigen misshandelte Frauen manchmal, ihre Kinder vor dem Kontakt mit einem misshandelnden Mann „nicht geschützt“ zu haben, ohne zu verstehen, wie viele Anstrengungen sie unternommen haben mag, um ihre Kinder zu schützen, und wie viele Taktiken der Täter möglicherweise angewandt hat, um ihre Kindererziehung zu beeinträchtigen.

Wie misshandelnde Männer Zwietracht in Familien säen

Randy und Alex sind in einem Moment erbitterte Gegner und im nächsten loyale Verbündete. Sie sind wie Kieselsteine am Ufer des Meeres, wobei jede Welle von Misshandlungen gegenüber ihrer Mutter sie überflutet und ihre Position in der Beziehung zueinander verändert. Randys gewalttätiges Verhalten gegenüber Alex ist nicht verwunderlich. Jungen, die die Misshandlung ihrer Mutter mitbekommen, sind oft respektlos und aggressiv gegenüber Gleichaltrigen, wobei sie ihre Feindseligkeit vor allem gegen Frauen richten. Söhne von Tätern lernen, auf Frauen herabzusehen, sodass sie sich ihren Schwestern und Müttern überlegen fühlen und erwarten, dass diese sich um sie kümmern. Gewalt unter Geschwistern tritt viel häufiger in Familien auf, in denen die Mutter misshandelt wird.

Missbrauch wirkt von Natur aus entzweiend. Familienmitglieder geben sich gegenseitig die Schuld für das Verhalten des Missbrauchenden, weil es gefährlich ist, ihm die Schuld direkt zu geben. Wenn ein Missbrauchsvorfall mit einem Streit über das Fehlverhalten eines Kindes begonnen hat, könnte ein älteres Geschwisterkind sagen: „Papa hat Mama angeschrien und sie zum Weinen gebracht, weil er sauer war, dass du so viel Lärm gemacht hast. Du hättest auf mich hören sollen, als ich dir sagte, dass du ruhig sein sollst."

Tom trägt außerdem durch seine *Bevorzugung* weiter zur Spaltung bei: Er behandelt Randy wie einen Kumpel und repariert sein Dirt Bike, während er Alex ignoriert, außer wenn er sie in der Öffentlichkeit vorführen kann. Bevorzugung ist in der Kindererziehung missbrauchender Männer weit verbreitet. Möglicherweise begünstigen sie Jungen gegenüber Mädchen aufgrund ihrer eigenen negativen Einstellung gegenüber Frauen. Sie bevorzugen Kinder, die ihrer Meinung nach auf ihrer Seite stehen, und lehnen diejenigen ab, die Verständnis für die Mutter haben oder sie beschützen. Kinder erfahren starke emotionale Zuwendungen vom Täter, wenn sie sich von ihrer Mutter und von Geschwistern, die mit ihr verbündet sind, distanzieren.

Meine Klienten offenbaren eine Reihe anderer spalterischer Taktiken, darunter das offene Beschämen von Kindern – insbesondere von Jungen –, weil sie ihrer Mutter nahestehen. Sie verbreiten Lügen über einzelne Familienmitglieder und manipulieren die Kinder, sodass diese das Gefühl haben, Mitglieder eines besonderen und überlegenen Clubs zu sein, wenn sie Teil seines Teams sind. Schließlich wenden sie Kollektivstrafen an, indem sie von allen Kindern verlangen, für das Verhalten eines Kindes den Preis zu zahlen, was verheerend sein kann, da dies die Kinder gegeneinander aufbringt.

Warum sorgt ein Täter auf diese Weise für Spaltungen? Ein Grund ist, dass seine Macht geschwächt wird, wenn die Familie zusammenhält. Ich hatte eine Reihe von Klienten, deren Partnerinnen und Kinder sich stets gegenseitig unterstützt haben, und die deshalb verbittert beklagten: „Sie haben sich alle gegen mich gewandt" oder, noch häufiger, „Sie hat die Kinder einer Gehirnwäsche unterzogen, damit sie auf ihrer Seite sind". Viele Täter unternehmen Schritte, um diesen Effekt zu vermeiden, indem sie das Prinzip „spalte und herrsche" anwenden: Wenn Mitglieder in der Familie damit beschäftigt sind, sich gegenseitig zu bekämpfen, wird die Aufmerksamkeit von der Grausamkeit oder Kontrolle des Mannes abgelenkt.

Resilienz in Mutter-Kind- und Geschwister-Beziehungen

Es ist fast ein Wunder, dass es einigen Familienmitgliedern von Missbrauchstätern gelingt, sich nahe und vereint zu bleiben. Mehrere Faktoren spielen eine Rolle, die dazu beitragen, dass die Familienbeziehungen sich von den Auswirkungen des Verhaltens des Täters erholen und stark werden:

1. *Zugang zu guten Informationen über Missbrauch:* Wenn eine Mutter zum Beispiel durch eine Beratungsstelle für misshandelte Frauen Hilfe erhält, kann sie leichter die verworrene Dynamik des Missbrauchs entwirren, und dann ihren Kindern zu mehr Klarheit verhelfen. Es hilft ihr auch, ihren Kindern keine Vorwürfe zu machen, weil sie von dem Missbrauchenden beeinflusst wurden.
2. *Zugang zu Maßnahmen für Kinder:* Viele Programme für misshandelte Frauen bieten inzwischen auch kostenlose Beratung für deren Kinder an. Auch bei anderen Quellen wie Krankenhäusern oder psychiatrischen Zentren gibt es manchmal spezialisierte Beratungsangebote für Kinder, die Zeuge von Misshandlungen geworden sind. Familienbeziehungen profitieren sehr davon, wenn Kinder die Möglichkeit erhalten, einige der Dynamiken, die wir untersucht haben, zu verarbeiten.
3. *Schutz vor dem Missbrauchstäter:* Es ist wahrscheinlicher, dass Familienmitglieder zusammenbleiben, wenn ihr Umfeld hinter ihnen steht und ihnen hilft, entweder den Täter zu verlassen oder zu verlangen, dass er sich ändert. Bei gewalttätigen Partnern können Polizei und Justiz eine entscheidende Rolle bei der Unterstützung der Familie spielen – oder aber versagen. Die von den Familien- und Jugendgerichten ergriffenen Maßnahmen können auch entscheidend sein, um Kinder vor den Auswirkungen des Verhaltens eines Gewalttäters zu schützen.
4. *Zugang zu unterstützenden Maßnahmen der Gemeinschaft:* Ich habe zum Beispiel beobachtet, dass es Kindern besser geht, wenn sie das Glück haben, in einer

Nachbarschaft zu leben, in der es viele Kinder zum Spielen gibt. Wenn Kinder die Möglichkeit haben, an Sport, Theater oder anderen Aktivitäten teilzunehmen, die ihnen Freude bereiten und ihnen helfen, sich wohl zu fühlen, dann ist die Wahrscheinlichkeit geringer, dass ihre Not in der Verletzung ihrer Geschwister und ihrer Mutter mündet. Erwachsene außerhalb der Familie, die sich um die Kinder kümmern und sie in Aktivitäten einbinden, können ihnen helfen, sich seelisch vom Täter loszusagen, auch ohne dass der Missbrauch direkt erwähnt wird.

Die Unterstützung der Mutter ist ebenso wichtig wie die Unterstützung der Kinder. Suchen Sie sich eine vertrauenswürdige Freundin oder jemanden aus Ihrer Familie, und trauen Sie sich, darüber zu sprechen, wie Sie in Ihrer Beziehung misshandelt werden. Das Durchbrechen Ihrer Isolation ist entscheidend für Ihre Heilung und die Ihrer Kinder.

5. *Eine Mutter, die sich sehr um die Kindererziehung bemüht und dabei Hilfe bekommt:* Für eine misshandelte Mutter ist es wichtig, Unterstützung von der Gemeinschaft anzunehmen anstatt zu versuchen, eine Superheldin zu sein. Gleichzeitig gibt es hilfreiche Schritte, die Sie unternehmen können. Versuchen Sie so gut Sie können, Ihre Wut und Frustration nicht an Ihren Kindern auszulassen. Suchen Sie nach Büchern oder Vorträgen über Erziehungs- und Disziplinierungs-Strategien. Suchen Sie bei Freunden und Verwandten Unterstützung bei der Kindererziehung und versuchen Sie, für Anregungen oder konstruktive Kritik von anderen offen zu sein. Das alles sind außerordentliche Herausforderungen für eine misshandelte Mutter. Niemand sollte Ihnen Vorwürfe machen, wenn Sie nicht alles umsetzen können, vor allem nicht alles auf einmal. Aber ich stelle fest, dass viele misshandelte Frauen Wege finden, wie sie unter den gegebenen Umständen die besten Mütter sein können, und ihre Kinder spüren auf lange Sicht den Unterschied.
6. *Ein misshandelnder Mann, der ein schlechter Manipulator ist:* Einige misshandelnde Männer sind einfach nicht klug oder überzeugend genug, um die Perspektive der Kinder zu manipulieren, mit dem Ergebnis, dass die Kinder nicht so verwirrt und ambivalent werden und daher weniger Schuld auf ihre Mütter, ihre Geschwister und sich selbst schieben.

Wie Kinder ihre misshandelnden Väter sehen

Aus Sicht seiner Kinder wird der Täter gleichzeitig gehasst und verehrt. Sie verübeln ihm seine Tyrannei und seinen Egoismus, fühlen sich aber von seiner Ausstrahlung und seiner Macht angezogen. Sie saugen die wunderbaren Momente auf, in denen er freundlich und aufmerksam ist, auch weil es davon vielleicht nur wenige gibt. In ihrer regen Fantasie träumen sie davon, groß genug zu sein, ihm die Stirn bieten zu können, und oft davon, ihn zu verletzen. Wenn er depressiv oder alkoholkrank ist, machen sie sich Sorgen um ihn. Sie beobachten, dass Frieden in der Familie herrscht, wenn ihr Vater zufrieden ist. Ist er jedoch unglücklich, macht er auch alle anderen unglücklich, sodass sie sich darum bemühen, ihn bei Laune zu halten. Dieser starke Gefühlsmix ist für Kinder verwirrend und unangenehm.

Kinder sind ebenso wie ihre Mütter durch eine traumatische Bindung dem Missbrauchstäter ausgeliefert, auch wenn er sie nicht direkt misshandelt. Wenn Mitarbeiter vom Jugendamt oder Sorgerechtsgutachter eine Familie beurteilen, in der es Misshandlung durch den Partner gibt, stellen sie häufig fest, dass die Kinder in hohem Maße an ihren Vater gebunden sind – wie ich in ihren schriftlichen Berichten nachlesen kann –, ohne zu prüfen, ob diese Bindung vielleicht eher das Ergebnis von Trauma und Manipulation ist als das Resultat einer langen positiven gemeinsamen Zeit.

Der Täter bestimmt, wie die Kinder *und die Mutter* ihn als Elternteil wahrnehmen. Es ist nicht unüblich, dass eine Partnerin einer meiner Klienten sagt: „Er behandelt mich schrecklich, aber er ist ein guter Vater." Aber wenn ich dann detaillierte Fragen zu den Verhaltensweisen stelle, die ich in diesem Kapitel besprochen habe, berichtet die Frau in drei von vier Fällen von mehreren erheblichen Problemen; sie war einfach nur nicht in der Lage, sie zu lösen. Vielleicht stellen Sie daher beim Weiterlesen fest, dass sich für Sie ein paar unbequeme Fragen hinsichtlich der Kindererziehung seitens Ihres Partners ergeben. Wenn Sie bereits damit zu kämpfen haben, wie Sie selbst behandelt werden, kann es schmerzhaft sein, in Betracht zu ziehen, dass auch Ihre Kinder der Gefahr einer Misshandlung ausgesetzt sein könnten. Auf den folgenden Seiten finden Sie Vorschläge, wie Sie Ihren Kindern helfen können, ihre eigenen Herausforderungen zu meistern.

Der missbräuchliche Partner als Elternteil nach der Trennung

Was passiert mit der Elternschaft von Missbrauchstätern, wenn sich Paare trennen? Manche missbrauchende Männer verschwinden einfach aus dem Leben ihrer Kinder und nehmen die Haltung ein: „Die Kinder sind ihr Problem. Wenn sie Hilfe gewollt hätte, hätte sie mich besser behandeln sollen. Ich möchte keine Einschränkungen in meiner Freiheit." Er denkt, Elternschaft sei ein umkehrbarer Prozess, was an Witze über die Wiedererlangung der Jungfräulichkeit erinnert. Er zahlt vielleicht wenig oder gar keinen Unterhalt, und die Kinder erhalten vielleicht nicht einmal eine Geburtstagskarte von ihm.

Es mag Kindern langfristig sogar besser ergehen, wenn der Missbrauchstäter aus ihrem Leben verschwindet, als wenn er seine Manipulationen und Spaltungen jahrelang fortsetzt, aber beides ist eine schlechte Wahl. Wenn ein misshandelnder Vater verschwindet, fühlen sich Kinder zurückgewiesen und verlassen. In einem meiner aktuellen Fälle besteht ein Kind nachhaltig darauf, dass er verschwunden ist, „weil er mich nicht mochte", obwohl die Mutter ihm sagt, dass dem nicht so ist. Je nachdem, wie die Nachbarschaft oder das Umfeld reagiert, können die Kinder auch unter dem Stigma leiden, einen Vater zu haben, der „abgehauen" ist.

Wenn misshandelnde Väter weiterhin einbezogen sind, treten typischerweise andere Probleme auf. Erstens ist die Mutter in der Regel diejenige, die die Beziehung beendet hat, und Misshandelnde nehmen es nicht gut auf, wenn sie verlassen werden. Sie können die Kinder als Waffen zur Vergeltung gegen die Mutter benutzen oder als Pfand, um zu versuchen, sie zurückzubekommen. Ich hatte zum Beispiel einen Klienten namens Nate, der in ein Apartment zog, als er und seine Frau sich trennten, und seine neue Wohnung so schäbig und deprimierend wie möglich hielt. Er warf eine bloße Matratze auf den Boden, hing keine Bilder an die Wände oder legte Teppiche auf den Boden. Auch schaffte er wenig andere Möbel an, um die Wohnung anständig aussehen zu lassen, obwohl er es sich hätte leisten können. Wenn die Kinder ihn an den Wochenenden besuchten, waren sie schockiert, wie er lebt. Er weinte vor ihnen und jammerte, wie sehr er sie und ihre Mutter vermisste und wie schlecht es sich anfühlte, allein und außerhalb der Familie zu sein. Er kleidete sich schlampig, kämmte sich kaum noch, rasierte sich selten und gab sich damit selbst ein erbärmliches Aussehen. Die Kinder waren am Boden zerstört und konnten an nichts anderes denken als an den Schmerz und die Einsamkeit ihres Vaters. Natürlich begannen sie, ihre Mutter zu bedrängen, damit er nach Hause zurückkehren durfte.

Kinder können noch unmittelbarer als Waffen eingesetzt werden. Die Partnerin eines meiner Klienten erzählte mir, dass sie ihn vor etwa einem Jahr verlassen hatte, dann aber wieder mit ihm zusammenkam, „weil er mir drohte, unsere Tochter sexuell zu missbrauchen, wenn ich ihn nicht wieder ins Haus ließe". Sie hatte diese Drohung nicht beim Familiengericht angezeigt, weil sie davon ausging, dass man ihr nicht glauben würde – Familiengerichte sind dafür bekannt, Anschuldigungen von Frauen wegen sexuellen Missbrauchs stark zu bezweifeln.

Misshandelte Frauen haben mir von unzähligen Methoden berichtet, wie ihre Ex-Partner versuchen, sie durch die Kinder zu verletzen oder zu kontrollieren, unter anderem:

- Aus den Kindern Informationen über das Leben der Mutter herausquetschen, insbesondere über neue Partner
- Sie schmutzig, hungrig oder übermüdet von Besuchen zurückkehren lassen
- Mit ihnen über die Alternative reden, bei ihm zu leben
- Weiterhin Keile zwischen sie und ihre Mutter treiben
- Ihre Autorität untergraben, indem es bei ihm keine Regeln oder Grenzen gibt, er den Kindern erlaubt, alles Mögliche an Junkfood zu essen, Filme anzusehen, die unangemessen gewalttätig oder sexuell sind, und ihre Hausaufgaben zu ignorieren, sodass sie sich der normalen Disziplin widersetzen, wenn sie zurück nach Hause kommen
- Die Kinder seelisch, physisch oder sexuell verletzen, um die Mutter zu bestürzen
- Drohen, ihr die Kinder wegzunehmen
- Bei Gericht das Sorgerecht oder erweiterten Umgang beantragen
- Darauf bestehen, dass die Kinder ihn besuchen, um sie dann die meiste Zeit in der Obhut eines anderen zu lassen, in der Regel seiner Mutter oder seiner neuen Partnerin.

Warum er die Kinder nach der Trennung als Waffe einsetzt

Was geht im Kopf des Täters vor, wenn er seine Ex-Partnerin über die Kinder verletzt?

1. Er will, dass sie scheitert.

Das Letzte, was sich ein Täter wünscht, ist, dass es seiner Partnerin nach der Trennung gut geht, denn das würde beweisen, dass er das Problem war. Also versucht er, ihr das Leben als Mutter so schwer wie möglich zu machen, damit sie feststeckt. Schließlich hat sie das Gefühl, dass sie ihn eigentlich nie wirklich hätte verlassen dürfen, da sie durch seine Manöver, an denen er die Kinder beteiligt, die ganze Zeit seine Präsenz in ihrem Leben spürt. Viele Täter richten nach der Trennung mehr Schaden in der Mutter-Kind-Beziehung an als zuvor.

2. Er verliert die meisten seiner anderen Möglichkeiten, an sie heranzukommen.

Trennung bedeutet, dass der Täter nicht mehr täglich die Gelegenheit hat, seine Partnerin zu kontrollieren und einzuschränken. Er kommt immer noch durch verschiedene finanzielle Transaktionen an sie heran und er kann sie stalken oder sie angreifen, wenn er riskieren will, verhaftet zu werden. Aber die Kinder sind das einzige Instrument, um sie langfristig an sich zu binden.

3. Er betrachtet die Kinder als seinen persönlichen Besitz.

Während der Täter glauben mag, dass die *Pflichten* der Kindererziehung in der Verantwortung seiner Partnerin liegen, weist er sich selbst die *Rechte* an den Kindern zu. Nach der Trennung ist er außer sich, dass er nicht nur die Kontrolle über seine Ex-Partnerin, sondern auch über die Kinder verloren hat. Diese Eigentumsmentalität zeigte sich deutlich bei einem meiner Klienten, der vor Gericht ging, um das alleinige Sorgerecht zu beantragen, aber verlangte, dass die Mutter das physische Sorgerecht behält; mit anderen Worten, er wollte, dass *sie* sich um das Kind kümmert, *er* aber das Recht hätte, die Entscheidungen zu treffen. (Glücklicherweise wurde sein Antrag abgelehnt.)

Ein misshandelnder Vater kann ausrasten, wenn seine Ex-Partnerin eine neue Beziehung eingeht, und auf eine Weise argumentieren, wie ich es oft von meinen Klienten höre: „Ich will keinen anderen Mann um *meine* Kinder herum haben." Meiner Erfahrung nach lassen sich misshandelte Frauen beim nächsten Mal oft mit einem respektvolleren Mann ein, weil sie aus ihrer schmerzlichen Erfahrung gelernt haben, auf einige Hinweise hinsichtlich drohender Misshandlung zu achten. Ihre Kinder fühlen sich dann zu dem neuen Mann hingezogen wie zu einem Magneten und sind begeistert, wenn sie entdecken, dass sie fürsorgliche und angemessene männliche Aufmerksamkeit erhalten – eine Situation, auf die ein missbrauchender Mann feindselig reagieren kann.

4. Die Wahrnehmung in Bezug auf seine Ex-Partnerin ist stark verzerrt.

Viele meiner Klienten glauben wirklich, dass sie das Beste für ihre Kinder im Sinn haben, wenn sie sie dazu bringen, sich von ihrer Mutter abzuwenden, nachdem sie die Propaganda ihrer Väter, wie schlecht die Mutter ist, verinnerlicht haben. Ein Täter versucht nachzuweisen, dass seine Ex-Partnerin eine armselige Mutter ist, indem er auf Symptome hinweist, die tatsächlich die Auswirkungen seiner Grausamkeit gegen sie sind: ihre Depression, ihre emotionale Unbeständigkeit sowie ihre Schwierigkeiten, mit der Respektlosigkeit der Kinder umzugehen. Er hat das Gefühl, dass *er* die Kinder vor *ihr* retten muss, eine krasse und verstörende Verzerrung.

Fügen alle missbräuchlichen Männer ihren Kindern nach der Trennung emotionalen Schaden zu?

Zum Glück nicht. Ich habe mit Tätern gearbeitet, die wesentlich mehr Mitgefühl für ihre Kinder als für ihre Partnerin haben und sie nach der Trennung nicht als Waffe einsetzen. Dazu gehören:

1. *Männer, die sich* **vor** *der Trennung äußerst verantwortungsvoll gegenüber ihren Kindern verhalten haben:* Der geschiedene oder getrennt lebende misshandelnde Partner, der freundlich zu seinen Kindern ist, sich verantwortungsvoll um sie kümmert und nicht versucht, ihre Beziehung zu ihrer Mutter zu schädigen, ist ein Mann, der sich auch schon so verhalten hat, als das Paar noch zusammen war. Er hat sie grundsätzlich nicht vor den Kindern erniedrigt und sie während einer Schwangerschaft auch nicht missbraucht. Er ist in der Regel weniger egoistisch und egozentrisch als der durchschnittliche Täter.

   Die Elternschaft misshandelnder Männer verbessert sich nach der Trennung nur selten, im Gegensatz zu nicht-misshandelnden Vätern. Ich hatte Klienten, die eine große Show abzogen, indem sie netter zu ihren Kindern waren und mehr Zeit mit ihnen verbrachten, mit dem *Ziel, das Sorgerecht zu bekommen,* oder weil sie versuchten, die Kinder gegen ihre Mutter aufzubringen. Das sind keine wirklichen Verbesserungen in der Elternschaft. Sobald ihr Kampf vorbei ist, ob gewonnen oder verloren, kehren sie zu ihren alten Gewohnheiten zurück. Die einzige Frage, die sich im Hinblick auf das Verhalten des Täters gegenüber seinen Kindern nach der Trennung stellt, lautet: „Wird es bleiben wie zuvor oder wird es schlimmer werden?"
2. *Männer, die nicht die Absicht haben, alte Rechnungen zu begleichen:* Wenn der Mann gewillt ist, sein Leben fortzusetzen, ohne Sie bestrafen zu müssen – oder wieder mit Ihnen zusammenzukommen –, kann sich das Bild, das die Kinder von ihm haben, etwas aufhellen.
3. *Männer, die nicht versuchen, per Gericht das Sorgerecht oder häufigeres Umgangsrecht zu erwirken:* Aus einer Vielzahl von Gründen entscheiden sich viele misshandelnde Männer dafür, die Familiengerichte nicht als Ort der Machtübernahme über die Frau und ihre Kinder zu nutzen. Sobald das Gericht eingeschaltet wird, kann der Weg zum Frieden lang und schmerzhaft sein.

Der Täter vor dem Familiengericht

Ich habe häufig als Sorgerechtsgutachter oder *Prozesspfleger* fungiert. Ein Sorgerechtsgutachter wird von einem Gericht bestellt, um die Lebensumstände der Kinder im Falle einer Scheidung oder Trennung zu untersuchen und dem Richter Empfehlungen zum Sorgerecht und zum Umgangsrecht zu geben. In meinem ersten Fall dieser Art, der bereits einige Jahre zurückliegt, versuchte ein Mann namens Kent das Sorgerecht für seine dreijährige Tochter von seiner Ex-Partnerin Renée zu erlangen. Kent war beim Militär, sodass er keine „Gleitzeit"-Optionen hatte. Er sagte mir, dass sein Plan, wenn er das Sorgerecht bekomme, darin bestünde, Tracy vierzig Stunden in der Woche in eine Tagesstätte zu geben. Tracy befand sich derzeit in der Vollzeitpflege ihrer Mutter. Kent stand Renées Erziehung nicht kritisch gegenüber, er sagte lediglich, er wolle, dass Tracy bei ihm lebe, weil er sich noch besser um sie kümmern könne. Wichtiger noch, er bot Renée freies Umgangsrecht an, während Renée seinen Kontakt mit Tracy auf einen bestimmten Zeitplan beschränkte. „Auf diese Weise könnte Tracy beide Elternteile haben", sagte er.

Kent teilte mir mit merklicher Empörung mit, dass Renée ihn beschuldigte, missbräuchlich gewesen zu sein, „aber sie hat nie auch nur den geringsten Beweis für ihre lächerlichen Anschuldigungen erbracht". Als Antwort auf meine detaillierten Nachfragen schilderte er dann *dreizehn* verschiedene Gelegenheiten, bei denen er Renée *körperlich* angegriffen hatte, darunter wiederholte Vorfälle, bei denen er sie zu Boden gedrückt hatte. Und einmal kniete er so stark auf ihrem Beckenbereich, dass sie einen großen dunklen Bluterguss bekam. Er behauptete, sie niemals geschlagen oder geohrfeigt zu haben. Anscheinend betrachtete er deshalb ihre Berichte über seine Misshandlungen als einen Scherz.

Das ist aber nicht alles. Kent erzählte mir weiter, dass er während Tracys erstem Lebensjahr sich nur minimal an ihrer Pflege beteiligt hätte und in den folgenden zwei Jahren auch nicht sehr viel mehr. (Die meisten Missbrauchstäter sind bei Sorgerechtsstreitigkeiten gerissener, als Kent es war. Sein Anspruchsdenken war so stark, dass er nicht glaubte, ich würde an seinem Bild etwas Falsches sehen.)

Warum wollte Kent ein kleines Mädchen aus der Vollzeitbetreuung seiner kompetenten Mutter herausreißen, um es in eine Vollzeit-Tagesbetreuung zu geben? Ich musste daraus schließen, dass er sich nach Macht über Renée sehnte, Kontakt mit ihr haben wollte und den Erhalt des Sorgerechts als Weg sah, die Karten wieder in seine Hände zu bekommen.

Leider verstehen nur wenige Sorgerechtsgutachter oder Richter die Natur des Problems eines misshandelnden Mannes. Wenn sie ihn sympathisch finden, gehen sie davon aus, dass die Missbrauchsvorwürfe stark übertrieben sein müssen. Und wenn sie diese Haltung erst einmal eingenommen haben, kann es außerordentlich schwierig werden, sie dazu zu bewegen, genau hinzuhören, was passiert ist, oder die Beweise zu untersuchen.

Die Welt der Familiengerichte, in denen die rechtlichen Auseinandersetzungen um das Sorge- und Umgangsrecht stattfinden, ist ein Albtraum im Leben vieler Tausender misshandelter Frauen in Nordamerika und in Deutschland. Eine Frau, die so viele Hindernisse überwunden hat, um sich endlich vom Missbrauch zu befreien, findet sich plötzlich in den Fängen des Missbrauchstäters wieder, weil er der rechtliche Vater ihrer Kinder ist und sich dafür entscheidet, seinen Missbrauch mithilfe des Rechtssystems fortzusetzen.

Der typische misshandelnde Mann betritt das Gericht mit Selbstvertrauen, weil er davon ausgeht, dass das Gerichtspersonal seinem Charme und seiner Manipulationsfähigkeit erliegen wird. In der Regel tischt er chronisch und ohne Mühe Lügen auf. Er sieht nicht aus und handelt nicht wie das soziale Stereotyp eines Missbrauchstäters und er weiß mit den vorherrschenden Mythen und Vorurteilen über Misshandlung zu spielen. Stellen Sie sich vor, wie Tom, der Vater in dem Szenario, das ich zu Beginn dieses Kapitel beschrieben habe, im Gerichtsgebäude wirken würde. Würde irgendjemand glauben, dass er sich missbräuchlich verhalten könnte?

Die Taktik des Missbrauchstäters bei Sorgerechtsstreitigkeiten

Hier nur einige der Strategien, die ein Missbrauchstäter bei Sorgerechts- und Umgangsrechts-Streitigkeiten anzuwenden pflegt:

Ausnutzen seiner finanziellen Position

Die meisten Männer befinden sich zumindest in den ersten Jahren nach der Trennung in einer besseren wirtschaftlichen Lage als ihre Ex-Partnerin. Dieses Ungleichgewicht ist in Beziehungen mit einem Missbrauchstäter größer, weil er die Finanzen kontrollieren und manipulieren kann und manchmal einschneidende Versuche unternimmt, seine Partnerin wirtschaftlich zu zerstören, wenn die Beziehung endet. Der Missbrauchstäter kann sich oft erheblich höhere Ausgaben für Anwaltskosten leisten als seine Ex-Partnerin, oder er kann in ein schönes Haus ziehen, um sowohl die Kinder als auch den Sorgerechtsgutachter zu beeinflussen. Möglicherweise ruiniert er seine Ex-Partnerin finanziell komplett, indem er sie immer und immer wieder vor Gericht zerrt.

Forderung nach einem psychologischen Gutachten

Die meisten Täter zeigen bei psychologischen Tests keine Anzeichen für signifikante psychische Erkrankungen, anders jedoch ihre Partnerin, was oft das Ergebnis jahrelanger Misshandlungen ist. Der begutachtende Psychologe kommt vielleicht zu dem Schluss, dass die Frau depressiv, hysterisch oder rachsüchtig ist. Nur wenige Gutachter berücksichtigen die tatsächliche Erfahrung der misshandelten Frau in der Vergangenheit oder die aktuellen Umstände. Wenn sie berichtet, dass sie verfolgt wird, z. B. weil der Missbrauchstäter sie stalkt, wird sie wahrscheinlich als „paranoid" abgestempelt und ihre Berichte von Misshandlungen werden auf dieser Grundlage diskreditiert. Der Bericht eines Psychologen über den misshandelnden Mann kann auf einer Reihe vergleichbarer Fehleinschätzungen beruhen. Ich habe mehrere Beurteilungen gelesen, die besagen, dass es unwahrscheinlich ist, dass der betreffende Mann die gemeldeten Misshandlungen begangen hat, da er nicht psychisch krank ist oder im Büro des Gutachters keine Anzeichen von Aggressivität gezeigt hat. (Auf dieser irrtümlichen Grundlage könnten die *meisten* misshandelnden Männer zu Opfern falscher Anschuldigungen erklärt werden.) Leider akzeptieren es viele Psychologen, die an Gerichtsterminen teilnehmen, nur zögerlich, dass ihre Standardtheorien und -tests zu schwerwiegenden Fehlern führen können, wenn sie auf Fälle von häuslicher Gewalt angewendet werden.

Selbstinszenierung als Friedensstifter

Viele meiner Klienten nutzen eine Prozedur, die folgendermaßen abläuft: „Es gab viel Streit und ungute Gefühle in unserer Beziehung, und ich kann verstehen, dass sie über einiges verbittert ist, aber wir müssen das alles zum Wohle unserer Kinder hinter uns lassen. Sie ist so darauf konzentriert, sich an mir zu rächen, dass sie die Bedürfnisse der Kinder vergisst. Deshalb beantrage ich das gemeinsame Sorgerecht und/oder das Wechselmodell, damit die Kinder viel Zeit mit jedem von uns verbringen können. Sie hingegen verlangt, dass ich nur jeden zweiten Samstag Zeit mit ihnen verbringen darf."

Diese Schauspielerei versucht, sich den Mythos zunutze zu machen, dass Frauen nach dem Ende einer Beziehung angeblich rachsüchtiger seien als Männer (im Falle von Misshandlungen ist die Realität jedoch genau umgekehrt) und dass Männer häufig Opfer von falschen Missbrauchsvorwürfen seitens der Frauen werden, die sie von ihren Kindern fernhalten wollen. Der Täter verfolgt mit dieser und allen anderen Strategien das Ziel, das Gerichtspersonal dazu zu bringen, seiner Ex-Partnerin nicht zu glauben und alle von ihr vorgelegten Beweise zu ignorieren.

Vortäuschung von Reue in Bezug auf den Missbrauch

Eine überraschend große Anzahl von Richtern und Sorgerechtsgutachtern hält die Misshandlungen des Mannes gegenüber seiner Partnerin für irrelevant bei der Beurteilung des Sorge- und Umgangsrechts. Sie sind sich entweder nicht bewusst oder nicht daran interessiert, welche Rolle ein misshandelnder Mann als Vorbild für seine Kinder spielt, welchen Schaden er der Mutter-Kind-Beziehung zufügt und dass er die Kinder als Waffe einsetzen kann. Wenn also ein Missbrauchstäter sagt, dass er seine verbalen oder körperlichen Angriffe gegen die Mutter bedauere, kann das ausreichen, um das Gerichtspersonal so zu manipulieren, dass es sagt: „Lassen wir die Vergangenheit ruhen."

Irreführung des Gerichts durch gegenseitige Beschuldigungen

Die meisten meiner Klienten können überzeugend lügen, mit gefühlvollem Gesichtsausdruck, viel Blickkontakt und anschaulichen Details. Den Gerichtsbeteiligten fällt es schwer zu glauben, dass ein so angenehm wirkender Mann die meisten oder alle seiner Anschuldigungen gegen die misshandelte Frau einfach erfinden könnte. In verschiedenen meiner Fälle äußerte das Gerichtspersonal mir gegenüber: „Er beschuldigt sie der gleichen Dinge, also schätze ich, dass sie sich gegenseitig misshandeln." In solchen Fällen nimmt das Gericht seine Gegenbeschuldigungen für bare Münze, anstatt sich die Beweise genauer anzusehen.

Beschuldigung, dass sie versucht, die Kinder gegen ihn aufzubringen

Einigen misshandelnden Männern gelingt es nicht, die Kinder gegen ihre Mutter aufzubringen, und einige versuchen es nicht einmal. Kinder erkennen den Missbrauch manchmal als das, was er ist, und unternehmen alles in ihrer Macht Stehende, um sich selbst, einander und ihre Mutter zu schützen, wozu auch gehören kann, dass sie die Behandlung der Mutter (oder ihrer selbst) anderen offenbaren. Die typische Reaktion des Missbrauchstäters darauf ist die Behauptung, dass die Mutter die Kinder gegen *ihn* aufbringt. Einige prominente Psychologen haben leider durch ihre Bücher zu dem Mythos beigetragen, dass es für Kinder nicht gut sei, sich von einem misshandelnden Vater zu distanzieren, und dass die Mutter wahrscheinlich der Grund für ihren Wunsch sei, dies zu tun. Familiengerichte sind sich oft nicht bewusst, wie wichtig es für Kinder ist, nicht dem negativen Rollenbild ihres misshandelnden Vaters und seiner Feindseligkeit und Verachtung gegenüber der Mutter ausgesetzt zu sein. Bedauerlicherweise gelingt es einer wachsenden Zahl misshandelnder Männer, solche Behauptungen von der „elterlichen Entfremdung" zu nutzen, um das Sorgerecht zu erlangen oder ein umfangreiches, unbeaufsichtigtes Umgangsrecht zu erwirken. Dies geschieht selbst in Fällen, in denen es massive

Beweise dafür gibt, dass der Mann nicht nur die Mutter, sondern auch die Kinder misshandelt hat.

Die Realität sieht so aus, dass eine Mutter, die versucht, den Kontakt ihrer Kinder zu dem Mann, der sie misshandelt hat, einzuschränken, dies in der Regel zum Schutz ihrer Kinder macht. Sie unterstützt ebenfalls den gesunden *Selbstschutz-Instinkt* ihrer Kinder. Kinder, die nicht auf diese Weise unterstützt oder ermutigt werden, sich vor Misshandlung zu schützen, sind im Laufe ihres Lebens einem größeren Risiko ausgesetzt, Opfer von missbräuchlichem Verhalten zu werden.

Mir ist aufgefallen, dass Vorwürfe wegen „elterlicher Entfremdung" manchmal gegen die kompetentesten Mütter erhoben werden, und zwar wegen ihrer starken und unterstützenden Bindung zu ihren Kindern – was der Täter als *Verstrickung* oder *übermäßige Abhängigkeit* bezeichnet – und weil die Kinder gelernt haben, die Fassade des Täters zu durchschauen, und deshalb versuchen, sich von ihm fernzuhalten.

Appell an gängige Missverständnisse

In den Aussagen, die Missbrauchstäter während eines Familiengerichtsprozesses machen, tauchen wiederholt mehrere irreführende Argumente auf. Das erste ist die Behauptung, dass Väter bei Sorgerechtsstreitigkeiten von Familiengerichten weitgehend diskriminiert werden. Die Forschung beweist allerdings das Gegenteil, nämlich dass Väter in den Vereinigten Staaten seit Ende der 1970er Jahre, als Mütter nicht mehr bevorzugt wurden, in Sorgerechtsstreitigkeiten de facto einen deutlichen Vorteil hatten. In Deutschland ist ein ähnlicher Trend zu beobachten. Als Nächstes wird oft der Mythos angeführt, dass es Scheidungskindern bei einem gemeinsamem Sorgerecht besser geht, obwohl Studien deutlich machen, dass es ihnen tatsächlich *schlechter* geht, außer in den Fällen, in denen ihre Eltern auch nach der Scheidung gut miteinander auskommen und kooperativ die Elternschaft gemeinsam ausführen – was für eine Frau mit einem misshandelnden Ex-Partner fast unmöglich ist. Misshandelnde Männer behaupten zudem fälschlicherweise, dass es ein grassierendes Problem falscher Missbrauchsvorwürfe von Frauen gebe, dass die Unterhaltspflichten für Kinder ungerechtfertigt hoch seien, dass häusliche Gewalt für Sorgerechtsentscheidungen irrelevant sei und dass Männer in Beziehungen genauso misshandelt würden wie Frauen.

Der Erfolg dieser Strategien hängt weitgehend von der Unwissenheit und manchmal geschlechtsspezifischen Voreingenommenheit des Gerichtspersonals in Bezug auf Frauen ab, die Misshandlungen in der Partnerschaft offenlegen, sowie von ihren stereotypen Vorstellungen von Männern, die „einfach nicht der Typ" sind, Missbrauch zu begehen. Voreingenommene Einstellungen treten oft an die Stelle einer sorgfältigen Untersuchung und Abwägung der Beweise. Leider haben die Familiengerichte allgemein bei ihrem Verständnis von häuslicher Gewalt und ihren entsprechenden Reaktionen nicht dieselben Fortschritte gemacht wie viele andere gesellschaftliche Einrichtungen, beispielsweise die Polizei und die Strafgerichte (obwohl auch in diesen Bereichen noch viel Arbeit zu leisten ist, wie wir in Kapitel 12 sehen werden).

Gemischte gesellschaftliche Botschaften an misshandelte Mütter

Welche Rolle sollten Mütter einnehmen, um ihre Kinder vor Misshandlungen durch den Vater zu schützen? Misshandelte Frauen können sich in der tiefgreifenden gesellschaftlichen Ambivalenz verfangen, die es in dieser Frage gibt. Solange die Beziehung noch besteht, sind Fachleute und andere Mitglieder der Gemeinschaft sehr kritisch gegenüber einer Mutter, die weiterhin mit einem misshandelnden Mann zusammenlebt. Sie sagen Dinge zu ihr wie „Sie stellen Ihren Partner über Ihre Kinder" oder „Sie dürfen sich nicht darum kümmern, wie es für sie ist". Kinderschutzbehörden drohen manchmal damit, einer Mutter ihre Kinder wegen „mangelnden Schutzes" wegzunehmen, wenn sie den Mann, der sie misshandelt, nicht verlassen will. Wenn sie glaubt, dass der Mann in der Lage ist, sich zu ändern, werden sie wahrscheinlich sagen, dass sie „es nicht wahrhaben will" oder dass sie „unrealistisch" ist, solche Fantasien zu hegen. Diese Kritiker ignorieren die enormen Herausforderungen, denen sie als Mutter ausgesetzt ist, und wie schwierig es ist, einen Missbrauchstäter zu verlassen.

Doch wenn eine misshandelte Mutter die Beziehung *tatsächlich* abbricht, macht die Gesellschaft oft eine abrupte Kehrtwende. Plötzlich bekommt die Frau von Gerichtsbeamten und anderen zu hören:

> *„Nun, er mag* **Sie** *misshandelt haben, aber das ist kein Grund, die Kinder von ihm fernzuhalten. Er ist schließlich ihr Vater."*
> *„Meinen Sie nicht, dass Ihre eigene Verbitterung Ihr Urteilsvermögen in Bezug auf Ihre Kinder trübt?"*
> *„Glauben Sie nicht, dass Menschen sich ändern können? Warum geben Sie ihm keinen Vertrauensvorschuss?"*

Mit anderen Worten: Eine Frau kann einerseits dafür bestraft werden, dass sie ihre Kinder in einer bestimmten Situation einem Mann ausgesetzt hat, und andererseits dafür, weil sie sich *geweigert hat, sie demselben Mann in einer anderen Situation auszuliefern.* Und der zweite Fall ist möglicherweise sogar noch gefährlicher als der erste, weil sie dann nicht mehr in der Lage ist, ein Auge darauf zu haben, was er mit den Kindern macht, oder die Eskalation nach der Trennung zu verhindern, die bei misshandelnden Vätern so häufig vorkommt.

Misshandelte Mütter werden von den Familiengerichten in Nordamerika und auch in Deutschland in der Regel dazu aufgefordert, den misshandelnden Vätern ein unbeaufsichtigtes Umgangsrecht – oder das Sorgerecht – über die Kinder zu gewähren. Wenn die Kinder dann anfangen, vorhersehbare Symptome wie Schulprobleme, Aufmerksamkeitsstörungen, Schlafprobleme, mangelnde Bereitschaft, die Autorität der Mutter zu respektieren, oder emotionale Beeinträchtigungen zu zeigen, erklären Gerichtsmitarbeiter und gerichtlich bestellte Gutachter in der Regel, dass dies normale Reaktionen auf die Scheidung sind oder dass die Kinder in Wirklichkeit auf die Gefühle der *Mutter* und nicht auf ihre eigenen reagieren. Ich hatte es mit mehreren Fällen zu tun, bei denen der Täter die Kinder – zusätzlich zur Mutter – körperlich oder sexuell misshandelte und das Gericht die Mutter immer noch zwang, Umgang ohne professionelle Aufsicht zuzulassen. Misshandelte Frauen von überall berichten, dass es außerordentlich schwierig werden kann, das Gericht dazu zu bewegen, die Beweise objektiv zu prüfen, wenn die Mutter als „rachsüchtig" oder „überemotional" abgestempelt oder beschuldigt wurde (wenn auch grundlos), die Aussagen ihrer Kinder beeinflusst zu haben.

Die Behandlung, die Mütter, die zum Schutz ihrer Kinder agieren, so oft vonseiten der Familiengerichte erfahren, gehört zu den beschämendsten Geheimnissen der modernen Rechtsprechung. Dies ist die einzige mir bekannte gesellschaftliche Einrichtung, die es Müttern so häufig *verbietet, ihre Kinder vor Missbrauch zu schützen.* Zum Glück sind in den letzten Jahren Frauen und Männer (darunter viele nicht-misshandelnde Väter) in Nordamerika und in Deutschland auf die Ernsthaftigkeit dieses Problems aufmerksam geworden, sodass es derzeit mehrere Initiativen gibt, die eine Reform der Familiengerichte fordern. Ich war Teil einer solchen Initiative und habe eine kapitalkräftige Organisation unterstützt, die für die internationale Gemeinschaft einen Menschenrechtsbericht über die Tatsache vorbereitet hat, dass misshandelte Frauen und ihre Kinder bei Sorgerechts- und Umgangsrechtsstreitigkeiten erneut zu Opfern werden. (Weitere Informationen finden Sie unter „Battered Mothers Testimony Project" – „Projekt Zeugnisse misshandelter Mütter" im Abschnitt „Ressourcen" am Ende dieses Buches.)

Vorsorgliche Vorbereitung auf Sorgerechtsstreitigkeiten

Wenn Sie keinen Sorgerechtsstreit erlebt haben, oder jedenfalls noch nicht, beachten Sie bitte folgende Punkte:

- Es ist wichtig, Protokoll über das missbräuchliche Verhalten Ihres Partners gegenüber Ihnen oder den Kindern zu führen. Wenn er Ihnen Angst machende oder perverse Briefe schreibt, bewahren Sie diese auf. Wenn Freunde oder Nachbarn sehen, dass er Sie oder die Kinder misshandelt, bitten Sie sie, aufzuschreiben, was sie gesehen haben. Wenn Sie jemals die Polizei angerufen haben, versuchen Sie, eine Aufzeichnung des Telefonats zu bekommen, unabhängig davon, ob die Polizei gekommen ist oder nicht. Wenn er missbräuchliche oder bedrohliche Nachrichten auf Ihrem Anrufbeantworter hinterlässt, behalten Sie eine Kopie auf Band.
- Nehmen Sie Kontakt zu einem Rechtsbeistand auf, wenn Sie sich diesen leisten können. Wenn Sie über keine entsprechenden finanziellen Mittel verfügen, beantragen Sie Prozesskostenhilfe. Versuchen Sie, einen Anwalt oder eine Anwältin zu finden, der/die Erfahrung mit Fällen von häuslicher Gewalt hat und der/die misshandelte Frauen mit Geduld und Respekt behandelt. Die Tatsache, dass ein Anwalt oder eine Anwältin einen guten Ruf hat, bedeutet nicht, dass er oder sie notwendigerweise die Fragen versteht, die mit der Anfechtung des Sorge- oder des Umgangsrechts bei einem Missbrauchstäter verbunden sind.
- Gehen Sie behutsam vor. Vermeiden Sie es, ihm abrupt das Umgangsrecht zu verweigern, selbst wenn Sie Angst haben, dass Ihre Kinder betroffen sind. Gerichte sind schnell dabei, Frauen zu beschuldigen, sie würden den Vater der Kinder aus deren Leben ausschließen, selbst wenn ihre Sorgen begründet sind.
- Ziehen Sie für Ihre Kinder einen Therapeuten hinzu, wenn es bei Ihnen einen guten gibt. Es ist wichtig, Fachleute einzubeziehen, damit Sie nicht die Einzige sind, die von dem Leid berichtet, das die Kinder wegen der Beziehung zu ihrem Vater erdulden müssen. In Situationen, in denen Ihr Wort gegen seins steht, kann er sonst das Gerichtspersonal mit seiner geschickten lügnerischen und gewinnenden Art auf seine Seite bringen.
- Wenn Ihnen eines der Kinder offenbart, dass der Vater es sexuell missbraucht hat – was eine außerordentlich erschütternde Erfahrung ist –, ist es sehr wichtig, dass Sie gegenüber dem Gericht und der örtlichen Kinderschutzbehörde möglichst ruhig auftreten. Wenn Sie als „hysterisch in Bezug auf sexuellen Missbrauch" gebrandmarkt werden, egal wie berechtigt Ihre Reaktionen sind, werden Ihre Berichte vielleicht diskreditiert. Wenn Sie sich in dieser Situation befinden, lesen

Sie das ausgezeichnete Buch *A Mother's Nightmare – Incest,* das in der Rubrik „Ressourcen" aufgeführt ist, um weitere Hinweise zum Umgang mit dem Rechtssystem zu erhalten.

- Den meisten misshandelten Frauen gelingt es, das Sorgerecht für ihr Kind zu behalten. Aber je besser Sie planen, desto eher können Sie schreckliche Überraschungen vermeiden. Die kostenlose Broschüre „Mehr Schutz bei häuslicher Gewalt. Informationen zum Gewaltschutzgesetz" kann auf der Website des Bundesministeriums Familie, Senioren, Frauen und Jugend (www.bmfsfj.de) heruntergeladen werden.

Das Thema „Misshandelnde Männer als Väter", einschließlich ihres Verhaltens in Sorgerechts- und Umgangsrechtsstreitigkeiten, ist sehr komplex. Ich habe hier nur die Oberfläche berührt. Leser oder Leserinnen, die eine eingehendere Diskussion wünschen, sollten mein Buch *The Batterer as Parent: Addressing the Impact of Domestic Violence on Family Dynamics* (geschrieben mit Dr. Jay Silverman) lesen, das die gesamte Bandbreite der in diesem Kapitel angesprochenen Themen behandelt. Auch wenn sich dieses Buch auf den physisch gewalttätigen Mann konzentriert, werden Sie feststellen, dass das meiste, was wir schreiben, auch auf psychisch misshandelnde Männer zutrifft.

Je mehr Sie sich darüber im Klaren sind, wie Ihre Kinder durch das Miterleben Ihrer erlittenen Misshandlungen und allgemein vom Erziehungsstil ihres Vaters betroffen sind, desto besser werden Sie in der Lage sein, sie vor emotionalen Schäden zu schützen. Ihre Kinder müssen wissen, dass Sie das Elternteil sind, auf das sie sich verlassen können, dass Sie ein stets freundlicher und sicherer Ansprechpartner sind, denn der misshandelnde Vater ist unberechenbar und bisweilen einschüchternd. Wenn ihr Verhalten (das der Kinder) schwierig für Sie wird, wenn Ihre Kinder Probleme haben, ihre Aufmerksamkeit zu fokussieren, oder wenn sie zu Rückzug oder Depression neigen, denken Sie daran, dass dies alles normale Reaktionen von Kindern sind, deren Mütter misshandelt werden. Ihre Geduld und Ihr Verständnis sind für sie von entscheidender Bedeutung, einschließlich Ihrer Fähigkeit, ihnen zu zeigen, dass Sie ihnen nicht böse sind. Bedenken Sie, dass das Aufwachsen mit einem misshandelnden Vater oder Stiefvater für Kinder sehr verwirrend und beängstigend ist, auch wenn er sie nicht direkt misshandelt.

Machen Sie Ihre eigene Heilung – auch Ihre seelische und physische Sicherheit – zu Ihrer obersten Priorität. Kinder von misshandelten Müttern spüren den Unterschied, wenn ihre Mutter anfängt, Hilfe für sich selbst zu bekommen, und fähig wird, Missbrauch als das zu erkennen, was er ist, ohne sich selbst oder ihre Kinder für das Verhalten des misshandelnden Mannes verantwortlich zu machen.

Hier sind einige weitere Maßnahmen, die Sie ergreifen können:

Bestehen Sie auf vollem Respekt seitens Ihrer Kinder. Kinder können das grobe oder tyrannische Verhalten Ihres Partners Ihnen gegenüber absorbieren und beginnen, Verhaltensweisen an den Tag zu legen, die sie von ihm gelernt haben. Versuchen Sie, dieses Verhalten so schnell wie möglich zu unterbinden, bevor es extrem wird. Wenn Ihr Partner Ihre Autorität aktiv in Gegenwart Ihrer Kinder untergräbt, können Sie vielleicht ihnen gegenüber nicht konsequent sein, aber seien Sie so streng wie möglich, besonders wenn er nicht in der Nähe ist.

Bestehen Sie auf Respekt für Frauen im Allgemeinen. Das Kontrollverhalten oder die Misshandlungen Ihres Partners Ihnen gegenüber schaffen eine Atmosphäre, in der sich negative Einstellungen gegenüber Frauen wie Schimmel ausbreiten können. Unterbrechen Sie diese Entwicklung, wann immer Sie diese Haltung bei Ihren Söhnen oder Töchtern wahrnehmen.

Konfrontieren Sie Ihren Partner damit, dass er Ihre Erziehung untergräbt. Benennen Sie seine Untergrabung als das, was es ist, und fordern Sie ihn auf, damit aufzuhören, vorausgesetzt, Sie müssen nicht befürchten, dass er zurückschlägt.

Lügen Sie nicht im Interesse Ihres Partners und vertuschen Sie sein Verhalten nicht. Vielleicht haben Sie das Gefühl, dass Sie das Bild, das Ihre Kinder von ihrem Vater haben, schützen sollten, indem Sie sich für ihn entschuldigen und ihnen sagen, dass das, was passiert ist, Ihre Schuld war, oder indem Sie über das, was er getan hat, die Unwahrheit sagen. Wenn Sie ihn decken, wird Ihre Beziehung zu Ihren Kindern auf lange Sicht Schaden nehmen; und das ist ein Resultat, das Sie am meisten vermeiden möchten. Darüber hinaus erhöhen Sie die Verwundbarkeit Ihrer Kinder im Verhältnis zu ihrem Vater, wenn Sie sie dazu animieren, ihre eigenen selbstschützenden Instinkte zu verleugnen. (Möglicherweise müssen Sie *ihn* jedoch manchmal anlügen, um *Ihre Kinder zu schützen.*)

Erfüllen Sie Ihre Aufgabe als Mutter so gut wie möglich. So unfair es auch ist, die Realität sieht so aus, dass eine misshandelte Frau eine herausragende Mutter sein muss, um ihren Kindern zu helfen, den Missbrauch, dem sie ausgesetzt waren, zu verarbeiten und zu heilen. Greifen Sie auf alle Ressourcen zurück, die Ihnen zur Verfügung stehen, einschließlich Erziehungsbücher und -kurse, Selbsthilfegruppen für Eltern oder Spielgruppen, die es in Ihrer Gegend gibt. (Spezifische Vorschläge finden Sie im Abschnitt „Ressourcen“ am Ende dieses Buches.)

Erwägen Sie, Ihre Beziehung zu verlassen, zumindest für eine Weile, wenn Sie dies gefahrlos tun können. Eine der besten Möglichkeiten, Kindern bei der Heilung zu helfen, besteht darin, dass sie nicht mehr Zeuge von Misshandlungen werden. Wie ich bereits erwähnt habe, ist es jedoch wichtig, sorgfältig zu planen, um es Ihrem missbrauchenden Partner schwerer zu machen, den Kindern durch seine Besuche oder durch Sorgerechtsklagen bei Gericht zu schaden.

Wenn es Ihrem Partner bereits gelungen ist, in Ihrer Beziehung zu Ihren Kindern eine gewisse Distanz zu schaffen oder sie gegeneinander aufzubringen, ist es immer noch möglich, diese Trennungen zu heilen und wieder gesunde Verbindungen aufzubauen. Machen Sie die Beziehung zu Ihren Kindern zur obersten Priorität und nehmen Sie Beratungsangebote vor Ort in Anspruch, die Ihnen helfen, die Barrieren, die Ihr missbrauchender Partner errichtet hat, zu überwinden. Ermutigen Sie Ihre Kinder, über die aufwühlenden Ereignisse, die sie zu Hause miterlebt haben, zu sprechen, wenn nötig mit Hilfe von Beratern. Es ist besonders wichtig, den Kindern jegliche Last abzunehmen, die sie getragen haben, um den Missbrauch geheim zu halten. Einige Hilfsprogramme für misshandelte Frauen beinhalten auch Gruppenangebote für Kinder – ein geschützter Raum, um das Geheimnis der Misshandlungen zu lüften, Einblick in ihre eigenen emotionalen Reaktionen zu gewinnen und zu lernen, dass das Verhalten des misshandelnden Mannes weder die Schuld der Mutter noch ihre eigene ist.

Vor allem dürfen Sie nicht aufgeben. Die Heilung zerrissener Beziehungen braucht Zeit und Ausdauer. In einem Fall, mit dem ich es derzeit zu tun habe, sind die Eltern geschieden und die Mutter war kurz davor, die Hoffnung zu verlieren, dass sie jemals wieder ein gutes Verhältnis zu ihrem Teenager-Jungen haben würde, der sich mit seinem misshandelnden Vater verbündet hatte und dessen Einstellungen und Verhaltensweisen – einschließlich der Androhung von Gewalt gegenüber der Mutter – nachahmte. Aber sie hielt trotz vieler Momente der Verzweiflung über einen Zeitraum von drei Jahren durch, und jetzt hat der Junge endlich die Schikane und Manipulation seitens seines Vaters erkannt und bemüht sich allmählich darum, die Verbindung zu seiner Mutter zu verbessern.

Wichtige Punkte, die Sie sich merken sollten

- Wenn es zu Hause einen Misshandelnden gibt, ist jeder betroffen.
- Ein guter Vater misshandelt nicht die Mutter seiner Kinder.
- Täter treiben Keile zwischen Menschen, zufällig oder absichtlich. Misshandelte Mütter und ihre Kinder sollten sich Hilfe und Unterstützung holen, um für sich zu heilen und ihre Beziehung zueinander wieder zu verbessern (siehe „Allgemeine Erziehungsfragen" im Kapitel „Ressourcen" am Ende dieses Buches).
- Wenn Sie sich darauf vorbereiten, einen misshandelnden Partner, mit dem Sie Kinder haben, zu verlassen, sollten Sie so bald wie möglich juristische Unterstützung in Sorgerechtsfragen einholen.

11

Misshandelnde Männer und ihre Verbündeten

Früher hatte ich ein enges Verhältnis zu seiner Mutter, aber jetzt scheint sie mich zu hassen.
Ich kann nicht einmal mehr unsere Freunde anrufen, weil sie sich nicht zwischen uns stellen wollen.
Manchmal habe ich das Gefühl, dass ich wohl diejenige bin, die es vermasselt hat, weil meine eigene Familie sich auf seine Seite stellt.
Ich mache mir nicht die Mühe, die Polizei zu rufen, wenn er mir Angst einjagt, denn er hat Kumpels in der Truppe, die ihm raushelfen.
Der Sorgerechtsgutachter erklärte vor Gericht, dass ich hysterisch bin und die Kinder bei ihm leben sollten.

In jedem der folgenden Beispiele, die alle aus Fällen stammen, mit denen ich es zu tun hatte, geschieht etwas, das sehr schwer zu erklären ist:

- Eine Frau flieht in ein Versteck, weil sie Angst vor ihrem misshandelnden Ehemann hat. Er sucht überall nach ihr und kann sie nicht aufspüren. Als alles andere fehlschlägt, stattet er ihren Eltern einen Besuch ab. Er sagt ihnen, wie leid es ihm tut, wie er ihre Tochter behandelt hat, und dass er sie schrecklich vermisst und sich ändern wird. Er weint und bittet um ihre Adresse, „nur damit ich ihr einen Brief schicken und ihr sagen kann, wie ich mich fühle", *und ihre Eltern geben sie ihm.*
- Ein Mann tritt einem Therapieprogramm für misshandelnde Männer bei, dem die Zertifizierung durch das Gesundheitsministerium seines US-Bundesstaates verweigert wurde, weil es gegen staatliche Vorschriften verstößt. Während er

an dem Programm teilnimmt, beschwert sich der Mann, dass seine Freundin ihn manchmal ebenfalls schlägt, woraufhin der Berater, der ein zugelassener Psychologe ist, dem Täter rät, *eine einstweilige Verfügung gegen die misshandelte Frau zu erwirken*. Dies gibt der Psychologe mir gegenüber offen zu.

- Die Tochter einer geschiedenen misshandelten Frau offenbart im Detail, dass sie von ihrem Vater während eines Besuchs sexuell missbraucht wurde. Die Mutter geht vor Gericht, um für ihre Tochter ein Glaubwürdigkeitsgutachten zu beantragen. Die Schwester der Mutter kommt an diesem Tag *mit dem Missbrauchstäter* zum Gerichtstermin; sie hat sich zwischenzeitlich mit ihm angefreundet, obwohl sie ihn vor der Scheidung gehasst hat. Die Schwester teilt dem Richter nicht nur mit, dass es sich bei der Anschuldigung wegen sexuellen Missbrauchs um Lügen handelt, sondern bittet ihn tatsächlich darum, der Mutter das Sorgerecht für das Mädchen zu entziehen und es ihr zu geben. (Zum Glück erlaubt der Richter der Schwester nicht, sich um das Mädchen zu kümmern. Die Prüfung geht weiter und endet mit der Bestätigung des sexuellen Missbrauchs.)
- Der Therapeut eines misshandelnden Mannes erstellt eine psychologische Diagnose zu dessen misshandelter Partnerin, *ohne sie getroffen oder gar mit ihr gesprochen zu haben*. Dabei stützt er sich ganz auf die Beschreibungen des Mannes, obwohl er weiß, dass er beschuldigt wird, sie zu misshandeln.
- Eine Mutter flieht mit ihren Kindern in ein Frauenhaus für misshandelte Frauen, weil ihr Haus verwüstet wurde. Sie weiß, dass ihr physisch misshandelnder Ex-Mann dafür verantwortlich ist, und sie betrachtet die Zerstörung als eindeutige Bedrohung. Innerhalb weniger Tage nach ihrer Flucht setzt sie sich mit dem vom Gericht bestellten Sorgerechtsgutachter in Verbindung, um ihm mitzuteilen, wo sie sich befindet. Der Sorgerechtsgutachter verfasst jedoch einen Bericht für das Gericht, in dem er feststellt, dass die Frau keinen Grund habe, sich vor ihrem Mann zu fürchten, obwohl sie ihm von den durch ihren Partner erlittenen Gewalttätigkeiten und Drohungen erzählt hat. Der Gutachter empfiehlt, der Mutter die Kinder wegzunehmen und sie dem Vater zu übergeben. Dass die Frau ihn aus dem Frauenhaus angerufen hat, erwähnt er in seinem Bericht nicht. Auf der Grundlage des Berichts des Sorgerechtsgutachters werden alle drei Kinder zum Vater geschickt, darunter ein Mädchen, das erst drei Jahre alt ist. Der Mutter sind nur kurze *beaufsichtigte* Besuche gestattet, weil ihr nun ein „Fluchtrisiko" zugeschrieben wird.

Wie gelingt es misshandelnden Männern, andere für ihre Sache zu gewinnen? Und warum werden manche Menschen zu solch enthusiastischen und manchmal gefährlichen Agenten des Missbrauchstäters? Um diese Fragen zu beantworten, müssen wir nicht nur die Geisteshaltung der missbrauchenden Männer betrachten, sondern auch die gesellschaftlich akzeptierten Einstellungen und Formen des Umgangs miteinander, durch die ein missbrauchender Mann andere dazu bringen kann, seine schmutzige Arbeit zu tun.

Warum der misshandelnde Mann nach Verbündeten sucht

Es ist nicht so einfach, einen Partner zu kontrollieren und einzuschüchtern. Ein Mann hat bessere Chancen, eine Frau zu dominieren als umgekehrt, aber es ist immer noch eine Herausforderung. Die wenigsten Menschen lassen freiwillig ihre Rechte systematisch einschränken. Der misshandelnde Mann sieht sich daher – aus seiner Perspektive – immer wieder mit dem Problem konfrontiert, dass seine Partnerin sich seiner Kontrolle widersetzt. Mit der Zeit wird er es leid, sie ganz allein zu schikanieren.

Bestimmte andere Hindernisse können den Täter aus dem Konzept bringen. Änderungen in der gesellschaftlichen Einstellung gegenüber Misshandlung, einschließlich verbesserter wichtiger Gesetze und Richtlinien, machen es ihm schwieriger davonzukommen. Der physisch angsteinflößende oder sexuell gewalttätige Mann wird zum Beispiel viel häufiger verhaftet als noch vor 30 Jahren. Seine Partnerin hat nun die Möglichkeit, eine gerichtliche Verfügung zu erwirken, um ihn von ihr fernzuhalten.

Am wichtigsten ist es aber vielleicht, dass das *Schweigen* über den Missbrauch gebrochen wird. In einem aktuellen Fall von mir, in dem es um einen psychisch misshandelnden Mann geht, setzten sich enge Freunde der Frau eines Tages mit ihr zusammen und „intervenierten", indem sie sie unterstützend dazu drängten, die Auswirkungen anzuerkennen, die das missbräuchliche Verhalten ihres Ehemanns auf sie hat. Anders als vor Jahren gibt es heute verschiedene Möglichkeiten, wie eine misshandelte Frau Hilfe finden kann oder – wie in diesem Fall – die Unterstützung sie finden kann.

In diesem Kontext muss ein Missbrauchstäter sich heute mehr als je zuvor bemühen, seine Partnerin dazu zu bringen, sich selbst die Schuld zu geben und helfende Hände abzuwehren, die sie erreichen könnten. Eine gute Möglichkeit, Menschen von ihr fernzuhalten, besteht darin, diese zunächst für sich zu gewinnen. Außerdem hat er das Gefühl, dass er Verbündete *verdient*, weil er sich selbst als Opfer betrachtet.

Sie fragen sich vielleicht, wie es kommt, dass misshandelnde Männer, die sich in ihren Handlungen so berechtigt fühlen, ihre Geschichten so sehr verzerren, wenn sie Verbündete suchen. Erstens möchte ein Missbrauchstäter sein schlimmstes Verhalten – zum Beispiel seine offensichtliche Grausamkeit oder Gewalttätigkeit – Leuten gegenüber nicht erklären müssen, die diese Taten als abstoßend empfinden könnten, und er ist vielleicht nicht sicher, ob seine Rechtfertigungen akzeptiert werden. Zweitens empfindet er vielleicht ein gewisses Maß an Schuld oder Scham wegen seiner schlimmsten Taten, wie es bei den meisten Tätern der Fall ist. Sein Wunsch, diesen Gefühlen zu entfliehen, ist mit ein Grund, warum er sich von anderen Menschen bestätigen lassen möchte, damit sich dadurch seine nagenden Selbstzweifel zerstreuen. Er betrachtet seine Schuldgefühle als eine Form der Schwäche, die es zu überwinden gilt. Und schließlich lügt er vielleicht, weil er selbst an seine eigenen verzerrten Darstellungen glaubt. Der narzisstische Täter z. B. hält seine Lügenmärchen für echt, was einer der Gründe ist, warum Tests, die mit einem Lügendetektor durchgeführt wurden, in Missbrauchsfällen (einschließlich sexuellem Kindesmissbrauch) unzuverlässig sind.

Frage 16: Wie kommt es, dass so viele sich auf seine Seite stellen?

Die Liste der Personen, die ein Täter potenziell dazu überreden kann, in seinem Sinne zu agieren, ist lang: Freunde, Verwandte, Lehrer, Psychologen, Geistliche, Polizisten und Richter, *ihre* Verwandten und, nach einer Trennung, seine neue Partnerin. Schauen wir uns einige dieser Personen aus der Perspektive der misshandelten Frau an und untersuchen wir, wie der Täter sie rekrutiert und warum sie bereit sind, für ihn zu sprechen.

Die Familienangehörigen des Täters

„Manchmal geht er zusammen mit seinem Vater auf mich los, sie demütigen mich und machen sich über mich lustig. Sein Vater ist genau wie er."
„Sein Onkel misshandelt seine Tante, und jeder in seiner Familie weiß davon, aber sie verlieren nie ein Wort darüber."
„Er wurde verhaftet, weil er an meine Tür gehämmert hat, obwohl ich eine einstweilige Verfügung gegen ihn hatte, aber seine Schwester sagte aus, er sei die ganze Nacht bei ihr zu Hause gewesen, also kam er frei."
„Seine Mutter und ich waren gute Freundinnen, aber seit er verhaftet wurde, weil er mich geschlagen hatte, redet sie nicht mehr mit mir, als wäre ich die Böse."

Wie diese Aussagen von Partnerinnen meiner Klienten zeigen, hat sich an der grundlegenden Dynamik wenig geändert, trotz des Fortschritts in der gesellschaftlichen Haltung gegenüber Misshandlungen: Niemand will glauben, dass sich sein eigener Sohn oder Bruder missbräuchlich verhält. Eltern wollen nicht, dass man mit dem Finger auf sie zeigt, daher sagen sie: „*Unser* Kind würde seine Partnerin nicht misshandeln. Wir haben ihn gut erzogen." Behauptungen über Misshandlungen, die der Sohn begangen hat, können unangenehme Aufmerksamkeit auf die Dynamik der Elterngeneration lenken. Misshandelnde Männer kommen dreimal häufiger aus Familien, in denen der Vater oder Stiefvater die Mutter misshandelt hat, als nicht-misshandelnde Männer. Und wenn der Vater oder Stiefvater auch missbräuchlich ist, teilt er das Berechtigungsdenken seines Sohnes sowie dessen Neigung, das Opfer zu beschuldigen.

Familiäre Loyalität und die kollektive Verleugnung von Familienproblemen haben eine starke Bindungskraft. Der Missbrauchstäter prägt über Jahre hinweg die Ansichten seiner Verwandten bezüglich seiner Partnerin. Vielleicht haben sie mit eigenen Augen gesehen, wie sie auf bestimmte Dinge, die er in der Öffentlichkeit tut, „überreagiert", denn ohne eine Ahnung davon zu haben, was er ihr hinter verschlossenen Türen angetan hat, können sie ihr Verhalten nicht genau beurteilen. Deshalb lehnen sie Misshandlung zwar grundsätzlich ab, kämpfen aber vehement aufseiten des Täters, wenn er zu ihnen gehört.

Die Familienangehörigen und Freunde der misshandelten Frau

Als ob die Unterstützung, die ein Täter von seiner eigenen Familie erfährt, nicht schon schlimm genug wäre, begegne ich immer wieder Fällen, in denen ihm auch die *Familienangehörigen der Frau* zu Hilfe kommen. Während einer Konferenz, auf der ich einen Vortrag hielt, stand ein Anwalt auf und fragte: „Warum befinden sich einige meiner Klientinnen in der Situation, dass ihre eigenen Familien den Täter dabei unterstützen, das Sorgerecht zu bekommen?"

In jeder Familie gibt es Spannungen und die Täter nutzen ihre manipulativen Fähigkeiten, um für sich einen Vorteil aus diesen Gräben zu ziehen. In einem Fall bekam zum Beispiel ein Täter namens Ian mit, dass seine Ex-Frau Tina sich mit ihren Eltern zerstritten hatte, weil diese sich darüber aufregten, dass sie nicht mehr zur Kirche ging. Ian begann, regelmäßig zum Sonntagsgottesdienst zu erscheinen, und eines Tages ergab es sich „zufällig", dass er in der Nähe von Tinas Familienangehörigen saß. Er verwickelte sie in ein Gespräch über seine „Sorge", dass Tina vom Glauben abgekommen sei, und wie schlecht er sich fühlte, dass sie ihren Kindern nicht den Segen eines regelmäßigen Kirchenbesuchs ermöglichte. Er ließ auch einige Bemerkungen einfließen, von denen er wusste, dass die Verwandten sie auf die Person beziehen würden, die nicht zum Gottesdienst erschienen war. Er sagte: „Unsere Kinder erzählen, dass sie reichlich trinkt und viele verschiedene Männer ins Haus bringt." Ziemlich schnell hatte sich eine kleine Meinungsverschiedenheit in einen riesigen Krach verwandelt.

Es ist unangenehm für eine Frau, ihrer Familie die Einzelheiten der Misshandlungen zu erzählen, die sie durch ihren Partner erlitten hat. Sie schämt sich und möchte vermeiden, dass sie von ihnen gefragt wird: „Warum bist du dann noch mit ihm zusammen?" Der Täter jedoch kann aus der Unkenntnis ihrer Familie einen Vorteil ziehen. Er achtet sorgsam darauf, nicht den Eindruck zu erwecken, er rede schlecht über sie, während er auf subtile Weise seine giftigen Samen pflanzt. Er könnte zum Beispiel sagen: „Jetzt erzählt sie den Leuten, dass ich sie *misshandelt* habe; das verletzt mich wirklich. Es ist so weit gekommen, dass ich mich wegen dem, was sie erzählt, nicht mehr in der Öffentlichkeit zeigen möchte. Ich habe keine Geheimnisse. Ich sage euch ganz offen, dass ich sie eines Tages geohrfeigt habe, was, wie ich weiß, falsch ist. Sie sagt so Sachen wie, dass meine Mutter eine ‚Hure' sei, weil sie schon zweimal geschieden wurde, und das geht mir an die Nieren, aber ich weiß, ich hätte anders reagieren sollen."

Wenn er sich verabschiedet, kommen ihre Eltern ins Grübeln: „Meine Güte, sie hat nichts davon erwähnt, dass sie seine Mutter auf diese Weise beleidigt hat. Das lässt die Sache etwas anders aussehen. Sie kann ein ganz schönes Mundwerk haben, das habe ich selbst erlebt. Er sollte sie nicht ohrfeigen, aber er fühlt sich jetzt offensichtlich schuldig deswegen. Und er ist bereit zuzugeben, dass es zum Teil seine Schuld ist, während sie allein ihm die Schuld an allem gibt. Das tut sie manchmal auch bei Streitereien mit uns. Sie merkt nicht, dass immer zwei dazu gehören."

Was er über seine Partnerin behauptet, dass sie seine Mutter beschimpft hat, ist vielleicht niemals passiert. Meine Klienten erfinden Geschichten, um ihre schlimmsten Taten zu verdecken. Aber ob er die Wahrheit sagt oder nicht, ist fast nebensächlich. Er spielt mit dem immer noch weitverbreiteten gesellschaftlichen Werturteil, dass die Misshandlung einer Frau durch einen Mann deutlich weniger schwerwiegend ist, wenn sie selbst unanständig gewesen ist.

Es besteht nach wie vor ein sozialer Druck auf Frauen, „dafür zu sorgen, dass die Beziehung funktioniert", und „einen Weg zu finden, die Familie zusammenzuhalten", ungeachtet des Missbrauchs. Da so viele den Irrglauben akzeptieren, dass Misshandlungen mit einer schlechten Beziehungsdynamik zusammenhängen, sehen sie die Frau auf gleiche Weise mitverantwortlich dafür, „dass die Dinge besser laufen". Diesen Kontext nutzt der Täter, der den Freunden seiner Partnerin sagt:

„Ich möchte wirklich immer noch die Dinge klären, aber sie ist nicht bereit, es zu versuchen. Ich denke, es ist ihr nicht der Mühe wert. Und sie weigert sich, ihren Anteil an dem, was schiefgelaufen ist, zu sehen; sie schiebt alles mir in die Schuhe."

Was ihre Familie und Freunde vielleicht nicht wissen, ist, dass, wenn eine misshandelte Frau sich weigert, „ihren Anteil an der Misshandlung zu betrachten", sie tatsächlich einen großen Schritt aus der Selbstbezichtigung heraus und in Richtung emotionale Genesung getan hat. Sie trägt *keine* Verantwortung für seine Handlungen. Jeder, der versucht, sie zur Akzeptanz einer Mitverantwortung zu bewegen, nimmt die Perspektive des Täters ein.

Trotz der Herausforderungen bleiben viele Freunde und Familienangehörige an der Seite der misshandelten Frauen. Ihre Anwesenheit ist entscheidend, denn es ist das Maß an Loyalität, Respekt, Geduld und Unterstützung, das eine misshandelte Frau von ihren eigenen Freunden und Familienangehörigen erhält, das weitgehend ihre Fähigkeit bestimmt, sich von dem Missbrauch zu erholen und frei zu bleiben. (Menschen, die eine misshandelte Frau, die ihnen nahesteht, unterstützen oder ihr helfen wollen, sollten *Wie ein Anker im Strudel der Gewalt* von Susan Brewster lesen, siehe „Ressourcen".)

Therapeuten und Gutachter

Wir müssen für einen Moment einen großen Schritt in der Zeit zurückgehen, in die Frühphase der Freudschen Ära, wo die moderne Psychologie ihren Ursprung hat. In den 1890er-Jahren, als Freud am Anfang seiner Karriere stand, war er entsetzt darüber, wie viele seiner Patientinnen ihm offenbarten, in der Kindheit Opfer von Inzest gewesen zu sein. Freud kam zu dem Schluss, dass sexueller Kindesmissbrauch eine der Hauptursachen für emotionale Störungen bei erwachsenen Frauen sei, und schrieb eine brillante und humane Abhandlung mit dem Titel „Die Ätiologie der Hysterie". Anstatt jedoch von seinen Kollegen Anerkennung für seine bahnbrechenden Einsichten zu erhalten, stieß Freud auf Verachtung. Er wurde verspottet, weil er glaubte, dass Männer von ausgezeichnetem Ruf (die meisten seiner Patientinnen stammten aus rechtschaffenen Familien) Inzesttäter sein könnten.

Innerhalb weniger Jahre beugte sich Freud unter diesem starken Druck und änderte seine Schlussfolgerungen. An ihrer Stelle schlug er den „Ödipuskomplex" vor, der zur Grundlage der modernen Psychologie wurde. Nach dieser Theorie *wünscht* sich jedes junge Mädchen eigentlich einen sexuellen Kontakt zum Vater, weil es mit seiner Mutter darum konkurriert, in seinem Leben eine besondere Rolle zu spielen. Freud benutzte dieses Konstrukt, um daraus zu folgern, dass die Vorfälle von inzestuösen

Misshandlungen, von denen seine Klientinnen ihm berichtet hatten, *nie stattgefunden hatten.* Es handelte sich lediglich um Fantasien von Ereignissen, die sich die Frauen als Kinder *gewünscht* hatten und von denen die Frauen inzwischen glaubten, sie seien real. Mit diesem Konstrukt setzte eine hundertjährige Phase auf dem Gebiet der psychischen Gesundheit ein, in der die Opfer für den an ihnen verübten Missbrauch verantwortlich gemacht und die Berichte von Frauen und Kindern über Misshandlungen durch Männer regelrecht diskreditiert wurden.

Nachdem der Missbrauch auf diese Weise geleugnet werden konnte, wurde die Grundlage dafür geschaffen, dass einige Psychologen die Ansicht vertraten, dass alle gewalttätigen oder sexuell ausbeuterischen Verhaltensweisen, die nicht geleugnet werden konnten – weil sie einfach zu offensichtlich waren –, als *von beiden Seiten* verursacht betrachtet werden sollten. In der psychologischen Fachliteratur finden sich daher zahlreiche Beschreibungen von Kindern, die Erwachsene zum Geschlechtsverkehr „verführen", und von Frauen, deren „provokatives" Verhalten dazu führt, dass Männer ihnen gegenüber gewalttätig oder sexuell übergriffig werden.

Ich wünschte, ich könnte sagen, dass diese Theorien längst ihren Einfluss verloren haben, aber ich kann es nicht. Eine Psychologin, die gegenwärtig eine der einflussreichsten Fachfrauen auf dem Gebiet der Sorgerechtsstreitigkeiten in den Vereinigten Staaten ist, schreibt, dass Frauen die Gewalt von Männern provozieren, indem sie sich „seiner Kontrolle widersetzen" oder „versuchen, ihn zu verlassen". Sie vertritt die Ödipuskomplex-Theorie, einschließlich der Behauptung, dass Mädchen sexuellen Kontakt zu ihren Vätern wünschen. In ihren Schriften stellt sie fest, dass junge Mädchen oft in eine „gegenseitig verführerische" Beziehung zu ihrem gewalttätigen Vater verwickelt sind, und auf der Grundlage dieser „Forschungsergebnisse" haben einige Gerichte die Verfahren durchgeführt. Das Freudsche Erbe wirkt also stark nach.

In der Hoffnung, dass sich der Bereich der psychischen Gesundheit zum Besseren gewandelt hat, habe ich kürzlich die aktuellen Kataloge für verschiedene Graduierten-Ausbildungsprogramme in klinischer Psychologie und Beratungspsychologie durchgesehen, darunter auch solche von Programmen, die als zukunftsweisend gelten. Ich konnte nicht nur keinen einzigen Kurs über irgendeine Form von Missbrauch, sei es gegenüber Partnerinnen oder Kindern, ausfindig machen, sondern auch keinen Hinweis auf Missbrauch in den Beschreibungen von Kursen zu irgendeinem anderen Thema finden. Ich rief dann eine der Hochschulen an, die klinische Psychologen ausbilden, und fragte, ob sie jemals Kurse über Missbrauch anbieten, und mir wurde geantwortet: „Nun, wenn unter den Studenten ein besonderes Interesse an diesem Thema besteht, organisieren sie manchmal ein von Studenten geleitetes Seminar".

Der Einfluss des tradierten psychologischen Denkens ist nach wie vor besonders stark im Bereich der Sorgerechtsbeurteilung, wo Fachleute für psychische Gesundheit Anschuldigungen wegen Gewalt in der Partnerschaft oder Kindesmissbrauch regelmäßig ignorieren oder verharmlosen. Außerdem gehen sie immer noch zu oft davon aus, dass Frauen hysterisch und rachsüchtig sind und alle Probleme ihren Ursprung auf beiden Seiten haben. Sorgerechtsgutachter werden manchmal zu glühenden Verfechtern misshandelnder Männer, indem sie sich auf deren Seite stellen und die Frauen beschuldigen, sie würden die Kinder den Vätern entfremden, und sich weigern, die Beweise für den Missbrauch zu berücksichtigen.

Ähnliche Fehler gibt es auch bei der Arbeit vieler Einzel- und Paartherapeuten. Ich habe mir zum Beispiel von Paartherapeuten sagen lassen: „Er ist einfach nicht der Typ, der missbräuchlich wird; er ist so freundlich und einfühlsam, und sie ist so *wütend*." Frauen berichten mir schockiert von Verrat, wenn sie erzählen, wie ihr Paartherapeut, der Einzeltherapeut des Täters oder der Therapeut eines ihrer Kinder zu einem lautstarken Fürsprecher für den Missbrauchstäter wird und gleichzeitig harte und überhebliche Kritik an ihr übt. Ich habe jahrelang einen Brief aufbewahrt, den ein Psychologe im Zusammenhang mit einem meiner Klienten geschrieben hat, einem Mann, der mir gegenüber zugegeben hat, dass seine Frau blutüberströmt war und Knochenbrüche hatte, nachdem er sie geschlagen hatte, und dass sie hätte sterben können. In seinem Brief machte der Psychologe das System lächerlich, weil es diesen Mann als „Schläger" bezeichnet, denn er sei zu vernünftig und einsichtig und solle daher nicht weiter an meinem Therapieprogramm für misshandelnde Männer teilnehmen. Der Inhalt des Briefes deutete darauf hin, dass der Psychologe es versäumt hatte, den Klienten jemals zu bitten, die brutalen Schläge zu beschreiben, für die er verurteilt worden war.

Neben den gängigen psychologischen Ansätzen gibt es sehr viele ausgezeichnete Praktiker und Theoretiker, die die Auswirkungen von Trauma und Missbrauch ernst nehmen und der Ansicht sind, dass die meisten Opfer die Wahrheit sagen. Die Schriften von Theoretikern und Praktikern wie Judith Herman, Bessel van der Kolk, Peter Jaffe, Angela Browne, John Myers, Susan Schechter, Anna Salter, Beverly James und zahllosen anderen dienen dazu, dem gegenüber Unterdrückten vorherrschenden feindseligen, beruflichen Klima entgegenzuwirken. Ich habe Dutzende von Therapeuten kennengelernt, die Klientinnen mit Respekt behandeln und eine stärkende Rolle bei der Genesung der Frauen von Missbrauch spielen. Dennoch mangelt es nach wie vor an Psychologinnen und Psychologen, die auf dem Gebiet der Traumatherapie ausgebildet sind, und der Kampf um eine Reform der psychologischen Ansätze hat gerade erst begonnen. Bevor Sie eine Therapeutin oder einen Therapeuten für sich selbst oder für Ihr Kind auswählen, sollten Sie die möglichen Optionen sorgfältig prüfen und die Kenntnisse und Werte der Therapeuten bezüglich Trauma und Missbrauch in Erfahrung bringen. Von einer gemeinsamen Beratung für Sie und Ihren misshandelnden Partner rate ich strikt ab, und zwar aus Gründen, die wir später betrachten werden.

Die neue Partnerin des Missbrauchstäters als seine wichtigste Verbündete

Gleich im ersten Kapitel trafen wir einen Mann namens Paul, der sich von seiner Frau scheiden ließ und nun mit Laura zusammen war. Laura empfand großes Mitleid für Paul, weil er so ein süßer Mann war und seine Ex-Frau ihn beschuldigte, sie misshandelt zu haben. Laura war entschlossen, für Paul „da zu sein", und hoffte sogar, ihm helfen zu können, das Sorgerecht zu gewinnen, weil seine Ex-Frau „außer Kontrolle" war. Dutzende von Ex-Partnerinnen meiner Klienten haben mir beschrieben, wie die neue Partnerin des misshandelnden Mannes eine ähnliche Rolle wie Laura übernimmt: „Seine Freundin ist schlimmer als er. Sie redet mit mir, als ob ich Dreck wäre, und verbreitet schlimme Dinge über mich. Ich würde mich lieber mit ihm auseinandersetzen. Ich glaube, dass sie ihn zu einigen der Dinge anstachelt, die er tut. Sie ist ein Miststück."

Vielleicht ist die neue Partnerin wirklich eine gemeine, feindselige Frau, aber die Chancen stehen ebenso gut, dass sie es nicht ist. Nehmen Sie für einen Moment lang ihre Perspektive ein. Der Täter entwickelt die gleiche Dynamik, die er bei Ihnen angewendet hat, angefangen mit der liebevollen, aufmerksamen Behandlung in den ersten Monaten des Kennenlernens. Er wendet sich an sie mit niedergeschlagenen Augen voller Tränen und erzählt, wie gemein und unzumutbar Sie waren und dass Sie ihm vorgeworfen haben, Sie zu misshandeln, wenn er sich weigerte, sich *Ihrer* Kontrolle zu beugen. Wenn Sie Kinder mit ihm haben, blutet seiner Freundin das Herz, wenn er vor ihr weint, weil er sie so sehr vermisst, und sagt, dass Sie sie aus purer Rachsucht oder aus dem Wunsch heraus, dass sie einen anderen Mann als Vater betrachten, von ihm fernhalten. Ich habe derzeit zum Beispiel einen Fall, in dem der misshandelnde Vater sich entschlossen hat, seinen Sohn sechs Monate lang nicht zu sehen – er hat seine Entscheidung sogar schriftlich festgehalten in einer Dokumentation, die ich gelesen habe –, und der sich dann öffentlich darüber beschwerte, dass ihm Besuche verweigert wurden. Paul hat Laura wahrscheinlich auf ähnliche Weise getäuscht. Seine Freundin erlebt einen freundlichen, liebevollen Vater, dessen Wunsch, eine Beziehung zu seinen Kindern aufrechtzuerhalten, durchkreuzt wird; wie könnte sie Sie nicht hassen?

Es kann sein, dass er sich gegenüber seiner neuen Freundin länger gut verhält als bei Ihnen, weil er durch seine Kampagne gegen Sie motiviert ist. Natürlich wird seine andere Seite früher oder später zum Vorschein kommen, aber bis dahin kann er alles darauf schieben, dass Sie ihn so sehr verletzt haben. Seine Freundin wird daher alles geben, um ihm zu beweisen, dass sie eine gute Frau ist – im Gegensatz zu Ihnen. Sie hofft, dass er, wenn sie ihm ihre Loyalität beweist, wieder so liebevoll und zugänglich wird, wie er es am Anfang war. Deshalb will sie ihm zeigen, dass sie wirklich für ihn da ist, indem sie sich seiner feindseligen Haltung Ihnen gegenüber anschließt – oder sie sogar übertrifft – und Ihnen die Schuld gibt.

Sobald seine egoistische und missbräuchliche Seite schließlich so offensichtlich wird, dass seine neue Freundin sie nicht mehr wegrationalisieren kann, steckt sie schon ziemlich tief drin. Vielleicht hat sie ihn bis zu dem Zeitpunkt sogar schon geheiratet. Damit sie akzeptieren kann, dass er ein Missbrauchstäter ist, müsste sie sich der Tatsache stellen, dass sie Ihnen entsetzlich Unrecht getan hat, und das wäre eine ziemlich bittere Pille zu schlucken. Stattdessen neigt seine neue Partnerin dazu, immer wütender auf *Sie* zu werden, weil sie so mies von ihm behandelt wird, denn sie glaubt, dass Sie ihn „dazu gebracht" haben, indem Sie ihn so fürchterlich verletzt haben.

Vor ein paar Jahren arbeitete ich mit einer Frau, die erklärte: „Ich habe seine Ex-Freundin wirklich gehasst, aber jetzt wird mir klar, dass er ihr das Gleiche angetan haben muss wie mir." Ihre Schuldgefühle lasteten schwer auf ihr. Frauen brauchen meist lange, bis sie wahrhaben wollen, auf diese Weise benutzt worden zu sein.

In der Geschichte von Paul und Laura sind wir Pauls Ex-Frau nie begegnet, aber ich habe mit zwei Dutzend oder mehr Ex-Frauen meiner Klienten in vergleichbarer Position gesprochen. Es ist schwierig, den Schmerz zu schildern, den ich in den Stimmen von Frauen höre, deren misshandelnde Ex-Partner versuchen, ihnen die Kinder mithilfe des Rechtssystems wegzunehmen. Die Tatsache, dass der Mann eine Verbündete hat, die ihm bei der Durchführung seines ruchlosen Plans hilft, ist für sie fast nicht zu ertragen. Die Mütter fragen mich: „Ist ihr klar, was sie da tut? Hat sie sich die Mühe gemacht, darüber nachzudenken, was es für eine Mutter bedeutet, mit dem Verlust ihrer Kinder bedroht zu sein? Was geschieht, wenn er nach Jahren eine Kehrtwende macht und ihr das Gleiche antut?"

Gleichzeitig glaube ich, dass es wichtig ist, die neue Partnerin nicht zu hart zu verurteilen. Manchmal sage ich den Frauen: „Sie wissen, wie manipulativ er sein kann, und dass er sie sicher mit sorgfältig ausgearbeiteten Zerrbildern füttert. Ich sage nicht, dass Sie ihr Handeln entschuldigen sollen, ich möchte Sie nur daran erinnern, dass er hinter all dem steckt und nicht sie. Wenn Sie Energie darauf verwenden, sie zu hassen, dienen Sie, ohne es zu wollen, seinen Interessen." Wir müssen jedoch eine Sozialethik entwickeln, die deutlich macht, dass jeder, der sich für einen Mann einsetzt, der des Missbrauchs beschuldigt wird, die Verantwortung hat, sich *alle* Fakten zu beschaffen und nicht nur die Perspektive zu betrachten, die er vertritt. Der Missbrauch von Frauen ist einfach zu weit verbreitet, als dass jemand annehmen könnte, dass eine Anschuldigung falsch oder übertrieben ist, bevor er sie nicht sehr, sehr sorgfältig überprüft hat.

Schließlich hatte ich mehrere Fälle, in denen der neue Partner des Täters ein Mann war, der dem Täter Schützenhilfe gegen die misshandelte Frau leistete, genau wie es eine neue Partnerin manchmal tut. Einige gleichgesinnte Gruppen schwuler Männer haben negative Einstellungen gegenüber Frauen und werden zu Unterstützern der Täter, genau wie heterosexuelle männliche Gleichgesinnte.

Andere machtmissbrauchende Menschen als Verbündete von misshandelnden Männern

Irgendwann in Ihrem Leben sind Sie zweifelsohne mit einer Person in Kontakt gekommen, die den starken Drang hatte, über andere Macht auszuüben. Missbrauchende Partner haben kein Monopol auf das Verlangen, andere einzuschüchtern oder zu manipulieren, oder auf die Fähigkeit, Macht anzuhäufen und sie für egoistische Zwecke oder emotionale Befriedigung einzusetzen. Unter den Experten – einschließlich derer, von denen erwartet wird, dass sie konstruktiv auf Täter und ihre Partnerinnen einwirken – gibt es zum Beispiel einige, deren Handeln nicht durch Fürsorge und Respekt motiviert ist, sondern durch den Hunger nach Kontrolle. Nicht jeder, der in den Polizeidienst eintritt, möchte im Dienste der Gemeinschaft tätig sein. Es gibt diejenigen, die sich in erster Linie darauf freuen, eine Waffe zu tragen, ihre Macht zu demonstrieren und über dem Gesetz zu stehen. Ich kenne viele menschenfreundliche Richter, die sich für die Probleme interessieren, mit denen Menschen konfrontiert sind, und faire und praktische Lösungen suchen. Aber ich beobachte auch andere, die scheinbar Befriedigung daraus ziehen, diejenigen, die vor ihnen stehen, zu beleidigen, ihre Sorgen und Standpunkte abzulehnen und dabei ungestraft davonkommen. Unter den Therapeuten gibt es viele, die auf Zusammenarbeit setzen, während andere auf ihre Klienten herabblicken und herablassend mit ihnen sprechen, indem sie sich dazu äußern, was jeder „wirklich" zu denken, fühlen und zu tun hat. Es gibt Sorgerechtsgutachter, die bestrebt sind, den schmerzhaften Prozess der Scheidung zu begleiten, aber eine tragisch große Zahl scheint von der Macht fasziniert zu sein, die ihnen ihre Gutachten über das Leben von Männern, Frauen und Kindern verleihen.

Menschen, die sich von Macht angezogen fühlen und dazu neigen, sie zu missbrauchen, haben wesentliche Gemeinsamkeiten mit einem Mann, der Frauen misshandelt. Zum Beispiel erlebt ein diktatorischer Chef sicher Situationen, in denen eine Angestellte schließlich genug davon hat, beschimpft zu werden, aus dem Büro stampft und kündigt. Ein Manager, der seine weiblichen Untergebenen zum Sex mit ihm zwingt, wird wahrscheinlich früher oder später wegen sexueller Belästigung angezeigt. Der Machtmissbrauchende ist empört, wenn seine Opfer versuchen, sich auf diese Weise zu verteidigen, und hält ihre Reaktion für unangemessen oder aggressiv. Es ist daher nicht überraschend, dass eine solche Person, wenn sie einer Frau gegenübersteht, die sich über die Misshandlungen seitens eines Mannes beschwert, folgende Gedanken hat: „Diese Frau gehört auch zu den Menschen, die sich gerne als Opfer sehen. Ich weiß, wie sie sind, weil ich selbst mit ihnen zu tun habe. Sie sind nie dankbar, egal wie viel man für sie tut. Sie kennen ihren Platz nicht, und sie verwandeln alles in einen Vorwurf über Misshandlungen." Der Machtmissbrauchende nimmt so den Widerstand der Frau gegen die Unterdrückung persönlich und verspürt einen starken Wunsch, sich im Namen des misshandelnden Mannes zu rächen. Und in der Tat habe ich oft bei einigen Experten diesen beunruhigenden Eifer beobachtet, mit beiden Füßen auf misshandelten Frauen herumzutrampeln. Ihre Aussagen haben mir manchmal bestätigt, dass sie tatsächlich die Art von Denkweise haben, die ich gerade beschrieben habe – natürlich verbunden mit den üblichen Mythen über die hysterischen Übertreibungen von Frauen und ihre Provokation der Misshandlungen seitens des Mannes.

Ein Fachmann, der sich zu Machtmissbrauch hingezogen fühlt, scheint besonders heftige Reaktionen zu zeigen, wenn die Frau seine oder ihre Handlungen in irgendeiner Weise infrage stellt oder versucht, die Auswirkungen des Missbrauchs auf sie zu erklären. Die zugrunde liegende Haltung scheint manchmal zu sein: „Wie können Sie es *wagen*, weiterhin zu versuchen, für sich selbst zu denken, wenn ich mit meinem offensichtlich überlegenen Wissen, Status, Urteilsvermögen und meinem Einblick hier vor Ihnen stehe?" Eine misshandelte Frau kann aus der Begegnung mit einem solchen Experten mit dem Gefühl herausgehen, als wäre sie gerade zusammengeschlagen worden, und die Bedrohlichkeit der verbalen oder physischen Misshandlung, die sie von ihrem Partner erlitten hat, aufs Neue durchleben. Eine Reihe von misshandelten Frauen haben mir zum Beispiel berichtet: „Die Polizei kam einmal ins Haus, nachdem er mich herumgestoßen hatte, aber sie waren ungehalten und beleidigend mir gegenüber und haben sich irgendwie mit ihm verbündet. Als ich mich beschwerte, wie sie mich behandelten, sagten sie mir, wenn ich nicht den Mund halte, würden sie *mich* verhaften." Ich hatte es mit Fällen zu tun, in denen einige Richter und Sorgerechtsgutachter – sowohl männliche als auch weibliche – richtig dahinterher waren, Frauen, die Misshandlungen anzeigten und Schutz für sich oder ihre Kinder beantragten, zu diskreditieren und herabzusetzen. Wenn die Frauen gegen diese Reaktionen protestierten, explodierten die Betreffenden, beschimpften sie oder übten Vergeltung. In diesem Sinne stimmen die Einstellung und die Taktiken bestimmter Experten eng mit denen der Missbrauchstäter überein, und infolgedessen wird die Frau erneut zum Opfer.

In einigen Institutionen, in denen sich eine solche Machtdynamik gegen die misshandelten Frauen richtet, wie z. B. in Polizeidienststellen, Gerichten und Jugendämtern, hat der soziale Druck dazu geführt, dass spezielle Stellen für Anwälte und Experten für häusliche Gewalt geschaffen wurden, deren Aufgabe es ist, dafür zu sorgen, dass das System, das die Rechte der Frauen schützen soll, diese nicht erneut zu Opfern macht. Wenn Sie es mit einem dieser Systeme zu tun haben, finden Sie heraus, ob es im Team einen Missbrauchsspezialisten gibt, und wenn ja, bitten Sie darum, diese Person mit in Ihren Fall einzubeziehen.

Rechtsanwälte

Es gibt Anwälte für Missbrauchstäter, die eine Klasse für sich sind. Ich habe selten jemanden erlebt, der in der Rolle des Co-Misshandelnden so bösartig und prinzipienlos war wie gewisse Anwälte. Eine Frau nach der anderen hat mir beschrieben, wie ihr Herz zu rasen beginnt, wenn sie den Anwalt des misshandelnden Partners vor Gericht sieht, oder den Schrecken, den sie verspürt, wenn von diesem Anwalt erstellte Gerichtsunterlagen bei ihr zu Hause ankommen.

Ein Täter bzw. angeklagter Täter hat natürlich das Recht auf einen Rechtsbeistand wie jeder andere auch. Aber bedeutet das Angebot eines angemessenen Rechtsbeistands, dass der Anwalt die Frau beleidigen und verspotten muss, dass er weit hergeholte Anschuldigungen gegen sie erheben, jede Behauptung des Mannes als die Wahrheit des Evangeliums behandeln und manchmal sogar lügen muss, um seine Ziele zu erreichen? Natürlich nicht. Allerdings ist ein solches Verhalten bei bestimmten Verteidigern, die angeklagte Missbrauchstäter vertreten, sowie bei einigen Familienrechtsanwälten, die Sorgerechts- und Umgangsrechts-Fälle bearbeiten, beunruhigend weit verbreitet. Ein Teil dieses Verhaltens scheint wirtschaftlich motiviert zu sein: Anwälte können eine erfolgreiche Praxis aufbauen, wenn sich herumspricht, dass sie sich auf die Vertretung beschuldigter Missbrauchstäter spezialisiert haben. Die Täter sind begeistert, wenn sie hören, dass ein bestimmter Anwalt den Ruf hat, „der Frau wirklich an die Gurgel zu gehen", da diese rücksichtslose Herangehensweise mit ihrer eigenen übereinstimmt. Frauen sind manchmal von dem Anwalt ihres Ex-Partners genauso traumatisiert wie von ihm.

Es ist dringend notwendig, dass für Anwälte, die beschuldigte Missbrauchstäter vertreten, Rechtsstandards geschaffen werden. So kann eine scharfe Grenze gezogen werden zwischen der Möglichkeit, einem Mann eine angemessene Gelegenheit zu geben, vor Gericht gehört zu werden, was sein gesetzliches Recht ist, und der Rolle des Anwalts, als Waffe im Sinne des misshandelnden Mannes zu fungieren. Denn dadurch wird es dem Täter ermöglicht, weitere finanzielle und psychische Schäden zu verursachen, was für ihn ohne die Hilfe des Anwalts unmöglich gewesen wäre.

Der Mythos der Neutralität

Es ist nicht möglich, ein wirklich ausgewogenes Urteil über einen Täter und eine misshandelte Frau zu treffen. Wie Dr. Judith Herman in ihrem Meisterwerk *Trauma and Recovery* eloquent erläutert, dient „Neutralität" tatsächlich viel mehr den Interessen des Täters als denen des Opfers und ist daher nicht neutral. Obwohl ein Täter es vorzieht, andere ganz auf seiner Seite zu wissen, wird er sich auch mit Entscheidungen zufriedengeben, die dazwischen liegen. Denn für ihn heißt es, dass die Probleme des Paares teils als ihre und teils als seine Schuld bewertet werden, was bedeutet, dass es sich nicht um Missbrauch handelt.

Eines Tages sprach ich mit einer Frau, die die missbräuchliche Beziehung zwischen einem Mann und einer Frau beschrieb, mit denen sie befreundet war. „Beide wollen, dass ich mich auf ihre Seite stelle", erklärte sie mir, „aber ich weigere mich, Partei zu ergreifen. Sie müssen die Dynamik ihrer Beziehung selbst bearbeiten. Ich habe beide wissen lassen, dass ich für sie da bin. Wenn ich sie offen unterstützen würde, würde er nur noch härter durchgreifen." Sie fügte hinzu: „Man muss der Versuchung widerstehen, sich für eine Seite zu entscheiden", in einem Ton, der darauf schließen ließ, dass sie sich aufgrund ihrer Neutralität für besonders reif hielt.

In Wirklichkeit bedeutet Neutralität, mit dem misshandelnden Mann zu kollaborieren, ob das nun beabsichtigt ist oder nicht. Wenn Sie permanente oder schwere Misshandlungen bemerken und sich nicht dagegen aussprechen, bedeutet Ihr Schweigen implizit, dass Sie nichts Inakzeptables wahrgenommen haben. Täter interpretieren Schweigen als Zustimmung oder zumindest als Vergebung. Für misshandelte Frauen bedeutet das Schweigen, dass ihr niemand helfen wird – genau das, was ihr Partner ihr glauben machen will. Jeder, der sich dafür entscheidet, stillschweigend wegzuschauen, wird dadurch unwissentlich zum Verbündeten des Täters.

Das Schweigen zu brechen heißt nicht notwendigerweise, den Täter bezüglich seines Verhaltens zu kritisieren oder zu konfrontieren. Es bedeutet gewiss nicht, mit allem, was Sie von *ihr erfahren* haben, zu ihm zu gehen, denn der Täter wird sich an ihr rächen, weil sie mit anderen Menschen über sein Verhalten gesprochen hat. Es bedeutet, dass Sie der misshandelten Frau unter vier Augen sagen, dass es Ihnen nicht gefällt, wie er sie behandelt, und dass sie es nicht verdient, egal was sie getan hat. Und wenn Sie Gewalttätigkeiten oder Drohungen sehen oder hören, bedeutet das, dass Sie die Polizei rufen müssen.

Wie die Gesellschaft die Perspektive des Täters übernimmt

Fast jeder kann zum Verbündeten eines misshandelnden Mannes werden, wenn er unbeabsichtigt dessen Perspektive einnimmt. Normalerweise merken die Menschen nicht einmal, dass sie missbräuchliche Einstellungen unterstützen, sonst würden sie es nicht tun. Lassen Sie uns einige der häufigsten Formen der unbeabsichtigten Unterstützung untersuchen:

- ***Die Person, die zu der misshandelten Frau sagt: „Du solltest ihm etwas Mitgefühl entgegenbringen, auch wenn er sich schlecht verhalten hat. Vergiss nicht, er ist auch nur ein Mensch."***

Ich habe so gut wie noch nie mit einer misshandelten Frau gearbeitet, die die Menschlichkeit ihres Partners ignoriert hat. Das Problem ist genau umgekehrt: *Er* sieht über *ihre* Menschlichkeit hinweg. Für ihre Genesung ist es unerlässlich, dass seine Misshandlungen als solche anerkannt werden und offen und ehrlich darüber gesprochen wird, wie er sie verletzt hat. Es ist die Perspektive des *Missbrauchstäters*, dass es gemein von ihr sei, wenn sie offen über die Verletzungen spricht, die er ihr zugefügt hat. Ihr zu suggerieren, dass sein Bedürfnis nach Mitgefühl vor ihrem Recht auf ein Leben frei von Misshandlungen zu stehen habe, entspricht der Sichtweise des Täters. Ich habe wiederholt bei Freunden und Bekannten einer misshandelten Frau erlebt, dass sie das Gefühl haben, es liege in ihrer Verantwortung, ihr klarzumachen, *was für ein guter Mensch er in seinem Innersten wirklich ist* – mit anderen Worten, dass sie sich auf seine Bedürfnisse konzentrieren solle statt auf ihre eigenen, was ein Fehler ist. Wer einer misshandelten Frau helfen möchte, sollte ihr stattdessen sagen, was für ein guter Mensch *sie* ist.

- ***Die Person, die zu ihr sagt: „Aber er ist der Vater deiner Kinder."***

Der misshandelnde Mann benutzt die Kinder, um die Frau in die Beziehung zu verstricken, indem er sagt, dass sie den Kindern durch die Trennung den Vater entzieht. Aber *er* ist derjenige, der ihnen den Vater vorenthält, den sie brauchen, indem er sie zwingt, mit einem Vater aufzuwachsen, der ihre Mutter misshandelt. Kinder brauchen ein Zuhause, das frei von Misshandlungen ist.

- ***Die Person, die zu ihr sagt: „Du bist eine Bindung eingegangen, und jetzt musst du sie auch in schweren Zeiten aufrechterhalten."***

Der misshandelnde Mann glaubt, dass chronische Misshandlungen, offen gezeigte Respektlosigkeit, Einschüchterung und sogar Gewalt nicht genügend Gründe für eine

Frau sind, sich von einem Mann fernhalten zu wollen. Wenn Menschen zu ihr sagen: „Wie man sich bettet, so liegt man“, unterstützen sie das Wertesystem des Täters.

- ***Die Person, die sagt: „Du behauptest, ein hilfloses Opfer zu sein.“***

Wenn der Täter hören könnte, wie diese Worte gegenüber seiner Partnerin geäußert werden, würde er vor Freude in die Luft springen. Vielleicht hat er genau dasselbe auch schon zu ihr gesagt. Aus Sicht des Täters übertreibt die Frau das Verletzende seines Verhaltens, weil sie die Rolle des Opfers einnehmen *will*, und unterstellt ihr dadurch die Manöver, die er eigentlich gerne selbst benutzt. Wenn eine misshandelte Frau versucht, Ihnen zu sagen, wie schlimm die Dinge sind, hören Sie zu.

- ***Die Person, die sagt: „Die Aktivisten gegen Missbrauch sind männerfeindlich.“***

Wie sollte es männerfeindlich sein, Misshandlung abzulehnen? Sollen wir so tun, als würden wir nicht bemerken, dass die überwältigende Mehrheit der Täter männlich ist? Diese Behauptung entspricht folgenden Worten eines Täters gegenüber seiner Partnerin: „Der Grund, warum du mich für missbräuchlich hältst, ist, dass du ein Problem mit Männern hast!“ Eine der besten Gegenmaßnahmen zu diesem argumentativen Nebenschauplatz ist es, darauf hinzuweisen, wie viele Männer im Kampf gegen die Misshandlung von Frauen aktiv sind. Bedenken Sie auch, dass misshandelte Frauen die Schwestern, Töchter, Mütter und Freundinnen von Männern sind. Das Leben von Männern *wird* durch Missbrauch beeinträchtigt, weil es Frauen passiert, die wir kennen und um die wir uns sorgen.

Ich habe nur einige der vielen Beispiele angeführt, die mir begegnet sind und die zeigen, wie Menschen die Sicht des Täters auf sein missbräuchliches Verhalten einnehmen. Wenn Sie solche Aussagen hören, lenken Sie die Aufmerksamkeit der Person darauf, dass er oder sie die Argumente des Täters für ihn vorbringt. Die meisten Menschen wollen nicht in seinem Namen reden und werden die Äußerungen schnell fallen lassen, wenn ihnen deutlich gemacht wird, was sie dadurch zum Ausdruck bringen.

Es ist für eine Gemeinschaft unmöglich, Misshandlung zu stoppen, wenn sie gleichzeitig damit fortfährt, die Missbrauchstäter zu unterstützen oder zu ignorieren. *Einen Täter zu schützen oder seine Handlungen zuzulassen, ist moralisch ebenso verabscheuenswürdig wie die Misshandlung selbst.* Dieses entscheidende Prinzip muss fest in unserer Kultur verankert werden. Eine Kollaboration mit dem Missbrauch lässt die misshandelte Frau und ihre Kinder im Stich und letztlich auch den *Missbrauchstäter*, da er davon abgehalten wird, sich jemals mit seinem Problem auseinanderzusetzen. Wir müssen insbesondere die Handlungen jener mächtigen, gut ausgebildeten Experten ans Licht bringen, die mit dem Täter sowie seinen Zielen und Taktiken gemeinsame

Sache machen. Wenn wir das Talent der Täter, Verbündete zu gewinnen, untergraben können, werden sie allein dastehen, und allein sind sie leichter aufzuhalten.

Leider bleibt es der misshandelten Frau oft selbst überlassen, zu versuchen, die Menschen um sie herum, deren Hilfe und Unterstützung sie braucht, aufzuklären, damit sie die Dynamik des Missbrauchs verstehen und aufhören, den misshandelnden Mann zu unterstützen. Neben seiner eigenen Manipulativität und seinem Charme ist es vor allem seine Fähigkeit, mit der Ignoranz und den falschen Vorstellungen der Menschen sowie deren oft ebenfalls negativer Einstellung gegenüber Frauen zu spielen, womit es dem Täter so gut gelingt, Verbündete zu rekrutieren. So schwierig es auch sein mag, diese Rolle einzunehmen, werden Sie sich doch oft gezwungen sehen, Ihr eigener größter Fürsprecher zu sein, indem Sie energisch gegen die verschiedenen Arten und Weisen argumentieren, in denen die Gesellschaft mit ihren Werten die Perspektive des Täters einnimmt. So können Sie die Art von starker Unterstützung erhalten, die Sie von allen um Sie herum verdienen.

Wichtige Punkte, die Sie sich merken sollten

- Wenn jemand einen neutralen Standpunkt zwischen Ihnen und Ihrem misshandelnden Partner einnimmt, unterstützt er ihn faktisch und lässt Sie im Stich, ganz gleich, was er sonst behauptet.
- Man kann nicht behaupten, gegen Missbrauch in der Partnerschaft zu sein, wenn man gleichzeitig dem eigenen Sohn, Bruder, Freund oder Partner bei der Misshandlung einer Frau beisteht.
- Jeder sollte sehr, sehr vorsichtig sein, wenn er die Behauptung eines Mannes akzeptiert, er sei zu Unrecht der Misshandlung oder der Gewalt beschuldigt worden. Die große Mehrheit der Missbrauchsvorwürfe – wenn auch nicht alle – treffen im Wesentlichen zu. Und der Täter scheint selten „wie einer auszusehen".
- Das Argument, dass „er auch ein menschliches Wesen sei und emotionale Unterstützung verdiene", sollte nicht als Entschuldigung dafür benutzt werden, die *Misshandlung* eines Mannes zu unterstützen. Unsere Gesellschaft sollte sich nicht der Behauptung des Täters anschließen, es sei grausam, ihn zur Verantwortung zu ziehen.

12

Der misshandelnde Mann und das Rechtssystem

Er ist auf Bewährung, weil er mich geschlagen hat, aber er tut so, als sei es ein einziger Witz.
Er wurde viermal verhaftet, aber er kam immer wieder frei.
Ich rief die Polizei an und berichtete, dass er gegen die einstweilige Verfügung verstoßen hat, aber sie sagten, da er diesmal nicht gewalttätig geworden sei oder mir gedroht hätte, sei der Verstoß zu gering, als dass sie etwas dagegen unternehmen könnten.
Der Staatsanwalt will, dass ich aussage, aber ich werde auf keinen Fall noch einmal in das Gerichtsgebäude gehen. Das letzte Mal hat mich sein Verteidiger gedemütigt; das ist es einfach nicht wert.
Der Richter sagte mir, dass wir zu einer Paarberatung gehen sollten, um an unseren Beziehungsproblemen zu arbeiten.
Er schickt mir schreckliche Briefe aus dem Gefängnis. Was soll ich tun?

Unter der Oberfläche der Missbrauchserfahrungen der meisten Frauen lauert *Angst*: Angst davor, was er tun wird, wenn sie ihm die Stirn bietet; Angst davor, wie er reagieren wird, wenn er herausfindet, dass sie Zeit mit ihren Freunden verbracht hat, die er hasst; Angst davor, was er einem ihrer Kinder antun könnte; Angst davor, dass er sie wieder schwängert; Angst davor, wie er sich rächen könnte, wenn sie versucht, ihn zu verlassen.

Manche Frauen können mir genau beschreiben, wovor sie Angst haben, weil die Schikanen und Grausamkeiten ihres Partners einem Muster folgen. Sie fürchten seine Beleidigungen, seine Wut, seine Verachtung oder Abscheu. Wenn er zu

Gewalt neigt, zittern sie bei der Vorstellung von seinem verzerrten, hasserfüllten Gesicht, wenn er mit den Fäusten zuschlägt. Manchmal sieht es so aus, als könnte er sie töten – und er droht damit, es zu tun.

In anderen Fällen lässt sich die Angst nicht benennen. Vielleicht ertappen Sie sich dabei, wie Sie zu einem Freund sagen: „Ich weiß nicht, *was* er tun wird; bei ihm weiß man nie, aber er wird *etwas* tun, und es wird schlimm sein." Das Warten auf die Strafe kann noch heftiger sein, wenn man nicht weiß, was es sein wird. Selbst der Täter, der noch nie Gewalt angewendet hat, weiß, dass es immer ein erstes Mal gibt – und er weiß wahrscheinlich genau, dass Sie es auch wissen. Also sucht er nach Wegen, vielleicht explizit oder vielleicht hintergründig, um Sie daran zu erinnern, es nicht „zu weit zu treiben", denn Sie werden nicht herausfinden wollen, was dann passiert.

Die Auswirkungen der Angst nehmen mit der Zeit zu. Beim zwanzigsten Mal, dass Ihnen ein geliebter Mensch Angst einjagt, ist es nicht dasselbe wie beim ersten Mal. Man wird wütend, fühlt sich gelähmt, wie betäubt oder alles auf einmal. Man hat das Gefühl, es wird immer schwieriger herauszufinden, was man tun soll.

Wenn Ihr Partner körperlich bedrohlich oder sexuell gewalttätig ist, können Sie als eine Möglichkeit zum Schutz Ihrer Rechte und Ihrer Sicherheit das Rechtssystem nutzen. Sie können die Polizei rufen, um einen Übergriff oder eine Drohung anzuzeigen, oder bei Gericht eine einstweilige Verfügung beantragen (die auch als „Kontaktverbot" oder „Annäherungsverbot" bezeichnet wird). Die einstweilige Verfügung kann vom Täter verlangen, das Haus zu verlassen, auch wenn es auf seinen Namen läuft, sich von Ihnen fernzuhalten oder keinerlei Kontakt mit Ihnen zu haben, je nachdem, welche Regelung Sie für nötig erachten.

Beim ersten Mal, wenn eine Frau erwägt, die Polizei oder ein Gericht in ihre Beziehung einzubeziehen, wehrt sich etwas in ihr. Es geht um einen Mann, den sie liebt oder zumindest einmal geliebt hat, mit dem sie eine Geschichte hat, mit dem sie die Höhen und Tiefen körperlicher oder emotionaler Intimität geteilt hat, mit dem sie vielleicht Kinder hat. Sie fragt sich ungläubig: *Bin ich dabei, eine gerichtliche Verfügung gegen diesen Mann zu erwirken? Werde ich die Polizei rufen und ihn verhaften lassen? Werde ich dafür sorgen, dass er vorbestraft ist oder sogar ins Gefängnis kommt?* Sie verbannt diese absurd erscheinenden Möglichkeiten aus ihrem Kopf. *Beziehungsprobleme löst man, indem man miteinander redet, sich beraten lässt oder indem man sich Zeit für sich selbst nimmt*, sagt sie sich, *und nicht, indem man Gesetze, Richter und Polizeibehörden einbezieht.*

Doch wenn der Partner der Frau ihr weiterhin Angst einjagt – und es ist ungewöhnlich, dass das beängstigende Verhalten aufhört, sobald es an die Oberfläche gekommen ist –, entsteht früher oder später das Gefühl, dass sie die Situation nicht mehr selbst bewältigen kann. Der Schritt, Rechtsbeistand zu suchen, erscheint dann nicht mehr so abwegig.

Vielleicht wird sie in das Rechtssystem involviert, ohne sich selbst dafür entschieden zu haben. Nachbarn, Unbeteiligte oder die eigenen Kinder rufen vielleicht bei einem beängstigenden Vorfall die Polizei. Heutzutage ist es eher unwahrscheinlich, dass Nachbarn sich die Ohren zuhalten und so tun, als sei nichts passiert. Die gängige Einstellung, dass häusliche Gewalt eine „Privatangelegenheit" sei, schwindet rapide. In den Schulen lernen die Kinder heutzutage, wie man den Notruf benutzt, und teils wird den Kindern sogar klar gemacht, dass sie ein Recht auf Sicherheit innerhalb ihres Zuhauses haben, nicht nur außerhalb.

Auch Frauen, die ausschließlich ökonomisch von ihrem Partner misshandelt werden, ohne die Elemente körperlicher, verbaler oder sexueller Übergriffe oder körperlicher Einschüchterung, haben nach den geltenden Gesetzen die Möglichkeit, sich an die Polizei oder Gerichte zu wenden, denn auch finanzielle Kontrolle fällt unter häusliche Gewalt. Davon betroffene Frauen sollten sich an die nächste Frauenberatungsstelle wenden oder sich über das bundesweite Hilfetelefon (unter der kostenfreien Rufnummer 08000-116016) Unterstützung suchen.

Frage 17:
Wieso kommt er immer wieder damit durch?

Die verschiedenen Parteien im Rechtssystem

Ein Anruf bei der Polizei oder der Gang zum Gericht, um eine einstweilige Verfügung zu erwirken, ist ein mutiger und potenziell stärkender Schritt. Aber eine misshandelte Frau kann auch einige böse Überraschungen erleben. Obwohl das Rechtssystem ihr Freund und Beschützer sein sollte, scheinen einige Beamte ihre Aufgabe manchmal zu vergessen. An der juristischen Prozedur bei Misshandlungsvorwürfen sind viele Spieler beteiligt, von denen jeder das Potenzial hat, der Frau zu helfen – oder im entscheidenden Augenblick zu versagen. Wenn die Polizei zu Ihnen nach Hause gerufen wird, trägt sie die Verantwortung dafür, dass Sie und Ihre Kinder in Sicherheit sind und der Täter verhaftet wird, wenn er gewalttätig oder bedrohlich geworden ist. Wenn er gegen eine einstweilige Verfügung verstoßen hat, sollte die Polizei ihn mitnehmen, auch wenn er „nur einen formalen Verstoß" gegen die Verfügung begangen hat oder einen „guten Grund" für seine Anwesenheit hat,

z. B. wenn er behauptet, Sie hätten ihn angerufen und gebeten, vorbeizukommen, oder er wollte nur ein paar Geschenke für die Kinder abgeben.

Wenn die Polizei den Täter nicht festnimmt oder nie gerufen wurde, sollten Sie so schnell wie möglich zur nächsten Polizeiwache gehen und dort eine Anzeige aufgeben. Anschließend wird die Anzeige an die Amts- oder Staatsanwaltschaft weitergeleitet und dort über eine Anklageerhebung entschieden. Wenn Sie dem Gericht melden, dass Sie angegriffen oder bedroht wurden oder dass Ihr Partner gegen eine einstweilige Verfügung verstoßen hat, *gilt Ihr Wort als Beweismittel.* Gerichte können allein auf der Grundlage von Opferberichten Anklage erheben oder Schutzanordnungen erlassen, aber tragischerweise scheuen sie sich in Fällen von häuslicher Gewalt oder sexueller Nötigung davor, dies zu tun. Gerichte behalten sich eine besondere Skepsis gegenüber Frauen vor, die Misshandlungen durch ihren Partner melden, und verunglimpfende Vorurteile gegenüber Frauen sind in einigen Gerichten immer noch an der Tagesordnung – auch unter weiblichen Angestellten.

Wenn das Gericht Anklage erhebt und ein Hauptverfahren eröffnet, geht die Akte anschließend an den zuständigen Staatsanwalt. Seine Aufgabe ist es, das häusliche Verbrechen genauso ernst zu nehmen, als ob es von einem Fremden begangen worden wäre, und ebenso gewissenhaft eine Verurteilung zu verfolgen. Die Tatsache, dass der Angeklagte Ihr Partner ist, sollte keinen Unterschied machen, sondern den Staatsanwalt dazu veranlassen, die Tat als *gefährlicher* einzustufen. Verhandlungen zwischen dem Staatsanwalt und dem Täter, bei denen es nicht um die Klärung der zentralen Fragen des Missbrauchs geht – wie z. B. die Vereinbarung, die Strafe zu reduzieren, wenn der Täter einen Therapeuten aufsucht, oder die Anklage fallen zu lassen, weil sich das Paar getrennt hat, „sodass es kein Thema mehr ist" –, haben hier keinen Platz. Aber manchmal schleichen sie sich ein.

Als Nächstes kommt der Richter, der nicht nur über das Strafmaß entscheidet, sondern auch über die Schuld oder Unschuld des Mannes. Wird der Richter die gleichen Standards der Beweisführung anwenden, die für andere Fälle angewendet werden, oder wird er für Fälle häuslicher Gewalt oder sexueller Übergriffe einen höheren Maßstab fordern? Studien haben gezeigt, dass es in Missbrauchsfällen schwieriger ist, den Richter von einer Verurteilung zu überzeugen, da es Vorurteile gegenüber den Beschwerdeführerinnen gibt sowie falsche Vorstellungen darüber, welcher „Typ" von Mann ein solches Verbrechen begehen würde.

Der Richter ist auch derjenige, der eine einstweilige Verfügung zum Schutz der Frau erteilt oder verweigert. Einige Richter hören sich das Anliegen der Klägerinnen aufmerksam an, während andere davon ausgehen, dass Frauen grundsätzlich lügen und übertreiben. Eine bemerkenswerte Anzahl von Richtern gewährt den *Missbrauchstätern* einstweilige Verfügungen, die sie gegen ihre Opfer einsetzen können, oder sie erteilen beiderseitig wirksame Anordnungen, welche die Behauptung des Täters bestätigen, seine Partnerin sei mitverantwortlich für sein beängstigendes Verhalten.

Und schließlich geht es zur Urteilsfindung des Gerichts. Es kommt selten vor, dass ein Täter sofort ins Gefängnis muss, es sei denn, er wurde schon einmal *verurteilt*, wobei normalerweise mehrere *Festnahmen* vorausgegangen sind. Somit wird sein Bewährungshelfer zu der Person, die bestimmt, ob der Täter die Folgen zu spüren bekommt oder ob er weiter auf freiem Fuß bleibt. Ich habe mit Bewährungshelfern zusammengearbeitet, die Tätern eine unmissverständliche Botschaft gaben: „Häusliche Gewalt ist ein schweres Vergehen. Ich lasse nicht zu, dass Sie Ihrem Opfer in irgendeiner Weise die Schuld zuschieben, und es liegt an Ihnen, ernsthaft an sich selbst zu arbeiten.“ Aber ich habe auch mit vielen anderen zusammengearbeitet, die sich mit dem Täter augenzwinkernd verbünden, in der gemeinsamen Überzeugung, im Gerichtssystem herrsche eine männerfeindliche Voreingenommenheit vor. Sie signalisieren ihm, er müsse das Bewährungsprogramm nicht ernst nehmen, indem sie Dinge äußern wie: „Kommen Sie einfach zu der erforderlichen Anzahl von Gruppentreffen, und wir werden Sie sofort von der Bewährung befreien.“

Hinter den Eingangstüren von Polizeidienststellen und Gerichtsgebäuden liegen manchmal kalte und feindselige Welten. Die Polizei und die Gerichte haben möglicherweise wenig Übung darin, wie sie auf eine Person reagieren sollen, die chronische oder grauenvolle Misshandlungen erlitten hat. Selbst wenn sie nichts Unfreundliches sagen oder tun, kann sich ihr schroffes, sachliches Auftreten wie eine eisige Ohrfeige für eine Frau anfühlen, die sich zu Hause von psychischen Übergriffen und Einschüchterungen befreien will. Und allzu oft teilen sie bedauerlicherweise die Einstellung des Täters. Ich könnte unmöglich die Anzahl der Frauen nennen, die zu mir gesagt haben: „Ich wünschte, die Leute bei Gericht könnten einen Tag lang mein Leben leben und sehen, wie es ist.“

Andererseits können ein freundliches Wort, ein nützlicher Flyer oder ein geduldiger Zuhörer eine misshandelte Frau tief berühren. Immer öfter höre ich Frauen sagen: „Die Polizisten, die zu mir nach Hause kamen, waren so nett zu mir. Sie sprachen unter vier Augen mit mir und fragten mich, was passiert ist, und sie erzählten mir von Stellen, bei denen ich Hilfe bekommen könnte“ oder „Der Richter sagte, ich solle nicht zögern wiederzukommen, wenn es weitere Probleme gäbe oder ich zusätzlichen Schutz bräuchte“. Wenn eine misshandelte Frau auf menschliche, intelligente Reaktionen von Beamten trifft, die gut über das Thema Misshandlung informiert sind, wird nicht nur ihre äußere Freiheit gefördert, sondern es werden auch ihre inneren Gefühle bestätigt, wodurch ihre Seele gestärkt wird. Sie geht weg und denkt: *Vielleicht ist nicht alles so, wie er sagt. Vielleicht ist es einigen Menschen nicht egal. Vielleicht bin ich nicht so schlecht, dass ich es verdiene, ständig runtergemacht zu werden. Vielleicht kann er nicht alle zum Narren halten.* Und der aufkeimende Glaube, dass das Leben von etwas anderem als Grausamkeit und Überheblichkeit erfüllt sein kann, wächst in ihr ein wenig weiter.

Auf den folgenden Seiten werden wir uns damit befassen, wie der Täter das Rechtssystem betrachtet, wie er sich hindurchmanövriert, indem er versucht, seine Partnerin daran zu hindern, Hilfe und Unterstützung zu erhalten, und wie er sich bemüht, nicht haftbar gemacht zu werden. Mit diesen Erkenntnissen sind sowohl der Einzelne als auch Gemeinschaften besser in der Lage, auf Polizei, Gerichte und Staatsanwälte Druck auszuüben, damit sie ihre Arbeit richtig machen und Teil der Lösung und nicht Teil des Missbrauchsproblems werden.

Wie der Missbrauchstäter über Gesetze und Konsequenzen denkt

Meine Klienten unterstützen Gesetze, die häusliche Gewalt verbieten – solange sie auf andere Männer angewandt werden. Jeder von ihnen hat ein inneres Bild davon, wie ein „wirklicher Missbrauchstäter“ aussieht – und er gehört nicht dazu. Seiner Meinung nach ist der „wirkliche Missbrauchstäter“ gewalttätiger und Furcht einflößender als er selbst und hat als Partnerin „eine nette Lady“, die keine Misshandlung verdient. Dutzende meiner Klienten haben mir erklärt: „Ich bin nicht wie diese Typen, die nach Hause kommen und ihre Partnerin grundlos misshandeln, wissen Sie.“ Ein Mann, der seine Misshandlungen auf diese Weise verharmlost und entschuldigt, ist schockiert, wenn die Polizei ihn verhaftet oder wenn ein Gericht anordnet, dass er seine Wohnung verlassen muss. Er ist empört über die Ungerechtigkeit des Systems und denkt: *Bei all diesen schrecklichen Schlägern da draußen, warum sind sie hinter mir her? Das ist doch lächerlich!*

Da er den Gedanken nicht akzeptieren kann, dass er missbräuchlich ist, muss er an anderen etwas Schlechtes finden – ein weiteres Beispiel dafür, dass der Täter den Spiegel wäscht, wenn er sein schmutziges Gesicht sieht. Seine Denkweise ist völlig verzerrt. Hier nur einige Beispiele:

- ***„Sie hat wirklich übertrieben wegen dem, was ich getan habe.“***

Seine erste psychische Verteidigungstaktik besteht darin, ihre Ehrlichkeit infrage zu stellen und sie zu beschuldigen, berechnend zu sein: „Sie hat der Polizei gesagt, ich hätte ihr *ins Gesicht geschlagen,* weil sie wusste, dass ich dann wie ein echt übler Kerl dastehen würde. Ich habe sie nur geohrfeigt, und nicht härter, als sie mich ohrfeigt.“

Ich antworte auf solche Äußerungen, dass, nur weil sie sich anders an den Vorfall erinnert, es nicht bedeutet, dass ihre Version falsch und seine richtig ist. Tatsächlich haben misshandelte Frauen in der Regel klarere und präzisere Erinnerungen an das Geschehen als die Täter, weil Menschen auf jegliche Gefahr besonders aufmerksam reagieren. Und selbst wenn er dieses Mal formal gesehen recht hat, dass seine Hand erhoben war, welchen Unterschied macht das? Offensichtlich hat er sie hart genug geschlagen, um sie *glauben* zu lassen, dass sie verprügelt wurde; daher ist er kein Kandidat für mein Mitgefühl. Außerdem, selbst wenn es eine Ohrfeige war, reicht das aus, um eine Frau zu verletzen und ihr Angst zu machen.

- ***„Der Richter wollte nicht einmal hören, was sie getan hat. Vor Gericht hat der Mann automatisch Unrecht, sodass die Frau tun kann, was sie will."***

Der Täter fühlt sich berechtigt, Einschüchterungen anzuwenden, „wenn es wirklich nötig ist", sodass er frustriert ist, wenn er feststellt, dass die Richter seine Entschuldigungen für sein Verhalten nicht überzeugend finden oder sie nicht einmal anhören wollen. Er ist der Meinung, dass das Gericht, wenn es wegen seiner Einschüchterungen gegen ihn vorgehen will, gleichzeitig hart gegen *sie* durchgreifen sollte. Schließlich hängt sie mit Freunden ab, die er nicht leiden kann, sie widerspricht ihm, wenn er ihr sagt, sie soll den Mund halten, sie wehrt sich körperlich, wenn er sie angreift oder bedroht, oder was auch immer seine Beschwerden sein mögen.

- ***„Das System wird von Frauen kontrolliert."***

Jeder Bereich des Rechtssystems wird auch heute noch von Männern dominiert: Polizei, Staatsanwälte, Richter, Bewährungshelfer. Hinzu kommt, dass Institutionen des Gesetzgebungsverfahrens immer noch überproportional von Männern besetzt sind. Wie kommt der Täter also zu der weit hergeholten Schlussfolgerung, dass Frauen irgendwo im Hintergrund lauern und Fäden ziehen, damit er die Konsequenzen für seine Handlungen tragen muss, obwohl er meint, dass es nicht gerechtfertigt ist? Dieser absurde Gedankensprung geschieht aus zwei Gründen. Der eine ist, dass er bereits fest verwurzelte Gewohnheiten hat, Frauen für sein eigenes Verhalten verantwortlich zu machen. Wenn die Gesellschaft ihm also die Botschaft sendet, dass er für seine Taten verantwortlich ist, dann erweitert er einfach den Anwendungsbereich seiner Schuld zuweisenden Maschinerie und projiziert sie auf *alle* Frauen. Der zweite ist, dass er, wenn er nicht die Frauen beschuldigen würde, die Tatsache akzeptieren müsste, dass ein großer Teil der *Männer* gegen das ist, was er tut. Die kulturellen Werte ändern sich langsam, aber sicher, und Täter können sich nicht immer darauf verlassen, dass andere Männer sie unterstützen – eine Tatsache, die ihnen das Gefühl gibt, verraten zu werden, sodass sie die Augen davor verschließen.

- ***„Ich habe noch nie irgendwelche Konsequenzen für meine Misshandlungen erlebt. Das wird auch jetzt nicht plötzlich der Fall sein.“***

Sobald sich der missbräuchliche Mann von seinem anfänglichen Schock, dass die Justiz in seine Privatsphäre eingedrungen ist, erholt hat, nimmt er wieder eine seiner Grundüberzeugungen an, nämlich dass er damit davonkommen kann. Er fängt an, die Justizmitarbeiter genauso zu manipulieren, wie er seine Partnerin und die Menschen um sie herum manipuliert. Leider ist sein Gefühl der Unverwundbarkeit nicht so verblendet, wie es scheinen mag. Täter kommen auf eine Art und Weise durch, die erschreckend ist, wenn man sie miterlebt. Oft verhält sich der Missbrauchstäter, der sich durch die Gerichtsbarkeit geschlängelt hat, danach schlimmer, als wenn er nie verhaftet worden wäre. Er sieht sich in seiner Überzeugung bestätigt, dass nichts an ihm haften bleiben kann, und er fühlt sich vor der Welt rehabilitiert, mit der Folge, dass sein missbräuchliches Verhalten eskalieren kann.

- ***„Nichts wird mich aufhalten.“***

Diese letzte Einstellung ist nicht so verbreitet und gehört zu jener Minderheit von Tätern, die von rechtlichen Konsequenzen unbeeindruckt sind und vor nichts zurückschrecken, um die Kontrolle über ihre Partner zu behalten. Dieser Typ von Mann findet Wege, auch vom Gefängnis aus seine Misshandlung fortzusetzen und seine Partnerin zu kontrollieren, indem er entweder Briefe schickt oder Nachrichten über Freunde weiterleitet, um ihr Angst zu machen. Die Haft überzeugt ihn nicht davon, dass er etwas falsch gemacht hat, sie nährt nur seinen Hunger nach Rache. Misshandelte Frauen und die Gemeinschaften, die sie unterstützen, müssen sich bewusst sein, dass zusätzliche Schritte notwendig sind, um sich auf die mögliche Entlassung des wild entschlossenen Täters vorzubereiten.

Halten Sie sich die oben genannten Einstellungen vor Augen, wenn wir uns ansehen, wie der Täter mit den verschiedenen Rechtssituationen umgeht, mit denen er konfrontiert ist. Seine Reaktionen sind logische Folgen seines Denkens.

Wenn die Polizei an die Tür kommt

Wer glaubt, dass Täter die Kontrolle über sich verlieren, sollte durchs Fenster spähen, wenn die Polizei eine Wohnung betritt. Hunderte von Frauen haben mir erzählt: „Es ist, als ob er einen Schalter umlegen könnte. Die Polizei kommt, und er ist plötzlich die Ruhe selbst. Währenddessen flippe ich aus, also denken sie natürlich, dass etwas mit *mir* nicht stimmt. Sie glauben nicht, dass er sich so schnell beruhigen könnte.“ Wenn Täter wirklich enorme Probleme hätten, mit ihrer Wut umzugehen, wenn sie emotional so verwundbar oder in der Kindheit massiv verletzt worden wären, wie sie oft behaupten, könnten sie sich nicht um 180 Grad drehen, sobald ein Polizist an die Tür klopft.

Die Täter erzählen der Polizei Geschichten, dass es sich um ein unglückliches Missverständnis handelt, sowie von labilen oder betrunkenen Frauen und hilflosen, gut meinenden Männern, die versuchen, eine Katastrophe abzuwenden. Meistens gibt es Variationen der folgenden Aussagen:

- ***„Es war nur eine verbale Auseinandersetzung, es gab keine Schläge."***

Der Mann hofft, dass die Polizei die Anzeichen von umgeworfenen Stühlen, zerschlagenen Tellern oder Kratzern an ihren (oder seinen) Armen ignoriert. Er geht davon aus, dass seine Partnerin zu viel Angst hat, um die Wahrheit zu sagen, oder dass sie sich dafür verantwortlich fühlt, ihn zu beschützen.

- ***„Sie hat mich immer und immer wieder geschlagen, während ich versuchte, aus der Wohnung herauszukommen, und ich habe sie nur weggeschubst, um rauszukommen."***

Wie viele Frauen wollen einen wütenden Mann in der Wohnung gefangen halten? Nicht viele, es sei denn, der Mann droht damit, Selbstmord zu begehen oder einen ihrer Freunde oder Verwandten anzugreifen. In den seltenen Fällen, in denen ein Klient von mir die Wahrheit sagt und sein Ausgang tatsächlich blockiert war, hätte er noch andere Möglichkeiten gehabt als Körperverletzung, z. B. durch die Hintertür hinauszugehen. Mir hat noch nie ein Mann gesagt, dass er zum Beispiel nicht in der Lage war, zum Telefon zu gehen, um Hilfe zu rufen, wie es Hunderten von Partnerinnen meiner Klienten passiert ist.

Unzählige meiner Klienten führen Notwehr als Entschuldigung an, geben dann aber zu, dass sie von ihrer Partnerin weder in Angst versetzt oder verletzt wurden, noch dass die Frau in der Lage war, ihre Bewegungen erfolgreich zu kontrollieren oder sie davon abzuhalten, das zu sagen, was sie wollten. Es geht um Rache, nicht um Selbstverteidigung. Von den über zweitausend Klienten, die ich hatte, fällt mir nur einer ein, der wirklich ein Problem mit schwerer Gewaltanwendung seitens seiner Frau hatte, wobei dies keine Reaktion auf seine Misshandlung war, und selbst er hatte keine besondere Angst vor ihr.

- ***„Sie war betrunken und wollte Auto fahren, und ich habe nur versucht, ihr die Schlüssel wegzunehmen."***

Diese Ausrede ist knifflig, denn misshandelte Frauen entwickeln manchmal Alkohol- oder Drogenprobleme, meist aufgrund des missbräuchlichen Verhaltens ihres

Partners. Ihre Sucht ist jedoch keine Entschuldigung dafür, sie zu misshandeln. Wenn eine Frau bei Ankunft der Polizei sichtlich berauscht ist, kann es leider vorkommen, dass die Beamten geneigt sind, dem Missbrauchstäter zu glauben und sie zu diskreditieren. Wenn ich jedoch nachfrage, finde ich meist heraus, dass die Frau das Haus verlassen wollte, weil er an diesem Tag verbal immer bedrohlicher wurde, und sie versucht hatte, einem körperlichen Angriff zu entgehen, von dem sie wusste, dass er bevorstand.

- ***„Sie sagte, sie würde die Polizei rufen und behaupten, dass ich sie geschlagen hätte, wenn ich ihr nicht mehr Geld geben würde."***

Ich habe diese Geschichte von so vielen meiner Klienten gehört, dass ich mich frage, ob sie alle Absolventen derselben Missbrauchs-Akademie sind. Ich bin bisher noch keinem Fall begegnet, in dem sich herausgestellt hat, dass an dieser Behauptung etwas dran ist, selbst wenn der Mann anfangs darauf bestand, Zeugen dafür zu haben.

- ***„Ich bin nur eingeschritten, um unser Kind vor ihren Misshandlungen zu schützen."***

Auch in diesem Fall könnte wirklich eine Situation eintreten, in der ein nicht-misshandelnder Mann körperliche Schritte unternehmen muss, um ein Kind vor den Misshandlungen seitens der Mutter zu schützen, aber er würde dies tun, indem er das Kind woanders hinbringt, nicht indem er die Mutter angreift.

Es ist außerordentlich schwierig, falsche Behauptungen über häusliche Gewalt bis zu einer Verurteilung aufrechtzuerhalten. Wenn eine rachsüchtige Frau einem Mann wirklich etwas anhängen will, gibt es Wege, die befriedigender, weniger zeitaufwendig und weit weniger anfällig für Misserfolg sind. Es gibt nicht den geringsten Beweis dafür, dass die Rate der falschen Anschuldigungen bei häuslicher Gewalt höher ist als bei jeder anderen Art von Verbrechen. Tatsächlich deuten Untersuchungen darauf hin, dass sie möglicherweise niedriger sind.

Wenn ein Missbrauchstäter beschuldigt wird, gegen eine einstweilige Verfügung verstoßen zu haben, hat er eine weitere Reihe von Erklärungen parat, darunter:

- ***„Es ist reiner Zufall, dass wir zur gleichen Zeit dort waren. Ich hatte keine Ahnung, dass sie anwesend sein würde."***

Bei der Beurteilung der Zulässigkeit dieser Ausrede ist mir aufgefallen, dass Männer, die entschlossen sind, ihre einstweilige Verfügung zu befolgen, immer Wege zu finden scheinen, sich von der Frau fernzuhalten, während andere Täter „rein zufällig" immer wieder gegen die Verfügung verstoßen.

- ***„Mir war nicht klar, dass es mir nicht einmal erlaubt war, einen Brief zu schicken."***

Selbst wenn diese Ausrede zutrifft, zeigt sie die Verachtung des Mannes sowohl gegenüber seiner Partnerin als auch gegenüber dem Gericht, denn sie bedeutet, dass er sich nicht die Mühe gemacht hat, die Verfügung zu lesen. Und man braucht keinen Anwalt, um die Aussage „Es ist Ihnen untersagt, mit der Klägerin Kontakt aufzunehmen" zu verstehen.

- ***„Ich habe nur angerufen, um mit den Kindern zu sprechen, weil ich sie schrecklich vermisse. Ich hatte sie seit zwei Monaten nicht mehr gesehen."***

Keine Entschuldigung berührt das Herz der Mitarbeiter der Polizei und der Justiz so sehr wie diese. Einige meiner Klienten, die diese Ausrede benutzt haben, hatten in der Tat ein Umgangsrecht, aber sie hatten sich *entschieden*, dieses nicht wahrzunehmen, weil ihnen die Bedingungen nicht gefielen. Sie erklärten: „Wenn ich sie nur an einem Nachmittag pro Woche sehen kann oder wenn ich sie unter Aufsicht treffen muss, werde ich sie überhaupt nicht sehen." So viel zu den hingebungsvollen Vätern, die sie zu sein vorgeben.

Sogar in Fällen, in denen die Mutter oder das Gericht dem Täter tatsächlich den Umgang verweigert hat, weiß er genau, was er tut, wenn er zu Hause anruft und welche Gefühle der Angst und der Verletzung das bei der Mutter auslöst. Wenn seine Sorge um seine Kinder so tiefgreifend ist, wie er behauptet, kann er es beweisen, indem er das tut, was seine Kinder von ihm am dringendsten benötigen, nämlich sich um sein Missbrauchsproblem zu kümmern.

Wenn die Polizei kommt, weil sie wegen häuslicher Gewalt gerufen wurde, bemüht sich die Frau manchmal, ihren misshandelnden Partner zu decken. Bedenken Sie ihre Situation: Sie weiß, dass die Polizei ihr Haus in wenigen Minuten wieder verlassen und sie dort zurücklassen wird, entweder mit dem Missbrauchstäter oder ohne ihn. Wenn die Polizei ihn verhaftet, ist es nur eine Frage der Zeit, bis er wieder freigelassen wird – und dann wird er wütender denn je sein. Sie rechnet sich aus, dass sie am sichersten an der Seite ihres Partners ist. Wenn sie sich mit ihm zusammentut, wird er sie vielleicht nicht in Stücke reißen, sobald das Polizeiauto um die Ecke verschwindet. Selbst wenn sie selbst um Hilfe gerufen hat, geht es ihr nicht unbedingt um eine Verhaftung. Die meisten Frauen rufen an, damit eine beängstigende Situation aufhört. Sie wollen, dass die Polizei den Mann beruhigt, und sie wünschen sich meist, dass er für die Nacht aus der Wohnung geholt wird. Aber Gefängnis, selbst wenn es nur für ein oder zwei Tage ist? Nur wenige Frauen wollen das, es sei denn, sie haben schon eine lange Geschichte der Misshandlungen hinter sich.

Mittlerweile ist die Wahrscheinlichkeit, dass Frauen der Polizei die Wahrheit sagen, deutlich höher als noch vor dreißig Jahren. Auch wenn der Täter sagen mag „Du hast mich ins Gefängnis gebracht!", hat er sich in Wirklichkeit *selbst* dorthin gebracht, und immer mehr Menschen beginnen, diesen entscheidenden Punkt zu verstehen. Warum sollten Sie Missbrauch erleiden müssen, um ihn vor der Pein oder der Erniedrigung der Haft zu bewahren? Er weiß, was er ändern muss, um zu verhindern, dass beim nächsten Mal die Polizei gerufen wird. Es liegt an ihm.

Ich empfehle Ihnen nicht, tatenlos zuzusehen, wie die Polizei Ihren Partner verhaftet, wenn Sie befürchten, dass er Sie töten könnte, sobald er wieder freikommt. Jede Frau muss ihre eigenen Entscheidungen auf der Grundlage ihrer eigenen Sicherheitssituation treffen. Sie sind die Expertin in Bezug auf Ihren Partner. Vielleicht wissen Sie aus eigener Erfahrung, dass die Justiz nicht in der Lage sein wird, sein Verhalten zu kontrollieren, und dass Sie sich aus Sicherheitsgründen nach alternativen Strategien umsehen müssen, z. B. eine Flucht planen.

Soll ich eine einstweilige Verfügung erwirken?

In Deutschland hat eine Frau, die von einem Partner oder Ex-Partner körperlich oder psychisch misshandelt, sexuell missbraucht oder physisch bedroht wird, die Möglichkeit, bei Gericht eine einstweilige Verfügung zu beantragen, um den Missbrauchstäter von ihr fernzuhalten. Wenden Sie sich entweder an das Gericht oder eine örtliche Beratungsstelle für misshandelte Frauen, um herauszufinden, ob Sie berechtigt sind, eine Verfügung zu beantragen, und wie das Verfahren zur Erlangung einer Verfügung aussieht.

Die Frage, ob und wann Sie eine einstweilige Verfügung erwirken sollen, ist komplex, und niemand kann sie für Sie beantworten. Beachten Sie bei Ihrer Entscheidung folgende Punkte:

1. Hat er Angst vor der Polizei, der Justiz oder dem Gefängnis? Wenn ja, kann die einstweilige Verfügung ihn von Ihnen fernhalten. Aber wenn er keine Angst hat, kann die Verfügung ihn dazu anstacheln, noch beängstigender als zuvor zu werden. Ich hatte Klienten, die auf eine einstweilige Verfügung reagierten wie ein Stier, vor dem eine rote Fahne geschwenkt wird.

2. Befürchten Sie vor allem, dass er Sie einschüchtern und versuchen wird, Sie zu schlagen oder Sie verbal zu belästigen, oder haben Sie Angst, dass er etwas tun wird, das noch schwerwiegender ist als der Versuch, Sie zu töten? Einstweilige

Verfügungen können hilfreich sein, um Belästigungen und nicht-tödliche Übergriffe zu unterbinden, sind aber möglicherweise nicht viel wert, um einen Täter mit mörderischen Absichten zu stoppen. Wenn Sie das Schlimmste befürchten, ist es wichtig, mehrere Schritte zum Schutz Ihrer Sicherheit zu unternehmen (siehe „Sicherheitsvorkehrungen" in Kapitel 9), wobei eine einstweilige Verfügung *ein Aspekt eines größeren Plans* sein kann, und selbst dann *nur, wenn Sie glauben, dass die Verfügung zu Ihrer Sicherheit beiträgt.*

3. Können Sie mit der Unterstützung der Polizei und der Gerichte in Ihrer Region rechnen? Werden sie voraussichtlich ernsthafte Maßnahmen ergreifen, wenn er gegen die Verfügung verstößt? Werden sie Ihnen glauben, wenn Sie ihnen einen Verstoß melden? Eine einstweilige Verfügung kann mehr schaden als nützen, wenn das Rechtssystem nicht bereit ist, Sie zu unterstützen.

Ich habe Fälle erlebt, in denen einstweilige Verfügungen einen großen Beitrag zur Sicherheit und zum Seelenfrieden von Frauen geleistet und unermesslich dazu beigetragen haben, dass Frauen ihr Leben weiterführen und frei sein konnten. Aber jeder misshandelnde Mann ist anders. Ich hatte es mit Fällen zu tun, in denen die Frau es bedauerte, die Verfügung erwirkt zu haben, weil ihr Leben dadurch noch schrecklicher geworden ist. Wenn möglich, sprechen Sie mit einem Anwalt für misshandelte Frauen, *bevor* Sie eine Entscheidung wegen einer Verfügung treffen. Und unabhängig davon, ob Sie eine einstweilige Verfügung beantragen oder nicht, stellen Sie sicher, darüber hinaus *weitere* Schritte zum Schutz Ihrer Sicherheit zu unternehmen. Eine einstweilige Verfügung sollte Teil eines größeren Sicherheitsplans sein (siehe „Einen Missbrauchstäter sicher verlassen").

Wenn er verhaftet wird, was dann?

Wenn ein Täter nach der Anklageerhebung aus der Untersuchungshaft entlassen wird, verfolgt er in der Regel folgende Ziele: (1) die Frau davon zu überzeugen, die Anklage fallen zu lassen und nicht auszusagen, falls die Anklage weiterverfolgt wird; sowie (2) die geringstmöglichen Konsequenzen vom Gericht zu erhalten.

Einer meiner ersten Klienten, ein groß gewachsener Biker namens Phil, machte mich mit einer Reihe von Taktiken bekannt, die in dieser Zeit entscheidend sind. Er schloss sich freiwillig meiner Tätergruppe an, nachdem er wegen des Angriffs auf seine Freundin Betty verhaftet worden war. In den ersten Wochen seiner Teilnahme war er wegen seiner Arroganz und seiner „Scheißegal-Einstellung" ziemlich unangenehm. Doch im Laufe der Wochen wurde er weicher und begann, anderen Gruppenmitgliedern gegenüber angemessene Bemerkungen bzgl. ihrer Misshandlungen zu machen. Betty berichtete, dass sie an Phil eine Seite wiederentdeckte, die seit mehreren Jahren verschwunden war: Er war ruhiger, er hörte ihr mehr zu, wenn sie redete, und er mied Auseinandersetzungen, anstatt sie zu ängstigen. Noch entscheidender war für sie, dass er eines nachmittags bei ihrer Schwester vorbeischaute, um mit der Reparatur der Zäune zu beginnen, nachdem er sich zwei Jahre lang geweigert hatte, mit ihr zu sprechen, und darauf bestanden hatte, dass sie eine „Schlampe“ sei. Und Betty freute sich zu hören, dass seine Anwesenheit und Teilnahme an unserem Programm gut lief.

Es waren jedoch zwei Dinge geschehen, die Betty verwirrten. Eines Tages waren sie in einen heftigen Streit geraten, was in letzter Zeit selten geworden war, und er hatte sie angeschrien: „Ich habe jetzt all diese Gerichtsprobleme, weil du beschlossen hast, die verdammte Polizei auf mich zu hetzen.“ Dieser Hieb schien nicht mit der Reue zusammenzupassen, die er an anderen Tagen zeigte. Er entschuldigte sich jedoch am nächsten Tag und bezeichnete sein eigenes Verhalten als „Rückfall“. Ein paar Wochen später sagte er in einem weiteren angespannten Gespräch mit Betty knurrend zu ihr: „Wenn du weiter gegen mich aussagst, wird es dir wirklich leidtun.“ Später bestand er darauf, dass er nur gemeint habe, dass sie sich schuldig fühlen würde, weil sie ihn „wie einen Kriminellen“ behandelt habe, aber Betty hatte weiterhin das Gefühl, dass er etwas darüber hinaus gemeint habe.

Bis zum Tag seiner Anhörung hatte Phil mehr als drei gute Monate in Folge hinter sich gebracht. Betty berichtete seine Veränderung gegenüber dem Richter, und Phil beschrieb seine Beteiligung an unserem Programm und sagte, er habe akzeptiert, dass er ein Problem habe, an dem er arbeiten müsse. Der Richter war beeindruckt, dass Phil aus eigenem Antrieb in die Beratung gegangen war, ohne darauf zu warten, dass das Gericht seine Teilnahme daran anordnete. Die Anklage wurde abgewiesen.

Phil und Betty gingen gemeinsam die Stufen des Gerichtsgebäudes hinunter, bevor sie sich zu ihrem jeweiligen Auto begaben. Als sie sich trennten, zeigte Phil ein Lächeln, das eher höhnisch wirkte und sagte: „Nun, ich denke, jetzt ist Schluss mit Mr. Nice Guy.“ Und er meinte es auch so. Er setzte nie wieder einen Fuß in seine Tätergruppe und kehrte über Nacht zu dem gewohnten missbräuchlichen Verhalten gegenüber Betty zurück.

Nachdem wir beobachtet hatten, wie immer mehr Klienten unseres Programms in Phils Fußstapfen traten, entwickelten wir schließlich die Richtlinie, die es Männern zwischen ihrer Verhaftung und dem Datum der gerichtlichen Verfügung nicht erlaubte, an unserem Programm teilzunehmen. Wir wollten nicht ein weiteres

Werkzeug sein, das von Missbrauchstätern benutzt wird, um ihre Partnerinnen zu manipulieren und rechtlichen Konsequenzen zu entgehen.

Frauen sind oft wütend auf sich selbst, wenn sie die Strafverfolgung nicht zu Ende führen. So sagte z. B. eine Frau zu mir: „Was für eine Idiotin ich war. Ich weiß nicht, warum zum Teufel ich seinen Versprechungen geglaubt habe. Ich hätte fortfahren und aussagen sollen. Schauen Sie sich das Schlamassel an, in dem ich jetzt stecke." Wenn Sie selbst in der Situation waren, sich auf diese Weise zu beschuldigen, halten Sie einen Moment inne und überlegen Sie: Warum ist es Ihre Schuld, dass er so überzeugend ist, dass er so gut weiß, wie er Ihren Verstand durcheinanderbringen kann, dass er über die Jahre hinweg Informationen über Ihre Schwachstellen gesammelt hat und weiß, wie er sie auszuspielen hat? Warum sind Sie schuld daran, dass er so manipulativ ist? Der Grund dafür, dass es so lange dauert, bis man einen Täter erkennt, liegt darin, dass er weiß, wie er sich hinter ständig wechselnden Maskierungen verborgen halten kann. Wenn Täter so leicht zu entdecken wären, gäbe es keine misshandelten Frauen.

In Ländern, in denen misshandelte Frauen ein Gerichtssystem vorfinden, das in Missbrauchsfragen gut informiert ist, sensibel auf ihre Lebensumstände eingeht und in denen Opferanwälte aktiv beteiligt sind, gehen mehr als 80 Prozent der betroffenen Frauen mit einer Zeugenaussage vor Gericht. Wenn Sie es nicht ertragen, es mit einem System zu tun zu haben, das Ihre Bedürfnisse nicht versteht, ist das nicht Ihr Fehler. Denken Sie auch daran, dass Ihre Entscheidung, eine einstweilige Verfügung oder eine strafrechtliche Anklage fallen zu lassen, nicht bedeutet, dass Sie in Zukunft nicht erneut versuchen können, rechtlichen Schutz in Anspruch zu nehmen (obwohl Sie bei der Polizei oder den Gerichten auf Vorurteile stoßen können, wenn Sie in der Vergangenheit Maßnahmen eingeleitet und dann fallen gelassen haben).

Das Gericht verhängt eine Strafe

Meine physisch gewalttätigen Klienten scheinen neun Leben zu haben, wenn es darum geht, nicht ins Gefängnis zu kommen. Durch Dutzende von Begegnungen, die ich im Laufe der Jahre mit Bewährungshelfern, Richtern und Staatsanwälten hatte, ist mir klar geworden, dass sich die Gerichte bedauerlicherweise nur langsam von dem Glauben befreien, dass jeder Mann „früher oder später den Verstand verliert, wenn ihn seine Frau weit genug in die Enge drängt", dass „Alkohol der wahre Grund für Misshandlungen in der Partnerschaft ist" oder dass „Frauen die Misshandlungen aus Hysterie oder Rachsucht häufig übertrieben darstellen". Diese hartnäckigen Einstellungen stehen im Einklang mit der dem missbrauchenden Manne eigenen Fähigkeit, überzeugend zu lügen und Sympathie zu wecken.

Die Strafen für die Gewalt, die Männer ihren Ehefrauen oder Freundinnen antun, sind im Durchschnitt geringer als die, die sie für Übergriffe auf Fremde erhalten, auch wenn Gewalt in der Beziehung schwerere Verletzungen und mehr Todesfälle verursacht als Kämpfe zwischen Männern. Die Gerichte wollen die Täter nicht ins Gefängnis schicken, weil sie sie für eine besondere Klasse von Tätern halten, die besonderes Mitgefühl verdienen, und weil sie oft Rechtfertigungen für die Gewalt von Männern akzeptieren, bei denen den Opfern die Schuld gegeben wird.

Von gewohnten Einstellungen trennt man sich nur schwer. Vor einigen Jahren kam nach einer von mir durchgeführten juristischen Schulung ein Richter auf mich zu und sagte: „Also gut, ich habe verstanden, was im Hinblick auf die Männer, die ihre Partnerinnen grün und blau prügeln, ihnen ins Gesicht schlagen und sie ins Krankenhaus bringen, zu tun ist. Aber was ist mit dem Kerl, der seiner Frau nur ab und zu einen Schubs oder Stoß gibt? Ich kann ihn nicht so behandeln, als wäre er ein *Schläger*. Sie haben nicht erläutert, was Richter in solchen Fällen tun sollen." Ich versuchte zu erklären, wie schockierend und einschüchternd der Schubser eines Mannes für eine Frau sein kann, aber ich konnte sehen, dass er bereits dichtgemacht hatte.

Ich habe Richter erlebt, die schlimmer waren als dieser hier, die offensichtlich wütender auf die Frau waren, weil sie die Gewaltanwendung gemeldet hatte, als auf den Mann, der sie verübt hatte. Aber ich habe auch mit anderen zusammengearbeitet, die sich die Beweise genau ansehen, allen Parteien respektvoll zuhören und eine Entscheidung treffen, die auf Fakten statt auf Vorurteilen beruht. In Fällen, in denen der Mann für schuldig befunden wird, konfrontieren sie den Mann nachdrücklich mit der Schwere seines Vergehens, weisen seine Entschuldigungen zurück und verhängen eine Strafe, die dem Verbrechen angemessen ist.

Ich habe mit Richtern gesprochen, die es vorziehen, einem Täter eine starke verbale Ermahnung zu erteilen, *anstatt* Sanktionen zu verhängen, denn sie sind überzeugt, dass die strenge Warnung eines Richters einem Täter klarmachen kann, dass er mit seinem Verhalten aufhören muss. Aber in Wirklichkeit hält der Mann die Strafpredigt des Richters für einen Witz, wenn damit kein Urteil verbunden ist. Vor Gericht vermittelt er den Eindruck eines zurechtgewiesenen Mannes, grinst dann aber den ganzen Weg über nach Hause, selbstgefällig und gestärkt. Ich erlebe die ermutigende Wirkung solcher Gerichtstermine bei meinen Klienten.

Ich bin jedoch kein Befürworter langer Strafen für Missbrauchstäter. Die Täter verbringen einen Großteil ihrer Zeit im Gefängnis damit, über ihren Groll gegen ihre misshandelte Partnerin zu brüten und ihre Rache zu planen. Männergefängnisse helfen ihnen nicht dabei, ihre unterdrückende Haltung gegenüber Frauen zu überwinden. Sie gehören sogar zu den frauenfeindlichsten Umgebungen auf der Welt. Doch die Gerichte werden ihre Abneigung überwinden müssen, Missbrauchstäter ins Gefängnis zu schicken, wenn sie jemals wollen, dass diese aufwachen und ihr Fehlverhalten zur Kenntnis nehmen. Eine *kurze* Gefängnisstrafe, verbunden mit einer langen Bewährungsphase im Anschluss an das Gefängnis und der Teilnahme an einem Täterprogramm, kann eine starke Motivation für einen Täter sein, sich mit seinem Problem auseinanderzusetzen. Jedes weitere Vergehen führt zu einer längeren Strafe und einer höheren Geldstrafe als das vorherige.

Ein wichtiger Teil des Strafmaßes für einen Mann, der wegen häuslicher Gewalt verurteilt wurde, sollte ein längerer Zeitraum – nicht weniger als ein Jahr – der Teilnahme an einem speziellen Täterprogramm sein. Das Therapieprogramm für Missbrauchstäter kann nicht durch Psychotherapie oder Training zur Aggressionsbewältigung ersetzt werden, da diese Angebote nicht darauf ausgerichtet sind, die Bandbreite der Verhaltensweisen, die den Missbrauch ausmachen, und die grundlegenden Einstellungen, die sie antreiben, zu bearbeiten (siehe Kapitel 3). In Kapitel 14 erfahren Sie, wie ein professionelles Therapieprogramm für Missbrauchstäter abläuft und wie Sie die Stärken und Schwächen eines konkreten Programms in Ihrer Region bewerten können.

Der Missbrauchstäter auf Bewährung

Ich habe früher einen ausgezeichneten jungen Berater von Missbrauchstätern namens Patrick betreut. Er war energisch und mutig, aber sowohl er als auch die Gruppenteilnehmer waren sich immer seiner Jugend – er war dreiundzwanzig und sah aus wie neunzehn – und seiner geringen Größe bewusst. Wir gingen davon aus, dass früher oder später einer der eher gewalttätigen Missbrauchstäter versuchen würde, ihn einzuschüchtern. Tatsächlich verlangte eines Tages ein Mann von Patrick, nachdem dieser ihn wegen seines störenden Verhaltens in der Gruppe zurechtgewiesen hatte, dass er mit ihm „nach draußen" gehen solle, um sich zu prügeln. Seine Körperhaltung offenbarte, wie sehr er die Aussicht genoss, seine Fäuste einsetzen zu können. Patrick lehnte das Angebot jedoch höflich ab und forderte den Täter auf, den Raum zu verlassen. Der Klient überlegte, welche Möglichkeiten er hatte, und beschloss hinauszustürmen, ohne jemanden zu schlagen.

Wir meldeten den Vorfall bei Gericht und warteten ab, wie schnell dieser Mann wegen der Bedrohung eines Beraters bei seinem vom Gericht angeordneten Täterprogramm ins Gefängnis kommen würde. Stellen Sie sich vor, wie erstaunt wir waren, als wir zwei Wochen später von der leitenden Bewährungshelferin erfuhren, dass sie den Mann zu sich gerufen hatte, um ihm „ein paar deutliche Worte zu sagen", und ihn dann angewiesen hatte, *sich für ein anderes Täterprogramm anzumelden*. Mit anderen Worten, die „Konsequenz" war, dass er unser Programm nicht zu Ende führen konnte. Ich hatte mit demselben Gericht eine ähnliche Erfahrung in einem Fall gemacht, in dem wir den Verdacht hatten, dass einer unserer Klienten seine verschreibungspflichtigen Schmerzmittel missbrauchte. Wir baten um Erlaubnis, mit dem zuständigen Arzt sprechen zu dürfen, aber der Klient weigerte sich. Sein Bewährungshelfer rief bald darauf an und teilte uns wütend mit, dass uns die verschreibungspflichtigen Medikamente seines Klienten nichts angingen. Der Bewährungshelfer erklärte mir dann ungeniert, dass er *seine* Schmerzmedikamente von *demselben Arzt* verschrieben bekäme. (Kein Wunder, dass er nicht wollte, dass wir die Angelegenheit zu genau untersuchen.)

Meine Klienten haben kein Problem herauszufinden, ob ihre Bewährungshelfer häusliche Gewalt als schweres Verbrechen betrachten oder nicht. Jeder Mann probiert seine Ausreden und Rechtfertigungen aus, um zu sehen, wie die Resonanz ist. Je mehr Raum der Bewährungshelfer ihm für seine Klagen und Vorwürfe gegen das Opfer einräumt, desto weniger streng, so weiß er, wird die Überwachung sein. Die Haltung des Bewährungshelfers in Bezug auf häusliche Gewalt spiegelt in weiten Teilen die Tonlage wider, die der leitende Bewährungshelfer vorgegeben hat, ein Umstand, den ich so auch bei der Polizei beobachtet habe. Wenn ich mit Gerichten zusammenarbeite, die opferorientierte Bewährungsabteilungen haben, kooperieren die meisten der von ihnen überwiesenen Männer mit meinem Programm und erfüllen alle Anforderungen. Doch wenn die Sympathie der Bewährungshilfe in erster Linie beim Täter liegt – wie es in dem oben beschriebenen Gericht der Fall zu sein schien –, zeigen die Männer immer wieder Probleme mit ihrem Verhalten, ihrer Einstellung und ihrer Teilnahme, und ich muss immer wieder Männer wegen mangelnder Kooperation aus dem Programm werfen. Warum? Weil sie bereits herausgefunden haben, dass eine Kündigung keine ernsthaften Konsequenzen bei diesem Gericht nach sich ziehen wird, sodass sie sich lieber nicht mit einem Täterprogramm auseinandersetzen, das sie in Bedrängnis bringt.

Wenn ein Täter feststellt, dass er seinen Bewährungshelfer manipulieren oder sich mit ihm verbünden kann, zeichnet er nicht nur ein verzerrtes Bild der misshandelten Frau, sondern wendet auch seine Spalte-und-Herrsche-Strategie in Bezug auf das Täterprogramm an. „Ich *weiß*, dass das, was ich getan habe, falsch war", sagt er, „und ich möchte wirklich an mir arbeiten. Aber bei dem Täterprogramm helfen sie uns nicht, uns zu ändern. Sie sagen uns nur, dass wir schreckliche Menschen sind und alles, was wir sagen, falsch ist. Sie hassen dort einfach Männer und lassen es an uns aus." Der Bewährungshelfer ruft mich dann an, um die Beschwerde des Mannes weiterzuleiten. Meine Antwort ist immer: „Kommen Sie doch mal vorbei und nehmen Sie an zwei oder drei unserer Gruppensitzungen teil. Dann werden Sie mit eigenen Augen sehen, was wir anbieten." Ein Bewährungshelfer hat in der Tat einige Sitzungen besucht und dann begonnen, regelmäßig einmal im Monat dabei zu sein. Er hat schnell verstanden, welchen geduldigen und erzieherischen Ansatz wir mit den Missbrauchstätern tatsächlich verfolgen, und war danach gefeit davor, manipuliert zu werden.

Die Verzerrungen des Täters in Bezug auf das Täterprogramm folgen den gleichen Gedankengängen wie denen über seine Partnerin. Wenn ich einem geschwätzigen Klienten sage, dass er nicht die gesamte Gruppendiskussion dominieren kann und eine Weile still sein muss, erklärt er gegenüber seinem Bewährungshelfer: „Die Berater sagen, dass wir nur zuhören und selbst überhaupt nichts sagen dürfen." Wenn ich einem Mann, der in der Gruppe störend wirkt, Grenzen setze, wendet er sich auf seinem Platz ab, lässt den Kopf wie ein Opfer hängen und sagt sarkastisch: „Okay, ich hab's verstanden: Wir haben immer Unrecht, und die Frauen haben immer Recht." Wenn ich einen Mann nach drei Verwarnungen wegen unangemessenen Verhaltens vom Programm ausschließe, sagt er: „Wenn wir Ihnen nicht genau das sagen, was Sie hören wollen, schmeißen Sie uns raus, und Sie geben niemandem eine zweite Chance." Diese verdrehten Darstellungen unserer Aussagen geben wichtige Einblicke in die Art und Weise, wie der Täter seine Partnerin zu Hause diskreditiert – und warum sie sich möglicherweise so wütend und frustriert fühlt und es sie zum Schreien bringt.

Bemühungen, andere für sich einzunehmen

Sobald der Täter im Rechtssystem auf einen neuen Akteur trifft, versucht er, zu ihm eine persönliche Verbindung herzustellen. Bei Männern verlässt er sich auf „männliche Kumpanei", macht Witze über Frauen oder sucht Solidarität auf der Grundlage von frauenfeindlichen Stereotypen. Bei Frauen probiert er es mit Schmeicheleien und Flirten oder er versucht, private Details aus dem Leben der Betroffenen zu erfahren, um mit Aussagen wie „Ich habe gehört, dass Ihre Tochter krank ist. Wie geht es ihr?" die unausgesprochene Botschaft zu vermitteln, die sich durch alle seine Bemühungen zieht: „Sehen Sie, ich bin kein Täter, ich bin ein genauso liebenswürdiger, normaler Mensch wie Sie, und ich möchte Ihr Freund sein." Meine Klienten probieren dieselben Maschen beim Täterprogramm, sodass ich sie bestens kennengelernt habe.

Das Rechtssystem für seine eigenen Zwecke nutzen

In den über dreißig Jahren meiner Arbeit mit misshandelnden Männern habe ich mitbekommen, wie meine Klienten immer gewitzter wurden, um die Polizei und die Gerichte dazu zu bringen, in ihrem Sinne zu arbeiten. Misshandelte Frauen werden viel häufiger verhaftet als zu Beginn meiner Arbeit, da die Missbrauchstäter gelernt haben, ihre eigenen Verletzungen aus einem Kampf zu nutzen, um ihre Rolle als Opfer zu unterstreichen. Ich habe den Eindruck, je gewalttätiger ein misshandelnder Mann ist, desto wahrscheinlicher ist es, dass er aus einem Kampf mit eigenen Verletzungen hervorgeht, da seine angsterfüllte Partnerin bei ihren Bemühungen, ihm zu entkommen, tritt, mit den Armen fuchtelt und kratzt. Einige Polizisten sehen sich die Verletzungen des Täters dann an und entscheiden: „Okay, wir werden sie festnehmen, denn er hat Kratzspuren."

Die Täter haben auch gelernt, schnell vor Gericht zu ziehen, um eine einstweilige Verfügung zu erwirken, bevor ihre Partnerin die Chance dazu hat, und manchmal bekommen sie dabei auch das Sorgerecht für ihre Kinder zugesprochen. Es gibt wohl kaum einen selbstzufriedeneren Mann als den, der seine Partnerin wiederholt verbal oder körperlich angegriffen hat und dann das Vergnügen hat, ihr eine gerichtliche Verfügung zu überreichen, die *sie* aus der Wohnung verbannt. Und natürlich kann eine Frau durch den Schock, wenn sie entdeckt, dass das Gericht sie quasi mit Füßen tritt, wenn sie bereits am Boden liegt, noch weiter in Richtung Resignation und Bitterkeit getrieben werden. Aber glücklicherweise muss die Geschichte für die misshandelte Frau an dieser Stelle nicht zu Ende sein.

Als misshandelte Frau das Rechtssystem überleben

Trotz des Selbstvertrauens und der Überlegenheit der Missbrauchstäter und der regressiven Verhaltensweisen einiger Polizei- und Gerichtsbeamter, die immer noch vorhanden sind, wurden enorme Fortschritte bei der Reaktion der Justiz auf häusliche Gewalt gemacht. Hunderttausenden von Frauen gelingt es jedes Jahr, von den Gerichten Schutzverfügungen zu erwirken, und ein großer Teil dieser Verfügungen bewirkt das, was die Frau anstrebt: die Wiederherstellung ihrer Sicherheit und eine dringend benötigte Pause von dem Täter. Viele Staaten in den USA haben die Polizei mittlerweile angewiesen, in Fällen von häuslicher Gewalt die Täter zu verhaften, und Staatsanwälte sind bei der Verfolgung von Verurteilungen oft sehr gewissenhaft.

Wenn Sie sich dafür entscheiden, die Polizei oder Gerichte zu Ihrem Schutz heranzuziehen – oder wenn Sie aufgrund des Anrufs von Nachbarn oder Verwandten in das Rechtssystem hineingezogen wurden –, finden Sie hier einige Grundsätze, die Sie in Ihr Rettungspaket packen sollten:

- ***Bitten Sie um Hilfe, bitten Sie um Hilfe, bitten Sie um Hilfe.***

Ich kann es nicht oft genug sagen. Der Umgang mit der Polizei und den Gerichten kann dazu führen, dass Sie sich isoliert, verängstigt und machtlos fühlen. Manche Frauen beschließen, nachdem sie einen Vorgeschmack von diesem kalten und manchmal feindseligen System bekommen haben, dass sie nie wieder offizielle Hilfe in Anspruch nehmen wollen. Ein Gegenmittel besteht darin, auf alle Ihnen zur Verfügung stehenden Ressourcen zurückzugreifen. Gibt es in Ihrer Nähe eine Beratungsstelle für misshandelte Frauen, zu deren Netzwerk Rechtsanwälte gehören, die Frauen vor Gericht begleiten? Gibt es bei Ihnen Opfer- und Zeugenanwälte und stehen diese bei Gericht zur Verfügung? Gibt es einen Freund oder Verwandten, der Sie bei der Beantragung einer einstweiligen Verfügung begleiten könnte? Verfügt Ihre Polizeibehörde über einen speziell ausgebildeten Beamten für häusliche Gewalt, mit dem Sie Ihren Fall besprechen könnten? Denken Sie daran, dass jeder, der auf „häusliche Gewalt“ spezialisiert ist, Ihnen ebenfalls dabei hilft, mit einem furchterregenden oder einschüchternden Partner umzugehen, auch wenn dieser Sie nie geschlagen hat. Beziehen Sie so viele dieser Personen wie möglich in Ihren Fall ein, denn emotionale und organisatorische Unterstützung kann einen immensen Unterschied machen.

- ***Kooperieren Sie mit der Strafverfolgungsbehörde, es sei denn, dies ist zu gefährlich für Sie.***

Mehrere Studien haben gezeigt, dass Täter, die strafrechtlich verfolgt werden, mit größerer Wahrscheinlichkeit ihr gewalttätiges Verhalten beenden als solche, die nicht verfolgt werden. Wenn es Ihrem Partner plötzlich ernst zu sein scheint, sich zu ändern, ist das kein Grund, die juristischen Schritte einzustellen, im Gegenteil, es ist ein weiterer Grund, sie *fortzusetzen*. Die Beteiligung des Gerichts wird dazu beitragen, ihm die Struktur und die Anreize zu geben, die er braucht, um seine guten Absichten umzusetzen. Ohne diesen zusätzlichen Anstoß verblassen die Veränderungsabsichten eines Missbrauchstäters meist mit der Zeit.

Einige Frauen geben zu bedenken: „Aber wenn ich mit meiner Aussage weitermache, wird er wütend werden, und dann wird er nie bereit sein, sich mit seinem Problem auseinanderzusetzen.“ Dies ist ein weitverbreitetes Missverständnis: Man kann einen Täter nicht durch Betteln oder Bitten dazu bringen, sich zu ändern. Die einzigen Täter, die sich ändern, sind diejenigen, die bereit sind, die Konsequenzen ihrer Handlungen zu akzeptieren. Wenn er unerbittlich wütend auf die Strafverfolgung ist, können Sie zu 100 Prozent sicher sein, dass er ohnehin nicht an sich gearbeitet hätte. Vielleicht befürchten Sie auch, dass eine strafrechtliche Verurteilung ihn mit einem demütigenden Stigma belasten und es ihm in Zukunft schwerer machen wird, Arbeit zu finden. Nur wenige Arbeitgeber prüfen jedoch das Vorstrafenregister und noch weniger lehnen einen Mann wegen eines Vergehens im Zusammenhang mit häuslicher Gewalt ab. Was die Stigmatisierung betrifft, so braucht er sie. Es mag für den Moment den Anschein haben, dass er seine Verleugnung abgelegt hat, aber Sie werden überrascht sein, wie schnell er wieder dazu übergeht, sobald die Androhung eines Gerichtsverfahrens vorüber ist.

- ***Vermeiden Sie, eine einstweilige Verfügung zurückzuziehen.***

Halten Sie sich von Ihrem Partner fern, bis die gerichtliche Verfügung abläuft, auch wenn Sie ihn sehr vermissen und er Ihnen wie eine völlig andere Person erscheint. Gerichte entwickeln leider oft Vorurteile gegenüber Frauen, die eine einstweilige Verfügung beantragen und diese dann zurückziehen, genauso wie die Polizei und die Strafverfolgungsbehörde eine Frau eventuell negativ beurteilen, die nicht aussagen will. Ich verstehe Ihre Angst, dass er etwas Extremes unternehmen könnte, wenn Sie die Verfügung nicht zurückziehen, auch die Herausforderung, der Sie gegenüberstehen, ohne seine finanzielle Unterstützung zu überleben (besonders wenn Sie Kinder haben), den Druck, den Sie von anderen Menschen bekommen, ihm eine neue Chance zu geben, und die zahlreichen anderen Belastungen, die auf Ihren Schultern liegen. Aber die Gerichte berücksichtigen diese Themen manchmal nicht und zögern dann, einer Frau zu helfen, wenn sie das nächste Mali um Hilfe bittet. Halten Sie während der gesamten Zeit die Verfügung aufrecht, es sei denn, Ihre Situation wird zu gefährlich.

- ***Geben Sie nicht vorzeitig auf.***

In den meisten Polizeidienststellen gibt es einige Beamte, die mit Fällen von häuslicher Gewalt gut umgehen, und andere, die das nicht tun, so wie es bei den meisten Gerichten Richter gibt, die die Täter zur Verantwortung ziehen, und andere, die sie laufen lassen. Nur weil es diesmal schlecht gelaufen ist, heißt das nicht, dass es immer so sein wird, denn manche Missbrauchstäter haben es nach einer Weile satt, sich mit dem Rechtssystem auseinanderzusetzen, und außerdem kann es dazu kommen, dass einige Beamte beschließen, endlich aktiv zu werden, wenn ein Fall oft genug bei ihnen gemeldet wird.

Es gibt jedoch Ausnahmen zu dem, was ich gerade gesagt habe. Vielleicht wissen Sie genau, dass in Ihrem Fall die rechtlichen Möglichkeiten für Sie eingeschränkt sind. Wenn der Täter bei der Polizei ist oder dort enge Freunde hat, kann ein Notruf die Dinge eher verschlimmern als verbessern. Wenn es sich bei dem Täter um einen Richter handelt – und ich habe mit einigen Frauen gesprochen, die sich in dieser traurigen Lage befanden –, kann es sein, dass es bei Gericht keine Hilfe geben wird. Es gibt einen Punkt, an dem es sinnvoll ist, das Rechtssystem außen vor zu lassen und zu überlegen, welche anderen Strategien sinnvoll sind. Beginnen Sie immer mit einem Anruf beim Hilfetelefon oder einer Missbrauchs-Hotline.

- ***Seien Sie Ihr eigener Rechtsbeistand.***

Wenn der Täter auf Bewährung ist, bitten Sie um ein persönliches Treffen mit dem Bewährungshelfer. Dadurch wird es Ihrem Partner schwerer fallen, ein verzerrtes Bild von Ihnen zu zeichnen, und es kann dazu führen, dass sich der Bewährungshelfer für Ihre Sicherheit verantwortlich fühlt. Wenn der Staatsanwalt eine Einigung im Strafverfahren in Erwägung zieht, verlangen Sie, in den Verhandlungsprozess einbezogen zu werden, sodass Ihre Bedürfnisse berücksichtigt werden, bevor eine Vereinbarung getroffen wird. Wenn Ihr misshandelnder Partner angewiesen ist, an einem Täterprogramm teilzunehmen, nehmen Sie häufig Kontakt mit den Durchführenden auf und stellen Sie sicher, dass diese auf Ihrer Seite stehen und nicht auf seiner. (Kapitel 14 bietet Richtlinien zur Beurteilung, ob ein bestimmtes Täterprogramm gut ist oder nicht.)

Die Justiz kann das Problem der Misshandlung von Frauen als solches nicht lösen, aber wenn das System richtig funktioniert, kann es für Sie ein wichtiger Verbündeter bei der Verteidigung Ihrer Rechte sein. Je besser Sie und jeder, der versucht, Ihnen zu helfen, die Tricks des Missbrauchstäters verstehen, mit denen er den Rechtsweg zu seinem Vorteil nutzt, desto besser können Sie Druck auf das System ausüben, um ihn zur Rechenschaft zu ziehen.

Wichtige Punkte, die Sie sich merken sollten

- Täter ändern sich selten, wenn sie nicht dazu gezwungen werden, die Konsequenzen für ihr Verhalten zu tragen. Vom Täter sollte verlangt werden, ein Therapieprogramm für Missbrauchstäter *in Verbindung mit, nicht anstelle von* rechtlichen Konsequenzen zu absolvieren.
- Viele Täter betrachten das Rechtssystem als eine weitere Möglichkeit zur Manipulation. Ob dem Täter dieser Ansatz gelingt oder nicht, wird weitgehend davon

abhängen, wie gut die entscheidenden Beamten über das Thema Misshandlung informiert sind – und darüber, wie viele von ihnen so denken wie er.

- Eine Frau, die das Rechtssystem zum Schutz ihrer Rechte heranziehen will, muss sich selbst Unterstützung suchen und bereit sein, für ihre eigenen Bedürfnisse und Interessen einzutreten. Ihr erster Anruf sollte einer Beratungsstelle für misshandelte Frauen gelten.
- Das Rechtssystem wird in der Regel nicht in vollem Umfang zu Ihrer Sicherheit beitragen, wenn Sie es nicht *in Verbindung mit* anderen Selbstschutzmaßnahmen einsetzen (siehe „Sicherheitsplanung“).
- In den meisten westlichen Ländern ist jede Form von körperlicher Aggression, einschließlich Schubsen, Stoßen, Bedrängen oder Bedrohen, illegal. Sie müssen nicht warten, bis Sie schwer verletzt sind, um die Polizei um Hilfe zu bitten.
- Eine „nur geringfügige“ Verletzung eines Gesetzes oder eines Gerichtsbeschlusses durch einen misshandelnden Mann gibt es nicht. Wenn das Rechtssystem ihn nicht zur Rechenschaft zieht, wird er sich zu schwereren Übergriffen steigern, in der Annahme, dass das System nicht wirklich meint, was es sagt.

Teil IV

Den misshandelnden Mann verändern

13

Wie wird man zu einem misshandelnden Mann

Wir gehen an einem Zeitschriftenständer vorbei, und er zeigt auf das Cover von Cosmopolitan und fragt: „Warum siehst du nicht so aus?"
Sein Lieblingslied ist „I used to love her, but I had to kill her" („Ich habe sie geliebt, aber ich musste sie töten" – Anm. d. Übers.) von Guns N' Roses. Er hört es die ganze Zeit.
Sein Vater behandelt seine Mutter genauso, wie er mich behandelt.
Sie sollten miterleben, wie er und seine Kumpel über Frauen reden, als seien sie ein Stück Fleisch.

Es war einmal ein Junge, der mit einem glücklichen Traum aufwuchs. Man sagte ihm, als er noch sehr jung war, dass ihm – sobald er alt genug war, um wirklich *alles* zu verstehen –, ein wunderschönes Stück Land am Rande der Stadt anvertraut würde. Wenn er erwachsen sei, würde es ihm gehören, und es würde ihm sicher viel Freude bereiten. Seine Familie und andere Verwandte beschrieben ihm das Land oft in Bildern, die an eine Märchenwelt, das Paradies auf Erden erinnerten. Sie sagten ihm nicht genau, wann es ihm gehören würde, sondern deuteten an, dass es so weit sein würde, wenn er etwa sechzehn oder zwanzig Jahre alt sein würde.

In seinen Teenager-Jahren begann der Junge, das Anwesen zu besichtigen, Spaziergänge darauf zu unternehmen und davon zu träumen, es zu besitzen. Zwei oder drei Jahre später hatte er das Gefühl, dass die Zeit gekommen sei. In der Zwischenzeit waren ihm jedoch einige beunruhigende Dinge aufgefallen: Von Zeit zu Zeit beobachtete er Leute, die auf seinem Grundstück Ausflüge machten oder picknickten, und wenn er ihnen sagte, sie sollten nicht ohne seine Erlaubnis dorthin kommen, weigerten sie sich zu gehen und bestanden darauf, dass das Gelände öffentlich sei! Als er seine Verwandten dazu befragte, versicherten sie ihm, dass nur er Anspruch auf das Land habe.

In seinem späteren Teenager-Alter und Anfang zwanzig wurde er zunehmend frustriert über den mangelnden Respekt der Stadtbewohner gegenüber seinem Besitz. Er versuchte zunächst, das Problem durch einen Vergleich zu lösen. Er trennte einen kleinen Teil des Grundstücks als öffentlichen Picknickplatz ab und investierte sogar Geld, um ein paar Tische aufzustellen. Auf dem übrigen Grundstück stellte er „Betreten verboten"-Schilder auf und erwartete, dass sich die Leute daran hielten. Doch zu seinem Erstaunen zeigten die Stadtbewohner keine Anzeichen von Dankbarkeit für sein Entgegenkommen. Stattdessen nutzten sie weiterhin das gesamte Gebiet zu ihrem Vergnügen.

Der Junge konnte schließlich den Angriff auf sein Geburtsrecht nicht länger tolerieren. Er begann, die Eindringlinge anzuschreien und zu beschimpfen, und auf diese Weise gelang es ihm, viele von ihnen zu vertreiben. Die wenigen, die sich nicht von ihm einschüchtern ließen, wurden zur Zielscheibe seiner körperlichen Angriffe. Und als das Grundstück selbst nach seinem aggressiven Verhalten nicht vollständig geräumt wurde, kaufte er ein Gewehr und begann, auf Menschen zu schießen, nur um sie zu erschrecken, nicht um sie tatsächlich zu erschießen. Die Stadtbewohner kamen zu dem Schluss, dass der junge Mann verrückt war.

Ein besonders mutiger Bewohner der Stadt beschloss, sich einen Tag Zeit zu nehmen und die Immobilienunterlagen der Stadt zu durchforsten. Er fand heraus, was einige Leute die ganze Zeit über vermutet hatten: Es handelte sich bei dem Grundstück tatsächlich um öffentlichen Besitz. Die Behauptung, die die Familie zugunsten des Jungen aufgestellt hatte, war ein Produkt von Legende und Irrglaube, ohne jegliche Grundlage in den Unterlagen.

Als der Junge mit diesen Beweisen konfrontiert wurde, wuchs sein Zorn nur noch mehr. Er war davon überzeugt, dass die Stadtbewohner sich verschworen hatten, die Akten zu ändern, und dass sie darauf aus waren, ihm seinen liebsten Traum zu nehmen. Einige Jahre lang blieb sein Verhalten unberechenbar. Manchmal schien es, als hätte er akzeptiert, dass er in seiner Kindheit in die Irre geführt worden sei, doch dann begann er wieder wie wild, durch Prozesse die Kontrolle über das Land zurückbekommen zu wollen. Außerdem installierte er Sprengfallen auf dem Gelände, um die Besucher zu verletzen, und verfolgte alle möglichen anderen Strategien, die ihm einfielen. Seine Verwandten ermutigten ihn, seine Streitbarkeit beizubehalten, und sagten ihm: „Lass dir nicht wegnehmen, was dir gehört." Es vergingen Jahre, bis er die Tatsache akzeptieren konnte, dass sein Traum nie Wirklichkeit werden würde und er lernen müsse, das Land zu teilen. In dieser Zeit durchlief er einen schmerzhaften, wenn auch letztlich befreienden Prozess, in dem er allmählich akzeptierte, wie sehr er in die Irre geführt worden war und wie destruktiv sein Verhalten infolgedessen gewesen war.

Um zu wissen, wie Veränderungen bei misshandelnden Männern gefördert werden können, müssen Einzelne und Gemeinschaften nicht nur verstehen, wie missbräuchliches Denken funktioniert, worauf ich mich bisher konzentriert habe, sondern auch, *wie es dazu kommt*. Um die Geißel des Missbrauchs in der Partnerschaft zu überwinden, ist es erforderlich, die Aufmerksamkeit auf die Ursachen des Problems zu richten.

Die Geschichte, die ich gerade erzählt habe, ist ein Sinnbild für den sozialen Prozess in der Kindheit, der einen Missbrauchstäter hervorbringt. Wie ich in den vorhergehenden Kapiteln erläutert habe, hat Missbrauch wenig mit psychischen Problemen zu tun, sondern vielmehr mit Werten und Überzeugungen. Wie bilden sich die Werte eines Jungen in Bezug auf Partnerbeziehungen? Es gibt viele Quellen. Zu den wichtigsten gehören die Familie, in der er aufwächst, seine Nachbarschaft, die Fernsehsendungen, die er sich anschaut, die Bücher, die er liest, die Witze, die er hört, die Botschaften, die von seinen Spielsachen herrühren, und vor allem seine erwachsenen Vorbilder. Diese Vorbilder sind nicht nur durch ihre Verhaltensweisen wichtig, die sie gegenüber dem Jungen an den Tag legen, sondern auch wegen der Werte, die sie durch ihre Sprache vermitteln, und wegen der Erwartungen, die sie ihm hinsichtlich seiner Zukunft einflößen. Zusammenfassend lässt sich sagen, dass sich die Werte eines Jungen aus der ganzen Bandbreite seiner Erfahrungen innerhalb seiner *Kultur* entwickeln.

Die Sozialisierung jedes Jungen ist einzigartig. Selbst zwei Geschwister, die altersmäßig nicht weit auseinander sind, lernen nicht dieselben Werte. Kultur wird also in einem *Kontinuum* übermittelt. In einer stark religiös geprägten Kultur wachsen einige Kinder zum Beispiel zu frommen Gläubigen heran, während andere den Glauben völlig ablehnen, die meisten sich jedoch der allgemein gängigen religiösen Praxis ihrer Gemeinschaft anpassen. Wo genau ein Kind in diesem Kontinuum landet, hängt zum Teil von seinen persönlichen Veranlagungen ab sowie zum Teil davon, wie stark eine Reihe von Botschaften ist, die es aus dem sozialen Umfeld erhält. Der Familienrebell könnte zum Beispiel zum Atheisten werden, während das Kind, das sich am meisten darum bemüht, den Eltern zu gefallen, vielleicht sogar noch religiöser wird, als sie es sind.

Wie ein Junge missbräuchliches Verhalten erlernt

Kinder beginnen in einem sehr frühen Alter – sicher mit drei Jahren, wahrscheinlich schon früher –, die Regeln und Traditionen ihrer Kultur aufzunehmen. Dieser Lernprozess setzt sich während ihrer gesamten Kindheit und Jugend fort. Die Familie, in der die Kinder aufwachsen, hat in der Regel den stärksten Einfluss, zumindest in den ersten Jahren, aber sie ist nur ein Faktor von vielen. Das Gespür der Kinder für angemessenes und unangemessenes Verhalten, ihre moralische Wahrnehmung von Richtig und Falsch sowie ihre Vorstellungen von den Geschlechterrollen werden ihnen durch Fernsehen und Videos, Popsongs, Kinderbücher und Witze vermittelt. Sie beobachten Verhaltensweisen, die ihnen von Freunden und Verwandten, einschließlich den Erwachsenen, denen sie nahestehen, vorgelebt werden. Sie nehmen wahr, welche Verhaltensweisen belohnt werden, indem Menschen zum Beispiel dadurch berühmt werden – im Gegensatz zu denen, die missbilligt werden. Im Alter von vier oder fünf Jahren beginnen sie, sich für Gesetze und die Polizei zu interessieren, die beide eine wichtige Rolle bei der Gestaltung ihres Moralempfindens spielen. Während ihrer Adoleszenz haben junge Menschen zunehmend Zugang zu einer breiteren Kultur, die von den Erwachsenen immer weniger gefiltert wird, und sind dem rasch wachsenden Einfluss ihrer Altersgenossen ausgesetzt. Selbst nachdem sie das Erwachsenenalter erreicht haben, lesen die Menschen weiterhin die Botschaften, die von der Gesellschaft ausgehen, und passen ihre Werte und Überzeugungen dem an, was gesellschaftlich akzeptiert wird.

Frage 18: Wo hat er gelernt, so zu sein?

Schauen wir uns nun an, wie die Gesellschaft die Entwicklung eines Jungen oder eines jungen Mannes bezüglich seiner Haltung gegenüber Misshandlung beeinflusst. Einiges von dem, was ich hier beschreibe, reicht viele hundert Jahre zurück, während andere Erscheinungen in der Kulturlandschaft neueren Datums sind. Ich nenne Beispiele aus der kindgerechten Kultur, wie z. B. Kinderbücher und -filme, und andere aus der Erwachsenenkultur, die durch die Beobachtungen der Kinder als Modelle auf sie einwirken, und Beispiele von dem, was Erwachsene ihnen direkt darüber erzählen, was richtig und was falsch ist.

- ***Die Gesetze und das Rechtssystem haben mit dem Missbrauch von Frauen konspiriert.***

Bis zum Jahr 1928 war es für einen Mann in Deutschland ausdrücklich erlaubt, seine Frau zu züchtigen, d. h. körperlich zu misshandeln. Sie konnte keine Zuflucht bei der Polizei oder Justiz suchen, und wenn sie sich aufgrund seiner Misshandlungen für die Scheidung entschied, hatte er einen gesetzlichen Anspruch auf das Sorgerecht für die gemeinsamen Kinder. Vergewaltigung in der Ehe ist sogar erst seit 1997 strafbar! Seit Jahrhunderten, vielleicht sogar Jahrtausenden, wird häusliche Gewalt gegen Frauen als ein notwendiges Mittel für den Mann angesehen, um die Ordnung und Disziplin in seinem Haus aufrechtzuerhalten, um sicherzustellen, dass seine überlegene Intelligenz das Sagen hat, und um zu verhindern, dass die hysterischen, kurzsichtigen und naiven Eigenschaften um sich greifen, die Männer Frauen weithin zuschreiben. Erst mit der Frauenbewegung der 1960er- und 1970er-Jahre und insbesondere durch das Engagement jener Aktivistinnen, die sich besonders auf den Kampf gegen Misshandlungen und sexuelle Übergriffe auf Frauen konzentrierten, begann die Unterdrückung von Frauen in der Partnerschaft als Verbrechen ernst genommen zu werden.

Diese Rechtsgeschichte spielt eine wichtige Rolle bei der Entwicklung der heutigen kulturell geprägten Ansichten von Männern – und Frauen – über den Missbrauch von Frauen. Es wird wahrscheinlich mehrere Generationen dauern, bis die kumulierten Auswirkungen von Jahrhunderten destruktiver gesellschaftlicher Einstellungen überwunden sind. Die Kultur, die diese Gesetze geprägt hat und ihrerseits von ihnen geprägt wurde, spiegelt sich in der anhaltenden Bereitschaft der Menschen wider, Frauen dafür verantwortlich zu machen, den Missbrauch „provoziert" zu haben, Mitleid mit Männern zu haben, die bei Gewalt in der Partnerschaft mit rechtlichen Konsequenzen rechnen müssen, sowie den Berichten von Frauen über Misshandlungen höchst skeptisch gegenüberzustehen. All dies sind Einstellungen, die Kinder vom Verhalten und von den Kommentaren der Erwachsenen in ihrer Umgebung übernehmen können.

Kinder bekommen auch die Reaktionen des Rechtssystems mit. Ein Junge, der in einer Familie aufwächst, in der sein Vater gegen seine Mutter tätlich wird, stellt im Laufe der Jahre fest, dass dieser nie in ernsthafte Schwierigkeiten zu geraten scheint, was ihm zeigt, dass das Verhalten seines Vaters von der Gemeinschaft nicht als falsch angesehen wird. (In der Tat ist es unwahrscheinlich, dass ein Mann, der heute älter als 20 Jahre alt ist, jemals erlebt hat, dass sein Vater wegen häuslicher Gewalt strafrechtlich verfolgt wurde, da eine solche Strafverfolgung bis zur Einführung des Gewaltschutzgesetzes im Jahr 2002 in Deutschland unüblich war.) Wenn mich eine Frau fragt: „Warum glaubt ein physisch misshandelnder Mann, dass er damit durchkommt?", muss ich antworten, dass er bis vor Kurzem damit durchkommen *konnte*, und selbst heute noch sind die rechtlichen Folgen für Männer, die ihre Partnerin angreifen, weniger schwerwiegend als für Männer, die Fremde angreifen. Diese historische Duldung der körperlichen Misshandlung von Frauen hat auch entscheidend dazu beigetragen, dass es schwierig ist, emotionale Misshandlungen anzusprechen und zu überwinden, da dadurch ein Klima der Straflosigkeit in Bezug auf das Verhalten von Männern in Partnerbeziehungen entstanden ist, was sich erst seit Einführung des Gewaltschutzgesetzes 2002 langsam zum Besseren wendet.

- ***Religiöse Glaubensrichtungen haben den Missbrauch von Frauen oft geduldet.***

Die einflussreichsten religiösen Schriften der heutigen Welt, darunter die Bibel, die Thora, der Koran und wichtige buddhistische und hinduistische Schriften, weisen Frauen explizit an, sich der männlichen Herrschaft zu unterwerfen. Die Genesis enthält zum Beispiel folgende Passage: „Zur Frau sprach er: Viel Mühsal bereite ich dir, sooft du schwanger wirst. Unter Schmerzen gebierst du Kinder. Du hast Verlangen nach deinem Mann; er aber wird über dich herrschen.“ Ich hatte im Laufe der Jahre zahlreiche Klienten, die sich ausdrücklich auf Zitate aus der Heiligen Schrift berufen, um den Missbrauch an ihrer Partnerin zu rechtfertigen. In ähnlicher Weise haben religiöse Scheidungsverbote Frauen in missbräuchlichen Ehen gefangen gehalten. In dem 1995 erschienenen Buch *Ich kann ihm nichts mehr recht machen* (siehe „Ressourcen“) wird auf eine Studie zu konservativen protestantischen Geistlichen Bezug genommen, von denen 21 Prozent der Meinung sind, dass keine Form der Misshandlung die Trennung einer Frau von ihrem Mann rechtfertigen würde, sowie 26 Prozent der Aussage zustimmen, „dass eine Frau sich ihrem Mann unterordnen und darauf vertrauen soll, dass Gott ihr Handeln anerkennt, indem er entweder den Missbrauch stoppt oder ihr die Kraft gibt, ihn zu ertragen.“

Kinder, die in einer Glaubenstradition aufwachsen, werden in der Regel dahingehend erzogen, dass die Regeln ihrer Religion die ultimative Richtschnur für Recht und Unrecht sind und sogar über dem bürgerlichen Recht stehen. Die frühe religiöse Erziehung eines Jungen kann prägend sein für die Entwicklung seines Bildes von angemessenen Verhaltensweisen in Paarbeziehungen, für die Stellung der Frau und die Ansprüche von Männern. Wenn in seiner Familie oder Gemeinschaft den destruktiveren Aspekten seines religiösen Hintergrunds die größte Bedeutung beigemessen wird, dann könnte ein gefährlicher Samen gesät worden sein.

- ***Bekannte Künstler reflektieren und prägen soziale Einstellungen.***

Der weiße Rapper Eminem gewann einen Grammy Award, während ich an diesem Buch schrieb. Zum Zeitpunkt seiner Auszeichnung war das Lied „Kim“ (wie der Name von Eminems Frau) einer seiner neuesten Songs. Das Lied beginnt damit, dass der Sänger seine kleine Tochter ins Bett bringt und sich dann darauf vorbereitet, seine Frau zu ermorden, weil sie mit einem anderen Mann zusammen war. Er sagt zu seiner Frau: „Wenn du dich bewegst, prügle ich die Scheiße aus dir raus“, und dass er ihren vierjährigen Sohn bereits ermordet hat. Dann erklärt er seiner Frau, dass er mit ihr im Auto wegfahren und das Baby allein zu Hause lassen wird, und dass er sie anschließend tot im Kofferraum nach Hause zurückbringen wird. Ab und zu hört man die Frau während des Liedes, wie sie vor Entsetzen schreit (ausgeführt von Eminem). Manchmal fleht sie ihn an, sie nicht zu verletzen. Er beschreibt ihr, wie er es so aussehen lassen will, als sei sie diejenige, die ihren Sohn umgebracht hat, und dass er sie nur in Notwehr getötet hat, um so damit durchzukommen. Kim schreit um Hilfe und wird dann hörbar erdrosselt, während Eminem schreit: „Verblute, du Miststück! Verblute! Verblute!“ Danach hört man Geräusche, die wiedergeben sollen, wie eine Leiche über trockenes Laub geschleift, in den Kofferraum eines Autos geworfen und eingeschlossen wird.

Noch schrecklicher als Eminems Entscheidung, diesen Song aufzunehmen, der den Mord an einer Frau und ihrem Kind glorifiziert, ist die Tatsache, dass dies kein Hinderungsgrund war, ihm einen Grammy zu verleihen. Welche Schlüsse soll ein Teenager oder ein junger Mann über unsere kulturellen Werte ziehen, wenn so jemand eine Auszeichnung erhält? Ich glaube, ich kann mit Sicherheit sagen, dass ein Sänger, der offen für die Ermordung von Juden, Schwarzen oder Menschen im Rollstuhl wirbt, nicht für einen Grammy infrage kommt. Aber das ist nicht der Fall, wenn man zum brutalen und vorsätzlichen Mord an seiner Frau und seinem Kind ermuntert und einen Plan hat, wie man den Konsequenzen entgehen kann.

Und leider ist Eminem in guter Gesellschaft. Die äußerst populären Guns N' Roses haben einen Song aufgenommen, der folgendermaßen geht: „Ich habe sie geliebt / Aber ich musste sie töten / Ich musste sie unter die Erde bringen / Und ich kann sie immer noch meckern hören". Der Sänger (Axl Rose) singt weiter, dass er wusste, dass er sie vermissen würde, daher begrub er sie im Hinterhof. Dieses Lied unterstützt eine verbreitete Ansicht von Gewalttätern, dass das Gemecker von Frauen Männer zu Gewalt veranlasst. Ein weiteres herausragendes Beispiel ist der Komiker Andrew Dice Clay, dessen Repertoire an „Witzen" über das Verprügeln von Frauen und über sexuelle Übergriffe die Aufführungssäle im ganzen Land gefüllt haben. Fans dieser Art von Darstellern sind dafür bekannt, zur Verteidigung zu sagen: „Kommt schon, das ist doch nur Galgenhumor." Humor ist tatsächlich eine der wirkungsvollsten Methoden, mit denen eine Kultur ihre Werte weitergibt. Wenn ein Mann aufgrund seiner früheren Erziehung oder Erfahrung bereits zu Misshandlungen neigt, kann er in solchen Darbietungen Bestätigung finden und sich noch weiter von der Empathie für seine Partnerin entfernen. In einem Missbrauchsfall, mit dem ich es zu tun hatte, spielte der Mann das obige Guns N' Roses-Lied wiederholt auf der Stereoanlage und sagte seiner Frau, dass ihr das auch passieren würde; dabei lachte er. Aber im Zusammenhang mit den verbalen Angriffen und der körperlichen Angst, die er schürte, war das, was für ihn ein Witz war, für seine Partnerin eine grauenhafte Bedrohung.

- ***Beliebte Theaterstücke und Filme romantisieren die Misshandlung von Frauen.***

Vor einigen Jahren sah ich in Boston das Stück *Frankie & Johnny*. Die Handlung geht so: Johnny ist in Frankie verliebt und weiß, dass sie die richtige Frau für ihn ist. Eines Abends kommt er zu ihr in die Wohnung, um ihr seine Liebe zu erklären und sie davon zu überzeugen, sich mit ihm einzulassen. Sie ist nicht interessiert und sagt ihm das. Johnny macht daraufhin unerbittlich Druck und hört damit bis zum Ende des Stücks nicht auf. Er kritisiert sie und macht sie nieder, indem er behauptet, dass ihre Angst vor Nähe und Hingabe die Gründe seien, warum sie nicht mit ihm zusammen sein will. Er lässt sie wissen, dass er am besten weiß, wer sie ist und was sie braucht. Frankie bleibt unbeeindruckt.

Also nehmen Johnnys bedrängende Maßnahmen zu. Irgendwann will Frankie, die erschöpft ist, nachdem er sie stundenlang unter Druck gesetzt hat, schlafen gehen, doch Johnny versperrt ihr den Weg zum Schlafzimmer, indem er sie an den Armen packt. Dann geht sie in die Küche und macht sich ein Sandwich, mit der Haltung, dass sie, wenn sie schon nicht schlafen kann, wenigstens essen könnte. Doch es soll nicht sein, denn Johnny greift den Teller und kippt ihn mitsamt dem Sandwich in die Spüle.

Verärgert befiehlt Frankie Johnny, ihre Wohnung zu verlassen. Er weigert sich. Sie droht damit, die Polizei zu rufen, um ihn mitzunehmen, worauf er antwortet: „Nur zu, hol sie her. In einer Stunde lassen sie mich wieder frei und dann stehe ich auf deiner Feuertreppe. Früher oder später wirst du dich mit mir auseinandersetzen müssen."

Und wie geht es nun, da Frankie weiß, dass Johnny nicht auch *nur eines* ihrer Rechte respektieren wird, weiter? Siehe da, sie hat eine Eingebung! Einen lebensverändernden Durchbruch! Im Nu überwindet sie ihre Angst vor einer ernsthaften Beziehung – es stellt sich heraus, dass Johnny mit ihrer Angst vor Nähe und überhaupt mit allem anderen recht hatte – und fällt ihm hingerissen in die Arme. Frankie und Johnny sind verliebt. *Der Vorhang fällt.* (Vermutlich darf Frankie jetzt essen und schlafen, obwohl wir es nicht mit Sicherheit sagen können.)

Der erstaunlichste Teil des Abends stand jedoch noch bevor. Zu meiner Überraschung erhoben sich die etwa 250 gebildeten, ökonomisch privilegierten Erwachsenen im Huntington Theater unter tosendem Applaus von ihren Sitzen, über das ganze Gesicht grinsend. Nicht eine Person im Zuschauerraum blieb sitzen – mit Ausnahme von mir. Zu diesem Zeitpunkt hatte ich seit über fünf Jahren mit Missbrauchstätern gearbeitet und ich wusste sehr gut, wovon wir Zeuge geworden waren. Niemand sonst schien etwas Negatives am Festhalten der Frau, an ihrem Schlaf- und Nahrungsentzug, den Drohungen, der Überheblichkeit und anderen Formen von Zwang bemerkt zu haben. Zögerte Frankie, sich mit Johnny einzulassen, weil sie sich vor Intimität fürchtete? Oder lag es vielleicht daran, dass er arrogant war, Zwang ausübte und körperlich gewalttätig war? Wer *hätte keine Angst* vor Intimität mit diesem Rüpel? Man sollte sich vor ihm fürchten!

Die Botschaft an junge Männer, beabsichtigt oder unbeabsichtigt, lautet, dass Zwang und sogar ein gewisses Maß an körperlicher Gewalt und Einschüchterung mit tiefer Liebe vereinbar sind und dass ein Mann besser als eine Frau weiß, was gut für sie ist. Viele der Einstellungen, die das Verhalten meiner Klienten bestimmen, wurden in dieses Stück eingearbeitet. Und wenn ein kleiner Junge dieses Stück auch nicht sieht – denn die meisten Zuschauer waren erwachsen –, wird er dennoch von den Einstellungen beeinflusst, die seine Eltern vom Theater mit nach Hause bringen.

- ***Die frühe Prägung eines Jungen in Bezug auf Geschlechterrollen und Beziehungen kann zu missbräuchlichem Verhalten führen.***

Zumindest bis vor nicht allzu langer Zeit bekam ein Junge meist von frühester Jugend an beigebracht, dass er, wenn er das junge Erwachsenenalter erreicht, eine Frau oder Freundin haben wird, die *alles* für ihn tun und ihn zu einem glücklichen Mann machen wird. Seine Partnerin wird ihm gehören. Ihre oberste Verantwortung wird es sein, ihm Liebe und Fürsorge angedeihen zu lassen, während sein Hauptbeitrag darin bestehen wird, der „Kopf von allem" zu sein sowie seine Weisheit und Stärke zu nutzen, um die Familie zu führen. Eng verwoben mit diesen Erwartungen sind andere Botschaften, die er wahrscheinlich über Frauen erhalten wird. Er lernt, dass Jungen den Mädchen überlegen sind, insbesondere wenn er mit Männern aufwächst, die diese Einstellung zum Ausdruck bringen. (In vielen Familien gibt es keine schlimmere Beleidigung für einen Jungen, als zu sagen: „Du benimmst dich wie ein Mädchen.") Wenn er alt genug ist, um über Sex Bescheid zu wissen, lernt er vielleicht, dass das Wertvollste an Frauen ihre Fähigkeit ist, Männern sexuelle Lust zu bereiten. Je nachdem, wie sein Vater oder Stiefvater sich verhalten, mit welcher Art von Freunden er als Teenager zusammen ist oder welche Musik er hört, kann er erkennen, dass er, wenn eine Partnerin nicht auf ihn eingeht, verbale Erniedrigung oder sogar körperliche Einschüchterung einsetzen kann, um sie zu bestrafen und für eine bessere Kooperationsbereitschaft in der Zukunft zu sorgen.

Studien haben ergeben, dass fast die Hälfte der misshandelnden Männer in Familien aufgewachsen ist, in denen ihr Vater oder Stiefvater ebenfalls misshandelt hat. Das Zuhause ist ein wichtiger Lernort für die Entwicklung von Werten und den Erwartungen an die Geschlechterrollen. Jungen laufen Gefahr, die Einstellung des Täters durch dessen Worte und Taten zu übernehmen (siehe Kapitel 10). Selbst wenn der Vater zum Beispiel nie ausdrücklich sagt, dass Frauen minderwertig sind oder dass der Mann bei einem Streit das letzte Wort haben sollte, kann sein Verhalten diese Botschaft vermitteln.

Die geschlechtsspezifischen Rollenerwartungen, denen Jungen und Männer in der Vergangenheit unterworfen waren, sind in dem Artikel „The Good Wife's Guide" in einer Ausgabe des *Housekeeping Monthly* von 1955 eindrucksvoll dargelegt. Darin finden sich Anweisungen wie „Stellen Sie ihm keine Fragen bzgl. seiner Handlungen und stellen Sie auch nicht sein Urteilsvermögen oder seine Integrität in Frage. Denken

Sie daran, dass er der Herr des Hauses ist und als solcher seinen Willen immer mit Fairness und Wahrhaftigkeit ausüben wird", und „Beschweren Sie sich nicht, wenn er zu spät zum Abendessen nach Hause kommt oder gar die ganze Nacht wegbleibt. Sehen Sie es als vernachlässigbar im Vergleich zu dem, was er an diesem Tag wahrscheinlich durchgemacht hat." Die Ehefrau wird weiter dazu angehalten, dafür zu sorgen, dass die Kinder ruhig sind, wenn er nach Hause kommt, das Haus perfekt ordentlich und sauber zu halten und sich nicht zu beschweren, wenn ihr Mann abends ohne sie ausgeht, denn sie muss Verständnis für „seine Welt voller Anstrengung und Belastung" haben. Die Einstellung unserer Gesellschaft bezüglich der Geschlechterrollen hat in den letzten 70 Jahren sicherlich große Fortschritte gemacht, doch die Erwartungen, die in diesem Artikel dargelegt werden, sind genau die, die ich bis heute bei vielen meiner misshandelnden Klienten vorfinde. Es braucht Generationen, um diese tief verwurzelten kulturellen Werte auszugraben und zu entsorgen.

- ***In einigen Medien, die sich speziell an Kinder und Jugendliche richten, werden Misshandlungen durch Männer befürwortet.***

In einem Buch der beliebten Kinderserie *The Berenstain Bears* mit dem Titel *Trouble with Homework* ducken sich sowohl die Mutter als auch die Kinder weg, als der Vater wütend wird (die Szene ist auf dem Einband abgebildet). An einer Stelle stößt er einen Stuhl um und ballt die Fäuste über seinem Kopf. Am Ende der Geschichte haben die Kinder Papa zufriedengestellt, indem sie taten, was er wollte, und Mama lächelt glücklich, als sie die Kinder mit Papa auf der Couch kuscheln sieht. In *Bedtime for Francis* von Russel Hoban droht der Vater Francis, ihr den Hintern zu versohlen, wenn sie nicht aufhört, wegen ihrer Angst vor der Dunkelheit nach Hilfe zu rufen. Sie schläft dann aus Angst vor den schmerzhaften Prügel allein ein.

Auch Märchen können manchmal eine gewalttätige Gesinnung unterstützen. In *Die Schöne und das Biest* beispielsweise verhält sich das Biest grausam gegenüber der Frau und isoliert sie von der Welt. Doch sie liebt ihn trotzdem, und ihre Liebe verwandelt ihn schließlich in einen guten Mann – genau der Mythos, der manche Frauen in ihren Missbrauchsbeziehungen gefangen hält. In *Die kleine Meerjungfrau* entscheidet sich Ariel dafür, *ihre Stimme* – buchstäblich – *aufzugeben*, um an Land zu leben und den Mann, den sie liebt, heiraten zu können. Eine Frau ohne Stimme ist die Traumfrau vieler misshandelnder Männer.

Selbst Filme, die sich an Kinder und Jugendliche richten, enthalten häufig Botschaften, in denen die Misshandlung von Frauen geduldet wird. In dem Film *Ich, Beide & Sie* setzt sich Jim Carrey in einem Park neben eine fremde Frau, die ihr Baby stillt. Dann stößt er plötzlich das Baby zur Seite und beginnt, selbst an ihrer Brust zu saugen. Dieser sexuelle Übergriff wird als humorvoll dargestellt.

Musikvideos und Computerspiele sind zu den vorherrschenden Quellen der kulturellen Bildung von Kindern und Jugendlichen geworden. In der Welt von MTV und VH1 sind viele Botschaften in Bezug auf die Geschlechterrollen schlimmer denn je, da die Männer als aggressiv und kontrollierend dargestellt werden und der Wert von Frauen auf ihre sexuelle Anziehungskraft reduziert wird. Wie in einer auf MTV ausgestrahlten Dokumentation enthüllt wurde, werden für die Produktion von Musikvideos häufig Regisseure von Pornofilmen angeheuert, was vorhersehbar dazu führt, dass Frauen in einer Weise dargestellt werden, als stünden sie den Männern jederzeit zur Verfügung.

Einige Musikvideos zeigen explizit missbräuchliches Verhalten. In einem Lied zum Beispiel verfolgt ein Mann die ganze Zeit eine Frau, die wiederholt versucht, ihm zu entkommen. Als sie schließlich in ein Auto springt, reißt er eine andere Tür auf und springt ihr hinterher. Am Ende des Videos gibt sie auf und verliebt sich in ihn. Die Botschaft lautet also nicht nur, dass Stalking ein Beweis dafür ist, wie sehr der Mann die Frau liebt, sondern auch, dass der Stalker tatsächlich das getan hat, was für sie am besten war. Frauen in Musikvideos meinen nie „Nein", wenn sie es sagen, und wenn sie weglaufen, wollen sie eigentlich gejagt und gefangen werden. Was könnte die missbrauchende Geisteshaltung perfekter zum Ausdruck bringen?

- ***Pornografische Videos, Zeitschriften und Websites sind Lernorte.***

Wenn ein Junge in seine Teenager-Jahre kommt, wird er wahrscheinlich auf einen anderen mächtigen Gestalter seiner Einstellung zu Frauen und seines Umgangs mit ihnen treffen: die Pornografie. Die meisten pornografischen Filme, Zeitschriften und Websites können als Schulungshandbücher für Missbrauchstäter dienen, ob sie es nun beabsichtigen oder nicht. Sie vermitteln, dass Frauen keinen Respekt verdienen und nur als Sexobjekte für Männer nützlich sind. Das Internet hat den Zugang zu Pornografie für Jungen im Teenager-Alter viel einfacher gemacht – und zwar kostenlos. Eine Studie ergab beispielsweise, dass jeder vierte Teenager-Junge ungewollt mit sexuellem Material in Berührung gekommen ist, meist durchs Internet. Ein Großteil des pornografischen Mainstream-Materials – nicht nur die sogenannten Hardcore-Pornos – enthält Geschichten und Bilder, die die Misshandlung von Frauen und Kindern als sexy und manchmal sogar Vergewaltigungen als erotisch darstellen. Der Schaden, der bei Jugendlichen durch das Anschauen von Pornografie angerichtet wird, hat wenig mit der sexuellen Deutlichkeit der Bilder zu tun, sondern vielmehr mit der vermittelten *Einstellung* gegenüber Frauen, Paarbeziehungen, sexuellen Übergriffen und Misshandlungen. Nehmen Sie sich einmal die Zeit, sich selbst Pornografie anzuschauen – wenn Sie es ertragen können – und denken Sie über die Botschaften nach, die sie an Jugendliche und besonders an Jungen sendet.

Kürzlich erfuhr ich von einem Fall in einem gehobenen Wohnviertel, an dem eine Gruppe von Jungen im Alter von 11–14 Jahren beteiligt war, die die Gewohnheit hatten, sich jeden Tag nach der Schule stundenlang auf ihren Computern Pornos anzuschauen. Eines Tages gingen sie anschließend auf eine Party, wo es ihnen gelang, mehrere Mädchen – im Durchschnittsalter von 12 Jahren – dazu zu bringen, oralen Gruppensex mit ihnen zu praktizieren, inspiriert durch etwas, was sie im Netz gesehen hatten. Die Eltern fanden heraus, was passiert war, und es kam zu einem Skandal, aber man schien immer noch nicht den entscheidenden Einfluss der Bilder zu erkennen, denen die Jungen ausgesetzt waren.

- ***Jungen machen oft die Erfahrung, dass sie für ihre Handlungen nicht verantwortlich sind.***

Die Aggressivität von Jungen wird zunehmend als medizinisches Problem behandelt, vor allem in Schulen – ein Trend, der zur Diagnostik und Medikation von Jungen geführt hat, deren Problem in Wirklichkeit darin bestehen könnte, dass sie traumatisiert und durch Gewalt und Missbrauch zu Hause beeinflusst worden sind. Wenn man diese Jungen so behandelt, als hätten sie ein medikamentös lösbares Problem, übersieht man nicht nur die Not, in der sie sich befinden, sondern bestärkt sie auch in ihrem Glauben, dass sie „außer Kontrolle" oder „krank" sind, anstatt ihnen zu der Einsicht zu verhelfen, dass sie schlechte, auf destruktiven Werten beruhende Entscheidungen treffen. Ich habe schon mitbekommen, wie Erwachsene gegenüber Mädchen äußern, dass sie sich von dem aufdringlichen oder aggressiven Verhalten der Jungen geschmeichelt fühlen sollten, „weil es bedeutet, dass sie dich wirklich mögen", ein Ansatz, der sowohl Jungen als auch Mädchen darauf vorbereitet, Liebe mit Misshandlung zu verwechseln, und Mädchen dahingehend sozialisiert, dass sie sich hilflos fühlen.

In den meisten Medienberichten über Mobbing und Gewalt an Schulen, darunter auch die ausführlich kommentierten Amokläufe wie in Columbine, haben die Reporter die Geschlechterfrage übersehen. In den Schlagzeilen wurden diese Ereignisse als „Kinder, die Kinder töten" beschrieben, obwohl in fast 100 Prozent der Fälle *Jungen* Kinder getötet haben. In einigen Fällen hat sich herausgestellt, dass die Morde mit der Feindseligkeit der Jungen gegenüber Frauen zusammenhingen, darunter ein Fall, in dem die beiden Jungen, die einen mörderischen Amoklauf veranstalteten, im Nachhinein sagten, sie hätten es getan, weil sie wütend darüber waren, dass ihre Freundinnen mit ihnen Schluss gemacht hatten. Doch die dringende Notwendigkeit, sich mit der frauenfeindlichen Einstellung dieser Jungen auseinanderzusetzen, wurde nie als Strategie zur Verhinderung künftiger Gewalt an Schulen erwähnt.

- ***Wenn kulturelle und häusliche Erfahrung ineinandergreifen, verstärkt das eine das andere.***

Wenn ein Junge in einem Zuhause aufwächst, in dem seine Mutter misshandelt wird, könnte ein Song wie „Kim“ von Eminem großen Eindruck bei ihm hinterlassen. Er könnte durchaus das Gefühl haben, dass die Misshandlung von Frauen, die er zu Hause erlebt, seitens der Gesellschaft öffentliche Zustimmung bekommt. Die Wahrscheinlichkeit, dass er seine Mutter für das, was ihr passiert, selbst verantwortlich macht und beginnt, das Verhalten des Missbrauchstäters zu kopieren, steigt mit jeder missbrauchsbejahenden Botschaft, die er aus seiner Umgebung aufnimmt. Auf der Grundlage der Erfahrungen aus meiner Beratungstätigkeit bin ich davon überzeugt, dass Jungen, die mit einem Missbrauchstäter als wichtigem Vorbild aufgewachsen sind und *außerdem* eine besonders hohe Dosis an destruktivem kulturellen Training erhalten haben, am ehesten dazu neigen, Frauen zu misshandeln. Aber seien Sie sich auch bewusst: Mehr als die Hälfte meiner Klienten kommt nicht aus Familien, in denen ein Mann als Vorbild für den Missbrauch von Frauen gedient hat. Die kulturellen Einflüsse, die ich oben besprochen habe, reichen *an sich schon* aus, um einen Jungen darauf vorzubereiten, als Mann missbräuchlich zu werden. Deshalb ist es wichtig, Jungen beizubringen, Frauen zu respektieren und kritisch über die gesellschaftlichen Botschaften nachzudenken, denen sie ausgesetzt sind.

Viele Söhne von misshandelten Frauen, die ich kennengelernt habe, darunter Polizeibeamte, Schriftsteller, Therapeuten und Aktivisten, haben ihr Leben der *Bekämpfung* der Misshandlung von Frauen gewidmet. Das Beispiel dieser Männer zeigt, dass die familiären Einflüsse eines Jungen nur der Anfang der Geschichte sind und dass er die Wahl hat, das Leid seiner Kindheit in konstruktives Handeln zu kanalisieren – wenn er alternative Denk- und Handlungsweisen kennenlernt.

Kehren wir nun zu unserem heranwachsenden Jungen zurück. Aus einer Kombination verschiedener kultureller Einflüsse entwickelt er von seiner Zukunft ein Bild, das er in sich trägt. Er stellt sich eine Frau vor, die schön und verführerisch ist und sich ganz darauf konzentriert, seine Bedürfnisse zu befriedigen – eine Frau, die keine eigenen Bedürfnisse hat, welche von ihm Opfer oder Anstrengungen erfordern könnten. Sie wird ihm gehören und für ihn sorgen, und es wird ihm frei zustehen, ihr gegenüber respektlos zu sein, wenn er es für richtig hält. Seiner Meinung nach verkörpert dieses Bild den Begriff „*Partnerin*“, aber ein treffenderes Wort für die Vorstellung, die er entwickelt hat, wäre wohl „Dienerin“.

Wenn dieser Junge sich auf echte – im Gegensatz zu imaginierte – Verabredungen einlässt, insbesondere wenn er ein Alter erreicht, in dem die Beziehungen ernster werden, kollidieren seine Kindheitsfantasien mit der jungen Frau aus dem realen Leben, mit der er sich trifft. Sie widersetzt sich ihm gelegentlich. Es gibt andere Menschen in ihrem Leben, die ihr wichtig sind, weshalb er nicht zu ihrem ausschließlichen Fokus wird. Sie verlangt von Zeit zu Zeit, dass er sich für sie als Person interessiert. Sie akzeptiert nicht immer seine Meinung als korrekt und der ihren überlegen. Vielleicht versucht sie sogar irgendwann, mit ihm Schluss zu machen, als ob sie nicht sein persönliches Eigentum wäre. Der Junge glaubt nicht, dass er etwas Unangemessenes verlangt; er sucht nur das, von dem er glaubt, dass es ihm zusteht. Tatsächlich hat unser junger Mann das Gefühl, dass er seiner Freundin mehr Freiheiten lässt als viele andere, so wie der Junge in unserer einleitenden Geschichte sich großzügig fühlte, als er auf „seinem" Land einen öffentlichen Picknickplatz zur Verfügung stellte. Und so, wie der Junge auf die „Eindringlinge" reagiert, wird er zunehmend frustriert, unberechenbar und aggressiv in dem Versuch, die Kontrolle über seine Partnerin zurückzugewinnen. Seine ersten sexuellen Erfahrungen kommen wahrscheinlich dadurch zustande, dass er ein Mädchen so lange unter Druck setzt, bis sie nachgibt, sodass sexueller Zwang zu einer seiner frühesten Verhaltensweisen in einer Beziehung wird. Er könnte sogar allmählich den Eindruck vermitteln, psychisch krank zu sein, wie der junge Mann, der auf Wanderer zu schießen beginnt, aber in Wirklichkeit ist sein Verhalten weitgehend logisch und rational, wenn man bedenkt, welche entscheidenden sozialen Einflüsse ihn zu der Haltung veranlasst haben. Vor allem hat er das Gefühl, dass ihm *seine* Rechte vorenthalten werden – was genau der Einstellung fast aller meiner Klienten entspricht, wenn sie mit meinem Therapieprogramm beginnen. Der misshandelnde Mann fühlt sich betrogen, abgezockt und benachteiligt, weil sein Berechtigungsdenken seine Wahrnehmung von Richtig und Falsch so stark verzerrt.

Zusammenfassend muss man sich einen Missbrauchstäter nicht als „Abweichler" von der Norm vorstellen, sondern eher als einen, der die Lektionen seiner Gesellschaft *zu* gut gelernt und im Ganzen verinnerlicht hat. Er ist den Wegweisern seiner Kultur, die ihm den Pfad zum Mannsein markieren, zu gewissenhaft gefolgt – zumindest in Bezug auf die Beziehungen zu Frauen.

Der kulturelle Einfluss als Ausrede

Meine misshandelnden Klienten werden sich manchmal der Tatsache bewusst, wie sehr die Gesellschaft ihre Werte geprägt hat, und nutzen diese Einsicht als neue Entschuldigung, während sie weiterhin an ihren langjährigen Missbrauchsgewohnheiten festhalten. Anstatt zu sagen „Ich war betrunken" oder „Ich wurde als Kind misshandelt", erheben sie sich auf eine neue Ebene der Raffinesse, um sich der Verantwortung entziehen, und erklären: „Ich habe mich so verhalten, weil ich das Anspruchsdenken sowie die abwertende Haltung gegenüber Frauen so gelernt habe.“ Ich erwidere dem Betreffenden dann, dass er alten Wein in neue Schläuche füllt. „Die wichtigste Lektion, die Sie scheinbar gelernt haben“, sage ich, „ist, wie man Ausreden für die Misshandlung von Frauen findet. Und ich sehe, dass Sie sie immer noch praktizieren.“ Misshandelnde Männer müssen zwar etwas über die sozialen Einflüsse lernen, denen sie ausgesetzt waren, aber nicht in einer Weise, die ihnen eine weitere Möglichkeit bietet, sich selbst aus der Verantwortung zu ziehen.

Misshandlung als Form der Unterdrückung

Eine Familie, in der eine Frau misshandelt wird, ist im kleinen Maßstab ein Modell viel größerer Unterdrückungssysteme, die auf erstaunlich ähnliche Weise funktionieren. Viele der Ausreden, die ein misshandelnder Mann benutzt, wenn er seine Partnerin verbal in Stücke gerissen hat, sind die gleichen, die ein machtbesessener Chef anbringt, wenn er seine Angestellten demütigt. Die Fähigkeit des misshandelnden Mannes, sich selbst davon zu überzeugen, dass seine Herrschaft über Sie zu Ihrem eigenen Wohl ist, zeigt sich bei einem Diktator in gleicher Weise, wenn er behauptet: „Die Menschen in diesem Land sind zu dumm für die Demokratie.“ Die von den Tätern angewandte Strategie des Spaltens und Herrschens erinnert an einen Unternehmenschef, der versucht, die Gewerkschaft zu brechen, indem er bestimmten Gruppen von Arbeitern eine bevorzugte Behandlung zukommen lässt. Die Formung eines Missbrauchstäters ist also nicht notwendigerweise auf die spezifischen Werte beschränkt, die ihm seine Gesellschaft bezüglich der Beziehung von Männern zu Frauen beibringt. Ohne sich dessen bewusst zu sein, kann er auch Einstellungen und Taktiken von anderen Formen der Unterdrückung anwenden, denen er als Junge oder junger Erwachsener ausgesetzt war und die er als Begründung erlernt oder sogar bewundert hat.

Wenn Sie sich irgendeine repressive Organisation oder ein entsprechendes System anschauen, von einem rassistischen Country Club bis hin zu einer Militärregierung, werden Sie feststellen, dass ein Großteil der Verhaltensweisen und Rechtfertigungen seitens der Mächtigen die gleichen sind, die ich in diesem Buch beschrieben habe. Die Kontrolltaktiken, die Einschüchterung von Opfern, die zu protestieren versuchen, die Untergrabung von Unabhängigkeitsbestrebungen, die Verleumdung von Opfern, um ihnen die Schuld zuzuschieben, die sorgfältige Kultivierung des öffentlichen Bildes des Unterdrückers – all das ist vorhanden, zusammen mit vielen weiteren Parallelen. Die Machthaber lügen in der Regel und arbeiten gleichzeitig hart daran, die Menschen, die unter ihrer Herrschaft stehen, zum Schweigen zu bringen und sie vom Denken abzuhalten, so wie es der Missbrauchstäter auch tut. Und das Fazit ist dasselbe: Unterdrückungssysteme bleiben bestehen, weil die Machthaber den Luxus ihrer Position genießen und nicht bereit sind, die Privilegien aufzugeben, die sie durch die Ausnutzung und Unterdrückung anderer Menschen gewonnen haben. Kurz gesagt: *Die Geisteshaltung, die zu Misshandlung führt, ist die Geisteshaltung der Unterdrückung.*

Der Zusammenhang, der zwischen verschiedenen Arten von Machtmissbrauch besteht, kann den Stress, dem eine misshandelte Frau ausgesetzt ist, enorm verstärken. Wenn Sie bereits als Frau anderer ethnischer Herkunft diskriminiert werden oder wenn Sie eine Frau mit niedrigem Einkommen oder lesbisch sind, fühlen Sie sich vielleicht manchmal überwältigt davon, wie ähnlich die Kontrolle und die Misshandlung seitens Ihres Partners anderen Formen der Unterdrückung ist, die Sie bereits erduldet haben. Manche misshandelnden Männer nutzen die sozialen Probleme ihrer Partnerin sogar absichtlich aus. Ich hatte zum Beispiel mehrere Klienten, deren Partnerinnen Immigrantinnen ohne Papiere waren und denen die Männer drohten, sie ausweisen zu lassen, falls sie jemals die Misshandlungen anzeigen würden. Heute gibt es Unterstützungsangebote für bestimmte Gruppen misshandelter Frauen, wie Migrantinnen oder Lesben, oder Beratungsstellen, in denen Mitarbeiter mit demselben soziokulturellen Hintergrund beschäftigt sind und die die zusätzlichen Herausforderungen verstehen, denen Sie sich stellen müssen (siehe „Ressourcen").

Wenn wir einen Schritt zurücktreten und einen Blick auf die breite Palette der soziokulturellen Einflüsse auf die Entwicklung eines Jungen werfen, verstehen wir, dass es wirklich nicht sehr verwunderlich ist, dass er die Muster des Missbrauchs erlernen kann. Was er nicht durch die kulturellen Botschaften um ihn herum aufnimmt, die speziell zur Misshandlung von Frauen beitragen, schaut er sich von den Taktiken anderer Machtmissbraucher und deren Beschuldigungen der Opfer ab. Tatsächlich ist es eigentlich die größere Überraschung, dass es so viele Jungen gibt, die nicht zu Männern heranwachsen, die Frauen misshandeln. Männer scheinen also nicht von Natur aus missbräuchlich oder machthungrig zu sein, sonst wäre es so vielen unmöglich, sich zu weigern, dem Weg zu folgen, auf dem sie durch ihre gesellschaftliche Erziehung vorangetrieben werden. Einer der bekanntesten männlichen Kämpfer gegen die Misshandlung von Frauen, ein Mann, mit dem ich das Glück hatte zusammenzuarbeiten, wuchs in einer Familie auf, in der seine Mutter geschlagen wurde. Er hätte sich nach dem Vorbild seines Vaters entwickeln können, aber er tat es nicht. Stattdessen entschied er sich, kritisch über seine Erfahrungen nachzudenken und den entgegengesetzten Weg einzuschlagen. Viele der einflussreichen Führer der Bewegung gegen die Misshandlung von Frauen in den Vereinigten Staaten, Kanada und anderen Ländern sind männlich, einschließlich der Menschen, die mich als Mentor bei meiner Arbeit unterstützt haben.

Die repressive Mentalität kann zerlegt und durch ein neues Bewusstsein ersetzt werden. Der Komponist von „Amazing Grace" war, wie Sie vielleicht gehört haben, ein Sklavenhändler, der seine Grausamkeit bereute und zum Gegner der Sklaverei wurde. Misshandelnde Männer können Respekt und Gleichberechtigung lernen – wenn wir darauf bestehen, dass sie es tun. Aber sie werden diese Veränderungen nicht vornehmen, wenn sie nicht enorm unter Druck gesetzt werden, denn ihre kulturellen Werte wie auch ihre Privilegien drängen sie so sehr dazu zu bleiben, wie sie sind.

Es gab noch nie einen besseren Zeitpunkt als heute, um diesen Druck auszuüben und zu fordern, dass die Täter die Verantwortung für die von ihnen verursachte Zerstörung übernehmen. Wir leben in einer Zeit des wachsenden internationalen Drucks auf die Achtung der Menschenrechte für *alle*, des Beharrens auf der Anerkennung des Wertes und der Würde jedes Menschen, ob Mann oder Frau, jung oder alt, reich oder arm und welcher Hautfarbe auch immer. Die derzeitigen Verhältnisse sind wahrscheinlich die hoffnungsvollsten, die es je gegeben hat, um der Misshandlung von Frauen und der verschiedenen Formen des Machtmissbrauchs, die dem gleichen Muster folgen, ein Ende zu setzen. Der Widerstand verschwindet nie, er wartet im Hintergrund, manchmal viele Jahre lang, und keimt dann schließlich wieder auf. Vielleicht haben Sie schwere Zeiten durchgemacht, in denen Sie das Gefühl hatten, „ich kann nicht mehr dagegen ankämpfen, ich gebe auf", doch nach einer Weile erholen Sie sich wieder und versuchen erneut, Ihre Rechte einzufordern. Und eines Tages werden Sie Erfolg haben.

Wichtige Punkte, die Sie sich merken sollten

- Ein Missbrauchstäter wird nicht als solcher geboren, er wird dazu gemacht.
- Um bei einem Missbrauchstäter eine Veränderung herbeizuführen, müssen wir seine Einstellung zu Macht und Ausbeutung neu formen.
- Missbräuchliches Verhalten wird durch eine Vielzahl gesellschaftlicher Botschaften verstärkt, von denen einige spezifisch auf den Missbrauch von Frauen ausgerichtet sind und andere die allgemeine Kultur der Unterdrückung widerspiegeln.
- Ihr mutiger Widerstand gegen die Misshandlung in Ihrer Beziehung – und Sie haben sich in vielerlei Hinsicht für sich selbst (und Ihre Kinder) eingesetzt, ob Sie sich dessen bewusst sind oder nicht – ist ein Geschenk an alle, denn alle Formen des Missbrauchs sind miteinander verflochten.

14

Der Veränderungsprozess

Seit er mit der Therapie begonnen hat, ist er egozentrischer denn je.
Ich glaube, dieses Mal tut es ihm wirklich leid.
Normalerweise ist er seinen Gefühlen gegenüber sehr verschlossen, und es lässt mich hoffen, dass er sich endlich ein wenig öffnet.
Unser Eheberater meint, dass wir ***beide*** *bereit sein müssen, uns zu ändern.*
Glauben Sie, dass er sich ändern kann? Ich bin mir nicht sicher, wie lange ich warten soll, um zu sehen, ob er sich ändert oder nicht.

Während all der Jahre, in denen ich tagein, tagaus mit misshandelnden Männern gearbeitet habe, ist mir eine Sache klar geworden: Es gibt keine Abkürzungen, wenn man sich ändern will, keine magischen Veränderungen über Nacht, keine einfachen Auswege. Veränderung ist schwierige, unbequeme Arbeit. Meine Aufgabe als Berater ist es, in das ausgeklügelte Gewirr einzutauchen, das das Denken eines Missbrauchstäters ausmacht, und dem Mann zu helfen, die Knoten zu lösen. Das Unterfangen ist nicht hoffnungslos – vorausgesetzt, der Mann ist bereit, hart an sich zu arbeiten –, aber es ist komplex und mühsam. Für ihn ist es in vielerlei Hinsicht einfacher, bei seinem missbräuchlichen Verhalten zu bleiben, als aus seinem Muster auszusteigen. Dennoch gibt es einige Männer, die beschließen, in sich selbst zu forschen, die Werte, die ihr missbräuchliches Verhalten bestimmen, auszurotten und eine wirklich neue Art des Umgangs mit einer Partnerin zu entwickeln. Die Herausforderung für eine misshandelte Frau besteht darin, zu lernen, wie sie erkennen kann, ob es ihrem Partner ernst damit ist, sein Missbrauchsverhalten zu überwinden.

Die erste Herausforderung bei der Arbeit mit einem misshandelnden Mann besteht darin, ihn zu motivieren, an sich selbst zu arbeiten. Da er sich an die vielen Belohnungen gewöhnt hat, die sein kontrollierendes und einschüchterndes Verhalten mit sich bringt, ist er sehr zurückhaltend, wenn es darum geht, seine Art der Beziehungsführung wesentlich zu verändern. Dieser Widerwille kann nicht durch sanftes Überreden, Bitten oder durch Schmeicheleien seitens der Frau überwunden werden. Es tut mir leid, sagen zu müssen, dass ich noch nie erlebt habe, dass solche Ansätze erfolgreich sind. Die Männer, die in meinem Programm bedeutende Fortschritte machen, sind diejenigen, die wissen, dass ihre Partnerin sie definitiv verlassen wird, wenn sie sich nicht ändern, sowie diejenigen auf Bewährung, die einen strengen Bewährungshelfer haben, der von ihnen verlangt, dass sie sich ihrem missbräuchlichen Verhalten wirklich stellen. Mit anderen Worten: Der anfängliche Impuls für Veränderung ist immer ein *extrinsischer* und kein eigenmotivierter. Selbst wenn es einem Mann wirklich leidtut, wie sein Verhalten seine Partnerin verletzt hat, habe ich nie erlebt, dass seine Reue allein ausreicht, um ihn zu einem ernsthaften Klienten zu machen. *Nach* einigen Monaten intensiver Arbeit im Programm beginnen einige Männer, intrinsische Beweggründe für eine Veränderung zu entwickeln. Sie fangen beispielsweise an, echte Empathie für die Gefühle ihrer Partnerin und ein Bewusstsein dafür zu entwickeln, wie ihr Verhalten ihren Kindern geschadet hat. Manchmal erkennen sie auch, dass sie selbst das Leben mehr genießen, wenn sie nicht misshandeln, trotz all der Privilegien des Missbrauchs, die sie aufgeben müssen. Aber es dauert lange, bis ein misshandelnder Mann an diesen Punkt gelangt.

Wie ich in der Einleitung erörtert habe, verzeichnet die Mehrheit der misshandelnden Männer selbst in einem qualitativ hochwertigen Täterprogramm keine tiefgreifenden und dauerhaften Veränderungen. Wenn ein Programm jedoch dazu führt, dass nur eine Minderheit nicht missbräuchlich oder zumindest deutlich weniger missbräuchlich wird, lohnt es sich, diese Arbeit zu tun. Mindestens ebenso wichtig ist, dass das Programm der misshandelten Frau helfen kann, Klarheit über das Muster und die Manipulationen ihres misshandelnden Partners zu gewinnen und Einsichten zu vermitteln. Wenn zum Beispiel während der Gruppensitzung in der Hitze einer Debatte und Konfrontation die tief liegenden Einstellungen eines misshandelnden Mannes hervorbrechen, kann der Berater durch die gewonnenen Erkenntnisse der Frau helfen, die Denkweise zu erkennen, die das Verhalten des misshandelnden Partners bestimmt. Folgeuntersuchungen von Täterprogrammen haben ergeben, dass betroffene Frauen, die Unterstützung durch den Berater erfahren haben, diesen Aspekt des Programms als am wertvollsten empfinden. (Die Umfragen deuten darauf hin, dass ein Täterprogramm, das nicht auf die Unterstützung der misshandelten Frauen ausgerichtet ist und sich nicht in erster Linie für ihre Betreuung verantwortlich fühlt, die zu erreichenden Möglichkeiten stark einschränkt und möglicherweise sogar zu den Schwierigkeiten der Frauen beiträgt.)

Damit ein misshandelnder Mann echte Fortschritte machen kann, muss er eine Reihe komplexer und entscheidender Schritte durchlaufen. Als Fahrplan für den Veränderungsprozess erzähle ich meinen Klienten folgende Geschichte:

> Es war einmal ein Mann, dessen Nachbarn einen großen und schönen Ahornbaum hinter ihrem Haus hatten. Während der heißen Sommermonate spendete er Schatten, im Herbst verfärbten sich seine Blätter zu atemberaubend feurig leuchtendem Laub, das herunterfiel, und vor dem Weiß des winterlichen Schnees wirkte er wie eine prächtige Holzskulptur. Doch der Mann hasste den Baum des Nachbarn, denn der Schatten, den er in seinen Hof warf, ließ sein Gras schlecht wachsen und seinen Gemüsegarten, der seine Leidenschaft war, verkümmern. Er drängte den Nachbarn, den Baum entweder zu fällen oder ihn drastisch zu beschneiden, doch dessen Reaktion war immer dieselbe: „Es steht Ihnen frei, alle Äste abzuschneiden, die über Ihr Grundstück hinausragen, aber darüber hinaus werden wir den Baum in Ruhe lassen, denn er ist schön und wir lieben ihn. Es tut uns leid, dass der Schatten auf Ihr Grundstück fällt, aber so ist es nun mal mit Bäumen."
>
> Eines Sommers fuhren die Nachbarn für eine Woche in den Urlaub, und der Mann beschloss, sich von dem Ärgernis zu befreien. Er nahm eine Kettensäge und fällte den Baum, wobei er vorsichtige Schnitte machte, damit der Baum nicht auf das Nachbarhaus fiel und es zerstörte, aber er bugsierte ihn auch von seinem eigenen Grundstück, damit er nicht aufräumen musste. Dann ging er nach Hause, gänzlich zufrieden, wenn auch vielleicht ein wenig ängstlich. Am nächsten Tag nahm er seine Kettensäge, warf sie auf die Müllhalde und bereitete sich vor abzustreiten, irgendeine Ahnung zu haben, wer den Riesen zu Fall gebracht hatte, obwohl die Wahrheit offensichtlich war.
>
> Es gab nur eine Lücke in seinem Plan: Ihm war nicht klar, wie beliebt seine Nachbarn waren, und er wusste nicht, wie unerträglich es sein würde, wenn sich die gesamte lokale Bevölkerung gegen ihn wenden würde, was so weit ging, dass ihn niemand mehr anschauen oder mit ihm sprechen würde. So kam schließlich der Moment, an dem dem Mann klar wurde, dass sein Leben für immer ruiniert sein würde, wenn er sich nicht mit seiner zerstörerischen und selbstsüchtigen Tat auseinandersetzte. Welche Schritte musste er unternehmen, um die Dinge wieder in Ordnung zu bringen?

Schritte zur Übernahme von Verantwortung

1. Er musste *zugeben, und zwar voll und ganz,* dass er den Baum gefällt hatte. Er fürchtete sich davor, den Leuten ins Gesicht zu sehen und zu sagen: „Ja, ich war es" – obwohl es jeder schon wusste –, aber er musste es tun. Er musste aufhören zu behaupten, dass die Nachbarn den Baum selbst gefällt hätten, um ihm die Schuld zu geben und alle gegen ihn aufzubringen. Und wenn er seine Tat zugab, musste er auch einräumen, was für einen alten und beeindruckenden Baum er gefällt hatte, anstatt zu versuchen, sein Gesicht zu wahren, indem er darauf bestand, dass er mickrig und hässlich gewesen sei.
2. Er musste zugeben, dass er ihn *mit Absicht* gefällt hatte, dass er sich zu seinem Handeln *entschieden* hatte. Er konnte nicht behaupten, er sei so betrunken oder wütend gewesen, dass er nicht wusste, was er tat. Er konnte nicht sagen: „Nun, ich wollte nur einen kleinen Schnitt in den Stamm machen, um sie zu warnen, aber ich schnitt versehentlich zu tief, und der Baum fiel um." Kurz gesagt, er musste *aufhören, Ausreden zu erfinden.* Außerdem musste er zugeben, dass er mit seinem destruktiven Verhalten bestimmte Ziele verfolgt hatte. Er musste in Bezug auf seine Motive ehrlich sein.
3. Er musste zugeben, dass das, was er getan hatte, *falsch* war. Das bedeutete, dass er *aufhören* musste, die Nachbarn zu *beschuldigen* und zu betonen, wie ungerecht behandelt er sich durch den Schatten gefühlt hatte. Er musste sich aufrichtig und von Herzen entschuldigen.
4. Er musste *das Recht akzeptieren, dass seine Nachbarn zu Recht wütend* waren über das, was er getan hatte. Dies bedeutete, dass er bereit sein musste, die *Auswirkungen seiner Tat wirklich anzuerkennen.* Er musste den Ärger aushalten, den er verursacht hatte. Er musste aufhören zu behaupten, dass sie „wegen eines dummen Baumes einen Riesenaufstand machen würden" und dass „es vor langer Zeit geschehen sei und sie jetzt darüber hinweg sein sollten". Obwohl es wichtig war, sich zu entschuldigen, musste er auch akzeptieren, dass seine Entschuldigung erst der Anfang war und dass sie bedeutungslos wäre, wenn er den Schaden, den er angerichtet hatte, nicht ernsthaft betrachten würde.
5. Er musste die *Konsequenzen seiner Taten akzeptieren.* Zuerst musste er einen angemessenen finanziellen Ausgleich für den Wert des zerstörten Baumes leisten. Danach musste er sich schuldig bekennen, damit die Nachbarn nicht die Tortur über sich ergehen lassen mussten, gegen ihn auszusagen. Er musste aufhören, bei anderen Mitgefühl für die Probleme zu suchen, die er selbst verursacht hatte, im Sinne von: „Ich Ärmster, ich musste all das Geld wegen ihres Baumes ausgeben,

was ich mir eigentlich nicht leisten kann, obwohl der einzige Grund, warum ich ihn gefällt habe, der war, dass sie damit meinen Garten verwüstet haben."

6. Er musste *langfristige und ernsthafte Anstrengungen* unternehmen, um das, was er getan hatte, wieder in Ordnung zu bringen. Kein Geldbetrag kann einen ausgewachsenen Baum ersetzen. Es gibt keine Möglichkeit, die Auswirkungen einer solch destruktiven Handlung auszulöschen. Der Mann musste daher Wiedergutmachung leisten. Er musste einen größtmöglichen, gesunden jungen Baum kaufen, wie er ihn in einer Baumschule finden konnte, und ihn sorgfältig hinter dem Nachbarhaus pflanzen. Darüber hinaus musste er den Baum gießen, ihn vor Rehen schützen, ihn auf Krankheiten untersuchen und ihn *über Jahre hinweg* nach Bedarf düngen. Ein junger Baum braucht viel Zeit, um kräftige Wurzeln zu entwickeln.
7. Er musste seine *Erwartung an Vergebung ablegen*. Er musste begreifen, dass die Nachbarn vielleicht selbst dann noch voller Schmerz, Verletzung und Bitterkeit sein würden, wenn er aufrichtig alle von mir beschriebenen Schritte unternehmen würde, und dass er kein Recht hatte, ihnen zu sagen, wie lange ihre Trauer dauern sollte, zumal er die Ursache dafür war. Die Menschen wären vielleicht netter zu ihm, jetzt, da er aufgehört hatte, seine Tat zu leugnen, aber sie würden ihn wahrscheinlich trotzdem nie mögen. Die Nachbarn würden vielleicht nie seine Freunde sein wollen – warum auch? Würden sie irgendwann beschließen, freundlich zu ihm zu sein, sollte er ihre Vergebung als einen Akt der Freundlichkeit sehen und *nicht* als etwas, was ihm für das Ersetzen des Baumes zusteht.
8. Von diesem Zeitpunkt an musste er die *Nachbarn durchgehend gut behandeln*. Es war ihm nicht gestattet, es ihnen fünf Jahre später heimzuzahlen, indem er zum Beispiel einen Rosenbusch fällte und dann sagte: „Okay, ich habe Mist gebaut, aber sollte ich nicht Anerkennung für die fünf Jahre bekommen, in denen ich mich positiv verhalten habe? Sie können nicht erwarten, dass ich perfekt bin." Von jemandem zu verlangen, dass er nicht die Pflanzen der Nachbarn abschneidet, ist nicht dasselbe, wie Perfektion zu erwarten.
9. Er musste seine *negative Haltung gegenüber seinen Nachbarn aufgeben*. Er musste aufhören, anderen gegenüber schlecht über sie zu sprechen, und akzeptieren, dass das, was ihm an ihnen missfiel – vielleicht sogar alles – in Wirklichkeit mit ihren Reaktionen auf den Schaden, den er angerichtet hatte, und ihrer Weigerung, sich von ihm schikanieren zu lassen, zu tun hatte. Er hatte ihre Feindseligkeit ihm gegenüber verursacht.

Wenn ich mit meinen Klienten diese Verantwortlichkeiten einzeln durchgehe, frage ich sie, ob sie irgendwelche Einwände haben. Sie stimmen überein, dass jeder der oben genannten Schritte fair und notwendig ist – solange wir über Bäume und Nachbarn sprechen. Sobald ich jedoch beginne, die Geschichte noch einmal durchzugehen und aufzuzeigen, wie jeder Punkt auf einen Mann zutrifft, der seine Partnerin misshandelt hat, fangen meine Klienten an, einen Rückzieher zu machen. Sie zögern, die ernsthafte Arbeit der Veränderung zu tun, weil sie das Gefühl haben, es sei einfacher, das Vergangene zu kaschieren und ihr Leben wie gewohnt weiterzuführen.

Wie sich diese Schritte auf Misshandlung anwenden lassen

Der nachstehende Kasten fasst zusammen, wie die Schritte in der Baumgeschichte auf den Veränderungsprozess eines misshandelnden Mannes zutreffen.

Schritte zur Veränderung

1. *Die Vorgeschichte seiner psychischen, sexuellen und physischen Misshandlungen gegenüber aktuellen oder früheren Partnerinnen in vollem Umfang zugeben.* Das Verleugnen und Verharmlosen muss aufhören, einschließlich seines Zweifels an der Erinnerung an das Geschehene. Der misshandelnde Mann kann sich nicht ändern, wenn er weiterhin wichtige Teile dessen, was er getan hat, gegenüber anderen oder sich selbst vertuscht.
2. *Bedingungslos anerkennen, dass das missbräuchliche Verhalten falsch war.* Er muss die Rechtfertigungen, die er gerne herangezogen hat, erkennen, einschließlich der verschiedenen Arten, wie er Ihnen die Schuld gegeben hat, und im Detail darüber sprechen, warum sein Verhalten inakzeptabel war, ohne wieder in seine Verteidigungshaltung zurückzufallen.
3. *Anerkennen, dass sein Verhalten aufgrund einer Entscheidung erfolgte und nicht wegen eines Kontrollverlusts.* Er muss zum Beispiel begreifen, dass es bei jedem Vorfall einen Moment gibt, in dem er sich die Erlaubnis gibt, missbräuchlich zu werden, und dass er selbst entscheidet, wie weit er geht.

4. *Die Auswirkungen erkennen, die seine Misshandlungen auf Sie und Ihre Kinder haben, sowie Empathie zeigen.* Er muss *eingehend* über die kurz- und langfristigen Auswirkungen sprechen, die sein missbräuchliches Verhalten hat, einschließlich Angst, Vertrauensverlust, Wut, Verlust von Freiheit und anderer Rechte. Und er muss dies tun, ohne in Selbstmitleid zu verfallen oder darüber zu sprechen, wie schwer die Erfahrung für *ihn* war.
5. *Das Muster seines kontrollierenden Verhaltens und seines Berechtigungsdenkens genau analysieren.* Er muss detailliert über seine alltäglichen Taktiken des Missbrauchs sprechen. Ebenso wichtig ist, dass er in der Lage ist, seine zugrunde liegenden Überzeugungen und Werte zu erkennen, die diese Verhaltensweisen angetrieben haben, wie z. B. dass er meint, das Recht zu haben, ständige Aufmerksamkeit zu verlangen, auf Sie herabzusehen oder zu glauben, dass Männer nicht für ihre Handlungen verantwortlich sind, wenn sie durch eine Partnerin „provoziert" wurden.
6. *Respektvolle Verhaltensweisen und Einstellungen entwickeln, um die missbräuchlichen, mit denen er aufhört, zu ersetzen.* Sie können Beispiele finden, wie z. B. seine verbesserte Art und Weise, Ihnen während Konflikten und zu anderen Zeiten zuzuhören, seinen Anteil an den Haushaltspflichten und der Kinderbetreuung zu übernehmen und Ihre Unabhängigkeit zu unterstützen. Er muss zeigen, dass er sich mit der Tatsache abgefunden hat, dass auch Sie *Rechte* haben und diese seinen Rechten gleichgestellt sind.
7. *Sein verzerrtes Bild von Ihnen neu bewerten und es durch eine positivere und empathischere Sichtweise ersetzen.* Er muss erkennen, dass er die Angewohnheit hatte, sich nur auf seine Beschwerden über Sie und seine Wahrnehmung Ihrer Schwächen zu konzentrieren und diese zu übertreiben, und er nun damit beginnen muss, Sie zu loben und sich Ihrer Stärken und Fähigkeiten bewusst zu werden.
8. *Den Schaden, den er angerichtet hat, wiedergutmachen.* Er muss ein Gespür dafür entwickeln, dass er Ihnen und Ihren Kindern aufgrund seiner Misshandlung etwas *schuldig* ist. Er kann damit beginnen, seine Taten in gewissem Maß wiedergutzumachen, indem er konsequent freundlich und unterstützend ist, seine eigenen Bedürfnisse für ein paar Jahre zurückstellt, mit Menschen spricht, die er in

Bezug auf den Missbrauch getäuscht hat, und ihnen gegenüber zugibt, dass er gelogen hat. Außerdem kann er für Gegenstände bezahlen, die er beschädigt hat, und viele andere Schritte unternehmen, um die emotionale und sonstige, im wahrsten Sinne des Wortes, Unordnung zu beseitigen, die sein Verhalten verursacht hat. (Gleichzeitig muss er akzeptieren, dass es ihm möglicherweise nie gelingen wird, Sie vollständig zu entschädigen.)

9. *Die Konsequenzen seines Verhaltens akzeptieren.* Er muss aufhören, über Probleme zu jammern oder Ihnen die Schuld für diejenigen zu geben, die das Ergebnis seines Missbrauchs sind, wie z. B. dass Sie keine Lust mehr auf Sex mit ihm haben, die Neigung der Kinder, Sie zu bevorzugen, oder die Tatsache, dass er auf Bewährung ist.
10. *Sich verpflichten, sein missbräuchliches Verhalten nicht zu wiederholen und sich an diese Verpflichtung halten.* Er sollte keine Bedingungen für seine Entwicklung stellen, z. B. indem er sagt, dass er Sie nicht beschimpfen wird, solange Sie ihm gegenüber nicht laut werden. Wenn er rückfällig wird, kann er sein missbräuchliches Verhalten nicht damit rechtfertigen, dass er sagt: „Aber ich war fünf Monate lang großartig; du kannst nicht erwarten, dass ich perfekt bin", als ob eine gute Zeit ihm Punkte eingebracht hätte, die er für gelegentliche Misshandlungen einsetzen kann.
11. *Die Notwendigkeit akzeptieren, seine Privilegien aufgeben zu müssen, und dies auch tun.* Das bedeutet, sich von seiner Doppelmoral zu verabschieden, davon, mit anderen Frauen zu flirten, das ganze Wochenende mit seinen Freunden wegzufahren, während Sie sich um die Kinder kümmern, und wütend sein zu dürfen, was er Ihnen bisher nicht zugestanden hatte.
12. *Akzeptieren, dass die Überwindung von missbräuchlichem Verhalten wahrscheinlich ein lebenslanger Prozess ist.* Er kann zu keinem Zeitpunkt behaupten, dass seine Arbeit getan ist, indem er zu Ihnen sagt: „Ich habe mich geändert, aber du nicht", oder wenn er sich beschwert, dass er es satthat, ständig von seinem Missbrauch und seinem Kontrollverhalten zu hören, und dass „es Zeit ist, das alles hinter sich zu lassen". Er muss sich mit der Tatsache abfinden, dass er wahrscheinlich immer an seinen Themen arbeiten muss und dass Sie die Auswirkungen dessen, was er viele Jahre lang getan hat, spüren können.

13. *Bereit sein, für seine Taten in der Vergangenheit und in der Zukunft Verantwortung zu übernehmen.* Seine Einstellung, dass er über jeden Vorwurf erhaben ist, muss er durch die Bereitschaft ersetzen, Rückmeldungen und Kritik anzunehmen, ehrlich zu sein, wenn er rückfällig wird, und verantwortlich zu sein für das, was er tut und welche Auswirkungen es auf Sie und Ihre Kinder hat.

Misshandelnde Männer verändern sich nicht nachhaltig, wenn sie einen der oben genannten Schritte überspringen, wobei einige leichter sind als andere. Die meisten meiner Klienten finden es zum Beispiel recht einfach, sich zu entschuldigen. Tatsächlich kann ein Täter Entschuldigungen in sein Missbrauchsmuster einweben, sodass ein „Es tut mir leid" eine weitere Waffe in seiner Hand sein kann. Seine unausgesprochene Regel mag lauten, dass seine Partnerin zufrieden sein muss, wenn er sich einmal entschuldigt hat, egal wie oberflächlich oder unaufrichtig es war. Sie darf ihre Gefühle bezüglich seiner Misshandlungen nicht weiter zeigen, auch darf sie nicht verlangen, dass er irgendetwas in Ordnung bringt. Wenn sie versucht, weiter über den Vorfall zu sprechen, springt er sofort wieder in den Missbrauchsmodus zurück und schreit Dinge wie: „Ich habe mich schon *entschuldigt*! Halt jetzt die Klappe!"

Aber selbst eine echte und aufrichtige Entschuldigung ist nur ein Anfangspunkt. Viele meiner Klienten schaffen die ersten drei Schritte: Sie geben einen wesentlichen Teil ihres Missbrauchs zu, sie bestätigen, dass ihre Handlungen eher auf ihre eigene Entscheidung als auf Kontrollverlust zurückzuführen sind, und sie entschuldigen sich. Dann stellen sie sich auf die Hinterbeine. Das Berechtigungsdenken eines Missbrauchstäters ist wie eine unhöfliche, arrogante Stimme, die in seinem Kopf brüllt: „Du hast schon viel zu viel aufgegeben! Rühr dich keinen Zentimeter weiter. Sie haben dich bereits dazu überredet zu sagen, dass die Misshandlungen ganz allein deine Schuld sind, obwohl du weißt, dass sie wegen der Scheiße, die sie macht, mindestens zur Hälfte selbst schuld ist. Sie sollte *dankbar* sein, dass du dich entschuldigt hast; das war nicht so einfach. Sie hat Glück, dass du so weit gegangen bist. Viele Typen würden ihr sagen, du kannst mich mal, weißt du." Und die Stimme zerrt ihn zurück in den Morast, aus dem er endlich ein paar Babyschritte heraus gemacht hatte.

Schritt Nummer vier verlangt zum Beispiel, dass der misshandelnde Mann das Recht seiner Partnerin akzeptiert, wütend zu sein. Er muss ihre wütenden Äußerungen tatsächlich ernst nehmen und darüber *nachdenken*, anstatt ihren emotionalen

Ausbruch als Entschuldigung dafür zu benutzen, ihr ihre Meinung aus dem Leib zu prügeln, wie er es normalerweise tut. Wenn ich diesen Schritt erkläre, sehen mich meine Klienten zunächst so an, als hätte ich in der Mitte meiner Stirn ein drittes Auge. „Was soll ich tun? Wenn sie mich anschreit, soll ich einfach dasitzen und es *hinnehmen*???", worauf ich antworte: „Eigentlich mehr als das. Sie sollten über die Punkte, die sie vorbringt, nachdenken und aufmerksam darauf reagieren." Und dann üben wir genau diese Situation in der Gruppe. Ich frage sie nach Beispielen für die wütenden Äußerungen ihrer Partnerin und leite sie dann an, zu verstehen, warum ihre Partnerinnen wütend sind, und dass sie ihr Recht, so zu fühlen, akzeptieren müssen.

Und es gibt noch weitere Schritte zu tun. Die Schritte sechs und sieben erfordern, dass der misshandelnde Mann sich dem stellt, was er getan hat, dass er durch seine Misshandlungen tatsächlich *Schuld* auf sich geladen hat. Schritt acht besagt, dass er sein Verhalten in Zukunft ändern muss, dass es nicht reicht, sich für Vergangenes zu entschuldigen, sondern dass er seine Misshandlungen *vollständig* und *endgültig* beenden muss. Mit anderen Worten, er muss sich wirklich mit den Einstellungen auseinandersetzen, die sein Mobbing und seine Respektlosigkeit gegenüber seiner Partnerin antreiben. Im elften Schritt muss er die Privilegien aufgeben, die er sich durch seine Misshandlungen erworben hat. Während ich mit meinen Klienten jeden dieser Schritte durchlaufe, entscheiden sich einige dafür, sich durchzubeißen, so hart der Prozess auch sein mag, während andere das Handtuch werfen und ihr missbräuchliches Verhalten wieder aufnehmen.

Die Aussicht des Misshandelnden auf Veränderung

Wenn ich meine Klienten durch den Prozess zur Überwindung ihres missbräuchlichen Verhaltens leite, muss ich mir vor Augen halten, dass sie ihre übliche Vorgehensweise, ihre Einstellungen und Manipulationen in den eigentlichen Prozess der Veränderung mit einbringen. Aus diesem Grund hat eine Frau auch das Gefühl, Achterbahn zu fahren, wenn ihr Partner behauptet, sich verändert zu haben. Hier sind einige der Einstellungen, die Täter gewöhnlich zeigen, wenn ihre Partnerin, ein Gericht oder ein Therapieprogramm für misshandelnde Männer sie auffordert, mit ihrem missbräuchlichen Verhalten aufzuhören:

- ***„Das Spiel der Veränderung lasse ich genau wie alles andere ablaufen."***

Missbrauchstäter können ihre manipulativen Fähigkeiten dazu nutzen, den Eindruck zu erwecken, sich verändert zu haben. Das haben wir in Kapitel 1 mit Carl erlebt, der in seiner Tätergruppe eine Show in Bezug auf seine gewonnenen Einsichten abzog, gleichzeitig aber seine Partnerin Peggy verbal so grausam wie eh und je behandelte und schnell auch wieder körperlich gewalttätig wurde. Unzählige meiner Klienten, die von ihren Partnerinnen getrennt waren und auf Versöhnung hofften, oder mit einer einstweiligen Verfügung aus dem Haus verbannt wurden und versuchten, die Erlaubnis zur Rückkehr zu erhalten, verschwanden wieder aus meiner Tätergruppe, sobald sie erreicht hatten, was sie wollten. Vielleicht versichert ein Mann seiner Partnerin: „Ich lerne so viel in der Gruppe, sodass ich, wenn du mich wieder einziehen lässt, noch härter an dem Programm arbeiten werde." Doch sobald seine Koffer ausgepackt sind, beginnen die Ausreden: Das Programm ist zu teuer; er braucht es nicht mehr; er fühlt sich nicht wohl in einem Raum mit „echten Missbrauchstätern", weil er nicht wie sie ist, und „du und ich eigentlich nur ein paar kleine Probleme haben".

- ***„Ich kann mein missbräuchliches Verhalten stoppen, indem ich nicht-missbräuchliche Methoden lerne, meine Partnerin zu kontrollieren und zu manipulieren."***

Ich höre diese (meist unbewusste) Haltung in der Stimme des Klienten, der zu mir sagt: „Ich dachte, Sie würden mir etwas an die Hand geben, das mir hilft, mit dem verrückten Verhalten meiner Partnerin umzugehen. Aber Sie helfen mir dabei überhaupt nicht." Sein Ausdruck *verrücktes Verhalten* ist ein Codewort dafür, wie sich seine Partnerin ihm entgegenstellt, ihren Ärger ausdrückt oder darauf besteht, eine eigene Identität zu behalten, anstatt sich einfach exakt dem anzupassen, was er von ihr will. Ein großer Prozentsatz der Männer, die an Täterprogrammen teilnehmen, hört innerhalb der ersten Wochen auf. Zu Hause machen sie verschiedene Ausflüchte, aber der wahre Grund ist ihre Erkenntnis, dass das Programm von ihnen erwartet, ihre Partnerin mit Respekt zu behandeln. Stattdessen hatten sie gehofft, einfach nur freundlichere, sanftere Herangehensweisen zu erlernen, um mit ihrer Show fortzufahren.

- ***„Veränderung ist ein Druckmittel."***

Ein Täter versucht oft, sein Versprechen, sich zu ändern, für Deals zu nutzen, da er glaubt, dass das Verhalten seiner Partnerin genauso falsch ist wie sein eigenes: „Ich bin damit einverstanden, dich nicht mehr ‚Schlampe' zu nennen, wenn du mich nicht damit nervst, dass ich beim Aufräumen des Chaos der Kinder helfen soll, wenn ich dabei bin, ein Spiel anzusehen. Ich werde dich nicht mehr ‚Miststück' oder ‚Hure' nennen, wenn du aufhörst, mit deinen männlichen Freunden zu reden. Ich werde dich nicht mehr gegen die Wand drücken, wenn du beim Streiten deinen

Standpunkt fallen lässt, weil du siehst, dass ich wirklich sauer bin." In seinen Augen sind dies faire Deals, aber in Wirklichkeit verlangen sie von der Frau, ihre Rechte und Freiheit zu opfern als Gegenleistung dafür, nicht misshandelt zu werden – eine Zwangsabmachung, die an sich schon missbräuchlich ist.

- **„Es macht mir nichts aus, einige meiner Handlungen zu ändern, solange ich die Einstellungen und Verhaltensweisen, die mir am wichtigsten sind, nicht aufgeben muss."**

Irgendwann im Verlauf der ersten Monate, die ein Mann an meinem Programm teilnimmt, stolpere ich für gewöhnlich über den Kernpunkt seiner Privilegien, wie über einen weiter hinten liegenden Bunker auf seinem Terrain. Er mag einige seiner vorderen Stellungen aufgeben, aber in seiner Festung umgibt er sich mit Sandsäcken und lässt sich auf einen langwierigen Krieg ein. Ein Klient mag damit einverstanden sein, seine Partnerin nicht ständig zu unterbrechen und z. B. Auseinandersetzungen nicht zu dominieren, aber wenn ich ihm sage, dass er auch während der Fußballsaison seinen Teil der Kinderbetreuung übernehmen muss, dann zieht er die Grenze. Wenn es für einen respektvollen Partner erforderlich ist, tatsächlich seinen Hintern hochzukriegen, dann bleibt er lieber bei seinem missbräuchlichen Verhalten. Ein anderer Klient mag damit einverstanden sein, nicht mehr das gesamte Geld seiner Familie für sich selbst auszugeben, aber wenn ich ihm sage, dass er auch seine ständigen Affären aufgeben muss, entscheidet er, dass die Verluste zu groß sein würden, und hört auf.

Ein misshandelnder Mann, der nicht bereit ist, auf seine Kernansprüche zu verzichten, wird nicht bei seinem nicht-missbräuchlichen Verhalten bleiben. Dies ist vielleicht der am häufigsten übersehene Aspekt in Bezug auf Missbrauch und Veränderung. Der Fortschritt, den ein solcher Mann zu machen scheint, ist eine Illusion. Wenn er sich das Recht vorbehält, seine Partnerin zu schikanieren, um auch nur ein bestimmtes Privileg zu schützen, hält er sich die Missbrauchsoption offen. Und wenn er sie sich offenhält, wird er sie nach und nach wieder vermehrt nutzen, bis sein früheres Kontrollverhalten wieder voll zur Geltung kommt.

Misshandelnde Männer hängen an ihren Privilegien und finden die Aussicht, gleiche Rechte und Pflichten wie ihre Partnerin zu haben und auf gleicher Ebene mit ihr zu leben, fast unerträglich. Sie ärgern sich über Frauen, die von ihnen verlangen, sich zu ändern, und sie reden sich ein, Opfer einer ungerechten Behandlung zu sein, weil sie ihren einseitigen Luxus verlieren. Aber sie können sich nicht ändern, wenn sie nicht bereit sind, diesen Sonderstatus aufzugeben –, eine der wichtigsten Aufgaben, die sie in einem Therapieprogramm für Missbrauchstäter zu erfüllen haben.

Damit ich einem misshandelnden Mann helfen kann, sich zu ändern, muss ich ihn durch die Punkte begleiten, an denen er stecken bleibt. Ich erkläre ihm, dass er zum Beispiel ein gewisses Schuldgefühl empfinden wird und dass sein Berechtigungsdenken ihn dazu bringen wird, rückfällig zu werden, wenn die Schuldgefühle aufkommen. Ich muss ihn warnen, wenn er anfängt, Abmachungen zu treffen, um Aspekte seines missbräuchlichen Verhaltens zu bewahren, und wenn er wieder dazu übergeht, seiner Partnerin die Schuld zu geben oder sich selbst zu bemitleiden. Ich muss ihm helfen, sich seiner wahren Motive für sein missbräuchliches Verhalten bewusst zu werden. Vor allem muss ich ihn mit seinem Mangel an Einfühlungsvermögen für seine Partnerin und seine Kinder konfrontieren und ihn dazu drängen, in Beziehung zu den Gefühlen derer zu gehen, denen er Schaden zugefügt hat. Es ist meine Aufgabe, dem misshandelnden Mann das Privileg zu nehmen, die Augen von dem Schaden abzuwenden, den er angerichtet hat. Wenn der Mann bereit ist, diesen langen und schwierigen Prozess durchzuhalten, beginnt die Möglichkeit für echte Veränderungen.

Wie kann man die Veränderungsziele eines misshandelnden Mannes beurteilen?

*Frage 19:
Wie kann ich feststellen, ob er sich wirklich ändert?*

Niemand vermag besser, echte Fortschritte von Augenwischerei zu unterscheiden als die misshandelte Frau selbst. Es kommt vor, dass eine Frau mich anruft, nachdem ihr Partner einige Wochen in meinem Programm ist, ihre Stimme erfüllt von Angst und Hoffnung, und mich fragt: „Nun, wie macht er sich? Glauben Sie, dass das Programm wirkt?" Sie verlässt sich darauf, dass ich als Experte für Misshandlung ihrem Partner tief in die Augen schaue und sein Potenzial erkenne. Aber das kann ich nicht. Ich muss die Frage der Beurteilung an sie zurückgeben.

Sie sind die Einzige, die die Veränderung Ihres Partners wirklich beurteilen kann. Es gibt Männer, die sich meiner Gruppe anschließen und zu Vorzeige-Klienten werden, die die richtigen Antworten geben und die entsprechenden Emotionen zeigen, doch wenn ich mit ihren Partnerinnen spreche, erfahre ich, dass sich das Leben zu Hause nicht geändert hat oder vielleicht noch etwas schlimmer geworden ist. Und ich arbeite mit anderen Männern, die während der Sitzungen streitsüchtig sind, aber der Bericht, den ich von Zuhause, von der Front erhalte, besagt, dass sich ihr Umgang mit ihrer Partnerin merklich verbessert hat. Wie sich der Klient *mir* gegenüber zeigt, besagt wenig.

Es gibt zwei wesentliche Grundsätze, die man im Auge behalten muss, wenn man beurteilen will, wie viel Potenzial ein Missbrauchstäter besitzt, auf lange Sicht zu einem freundlichen, respektvollen Partner zu werden:

1. Er kann sich nicht ändern, wenn er sich nicht grundsätzlich mit seinen Ansprüchen und seiner überlegenen Einstellung auseinandersetzt. Keine oberflächlichen Veränderungen, die er möglicherweise vornimmt, bieten eine echte Hoffnung für die Zukunft.
2. Es macht keinen Unterschied, wie *nett* er zu Ihnen ist, da fast alle Missbrauchstäter gute Phasen haben. Entscheidend ist, ob er sich entscheidet, *respektvoll* und frei von Zwangsmaßnahmen zu werden.

Wenn Sie sich an diesen grundlegenden Punkten orientieren, kann Ihnen der folgende Leitfaden helfen, Veränderungen zu erkennen, die versprechen, nachhaltig zu sein. Wir brauchen „Ja"-Antworten auf folgende Fragen:

Hat er gelernt, Ihren Ansichten mit Respekt zu begegnen, auch wenn sie stark von seinen abweichen?

ja _____ nein _____

Akzeptiert er Ihr Recht, ihm gegenüber wütend zu sein, insbesondere wenn es darum geht, wie er Sie misshandelt hat?

ja _____ nein _____

Respektiert er Ihr Recht auf Freiheit und Unabhängigkeit? Gehört dazu auch, dass er jede Einmischung in Ihre Freundschaften unterlässt und aufhört, immer wissen zu wollen, wo Sie sind und mit wem Sie zusammen sind?

ja _____ nein _____

Hat er aufgehört, Ausreden für seine Behandlung von Ihnen zu erfinden, einschließlich dessen, dass er Ihr Verhalten nicht als Entschuldigung für seines benutzt?

ja _____ nein _____

Ist er respektvoll in Bezug auf Sex, übt er keinen Druck aus und provoziert er keine Schuldgefühle?

ja _____ nein _____

Hat er aufgehört, Sie mit anderen Frauen zu betrügen, mit diesen zu flirten oder andere Verhaltensweisen zu zeigen, die Sie befürchten lassen, dass er fremdgeht?

ja _____ nein _____

Hört er sich bei einer Auseinandersetzung Ihren Standpunkt an, ohne Sie zu unterbrechen, und bemüht er sich dann ernsthaft um eine wohlüberlegte Reaktion auf Ihre Argumente, auch wenn diese ihm nicht gefallen?

ja _____ nein _____

Sind Sie frei, Ihre Beschwerden, neue oder alte, vorzubringen, ohne mit Vergeltungsmaßnahmen von seiner Seite aus rechnen zu müssen?

ja _____ nein _____

Hat er aufgehört, über seine Misshandlungen wie über einen Unfall zu reden, und stattdessen begonnen zuzugeben, dass er sie eingesetzt hat, um Sie zu kontrollieren?

ja _____ nein _____

Reagiert er tatsächlich auf Ihre Beschwerden und unternimmt etwas dagegen (z. B. indem er sein Verhalten gegenüber den Kindern ändert)?

ja _____ nein _____

Hat er den Einsatz von kontrollierenden Verhaltensweisen (wie Sarkasmus, Augenrollen, lautes, angewidertes Seufzen, über Sie reden, sich als ultimative Autorität gebärden sowie andere Formen der Respektlosigkeit oder Überlegenheit) deutlich reduziert bzw. ganz aufgegeben?

ja _____ nein _____

Wenn er wieder in sein Kontrollverhalten abrutscht, nimmt er Sie dann ernst, wenn Sie sich darüber beschweren, und arbeitet er weiter daran, sich zu bessern?

ja _____ nein _____

Ist er in seinem Verhalten konsequent und verantwortungsbewusst und berücksichtigt er, wie sich seine Handlungen auf Sie auswirken, ohne dass Sie ihn ständig daran erinnern müssen?

ja _____ nein _____

Verhält er sich merklich weniger fordernd, egoistisch und egozentrisch?

ja _____ nein _____

Ist er fair und verantwortungsbewusst in Bezug auf Geld, wozu auch gehört, dass Sie eigenes Vermögen in Ihrem eigenen Namen behalten dürfen?

ja _____ nein _____

Hat er Verhaltensweisen aufgegeben, die Sie als bedrohlich oder einschüchternd empfinden?

ja _____ nein _____

Hat er seinen Beitrag zur Haushaltsführung und Kindererziehung erheblich ausgeweitet und aufgehört, Ihre Hausarbeit als selbstverständlich anzusehen oder Sie wie eine Dienerin zu behandeln?

ja _____ nein _____

Hat er begonnen, Sie in Ihren Stärken zu unterstützen, anstatt danach zu streben, sie zu untergraben?

ja _____ nein _____

Hatten Sie mit ihm größere wütende Auseinandersetzungen, bei denen er eine neue Bereitschaft gezeigt hat, sich nicht missbräuchlich zu verhalten?

ja _____ nein _____

„Nein"-Antworten auf eine der obigen Fragen sind Anzeichen dafür, dass Ihr Partner noch Anstrengungen unternehmen muss. Wenn er entschlossen ist, sich zu ändern, wird er Sie ernst nehmen, wenn Sie Ihre anhaltenden Bedenken äußern, und er wird anerkennen, dass er weiter an seinen Einstellungen und Gewohnheiten arbeiten muss. Wenn er andererseits Ihnen gegenüber Ungeduld zeigt oder kritisch ist, weil Sie mit den ersten Anzeichen seiner Veränderung nicht zufrieden sind, ist das ein Zeichen dafür, dass sein offen missbräuchliches Verhalten schon bald wiederkehren wird. Meine Erfahrung mit missbräuchlichen Männern ist, dass kleine und selbst mittelgroße Verbesserungen in der Regel im Laufe der Zeit verloren gehen. Der Mann, der seine Fortschritte tatsächlich beibehält, ist für gewöhnlich derjenige, der sich komplett ändert, auch wenn dieser Prozess in der Regel viel Zeit in Anspruch nimmt. Wenn Sie also versuchen, eine Beziehung zu einem Mann aufrechtzuerhalten, der Sie misshandelt hat, müssen Sie ihn in gewisser Hinsicht an einem noch höheren Niveau messen, als Sie es bei einem nicht-missbräuchlichen Partner tun würden. Wenn mir eine Frau berichtet, dass es ihrem misshandelnden Partner besser geht, stellt sich heraus, dass er einfach nur nichts getan hat. Er beschimpft sie nicht, macht ihr keine Angst, aber er verbringt auch keine Zeit mit ihr, spricht nicht mit ihr und zeigt ihr auch keine Zuwendung. Er vermeidet Misshandlungen, indem er sich einfach aus der Beziehung zurückzieht. Wie die Partnerin einer meiner Klienten es formulierte: „Es ist, als hätte er zwei Gänge: wütend und neutral."

Distanz kann schlimmer sein als Vermeidung, denn sie kann als Strafe dafür dienen, dass Sie sich massiv dagegen gewehrt haben, wie er Sie behandelt. Eine gewisse Anzahl meiner Klienten verlässt ihre Partnerinnen, sobald ihnen klar wird, dass die

Misshandlungen absolut nicht mehr toleriert werden. Aber der eher typische Ansatz besteht darin, physisch präsent zu bleiben und dabei die Maschinerie so umzurüsten, dass sie statt offener Feindseligkeit passive Aggression produziert. Er lernt, wie er sie durch das, was er *nicht* tut, verletzen kann, anstatt durch das, was er tut.

Die vorhergehenden Fragen können Ihnen helfen, zwischen einer echten Veränderung und dem üblichen Muster eines misshandelnden Mannes zu unterscheiden, wenn er eine „gute" Phase hat. Wenn Ihr Partner wirklich auf dem Weg ist, dem Missbrauch abzuschwören, werden Sie bei ihm eine einschneidende Veränderung feststellen. Partnerinnen meiner erfolgreichen Klienten sagen, dass sie sich fast so fühlen, als ob sie mit einer anderen Person zusammenleben würden, und dass sie jetzt eine wesentliche Veränderung spüren, zu der ein echter Einstellungswandel gehört und nicht nur sein üblicher Einsatz von oberflächlicher Nettigkeit, um die Wogen zu glätten.

Deutliche Anzeichen dafür, dass sich ein Missbrauchstäter nicht ändert

Ihr Partner kann sich auf unterschiedliche Weisen äußern oder verhalten, die deutlich zeigen, dass er keine Fortschritte macht:

- Er sagt, er kann sich nur ändern, wenn Sie sich auch ändern.
- Er sagt, er kann sich nur ändern, wenn Sie ihm „helfen", sich zu ändern, indem Sie ihn emotional unterstützen, ihn beruhigen und ihm vergeben sowie viel Zeit mit ihm verbringen. Das bedeutet oft, dass er möchte, dass Sie alle Ihre Pläne, eine Pause von ihm einzulegen, aufgeben sollen.
- Er kritisiert Sie dafür, dass Sie nicht merken, wie sehr er sich verändert hat.
- Er kritisiert Sie dafür, dass Sie nicht darauf vertrauen, dass seine Veränderung von Dauer sein wird.
- Er kritisiert Sie dafür, dass Sie ihn für fähig halten, sich missbräuchlich zu verhalten, obwohl *er dies in der Vergangenheit tatsächlich getan hat* (oder damit *gedroht* hat), als ob Sie wissen müssten, dass er „nie so etwas tun" würde, selbst wenn er es bereits getan hat.
- Er erinnert Sie an die schlimmen Dinge, die er in der Vergangenheit getan hat, nun aber nicht mehr tut, was einer subtilen Drohung gleichkommt.
- Er sagt Ihnen, dass Sie zu lange brauchen würden, um sich zu entscheiden, dass er nicht „ewig warten" kann, und setzt Sie so unter Druck, damit Sie sich nicht die Zeit nehmen können, die Sie brauchen, um sich zu sammeln und um abzuschätzen, wie sehr er wirklich bereit ist, sich zu ändern.
- Er sagt: „Ich bin dabei, mich zu verändern, wirklich!", aber Sie spüren es nicht.

Seien Sie ehrlich mit sich selbst

Um ein gutes Urteilsvermögen zu entwickeln und kluge Entscheidungen über die Aussichten auf Veränderungen bei Ihrem misshandelnden Partner zu treffen, müssen Sie *ehrlich zu sich selbst* sein. Weil Sie ihn lieben, weil Sie Kinder mit ihm haben oder weil es aus anderen Gründen schwierig wäre, ihn zu verlassen, könnten Sie versucht sein, sich übertriebene Hoffnungen wegen kleiner Zugeständnisse zu machen, die er an den Tag legt. Wenn er fünf oder zwanzig Jahre lang nicht nachgegeben hat und sich dann endlich einen Zentimeter bewegt, können Sie aus einer Erschöpfung heraus denken: *Hey! Ein Zentimeter! Das ist ein Fortschritt!* Sie möchten vielleicht all die eklatanten Anzeichen übersehen, die darauf hindeuten, dass seine Grundeinstellungen und -strategien intakt geblieben sind. Hüten Sie sich vor seinen Täuschungsmanövern und Ihrer Selbsttäuschung. Ich habe solch herzzerreißende Traurigkeit in den Stimmen vieler Dutzender misshandelter Frauen gehört, die zu mir sagten: „Ich wünschte, ich könnte mich irgendwie von all den Jahren erholen, die ich damit vergeudet habe, darauf zu warten, dass er sich mit seinen Problemen auseinandersetzt." Wenn möglich, ersparen Sie sich diese Traurigkeit, indem Sie auf nichts weniger als auf völligen Respekt bestehen.

Der Missbrauchstäter in der Paartherapie

Der Versuch, missbräuchliches Verhalten durch Paartherapie zu lösen, ist, als würde man eine Schraube in die falsche Richtung aufdrehen. Sie steckt nur noch fester als zuvor. Die Paartherapie ist darauf ausgerichtet, Probleme anzugehen, die auf *Gegenseitigkeit* beruhen. Sie kann wirksam sein, um Kommunikationsschwierigkeiten zu überwinden, die Probleme der Kindheit zu entwirren, die jeder Partner in eine Beziehung einbringt, oder um Nähe aufzubauen. Aber keines dieser Ziele kann man im Kontext von missbräuchlichem Verhalten erreichen. Es gibt keine positive Kommunikation, wenn eine Person die andere nicht respektiert und vermeiden will, dass beide gleichberechtigt sind. Sie können sich Ihrer Verwundbarkeit nicht stellen, was bei der Bewältigung früher emotionaler Verletzungen notwendig ist, wenn Sie sich emotional unsicher fühlen – weil Sie emotional unsicher *sind*. Und wenn es Ihnen gelingen sollte, mehr Intimität mit Ihrem misshandelnden Partner zu erreichen, werden Sie bald noch schlimmer verletzt werden als zuvor, denn größere Nähe bedeutet für Sie größere Verletzbarkeit.

In der Paarberatung erhalten sowohl der Täter als auch die misshandelte Frau falsche Botschaften. Der Missbrauchstäter erfährt, dass seine Partnerin „ihn triggert" und „ihn ausrasten" lässt, sie daher ihr Verhalten anpassen muss, um ihn nicht aufzuregen. Sie scheint genauso zu sein, wie er es die ganze Zeit behauptet hat. Veränderungen beim Täter kommen aber nur durch den umgekehrten Prozess zustande, durch das völlige Abrücken von der Vorstellung, dass seine Partnerin *irgendeine* Rolle beim Entstehen seines missbräuchlichen Verhaltens spielt. Ein Missbrauchstäter muss auch aufhören, sich auf seine Gefühle und das Verhalten seiner Partnerin zu konzentrieren, und stattdessen *ihre Gefühle* und *sein Verhalten* betrachten. Die Paarberatung ermöglicht es ihm, bei seinen Gefühlen stecken zu bleiben. In der Tat sind für manche Therapeuten Gefühle das Einzige, was zählt, und die Realität ist mehr oder weniger irrelevant. In diesem Zusammenhang bemerkt ein Therapeut Ihnen gegenüber vielleicht: „Aber er fühlt sich auch von *Ihnen* misshandelt." Je mehr ein misshandelnder Mann davon überzeugt ist, dass seine Klagen mehr oder weniger genauso schlimm sind wie Ihre, desto geringer ist leider die Chance, dass er seine Einstellung jemals überwinden wird.

Die Botschaft, die Sie durch die Paarberatung erhalten, lautet: „Sie können Ihren misshandelnden Partner dazu bringen, sich Ihnen gegenüber besser zu verhalten, indem *Sie* Ihr Verhalten *ihm gegenüber* ändern. Eine solche Botschaft ist, offen gesagt, falsch. *Missbräuchliches Verhalten wird nicht durch schlechte Beziehungsdynamiken verursacht.* Sie können die Misshandlung seitens Ihres Partners nicht dadurch in den Griff bekommen, dass Sie Ihr Verhalten ändern, aber er möchte, dass Sie glauben, dass Sie es können. Er sagt oder lässt Sie glauben: „Wenn du aufhörst, Dinge zu tun, die mich ärgern, und dich besser um meine Bedürfnisse kümmerst, werde ich ein nicht-misshandelnder Partner sein." Dies wird nicht passieren. Und selbst wenn es funktionieren sollte, selbst wenn Sie seine Misshandlungen stoppen könnten, indem Sie auf jede seiner Launen eingehen, ist das eine gesunde Art zu leben? Wenn die Art und Weise, wie Sie sich in der Beziehung verhalten, eine Reaktion auf die Androhung von Missbrauch ist, sind Sie dann ein freiwilliger Teilnehmer? Wenn Sie Themen haben, die Sie mit einem Paarberater bearbeiten möchten, warten Sie, bis Ihr Partner zwei Jahre lang völlig missbrauchsfrei ist. Dann können Sie vielleicht einige der Probleme angehen, die wirklich auf Gegenseitigkeit beruhen.

Ein Fachbuch, das ich kürzlich gelesen habe, bietet ein eindrucksvolles Beispiel dafür, wie Paartherapie mit einem Missbrauchstäter funktioniert. Der Therapeut traf mit einem Paar eine Vereinbarung, dass der Mann sein angsteinflößendes Verhalten vermeiden und die Frau im Gegenzug aufhören solle, ihre Freunde zu einem so wichtigen Teil ihres Lebens zu machen, „weil ihre Freundschaften in der

Ehe so viele Spannungen verursachen". Der Therapeut hatte dem Mann dadurch geholfen, die Androhung von Gewalt zu nutzen, um seine Partnerin von sozialen Beziehungen und Quellen der Unterstützung abzuschneiden, die ihr wichtig waren. Was der Therapeut als eine freiwillige Vereinbarung darstellte, war in Wirklichkeit Zwang, obwohl die Autoren des Buches keine Anzeichen dafür zeigten, dass sie sich dessen bewusst sind.

Eine Paarberatung kann für die misshandelte Frau am Ende einen herben Rückschlag bedeuten. Je mehr sie darauf besteht, dass gegen die Grausamkeit oder Einschüchterung ihres Partners vorgegangen werden muss, desto mehr könnte es sein, dass der Therapeut auf sie herabschaut und sagt: „Es scheint, dass Sie entschlossen sind, ihm die ganze Schuld zuzuschieben, und sich weigern, Ihre Rolle dabei zu sehen." Dadurch spiegelt der Therapeut unbeabsichtigterweise die Haltung des Täters wider, und die Frau sieht sich gezwungen, sich mit einem weiteren Kontext auseinanderzusetzen, in dem sie sich verteidigen muss – und das ist das Letzte, was sie braucht. Ich habe viele Fälle erlebt, in denen der Therapeut und der Täter zum Schluss als eine Art Team agieren und die misshandelte Frau nach einem weiteren psychischen Angriff am Boden liegt. Die meisten Therapeuten haben in solchen Fällen gute Absichten, aber sie verstehen die Dynamik des Missbrauchs nicht und erlauben dem Täter, seine Perspektive auszubauen.

Die beruhigende Präsenz des Therapeuten im Raum kann Sie dazu ermutigen, sich Ihrem Partner gegenüber auf eine Weise zu öffnen, in der Sie sich normalerweise nicht sicher fühlen würden. Aber das ist nicht unbedingt positiv; ein Täter kann sich für die freimütigen Aussagen einer Frau während der Paarsitzungen rächen. Wenn er Sie später anschreit und Ihnen vorwirft, „Du hast mich vor dem Therapeuten gedemütigt, du hast mich als den Bösewicht hingestellt, du hast Dinge gesagt, die zu privat sind!", und er Sie mit einer ununterbrochenen Hetzrede beschimpft, könnten Sie Ihre Entscheidung, sich geöffnet zu haben, bereuen.

Irene, eine misshandelte Frau, die öffentlich ihre eigene Geschichte erzählt und mit mir auf mehreren Podiumsdiskussionen aufgetreten ist, berichtet Folgendes: Sie war etwa sechs Monate lang mit ihrem Mann Quentin in einer Paarberatung gewesen, als der Therapeut eines Tages beschloss, dass es an der Zeit sei, den Ball ins Rollen zu bringen. Er sagte: „Diese Sitzungen haben allmählich aufgehört, irgendetwas zu bewirken, und ich denke, ich weiß, warum. Irene, Sie öffnen sich nicht besonders, und ich denke, Sie sollten mehr emotionale Risiken eingehen." Irene gab dem Therapeuten recht. Sie hatte in den letzten Wochen sehr wenig von sich preisgegeben. Also beschloss sie, den Sprung zu wagen. Sie erzählte dem Therapeuten von Quentins Misshandlungen mit massiven körperlichen Angriffen sowie von der emotionalen Abwärtsspirale, in der sie sich dadurch befunden hatte. Quentin wirkte bewegt und erschüttert, seine Augen röteten sich, als ob er jeden Augenblick weinen würde. „Ich habe meine Gewalttätigkeit wirklich verleugnet", sagte er dem Therapeuten, „und habe mich nicht damit auseinandergesetzt, was es für Irene bedeutet hat." Der Therapeut war der Meinung, dass damit ein entscheidendes Hindernis für die weitere Entwicklung überwunden worden sei. „Nun", erklärte er, „denke ich, kann Ihre Paararbeit beginnen, Ergebnisse für Sie zu bringen."

Auf der Heimfahrt von der Sitzung behielt Quentin eine Hand am Lenkrad. Mit der anderen Hand packte er Irene an den Haaren und knallte ihren Kopf wiederholt gegen das Armaturenbrett. Er schrie: „Ich habe dir gesagt, du sollst verdammt noch mal nie mit jemandem darüber reden, du Schlampe! Du hast es mir versprochen! Du bist eine verdammte Lügnerin!" und ähnliche Beleidigungen. Nachdem ich Irenes Bericht gehört hatte, war ich darauf bedacht, nie wieder das Risiko zu unterschätzen, das eine misshandelte Frau bei einer Paartherapie eingeht.

Wenn die Paarberatung die einzige Art von Hilfe ist, die für Ihren Partner infrage kommt – weil er sichergehen will, dass er das Problem auf Sie schieben kann –, denken Sie vielleicht: *Das ist besser, als gar keine Beratung zu bekommen. Und vielleicht erkennt der Therapeut die Dinge, die er tut, und kann ihn überzeugen, sich Hilfe zu holen.* Aber selbst wenn der Therapeut ihn mit seinen Taten konfrontieren würde, was unüblich ist, würde Ihr Partner nur behaupten: „Du hast den Therapeuten gegen mich aufgehetzt" – genauso, wie er mit anderen Herausforderungen umgeht.

Einige Paartherapeuten haben mir gegenüber geäußert: „Bevor ich mit einem Paar arbeite, in dessen Beziehung Misshandlung stattgefunden hat, bestehe ich auf klaren Vereinbarungen, dass es keine Misshandlung gibt, während sie bei mir in Therapie sind, und keine Vergeltung für das, was in einer Sitzung gesagt wird." Solche Vereinbarungen haben leider keine Bedeutung, weil die Missbrauchstäter sich nicht dazu verpflichtet fühlen, sie zu respektieren. *Praktisch jeder misshandelnde Mann, mit dem ich jemals gearbeitet habe, fühlt sich dazu berechtigt, sein Wort zu brechen, wenn er „gute Gründe" dafür hat,* wozu jeder Anlass gehört, bei dem er sich über seine Partnerin ärgert. In zunehmendem Maße weigern sich Therapeuten, Paar- oder Familiensitzungen mit einem misshandelnden Mann durchzuführen, was von Verantwortung zeugt.

Der misshandelnde Mann in der Einzeltherapie

Je zahlreicher die psychotherapeutischen Maßnahmen, die ein Klient durchlaufen hat, bevor er unser Therapieprogramm beginnt, sind, desto aussichtsloser finde ich es in der Regel, mit ihm zu arbeiten. Der ausgiebig „therapierte" Täter ist meist aalglatt, herablassend und manipulativ. Er setzt die psychologischen Konzepte, die er gelernt hat, ein, um die Fehler seiner Partnerin auseinanderzunehmen und ihre Wahrnehmung von seinen Misshandlungen zurückzuweisen. Er übernimmt für keine seiner Handlungen die Verantwortung. Er bewegt sich in einer Welt, in der es nur unglückliche Entwicklungen, Missverständnisse und symbolische Handlungen gibt. Er erwartet, dass er für seine emotionale Offenheit belohnt wird, dass er wegen seiner „Verletzlichkeit" behutsam behandelt wird, dass man mit ihm gemeinsame Sache macht, um den Schaden, den er angerichtet hat, zu umgehen, und dass man ihm zu seiner Einsicht gratuliert. Vor vielen Jahren teilte ein gewalttätiger Klient in einer Sitzung meines Programms Folgendes mit: „Durch die therapeutische Arbeit an meinen Problemen wegen der Wut auf meine Mutter wurde mir klar, dass ich, wenn ich meine Frau schlug, nicht wirklich sie schlug. Es war meine Mutter!" Er lehnte sich zurück und wartete darauf, dass wir unsere Zustimmung zu seiner Selbsterkenntnis zum Ausdruck bringen. Mein Kollege schaute den Mann durch seine Brille an, unbeeindruckt von dieser Enthüllung. „Nein", sagte er, „Sie haben Ihre Frau geschlagen."

Ich habe bisher noch keinen Täter getroffen, der durch eine Therapie entscheidende und anhaltende Veränderungen in seinem Verhalten gegenüber seiner Partnerin vollzogen hat, unabhängig davon, wie viel „Einsichten" – wovon die meisten falsch sind – er vielleicht gewonnen hat. Tatsache ist, dass, wenn ein Missbrauchstäter einen außerordentlich fähigen Therapeuten findet und die Therapie besonders erfolgreich ist, er am Ende ein glücklicher Täter sein wird – was vielleicht eine gute Nachricht für ihn, aber keine so gute für seine Partnerin ist. Psychotherapie kann sehr wertvoll für die Probleme sein, für die sie vorgesehen ist, aber Misshandlung in der Partnerschaft gehört nicht dazu. Ein misshandelnder Mann muss an einem speziellen Programm teilnehmen, wie wir sehen werden.

Das Täterprogramm für misshandelnde Männer

Um bei einem Missbrauchstäter Veränderungen herbeizuführen, spielen in der Regel vier Faktoren eine wichtige Rolle: (1) Konsequenzen, (2) Aufklärung, (3) Konfrontation und (4) Übernahme von Verantwortung. Konsequenzen, der erste Punkt auf der Liste, erlebt der Täter in erster Linie, wenn seine Beziehung zerbricht (zumindest vorübergehend, wenn nicht dauerhaft), oder im Kontakt mit dem Rechtssystem, wenn er missbrauchsrelevante Straftaten wie Drohungen oder Übergriffe begangen hat. Er kann Konsequenzen auch in Form von Kritik oder Missbilligung durch andere Menschen in seinem Leben erfahren.

Das Täterprogramm für misshandelnde Männer ist für die Punkte zwei und drei verantwortlich; es klärt den misshandelnden Mann über den missbräuchlichen Charakter seines Verhaltens auf und konfrontiert ihn mit seinen Einstellungen und Ausreden. Ein qualitativ hochwertiges Programm unterscheidet sich völlig von einer Psychotherapie. Zu den wesentlichen Unterschieden gehören:

- Die Therapie konzentriert sich auf die Gefühle des Mannes und zeigt ihm Mitgefühl und Unterstützung, unabhängig davon, wie unangemessen die Einstellungen sind, die diese Gefühle hervorrufen. Ein Täterprogramm hingegen konzentriert sich auf seine *Denkweise*. Die Gefühle, die das Täterprogramm behandelt, sind in erster Linie die seiner Partnerin und seiner Kinder, nicht seine eigenen.
- In der Therapie gibt es nur wenige oder keine Regeln bezüglich dessen, was der Mann während der Zeit, in der er sich in Therapie befindet, tun darf. Das Täterprogramm verlangt, dass der Mann sich jeder physischen Gewalt und Bedrohung enthält und ernsthaft daran arbeitet, seine verbalen Aggressionen und andere Formen des psychischen Missbrauchs zu reduzieren, sonst kann er nicht mehr am Programm teilnehmen.
- Der Therapeut eines misshandelnden Mannes spricht gewöhnlich nicht mit der misshandelten Frau, während der Berater eines qualitativ hochwertigen Missbrauchsprogramms immer mit der misshandelten Frau spricht.
- Die Therapie wird in der Regel keine der zentralen Ursachen des Missbrauchs ansprechen, wozu Berechtigungsdenken, zwanghaftes Kontrollieren, Respektlosigkeit, Überlegenheit, Egoismus oder Schuldzuweisungen an das Opfer gehören. Von einem Täterprogramm wird erwartet, dass es all diese Themen behandelt und diese in der Tat zu seinem primären Ziel macht.
- Von einem Täterprogramm wird erwartet, dass es den Mann über Missbrauch aufklärt, ihm Ratschläge gibt, wie er diese Erkenntnisse auf sein eigenes Leben anwenden und wie er sich mit seinen missbräuchlichen Einstellungen und Ausreden auseinandersetzen kann. Es kommt selten vor, dass eine Therapie eine dieser Aufgaben übernimmt.

Gleichzeitig verfügt ein Therapieprogramm für misshandelnde Männer nicht über mehr magische Fähigkeiten als jedes andere auch. Der Mann, der durch seine Teilnahme an einem Täterprogramm größere Veränderungen in seinem Leben vornimmt, ist derjenige, der sich dafür *entscheidet, mit dem Programm zu arbeiten*, und nicht derjenige, der sich zurücklehnt und wie gewohnt darauf wartet, dass das Programm ihm durch dargebotene Dienstleistungen „hilft". Der erfolgreiche Klient wehrt sich nicht bei jedem Schritt gegen seinen Berater, indem er ihm sagt, was für ein ignoranter Idiot er sei, und schmeichelt sich auch nicht ein, indem er behauptet, dass das Täterprogramm ihn zur Erkenntnis geführt habe. Vielmehr kommt er jede Woche mit der gebotenen Ernsthaftigkeit zur Gruppensitzung, übt ein, was ihm gesagt wird, und versucht, den Schaden zu beheben, den er angerichtet hat.

Ich bedaure, sagen zu müssen, dass eine Mehrheit der Täter sich gegen diese Arbeit entscheidet. Es ist nicht so, dass sie sich nicht ändern *können* (jeder Täter, der keine schwere Geisteskrankheit hat, kann sich ändern), sondern dass sie sich entscheiden, es nicht tun zu wollen. Sie führen in ihrem Kopf eine Art Kosten-Nutzen-Analyse durch und beschließen, dass der Nutzen, den sie haben, wenn sie die Kontrolle über ihre Partnerin beibehalten, die Kosten überwiegt. Sie beschließen, dass es einfach zu unbequem und schwierig ist, die Perspektive, die ihre Berater ihnen anbieten, ernsthaft in Betracht zu ziehen, und dass es ihr arrogantes Gefühl der Selbstgewissheit in Bezug auf alles verletzt – zumindest auf alles, was mit Beziehungen, speziell zu der Frau, mit der sie zusammen sind, zu tun hat.

Später in diesem Kapitel mache ich einige Vorschläge, wie Sie die Wahrscheinlichkeit erhöhen können, dass Ihr Partner zu denen gehört, die ihr missbräuchliches Verhalten überwinden. Denken Sie jedoch daran, dass die letztendliche Entscheidung bei ihm liegt. Das Sprichwort „Man kann die Pferde zur Tränke führen, saufen müssen sie selbst" ist hier besonders treffend.

Woher weiß ich, ob das Programm gut ist, an dem er teilnimmt?

Das erste Kriterium für die Qualität eines Täterprogramms betrifft die Frage, ob das Hauptziel der Mitarbeiter darauf ausgerichtet zu sein scheint, *Ihnen* zu helfen oder *ihm*. In einem verantwortungsvollen Programm ist die misshandelte Frau die Hauptklientin. Die einzige „Hilfe", die das Programm dem Mann anbieten sollte, besteht darin, ihn über seine missbräuchlichen Einstellungen und Verhaltensweisen aufzuklären und diesbezüglich herauszufordern. *Er* kann allerdings zahlreiche andere Ziele verfolgen – wieder mit Ihnen zusammenzukommen, ein erweitertes Umgangsrecht mit den Kindern zu erhalten, seine Unterhaltszahlungen reduzieren zu können oder einer strafrechtlichen Anklage zu entgehen –, aber es ist nicht Aufgabe des Programms, ihn bei irgendeinem dieser Ziele zu unterstützen. Das Letzte, was eine misshandelte Frau braucht, sind weitere Menschen, die ihrem Peiniger helfen, gegen sie zu arbeiten.

Die Berater eines Täterprogramms *sollten* Folgendes tun:

- Schnell mit Ihnen Kontakt aufnehmen, nachdem Ihr Partner sich bei dem Programm angemeldet hat. Bei diesem Anruf sollten die Verantwortlichen Sie bitten, die Geschichte seines missbräuchlichen Verhaltens und jeglichen Drogenmissbrauchs zu erzählen. Außerdem sollten sie Ihnen sagen, wohin Sie sich wenden können, wenn Sie Unterstützung für misshandelte Frauen in Anspruch nehmen möchten.
- Sie davor warnen, dass nur eine Minderheit von Tätern sich dauerhaft ändert und dass ein paar durch die Teilnahme an dem Programm sogar noch schlimmer werden.
- Ihnen die Regeln nennen, die er befolgen muss, um an dem Programm teilzunehmen.
- Ihnen die Themen beschreiben, die in den Gruppensitzungen behandelt werden, und Ihnen so viele Einzelheiten über diese Sitzungen mitteilen, wie Sie wünschen.
- Ihnen alle gewünschten Informationen über den Verlauf seiner Teilnahme und über seine Einstellungen geben, die er im Programm zum Ausdruck bringt, sowie über *alle speziellen Aussagen, die er in der Gruppe macht* und die Sie gerne wissen möchten. Die Mitarbeiter sollten ihm keine Vertraulichkeit *Ihnen gegenüber* zusichern.
- Die meisten Sitzungen des Programms sind der Erörterung der zentralen Einstellungs- und Verhaltensfragen im Zusammenhang mit den Misshandlungen gewidmet (wie in Kapitel 3 behandelt).

Darüber hinaus sollten Sie eine Kopie aller schriftlichen Berichte erhalten, die das Programm über den Missbrauchstäter erstellt, wie beispielsweise Stellungnahmen des Gerichts. Diese Berichte sollten Folgendes enthalten:

- Eine vollständige Beschreibung aller Misshandlungen, die Ihr Partner während der Teilnahme am Programm zugegeben hat, einschließlich psychischen Missbrauchs, sexueller Nötigung oder Gewaltanwendung.
- Alle Schritte zur Veränderung, die er versäumt hat (siehe den Kasten weiter oben in diesem Kapitel).

Es gibt verschiedene Anzeichen, die darauf hinweisen, dass ein Täterprogramm *unwirksam* ist, und auf die Sie achten können:

- Die Berater versäumen es, Sie zu kontaktieren oder Ihnen die Grenzen dessen aufzuzeigen, was das Programm zu bewirken vermag.

- Die Berater sagen Ihnen, sie seien der Ansicht, dass er sich wirklich verändert hat und sich in dem Programm sehr gut macht. (Sie sollten wissen, dass es darauf ankommt, was *Sie* sehen, und nicht, was *sie sehen*; viele Täter ziehen in den Sitzungen eine gute Show ab.)
- Die Berater versuchen, Sie in eine Paarberatung einzubeziehen, schlagen vor, dass Sie Ihre einstweilige Verfügung fallen lassen, ermutigen Sie, mit Ihrem Partner zu kommunizieren, oder setzen sich in irgendeiner Weise für seine Interessen ein.
- Sie leiten Botschaften von ihm an Sie weiter.
- Die Gruppensitzungen scheinen zu viel Zeit darauf zu verwenden, ihm beizubringen, seine Gefühle zu erkennen, Fähigkeiten zur Konfliktlösung anzuwenden, seine Wut besser zu beherrschen oder sich mit anderen Themen zu befassen, die keine Auswirkung auf seine zugrunde liegenden Überzeugungen haben.
- Die schriftlichen Berichte der Berater sind vage, gehen nicht auf die Schritte der Veränderung ein (siehe den Kasten weiter oben in diesem Kapitel) oder vermitteln ein allzu rosiges Bild seiner Aussichten auf Veränderung, ohne die Schritte zu beschreiben, die er noch unternehmen muss.

Ich weiß, wie schwer es für eine Frau ist, ihren Partner zur Teilnahme an einem Täterprogramm zu bewegen. Nachdem sie endlich Erfolg hatte mit ihren Bemühungen, würde ich ihr gerne sagen, dass es sicher eine Heilung geben wird, aber das ist nicht der Fall. Ein großer Teil der Täter verharrt lieber weiterhin in seinen alten Gewohnheiten. Ich betrachte mich selbst als exzellenten Berater für misshandelnde Männer, bin geduldig mit ihnen und gehe auf sie als Pädagoge und nicht als scharfer Kritiker zu. Gleichzeitig kann ich jedoch Manipulation erkennen. Ich kenne ihre Probleme und ich lasse mich nicht von ihnen zum Narren halten. Ich habe mit Kollegen zusammengearbeitet, von denen ich glaube, dass sie fachlich noch erfahrener sind als ich, und von denen ich viel gelernt habe. Aber selbst die allerbesten Berater sagen alle das Gleiche: Es kommt häufiger vor, dass Täter sich nicht ändern oder sich ihr Verhalten sogar verschlimmert, als dass sie sich auf eine Art ändern, die qualitative Verbesserungen im Leben ihrer Partnerin und Kinder bewirkt. Ein verantwortungsvolles Täterprogramm ermutigt Klienten, die ernsthafte Arbeit leisten; es lässt bei seinem Optimismus aber auch immer Vorsicht walten.

Wenn Ihr Partner oder Ex-Partner einem Täterprogramm beitritt, empfehle ich Ihnen, die Literatur des Programms sorgfältig zu studieren, viele Fragen zu stellen und Ihre eigenen Interessen zu verfolgen, um sicherzustellen, dass das Programm die Art von Arbeit leistet, von der Sie wissen, dass sie getan werden muss. Gleichzeitig sollten Sie Ihr eigenes Leben weiterführen und sich auf Ihren eigenen Heilungsprozess konzentrieren, *nicht* auf den Veränderungsprozess des Mannes. Es könnte einen langen Stillstand in Ihrem eigenen Wachstum und Ihrer Entwicklung bedeuten, wenn Sie darauf warten, dass er es ernst damit meint, Respekt für Sie zu entwickeln. Verkaufen Sie sich nicht unter Wert.

Voraussetzungen für Veränderung schaffen

Ein Täter ändert sich nicht, weil er sich schuldig fühlt, vernünftig wird oder Gott für sich entdeckt hat. Er ändert sich nicht, weil er die Angst in den Augen seiner Kinder gesehen oder gespürt hat, wie sie sich von ihm abwenden. Es dämmert ihm nicht plötzlich, dass seine Partnerin eine bessere Behandlung verdient. Aufgrund seiner Egozentrik in Verbindung mit den vielen Vorteilen, die er durch die Kontrolle über Sie hat, ändert er sich nur dann, wenn er das Gefühl hat, dass er es tun muss. Daher ist es das Wichtigste bei der Schaffung eines Kontextes für Veränderung, den Missbrauchstäter in eine Situation zu versetzen, in der er keine andere Wahl hat. Andernfalls ist es höchst unwahrscheinlich, dass er sein missbräuchliches Verhalten jemals ändern wird.

Wenn ein Missbrauchstäter wesentliche Verbesserungen erzielt hat, kann es sein, dass seine Motivation, diese Veränderungen *aufrechtzuerhalten*, stärker innerlich inspiriert ist. Aber der anfängliche Anstoß kommt immer von außen. Entweder verlangt seine Partnerin Veränderungen und droht, ihn zu verlassen, oder ein Gericht verlangt Veränderungen und droht ihm mit Gefängnis. Ich habe noch nie erlebt, dass sich ein Klient ernsthaft bemüht hat, sich mit seinem missbräuchlichen Verhalten auseinanderzusetzen, es sei denn, jemand verlangt von ihm, diese Arbeit zu tun. Der Missbrauchstäter, der wirklich freiwillig in die Beratung geht, ohne dass jemand etwas gegen ihn in der Hand hat, gibt schon nach wenigen Sitzungen auf, es sei denn, er findet einen Berater, den er manipulieren kann.

Frage 20: Wie kann ich meinem missbrauchenden Partner helfen, sich zu ändern?

Zur Herstellung eines Kontextes, der eine Veränderung ermöglicht, gehören folgende Elemente:

1. Festlegung von *Konsequenzen,* wenn der Partner mit dem missbräuchlichen Verhalten fortfährt. Möglicherweise können Sie das Rechtssystem nutzen, um Sanktionen zu verhängen, wenn Ihr Partner körperlich gewalttätig, bedrohlich oder sexuell übergriffig ist. Eine weitere gute Konsequenz ist es, ihn zu verlassen. Vielleicht ist dies sogar die bessere Option, je nachdem, wer er ist und wie gut die Polizei und die Gerichte an Ihrem Wohnort arbeiten. *Um einen Täter dazu zu bewegen, sich zu ändern, müssen Sie sich entweder darauf vorbereiten, ihn entweder zu verlassen – wenn dies unter sicheren Bedingungen möglich ist – oder die Polizei und die Gerichte in Anspruch zu nehmen, oder beides.*
2. Machen Sie ihm klar, welche *Erwartungen* Sie an sein Verhalten Ihnen gegenüber haben, und machen Sie ihm insbesondere klar, was Sie in Ihrer Beziehung bereit sind zu akzeptieren und was nicht.
3. Konzentrieren Sie sich auf Ihre eigene Heilung und Stärke, sodass er spürt, dass Sie bereit sind, Ihr eigenes Leben zu führen, wenn er sich nicht ändert.

Leider können Sie einen Missbrauchstäter nicht dazu bringen, an sich selbst zu arbeiten, indem Sie ihn anflehen, beruhigen, sanft führen, Freunde dazu bringen, ihn zu überreden, oder indem Sie irgendeine andere nicht-konfrontative Methode anwenden. Ich habe Hunderte von Frauen erlebt, die einen solchen Ansatz erfolglos versucht haben. Sie können ihm helfen sich zu ändern, indem Sie es von ihm verlangen und sich mit nichts weniger zufriedengeben.

Es ist auch nicht möglich, einen misshandelnden Mann zu überzeugen sich zu ändern, indem man ihm vorgaukelt, dass *er* davon profitieren würde, denn er empfindet die Vorteile der Kontrolle über seine Partnerin als bei Weitem größer als die Verluste. Das ist einer der Gründe, warum so viele Männer zunächst Schritte unternehmen, um ihr missbrauchendes Verhalten zu ändern, dann aber zu ihren alten Gewohnheiten zurückkehren. Es gibt noch einen weiteren Grund, warum es nicht gelingt, an sein Eigeninteresse zu appellieren: Die Überzeugung des misshandelnden Mannes, dass seine eigenen Bedürfnisse über denen seiner Partnerin stehen sollten, ist der Kern seines Problems. Wenn daher jemand, auch ein Therapeut, einem misshandelnden Mann sagt, dass er sich ändern sollte, weil es das Beste für *ihn* ist, nähren sie unabsichtlich seine egoistische Fokussierung auf sich selbst: *Man kann nicht gleichzeitig zu einem Problem beitragen und es lösen.* Diejenigen misshandelnden Männer, die dauerhafte Veränderungen vornehmen, tun dies, weil sie merken, wie sehr sie ihre Partnerin und Kinder verletzen – mit anderen Worten, weil sie lernen, sich um das zu kümmern, was für *andere* in der Familie gut ist, und Einfühlungsvermögen entwickeln, statt sich nur um sich selbst zu kümmern.

Trennung von einem Missbrauchstäter als Möglichkeit, Veränderungen zu bewirken

Sich von einem misshandelnden Mann zu trennen oder auch nur zu überlegen, es für eine Zeit lang zu tun, muss mit Vorsicht geschehen, wie ich unter „Einen Missbrauchstäter sicher verlassen“ erörtert habe. Wenn Sie jedoch das Gefühl haben, dass Sie gehen können, kann dies mit den Anstoß geben, den Ihr Partner braucht, um sein Verhalten zu überprüfen. Wenn Sie sich in der Hoffnung trennen, dass Sie in Zukunft wieder zusammenkommen, sollten Sie folgende Empfehlungen bedenken:

- Seien Sie sich darüber im Klaren, welche Art von Kontakt Sie mit Ihrem Partner während der Trennung haben möchten, wenn überhaupt. *In der Regel ist es am besten, gar keinen zu haben.* Wenn Sie weiterhin mit ihm sprechen oder ihn von Zeit zu Zeit sehen, wird es Ihnen viel schwerer fallen, sich über Ihre eigenen Gedanken klar zu werden, weil Sie ihn wahrscheinlich noch intensiver vermissen, bemitleiden und sich von seinen Versprechungen und seinem Charme mitreißen lassen. Gelegentliche Kontakte sind auch schlecht für *ihn*, nicht nur für Sie, denn sie nähren seine Verleugnung des Problems und ermutigen ihn zu der Annahme, dass er durch seine üblichen Manipulationen vermeiden kann, sich mit sich selbst auseinanderzusetzen.

  Wenn Sie das Gefühl haben, dass Sie doch einen gewissen Kontakt zulassen wollen, sollten Sie die Einzelheiten bedenken. Darf er Sie anrufen, oder wollen Sie allein diejenige sein, die Kontakt aufnehmen kann? Darf er Briefe schicken? Wenn Sie sich persönlich treffen werden, wo, wann und wie oft?
- Wenn Sie Antworten zu den obigen Fragen gefunden haben, sprechen Sie mit Ihrem Partner ausdrücklich über Ihre Kontaktwünsche und lassen Sie ihn wissen,

dass Sie *erwarten, dass Ihre Wünsche respektiert werden.* Sagen Sie ihm, dass er Ihnen die Ernsthaftigkeit seines Veränderungswillens zunächst dadurch beweisen kann, dass er Ihnen den Raum lässt, den Sie sich wünschen.

- Halten Sie sich so lange von ihm fern, wie Sie es ertragen können. Holen Sie sich in dieser Zeit Unterstützung von Freunden, Verwandten, Ihrer Religionsgemeinschaft oder von jedem anderen, dem Sie vertrauen können, damit er Ihnen hilft, stark zu bleiben. Gehen Sie zu einer Beratungsstelle oder einer Selbsthilfegruppe für misshandelte Frauen, falls es diese in Ihrer Gegend gibt, auch wenn Ihr Partner nie gewalttätig war. Geben Sie sich so viel Zeit wie möglich, um emotional zu heilen und Ihren Geist zu klären.

  Die Trennung muss lang genug sein, damit er sich wirklich unwohl fühlt – genug, um ihn zu einem Wechsel zu motivieren. Ein Teil dessen, was ihm Unbehagen bereitet, ist die dämmernde Erkenntnis, dass Sie vielleicht wirklich ohne ihn leben könnten. Eine zu kurze Trennung hingegen wird ihm in seiner Vorstellung als Beweis dafür dienen, dass Sie es nicht ertragen können, allein zu sein, sodass er glauben wird, er käme mit allem durch. Versuchen Sie, sich auf die Möglichkeit vorzubereiten, dass er sich während Ihrer Trennung mit einer anderen Frau verabredet. Dies ist ein üblicher Schachzug, der dazu dient, Ihre Stärke zu testen und Sie dazu zu bringen, Ihre Entschlossenheit aufzugeben und sich wieder mit ihm zu treffen. Es ist nicht sehr wahrscheinlich, dass seine neue Beziehung von Dauer ist, also versuchen Sie einfach, es auszuhalten.
- Wenn Sie sich dazu entschließen, wieder mit ihm zusammenzukommen, sollten Sie sich selbst und mit ihm darüber im Klaren sein, welche Regeln für sein Verhalten gelten. Wenn er zum ersten Mal gegen eine dieser Regeln verstößt – und es ist wahrscheinlich, dass er es tun wird –, ist es von entscheidender Bedeutung, *eine weitere Trennungsphase einzulegen.* Ihr Partner glaubt nicht, dass Sie es durchziehen, seinem Verhalten Grenzen zu setzen. Sie müssen ihm das Gegenteil beweisen. Es kann sein, dass er Sie gleich am ersten Tag, an dem Sie wieder zusammenziehen, auf die Probe stellt, oder er kann zwei Jahre damit warten. Aber der Tag wird wahrscheinlich kommen, also seien Sie bereit zu reagieren.
- Die nächste Trennung sollte länger als die erste dauern, um Ihrem Partner eine klare Botschaft zu vermitteln und ihn zur Veränderung seiner Einstellung zu motivieren. Wenn Sie während der ersten Trennungsphase gelegentlich mit ihm gesprochen haben, erlauben Sie diesmal für einige Monate überhaupt keinen Kontakt. Konzentrieren Sie sich wie immer darauf, sich selbst zu stärken. Pflegen Sie neue Freundschaften, treiben Sie Sport, seien Sie künstlerisch aktiv oder beschäftigen Sie sich mit etwas, das Ihnen besonders Spaß macht und Ihnen das Gefühl gibt, dass es in Ihrem Leben vorwärts geht. Wenn Sie zu viel trinken oder

andere Probleme entwickelt haben, suchen Sie sich die Hilfe, die Sie brauchen und die Ihnen zusteht. Je mehr Freiraum Sie von Missbrauch bekommen, desto weniger werden Sie bereit sein, ihn zu ertragen, und desto schwieriger wird es für Ihren (Ex-)Partner, Sie zu täuschen.

Ist Ihnen schon einmal aufgefallen, dass Menschen manchmal kurz nach der Rückkehr aus dem Urlaub ihren Job aufgeben? Wir alle haben eine höhere Toleranz gegenüber frustrierenden oder ungesunden Lebenssituationen, wenn wir ihnen ausgesetzt sind, aber wenn wir für eine gewisse Zeit weg sind und dann zurückkommen, verändert der Geschmack von Freiheit unsere Perspektive. Was bisher ein dumpfes Unbehagen war, verwandelt sich in einen scharfen Schmerz und wird unerträglich. Dasselbe kann einer misshandelten Frau passieren. Wenn Sie sich selbst lange genug die Möglichkeit gegeben haben, Ihr Leben zu genießen, ohne ständig eingeschränkt zu werden, können Sie an einen Punkt gelangen, an dem Sie denken: *Soll ich dahin wieder zurückgehen? Warum? Vielleicht werde ich nie aufhören, ihn zu lieben, aber zumindest kann ich ihn aus einer Entfernung lieben, in der er mir nicht wehtun kann.*

- Wenn er seine Misshandlungen gegen Sie nicht ernsthaft einstellt, wird der Tag kommen, an dem Sie sich bereit fühlen, die Beziehung für immer zu beenden. Das mag Ihnen jetzt unvorstellbar erscheinen, also führen Sie Ihr Leben einfach weiter. Konzentrieren Sie sich dabei so weit wie möglich auf sich selbst, verfolgen Sie Ihre eigenen Ziele und füllen Sie Ihr Leben mit den Aktivitäten aus, die Ihnen Spaß machen und die Sie als befriedigend empfinden. Wenn Sie zu sehr versuchen, Ihren Partner zu einer Veränderung zu bewegen, ist das eine Sackgasse. Wenn Sie das tun, bleiben Sie in der Dynamik des Missbrauchs gefangen, weil Ihr Partner möchte, dass Sie sich mit ihm beschäftigen. Erlauben Sie ihm nur, Ihre Gedanken für einen Teil des Tages zu beschäftigen, und reservieren Sie den Löwenanteil Ihres Geistes für sich selbst.

Der einzige Moment, in dem ein misshandelnder Mann sich ausreichend mit seinen Problemen beschäftigt, um sich zu jemandem zu ändern, mit dem Sie leben können, ist, wenn Sie ihm und sich selbst beweisen, dass Sie in der Lage sind, ohne ihn zu leben. Und wenn Ihnen das gelingt, können Sie sehr wohl entscheiden, dass Sie lieber ohne ihn leben möchten. Seien Sie offen und stellen Sie sicher, dass Sie sich nicht Ihre eigenen Flügel stutzen, zusätzlich zu dem, wofür er verantwortlich ist. Manchmal arbeite ich mit einer Frau, die zu den Glücklichen gehört, deren Partner eine grundlegende Veränderung durchmacht, nur um dann festzustellen, dass seine Veränderung für sie keine Bedeutung mehr hat, einfach weil sie über ihn hinausgewachsen ist. Das Grundprinzip besteht darin, das zu tun, was für *Sie* am besten ist.

Welche Missbrauchstäter werden sich am ehesten ändern?

Eine Vorhersage ist schwierig. Ich hatte Klienten, die sich in der Gruppe hervorragend machten und deren Partnerinnen von guten Fortschritten in den ersten Monaten berichteten, die aber später abstürzten und zu ihren schlimmsten Verhaltensweisen zurückkehrten, als würden sie sich wieder mit lieben alten Freunden zusammentun. Andererseits habe ich mit Männern gearbeitet, die während der Gruppensitzungen streitlustig waren, die sich nur langsam und störrisch den Konzepten öffneten, sich jedoch Monate später dadurch auszeichneten, dass sie von allen Teilnehmern des Programms einige der größten Veränderungsschritte an sich selbst durchgeführt hatten.

Mir sind jedoch einige immer wiederkehrende Themen bei denjenigen Klienten aufgefallen, deren Veränderungen am größten sind und am längsten andauern:

- Seine engen Freunde und Verwandten erkennen, dass er missbräuchlich ist, und sagen ihm, dass er sich damit auseinandersetzen muss. Sie unterstützen die misshandelte Frau, anstatt ihn zu unterstützen. Für mich ist ein Klient, dessen Freunde und Familie ihm bei seinen Ausreden zur Seite stehen und seine Respektlosigkeit gegenüber der Frau fördern, viel schwieriger.
- Er steht auf der Skala der Egozentrik weiter unten als andere. Er zeigt meist schon früher Anzeichen von Einfühlungsvermögen für den Schmerz, den er seiner Partnerin zugefügt hat, als andere Klienten, und seine Empathie scheint echter und weniger theatralisch zu sein. Der hochgradig selbstbezogene, arrogante Täter hingegen glaubt, dass er über jegliche Kritik erhaben ist, und hält seine eigenen Meinungen und Einsichten für der Weisheit letzter Schluss. Wer könnte ihn also davon überzeugen, dass er sich grausam und egoistisch verhält?
- Seine Partnerin erhält vorbehaltlos und eindeutig Unterstützung von ihren Freunden und Verwandten, ihrer Religionsgemeinschaft und vom Rechtssystem, wann immer sie es braucht. Je konsequenter sie die Botschaft erhält, dass sie in keinster Weise Schuld an seinen Misshandlungen hat und dass ihre Gemeinschaft zu 100 Prozent hinter ihr steht, desto stärker und sicherer fühlt sie sich, wenn sie sich mit nichts Geringerem als der uneingeschränkt respektvollen Behandlung durch ihren Partner oder Ex-Partner zufriedengibt.
- Er nimmt für einen längeren Zeitraum, etwa zwei Jahre, an einem hochkarätigen Täterprogramm teil.

Aber selbst in Fällen, in denen alle diese Bedingungen erfüllt sind, hängt sein Fortschritt immer noch davon ab, ob er sich entschließt, jeden der Schritte zur Veränderung sorgfältig und ernsthaft in Angriff zu nehmen oder nicht.

Wichtige Punkte, die Sie sich merken sollten

- Sie können einen misshandelnden Mann nicht ändern oder ihm dabei helfen. Sie können nur den Kontext für Veränderung schaffen, der Rest liegt bei ihm.
- Sie können am besten beurteilen, ob er wirklich Respekt für Sie und Ihre Rechte entwickelt oder nicht. Stellen Sie die Meinung anderer nicht über Ihre eigene.
- Veränderungen bei einem misshandelnden Menschen sind nicht vage, sondern sehr spezifisch. Nutzen Sie die Informationen in diesem Kapitel, um selbst zu beurteilen, ob er sich wirklich an den mühsamen Prozess der Veränderung macht oder ob er versucht, mit ein paar oberflächlichen Fortschritten den Anschein zu erwecken.
- Ein misshandelnder Mann wird sich nicht ändern, indem er „an seiner Wut arbeitet", es sei denn, er stellt sich auch der schwierigeren Aufgabe, sein Berechtigungsdenken zu ändern.
- Stellen Sie Ihre eigene Genesung und die Ihrer Kinder an oberste Stelle.
- Misshandlung ist mit seinem ausgedehnten und fest verankerten Wurzelsystem wie giftiger Efeu. Man kann ihn nicht ausrotten, indem man die oberflächlichen Triebe abhackt. Sie muss an den Wurzeln gepackt werden, d. h. an den Einstellungen und Überzeugungen des Mannes in Bezug auf Partnerbeziehungen.

15

Schaffung einer Welt frei von Missbrauch

Ich habe mich einer Selbsthilfegruppe angeschlossen. Es fühlt sich so gut an, mit Menschen zu sprechen, die es verstehen.
Ich traf bei der Arbeit auf einen Kollegen, der mir sagte, dass das Verhalten meines Partners Missbrauch sei.
Ich bin meinen Freunden und meiner Familie so dankbar, sie waren wirklich für mich da.
Ich habe meinem Sohn gesagt, dass er Hausarrest bekommt, wenn er ein Mädchen noch einmal „Schlampe" nennt.
Der Lehrer meiner Tochter fragte mich, ob zu Hause alles in Ordnung sei. Ich habe gelogen und gesagt: „Ja", aber es ist eigentlich sehr schön, dass es jemandem aufgefallen ist.

Misshandlung in der Partnerschaft ist wie ein Wirbelsturm, der eine Schneise der Verwüstung hinterlässt, wenn er das Leben von Frauen und Kindern erfasst: zerstörtes Selbstvertrauen, Freiheitsverlust, ins Stocken geratener Fortschritt, Angst, Bitterkeit, wirtschaftlicher Ruin, Demütigung, Herzschmerz, körperliche Verletzung, schlimme Kämpfe ums Sorgerecht, Isolation, Keile, die zwischen Mütter und ihre Kinder getrieben werden, Verwirrung, Misstrauen zwischen Geschwistern, Geheimnisse, Lügen.

Keine Frau sollte so leben müssen. Auch ihre Kinder nicht. Aber es gibt andere Leben, die ebenfalls betroffen sind, denn jede misshandelte Frau hat Freunde und Verwandte, die ebenfalls unter ihrer Sorge und ihrem Schmerz leiden, wenn sie mit ansehen müssen, was mit ihr geschieht. Einige der Männer, die mich ansprechen und ihre Besorgnis mitteilen, suchen verzweifelt nach Möglichkeiten, wie sie ihren Töchtern, Schwestern und Müttern helfen können, die ihrer Ansicht nach täglich kleingemacht werden. In der Tat kommt es eher selten vor, dass ich mit jemandem spreche, ob Mann oder Frau, dessen Leben nicht irgendwann durch einen misshandelnden Mann beeinträchtigt wurde.

In den letzten Jahren habe ich in meinen öffentlichen Vorträgen vermehrt die Auswirkungen auf Kinder angesprochen, die Misshandlungen in der Partnerschaft mitbekommen. Als ich an diesem Buch schrieb, hielt ich einen Vortrag bei einer Fortbildungsveranstaltung für Polizeibeamte. In einer Pause kam ein junger Polizist, der allein durch seine körperliche Erscheinung einschüchternd wirkte – er war etwa so breit wie hoch –, auf mich zu und sagte: „All diese Dinge, von denen Sie sprechen, geschahen in meiner Familie, als ich aufwuchs. Mein alter Herr war genau so ein Mann, wie Sie ihn beschreiben, immer kontrollierend, und er machte allen Angst. Und er hat mich und meine Mutter auseinandergebracht, genau wie Sie gesagt haben. Aber als wir älter wurden, haben wir ihn alle durchschaut, und meine Mutter und ich stehen uns jetzt nahe." Ich sagte ihm, wie glücklich ich sei, dass er Polizist geworden ist, damit er, wenn eine Familie um Hilfe ruft, geschickt wird und das Ganze aus der Perspektive der Kinder betrachten und sich daran erinnern kann, dass auch sie Opfer sind.

Wir alle haben ein Interesse daran, Missbrauch zu beenden – wenn nicht für uns selbst, dann für unsere Lieben, die vielleicht das Zielobjekt oder unbeteiligte Zuschauer sind oder die sich eines Tages in einer missbrauchenden Beziehung wiederfinden könnten. Jeder, der sich dafür entscheidet, kann eine wichtige Rolle dabei spielen, diese Geißel aus unseren Häusern, unseren Gemeinschaften und unseren Nationen zu vertreiben.

Missbrauch ist ein lösbares Problem. Wir wissen, woher es kommt, wir wissen, warum die Missbrauchstäter zögern, sich zu ändern, und wir wissen, was nötig ist, damit der Missbrauch aufhört. Misshandelnde Männer sind darauf spezialisiert, Geheimnisse und Intrigen zu schaffen, aber wenn wir die Nebelschwaden beiseiteschieben, offenbart sich uns der Blick auf ein offensichtliches moralisches Unrecht und die einfache Aufgabe, es wiedergutzumachen. Alles, was wir brauchen, ist eine klare Geisteshaltung und der Wille unserer Gesellschaft.

In diesem Buch habe ich misshandelten Frauen meine Vorschläge für Schritte unterbreitet, die sie unternehmen können, um das Geschehen zu begreifen, Sicherheit zu suchen und ihre eigene Heilung in Gang zu setzen. Ich habe noch ein paar weitere Ratschläge für sie, aber der größte Teil dieses Kapitels richtet sich an alle – ob männlich oder weiblich, ob Überlebende von Missbrauch oder nicht, ob jung oder alt –, die daran interessiert sind, zur Beendigung des Missbrauchs beizutragen.

Was die misshandelte Frau tun kann

Meine wichtigste Botschaft an Sie ist folgende: Ein Täter beeinträchtigt das Leben und den Geist seiner misshandelten Partnerin, sodass sie sich ganz auf ihn konzentriert. Der entscheidende Weg raus aus dem Missbrauchssog beinhaltet daher, Ihr Denken neu auszurichten, sodass Sie Ihre Aufmerksamkeit sich selbst und Ihren Kindern widmen. Ich hoffe, dieses Buch hat Ihnen geholfen, einige Rätsel zu lösen im Hinblick auf das, was sich im Kopf Ihres Partners abspielt. Versuchen Sie nun, mit dem Rätselraten über ihn aufzuhören und Ihre Energie darauf zu richten, sich auf den von Ihnen gewählten Weg zu begeben.

Der größte Teil dieses Kapitels befasst sich mit der Art und Weise, wie Menschen die Einstellung gegenüber Missbrauch, die in ihren Gemeinschaften vorherrscht, verändern können. Beschäftigen Sie sich bitte nur mit diesen Vorschlägen, wenn Sie sicher sind, dass Sie dafür bereit sind. Wenn Sie von dem Versuch, sich um Ihre eigene missbräuchliche Beziehung zu kümmern, zu dem Versuch übergehen, sich um andere misshandelte Frauen zu kümmern, könnten Sie vergessen, dass Sie es verdienen, sich um sich selbst zu kümmern. Lassen Sie vorerst andere Menschen die Welt retten und seien Sie einfach die „Heldin Ihres eigenen Lebens", wie es in einem Buch über misshandelte Frauen heißt. Wenn Sie in Ihrer Gemeinschaft gegen den Missbrauch von Frauen vorgehen, kann das für Sie ein stärkendes und heilendes Engagement sein, aber nicht, wenn Sie es zu früh tun. Sie werden merken, wann Sie dazu bereit sind.

Ich habe in allen vorangegangenen Kapiteln praktische Vorschläge eingeflochten. Nun möchte ich möchte Ihnen nur noch ein paar Gedanken mitgeben:

- Holen Sie sich selbst Unterstützung, egal wie. Finden Sie irgendwo jemanden, der versteht, was Sie durchmachen, dem Sie Vertrauen schenken können und der Ihnen helfen kann, an Ihrem Gefühl für die Realität festzuhalten. *Gehen Sie auf jemanden zu.*
- Führen Sie Tagebuch, um Ihre Erfahrungen zu dokumentieren, damit Sie, wenn Ihr Partner Sie mit Psychospielchen oder mit plötzlichem „guten" Verhalten verrückt macht, mithilfe Ihrer Einträge zurückblicken und sich daran erinnern können, wer Sie wirklich sind und was er tatsächlich macht.
- Halten Sie sich von Menschen fern, die nicht gut für Sie sind, die Sie nicht verstehen und Dinge sagen, die Ihnen das Gefühl vermitteln, selbst schuld zu sein.
- Machen Sie alles, was Ihnen in den Sinn kommt und Ihnen guttut, was Ihre Seele nährt. Selbst Frauen, die extrem kontrollierende Partner haben, finden oft eine List,

um Sport zu machen, einen Kurs zu besuchen, spazieren zu gehen oder einfach nur Zeit zum Nachdenken zu haben.

- Verbannen Sie Ihren misshandelnden Partner so gut wie möglich aus Ihrem Kopf. Nutzen Sie dieses Buch, um zu verstehen, was er tut. Begriffe für etwas zu haben und es zu verstehen, bedeutet Macht. Wenn Sie verstehen, wie er denkt, können Sie vermeiden, dass Sie sich sein Denken einverleiben, und verhindern, dass er in Ihrem Kopf herumspukt.
- Geben Sie sich nicht die Schuld, wenn Sie Ihre Ziele nicht gleich erreichen, weil Sie zum Beispiel nachgeben und wieder mit ihm zusammenkommen. Reißen Sie sich einfach zusammen und versuchen Sie es noch einmal. Irgendwann wird es Ihnen gelingen, vielleicht schon beim nächsten Versuch.

Wie man eine misshandelte Frau unterstützen kann

Frage 21: Wie kann ich meiner Tochter, Schwester oder Freundin helfen, wenn sie misshandelt wird?

Wenn Sie im Leben einer misshandelten Frau, um die Sie sich sorgen, etwas wesentlich verändern möchten, denken Sie immer an den folgenden Grundsatz: *Ihr Ziel ist es, das genaue Gegenteil von dem Missbrauchstäter zu sein.*

Der Täter	setzt sie stark unter Druck.
Also sollten Sie	Geduld haben. Denken Sie daran, dass eine misshandelte Frau Zeit braucht, um ihre Verwirrung zu klären und herauszufinden, wie sie mit ihrer Situation umgehen soll. Es hilft ihr nicht, wenn sie versucht, *Ihrem* Zeitplan zu folgen, der ihr vorgibt, wann sie ihrem Partner die Stirn bieten, ihn verlassen, die Polizei rufen oder was auch immer tun soll. Sie müssen ihr Urteilsvermögen respektieren, dass sie weiß, wann sie bereit ist, Maßnahmen zu ergreifen – etwas, was der Täter nie tut.
Der Täter	redet von oben herab mit ihr.
Also sollten Sie	auf Augenhöhe mit ihr reden. Vermeiden Sie in Ihrer Stimme alle Spuren von Herablassung oder Überlegenheit. Diese Umsicht gilt ebenso oder mehr noch für Fach-

leute. Wenn Sie zu einer misshandelten Frau sprechen, als wären Sie klüger oder weiser als sie oder als ob sie etwas durchmacht, was Ihnen nie passieren könnte, dann bestätigen Sie unbeabsichtigt genau das, was der Täter ihr vermittelt hat, nämlich dass sie einen niedrigeren Stand hat. Denken Sie daran, dass Ihre Taten mehr aussagen als Ihre Worte.

Der Täter denkt, er weiß besser als sie, was gut für sie ist.

Also sollten Sie sie als Expertin für ihr eigenes Leben betrachten. Gehen Sie nicht davon aus, dass Sie wissen, was sie zu tun hat. Ich habe misshandelten Frauen manchmal Ratschläge gegeben, die ich für genau richtig hielt, die sich aber in dieser speziellen Situation als schrecklich erwiesen haben. Fragen Sie sie, was ihrer Meinung nach funktionieren könnte, *ohne sie unter Druck zu setzen,* machen Sie Vorschläge und respektieren Sie ihre Erklärungen, warum bestimmte Vorgehensweisen nicht hilfreich wären. Sagen Sie ihr nicht, was sie tun soll.

Der Täter dominiert Gespräche.

Also sollten Sie mehr zuhören und weniger reden. Die Versuchung mag groß sein, ihr klarzumachen, was für ein „Idiot" er ist, seine Motive zu analysieren, Reden zu halten, die ganze Kapitel dieses Buches abdecken. Aber wenn Sie zu viel reden, teilen Sie ihr ungewollt mit, dass Ihre Gedanken wichtiger sind als ihre, was genau das ist, was ihr der Täter vermittelt. Wenn Sie wollen, dass sie ihre eigenen Gefühle und Meinungen wertschätzt, dann müssen Sie ihr zeigen, dass *Sie* sie wertschätzen.

Der Täter glaubt, er hat das Recht, über ihr Leben zu bestimmen.

Also sollten Sie ihr Recht auf Selbstbestimmung respektieren. Sie hat das Recht, Entscheidungen zu treffen, die nicht genau mit Ihren übereinstimmen müssen, einschließlich der Entscheidung, bei ihrem missbrauchenden Partner zu bleiben oder nach einer Trennung zu ihm zurückzukehren. Sie können eine Frau nicht davon überzeugen, dass sie über ihr Leben bestimmen kann, wenn Sie gleichzeitig so handeln, als gehöre ihr Leben Ihnen. Bleiben Sie an ihrer Seite, auch wenn sie Entscheidungen trifft, die Ihnen missfallen.

Der Täter geht davon aus, dass er ihre Kinder und deren Bedürfnisse besser versteht als sie.

Also sollten Sie davon ausgehen, dass sie eine kompetente, fürsorgliche Mutter ist. Denken Sie daran, dass es nicht einfach ist zu definieren, was für das Kind einer misshandelten Frau am besten ist. Selbst wenn sie den Missbrauchstäter verlässt, hören die Probleme der Kinder nicht unbedingt auf, und manchmal machen die Täter den Kindern nach der Trennung sogar noch größere Schwierigkeiten als zuvor. Sie können ihr nur helfen, den besten Weg für ihre Kinder zu finden, wenn Sie die komplizierten Entscheidungen, vor denen sie steht, realistisch einschätzen können.

Der Täter denkt *für* sie.

Also sollten Sie mit ihr denken. Übernehmen Sie nicht die Rolle des Lehrers oder Retters. Schließen Sie sich ihr stattdessen als respektvolles und gleichberechtigtes Teammitglied an.

Beachten Sie, dass, wenn man das Gegenteil des Täters sein möchte, dies nicht bedeutet, einfach das Gegenteil von dem zu *sagen,* was er sagt. Wenn er sie anfleht „Verlass mich nicht, verlass mich nicht“ und Sie auf der anderen Seite stehen und sie mit dem Rat „Verlass ihn, verlass ihn“ bedrängen, wird sie das Gefühl haben, dass Sie ihm sehr ähnlich sind. Sie beide setzen sie unter Druck, damit sie Ihre Einschätzung, was sie zu tun hat, akzeptiert. Keiner von Ihnen stellt ihr die ermächtigende Frage: „Was willst du tun?“

Umgang mit der eigenen Frustration

Da die Genesung einer misshandelten Frau und die Befähigung zu einem selbstbestimmten Leben ein langwieriger Prozess sein können, geraten die sie begleitenden Menschen oft in Phasen, in denen ihre Geduld nachlässt. Sie sind versucht, ihre Enttäuschung auf die Frau selbst zu richten, indem sie sagen: „Wenn du so wenig Wert auf dich selbst legst und dich dafür entscheidest, misshandelt zu werden, kann ich das nicht länger mit ansehen“ oder „Wenn du dich mehr um ihn kümmerst als um deine Kinder, bist du genauso krank wie er“. Ich verstehe, warum Sie gereizt sind, aber es macht keinen Sinn, sie niederzumachen. Mit einem solchen Ausbruch senden Sie die Botschaft aus, dass sie selbst schuld ist, wenn sie misshandelt wird – also genau das, was auch der Täter ihr vermittelt. Und das Letzte, was Sie wollen, ist, seine Botschaft zu unterstützen.

Einer der größten Fehler von Menschen, die einer misshandelten Frau helfen wollen, ist es, den Erfolg daran zu messen, ob sie ihren misshandelnden Partner verlässt oder nicht. Wenn die Frau sich unfähig oder nicht dazu bereit fühlt, ihre Beziehung zu beenden, oder wenn sie sich eine Zeit lang trennt, dann aber zu ihm zurückkehrt, haben manche das Gefühl, dass ihre Bemühungen gescheitert sind. Oft kanalisieren sie dann ihren Frust in Schuldzuweisungen gegenüber der misshandelten Frau. Eine helfende Person sollte den Erfolg eher daran messen, wie gut sie das Recht der Frau respektiert hat, ihr Leben selbst in die Hand zu nehmen – was der misshandelnde Mann nicht tut –, und wie gut sie ihr geholfen hat, sich Strategien zur Erhöhung ihrer Sicherheit auszudenken. Wenn Sie sich auf diese Ziele konzentrieren, werden Sie sich als Helfer weniger frustriert fühlen und eine wertvollere Quelle der Unterstützung für die Frau sein.

Hier ist eine mentale Übung, die hilfreich sein kann, um Sie durch Ihre Ungeduld zu leiten. Denken Sie einen Augenblick über Ihr eigenes Leben nach und entsinnen Sie sich eines Problems, das für Sie schwer zu lösen war. Vielleicht hatten Sie Schwierigkeiten, einen Job zu finden, der Ihnen wirklich gefällt. Vielleicht haben Sie ein Gewichtsproblem oder andere gesundheitliche Schwierigkeiten. Vielleicht möchten Sie mit dem Rauchen aufhören. Vielleicht sind Sie unglücklich in Ihrer jetzigen Beziehung oder unglücklich damit, Single zu sein. Denken Sie jetzt an eine Situation, in der Freunde oder Verwandte vorbeikamen, um Ihnen zu sagen, was Sie angesichts der Herausforderung, vor der Sie stehen, tun sollten. Wie sehr hat das geholfen? Haben sie die Komplexität beschönigt und Lösungen einfacher klingen lassen, als sie tatsächlich waren? Wurden sie ungeduldig, als Sie zögerten, die von ihnen vorgeschlagenen Schritte zu unternehmen? Wie hat sich ihre Ungeduld für Sie angefühlt?

Die Probleme anderer Menschen erscheinen uns fast immer einfacher als unsere eigenen. Sätze, die mit „Wenn ich du wäre, würde ich …“ beginnen, helfen selten. Wenn andere zum Beispiel anfangen, mir ihre Lösungen aufzuzwingen, verspüre ich den Wunsch, zu antworten: „Wenn du so ein Experte dafür bist, wie ich die Hindernisse meines Lebens überwinden sollte, warum gibt es dann noch erhebliche Quellen des Unglücks in *deinem* Leben? Warum hast du nicht für dich selbst alles perfekt gemacht?“ Keine Lebenssituation ist so einfach, wie sie von außen betrachtet erscheinen mag.

Wenn Ihre Frustration im Begriff ist, Sie zu überwältigen, suchen Sie sich selbst Unterstützung. Sprechen Sie mit jemandem, der Ihnen nahesteht. Teilen Sie mit, wie schmerzhaft es ist, die misshandelte Frau nicht sofort aus ihrer schwierigen Situation holen zu können, was Sie sich natürlich ebenso sehr wünschen wie ich. Erzählen Sie von der Wut, die Sie gegenüber dem Mann empfinden, der sie misshandelt. Danach besinnen Sie sich wieder darauf, geduldig und liebevoll zu der Frau zu sein, der Sie zu helfen versuchen. Misshandelte Frauen erzählen mir immer wieder, dass für ihre Fortschritte auf dem Weg zu Sicherheit und Genesung nichts wichtiger gewesen sei als die Liebe und Unterstützung von Freunden, Verwandten und respektvollen Fachleuten.

Noch ein Wort der Vorsicht: Ich beobachte, dass viele Menschen begierig darauf sind, *etwas* an einer misshandelten Frau zu finden, was nicht in Ordnung ist, denn wenn sie das nicht können, werden sie mit der unbequemen Realität konfrontiert, dass jede Frau Opfer werden kann. Der Drang, etwas an ihr auszusetzen, behindert Ihre Fähigkeit, ihr zu helfen – und spielt schließlich dem misshandelnden Mann in die Hände.

Was, wenn sie nicht glaubt, dass sie missbraucht wird?

Familienmitglieder und Freunde einer misshandelten Frau fragen mich manchmal, wie sie ihr klarmachen können, dass ihr Partner sie missbraucht, und beschweren sich: „Sie entschuldigt immer alles bei ihm. Sie hat diese Idee, dass sie ihm helfen kann, sich zu bessern, z. B. indem sie ihm hilft, einen weniger stressigen Job zu finden, was offensichtlich nicht funktioniert. Außerdem gibt sie sich selbst die Schuld und sagt, dass sie ihn oft verärgert. Sie leugnet einfach alles."

Vielleicht ist sie sich des Missbrauchs sogar bewusster, als sie bereit ist einzugestehen. Ihre Scham sowie ihre Furcht davor, dass andere Menschen sie unter Druck setzen oder kritisieren, könnte sie dazu bringen, so zu tun, als merke sie nichts. Wenn sie schon lange mit ihrem Partner zusammenlebt oder wenn er besonders angsteinflößend ist oder sie verrückt macht, erlebt sie vielleicht eine traumatische Bindung (siehe Kapitel 9). Vielleicht glaubt sie auch, dass ihr Partner recht hat und ihr Verhalten wirklich die Ursache für ihre Schwierigkeiten ist – nicht seines. Jedenfalls werden Sie sie nicht „dazu bringen" können, die Misshandlung seitens ihres Partners zuzugeben, genauso wenig wie sie ihn „dazu bringen" kann, sein missbräuchliches Verhalten anzuerkennen. Ich wünschte, ich könnte etwas anderes sagen, denn ich weiß, wie schwierig es für die Angehörigen einer misshandelten Frau ist, die Grenzen dessen, was sie tun können, zu akzeptieren.

Hier sind jedoch ein paar Schritte, die Sie unternehmen *können*:

- Sagen Sie ihr, dass Ihnen die Art und Weise, wie sie behandelt wird, nicht gefällt und Sie der Meinung sind, dass sie es nicht verdient hat.
- Sagen Sie ihr, dass Sie sie lieben und Sie sie für einen guten Menschen halten.
- Bitten Sie sie, dieses Buch zu lesen. Sie können ihr auch eines der anderen Bücher geben, die unter „Ressourcen" im hinteren Teil dieses Buches aufgeführt sind.
- Fragen Sie sie, ob sie bereit wäre, mit Ihnen Pläne zu schmieden, wie sie auf spezifische Missbrauchssituationen reagieren kann, sobald sie auftreten. Fragen Sie zum Beispiel, ob sie bereit wäre, Sie anzurufen, wenn ihr Partner sie das nächste

Mal anschreit. Bieten Sie ihr an, Hotelkosten zu übernehmen, wenn er ihr das nächste Mal Angst macht und sie außerhalb übernachten will. Fragen Sie sie, ob sie sich eine Ausrede einfallen lassen könnte, um Sie im Sommer eine Woche lang allein zu besuchen, damit sie den Kopf ein wenig freibekommt. Vielleicht fallen Ihnen noch andere Alternativen ein.

- Wenn Sie jemals das Gefühl haben, dass sie zu einem bestimmten Zeitpunkt in Gefahr ist – wenn sie Sie z. B. anruft, während sie Gewalt oder Drohungen erlebt –, rufen Sie die zuständige Polizeidienststelle an und sagen Sie ihnen, was los ist.
- Rufen Sie sie oft an oder schreiben Sie ihr, auch wenn sie anscheinend nie zurückruft, es sei denn, sie bittet Sie, es nicht zu tun (was darauf hindeuten würde, dass er sie für den Kontakt mit anderen bestraft).
- Behandeln Sie sie durchweg gut. Sie wird den Unterschied spüren zwischen dem, was Sie tun, und dem, was er tut.
- Ermutigen Sie sie, bei einer Hotline für misshandelte Frauen anzurufen, „nur um zu reden". Sie muss dort weder ihren Namen noch ihre Telefonnummer angeben, und sie muss nicht einmal davon überzeugt sein, dass sie misshandelt wird. Sie kann um Unterstützung und eine externe Beurteilung ihrer Situation bitten oder einfach über die Kämpfe in ihrer Beziehung reden, die sie führen muss. Der erste Anruf bei einer Frauenberatungsstelle bricht manchmal das Eis, sodass es für sie leichter wird, erneut um Hilfe zu bitten.

Sie fragen sich vielleicht, warum ich zuerst behaupte, dass Missbrauch ein lösbares Problem ist, doch dann erkläre, dass Sie manchmal zusehen und abwarten müssen. Wenn ich sage, dass wir den Missbrauch in unseren Gemeinschaften beenden können, bedeutet das nicht, dass wir jede einzelne misshandelte Frau unmittelbar retten können. Ihrer Freundin oder Angehörigen zu einem Leben ohne Missbrauch zu verhelfen, kann einige Zeit in Anspruch nehmen. Eine missbrauchsfreie Gesellschaft zu schaffen, wird, wie wir sehen werden, viele Anstrengungen auf unterschiedlichen Ebenen erfordern.

Tun Sie sich selbst zum Schluss einen großen Gefallen: Lesen Sie das Buch *Wie ein Anker im Strudel der Gewalt: Ein Ratgeber für Freunde und Verwandte misshandelter Frauen*, ein wunderbares Buch, das genau für die Familienangehörigen misshandelter Frauen geschrieben wurde (siehe „Ressourcen") und von vorne bis hinten mit Weisheit gefüllt ist.

Den Missbrauchstäter erreichen

Wenn man mich bitten würde, ein hervorstechendes Merkmal meiner Klienten auszuwählen, einen Aspekt ihres Wesens, der sich von allen anderen abhebt, würde ich mich für diesen entscheiden: Sie fühlen sich zutiefst berechtigt. Jede Bemühung, einen misshandelnden Mann zu erreichen, muss auf der entgegengesetzten Aussage zu dieser Einstellung basieren: *Missbrauch ist falsch; Sie sind für Ihre eigenen Handlungen verantwortlich; keine Entschuldigung ist akzeptabel; der Schaden, den Sie anrichten, ist unermesslich; Ihr Problem müssen Sie allein lösen.*

Wer hat die Möglichkeit, Einfluss auf das Denken eines Missbrauchstäters zu nehmen, und was kann er tun?

Freunde und Familie

Sie stehen an vorderster Front. Sie haben eine bessere Chance, die Einstellung eines Täters zu verändern, als alle anderen zusammen – weder die misshandelte Frau, ein Therapeut, ein Täterprogramm, noch die Gerichte. Sie können den Täter am stärksten in Ungnade fallen lassen. Die anderen auf der Liste tut er mit einer Handbewegung ab, weil sie „verrückt", „Lügner", „hysterisch" oder „männerfeindlich" sind. Aber wenn seine Angehörigen ihn kritisieren, wird er wahrscheinlich zum ersten Mal eine gewisse Unsicherheit verspüren.

Hier sind einige Leitlinien, denen Sie folgen können:

1. Wenn jemand, der Ihnen nahesteht, des Missbrauchs beschuldigt wird, reden Sie sich nicht ein, dass das unmöglich wahr sein kann. Wenn ein Missbrauchstäter sich bei seinen Angehörigen mit empörter Stimme beschwert: „Meine Partnerin beschuldigt mich, *missbräuchlich* zu sein", springen sie ihm leider meist blind zur Seite. Sie schütteln angewidert und empört den Kopf und antworten: „Wie kann sie so etwas über dich *sagen*? Was für eine Schlampe!" Niemand stellt irgendwelche Fragen.

   Anstatt dieser reflexartigen Reaktion zum Opfer zu fallen, beginnen Sie damit, so viel wie möglich in Erfahrung zu bringen. Was genau macht er, das sie als Misshandlung bezeichnet? Auf welche Weise, sagt sie, wird sie von ihm angegriffen? Was möchte sie geändert haben? Wenn Sie diese Fragen stellen, wird er sie als Antwort lächerlich machen. Er sagt zum Beispiel: „Wenn ich mal griesgrämig oder schlecht gelaunt bin, dann ist das in ihren Augen schon Misshandlung. Jedes Mal, wenn sie ihren Willen nicht bekommt, bezeichnet sie mich als Gewalttäter." Drängen Sie ihn, weiter zu erzählen, was ihre Perspektive ist. Bitten Sie ihn, Beispiele für bestimmte Situationen zu geben. Weigern Sie sich, auf seinen Zug aufzuspringen. Zeigen Sie ihm, dass Sie sich ein Urteil vorbehalten.

Führen Sie als Nächstes ein persönliches Gespräch mit seiner Partnerin. Sagen Sie ihr, dass er Ihnen offenbart hat, dass sie sich misshandelt fühlt, und Sie wissen möchten, was ihre Sorgen sind. Vielleicht sagt sie Ihnen nur wenig, je nachdem, wie sehr sie Ihnen vertraut. Aber wenn sie sich Ihnen öffnet, werden Sie wahrscheinlich feststellen, dass sie sich nicht wie eine verrückte Tyrannin anhört, wie er Ihnen weismachen möchte. Wenn eine Frau über Missbrauch klagt, hat sie in den meisten Fällen berechtigte und beträchtliche Beschwerden darüber, wie ihr Partner sie behandelt.

2. Wiederholen Sie ihm gegenüber keine vertraulichen Informationen, die sie mit Ihnen geteilt hat, es sei denn, sie gibt Ihnen ausdrücklich die Erlaubnis dafür. Vielleicht sind Sie davon überzeugt, dass er nicht der Typ für Vergeltungsmaßnahmen ist, aber sie kennt ihn besser. Fragen Sie sie, welche Themen oder Ereignisse Sie unbedenklich mit ihm besprechen können und welche nicht. In dem Maße, wie sie Ihnen grünes Licht gibt, drängen Sie ihn, ihre Beschwerden sorgfältig zu überdenken und die von ihr erbetenen Verbesserungen in seinem Verhalten umzusetzen.
3. Ignorieren Sie keine Ereignisse, die Sie direkt bezeugen können. Es ist unangenehm, das Verhalten eines geliebten Menschen gegenüber seiner Partnerin anzusprechen, aber Schweigen bedeutet Akzeptanz. Sprechen Sie mit jedem von ihnen separat und äußern Sie Ihre Bedenken über sein Verhalten.
4. Haken Sie nach, besonders bei ihr. Finden Sie einen Moment, um sie unter vier Augen zu fragen, ob das Problem weiterhin besteht oder nicht und welche Art von Hilfe sie gebrauchen könnte.

Ich verstehe und schätze die Loyalität von Familienmitgliedern untereinander. Es gibt eine natürliche Versuchung, sich energisch gegen Missbrauch auszusprechen, bis der Mann, dessen Verhalten unter die Lupe genommen wird, ein Familienangehöriger oder Freund ist. Erst dann wechseln sie die Seite. Aber man kann nicht beides haben. Es wird weiterhin Missbrauch geben, wenn die Menschen nicht aufhören, Ausnahmen für ihre eigenen Brüder, Söhne und Freunde zu machen.

Eine Frau gegen die Misshandlung eines Mannes zu unterstützen, bedeutet nicht unbedingt, bei jedem Konflikt in ihrer Beziehung auf ihrer Seite zu stehen. Es kann sein, dass es zwischen den Partnern riesige Probleme gibt, ein verworrenes Durcheinander – Streit über die Finanzen, die Kindererziehung oder die Wahl von

Freunden –, die zu dem Missbrauch hinzukommen. Wenn Sie einen Angehörigen damit konfrontieren, dass er seine Partnerin misshandelt, wird er sagen: „Du stehst auf ihrer Seite; sie hat dich gegen mich aufgebracht." Reagieren Sie auf diese Verzerrungen, indem Sie antworten: „Ich bin nicht gegen dich; ich bin gegen dein verletzendes Verhalten. Ich sage nicht, dass sie in Bezug auf alle eure Probleme recht hat. Was ich sage, ist, dass ihr nicht in der Lage sein werdet, eines eurer anderen Probleme zu lösen, bevor du dich nicht zuerst mit deinem missbräuchlichen Verhalten auseinandersetzt. Solange du sie weiter schikanierst, bist du das Problem Nummer eins."

Nichts würde schneller zur Beendigung der Misshandlung von Frauen beitragen, als wenn Freunde und Familienangehörige der misshandelnden Männer aufhören würden, es zuzulassen. Und das wiederum setzt voraus, dass Sie ihr aufmerksam und respektvoll zuhören – etwas, was der misshandelnde Mann niemals tut.

Therapeuten, Seelsorger und andere Berater

Während eine misshandelte Frau die Kämpfe in ihrer Partnerschaft meist ohne Umschweife gegenüber einem Berater beschreibt, spricht der misshandelnde Mann in weniger direkten Worten. Er bemüht sich nicht deshalb um Hilfe, weil ihm sein missbräuchliches Verhalten bewusst geworden ist, sondern weil er die Spannungen in seinem Zuhause nicht mehr erträgt oder Angst hat, dass seine Beziehung auseinanderbricht. In der Regel gibt er nicht freiwillig zu, dass er seine Partnerin beschimpft, sie niedermacht oder ihr Angst einjagt. Wenn er körperlich gewalttätig ist, wird er diese Tatsache mit ziemlicher Sicherheit nicht spontan erwähnen. Er kann jedoch verschiedene Hinweise geben. Zu den häufigsten gehören:

„Ich bin jähzornig und manchmal verliere ich die Fassung."
„Meine Freundin behauptet, dass ich sie nicht anständig behandle."
„Meine Partnerin macht anderen Männern ständig schöne Augen."
„Meine Frau hat mich angegriffen, also musste ich mich verteidigen, und dabei wurde sie verletzt."

Keine dieser Aussagen ist für sich genommen ein Beweis für Missbrauch, aber jede einzelne bietet ausreichend Anlass zu ernsthafter Besorgnis und sollte für den Berater als Hinweis darauf gesehen werden, dass er viele Fragen bezüglich des Verhaltens des Mannes und der Perspektive seiner Partnerin stellen muss.

Ich empfehle den Beratern, sehr vorsichtig zu sein, die Behauptungen eines Mannes zu akzeptieren, er sei zu Unrecht des Missbrauchs beschuldigt worden oder das Opfer einer gewalttätigen oder kontrollierenden Frau geworden. Sie könnten ansonsten leicht unbeabsichtigt als Unterstützung und Rechtfertigung für seine psychischen – oder physischen – Übergriffe auf seine Partnerin dienen. Bleiben Sie neutral, bis Sie umfassende Informationen über seine Umstände und Einstellungen erhalten haben.

Wenn Sie befürchten, dass ein Mann ein Missbrauchsproblem hat, bitten Sie ihn, ausführlich über die Sichtweise und die Gefühle seiner Partnerin zu verschiedenen Aspekten ihres Lebens zu sprechen, einschließlich ihrer Sicht der Konflikte mit ihm. Der Täter wird in der Regel Schwierigkeiten haben, ihre Perspektive mit Verständnis und Detailgenauigkeit einzunehmen, *insbesondere* im Hinblick auf ihre Beschwerden gegen ihn. Je mehr er ihren Standpunkt lächerlich macht und verharmlost, desto mehr Grund haben Sie zu glauben, dass das Problem bei ihm liegt. Gleichzeitig werden Sie, wenn Sie nachfragen, was *sie* sagen würde, feststellen, dass Sie oft kritische Hinweise auf seine Verhaltens- und Einstellungsprobleme erhalten.

Unabhängig davon, ob Sie Missbrauch vermuten oder nicht, ist es immer sinnvoll, jedem Mann eine gewisse Grundausbildung über Missbrauch in der Partnerschaft zu vermitteln. Nennen Sie einige Beispiele für missbräuchliche Verhaltensweisen, beschreiben Sie deren destruktive Auswirkungen auf Frauen und Kinder und erklären Sie, dass ein Mann für seine eigenen Handlungen voll verantwortlich ist. Wenn Sie hören, wie er das Verhalten anderer Menschen als Entschuldigung für sein eigenes benutzt oder wie er Stress oder Alkohol dafür verantwortlich macht, weisen Sie darauf hin, dass er die Misshandlung seiner Partnerin wegdiskutiert. Wenn er zu irgendeinem Zeitpunkt sein missbräuchliches Verhalten zugibt, ermutigen Sie ihn, sich an ein Täterprogramm zu wenden.

Polizisten, Staatsanwälte, Richter und Bewährungshelfer

Kapitel 12 enthält verschiedene Richtlinien für das Personal von Strafverfolgungsbehörden. Ich werde hier nur auf drei wichtige Punkte eingehen: (1) Täter müssen unmittelbare Konsequenzen für ihr Handeln erfahren und nicht nur Warnungen vor Sanktionen erhalten, die nur geringe Auswirkungen auf sie haben. (2) Der Täter kann sein Missbrauchsproblem nur überwinden, wenn er sich mit dem Missbrauch selbst befasst. Die Arbeit an Stress- oder Wutbewältigung, Alkoholismus oder Beziehungsdynamiken wird wenig oder keine Auswirkungen auf das missbräuchliche Verhalten eines Mannes haben. (3) Kritik von Menschen in Autoritätspositionen kann manchmal den größten Einfluss auf einen Missbrauchstäter haben. Auf der anderen Seite können die Worte von Experten, die Missbrauch entschuldigen und verharmlosen oder teilweise dem Opfer die Verantwortung zuschreiben, entscheidend dazu beitragen, dass die Täter sich *berechtigt* fühlen, wie im Fall eines Bewährungshelfers, der zu einem Mann sagt: „Sie und Ihre Frau müssen sich wirklich darum kümmern, Ihre Probleme zu lösen, und aufhören, sich gegenseitig zu misshandeln."

Gemeinschaften

Jede Gemeinschaft oder Behörde kann dazu beitragen, misshandelnde Männer zu erreichen, indem sie an prominenter Stelle Plakate gegen Missbrauch anbringt und Broschüren und andere Literatur verbreitet. Denken Sie daran, dass Materialien, die an auffälliger Stelle Wörter wie Missbrauch oder Gewalt enthalten, nützlich sein können, um die Aufmerksamkeit misshandelter Frauen auf sich zu ziehen. Täter denken jedoch eher: *Ich gehöre nicht zu denen, die sie ansprechen wollen.* Verwenden Sie stattdessen einfache Fragen und Schilderungen, wie z. B.:

> *„Haben Sie ein Problem mit Ihrem Temperament?"*
> *„Hat Ihre Frau oder Freundin jemals gesagt, dass sie Angst vor Ihnen hat?"*
> *„Beleidigen oder beschimpfen Sie Ihre Partnerin manchmal?"*
> *„Geben Sie Ihrer Partnerin die Schuld für Ihr Verhalten?"*

Die Flyer sollten deutlich machen, dass es für einen Mann keine Entschuldigung dafür gibt, seine Partnerin zu beleidigen, zu ängstigen, zu isolieren oder zu belügen, *selbst wenn er das Gefühl hat, dass sie dasselbe tut.* Die Darstellung der Gesetze und möglicher rechtlicher Konsequenzen sind hilfreich, einschließlich der Tatsache, dass er verhaftet werden kann, wenn er seine Partnerin drängt, schubst, zurückhält oder bedroht, selbst wenn er sie nicht schlägt. Nur wenige Männer sind sich dieser Konsequenz bewusst und die Täter sind schockiert, wenn sie wegen solcher „geringer Delikte" verhaftet werden. Wenn es in Ihrer Region ein gutes Täterprogramm gibt, geben Sie die entsprechende Telefonnummer an, aber seien Sie sich darüber im Klaren, dass nur wenige Täter die Beratung durchziehen, es sei denn, jemand verlangt es von ihnen. Der Hauptzweck Ihrer Plakate und Flyer besteht darin, Täter und potenzielle Täter über die *Werte der Gemeinschaft* aufzuklären.

Ein Täter lehnt zunächst alles ab, was er aus einer dieser Quellen hört. Doch wenn sich positive soziale Botschaften häufen, ist das eine andere Sache. Ich hatte zum Beispiel körperlich misshandelnde Klienten, die von festnehmenden Beamten kritisiert, dann in vollem Umfang strafrechtlich verfolgt wurden, anschließend der

Kritik des Richters – zusätzlich zur Verhängung einer Strafe – ausgesetzt waren, daraufhin vom Bewährungshelfer kritisiert und schließlich in einem Täterprogramm konfrontiert wurden. Vielleicht hat dieser Mann auch im Fernsehen eine Sendung über Missbrauch gesehen oder im Wartezimmer einer Arztpraxis einen Flyer gelesen. Seine eigene Mutter oder sein Bruder haben ihm vielleicht gesagt, dass er aufhören muss, seine Partnerin zu schikanieren. Wenn all diese unterschiedlichen Stimmen sich gegenseitig verstärken, indem sie sagen, dass er für seine Handlungen verantwortlich ist, und sie sich dagegen wehren, dass er das Opfer beschuldigt, dann beginnt das unbändige Berechtigungsdenken des Missbrauchstäters zu schwinden. Es setzt voraus, dass das Schweigen über den vom Täter verursachten Schmerz gebrochen und darauf bestanden wird, dass die Verantwortung für eine Veränderung allein auf seinen Schultern liegt. Ich habe miterlebt, wie es funktioniert hat. Hier kann der Wandel beginnen.

An die Kinder denken

Bei all dem Geschrei und den Beleidigungen, den Kaskaden von Anschuldigungen und Gegenanschuldigungen und unserer eigenen Panik, wenn wir erleben, wie eine Frau wiederholt psychisch gequält oder körperlich misshandelt wird, kann man leicht vergessen, dass der Täter noch andere Opfer hat. Die Kinder können unsichtbar werden. Die Polizei, die bei häuslicher Gewalt gerufen wird, vergisst manchmal sogar zu fragen, ob Kinder im Haus sind. Diese Kinder ziehen sich in Verstecke zurück und versuchen, sich in Sicherheit zu bringen. Sie bleiben möglicherweise unbemerkt, bis sie alt genug sind, um sich zum Schutz ihrer Mütter einzumischen.

Wie bei fast jedem Vorgehen gegen Missbrauch müssen wir damit beginnen, das Schweigen zu brechen. Fragen Sie die Mutter unter vier Augen, wie ihre Kinder ihrer Meinung nach durch das Verhalten des Mannes und die dadurch entstehenden Spannungen beeinträchtigt werden. Misshandelt er sie vor den Augen der Kinder? Wie reagieren sie darauf? Welche Sorgen hat sie wegen ihrer Kinder? Was glaubt sie, was sie brauchen? (Denken Sie daran, dass Sie *mit* ihr überlegen, nicht *für* sie.)

Lüften Sie das Geheimnis auch mit den Kindern. Lassen Sie sie wissen, dass Ihnen bewusst ist, was vor sich geht, und dass Sie sich um ihre Gefühle kümmern. Fragen Sie:

„Wie läuft's bei dir zu Hause?"
„Ist es schwer für dich, wenn sich deine Eltern streiten?"
„Was passiert, wenn sie wütend aufeinander werden?"

„Hat bei dir zu Hause jemals jemand die Gefühle eines anderen verletzt oder jemanden verängstigt?"
„Möchtest du mir davon erzählen?"

Selbst wenn das Kind auf alle Ihre Fragen ablehnend antwortet, haben Sie gezeigt, dass es Ihnen wichtig ist und dass Sie verstehen, dass der Missbrauch – ohne ihn so zu benennen – schmerzlich oder beängstigend sein kann. Dann lassen Sie die Tür für zukünftige Kommunikation offen, indem Sie sagen: „Du kannst jederzeit zu mir kommen und von deinem Leben daheim erzählen. Es ist in Ordnung, darüber zu reden. Kinder sind manchmal entsetzt, wenn sich ihre Eltern streiten."

Beachten Sie, dass ich die Verwendung von sanften Begriffen empfehle, die weder den Missbrauch benennen noch die Verantwortung dafür jemandem zuweisen, bis Sie herausgefunden haben, wie viel das Kind weiß. Dieser Sprachgebrauch ist wichtig, um zu vermeiden, dass Kinder auf schmerzliche Dynamiken zwischen ihren Eltern hingewiesen werden, die ihnen vielleicht nicht bewusst sind. Diese Richtlinie sollte jedoch *umgekehrt* werden, wenn das Kind Ihnen gegenüber Missbrauch direkt offenbart oder wenn Sie wissen, dass es unmittelbar Zeuge expliziter verbaler oder physischer Misshandlungen gegenüber der Mutter geworden ist. Dann ist es wichtig, *keine* neutralen Begriffe zu verwenden. Kinder misshandelter Frauen haben bereits das Gefühl, dass sie selbst und ihre Mütter zumindest teilweise schuldig sind, und Sie wollen diese schädlichen Missverständnisse nicht noch verstärken. Wenn das Geheimnis also gelüftet ist, vermeiden Sie eine unparteiische Sprache, wie die *Probleme zwischen deinen Eltern* oder *die gemeinen Dinge, die sie sich manchmal gegenseitig antun.*

Kinder müssen die folgenden Botschaften hören:

- *„Es ist nicht deine Schuld, wenn jemand in der Familie gemeine Dinge sagt oder jemanden verletzt."*
- *„Es ist nicht die Schuld deiner Mutter, wenn jemand sie schlecht behandelt."*
- *„Niemand sollte dir jemals die Schuld dafür geben, wenn er gemein zu dir ist oder dich verletzt."*
- *„Ein Kind kann seine Mutter nicht wirklich beschützen, und es ist auch nicht die Aufgabe eines Kindes."*

Der Begriff *Missbrauch* hat für Kinder unter zehn oder zwölf Jahren keine Bedeutung, kann aber im Gespräch mit Teenagern nützlich sein. Im Allgemeinen funktionieren Beschreibungen besser als Bezeichnungen.

Wenn der Täter der Vater oder die Vaterfigur des Kindes ist, ist besondere Vorsicht geboten, um nicht schlecht über ihn als Person zu sprechen, sondern nur seine *Handlungen* zu benennen und zu kritisieren. Kinder wollen nicht hören, dass ihr Vater gemein, egoistisch oder schlecht ist. Falls der Mann gefährlich ist, ist es hilfreich, die Risiken mit den Kindern zu besprechen, sowohl um ihnen zu helfen, sich selbst zu schützen, als auch um ihre Realität zu bestätigen. Aber auch ein gewalttätiger, gefährlicher Täter ist ein Mensch, und Kinder neigen dazu, sich besonders auf das Menschliche von jemandem einzustimmen, den sie gut kennen. Reden Sie nicht über ihn, als wäre er ein Monster. Sie können zum Beispiel sagen: „Dein Vater hat ein Problem, das ihn manchmal gefährlich macht, nicht wahr?“ Das sind Begriffe, die für Kinder einen Sinn ergeben.

Diejenigen Mitglieder der Gemeinschaft, die beruflich mit den Kindern misshandelter Frauen arbeiten, wie z. B. Lehrer, Polizisten, Therapeuten oder Gerichtsangestellte, können ihre Wirkkraft erhöhen, indem sie sensibel auf die Familiendynamik reagieren, die Misshandlung in der Partnerschaft erzeugt, und sich bewusst machen, wie manipulativ Missbrauchstäter sein können. Zu viele Kinder misshandelter Frauen werden mit der Diagnose „ADS“ oder „ADHS“ abgestempelt und erhalten Medikamente, statt die Hilfe zu bekommen, die sie brauchen. Wir müssen uns für die missliche Lage dieser Kinder interessieren, ihnen helfen, positive Werte zu lernen, und die wichtige Verbindung zu ihren Müttern unterstützen.

Auf die Einstellung der Gesellschaft zum Thema Missbrauch Einfluss nehmen

Einzelansätze zur Überwindung von Missbrauch funktionieren nur dann gut, wenn eine breite Öffentlichkeit an einem Strang zieht, um ein Umfeld zu schaffen, in dem die Opfer unterstützt und die Missbrauchstäter zur Rechenschaft gezogen werden. Sie können eine Rolle dabei spielen, Ihre Gemeinschaft zu einer missbrauchsfreien Zone zu machen, einem Zufluchtsort, wo misshandelte Frauen wissen, dass sie mit voller Unterstützung rechnen können, und wo Täter wissen, dass es ihnen nicht gelingen wird, Sympathie für ihre Ausreden zu gewinnen oder die Folgen ihrer Handlungen zu vermeiden.

Hier sind nur einige der vielen Schritte, die Sie unternehmen können:

- Bieten Sie an, Ihr regionales Hilfsangebot für misshandelte Frauen als Freiwilliger, Spendensammler, Referent oder Vorstandsmitglied zu unterstützen. Diesen Stellen mangelt es immer an Unterstützern und finanziellen Mitteln, weil die Zahl der misshandelten Frauen, die Hilfe benötigen, so fürchterlich hoch ist. Viele Hilfsprogramme bieten kostenlose oder kostengünstige Schulungen für Freiwillige an.

- Engagieren Sie sich bei einem Täterprogramm, falls es in Ihrer Gegend eines gibt. Sie können sich im Rahmen des Programms als Berater für Missbrauchstäter oder als Fürsprecher für misshandelte Frauen ausbilden lassen. Nutzen Sie Ihren Einfluss, um das Therapieprogramm voranzubringen, damit die Unterstützung, die es misshandelten Frauen und ihren Kindern zur Verfügung stellt, und die Qualität der Schulung und Beratung von misshandelnden Männern ständig verbessert werden. Wenn es bei Ihnen vor Ort kein entsprechendes Programm gibt, wenden Sie sich an eines der Täterprogramme, die unter „Ressourcen" im hinteren Teil dieses Buches aufgeführt sind, um sich bei der Gründung eines solchen Programms beraten zu lassen.
- Treten Sie einer Organisation bei, die sich für Aufklärung und Aktionen hinsichtlich des Missbrauchs von Frauen einsetzt, oder gründen Sie eine. Solche Gruppen verbreiten Literatur, organisieren Proteste, setzen sich für wirksamere Gesetze ein, sponsern künstlerische Projekte im Zusammenhang mit häuslicher Gewalt und ergreifen noch viele weitere mutige und kreative Maßnahmen, um Missbrauch zu beenden. Ihr regionales Hilfsprogramm für misshandelte Frauen verfügt vielleicht über einen „Sozialausschuss" oder ein ähnlich benanntes Komitee, doch Bemühungen zur Förderung sozialer Veränderungen sind manchmal wirksamer, wenn sie von einer separaten Organisation ausgehen, die nicht gleichzeitig versucht, Dienstleistungen zu erbringen.
- Gehen Sie mit dem Hilfsangebot in Schulen, vermitteln Sie damit Respekt und Gleichberechtigung für Frauen und machen Sie die Kinder auf Missbrauch in Beziehungen aufmerksam.
- Treten Sie Ihrer regionalen Projektgruppe gegen häusliche Gewalt bei oder gründen Sie selbst eine, falls es noch keine gibt. Zu einer effektiven Arbeitsgruppe (oder einem „Runden Tisch") gehören Vertreterinnen und Vertreter aus möglichst vielen Institutionen der Gesellschaft, die sich um Familien kümmern, die von Missbrauch betroffen sind. Laden Sie Therapeuten, Seelsorger, Schulpersonal, Polizei, Personal der Bezirksstaatsanwaltschaft und Gerichtspersonal sowie Mitarbeiter von Hilfsprogrammen für misshandelte Frauen und für Missbrauchstäter ein. Solche Arbeitsgruppen haben in den letzten Jahren rasant zugenommen und unzählige lobenswerte Erfolge bei der Koordinierung von Dienstleistungen, der Einführung neuer Hilfs- und Therapieprogramme und der Aufklärung der Öffentlichkeit erzielt.
- Helfen Sie mit, in Ihrer Region Angebote für Kinder misshandelter Frauen in Gang zu bringen, insbesondere Beratungsgruppen. Drängen Sie Therapeuten, die mit Kindern arbeiten, sich über das Thema Missbrauch in der Partnerschaft und seine

Auswirkungen auf Kinder weiterzubilden. Engagieren Sie sich bei der Aufklärung der Öffentlichkeit bezüglich der erneuten Schädigung misshandelter Frauen und ihrer Kinder bei Sorgerechts- und Umgangsrechtsstreitigkeiten. Weitere Informationen zu all diesen Vorschlägen finden Sie unter „Ressourcen" am Ende dieses Buches.

- Beteiligen Sie sich an Aufklärungsaktionen in Sekundarschulen in Bezug auf Gewalt in Teenager-Beziehungen, um den Missbrauch zu stoppen, bevor er beginnt (siehe den Abschnitt über Probleme von Teenagern in „Ressourcen").
- Setzen Sie sich für erweiterte Sozialleistungen und andere Formen der öffentlichen wirtschaftlichen Unterstützung für misshandelte Frauen ein. Die Einschnitte bei der öffentlichen Unterstützung in den letzten Jahren haben es misshandelten Frauen oft viel schwerer gemacht, ihre Partner zu verlassen, besonders wenn sie Kinder haben. Frauen können misshandelnde Männer nicht verlassen, wenn sie wirtschaftlich gefangen sind.
- Protestieren Sie gegen Darstellungen im Fernsehen und in den Medien, die Missbrauch und sexuelle Übergriffe verherrlichen oder den Opfern die Schuld geben, einschließlich der Berichterstattung in den Nachrichten.
- Wenn Sie eine ehemals misshandelte Frau sind, die nicht mehr mit dem Missbrauchstäter zusammen ist, sollten Sie in Erwägung ziehen, Ihre Geschichte zu veröffentlichen. Es ist enorm wichtig, dass Frauen, die persönliche Erfahrungen mit Missbrauch gemacht haben, zu Sozialdiensten, Schulen, Polizeidienststellen und anderen Gruppen gehen und den Menschen helfen, besser zu begreifen, wie Missbrauch aussieht und welche Erschütterungen er in so viele Leben bringt. Ich habe oft erlebt, wie der Bericht einer Frau aus dem wirklichen Leben, die psychischen oder physischen Übergriffen ausgesetzt war, die Einstellungen von Fachleuten und anderen Mitgliedern der Gemeinschaft verändert hat.
- Unterstützen Sie Frauen, die Missbrauch überlebt haben, dabei, in Ihrer Gemeinschaft eine Führungsrolle zu übernehmen, und stellen Sie sicher, dass sie in allen Arbeitsgruppen und politischen Gremien vertreten sind, die sich mit häuslicher Gewalt befassen.

Unsere Kultur verändern

Missbrauch ist das Produkt einer Mentalität, die Mobbing und Ausbeutung entschuldigt und duldet, die Überlegenheit und Respektlosigkeit fördert und den Unterdrückten Verantwortung auferlegt. Alle Bemühungen, den Missbrauch von Frauen endgültig zu beenden, müssen auf die Beantwortung folgender Frage zurückgehen:

Wie können wir die gesellschaftlichen Werte so verändern, dass das Recht der Frauen, frei von Beleidigungen, Übergriffen, Entmachtung und Einschüchterung zu leben, respektiert wird?

Eine Möglichkeit könnte darin bestehen, den Menschen in Ihrem Umfeld deutlich zu machen, dass Frauen diese Rechte bedingungslos *haben*. Ein großer Teil der modernen Gesellschaft bleibt in diesem Punkt bedauerlicherweise unklar. Ich höre immer noch Stimmen, die sagen: „Nun, er hätte sie nicht als ‚Schlampe' bezeichnen sollen, aber sie hat die ganze Nacht mit einem anderen Mann getanzt." Ich höre: „Er bedrängte sie bei ihrer Arbeit, selbst als sie ihm sagte, er solle sich fernhalten, aber er war untröstlich wegen ihrer Trennung." Ich höre: „Er hat zwar beim Sex mit ihr irgendwie Gewalt angewendet, aber sie hatte ihn wirklich glauben lassen, dass sie in dieser Nacht miteinander schlafen würden." Sie können Ihre Freunde, Ihre religiöse Gemeinschaft, Ihren Kegelclub oder Ihre Familie beeinflussen, indem Sie den Mut haben aufzustehen und zu sagen: „Die Misshandlung von Frauen ist falsch – Punkt."

Als Nächstes üben Sie Druck aus gegen Lieder, Videos, „Witze" und andere Medien, die Missbrauchstätern Vorschub leisten. Die Flut von Beschwerden über die Verleihung des Grammys an Eminem brachte den Fernsehsender CBS dazu, während der Sendung eine öffentliche Erklärung zu häuslicher Gewalt abzugeben, und veranlasste den Grammy-Präsidenten, eine Anti-Gewalt-Ansprache vom Podium vorzulesen. Zahlreiche Beschwerden erreichten die Verlagsgruppe Simon & Schuster, weil sie ein Videospiel vertrieben hatten, in dem der männliche Charakter erfolgreich eine gefesselte amerikanische Ureinwohnerin vergewaltigte. Wenn die Öffentlichkeit die Kulturschaffenden, die Missbrauch zeigen oder entschuldigen, verunglimpft, erhält die Kultur einen weiteren starken Schub in die richtige Richtung.

Weigern Sie sich, Witze hinzunehmen, die Frauen beleidigen oder erniedrigen. Wenn Sie ein Mann sind, kann Ihre Weigerung, sich auf destruktive Witze und Kommentare einzulassen, besonders wirkungsvoll sein. Wenn Ihnen jemand sagt: „Es ist nur ein Witz", antworten Sie mit der Frage: „Was glaubst du, wie ein Täter reagiert, wenn er diesen Witz hört? Glaubst du, es hilft ihm, den Schaden zu erkennen, den er anrichtet? Oder glaubst du, dass seine Rechtfertigungsmentalität sich noch mehr festigt als ohnehin schon?"

Ermutigen Sie die Frauen in Ihrem Umfeld – Ihre Freundinnen, Schwestern, Mütter, Töchter –, auf Würde und Respekt zu bestehen, Vertrauen in sich selbst zu haben und stolz zu sein. Erwarten Sie von Jungen und Männern, dass sie respektvoll, freundlich und verantwortungsbewusst sind, und geben Sie sich nicht mit weniger zufrieden. Auch hier nehmen Männer eine sehr wichtige Rolle beim kulturellen Wandel ein. Wenn ein Vater zu seinem Sohn sagt: „Ich will nicht hören, dass du schlecht über Mädchen redest, das ist diskriminierend", horcht der Junge auf und nimmt Notiz davon. Im Abschnitt „Ressourcen" sind einige Organisationen aufgeführt, die sich dafür engagieren, dass Männer eine Führungsrolle beim Kampf gegen den Missbrauch von Frauen übernehmen. Die namentliche Führung durch Männer macht es für Täter viel schwieriger zu behaupten, dass der Kampf gegen Missbrauch ein Kampf zwischen Männern und Frauen ist und nicht zwischen Missbrauchstätern und allen anderen.

Fördern Sie schließlich Alternativen zu Missbrauch und Unterdrückung, indem Sie anerkennen, wie eng die verschiedenen Formen von Missbrauch und schlechter Behandlung miteinander verflochten sind. Das Gegenteil einer arroganten Betrachtung der Realität ist das respektvolle Zuhören der Perspektive jedes Einzelnen. Das Gegenteil davon, sich selbst über andere Menschen zu stellen, ist, sie als Gleichberechtigte zu sehen. Das Gegenteil einer Hierarchie, in der die Menschen an der Spitze es gut haben, während alle anderen unterdrückt werden, ist das Teilen von Ressourcen. Das Gegenteil vom extremen Aufstieg an die Spitze, sei es an die Spitze eines Unternehmens, an die Spitze der Fußball-Liga oder an die Spitze der Hackordnung im Haushalt, ist die Bildung von Gemeinschaften, die sich der Zusammenarbeit und Unterstützung verschrieben haben und in denen alle gewinnen. Wenn man sich eine Welt ohne Missbrauch in der Beziehung vorstellt, bedeutet das, sich für noch weitergehende Möglichkeiten zu öffnen, für das Potenzial der Menschen, in Harmonie miteinander und mit ihrer natürlichen Umwelt zu leben.

Wut und Konflikte sind *nicht* das Problem, sie sind normale Aspekte des Lebens. Missbrauch entsteht nicht durch die Unfähigkeit von Menschen, Konflikte zu lösen, sondern durch die Entscheidung einer Person, einen höheren Status zu beanspruchen als eine andere. Während es beispielsweise nützlich ist, Grundschülern gewaltfreie Konfliktlösungs-Kompetenzen zu vermitteln – heutzutage sehr verbreitet –, so tragen solche Bemühungen doch von sich aus wenig zur Beendigung von Missbrauch bei. Das Bewusstsein für Gleichheit und einen tiefen Respekt für alle Menschen zu lehren, sind kompliziertere Dinge, aber sie sind es, die zählen.

Manche Menschen mögen mich für unrealistisch halten, weil ich an eine Welt glaube, die frei von Missbrauch ist. Aber Attribute wie *unrealistisch*, *naiv* und *unmöglich* werden von Menschen verwendet, die sich überlegen fühlen und sie herabsetzend benutzen, um andere Menschen dazu zu bringen, nicht mehr selbst zu denken. Missbrauch *betrifft* uns alle. Wenn Sie es selbst nicht mit einem misshandelnden Partner zu tun hatten und auch wenn keine Frau, die Ihnen nahesteht, jemals Misshandlungen erlitten hat, wird Ihre Lebensqualität immer noch durch die Existenz von Missbrauch und die Kultur, die ihn anheizt, eingeschränkt und Ihr Horizont begrenzt. Die Stimme des Missbrauchs nimmt so viele verschiedene

Formen an. Sie klingt jedes Mal durch, wenn die Träume eines Kindes von einem Erwachsenen zunichte gemacht werden, weil er glaubt, er wisse alles besser. Sie klingt in den Ohren von jedem, der jemals wegen seines Weinens verspottet wurde. Sie hallt durch den Geist jedes Menschen wider, der es gewagt hat, seine eigene Misshandlung oder die Misshandlung eines anderen zu benennen und dann mit Worten verspottet wurde wie *Waschlappen, Muttersöhnchen, hysterisch* oder was auch immer.

Wenn Sie sich für den Glauben entscheiden, dass Ihr Leben oder die ganze Welt frei von Misshandlungen sein könnte, werden Sie von ähnlichen Stimmen verhöhnt werden, die sich teilweise bereits in Ihrem Kopf befinden. Manche Menschen fühlen sich durch die Vorstellung bedroht, dass Missbrauch ein lösbares Problem ist, denn wenn dies zutrifft, gibt es keine Entschuldigung dafür, es nicht zu lösen. Missbrauchstäter und ihre Verbündeten zögern, sich dem von ihnen angerichteten Schaden zu stellen, Wiedergutmachung zu leisten und künftig anders zu leben, und entscheiden sich stattdessen dafür, diejenigen zu beleidigen, die sich mit dem Missbrauchsproblem befassen. Aber der Spott und die Entwertung werden Sie nicht aufhalten, und auch all die anderen nicht, denn die Welt hat sich schon zu weit entwickelt, um jetzt wieder zurückzuweichen. Es gibt Millionen von Menschen, die sich weltweit gegen Missbrauch und Gewalt in der Partnerschaft wehren und nicht bereit sind, sich zurückzuziehen, genau wie die Frau, die einen Geschmack vom Leben ohne Missbrauch bekommen hat und dann nicht mehr unter einem kontrollierenden Mann leben kann – weil der Geschmack von Freiheit und Gleichheit zu süß ist.

Wichtige Punkte, die Sie sich merken sollten

- Wenn wir die Wahrheit hinter den Ausreden, Verzerrungen und Manipulationen des Missbrauchstäters aufgedeckt haben, fällt es ihm viel schwerer, mit Missbrauch davonzukommen.
- Wenn Kampagnen wie „Don't drink and drive" das Bewusstsein der Gesellschaft für alkoholbedingte Verkehrstote erhöhen können, können wir auch die Einstellung der Gesellschaft gegenüber Gewalt und Missbrauch in der Partnerschaft ändern.
- Jeder hat eine Rolle bei der Beendigung des Missbrauchs zu spielen.
- Wenn Sie versuchen, einer misshandelten Frau zu helfen, holen Sie sich *selbst* auch Hilfe und Unterstützung (siehe „Ressourcen").
- Alle Formen chronischer Misshandlung in der Welt sind miteinander verwoben. Wenn wir eine davon analysieren, werden auch alle anderen erkennbar.

Ressourcen

Nachstehend finden Sie eine umfangreiche Sammlung von Büchern, Videos, Websites und Organisationen. Diese Ressourcen bieten Unterstützung, Anleitung und Inspiration für misshandelte Frauen, für Angehörige, die ihnen helfen wollen, und für Mitglieder der Gemeinschaft, die daran interessiert sind, das komplexe Problem von Missbrauch und Gewalt in unserer Gesellschaft anzugehen. Viele der unten aufgeführten Ressourcen beziehen sich in ihren Titeln oder Beschreibungen auf physische Gewalt, nichtsdestotrotz sind sie *alle* relevant für Frauen, die verbale, wirtschaftliche oder sexuelle Nötigung durch einen Partner erfahren haben, unabhängig davon, ob es sich um tatsächliche Übergriffe oder Drohungen handelt. Wenn Sie keinen Internetzugang haben und daran interessiert sind, einige der hier aufgeführten Internet-Ressourcen zu nutzen, versuchen Sie es in Ihrer öffentlichen Bibliothek – viele Bibliotheken bieten kostenlosen Zugang zu Computern mit Internetanschluss.

Für alle Frauen

- ***Das Hilfetelefon: 08000 116 016.***

365 Tage im Jahr, rund um die Uhr kostenfrei erreichbar: Das Hilfetelefon „Gewalt gegen Frauen – Unterstützung von Frauen in Not" bietet Betroffenen erstmals die Möglichkeit, sich zu jeder Zeit anonym, kompetent, sicher und barrierefrei beraten zu lassen. Qualifizierte Beraterinnen stehen den Hilfesuchenden vertraulich zur Seite und vermitteln sie bei Bedarf an Unterstützungsangebote vor Ort, etwa an eine Frauenberatungsstelle oder ein Frauenhaus in der Nähe. Barrierefreiheit und Mehrsprachigkeit (Beratung in 17 Sprachen sowie in Gebärdensprache) sichern den Zugang für Frauen mit Behinderung und geringen Deutschkenntnissen. Auch Angehörigen, Freundinnen und Freunden sowie Fachkräften steht das Hilfetelefon für Fragen und Informationen zur Verfügung.

- ***Hotline Sexualisierte Gewalt: 08000 116 016.***

Sexualisierte Gewalt ist ein massiver Eingriff in die Intimsphäre einer anderen Person gegen ihren Willen. Sie wird oft als Mittel zur Demütigung und Machtdemonstration angewandt. Bundesweit kommt es jährlich zu etwa 12.000 bis 13.000 Anzeigen wegen Vergewaltigung oder sexueller Nötigung – und hinzu kommt ein nicht unerhebliches Dunkelfeld. Unter sexualisierter Gewalt wird jegliche Form von Gewalt verstanden, die sich in sexuellen Übergriffen ausdrückt. Der Begriff „sexualisierte" Gewalt macht deutlich, dass die sexuellen Handlungen als Mittel zum Zweck, also zur Ausübung von Macht und Gewalt, vorgenommen werden. Sexualisierte Gewalt findet deshalb oft in Abhängigkeitsverhältnissen statt. Mädchen und Frauen mit Beeinträchtigung oder Behinderung gehören deshalb zu den besonders gefährdeten Personengruppen.

Jede Frau und jedes Mädchen, gleichgültig wie alt oder attraktiv sie ist, welcher Nationalität oder Religion sie angehört, kann sexualisierte Gewalt erleiden.

Zwei Drittel aller Vergewaltigungen finden, entgegen der öffentlichen Wahrnehmung, zu Hause, im Freundeskreis oder am Arbeitsplatz statt. Nur wenige Täter üben sexualisierte Gewalt aufgrund einer psychischen Erkrankung aus. Die meisten planen ihre Handlungen gezielt und sind sich dessen bewusst, was sie tun.

- ***Inititative „Stärker als Gewalt": www.staerker-als-gewalt.de***

Im Rahmen des Aktionsprogramms „Gemeinsam gegen Gewalt an Frauen" hat das Bundesfrauenministerium 2019 die bundesweite Initiative „Stärker als Gewalt" gestartet. Die Initiative informiert über einzelne Formen von Gewalt und zeigt Wege zur Hilfe auf, wie jede und jeder Gewalt beenden kann. Die Ziele der Kampagne sind: ein gesellschaftliches Klima zu schaffen, das Gewalt an Frauen und Männern verurteilt, Menschen zu motivieren, sich gegen Gewalt einzusetzen, Betroffenen zu helfen sowie bestehende Hilfsangebote für Betroffene und ihr Umfeld bekannter zu machen.

- ***www.frauen-gegen-gewalt.de: Stark für Frauen und gegen Gewalt.***

Der bff ist der Bundesverband der Frauenberatungsstellen und Frauennotrufe in Deutschland. Im bff sind rund 200 Frauennotrufe und Frauenberatungsstellen zusammengeschlossen. Sie leisten in Deutschland den hauptsächlichen Anteil der ambulanten Beratung und Hilfestellung für weibliche Opfer von Gewalt. Durch Öffentlichkeitsarbeit und Aktionen ächten wir Gewalt gegen Frauen und Mädchen und nehmen als Dachverband maßgeblich Einfluss auf politische Entscheidungen.

- ***www.frauenhauskoordinierung.de: Aktiv für einen besseren Schutz von gewaltbetroffenen Frauen***

Täglich erleben Frauen körperliche, sexualisierte und psychische Gewalt — ganz gleich wie alt sie sind, welcher Schicht sie angehören oder woher sie kommen. Die Gewalt findet in der Partnerschaft statt, im Berufsleben oder in der Öffentlichkeit. Frauenhäuser und Fachberatungsstellen bieten diesen Frauen Schutz vor weiterer Gewalt. Sie helfen ihnen, die Folgen von Gewalt und Missbrauch zu überwinden und ein gewaltfreies Leben aufzubauen. Der Verein Frauenhauskoordinierung (FHK) unterstützt deutschlandweit Frauenhäuser und Fachberatungsstellen in fachlicher Hinsicht und bei ihrer politischen Arbeit. FHK vernetzt zahlreiche bundesweit agierende Wohlfahrtsverbände und ihre Einrichtungen.

Mit zusammen rund 260 Frauenhäusern und 230 Fachberatungsstellen fördern und sichern die Mitglieder das Hilfe- und Unterstützungssystem für Frauen, die von Gewalt betroffen sind, sowie für ihre Kinder. Die Arbeit von FHK wird vom Bundesministerium für Familie, Senioren, Frauen und Jugend gefördert.

- ***www.weisser-ring.de:***

Der Weiße Ring hilft Ihnen, wenn Sie Opfer von Kriminalität und Gewalt geworden sind: über das Opfer-Telefon 116 006, die Onlineberatung oder bundesweit persönlich vor Ort.

- ***Suchen Sie im Internet nach „häuslicher Gewalt"– es gibt viele Einträge zu Organisationen, Publikationen und Websites. Auch die Website www.lundybancroft.com bietet viele wertvolle Informationen für misshandelte Frauen und ihre Kinder.***

- **Ich kann ihm nichts mehr recht machen. Entscheidungshilfen für Frauen in unglücklichen Beziehungen** *von Ann Jones und Susan Schechter (Rowohlt Tb. 1995).*

Ein wegweisendes Buch für Frauen, die eine Orientierungshilfe suchen, wie sie mit einem kontrollierenden Partner umgehen und zu Freiheit und Genesung gelangen können. Es ist ein praktischer, realistischer und präziser Ratgeber, der im Detail ein breites Spektrum von Themen behandelt, mit denen Frauen konfrontiert sind.

- **Neu anfangen nach einer Misshandlungsbeziehung** *von Meg Kennedy Dugan und Roger Hock (Hogrefe Verlag 2020).*

Trotz des Titels ist dieses Buch gleichermaßen wertvoll für Frauen, die es noch mit einem wütenden oder kontrollierenden Partner zu tun haben, und für diejenigen, die ihn bereits verlassen haben. Dies ist ein wunderbares, warmherziges, mitfühlendes Buch von AutorInnen, die sowohl emotionalen als auch physischen Missbrauch zutiefst verstehen.

- **Worte, die wie Schläge sind: Verbale Mißhandlung in Beziehungen** *von Patricia Evans (Rowohlt Tb. 1995).*

Evans' Buch führt den Leser durch die Einzelheiten verbal missbräuchlicher Taktiken in Beziehungen und erklärt, wie man deren Auswirkungen verstehen kann. Die Autorin bietet einen hervorragenden Einblick und praktische Ratschläge. (Das Buch enthält einige der häufigsten Missverständnisse über die Psyche von Missbrauchstätern, aber das ist ein sehr geringer Nachteil im Vergleich zu seinen vielen Stärken.)

- **Mein (Ex-)Partner ist ein Psychopath: Wege aus der Opferfalle** *von Bärbel Mechler (Mankau Verlag 2017).*

Sie erkennen Ihren Partner nicht wieder und erfahren Kontrolle und Gewalt anstelle von Zuneigung und Liebe? Ihr Leben ist von emotionalem Missbrauch und Angst gezeichnet, doch Ihr Partner scheint über alle Zweifel erhaben? Sie befürchten, dass eine Trennung neue hoch konflikthafte Räume öffnet? Sie müssen sich wappnen für kräftezehrende Auseinandersetzungen mit Gerichten, Gutachtern und Jugendamt?

Bärbel Mechler berät und begleitet seit über dreizehn Jahren sehr erfolgreich Opfer psychopathischer Angriffe in Beziehungen. In ihrem Ratgeber erhalten Sie kompetente Hilfe, um sich den Verstrickungen von vermeintlicher Liebe, Abhängigkeit, Demütigung, Kontrolle und psychischer Gewalt zu stellen und Veränderungen herbeizuführen. Dazu vermittelt die Autorin guten Rat für den schwierigen Umgang sowohl mit dem aggressiven (Ex-)Partner als auch den öffentlichen Institutionen sowie bewährte Vorkehrungen zum bestmöglichen Schutz aller Beteiligten.

- **Die Masken der Niedertracht: Seelische Gewalt im Alltag und wie man sich dagegen wehren kann** *von Marie-France Hirigoyen (dtv 2002).*

Es ist schwer, sich gegen eine Gewalt zu wehren, die weder greifbar noch beweisbar ist und die doch verletzt. Seelische Gewalt erniedrigt, nimmt die Selbstachtung, macht hilflos. Den Tätern dient sie dazu, ihr eigenes Ego zu erhöhen und ihre Gier nach Anerkennung und Bewunderung zu befriedigen. An zahlreichen Beispielen zeigt Marie-France Hirigoyen, wie verbreitet seelische Gewalt in Beziehungen, in der Familie und am Arbeitsplatz ist, ja wie unsere gesamte Gesellschaft von dieser pervertierten Form des Umgangs durchdrungen ist. Indem sie das Thema bewusst macht, ermutigt sie die Opfer, ihrer Wahrnehmung zu trauen und sich zur Wehr zu setzen.

- **Warum tust du mir das an? Gewalt in Partnerschaften** *von Marie-France Hirigoyen (C. H. Beck 2006).*

Gewalt in Partnerschaften ist ein tabuisiertes Thema. In diesem Buch sprechen die Opfer – vorwiegend Frauen – über ihre Erfahrungen, begleitet von der Psychotherapeutin Marie-France Hierigoyen, die den Betroffenen Hilfestellung gibt: Wie kann man sich eingestehen, was einem widerfährt, wie kann man aus dieser schwierigen Situation einen Ausweg finden und Hilfe von außen erhalten? Wie erkennt man in Partnerschaften die Gefahren, zum Opfer gemacht zu werden, wie kann man sich vor der Spirale der Erniedrigungen schützen? Marie-France Hirigoyen beleuchtet ein Thema, das gern verschwiegen wird: die Gewalt in Partnerschaften. Wie kann es überhaupt zu Gewalt und Erniedrigung in Partnerschaften kommen? Welche emotionalen Voraussetzungen bringen Männer und Frauen mit, um Opfer oder Täter zu werden? Wie beschreiben Frauen – und seltener Männer – ihre Lage, ihre Gefühle, und warum ist es so schwer, sich aus Partnerschaften zu lösen, die Respekt und Anerkennung vermissen lassen? Dieses Buch bietet Betroffenen Hilfestellung, sich mit ihrer Lage auseinanderzusetzen, wenn nötig von außen Unterstützung zu holen und die Folgen zu bewältigen. Die zahlreichen Fallbeispiele zeigen deutlich, wie schleichend sich Gewaltverhältnisse anbahnen, wie harmlos und spaßig Gemeinheiten verkleidet werden können. Und dass die seelischen Verletzungen oft noch schlimmer sind als die Folgen der körperlichen Misshandlung.

- **Liebe als Leid. Warum Männer ihre Frauen hassen und Frauen gerade diese Männer lieben** *von Susan Forward (dtv 2002).*

Susan Forward, spezialisiert auf missbräuchliche Interaktionen zwischen Mann und Frau, erklärt, warum sich Frauen zu Männern hingezogen fühlen, die Frauenhasser sind. Einer der Gründe dafür ist die mangelnde Selbstachtung der Frauen. Oft wurden sie in ihrer Kindheit schon nicht von den Eltern geachtet, beachtet und gewürdigt und fühlen sich daher als Frau minderwertig.

- **Into the Light: A Guide for Battered Women (Kidsrights 1994)** *sowie* **Into the Light: A Guide for Abused Women (2002)** *von Leslie Cantrell.*

Diese Broschüren sind kurz und einfach geschrieben, mit genauen Informationen und guten Ratschlägen. Sie sind eine großartige Informationsquelle für Frauen, die nicht die Zeit oder Energie für die oben aufgeführten umfangreicheren Bücher haben oder die schnelle Inspiration zur Hand haben möchten. Nur auf Englisch erhältlich.

- **Not to People Like Us: Hidden Abuse in Upscale Marriages** *von Susan Weitzman (Basic Books 2008).*

Ein wertvoller Bericht über den Missbrauch unter Wohlhabenden mit wichtigen Ratschlägen für misshandelte Frauen. Weitzmans Beschreibungen von misshandelnden Männern sind zutreffend und hilfreich (auch wenn sich einige Mythen eingeschlichen haben). Ich kann dieses Buch sehr empfehlen. Nur auf Englisch erhältlich.

Für Teenager und ihre Eltern

- *Hilfetelefon Sexueller Missbrauch: 0800 - 22 55 530 (www.nina-info.de)*

Hilfe und Beratung kostenfrei und anonym. Ein Team aus psychologisch und pädagogisch ausgebildeten Fachkräften berät Menschen, die in ihrer Kindheit oder Jugend sexuellen Missbrauch erlebt haben oder aktuell davon betroffen sind, deren Kind, Partnerin, Partner oder jemand aus ihrem Umfeld Opfer sexueller Gewalt wurde oder die während ihrer Arbeit, in der Nachbarschaft, in einer Kindertagesstätte, Schule, Kirchengemeinde, im Sportverein oder mittels digitaler Medien, z. B. im Internet, mit dem Thema Kindesmissbrauch konfrontiert werden und Fragen dazu haben.

- *Online-Beratung für Jugendliche: www.Save-me-online.de (E-Mail: beratung@save-me-online.de)*

Wenn der Spaß aufhört, rede mit uns! Miese Anmache, Mobbing in der Schule, Cybermobbing, Probleme mit Sexting, sexueller Missbrauch, Zusendung von Pornos oder andere sexuelle Übergriffe … Viele Jugendliche erleben das in ihrem privaten Umfeld oder im Netz. Bei save-me-online.de kannst du dich über diese Formen von Gewalt informieren und beraten lassen. Wir bieten professionelle und kostenlose Unterstützung, bei der du auch anonym bleiben kannst. Wenn dir eine telefonische Beratung lieber ist, kannst du dich auch gerne an das Hilfetelefon Sexueller Missbrauch (0800 - 22 55 530) wenden.

- **Gewalt in Teenagerbeziehungen: Erlebnisperspektiven von Jugendlichen** *von Iris Stahlke (Verlag Barbara Budrich 2018).*

In dieser empirischen Studie wird aufgezeigt, wie Teenager in ihren ersten Liebesbeziehungen den Beziehungsraum gestalten und wie es innerhalb dieser sozialen Interaktion zu Gewaltwiderfahrnissen kommen kann. Die Entstehung und Dynamik solcher Beziehungen werden aus der Perspektive der Teenager beschrieben und daraus resultierend Präventionsmaßnahmen, wie z. B. die Entwicklung und Durchführung von Unterrichtseinheiten für Schülerinnen und Schüler der Klassen 7 bis

10, dargestellt. Im Rahmen einer sozialpsychologischen qualitativen Analyse von Expertinnen- und Experteninterviews aus verschiedenen Bereichen der Jugendhilfe und der Polizei sowie der Schulsozialarbeit werden Eckpunkte einer nachhaltigen Präventionsarbeit formuliert.

- **What Parents Need to Know About Dating Violence** *von Barrie Levy und Patricia Occhiuzzo Giggans (Seal Press 1995).*

Ein unverzichtbares Buch für Eltern, die besorgt sind, dass ihre Töchter oder Söhne in missbräuchliche (Liebes-)Beziehungen verwickelt sein könnten. Die Autorinnen haben das breite Spektrum der Ängste und Herausforderungen, mit denen Eltern konfrontiert sind, treffend erfasst und schreiben darüber in mitfühlender, verständnisvoller und sehr praxisnaher Art und Weise. Nur auf Englisch erhältlich.

- **In Love and in Danger – A Teen's Guide to Breaking Free of Abusive Relationships** *von Barrie Levy (Seal Press 2006).*

Ein Leitfaden für Teenager, wie sie auf einen misshandelnden oder kontrollierenden Partner reagieren können. Die Autorin trifft genau den richtigen Ton und die richtige Sprache, um Jugendliche zu erreichen – ein ausgezeichnetes Buch. Nur auf Englisch erhältlich.

Für Lesben

- **Macht und Ohnmacht: Gewalt in lesbischen Beziehungen** *von Costance Ohms und Karin Müller (Querverlag 2004).*

Gewalt in lesbischen Beziehungen ist in vielen europäischen Ländern stark tabuisiert. Ihr Vorhandensein hinterfragt gängige Erklärungsmuster für die Ursachen häuslicher Gewalt und zwingt zur verstärkten Auseinandersetzung mit Frauen als Täterinnen. Im vorliegenden Buch werden Dynamiken von Gewalt in lesbischen Beziehungen im Kontext einer heterozentristischen Gesellschaft dargestellt; des Weiteren findet eine Auseinandersetzung mit lesbischen Frauen als Täterinnen statt. Neben einer notwendigen soziologischen Analyse der Gewalt in lesbischen Beziehungen stellt sich die Frage nach psycho-sozialen Versorgungsstrukturen und rechtlichen Möglichkeiten. Es gibt kaum angemessene Beratungsangebote für lesbische Frauen, die Gewalt erlebt haben, oder solche, die Gewalt ausüben. In dem Buch werden Standards für die Beratungsarbeit gesetzt sowie Möglichkeiten guten polizeilichen Handelns aufgezeigt. (...) Das Buch zeigt nicht nur Defizite auf, sondern weist den Weg zu einem adäquaten Umgang mit dem Phänomen der Gewalt in lesbischen Beziehungen.

- **Mehr als das Herz gebrochen. Gewalt in lesbischen Beziehungen** *von Costance Ohms (Orlanda 1993).*

Warum wird Gewalt in lesbischen Beziehungen ausgeübt? Constance Ohms untersucht verschiedene Formen von Gewalt und lässt misshandelte Lesben zu Wort kommen. Ein Beitrag zum Thema Selbstverteidigung ermutigt, die ersten Schritte aus einer Misshandlungsbeziehung zu wagen.

- **Naming the Violence: Speaking Out About Lesbian Battering** *von Kerry Lobel (Seal Press 1993).*

Hier werden die persönlichen Geschichten vieler misshandelter Lesben erzählt, um Ihnen zu helfen, das Problem zu erkennen und zu erfahren, dass Sie nicht allein sind. Nur auf Englisch erhältlich.

- **Woman-to-Woman Sexual Violence: Does She Call It Rape?** *von Lori B. Girshick (Northeastern University Press 2002).*

Dieses Buch enthält Geschichten von Überlebenden sexueller Übergriffe durch gleichgeschlechtliche Partner, berichtet über eine wichtige Studie und hilft, einen selten untersuchten Aspekt des Missbrauchs von Sexualpartnern ans Licht zu bringen. Nur auf Englisch erhältlich.

- **Lesbians Talk: Violent Relationships** *von Joelle Taylor und Tracy Chandler (Scarlet Press 1995).*

Dies ist ein kurzes Buch, das aus den Berichten betroffener Frauen selbst schöpft, um das Problem des Missbrauchs in lesbischen Beziehungen zu beschreiben und Lösungen aufzuzeigen. Nur auf Englisch erhältlich.

- **Same-Sex Domestic Violence: Strategies for Change** *von Beth Leventhal und Sandra Lundy (Sage Publications 1999).*

Dieses gut geschriebene und aufschlussreiche Buch bietet eine Anleitung für Mitglieder der Community, die sich mit den Bedürfnissen misshandelter Lesben und Schwuler befassen wollen. Es erläutert die Struktur möglicher Dienstleistungen und die Überwindung institutioneller Barrieren. Nur auf Englisch erhältlich.

Für Migrantinnen und weibliche Flüchtlinge

- ***Hilfetelefon „Gewalt gegen Frauen": 08000 116 016 (www.hilfetelefon.de)***

Migrantinnen sind häufiger von Gewalt betroffen. Laut der 2004 veröffentlichten Studie „Lebenssituation, Sicherheit und Gesundheit von Frauen in Deutschland" sind 40 Prozent der befragten Frauen seit ihrem 16. Lebensjahr mindestens einmal Opfer körperlicher oder sexueller Gewalt geworden. Eine Zusatzbefragung gibt Hinweise darauf, dass die Quote von Gewalterfahrungen bei Migrantinnen noch höher und die erlittene Gewalt auch öfter mit Verletzungen verbunden ist als bei deutschen Frauen. Besonders häufig erleben Flüchtlingsfrauen Gewalt.

Die bestehenden Hilfe- und Unterstützungsmöglichkeiten sind nach Erkenntnissen aus den genannten Studien gewaltbetroffenen Migrantinnen nur unzureichend bekannt. Fehlende Sprachkenntnisse führen dazu, dass die Angebote zudem von den betroffenen Migrantinnen nicht ausreichend genutzt werden.

Deshalb ist gerade für Migrantinnen der Ausbau niedrigschwelliger, zugehender und anonymer Hilfsangebote wichtig. In diesem Bereich ist es auch erforderlich, gezielt mehrsprachige Öffentlichkeitsarbeit zu leisten.

Diese besondere Situation und die Bedürfnisse von Migrantinnen sind beim bundesweiten Hilfetelefon „Gewalt gegen Frauen" berücksichtigt. Unter der kostenlosen Telefonnummer 08000 - 116 016 finden Betroffene Unterstützung und Hilfe bei allen Formen von Gewalt gegen Frauen. Neben den betroffenen Frauen können sich auch Angehörige, Freunde und Menschen aus dem sozialen Umfeld sowie Fachkräfte an das Hilfetelefon wenden. Das barrierefreie, anonyme und mehrsprachige Angebot steht rund um die Uhr zur Verfügung. Auch die Öffentlichkeitsarbeit für das Hilfetelefon ist mehrsprachig ausgestaltet. Mit diesem Hilfsangebot ist für Migrantinnen der Zugang zu Beratung und Unterstützung wesentlich verbessert worden.

Grundsätzlich sieht sich ein großer Teil der Frauenunterstützungseinrichtungen für die Unterstützung von Migrantinnen als gut geeignet an, auch wenn die Überwindung sprachlicher und anderer Barrieren besondere Anforderungen an die Einrichtungen stellen. Vor allem das stationäre Schutzangebot in Frauenhäusern wird von Migrantinnen stark genutzt; für sie scheinen sich seltener andere Möglichkeiten zu bieten als für deutsche Frauen.

Eine Untersuchung von Interventionsprojekten gegen häusliche Gewalt in Deutschland zeigt, dass Migrantinnen durch Frauenhäuser und durch zugehende Beratungsangebote von Interventionsstellen besser als durch andere Hilfsangebote erreicht werden. Die neuen Beratungsformen der zugehenden Beratung haben sich sehr für Migrantinnen, insbesondere diejenigen mit geringen Deutschkenntnissen, bewährt. Die Mitarbeiterinnen der Interventionsstellen werden von der Polizei bei Fällen häuslicher Gewalt informiert. Sie nehmen Kontakt mit den Betroffenen auf, beraten und begleiten sie im weiteren Verfahren. Ärztinnen und Ärzte sowie Polizei sind oft die ersten Anlaufstellen, die Kenntnis von häuslicher Gewalt bekommen. (Quelle: www.bmfsfj.de)

- ***Schutz vor Gewalt für geflüchtete Frauen und Mädchen. Antworten auf die wichtigsten Fragen. Informationen in einfacher Sprache (2018).***

Die Broschüre wurde herausgegeben von Frauen gegen Gewalt e. V. und Frauenhauskoordinierung e. V. und ist abrufbar oder kostenlos bestellbar unter: https://www.frauen-gegen-gewalt.de/de/broschueren-und-buecher.html.

Kinder von misshandelten Frauen

- **Vergiftete Kindheit: Elterliche Macht und ihre Folgen** *von Susan Forward (Goldmann Verlag 1993).*

„Du sollst Vater und Mutter ehren" verlangt die Bibel – egal, ob die Eltern dich beschimpft und geschlagen, verhöhnt und gequält haben? Millionen von Menschen erleben ihre Kindheit als Albtraum. Aber weil sie wehrlose, abhängige Opfer waren, können sie die Schuldigen nicht benennen, richten negative Gefühle ohnmächtig gegen sich selbst. Im Erwachsenenalter wirkt die vergiftete Kindheit immer noch nach – mangelndes Selbstwertgefühl und latente Aggressionen sind die Folgen.

Susan Forward will helfen, diesen Teufelskreis zu durchbrechen. Anhand zahlreicher Beispiele aus ihrer Praxis erklärt sie im vorliegenden Buch zunächst detailliert und einfühlsam die subtilen Mechanismen, die zwischen Eltern und misshandelten Kindern wirken. Anschließend erläutert sie Schritt für Schritt, wie Erwachsene endlich den düsteren Schatten ihrer Vergangenheit entkommen können.

- **Kinder legen Zeugnis ab: Gewalt gegen Frauen als Trauma für Kinder** *von Philomena Strasser (Studien Verlag 2001).*

Die Autorin Philomena Strasser nähert sich dem Thema „Gewalt gegen Frauen" aus einer neuen, bisher weitgehend ignorierten Perspektive: Im Mittelpunkt ihrer Überlegungen steht das Leiden der Kinder unter einer gewalttätigen Dynamik innerhalb der Familie, ihre seelischen und auch körperlichen Traumatisierungen durch Gewalt gegen ihre Mütter. Auf der Grundlage von tiefenpsychologischen Interviews mit Kindern, Jugendlichen und ihren Müttern aus österreichischen Frauenhäusern analysiert sie, wie Kinder väterliche Gewalt gegen ihre Mütter miterleben und verarbeiten, wie sie ihre hilflose Rolle in gewalttätigen Konflikten erfahren und welche traumatischen Auswirkungen sie erleiden. Mit Blick auf die historischen und gesellschaftlichen Hintergründe patriarchaler Familiengewalt und bürgerlicher Familienideologie plädiert die Autorin dafür, familiäre Gewalt gegen Frauen und Kinder gesellschaftlich ernster zu nehmen, und insbesondere die problematische Rolle hilfloser Kinder und Jugendlicher zu beachten.

- **Childhood Experiences of Domestic Violence** *von Caroline McGee (Jessica Kingsley 2000).*

Obwohl dies ein Fachbuch ist, ist es sehr gut zu lesen und mitfühlend geschrieben. McGee versteht die Herausforderungen, denen eine misshandelte Mutter gegenübersteht. Dies ist der beste Einstieg in das Thema der Erfahrungen von Kindern, die einem misshandelnden Mann ausgesetzt sind, den ich bisher gefunden habe, mit ausführlichen Ratschlägen, wie man den Kindern wirksam zu Sicherheit und Genesung verhelfen kann. Nur auf Englisch erhältlich.

- **The Batterer as Parent: Addressing the Impact of Domestic Violence on Family Dynamics** *von Lundy Bancroft und Jay Silverman (Sage Publications 2002).*

Obwohl sich dieses Fachbuch auf körperlich misshandelnde Männer konzentriert, gilt der größte Teil dessen, was wir behandeln, auch für verbal misshandelnde und kontrollierende Männer. Wir erklären, wie ein misshandelnder Mann die Beziehungen zwischen einer Mutter und ihren Kindern und zwischen Geschwistern beeinflussen kann und wie Missbrauchstäter versuchen, ihre Kontrolle nach der Trennung über die Kinder fortzusetzen. Misshandelte Mütter, einschließlich derer, die es mit dem Familiengericht zu tun haben, berichten, dass sie unser Buch sowohl bestätigend als auch hilfreich finden. Nur auf Englisch erhältlich.

- **Children Who See Too Much: Lessons from the Child Witness to Violence Project** *von Betsy McAlister Groves (Beacon Press 2003).*

Dieses Buch richtet sich an Eltern und Experten, die Kinder unterstützen, die schwerer körperlicher Gewalt, einschließlich häuslicher Gewalt, ausgesetzt waren, um ihnen zu helfen, die emotionalen Reaktionen der Kinder sowie die Anforderungen für deren Genesung zu verstehen. Es ist kurz, aber sehr klar und hilfreich. Nur auf Englisch erhältlich.

Sorgerecht, Scheidung und Kindesunterhalt

- ***Bundesministerium für Familien, Senioren, Frauen und Jugend: Broschüre „Mehr Schutz bei häuslicher Gewalt" mit umfangreichen Informationen zu Gewaltschutz, Trennung, Sorge- und Umgangsrecht.***

Kostenlos bestellbar oder abrufbar unter: https://www.bmjv.de/SharedDocs/Publikationen/DE/Schutz_haeusliche_Gewalt.html.

- ***Sorge- und Umgangsrecht bei häuslicher Gewalt – aktuelle rechtliche Entwicklungen, wissenschaftliche Erkenntnisse und Empfehlungen. Gutachten für die Bund-Länder-AG Häusliche Gewalt von Dr. Birgit Schweikert und Dr. Gesa Schirrmacher (2001).***

Abrufbar unter: https://www.bmfsfj.de/resource/blob/94636/2b01702ede-6fae116bd2d04fe5edd4aa/prm-21075-materialie-gleichstellungspoli-data.pdf.

- ***Betrifft: Häusliche Gewalt. Kinder misshandelter Mütter – Handlungsorientierungen für die Praxis herausgegeben vom Landespräventionsrat Niedersachsen (2005).***

Abrufbar unter: https://lpr.niedersachsen.de/nano.cms/publikationen.

- **Women and Children Last: Custody Disputes and the Family „Justice" System** ***von Georgina Taylor, Jan Barnsley und Penny Goldsmith (Vancouver Custody and Access Support and Advocacy Association 1996).***

Dieses ausgezeichnete Buch bereitet misshandelte Mütter auf die schwierigen emotionalen und rechtlichen Herausforderungen vor, die ein Familiengerichtsverfahren mit sich bringt, damit sie gestärkt ist, ihre Kinder zu schützen und das Sorgerecht zu behalten. Auch Fürsprecher und engagierte Mitglieder der Bevölkerung können von den Erläuterungen über die Funktionsweise des Familiengerichts profitieren und erfahren, warum misshandelte Frauen das gerichtliche Umfeld oft so feindselig erleben. Nur auf Englisch erhältlich.

- ***The Battered Mothers Testimony Project: A Human Rights Report on Child Custody and Domestic Violence.***

Bei diesem Projekt von Menschenrechtsaktivisten wurden vierzig misshandelte Frauen über ihre Erfahrungen im Zusammenhang mit Familiengerichten befragt, und es zeigte sich, dass sie in dem vom Missbrauchstäter angestrebten Sorgerechts- und Umgangsrechtsprozess oft erneut zum Opfer gemacht wurden. Auch zahlreiche

Richter, Sorgerechtsgutachter und Anwälte wurden befragt. Der Projektbericht, der diese systemischen Missbräuche als Verletzungen der international anerkannten Menschenrechte von Frauen entlarvt, ist abrufbar unter: https://www.wcwonline.org/Archived-Projects/battered-mothers-testimony-project.

- ***„Small Justice: Little Justice in America's Family Courts", ein Video von Garland Waller von der Boston University.***

Dieses einstündige Video dokumentiert drei Fälle, in denen misshandelte Frauen systematisch schlechten Behandlungen durch Familiengerichte ausgesetzt waren, als sie versuchten, ihre Kinder vor sexueller Gewalt und sexuellem Missbrauch zu schützen. Der gut gemachte und sorgfältig recherchierte Film ist eine wichtige Ressource für Menschen, die sich für Gerichtsreformen einsetzen. (Erhältlich bei Intermedia, +1-800-553-8336.)

- **Divorced from Justice: The Abuse of Women and Children by Divorce Lawyers and Judges** *von Karen Winner (Regan Books 1996).*

Auch dieses Buch ist leider vergriffen, aber Sie können es in Bibliotheken, Antiquariaten oder online finden. Die Geschichten sind schmerzhaft, und das macht das Buch nicht leicht zu lesen. Doch Winner bietet Frauen und allen, die versuchen, ihnen zu helfen, wichtige Ratschläge und gibt auch Menschen, die sich für eine Gerichtsreform interessieren, wichtige Anregungen. Nur auf Englisch erhältlich.

- **The Hostage Child: Sex Abuse Allegations in Custody Disputes** *von Leora N. Rosen und Michelle Etlin (Indiana University Press 1996).*

Dieses Buch bietet aufschlussreiche Informationen für Menschen, die sich für eine Reform der Familiengerichte einsetzen. Es dokumentiert die Hindernisse, auf die misshandelte Frauen stoßen können, wenn sie versuchen, ihre Kinder vor Missbrauch zu schützen, selbst in Fällen, in denen umfangreiche Beweise vorliegen. (Ich empfehle dieses Buch nicht für misshandelte Frauen, die aktuell in einen Sorgerechtsstreit verwickelt sind, – es ist sehr beängstigend, und die meisten Fälle gehen nicht so schlimm aus wie die hier vorgestellten.) Nur auf Englisch erhältlich.

Für Mütter von sexuell missbrauchten Kindern

- ***Hilfetelefon Sexueller Missbrauch: 0800 22 55 530***

Unter der Nummer 0800 22 55 530 ist das Hilfetelefon Sexueller Missbrauch montags, mittwochs und freitags von 9 bis 14 Uhr sowie dienstags und donnerstags von 15 bis 20 Uhr bundesweit, kostenfrei und anonym erreichbar. Das Hilfetelefon ist eine Anlaufstelle für Menschen, die Entlastung, Beratung und Unterstützung suchen, die sich um ein Kind sorgen, die einen Verdacht oder ein „komisches Gefühl" haben, die unsicher sind und Fragen zum Thema stellen möchten.

Die Frauen und Männer des Hilfetelefons sind psychologisch und pädagogisch ausgebildet und haben langjährige berufliche Erfahrung im Umgang mit sexueller Gewalt an Mädchen und Jungen. Sie hören zu, beraten, geben Informationen und zeigen - wenn gewünscht - Möglichkeiten der Hilfe und Unterstützung vor Ort auf.

Anfragen können auch postalisch oder per E-Mail an Beraterinnen und Berater des Hilfetelefons gestellt werden.

Unter www.save-me-online.de ist das Online-Beratungsangebot für Jugendliche des Hilfetelefons erreichbar. Jedes Gespräch bleibt vertraulich. Der Schutz der persönlichen Daten ist zu jedem Zeitpunkt garantiert.

- ***Medizinische Kinderschutzhotline: 0800 19 210 00***

Die Medizinische Kinderschutzhotline ist ein vom Bundesjugendministerium gefördertes, telefonisches Beratungsangebot. Es richtet sich an medizinisches Fachpersonal, das mit Verdachtsfällen von Kindesmisshandlung, Vernachlässigung oder sexuellem Kindesmissbrauch konfrontiert ist. Beispielsweise Ärztinnen und Ärzte, Zahnärztinnen und Zahnärzte, Psychotherapeutinnen und Psychotherapeuten oder Pflegekräfte. Die Hotline ist unter der kostenlosen Telefonnummer 0800 19 210 00 deutschlandweit jeden Tag rund um die Uhr erreichbar und kostenfrei. Weitere Informationen bietet die Internetseite www.kinderschutzhotline.de.

- ***www.zartbitter.de: Kontakt- und Informationsstelle gegen sexuellen Missbrauch an Mädchen und Jungen***

Zartbitter e. V. ist eine der ältesten Kontakt- und Informationsstellen gegen sexuellen Missbrauch in Deutschland, die sowohl betroffenen Mädchen als auch Jungen Unterstützung anbietet. Ebenso machte sich Zartbitter aufgrund der Pionierarbeit zu den Themenschwerpunkten sexuelle Übergriffe unter Kindern, sexueller Missbrauch in Institutionen, in den neuen Medien, im Rahmen von Pornoproduktionen, im Sport sowie Frauen als Täterinnen einen Namen. Die überregionale Bedeutung der Fachstelle begründet sich nicht zuletzt in den von Zartbitter entwickelten Präventionskonzepten und -materialien.

- **Kindesmissbrauch – Erkennen, helfen, vorbeugen** *von Günther Deegener (Beltz 2014).*

Wie können wir unsere Kinder vor Missbrauch schützen? Diese Frage stellen sich viele Eltern angesichts der aktuellen Debatte um Kindesmissbrauch in Schulen, Internaten, Sportvereinen und in der Familie. Günther Deegener, einer der bedeutendsten Experten zum Thema, gibt Erziehungstipps zur Vorbeugung von Kindesmissbrauch. Er beschreibt, welche Strategien die Täter bevorzugen, erklärt die Rolle des gesellschaftlichen Umfelds und geht auf die Frage ein, wie man am Verhalten des Kindes erkennen kann, ob eventuell eine Missbrauchshandlung vorliegt.

- **Zart war ich, bitter war's. Handbuch gegen sexuellen Missbrauch herausgegeben** *von Ursula Enders (KiWi-Taschenbuch 2003).*

Das Standardwerk für den Umgang mit sexueller Gewalt gegen Kinder. Das Buch verbindet Praxiserfahrungen verschiedener Beratungsstellen und Institutionen, fundierte Auswertungen des Forschungsstands und konkrete Hilfen für Betroffene und alle, die mit Kindern zu tun haben. Auf dem Hintergrund aktueller Forschungsergebnisse werden – oftmals schmerzhafte – Fakten und Hintergründe vermittelt, die zeigen, welche Ursachen, welchen Umfang und welche Folgen sexueller Missbrauch hat. Auf der Basis zahlreicher Erfahrungsberichte entsteht ein differenziertes Bild des gesamten Spektrums, das eindringlich das Ausmaß der Gewalt vor Augen führt. In diesem kompetenten und verständlich geschriebenen Ratgeber werden Wege aufgezeigt, wie Kinder und Jugendliche sexuelle Gewalterfahrungen verarbeiten können und wie Eltern, Erzieher, Psychologen, Sozialarbeiter, Therapeuten und Juristen ihnen dabei helfen können. *Zart war ich, bitter war's* ist der unentbehrliche Leitfaden für alle, die mit Kindern und Jugendlichen arbeiten.

- **A Mother's Nightmare – Incest: A Practical Legal Guide for Parents and Professionals,** *von John E. B. Myers (Sage Publications 1997).*

Dieses Buch wurde von einem klugen und mitfühlenden Anwalt geschrieben und ist eine wichtige Lektüre für jede Frau, die Grund zu der Annahme hat, dass ihr Kind von seinem Vater oder Stiefvater sexuell missbraucht wird, unabhängig davon, ob das Kind dies ausdrücklich offengelegt hat oder nicht. Nur auf Englisch erhältlich.

Allgemeine Erziehungsfragen

Bei den in diesem Abschnitt aufgeführten Büchern handelt es sich um allgemeine Elternratgeber, die umfangreiche praktische Hilfestellungen bieten und zum Verständnis beitragen. Ich fand alle diese Titel großartig. Dennoch zwei Dinge vorweg. Erstens: Diese Bücher befassen sich in der Regel nicht damit, welche Auswirkungen Kinder erleben, die Kontakt mit einem Mann haben, der ihre Mutter misshandelt. Es geht auch nicht um die Rolle, die dieser Missbrauch bei Scheidungen spielt. Zweitens bieten diese Bücher keine detaillierte Anleitung für Eltern, die einen schwulen oder lesbischen Teenager haben (bis auf die Bücher von Antonio Rudolphios und Udo Rauchfleisch).

Weitere Unterstützung für Eltern können Sie in Ihrem Telefonbuch oder im Internet finden, wie z. B. Hotline-Nummern von Erziehungsberatungsstellen oder Elternbildungskurse. Außerdem können Sie eine Internetsuche mit dem Stichwort „Elternbildung“ durchführen.

- *So sag ich's meinem Kind: Wie Kinder Regeln fürs Leben lernen* von Adele Faber und Elaine Mazlish (Oberstebrink 2019).
- *Hilfe, meine Kinder streiten: Wie Sie Geschwistern helfen, einander zu respektieren* von Adele Faber und Elaine Mazlish (Oberstebrink 2018).
- *Mein Kind ist schwul/lesbisch, was nun? Verhaltenstipps für Eltern* von Antonio Rudolphios (eBook, Neobooks 2020).
- *Mein Kind liebt anders – Ein Ratgeber für Eltern homosexueller Kinder* von Udo Rauchfleisch (Patmos Verlag 2012).
- *Pubertätskrisen junger Mädchen. Wie Eltern helfen können* von Mary Pipher (Fischer TB 1999).
- *Jungen: Was sie vermissen, was sie brauchen* von William F. Pollack (Fischer TB 2009).
- *Starke Mütter – selbstbewusste Töchter: Mädchen zu erfolgreichen und glücklichen Frauen erziehen* von Nicky Marone (Fischer TB 2002).
- *Gute Väter – Selbstbewusste Töchter: Die Bedeutung des Vaters für die Erziehung* von Nicky Marone (Fischer TB 2002).

- **The Courage to Raise Good Men** *von Olga Silverstein und Beth Rashbaum (Penguin Books 1995).*

Betrachten Sie dieses Buch als *Pflichtlektüre* für jeden Elternteil eines Jungen, insbesondere wenn er einem Mann ausgesetzt war, der seine Mutter misshandelt hat. Nur auf Englisch erhältlich.

Für Frauen, die mit Strafverfolgungsbehörden zu tun haben

- ***Bundesministerium für Familien, Senioren, Frauen und Jugend: Broschüre „Arbeit mit Tätern in Fällen häuslicher Gewalt".***

Mit dem überarbeiteten Standard der Bundesarbeitsgemeinschaft Täterarbeit Häusliche Gewalt e. V. liegen für Beratungseinrichtungen und Justiz wichtige Eckpunkte für die Arbeit mit Tätern häuslicher Gewalt vor. Ein wesentliches Element erfolgreicher Arbeit mit Tätern sind Kooperationsbündnisse mit Polizei, Staatsanwaltschaft, Gerichten, Opferschutzeinrichtungen, Bewährungshilfe, Jugendämtern und Beratungsstellen. Die Einhaltung des Standards kann auch ein Maßstab für geldgebende Stellen für die Gewährung von Mitteln sein. Die in der Broschüre zusammengestellten Bausteine unterstützen die Arbeit mit gewalttätigen Männern und helfen, diese transparent und überprüfbar zu machen. Kostenlos bestellbar oder abrufbar unter: https://www.bmfsfj.de/bmfsfj/service/publikationen/arbeit-mit-taetern-in-faellen-haeuslicher-gewalt-80734.

Für Frauen in Glaubensgemeinschaften

- ***http://www.abigails.org /German_pages/Hinweise in der Bibel.htm bzw. http://www.abigails.org/German_pages/list%20of%20studies.htm***

Diese Website bietet viele Informationen zum Missbrauch christlicher Frauen sowie eine Sammlung von Textauszügen aus der Bibel. Eine hervorragende Ressource für Frauen, deren religiöses Engagement ein wichtiger Teil ihres Lebens ist.

- **Trautes Heim, Glück allein – Über häusliche Gewalt in Judentum, Christentum und Islam** *von Britta Jüngst, Rachel Herweg und Luise Becker (Artikel in: Forum Erwachsenenbildung, 2008, 3, S. 9–14).*

Abrufbar unter: https://material.rpi-virtuell.de/material/trautes-heim-glueck-allein-ueber-haeusliche-gewalt-in-judentum-christentum-und-islam/.

- **Häusliche Gewalt. Wie man helfen kann. Die kleine Seelsorgereihe Band 6** *von Edward T. Welch, Paul David Tripp und David Powlison (3L Verlag 2011).*

Paare, die in der Öffentlichkeit friedlich zusammen auf den Kirchenbänken sitzen, können trotzdem im Streit miteinander liegen. Sie greifen sich gegenseitig an, verteidigen sich, versuchen es mit manipulierenden Guerillataktiken, erklären sich zwischendurch zum Waffenstillstand bereit. Bei dieser Art Krieg finden wir auf beiden Seiten Schuld; doch wenn Gewalt im Spiel ist, unterdrückt üblicherweise der Stärkere den Schwächeren. Die Liebe Christi gibt wahre Hilfe und Hoffnung.

- **Keeping the Faith: Guidance for Christian Women Facing Abuse** *von Marie M. Fortune (Harper San Francisco 1995).*

Die Autorin schafft Klarheit, bietet Ratschläge, zeigt Beispiele auf und stellt neue Interpretationen von biblischen Texten zur Verfügung, um missbrauchten Christinnen zu helfen, der Verstrickung zu entkommen und Kraft aus ihren spirituellen Überzeugungen zu schöpfen. (Mir sind derzeit keine ähnlichen Bücher für Frauen anderen Glaubens bekannt, aber vielleicht finden Sie eines, da jeden Tag neue Bücher über Missbrauch auftauchen.) Nur auf Englisch erhältlich.

Für misshandelnde Männer

Die hier aufgeführte Broschüre bietet Informationen für Menschen an, die sich für die Einführung oder Verbesserung von Beratungs- und Therapieprogrammen für Männer interessieren, die Frauen misshandeln.

- ***Bundesarbeitsgemeinschaft Täterarbeit Häusliche Gewalt e. V. (BAG TäHG): www.bag-taterarbeit.de.***

- ***Bundesministerium für Familien, Senioren, Frauen und Jugend: Broschüre „Arbeit mit Tätern in Fällen häuslicher Gewalt".***

Mit dem überarbeiteten Standard der Bundesarbeitsgemeinschaft Täterarbeit Häusliche Gewalt e. V. liegen für Beratungseinrichtungen und Justiz wichtige Eckpunkte für die Arbeit mit Tätern häuslicher Gewalt vor. Ein wesentliches Element erfolgreicher Arbeit mit Tätern sind Kooperationsbündnisse mit Polizei, Staatsanwaltschaft, Gerichten, Opferschutzeinrichtungen, Bewährungshilfe, Jugendämtern und Beratungsstellen. Die Einhaltung des Standards kann auch ein Maßstab für geldgebende Stellen für die Gewährung von Mitteln sein. Die in der Broschüre zusammengestellten Bausteine unterstützen die Arbeit mit gewalttätigen Männern und helfen, diese transparent und überprüfbar zu machen. Kostenlos bestellbar oder abrufbar unter: https://www.bmfsfj.de/bmfsfj/service/publikationen/arbeit-mit-taetern-in-faellen-haeuslicher-gewalt-80734.

- ***Bundesarbeitsgemeinschaft Täterarbeit Häusliche Gewalt e. V. (BAG TäHG): www.bag-taterarbeit.de.***

Die Bundesarbeitsgemeinschaft Täterarbeit Häusliche Gewalt e.V. (BAG TäHG) ist der deutsche Dachverband der Einrichtungen, die in interinstitutionellen Kooperationsbündnissen gegen häusliche Gewalt und Ex-Partnerstalking mit gewaltausübenden Menschen – unabhängig vom Geschlecht – arbeiten. Die BAG TäHG informiert Menschen, die im sozialen Nahraum gewalttätig geworden sind, auf ihrer Webseite über Hilfsangebote in ihrer Nähe und hat einen Sicherheitsplan für Männer, die Gewalt in Beziehungen ausüben, entwickelt. Der Sicherheitsplan ist auf derWebseite www.bag-taeterarbeit.de in vier Sprachen verfügbar. Um eine schnelle Vermittlung in eine Mitgliedseinrichtung in Ihrer Nähe zu gewährleisten, ist die Bundesgeschäftsstelle täglich von 7:00 bis 20:00 Uhr telefonisch erreichbar (*Krisentelefon: 030 - 428 015 97*).

Für diejenigen, die misshandelten Frauen helfen

- **Wie ein Anker im Strudel der Gewalt: Ein Ratgeber für Freunde und Verwandte misshandelter Frauen** *von Susan Clark Brewster (Fischer TB 2001).*

Ein außergewöhnlich fürsorgliches, praktisches und weises Buch für Angehörige einer misshandelten Frau. Wenn Sie versuchen, einer Frau zu helfen, die sich in einer schlechten Beziehung befindet, *lesen Sie dieses Buch*. Es wird Ihnen helfen, sich besser zu fühlen, *und* macht Sie zu einer viel effektiveren Helferin. (Dennoch ein Wort vorab: Ein Abschnitt am Ende des Buches über die Meldung von Kindesmissbrauch enthält Informationen, die ich für unklug halte. Bevor Sie in einer Familie, in der Sie sich um die Mutter sorgen, den Kinderschutzbund oder das Jugendamt einschalten, rufen Sie bei einer Beratungsstelle für misshandelte Frauen in Ihrer Region an und lassen Sie sich beraten, ob und wie Sie eine Meldung wegen Kindesmisshandlung durchführen können.)

- **Safety Planning with Battered Women** *von Jill Davies, Eleanor Lyon und Diane Monti-Catania (Sage Publications 1998).*

Dies ist zwar ein Fachbuch, aber es ist sehr gut zu lesen und hilfreich für jeden, der verstehen will, worum es wirklich geht, wenn eine Frau überlegt, einen misshandelnden Partner zu verlassen. Es bietet zudem eine Orientierungshilfe, wie man einer Frau helfen kann, sicherer zu sein, *auch wenn sie ihren Partner nicht verlassen kann oder will.* Die Autorinnen sprechen über viel mehr als nur über Sicherheitsplanung – sie behandeln die ganze Bandbreite der praktischen Realitäten, mit denen misshandelte Frauen konfrontiert sind, auf eine Weise, die ich in keinem anderen Buch gefunden habe. Nur auf Englisch erhältlich.

- **Die Narben der Gewalt: Traumatische Erfahrungen verstehen und überwinden** *von Judith Herman (Junfermann 2018).*

Dr. Hermans Buch ist die Bibel zum Trauma-Thema, insbesondere für jene Arten von traumatischen Erfahrungen, bei denen die Gesellschaft dazu neigt, dem Opfer die Schuld zu geben oder die Realität seiner Erfahrung zu leugnen. Ein außergewöhnlich brillantes Werk.

Überwindung von Gewalt gegen Frauen in der Gesellschaft

- ***Bundesministerium für Familien, Senioren, Frauen und Jugend: Broschüre „Verhütung und Bekämpfung von Gewalt gegen Frauen und häuslicher Gewalt". Gesetz zu dem Übereinkommen des Europarats vom 11. Mai 2011 (Istanbul-Konvention).***

Am 1. Februar 2018 trat das Übereinkommen des Europarats zur Verhütung und Bekämpfung von Gewalt gegen Frauen und häuslicher Gewalt, die sogenannte Istanbul-Konvention, für Deutschland in Kraft. Mit Inkrafttreten des Übereinkommens verpflichtet sich Deutschland auf allen staatlichen Ebenen, alles dafür zu tun, um Gewalt gegen Frauen zu bekämpfen, Betroffenen Schutz und Unterstützung zu bieten und Gewalt zu verhindern. Die 81 Artikel der Istanbul-Konvention enthalten umfassende Verpflichtungen zur Prävention und Bekämpfung von Gewalt gegen Frauen und häuslicher Gewalt, zum Schutz der Opfer und zur Bestrafung der Täter und Täterinnen. Die Konvention zielt damit zugleich auf die Stärkung der Gleichstellung von Mann und Frau und des Rechts von Frauen auf ein gewaltfreies Leben. Online abrufbar unter: https://www.bmfsfj.de/bmfsfj/service/publikationen/verhuetung-und-bekaempfung-von-gewalt-gegen-frauen-und-haeuslicher-gewalt-122282.

- **Next Time She'll Be Dead: Battering and How to Stop It** *von Ann Jones (Beacon Press 2000).*

Dieses großartige Werk beleuchtet die kulturellen Einflüsse und institutionellen Maßnahmen, die den Missbrauch unterstützen, und macht besorgten Mitgliedern der Gemeinschaft konkrete Vorschläge, wie dem Missbrauch von Frauen ein Ende gesetzt werden kann. Nur auf Englisch erhältlich.

- **Pornographie und die Rolle der Frau: Rollenverständnis und sexuelle Gewalt** *von Barbara Mamuzi (VDM Verlag 2010).*

Das Internet hat ein nie dagewesenes Ausmaß angenommen: Die darin enthaltenen pornographischen Materialien sind für die Kinder und Jugendlichen von 11 bis 16 Jahren leicht zugänglich. Tatsache ist, dass sie solche Inhalte konsumieren und dies medienpädagogische Konsequenzen für Schule und Eltern hat. Die Thematik sollte nicht ignoriert oder tabuisiert werden. Viel eher sollte man mit den Kindern und Jugendlichen darüber sprechen und einen adäquaten Umgang mit dieser Thematik finden. Das Buch befasst sich vor allem mit der Frage, inwiefern ein degradierendes Rollenverständnis der Rolle der Frau durch die Pornographie geboten wird und inwiefern dies zu mehr sexueller Gewalt gegen die Frau führt. Dabei werden die bekanntesten Methoden und die Probleme der Wirkungsforschung dargestellt, um aufzuzeigen, wie komplex diese Thematik bis heute zu sein scheint.

- **Pornographie. Männer beherrschen Frauen** *von Andrea Dworkin (Emma Frauenverlag 1988).*

Mit einem Vorwort von Alice Schwarzer. Ein kluges und scharfsinniges Buch über sexuelle Gewalt als wichtige Komponente männlicher Identität und Werkzeug zur Durchsetzung männlicher Macht.

- **Coordinating Community Responses to Domestic Violence: Lessons from the Duluth Model**, *herausgegeben von Melanie Shepard und Ellen Pence (Sage Publications 1999).*

Ausführliche Anleitungen, wie man das führende Modell der Vereinigten Staaten für gemeinschaftliches Engagement in den Kommunen anwendet, um misshandelten Frauen zu helfen, die Täter zur Rechenschaft zu ziehen und die Werte der Gemeinschaft in Bezug auf Missbrauch in der Partnerschaft zu ändern.

- **Pornography: The Production and Consumption of Inequality**, *von Gail Dines, Robert Jensen und Ann Russo (Routledge 1998).*

Dieses sehr gut lesbare Buch bietet die vernünftigsten und überzeugendsten Erklärungen, die mir je begegnet sind, wie Pornografie die Art und Weise prägen kann, wie Männer Frauen wahrnehmen und mit ihnen interagieren, sowie über die verschiedenen Ausreden, die Gruppen und Einzelpersonen benutzen, um den Schaden zu vermeiden, den Pornografie anrichten kann.

- ***„Dream Worlds II: Desire, Sex, Power in Music Video", ein Video der Media Education Foundation (1997).***

Dieses ausdrucksstarke und verstörende Video zeigt die Einstellung gegenüber Frauen, die durch die heutigen Musikvideos vermittelt wird. Abrufbar unter: https://thoughtmaybe.com/dreamworlds-desire-sex-and-power-in-music-videos/.

- ***„Tough Guise: Violence, Media and the Crisis in Masculinity" und „Tough Guise 2 – Violence, Manhood & American Culture", zwei Videos der Media Education Foundation (1997).***

Diese weithin gefeierten Videos von Jackson Katz zeigen auf, wie populäre Darstellungen von Männlichkeit Jungen und Männer in ungesunde Rollen zwingen und Männern beibringen, Frauen gegenüber missbräuchlich zu sein. Erhältlich unter https://shop.mediaed.org und bei anderen Anbietern.

- ***„Gewalt gegen Frauen – Ein Männerproblem".***

Dieses gefeierte Video von Jackson Katz zeigt, wie populäre Darstellungen von Männlichkeit Jungen und Männer in ungesunde Rollen zwingen und Männern beibringen, Frauen gegenüber missbräuchlich zu sein. Abrufbar unter: https://www.ted.com/talks/jackson_katz_violence_against_women_it_s_a_men_s_issue?language=de#t-4003.

Für männliche Verbündete

Es gibt viele Möglichkeiten für Männer, sich aktiv dafür einzusetzen, dem Missbrauch von Frauen Einhalt zu gebieten, und jeden Tag kommen neue hinzu. Nachstehend sind nur einige Beispiele aufgeführt.

- ***Stadtteile ohne Partnergewalt: www.stop-partnergewalt.org***

Das Projekt StoP hat sich zum Ziel gesetzt, Gewaltbetroffene und soziale Netzwerke in Stadtteilen so zu stärken, dass Partnergewalt nicht mehr erduldet, verschwiegen, ignoriert oder toleriert wird. StoP konzentriert sich auf das Gemeinwesen und möchte einen offenen Umgang mit dem Thema Partnergewalt schaffen und das Potenzial sozialer, lokaler Nahräume nutzen.

- ***Männer gegen Männer-Gewalt: www.gewaltberatung.org***

Männer gegen Männer-Gewalt® ist ein Netzwerk von Beratungsstellen in Deutschland, Österreich und der Schweiz, bestehend aus speziell ausgebildeten, langjährig erfahrenen Beratern und Therapeuten.

Danksagungen

Ich hatte sehr viele Lehrer auf meinem Weg zum Verständnis der Mentalität und des Verhaltens misshandelnder Männer. Bevor ich jedoch einzelne Namen nenne, muss ich vor allem den Hunderten von Partnerinnen und Ex-Partnerinnen meiner Klienten danken, die ihre Geschichten mit mir geteilt und damit Licht in die Verleugnungen und verzerrten Darstellungen gebracht haben, die sich durch die Berichte meiner Klienten ziehen. Die Überlebenden des Missbrauchs waren meine besten Ausbilderinnen. Wenn wir ihre Stimmen stärker und die Stimmen der Missbrauchenden und ihrer Verbündeten viel weniger hören könnten, würde die Welt rasch dazu übergehen, die chronischen Misshandlungen, denen gegenwärtig so viele Frauen in ihren Paarbeziehungen ausgesetzt sind, unmöglich zu machen.

Es sind vor allem meine ersten Kollegen und Kolleginnen bei Emerge, die auf einzigartige Weise dafür verantwortlich sind, mich auf den Weg gebracht zu haben, der mich hierher geführt hat: David Adams, Susan Cayouette, Ted German, Magueye Seck, Chuck Turner, Charlene Allen und Jim Ptacek. Es hat sehr viel Spaß gemacht, mit dieser Gruppe zusammenzuarbeiten, und sie bot mir darüber hinaus unverzichtbare intellektuelle Unterstützung und Anregung. Ich hoffe, dass ich einen Großteil von dem, was sie mir geboten hat, zurückgeben konnte.

Ebenso wichtig für die Entwicklung meines Verständnisses von misshandelnden Männern und deren Auswirkungen auf ihre Partnerinnen und Kinder war Carole Sousa, die uns bei Emerge ausgebildet und für einen offenen Blick gesorgt hat. Ihre Kritik an unseren blinden Flecken war oft ärgerlich, vor allem, weil sie zutraf. Niemand sonst hat mehr zu dem Verständnis beigetragen, über das ich jetzt verfüge. Darüber hinaus danke ich Carole dafür, dass sie das Manuskript für dieses Buch dankenswerterweise überarbeitet und ihre (wie immer wichtigen) Kommentare mit Dutzenden von Klebezetteln markiert hat. Ihre Vorschläge haben dieses Buch maßgeblich bereichert.

Weitere Menschen, die wichtigen Einfluss auf meine Perspektive von kontrollierenden und wütenden Männer sowie die zerstörerische Spur, die sie hinter sich herziehen, genommen haben, sind Lonna Davis, Pam Whitney, Isa Woldeguiorguis, Susan Schechter, Sarah Buel, Jim Hardeman, Janet Fender und Brenda Lopez. Ebenso möchte ich Jeff Edleson, Claire Renzetti, Jackson Katz, Peter Jaffe, Barbara Hart, Bonnie Zimmer, Elaine Alpert, Joan Zorza, Jennifer Juhler, Stephanie Eisenstat, Range Hutson, Scott Harshbarger und Maureen Sheeran meine Anerkennung aussprechen für ihren Anteil an meinen Erkenntnissen über Missbrauch und Unterdrückung sowie für ihre professionelle Unterstützung und Ermutigung. Kate O'Kane trug dazu bei, indem sie mir tagsüber einen schönen und entspannten Ort zum Schreiben bot.

Ich muss auch zugeben, wie viel ich im Laufe der Jahre durch meine Klienten selbst gelernt habe, aber es wäre nicht angebracht, mich dafür bei ihnen zu bedanken, denn ohne ihren Missbrauch von Frauen wäre das Schreiben dieses Buches nicht nötig gewesen.

Gillian Andrews, Carlene Pavlos, Jay Silverman, Steve Holmes, Catherine Benedict, Gail Dines, Carrie Cuthbert und Kim Slote bin ich dankbar für ihre Mischung aus persönlicher Unterstützung und intellektueller/professioneller Anregung und Hilfe im Laufe der Jahre. Vor allem Gillian und Gail haben mich beide jahrelang immer wieder dazu ermutigt, dieses Buch zu schreiben, und es ist größtenteils ihrem ständigen Drängen zu verdanken, dass es endlich fertig geworden ist. Gillian hat ebenfalls wertvolle Kommentare und Vorschläge zum Manuskript gemacht. Auch meine Familie hat meinen zeitraubenden und manchmal stressigen Schreibprozess liebevoll und unterstützend (und tolerant) begleitet. Ich liebe euch und danke euch über alle Maßen, dass ihr mich mitgetragen habt.

Meiner Agentin Wendy Sherman bin ich zu großem Dank verpflichtet, denn sie hat nicht nur einen Verlag für dieses Buch gefunden, sondern war auch maßgeblich an der Gestaltung des ursprünglichen Konzepts und seiner Ausrichtung beteiligt. Ein Autor könnte sich nicht besser aufgehoben fühlen. Meine Anerkennung gilt auch Deb Futter von Doubleday, die mich zu Wendy geführt hat. Mein Lektor bei Putnam, Jeremy Katz, hat von Anfang an ein unerschütterliches Vertrauen in dieses Projekt gehabt und mir über mehrere Phasen der Angst oder des Zögerns hinweggeholfen. Es war Jeremys Part, sich von Unmengen meiner Texte überschwemmen zu lassen, um darin herumzurühren und herauszufinden, wie man daraus ein präsentables Ganzes gestalten kann. Ich möchte noch weiteren Menschen bei Putnam, die dieses Buch unterstützt und an ihm gearbeitet haben, meine Wertschätzung aussprechen, darunter AnnMarie Harris, Denise Silvestro, Marilyn Ducksworth und Brenda Goldberg.

Abschließend möchte ich drei Personen, die mich nicht kennen, aber deren Arbeit mich seit Jahren inspiriert und trägt, meine tiefe Dankbarkeit ausdrücken: Bruce Cockburn, Mercedes Sosa und Linda Hogan. Vielleicht werden sich unsere Wege noch kreuzen.

Lundy Bancroft
Winter 2002

Über den Autor

Lundy Bancroft verfügt über mehr als dreißig Jahre Erfahrung auf den Gebieten Misshandlung, Missbrauch, Trauma und Täterarbeit. Er hat bisher fünf Bücher veröffentlicht: den Bestseller „Warum tut er das?“ sowie „Daily Wisdom for Why Does He Do That?“, „When Dad Hurts Mom“, „The Batterer as Parent“ und „Should I Stay or Should I Go?“. Neben seiner Arbeit als Berater mit mehr als 1.000 misshandelnden Männern fungierte er häufig als Sorgerechtsgutachter, als Ermittlungshelfer bei Verdacht auf Kindesmissbrauch und als Sachverständiger vor Gericht. Darüber hinaus hält er Vorträge und leitet Workshops und Webinare zum Thema häusliche Gewalt und Missbrauch.

Stimmen zum Buch

„Diese faszinierende Untersuchung, die sich damit beschäftigt, wie misshandelnde Männer ticken, ist besorgniserregend, aber ihr unvoreingenommener Umgang mit einem schwierigen Thema macht sie zu einer wertvollen Ressource für Fachleute und Opfer gleichermaßen … Verständliche Analysen werden durch interessante Berichte aus erster Hand und Kästen unterbrochen, die detaillierte Informationen zu einfachen Checklisten verdichten. Das Buch von Bancroft verspricht, ein Ruhepol für viele vom Sturm gebeutelte Familien zu werden."

— Publishers Weekly (Sterne-Bewertung)

„Die meisten Bücher über Misshandlung in Beziehungen konzentrieren sich auf Frauen – wie sie verletzt werden, warum sie bleiben. So wichtig diese Fragen auch sind, sie können uns vom Kern des Problems ablenken. Bancroft stellt mutig die wichtigsten Fragen von allen – und beantwortet sie brillant: Warum misshandeln so viele Männer Frauen? Was kann man dagegen tun? Dieses Buch wird dringend benötigt und ist längst überfällig."

— Jackson Katz, Autor des preisgekrönten Videos
Tough Guise: Violence, Media and the Crisis in Masculinity

„Bancroft, ehemaliger Co-Direktor von Emerge, dem ersten US-Therapieprogramm für misshandelnde Männer, und seit vielen Jahren ein Veteran in der Arbeit mit misshandelnden Männern, erinnert die Leserinnen und Leser daran, dass in diesem Land jedes Jahr zwei bis vier Millionen Frauen von ihren Partnern angegriffen werden und mindestens eine von drei amerikanischen Frauen irgendwann in ihrem Leben Opfer von Gewalt durch einen Ehemann oder Freund wird. Sein Buch ist eine wertvolle Quelle mit Informationen über Frühwarnzeichen, zehn misshandelnde Persönlichkeitstypen, die Missbrauchsmentalität, Probleme bei der

Inanspruchnahme von Hilfe durch das Rechtssystem und den langen, komplexen Prozess der Veränderung … Dies ist eine unverzichtbare Lektüre für soziale Berufe und sehr zu empfehlen."

— Library Journal (Sterne-Bewertung)

„Endlich – der unverstellte Bericht über Männer, die Frauen misshandeln. Dieses Buch ist nicht nur für misshandelte Frauen und Experten für häusliche Gewalt wertvoll, sondern für alle, die sich fragen, warum es in Amerika so viel Gewalt gibt. Lesen Sie es."

— Ann Jones, Autorin von *Ich kann ihm nichts mehr recht machen* und *Next Time, She'll Be Dead*

„Bancroft hilft Frauen, die sich in ungesunden Beziehungen gefangen fühlen, zu verstehen, was passiert."

— Sarah Buel, J. D., Co-Direktorin der Domestic Violence Clinic und Dozentin an der University of Texas Law School

„Eine fesselnde Lektüre über ein schwieriges Thema. Was Sie hier lesen, wird Ihnen noch lange, nachdem Sie das Buch weggelegt haben, in Erinnerung bleiben."

— Angela Browne, Autorin von *When battered Women Kill*

„Ein informatives und notwendiges Buch."

— Dr. Susan Weitzman, Autorin von *Not to People Like Us: Hidden Abuse in Upscale Marriages*

Index

F

G

H

N

O

W

Z

Impressum

Lundy Bancroft
WARUM TUT ER DAS?
Einblicke in die Gedankenwelt von aggressiven und kontrollsüchtigen Männern

1. deutsche Auflage 2021
2. deutsche Auflage 2025
3. deutsche Auflage 2026
ISBN: 978-3-96257-251-8

Titel der Originalausgabe:
WHY DOES HE DO THAT?
Inside the Minds of Angry and Controlling Men

This edition published by arrangement with G.P. Putnam's Sons,
an imprint of Penguin Publishing Group, a division of Penguin Random House LLC.

Übersetzung aus dem Englischen von: Elisabeth Möller-Giesen
Layout und Satz: Narayana Verlag
Coverabbildung: ©shutterstock_342661268_Polonez
Autorenfoto: © Rythea Lee
Coverlayout: Narayana Verlag

Herausgeber:
Unimedica im Narayana Verlag GmbH, Blumenplatz 2, 79400 Kandern
Tel.: +49 7626 974 970-0
E-Mail: info@unimedica.de
www.unimedica.de

Dr. Margalis Fjelstad

Mach dich frei von Borderlinern und Narzissten!

Beende das Drama und gestalte deine Zukunft selbst

264 Seiten, kart., € 24,80

Menschen mit Borderline- oder narzisstischer Persönlichkeitsstörung sind Meister der Manipulation. In MACH DICH FREI VON BORDERLINERN UND NARZISSTEN beschreibt die erfahrene Psychotherapeutin DR. MARGALIS FJELSTAD, wie sie nahestehende Personen in die Rolle des sogenannten Betreuers ohne eigenes Selbstbewusstsein drängen und eine toxische Beziehung entstehen lassen. Fjelstad gibt in ihrem lebensnahen Ratgeber zahlreiche Patientengeschichten wieder, die wirklich Mut machen. Und sie erläutert, wie Sie diese manipulativen Mechanismen durchbrechen können: Durch Erkennen der Persönlichkeitsstörung und der Identifizierung der eigenen Position in der Beziehung. Durch Strategien zur Überwindung und dem Aufbau positiver Bindungen. Durch Entwicklung neuer Lebensziele mit einem gestärkten Selbst. Der praktische Selbsteinschätzungstest hilft bei der Ermittlung und Umsetzung eines eigenständigen Lebens.

Shannon Thomas

Psychische Gewalt

Wie Sie versteckten Missbrauch heilen und zurück ins Leben finden

304 Seiten, kart., € 19,80

Bestseller-Autor von *Whole again*

Psychischer Missbrauch findet sich überall. Er hinterlässt keine blauen Flecken oder Knochenbrüche, ist aber genauso erschütternd wie physische Gewalt.

Die angesehene Therapeutin SHANNON THOMAS klärt in ihrem internationalen Bestseller PSYCHISCHE GEWALT über die zugrunde liegenden, meist versteckten Mechanismen auf und macht sie für die Leser durch authentische Patientengeschichten aus ihrer eigenen Praxis greifbar.

Jackson MacKenzie

Ganz ich!

Finden Sie zurück zu Ihrem Selbst

280 Seiten, kart., € 22,80

Die Tiefgründigen Einsichten einer der führenden Stimmen zu Trauma und Selbstheilung

JACKSON MACKENZIE hat über seine Plattform PsychopathFree.com bereits Millionen von Betroffenen geholfen, die Erfahrungen einer toxischen Beziehung mit Borderlinern, Narzissten oder Soziopathen zu verarbeiten. In GANZ ICH! legt er seine eigenen Verletzungen offen und zeigt seinen persönlichen Weg zur seelischen Heilung. Die meisten Betroffenen – wie auch MacKenzie selbst – leiden unter schweren Krankheitssymptomen auch lange Zeit nach der traumatischen Beziehung. Viele berichten über emotionale Taubheitsgefühle und innere Leere, Depressionen, toxische Scham und Stimmungsschwankungen. Dazu kommen soziale Muster wie Isolation, Perfektionismus, Kontrollsucht und sogar Drogenmissbrauch.

Pete Walker

Posttraumatische Belastungsstörung - Vom Überleben zu neuem Leben

Ein praktischer Ratgeber zur Überwindung von Kindheitstraumata

360 Seiten, geb., € 22,80

Eine komplexe Posttraumatische Belastungsstörung (K-PTBS) ist weder angeboren noch charakterbedingt. Von dieser grundlegenden These ausgehend, hat der Autor und Therapeut Pete Walker seinen einzigartigen multimodalen Ansatz zur (Selbst-)Hilfe entwickelt, der ihn international bekannt machte. Geschrieben aus der Sicht eines Betroffenen und eines zugleich hoch spezialisierten Therapeuten, vereinigt Walker in diesem Buch Authentizität und fachliche Kompetenz zu einem eigenständigen methodischen Konzept, das unzähligen Betroffenen bereits neue Lebensqualität geschenkt hat.